普通高等教育"九五"国家级重点教材

中国古代文学作品选
第四卷 明清近代卷

罗宗强 陈 洪 主编

本卷编写者
左东岭 李世英 罗德荣 许祥麟 李瑞山

高等教育出版社·北京

内容简介

　　本书是教育部"九五"规划教材,同时转入教育部"面向21世纪课程教材"规划项目。本书在充分反映近年来古代文学界最新研究成果的同时,力求在作品选目、结构形式上进行创新。在通行选目基础上,吸纳补充许多艺术性较强的篇目;将结构分成重点分析与白文两部分,使培养学生阅读能力与扩大学生阅读面二者很好结合起来。本书也是近年来教学模式、教学方法改革成果的有益尝试。

　　本书可与高等教育出版社已出版的四卷本《中国文学史》(袁行霈主编)配套使用,也可单独成为一个系列,供各院校本科基础教学、研究生教学以及一般文学爱好者学习之用。

图书在版编目(CIP)数据

中国古代文学作品选. 第4卷,明清近代卷/罗宗强,陈洪主编. ―北京:高等教育出版社,2004.9(2021.8重印)
ISBN 978-7-04-013745-3

Ⅰ.中⋯ Ⅱ.①罗⋯ ②陈⋯ Ⅲ.①古典文学-作品-中国-高等学校-教材②古典文学-作品-中国-明清时代-高等学校-教材③古典文学-作品-中国-近代-高等学校-教材
Ⅳ.I212.1

中国版本图书馆CIP数据核字(2004)第051014号

| 策划编辑 | 袁晓波 | 责任编辑 | 王　丽 | 封面设计 | 刘晓翔 |
| 版式设计 | 王　莹 | 责任校对 | 胡晓琪 | 责任印制 | 刘思涵 |

出版发行	高等教育出版社	咨询电话	400-810-0598
社　　址	北京市西城区德外大街4号	网　　址	http://www.hep.edu.cn
邮政编码	100120		http://www.hep.com.cn
印　　刷	北京新华印刷有限公司	网上订购	http://www.landraco.com
开　　本	787×960　1/16		http://www.landraco.com.cn
印　　张	32.5	版　次	2004年9月第1版
字　　数	590 000	印　次	2021年8月第23次印刷
购书热线	010-58581118	定　价	54.00元

本书如有缺页、倒页、脱页等质量问题,请到所购图书销售部门联系调换
版权所有　侵权必究
物　料　号　13745-00

目　　录

明代部分

一、诗

高　启 ··· (3)
　　秋柳(3)　　※青丘子歌并序(4)　　※登金陵雨花台望大江(5)
张　羽 ··· (5)
　　※题陶居士像(5)
刘　基 ··· (5)
　　感兴(6)
于　谦 ··· (6)
　　※咏煤炭(6)
李东阳 ··· (7)
　　寄彭民望(7)
李梦阳 ··· (8)
　　石将军战场歌(8)　　※吹台春日古怀(10)
沈　周 ·· (10)
　　※溪上(11)
何景明 ·· (11)
　　秋江词(11)　　※秋兴八首(其一)(12)　　※吴伟江山图歌(12)
徐祯卿 ·· (13)
　　※在武昌作(13)
唐　寅 ·· (13)
　　感怀(13)　　把酒对月歌(14)
祝允明 ·· (15)
　　秋宵不能寐(15)　　※绝句二首之一(16)
文征明 ·· (16)
　　※阊门夜泊(16)

王阳明 ··· (16)
　　龙潭夜坐(17)　※山中漫兴(17)
徐　渭 ··· (17)
　　宿丘园(18)　※三茅观观潮(18)　※王元章倒枝梅画(19)
李攀龙 ··· (19)
　　寄殿卿二首之一(19)　※挽王中丞八首之二(20)
王世贞 ··· (20)
　　哭梁公实十首之四(20)　※李于鳞罢官歌(21)
谢　榛 ··· (21)
　　※大梁冬夜(22)　※远别曲(22)
袁宏道 ··· (22)
　　白铜儿(22)　山阴道(24)　※得罢官报(24)　※西陵桥(25)
　　※戏题飞来峰二首之一(25)
袁宗道 ··· (25)
　　※初晴即事三首之一(25)
袁中道 ··· (25)
　　※张相坟(25)
陈子龙 ··· (26)
　　秋日杂感十首(其二)(26)　山中晓行(27)
夏完淳 ··· (27)
　　※别云间(27)

二、文

宋　濂 ··· (28)
　　秦士录(28)　※松风阁记(31)
刘　基 ··· (32)
　　郁离子(群蚁)(32)　※横碧楼记(32)
王阳明 ··· (33)
　　瘗旅文(33)　※思归轩赋(35)
唐顺之 ··· (36)
　　永嘉袁君芳洲记(36)　※石屋山志序(37)
归有光 ··· (38)
　　沧浪亭记(39)　张自新传(40)　※项脊轩志(42)　※寒花葬
　　志(43)

※陶庵记(43)

李　贽 ·· (43)
　　李白诗题辞(44)　　※三蠹记(45)

徐　渭 ·· (46)
　　书草玄堂稿后(46)　　※祭少保公文(47)　　※借竹楼记(47)

袁宏道 ·· (48)
　　雨后游六桥记(48)　　满井游记(49)　　※徐文长传(50)　　※西湖二(51)

袁宗道 ·· (52)
　　※锦石滩(52)

袁中道 ·· (52)
　　※西山十记其五(52)

钟　惺 ·· (53)
　　浣花溪记(53)　　※夏梅说(56)

谭元春 ·· (56)
　　※三游乌龙潭记(56)

张　岱 ·· (57)
　　湖心亭看雪(57)　　西湖香市(58)　　※《夜航船》序(60)

陈继儒 ·· (61)
　　※游桃花记(61)

三、小　说

冯梦龙 ·· (62)
　　滕大尹鬼断家私(63)　　卖油郎独占花魁(74)　　※杜十娘怒沉百宝箱(97)

凌濛初 ·· (106)
　　※转运汉遇巧洞庭红　波斯胡指破鼍龙壳(106)　　※程元玉店肆代偿钱　十一娘云冈纵谭侠(118)

四、戏　曲

朱　权 ·· (126)
　　※文君私奔相如(第二折)(126)

王九思 ·· (129)
　　杜子美沽酒游春(第二折)(129)

康　海 ··· (134)
　　※东郭先生误救中山狼（第四折）(134)
李开先 ··· (136)
　　※宝剑记（林冲夜奔）(136)
徐　渭 ··· (138)
　　狂鼓史渔阳三弄(138)
梁辰鱼 ··· (147)
　　浣纱记（泛湖）(147)
汤显祖 ··· (152)
　　牡丹亭（惊梦）(153)　　※（寻梦）(159)
沈　璟 ··· (161)
　　※博笑记（乜县丞竟日昏眠）（第五出）(162)　　※（乜县丞竟日昏眠）（第六出）(163)
王玉峰 ··· (164)
　　焚香记（折证）(164)
周朝俊 ··· (166)
　　红梅记（鬼辩）(166)

清代部分

一、诗

钱谦益 ··· (173)
　　西湖杂感二十首（其一）(173)　　后观棋绝句六首（其三）(174)
　　※迎神曲十二首（其九）(174)　　※丙戌南还赠别故侯家妓人冬哥四绝句（其一）(175)　　※丙申春就医秦淮寓丁家水阁浃两月临行作绝句三十首留别留题不复论次（其六）(175)
吴伟业 ··· (175)
　　圆圆曲(176)　　新河夜泊(179)　　※楚两生行并序(179)　　※听女道士卞玉京弹琴歌(180)
顾炎武 ··· (181)
　　又酬傅处士山次韵二首（其二）(181)　　五十初度时在昌平(182)
　　※悼亡五首（其四）(182)　　※酬王处士九日见怀之作(182)
黄宗羲 ··· (183)

山居杂咏六首（其一）（183）

冯　班 ……………………………………………………………………（184）
　　※有赠（184）

吴嘉纪 ……………………………………………………………………（184）
　　绝句（184）

傅　山 ……………………………………………………………………（185）
　　※青羊庵三首（其一）（185）

屈大均 ……………………………………………………………………（185）
　　秣陵（186）　塞上感怀（186）

申涵光 ……………………………………………………………………（187）
　　※泛舟明湖六首（其三）（187）

钱秉镫 ……………………………………………………………………（187）
　　※遇曾庭闻芜阴市上（187）

施闰章 ……………………………………………………………………（188）
　　※钱塘观潮（188）

宋　琬 ……………………………………………………………………（188）
　　舟中见猎犬有感（188）　※江上阻风（189）

王士禛 ……………………………………………………………………（189）
　　秋柳四首（其一）（189）　再过露筋祠（190）　真州绝句五首（其五）（191）　寄陈伯玑金陵（191）　※江上（192）　※夜雨题寒山寺寄西樵礼吉二首（其一）（192）

赵执信 ……………………………………………………………………（192）
　　道傍碑（193）

查慎行 ……………………………………………………………………（193）
　　三闾祠（194）　汴梁杂诗八首（其一）（194）　※即事二首（其二）（195）

毛奇龄 ……………………………………………………………………（195）
　　※赠柳生（195）

郑　燮 ……………………………………………………………………（195）
　　道情十首（其五）（196）　（其六）（196）　（其七）（197）　（其十）（197）　※潍县署中画竹呈年伯包大中丞括（197）　※予告归里画竹别潍县绅士民（198）　※竹石（198）

沈德潜 ……………………………………………………………………（198）
　　雨泊话旧（198）　※梅花（199）

袁 枚……………………………………………………………………(199)
  同金十一沛恩游栖霞寺望桂林诸山（199） 马嵬四首（其二）（201） 夜过借园见主人坐月下吹笛二首（其一）（201） *山行杂咏六首（其一）（202） *秦中杂感八首（其三）（202） *推窗（202）

赵 翼……………………………………………………………………(202)
  后园居诗十首（其五）（203） 野步（203） *西湖杂诗六首（其三）（204）

蒋士铨……………………………………………………………………(204)
  岁暮到家五首（其二）（204）

黄景仁……………………………………………………………………(205)
  都门秋思四首（其三）（205） *癸巳除夕偶成（206）

张问陶……………………………………………………………………(206)
  芦沟（206）

舒 位……………………………………………………………………(207)
  *卧闻蟋蟀偶成（207）

二、词

陈维崧……………………………………………………………………(208)
  醉落魄（寒山几堵）（208） 虞美人（无聊笑捻花枝说）（209） *贺新郎（吴苑春如绣）（210） 醉蓬莱（正歌场匦地）（210）

顾贞观……………………………………………………………………(210)
  金缕曲二首（季子平安否）（210）

纳兰性德…………………………………………………………………(212)
  长相思（山一程）（212） 金缕曲（德也狂生耳）（213） 南乡子（何处淬吴钩）（214） *蝶恋花八首（其二 眼底风光）（214） *（其六 今古河山）（214） *菊花新（愁绝行人）（215） *鹧鸪天（握手西风）（215）

朱彝尊……………………………………………………………………(215)
  卖花声（衰柳白门湾）（216） 酷相思（社鼓神鸦）（216） *高阳台并序（桥影流虹）（217） *解珮令（十年磨剑）（217）

厉 鹗……………………………………………………………………(218)
  忆旧游（溯溪流云去）（218） *满江红（千古南朝）（219）

张惠言……………………………………………………………………(219)

木兰花慢（尽飘零尽了）(219)　　※玉楼春（一夜长放秋千静）(220)

三、文

黄宗羲 ……………………………………………………………… (221)
　　原臣(221)　　※柳敬亭传(223)
顾炎武 ……………………………………………………………… (224)
　　与友人论学书(224)　　※吴同初行状(227)
王夫之 ……………………………………………………………… (228)
　　读通鉴论（叙论一）(228)
侯方域 ……………………………………………………………… (231)
　　马伶传(231)
魏　禧 ……………………………………………………………… (233)
　　※大铁椎传(233)
汪　琬 ……………………………………………………………… (234)
　　※江天一传(235)
戴名世 ……………………………………………………………… (236)
　　※一壶先生传(236)
方　苞 ……………………………………………………………… (236)
　　游雁荡记(237)　　※孙征君传(238)
全祖望 ……………………………………………………………… (239)
　　阳曲傅先生事略(239)
刘大櫆 ……………………………………………………………… (244)
　　※焚书辨(244)
姚　鼐 ……………………………………………………………… (245)
　　袁随园君墓志铭并序(245)
汪　中 ……………………………………………………………… (247)
　　哀盐船文（附序）(248)
洪亮吉 ……………………………………………………………… (251)
　　出关与毕侍郎笺(251)
梅曾亮 ……………………………………………………………… (253)
　　※《阮小咸诗集》序(253)

四、小　说

李　渔 ……………………………………………………………… (255)

合影楼（255）

蒲松龄···（268）
婴宁（269）　　胭脂（273）　　※叶生（279）　　※司文郎（280）
※恒娘（282）

五、戏　　曲

李　玉···（285）
清忠谱（闹诏）（285）　　※千钟录（惨睹）（291）

朱　㿥···（293）
十五贯（廉访）（294）

李　渔···（300）
风筝误（诧美）（300）

洪　昇···（307）
长生殿（惊变）（308）　　※（进果）（311）

孔尚任···（314）
桃花扇（却奁）（314）　　※（骂筵）（319）

唐　英···（322）
面缸笑（打缸）（322）

杨潮观···（330）
※寇莱公思亲罢宴（330）

近 代 部 分

一、诗

龚自珍···（337）
夜坐二首（其一）（337）　　漫感（338）　　咏史（339）　　西郊落
花歌（340）　　己亥杂诗（其五）（341）　　（其八三）（342）
※又忏心一首（342）　　※秋心三首（其一）（342）

张维屏···（343）
※三元里（343）　　※新雷（343）

林则徐···（344）
赴戍登程，口占示家人二首（其二）（344）　　出嘉峪关感赋四首（其
一）（345）

魏　源 ·· (345)
　　寰海十一首（其十）(346)　　寰海后十首（其九）(346)　　※钱塘
　　观潮行(347)　　※天台石梁雨后观瀑歌(348)

陆　嵩 ·· (348)
　　※青州兵叹(348)

鲁一同 ·· (349)
　　※荒年谣五首（其一　卖耕牛）(349)

姚　燮 ·· (349)
　　谁家七岁儿(350)　　※双鸩篇(350)

郑　珍 ·· (352)
　　经死哀(352)　　※江边老叟诗(353)

金　和 ·· (354)
　　断指生歌(354)　　※兰陵女儿行(355)

江　湜 ·· (357)
　　寓斋即事(357)　　※杂书绝句六首（其一）(358)

王闿运 ·· (358)
　　※圆明园词(358)

樊增祥 ·· (359)
　　闻都门消息(360)　　※八月六日过灞桥口占(362)　　※彩云
　　曲(362)　　※后彩云曲(363)

易顺鼎 ·· (365)
　　※卢沟桥(365)　　※天童山中月夜独坐六首（其一）(365)　　※（其
　　四）(365)　　※万杉寺五爪樟(365)

沈曾植 ·· (366)
　　野哭五首(366)

陈三立 ·· (367)
　　十一月十四夜发南昌月江舟行(368)　　园居看微雪(368)　　※晓
　　抵九江作(369)　　※卧病(369)

陈　衍 ·· (369)
　　※秋夜读杜工部孟襄阳诗(369)

郑孝胥 ·· (370)
　　※泰安道中(370)　　※重九雨中作(370)

黄遵宪 ·· (370)
　　冯将军歌(371)　　今别离四首(372)　　※雁(373)　　※拜曾祖

母李太夫人墓（373）

康有为⋯⋯⋯⋯⋯⋯⋯⋯⋯⋯⋯⋯⋯⋯⋯⋯⋯⋯⋯⋯⋯⋯⋯⋯⋯⋯⋯⋯⋯⋯（375）
过昌平城望居庸关（375） 出都留别诸公五首（其二）（376）
※五度大西洋放歌（376）

丘逢甲⋯⋯⋯⋯⋯⋯⋯⋯⋯⋯⋯⋯⋯⋯⋯⋯⋯⋯⋯⋯⋯⋯⋯⋯⋯⋯⋯⋯⋯⋯（377）
※春愁（377） ※去年秋初抵鮀江今仍客游至此思之怃然二首（377）

夏曾佑⋯⋯⋯⋯⋯⋯⋯⋯⋯⋯⋯⋯⋯⋯⋯⋯⋯⋯⋯⋯⋯⋯⋯⋯⋯⋯⋯⋯⋯⋯（378）
无题二十六首（其二十）（378） ※元夜（379）

谭嗣同⋯⋯⋯⋯⋯⋯⋯⋯⋯⋯⋯⋯⋯⋯⋯⋯⋯⋯⋯⋯⋯⋯⋯⋯⋯⋯⋯⋯⋯⋯（379）
潼关（379） 有感（380） 赠梁卓如诗四首（其一）（380）
金陵听说法诗四首（其三）（381） 狱中题壁（382） ※陇山（383）

蒋智由⋯⋯⋯⋯⋯⋯⋯⋯⋯⋯⋯⋯⋯⋯⋯⋯⋯⋯⋯⋯⋯⋯⋯⋯⋯⋯⋯⋯⋯⋯（383）
※卢骚（384） ※有感（384）

梁启超⋯⋯⋯⋯⋯⋯⋯⋯⋯⋯⋯⋯⋯⋯⋯⋯⋯⋯⋯⋯⋯⋯⋯⋯⋯⋯⋯⋯⋯⋯（384）
※自厉（其二）（384） ※壮别二十六首（其二十五）（385）

王国维⋯⋯⋯⋯⋯⋯⋯⋯⋯⋯⋯⋯⋯⋯⋯⋯⋯⋯⋯⋯⋯⋯⋯⋯⋯⋯⋯⋯⋯⋯（385）
※五月十五日夜坐雨赋此（385） ※六月二十七日宿硖石（385）
※病中即事（386）

秋　瑾⋯⋯⋯⋯⋯⋯⋯⋯⋯⋯⋯⋯⋯⋯⋯⋯⋯⋯⋯⋯⋯⋯⋯⋯⋯⋯⋯⋯⋯⋯（386）
※日人石井君索和即用原韵（386） ※题《江山万里图》应日人之索（386）

陈去病⋯⋯⋯⋯⋯⋯⋯⋯⋯⋯⋯⋯⋯⋯⋯⋯⋯⋯⋯⋯⋯⋯⋯⋯⋯⋯⋯⋯⋯⋯（387）
中元节自黄浦出吴淞泛海（387）

马君武⋯⋯⋯⋯⋯⋯⋯⋯⋯⋯⋯⋯⋯⋯⋯⋯⋯⋯⋯⋯⋯⋯⋯⋯⋯⋯⋯⋯⋯⋯（387）
自由（388）

宁调元⋯⋯⋯⋯⋯⋯⋯⋯⋯⋯⋯⋯⋯⋯⋯⋯⋯⋯⋯⋯⋯⋯⋯⋯⋯⋯⋯⋯⋯⋯（388）
※感怀四首（其一）（389） ※七律次韵和同狱某（389）

柳亚子⋯⋯⋯⋯⋯⋯⋯⋯⋯⋯⋯⋯⋯⋯⋯⋯⋯⋯⋯⋯⋯⋯⋯⋯⋯⋯⋯⋯⋯⋯（389）
孤愤（389） ※题张苍水集（390）

李叔同⋯⋯⋯⋯⋯⋯⋯⋯⋯⋯⋯⋯⋯⋯⋯⋯⋯⋯⋯⋯⋯⋯⋯⋯⋯⋯⋯⋯⋯⋯（390）
※昨夜（391） ※人病（391）

周树人⋯⋯⋯⋯⋯⋯⋯⋯⋯⋯⋯⋯⋯⋯⋯⋯⋯⋯⋯⋯⋯⋯⋯⋯⋯⋯⋯⋯⋯⋯（391）

※自题小像（391） ※哀范君三章（391）

苏曼殊 ··· （392）

以诗并画留别汤国顿二首（392） ※本事诗十首（其九）（393）

※过若松町有感示仲兄二首（其二）（393） ※题《拜伦集》（原译《拜轮集》）（393）

二、词

龚自珍 ··· （394）

湘月（天风吹我）（394） ※丑奴儿令（沉思十五年中事）（395）

※台城路（山陬法物）（395）

顾　春 ··· （395）

江城梅花引（故人千里）（396） 沁园春（点点星星）（396）

※定风波（事事思量）（397） ※江城子（烟笼寒水）（397）

姚　燮 ··· （397）

※浣溪沙（不尽银河）（398） ※石州慢（四五人家）（398）

蒋敦复 ··· （398）

※百字令（一堆黄土）（398）

金　和 ··· （399）

※满江红（借问天公）（399）

蒋春霖 ··· （399）

木兰花慢（泊秦淮雨霁）（400） ※虞美人（水晶帘卷澂浓雾）（400）

谭　献 ··· （401）

金缕曲（又指离亭树）（401） ※渡江云（大江流日夜）（402）

王鹏运 ··· （402）

满江红（荷到长戈）（402） 八声甘州（是男儿、万里惯长征）（403） ※点绛唇（抛尽榆钱）（405） ※玉楼春（好山不入时人眼）（405）

文廷式 ··· （405）

水龙吟（落花飞絮茫茫）（405） 忆旧游（怅霜飞榆塞）（406）

※鹧鸪天（万感中年不自由）（408） ※卜算子（雪意化春水）（408）

※南乡子（一室病维摩）（408）

郑文焯 ··· （409）

月下笛（月满层城）（409） ※贺新郎（暗雨凄邻笛）（日落羌笳

烟)(410)

朱孝臧···(410)

  乌夜啼(春云深宿虚坛)(411) 洞仙歌(无名秋病)(411) 鹧鸪天(似水清尊照鬓华)(412) ※夜飞鹊(沧波放愁地)(413)

况周颐···(413)

  苏武慢(愁入云遥)(413) 水龙吟(声声只在街前)(414) ※减字浣溪沙(惜起残红泪满衣)(415) ※鹧鸪天(如梦如烟忆旧游)(415)

秋　瑾···(415)

  ※满江红(小住京华)(416) ※鹧鸪天(祖国沉沦感不禁)(416)

王国维···(416)

  ※鹧鸪天(列炬归来酒未醒)(416) ※蝶恋花(阅尽天涯离别苦)(416) ※蝶恋花(百尺朱楼临大道)(417) ※浣溪沙(山寺微茫背夕曛)(417)

三、文

龚自珍···(418)

  明良论二(418) 尊隐(422) 与人笺二(427) ※京师乐籍说(428) ※病梅馆记(428)

魏　源···(429)

  海国图志叙(429) ※圣武记叙(431)

姚　莹···(432)

  张亨甫传(433)

鲁一同···(436)

  关忠节公家传(436) ※安东岁灾记叙(439)

曾国藩···(441)

  圣哲画像记(441) ※谕纪泽纪鸿(同治九年六月初四日)(445)

黎庶昌···(446)

  卜来敦记(446)

薛福成···(448)

  书太监安得海伏法事(448) 观巴黎油画记(451) ※白雷登海口避暑记(452)

王　韬···(453)

  ※杞忧生《易言》跋(454)

目录

郑观应···(456)
　　※日报(456)

康有为···(457)
　　强学会序(458)　　孔子改制考序(461)

谭嗣同···(464)
　　仁学自叙(464)　　※仁学（十九）(466)　　※仁学（三十）(467)

梁启超···(468)
　　※少年中国说(469)　　※过渡时代论(472)

严　复···(476)
　　辟韩(476)　　※天演论（导言一　察变）(480)

吴汝纶···(481)
　　※《天演论》序(482)

林　纾···(483)
　　※李迫大梦（节选）(483)

章炳麟···(485)
　　《革命军》序(486)　　※驳康有为论革命书(488)

邹　容···(496)
　　※革命军（第一章　绪论）(496)

章士钊···(498)
　　※评梁任公之国体论(498)

明代部分

一、诗

高　启

　　高启(1336—1374),字季迪,号槎轩。祖籍开封,随宋室南渡,家于临安山阴。元末因避战乱而迁居长洲北郭,与张羽等人切磋诗文,号称"北郭十友"。张士诚据吴称王,高启又迁居吴淞青丘的岳父家,因又号青丘子。洪武二年,高启被明朝廷征召修《元史》,授翰林院国史编修。洪武三年,擢其为户部右侍郎,高启以年轻不敢当此重任而辞官,被赐金放还。归乡后复居青丘以教书为生。洪武六年,苏州知府魏观因将新府治建于张士诚宫殿旧址,被人告发有谋反嫌疑而获罪。高启因为其新府治撰写《上梁文》而受牵连,洪武七年秋被朱元璋腰斩于南京,时年39岁。高启是元末明初的大诗人,被明清两代的许多诗论家誉为明代诗人之最。他的诗各体兼工,尤长于七言歌行。七古长篇笔力矫健,气势奔纵;近体诗清新超拔,绮丽自然;乐府诗质朴真实,寄意深远。尽管他的诗有时还未能完全避免模仿前人的痕迹,但其中依然表达了深厚的情感与时代的气息,并具有自己的风格。目前搜集高启诗最为齐备的,是清雍正间金檀的《高青丘诗集注》,今人徐澄宇、沈北宗为其标点,并改名为《高青丘集》,由上海古籍出版社出版。

秋　柳

[解题]

　　本诗作于高启在南京修史期间,此时他虽入朝供职,但深感政治环境的险恶,常有辞官归隐的打算。诗借用晋人桓温"树犹如此,人何以堪"的典故,以及凋残的秋柳意象,婉转含蓄地抒发了自己的苦闷与凄冷,寄情于物,一唱三叹。后来清人王士祯等人有不少同名之作,高启可谓开其端。

　　欲挽长条已不堪,都门无复旧毵毵[1]。此时愁杀桓司马[2],暮雨秋风满汉南[3]。

[清]金檀辑注,徐澄宇、沈北宗校点《高青丘集》卷十七,
上海古籍出版社1985年版

[注释]

[1] 都门:此处指南京城门。毵毵(sān):柳条垂拂纷披貌。

[2] 桓司马:指晋人桓温,曾任大司马。史载桓温北伐,行经金城,见其前所种柳树皆已十围,感叹曰:"木犹如此,人何以堪。"攀枝而泫然涕下。见《晋书·桓温传》。

[3] 汉南:汉水之南。语出庾信《枯树赋》:"桓大司马闻而叹曰:'昔年种柳,依依汉南;今看摇落,凄怆江潭。'"此处借用为因残柳而感秋气之肃杀。

※ 青丘子歌 并序

江上有青丘,予徙家其南,因自号青丘子。闲居无事,终日苦吟,间作《青丘子歌》言其意,以解诗淫之嘲。

青丘子,臞而清,本是五云阁下之仙卿。何年降谪在世间,向人不道姓与名。蹑屩厌远游,荷锄懒躬耕。有剑任锈涩,有书任纵横,不肯折腰为五斗米,不肯掉舌下七十城。但好觅诗句,自吟自酬赓。田间曳杖复带索,旁人不识笑且轻。谓是鲁迂儒、楚狂生。青丘子,闻之不介意,吟声出吻不绝咿咿鸣。朝吟忘其饥,暮吟散不平。当其苦吟时,兀兀如被酲。头发不暇栉,家事不及营。儿啼不知怜,客至不果迎。不忧回也空,不慕猗氏盈。不惭被宽褐,不羡垂华缨。不问龙虎苦战斗,不管乌兔忙奔倾。向水际独坐,林中独行。斫元气,搜元精。造化万物难隐情,冥茫八极游心兵,坐令无象作有声。微如破悬虱,壮若屠长鲸。清同吸沆瀣,险比排峥嵘。霭霭晴云披,轧轧冻草萌。高攀天根探月窟,犀照牛渚万怪呈。妙意俄同鬼神会,佳景每与江山争。星虹助光气,烟露滋华英,听音谐韶乐,咀味得大羹。世间无物为我娱,自出金石相轰铿。江边茅屋风雨晴,闭门睡足诗初成。叩壶自高歌,不顾俗耳惊。欲呼君山老父携诸仙所弄之长笛,和我此歌吹月明。但愁欻忽波浪起,鸟兽骇叫山摇崩。天帝闻之怒,下遣白鹤迎。不容在世作狡狯,复结飞珮还瑶京。

[清]金檀辑注,徐澄宇、沈北宗校点《高青丘集》卷十一,
上海古籍出版社1985年版

※登金陵雨花台望大江

大江来从万山中,山势尽与江流东。钟山如龙独西上,欲破巨浪乘长风。江山相雄不相让,形胜争夸天下壮。秦皇空此瘗黄金,佳气葱葱至今王。我怀郁塞何由开,酒酣走上城南台。坐觉苍茫万古意,远自荒烟落日之中来。石头城下涛声怒,武骑千群谁敢渡。黄旗入洛竟何祥,铁锁横江未为固。前三国,后六朝,草生宫阙何萧萧!英雄乘时务割据,几度战血流寒潮。我生幸逢圣人起南国,祸乱初平事休息,从今四海永为家,不用长江限南北。

[清]金檀辑注,徐澄宇、沈北宗校点《高青丘集》卷十一,
上海古籍出版社1985年版

张　羽

张羽(1333—1385),字来仪,号附凤,江西九江人。元末移居苏州,为"吴中四杰"之一。明初任太常寺丞兼翰林,后因事谪岭南,途中投龙江死。有《静居集》。

※题陶居士像

五儿长大翟妻贤,解绶归来只醉眠。篱下黄花门外柳,秋光不似义熙前。

四库本《静居集》卷四

刘　基

刘基(1311—1375),字伯温,青田(今属浙江)人。元至顺二年进士,曾先后任江西高安县丞、江浙儒学副提举、江浙行省都事等职,均郁郁不得志,遂归隐青田山著书以寄意。至正二十年,朱元璋将其与宋濂等四人一起召至南京,刘基遂成为朱元璋之谋士,申陈时务,参与机要。入明后曾任太史令、御史中丞等职,封诚意伯。洪武四年以弘文馆学士致仕。因其性刚疾恶,颇受权贵忌恨与朱元璋猜疑,后终被丞相胡惟庸构陷而死。刘基博通经史,明天文历法及象纬之学,乃明朝开国勋臣,同时又诗文兼擅,是明初越派文坛的代表人物。他的诗以沉郁顿

挫著称而与高启齐名,但又可分为前后二期,元末之诗多忧时愤世之作,酣畅雄浑,苍凉激越;入明后则除了部分歌功颂德的应景之作外,大多诗作均嗟穷叹老,无复早年飞扬壮大之气。刘基的诗文集较完善的有《四部丛刊》影印隆庆本《太师诚意伯刘文成公集》,今人林家骊将其整理成《刘基集》出版。

感　兴

[解题]

本诗作于至正二十年(1360)前后,乃元朝将亡而明朝将兴的转折时期。诗中表达了作者孤独寂寞的处境与心情,揭露了权贵们身处危境中却依然醉生梦死的荒淫腐朽,同时也暗示了一个新王朝的即将兴起。诗中感叹自身命运,概括历史兴衰变迁,寄托希望,体现了作者作为政治家的深刻预见与诗人身处孤独之境而不消沉的健康乐观情调。

百年疆半已无能[1],愁入膏肓病自增。千里江山双白鬓,五更风雨一青灯。繁弦急管谁家宅? 废圃荒窑昔代陵。不寐坐听鸡唱尽,素光穿牖日华升。

四部丛刊本《诚意伯文集》卷十六

[注释]

[1]百年疆半:指50岁开外。疆,通"彊",有余。据此知该诗当作于至正二十年前后。又据"已无能"之意,刘基此刻似尚未被朱元璋所召。

于　谦

于谦(1398—1457),字廷益,号节庵,钱塘(今浙江杭州)人。永乐十九年进士,官至兵部尚书,在"土木堡之变"时抗击蒙古也先部入侵,有再造社稷之功。英宗复辟后遭诬被杀。有《忠肃集》。

※咏　煤　炭

凿开混沌得乌金,藏蓄阳和意最深。爇火燃回春浩浩,洪炉照破夜沉沉。鼎彝元赖生成力,铁石犹存死后心。但愿苍生俱饱暖,不辞辛苦出山林。

四库本《忠肃集》卷十一

李 东 阳

李东阳(1447—1516),字宾之,祖籍茶陵(今属湖南),其曾祖因戍兵籍而移居京师,居京城之西涯,故东阳又自号西涯。天顺八年进士,选翰林庶吉士,授编修。弘治八年以礼部右侍郎升文渊阁大学士,累官少师兼太子太师、吏部尚书、华盖殿大学士等职。正德间为首辅,虽在宦官刘瑾专权乱政时对所迫害之正直官员多有庇护,但也被当时许多士人视为疲软因循。卒后谥文正。李东阳为茶陵诗派之首领,以大学士身份领袖文坛40年,是从台阁体到前七子之间的过渡人物。他的诗因其生活内容的狭窄而尚未摆脱台阁体肤泛的诗风,但不少诗已有真实感受,在艺术上重视音节风调,因而显得声律谐畅,典雅明丽。其诗文集有今人整理的《李东阳集》及《李东阳续集》。

寄彭民望

[解题]

本诗是作者致朋友彭泽的。彭泽,字民望,湖南攸县人。景泰间举人,曾官应天通判。能诗,有《老葵集》。诗中对朋友的不幸遭遇寄予了深切的同情,对其怀才不遇的命运深致不满。诗由彼及己,情真意切,对仗工整而又不失流畅,富有气势而又描写精致。《怀麓堂诗话》载该诗本事曰:"彭民望始见予诗,虽时有叹赏,似未犁然当其意。及失志归湘,得予所寄诗云云,乃潸然泪下,为之悲歌数十遍不休,谓其子曰:'西涯所造一至此乎?恨不得尊酒重论文耳!'盖自是不越岁而卒,伤哉?"

斫地哀歌兴未阑[1],归来长铗尚须弹[2]。秋风布褐衣犹短,夜雨江湖梦亦寒。木叶下时惊岁晚,人情阅尽见交难。长安旅食淹留地[3],惭愧先生苜蓿盘[4]。

四库本《怀麓堂集》卷十二

[注释]

[1] 斫:砍。"斫地"表示愤激,语出杜甫《短歌行赠王郎司直》:"王郎酒酣拔剑斫地歌莫哀。"阑:止,尽。

[2] 长铗:铗为剑柄,长铗即长剑。"弹铗"表示怀才不遇。战国时冯谖为孟

尝君客，左右贱之，遂倚柱弹剑而歌曰："长铗归来乎，食无鱼。"孟尝君闻后即善待之。见《战国策·齐策四》。

[3] 长安：国都之代称，此处指北京。

[4] 苜蓿盘，盘中唯有苜蓿，喻生活清苦。唐薛令之生活清贫，遂作诗自嘲曰："朝旭上团团，照见先生盘。盘中何所有？苜蓿长阑干。"见五代王定保《唐摭言·闽中进士》。

李 梦 阳

李梦阳(1473—1530)，字天赐，又字献吉，号空同子，甘肃庆阳人，后徙家汴梁。弘治六年举陕西乡试第一，次年中进士，授户部主事，升郎中。弘治十八年因弹劾外戚不法而被系锦衣卫狱，正德间又因代韩文起草弹劾宦官刘瑾的奏疏而再次下狱。刘瑾伏诛后，任江西提学副使，又因与上司不合而罢官。宁王朱宸濠叛乱时，因替宁王作《阳春书院记》而被牵连下狱，后被人营救而卒于家中。有《空同集》传世。李梦阳为复古派前七子领袖人物，倡言"文必秦汉，诗必盛唐"，故其诗作多有模仿前人之处，但也有许多情感真挚、气魄豪迈之作。清人沈德潜《明诗别裁集》评其诗曰："空同五言古宗法陈思、康乐，然过于雕刻，未极自然；七言古雄浑悲壮，纵横变化；七言近体开合动荡，不拘故方，准之杜陵，几于具体。故当雄视一代，邈焉寡俦。"

石将军战场歌

[解题]

本诗是李梦阳七言歌行的名篇。全诗记述了明英宗正统十四年明朝将领石亨抗击瓦剌入侵之事。瓦剌是明朝时西部蒙古各族的总称，当时兵力颇为强盛，多次入侵明朝边关。英宗正统十四年，瓦剌分兵骚扰辽东、宣府等地，英宗率兵亲行征讨，于八月十五在土木堡被瓦剌部俘获。十月，瓦剌首领也先挟英宗攻陷紫荆关，直逼明朝京师。石亨等将领在京城九门外与也先军相持五日而围解，亨又率兵追击，于清风店北大败也先之弟伯颜帖木尔。此战后，石亨因功被晋爵封侯，并总率京师团营。诗中歌颂了石亨抗敌保国的战功，描写传神，富于气势，显示了作者抒情叙事的功力。尽管钱谦益在《列朝诗集》中指责本诗在叙述次序上有不相照应之病，但仍不失为一首好诗。

清风店南逢父老[1]，告我己巳年间事[2]。店北犹存古战场，遗镞尚带勤王字[3]。忆昔蒙尘实惨怛[4]，反复势如风雨至[5]。紫荆关头昼吹角[6]，杀气军声满幽朔[7]。胡儿饮马彰义门[8]，烽火夜照燕山云[9]。内有于尚书[10]，外有石将军[11]。石家官军若雷电，天清野旷来酣战。朝廷既失紫荆关，吾民岂保清风店？牵爷负子无处逃，哭声震天风怒号。儿女床头伏鼓角，野人屋上看旌旄。将军此时挺戈出，杀敌不异草与蒿。追北归来血洗刀，白日不动苍天高。万里烟尘一剑扫，父子英雄古来少[12]。天生李晟为社稷[13]，周之方叔今元老[14]。单于痛哭倒马关[15]，羯奴半死飞狐道[16]。处处欢声噪鼓旗，家家牛酒犒王师。休夸汉室嫖姚将[17]，岂说唐朝郭子仪[18]。沉吟此事六十春[19]，此地经过泪满巾。黄云落日枯骨白，沙砾惨淡愁行人。行人来折战场柳，下马坐望居庸口。却忆千官迎驾初[20]，千乘万骑下皇都。乾坤得见中兴主，日月重开再造图。枭雄不数云台士[21]，杨石齐名天下无[22]。呜呼杨石今已无，安得再生此辈西备胡。

《空同先生集》卷十九，台湾伟文图书出版有限公司1976年影印本

[注释]

[1] 清风店：石亨击败也先军伯颜帖木儿之处，在今河北定县北15公里。

[2] 己巳年：即英宗正统十四年（1449）。

[3] 遗镞：留下的箭头。勤王：本义为勤于王事，后多指君主统治受到威胁而动摇时，臣子起兵救援王朝。此处指保卫京师。

[4] 蒙尘：本指帝王逃亡在外而蒙受风尘，此处指英宗被瓦剌所俘。惨怛（dá）：忧伤悲痛。

[5] 反复：动荡，动乱。此处指瓦剌入侵、英宗被俘所造成的动荡局势。

[6] 紫荆关：在今河北易县西北40公里之紫荆岭上。

[7] 幽朔：幽州与朔州，在此泛指北京与山西一带。

[8] 彰义门：北京九门之一，在城西。瓦剌部当时曾攻此门，被明军击退。

[9] 燕山：河北北部之山脉，自西向东绵延。

[10] 于尚书：指于谦，时任兵部尚书，指挥抗击瓦剌军。

[11] 石将军：即石亨，陕西渭南人，将门出身。正统十四年，因保卫京师击退瓦剌军，立战功而封武清侯。后因骄横跋扈，于天顺四年以谋反罪被捕入狱，并终死于狱中。见《明史·石亨传》。

[12] 父子英雄：父指石亨，子指其侄石彪。石彪身材魁梧似石亨，骁勇善战，追击也先军时斩获颇多。见《明史·石亨传》。

[13] 李晟（shèng）：唐代将领，有才略，善骑射，在陇、蜀一带屡破吐蕃、党项兵，立战功，号万人敌。在抗击李怀光叛乱中浴血奋战，收复长安，唐德宗曾在东

渭桥立碑以志其功。见《旧唐书·李晟传》。

[14] 方叔：西周时人，周宣王时曾率军征伐楚国、猃狁，《诗·小雅·采芑》曾咏其成功事迹。

[15] 倒马关：石亨追破伯颜帖木尔处，在今河北唐县西北。

[16] 羯（jié）奴：羯乃中国古代西北的少数民族之一，奴为蔑称，羯奴在此代指瓦剌军。飞狐道：即飞狐关，又名飞狐口，狭窄陡峭，在今河北涞源与蔚县之间。

[17] 汉室嫖姚将：指汉代大将霍去病。他在汉武帝时曾任嫖姚校尉，先后六次击破匈奴，官拜骠骑将军。见《汉书·霍去病传》。

[18] 郭子仪：唐代著名将领，平定安史之乱的功臣，封汾阳郡王。见《旧唐书·郭子仪传》。

[19] 沉吟此事六十春：自正统十四年至作者写作此诗的正德四年，恰为60年，亦即一个甲子。

[20] 千官迎驾：指迎还英宗事。瓦剌挟英宗攻北京失败，只好同意放回英宗，明朝则遣官迎之。

[21] 云台：东汉明帝为追念前朝功臣，将邓禹等28位中兴将领刻画相于云台之上。

[22] 杨石：杨指杨洪，石指石亨。杨洪当时以总兵身份镇守宣府，也先军逼京师，率兵二万入卫，抵京时敌已退，遂率兵追击余寇，至霸州而破之。洪以此功封侯晋爵。钱谦益曾评该句说："初云内于外石，至此忽举杨石，何其突兀，不相照应。"此确为作者疏漏之处。

※吹台春日古怀

废苑迢迢入草莱，百年怀古一登台。天留李杜诗篇在，地历金元战阵来。流水浸城隋柳尽，行宫为寺汴花开。白头吟望黄鹂暮，瓠子歌残无限哀。

四库本《空同集》卷三十二

沈　　周

沈周(1427—1509)，字启南，号石田、白石翁等，长洲(今江苏苏州)人。明代中期著名书画家，与唐寅、文征明、仇英并称吴门四大家。有《石田稿》。

※溪　上

春日熙熙百鸟鸣,东溪试步觉芒轻。闲来闲往曾无为,时笑时歌自有情。止水触风微起縠,过云生雨略摧晴。邻翁偶揖还相讯,道是先生底独行。

四库本《石田诗选》卷二

何　景　明

何景明(1483—1521),字仲默,号白坡,又号大复山人,信阳(今属河南)人。弘治十五年进士,授中书舍人。正德中因得罪宦官刘瑾而被免职,刘瑾伏诛后复原官,后官至吏部员外郎、陕西提学副使等职。39岁病逝。何景明亦为前七子首领,与李梦阳齐名,他在创作上虽不反对模仿古人,但更强调舍筏登岸,不露形迹。在诗歌风格上他更欣赏初唐,以清新流丽为主,故黄清甫曰:"大复诗因意著词,就词成篇,故情兴冲逸,兴象闲雅。曩与李公共骤词坛,并崇雅道。李则气势为盛,公则风度为优。"其诗文集较完善者有今人李淑毅等所整理的《何大复集》。

秋　江　词

[解题]

本诗是何景明的代表作,内容主要是写江上之所见。作者以秋为背景,以江为中心,通过时间的推移来表现景色的变幻,并由此而引起情感的波动。在语言上三言、七言句相间使用,从而产生强烈的节奏感。全诗显示了一种既清新流丽又含蓄朦胧的美,故而清人沈德潜以"美人娟娟隔秋水"形容之。

烟渺渺[1],碧波远,白露晞[2],翠莎晚[3]。泛绿漪[4],蒹葭浅[5],浦风吹帽寒发短[6]。美人立,江中流,暮雨帆樯江上舟,夕阳帘栊江上楼[7]。舟中采莲红藕香,楼前踏翠芳草愁。芳草愁,西风起,芙蓉花[8],落秋水,鱼初肥,酒正美。江白如练月如洗[9],醉下烟波千万里。

四库本《大复集》卷六

[注释]

[1]烟渺渺:烟波浩渺。形容水面宽阔,无边无际。

[2] 晞(xī):干。此乃点出时间为早上。

[3] 翠莎(suō)晚:翠绿的莎草已经成熟。莎草是一种草本植物,俗称香附子,可入药。

[4] 漪(yī):涟漪,细微的波纹。

[5] 蒹葭:蒹,荻草;葭,芦苇。《诗·秦风·蒹葭》:"蒹葭苍苍,白露为霜。所谓伊人,在水一方。"

[6] "浦风"句:"浦风"指水边的风。吹帽:《晋书·孟嘉传》载,桓温集群僚宴会,孟嘉被风吹帽落地,却浑然不觉。后以"吹帽"为重九登高雅集的典故。何景明《九日》诗:"吹帽他时兴,登台此日情。"在本诗中是暗用此典。

[7] 帘栊:悬挂竹帘的窗户。

[8] 芙蓉花:即荷花。

[9] 江白句:练,白绢。此句化用南齐谢朓《晚登三山还望京邑》诗"澄江静如练"之语。

※秋兴八首(其一)

高楼一上思堪哀,水尽山空雁独回。万里关河迷北望,无边风雨入秋来。故人尺素年年隔,薄暮清砧处处催。徒有寒樽对花发,病怀愁绝共谁开?

四库本《大复集》卷二十四

※吴伟江山图歌

吴伟老死不可见,人间画史空嗟羡。吾观此卷江山图,飘然意象临虚无。想彼濡毫拂绢素,酒酣落笔神骨露。万里青天动海岳,空堂白日流云雾。洲倾岸侧波岭衔,岛屿倒影翻源潭。江边万舸一时发,中流飒飒开风帆。崩涛涌浪势难久,渔子舟人各回首。去雁遥知七泽中,落花误认桃源口。烟峰苍茫貌二叟,面发衣冠颇粗丑。石林沙草恣点染,舒卷沧洲在吾手。忆昨弘治间,伟艺实绝伦。供奉曾逢万乘主,招邀数过诸侯门。京师豪贵竞迎致,失意往往遭呵嗔。由来能事负性气,□轲贫贱终其身。呜呼吴生岂复作,身后丹青转零落。残山剩水片纸贵,百金购之不一得。此卷流传天地间,我即见汝真颜色。

四库本《大复集》卷十四

徐祯卿

徐祯卿(1479—1511),字昌谷,一字昌国,长洲(今江苏苏州)人。弘治十八年进士,官国子监博士。明代复古派前七子之一,有《迪功集》。

※在武昌作

洞庭木叶下,潇湘秋欲生。高斋今夜雨,独卧武昌城。重以桑梓念,凄其江汉情。不知天外雁,何事乐南征?

四库本《迪功集》卷二

唐 寅

唐寅(1470—1523),字伯虎,一字子畏,吴县(今江苏苏州)人。年轻时才气奔放,与文征明、祝允明及徐祯卿一起被称为吴中四才子。弘治十一年举乡试第一,大受詹事程敏政赏识,并被招致程氏门下往还。次年唐寅至京参加会试,因受主考官程敏政科场舞弊案株连而下诏狱,被黜为吏,耻不就。自此遂无意于功名,致力绘事,以卖画为生。并筑室桃花坞,自号桃花坞主,诗酒自放。文采风流,辉耀江南,因刻石章,号称"江南第一风流才子"。晚好禅学,归心佛氏,故又号六一居士。年五十四而卒。唐寅博学多才,又精于书画,善山水人物花鸟,与沈周、文征明、仇英合称江南四家。诗文初尚才情,晚年颓然自放。诗中多表现及时行乐与玩世不恭的内容,实则为真实地抒写自我性灵;艺术上则自由挥洒,不假外饰,无意于工拙。王世贞称其诗为"乞儿唱莲花落",指其不避俚俗,节奏明快,韵脚流转的民歌特点。此虽与传统诗歌有异,却已开晚明公安派"独抒性灵,不拘格套"之先河。其作品有周道振、张月尊辑校的《唐伯虎全集》。

感 怀

[解题]

在本诗中,作者描绘出一副独立而实在的人生画卷。所谓独立是指其"画笔兼诗笔"的生涯,亦即依靠自我的艺术才能生活而不依附于人,作者另有绝句曰:

"不炼金丹不坐禅,不为商贾不种田。闲来写就青山卖,不使人间造孽钱。"可与此诗相印证。所谓实在是指其潇洒放荡的现实人生享受。尽管这不如谈禅论道高妙,不如仕宦显赫,但却充实而愉快。而实在的生活又取决于独立的人生此一前提。诗中的这种人生模式,是建立在明代世俗社会基础上的一种新型文人生活取向。

不炼金丹不坐禅[1],饥来吃饭倦来眠。生涯画笔兼诗笔[2],踪迹花边与柳边。镜里形骸春共老[3],灯前夫妇月同圆。万场快乐千场醉,世上闲人地上仙。

《唐伯虎全集》卷二,中国美术学院出版社2002年版

[注释]

[1] 金丹:方士炼金石为丹药,服之以求长生。坐禅(chán):静坐息虑,是佛家修养心性的方式。

[2] 生涯:有二义,一指生计,二指生活。亦即绘画与作诗既是生活的享受,也是生计的来源。

[3] 春共老:与春风迟暮。共:与。老:迟暮。

把酒对月歌

[解题]

本诗用月、诗、酒三种媒介将作者自我与诗人李白联系在一起,在广袤的时空中展开对比性联想,最终收归到"我也不登天子船,我也不上长安眠"的独立狂傲上来,从而突出了诗人与李白的呼应共鸣。用笔挥洒自如,情感豪放不羁,从中显示了作者的才气与风采。

李白前时原有月,惟有李白诗能说[1];李白如今已仙去,月在青天几圆缺。今人犹歌李白诗,明月还如李白时;我学李白对明月[2],月与李白安能知?李白能诗复能酒,我今百杯复千首;我愧虽无李白才,料应月不嫌我丑。我也不登天子船,我也不上长安眠[3];姑苏城外一茅屋[4],万树桃花月满天。

《唐伯虎全集》卷一,中国美术学院出版社2002年版

[注释]

[1] 李白诗能说:此指李白多以月为题写诗,如《峨眉山月歌》、《月下独酌》、《望月有怀》、《雨后望月》、《静夜思》等等。

[2] 对明月：即与月问答，如："青天有月来几时，我今停杯一问之。"(《把酒问月》)"举杯邀明月，对影成三人。"(《月下独酌》)

[3] "我也"二句：乃化用杜甫《饮中八仙歌》之句，杜诗为："李白一斗诗百篇，长安市上酒家眠。天子呼来不上船，自称臣是酒中仙。"作者在此化用其意，表示自己比待诏翰林的李白更旷达。

[4] 姑苏：即今江苏苏州。一茅屋：指桃花坞。《明史·唐寅传》载："筑室桃花坞，与客日般饮其中。"

祝 允 明

祝允明(1460—1526)，字希哲，因右手生有枝指，故号枝山、枝指生，长洲(今江苏苏州)人。弘治五年举人，后连试进士皆不第，除广东兴宁知县，迁应天府通判，不久谢病归乡。祝允明自幼多才多艺，尤工书法，为人任诞狂傲，不羁礼法，好酒色六博，善度新声，曾粉墨登场，梨园子弟相顾不如，乃明代中期出名的狂放士人。他的诗也以狂放自如而著称，最突出者为哲理诗与抒情诗，往往表现出狂放之论与不羁人格，同时又饱含激情。所以明人顾璘称其诗"吐词命意，迥绝俗界"(《国宝新编》)。但也往往存有拣择不精之弊。有《怀星堂集》传世。

秋宵不能寐

[解题]

本诗由官街鼓声引发出对历史、现实与人的生命价值的思考，感叹人世的纷扰，青春的短暂，以及历史评判的反复无常，并产生出与月光秋色共融于一体的超然追求。这是明代较早留意人生个体价值的诗作。

官街彻夜鼓声悲[1]，万古浑无至静期。百事生来酒醒处，七情伤向梦回时。红颜交代将人误[2]，青史升沉与世移。独起挑灯映窗坐，秋光月色共参差。

四库本《怀星堂集》卷六

[注释]

[1] 官街：都市中的大街。

[2] 红颜：此谓青春。交代：转移，更换。

※绝句二首之一

忽见银河水倒倾,森森毛发不胜清。悟来只在空山顶,卧听松声夹雨声。

四库本《怀星堂集》卷八

文 征 明

文征明(1470—1559),原名璧,字征明,又字征仲,号衡山居士,长洲(今江苏苏州)人。明中期著名书画家,与唐寅齐名。有《文征明集》。

※阊门夜泊

阊阖城西暮雨收,西虹桥下水争流。苍茫野色千山隐,突兀寒烟万堞浮。灯火旗亭喧夜市,月明歌吹满江楼。乌啼不复当时境,依旧钟声到客舟。

周道振辑校《文征明集》卷十三,上海古籍出版社1987年版

王 阳 明

王阳明(1472—1529),本名王守仁,字伯安,因其曾创办阳明书院,故世称阳明先生,余姚(今属浙江)人。弘治十二年进士,授刑部主事,改兵部。正德元年因上疏救御史戴铣而触怒宦官刘瑾,被廷杖四十后谪贵州龙场驿丞。刘瑾伏诛后先移官庐陵知县,后又擢右佥都御史巡抚南赣、两广,其间平定南中之乱与朱宸濠叛乱,因功升南京兵部尚书,封新建伯。嘉靖八年又奉命出征广西,途中病死于南安。王守仁是明代心学的开创者,创良知学说,成为明代中后期广为流行的一大学派。其主要精力用于讲学与思辨,诗文乃其余事。但他又是具有较高美学修养的诗人,早年曾与李梦阳等文学之士交往密切。他的散文博大畅达,有类苏轼。其诗部分有讲学诗倾向,缺乏形象与情感。但也有许多诗情理兼备,意趣高远,具有较高的审美价值。

龙潭夜坐

[解题]

　　本诗作于王阳明在安徽滁州时,据阳明年谱正德八年条目下载:"冬十月,至滁州。滁山水佳胜,先生督马政,地僻官闲,日与门人遨游琅琊、瀼泉间。月夕则环龙潭而坐者数百人,歌声振山谷。诸生随地请正,踊跃歌舞。旧学之士皆日来臻。于是从游之众自滁始。"道出了滁州的山水之美与心情的闲适自得。本诗乃作者一人独赏美景,诗中以花香、溪声、月光、栖鸟、空山、松风,构成一种幽静的环境,烘托出一位情趣高雅的幽人,可谓一种情景交融、余韵悠长的艺术境界,而"猗兰"典故的运用,又寄寓了作者高洁的圣者情怀,是一首值得品味的好诗。

　　何处花香入夜清?石林茅屋隔溪声。幽人月出每孤往[1],栖鸟山空时一鸣。草露不辞芒屦湿[2],松风偏与葛衣轻[3]。临流欲写《猗兰》意[4],江北江南无限情。

　　　　　　　　吴光等编校《王阳明全集》卷二十,上海古籍出版社1995年版

[注释]

　　[1]幽人:幽隐之人,亦即隐士。语出《易·履》:"履道坦坦,幽人贞吉。"
　　[2]芒屦(jù):芒为一种草本植物,芒屦即芒鞋,亦即草鞋。
　　[3]葛(gé)衣:葛是一种可用于织布的草本植物,葛衣即用葛布制的夏衣。
　　[4]《猗兰》:古琴曲《猗兰操》的省称。《乐府诗集》卷五十八引《琴操》曰:"《猗兰操》,孔子所作……(孔子)自卫返鲁,隐谷之中,见香兰独茂,喟然叹曰:'兰当为王者香,今乃独茂,与众草为伍。'乃止车,援琴鼓之,自伤不逢时,托词于香兰云。"此处所言"猗兰意"有圣者生不逢时的意思。

※山中漫兴

　　清晨急雨度林扉,余滴烟梢尚湿衣。雨水霞明桃乱吐,沿溪风暖药初肥。物情到底能容懒,世事从前顿觉非。自拟春光还自领,好谁歌咏月中归。

　　　　　　　　吴光等编校《王阳明全集》卷二十,上海古籍出版社1995年版

徐　渭

　　徐渭(1521—1593),字文清,又字文长,号天池山人,青藤道士,田水月等。

山阴(今浙江绍兴)人。嘉靖十九年为诸生,后屡试举人不中。嘉靖三十七年入浙闽总督胡宗宪幕佐其平定倭乱,大受胡氏信任。后宗宪因严嵩倒台而下狱,徐渭受到牵连,遂发狂自残,又杀其继妻,被下狱论死。获救出狱后曾漫游南北,以卖书画为生。晚景凄凉,于73岁时忧愤而卒。有《徐文长集》、《樱桃馆集》等传于世,今人编为《徐渭集》。徐渭诗文书画俱精,还擅长戏曲创作与批评。其散文以议论通达、自然流畅为特征,受唐顺之本色论的文学思想影响较大。诗歌亦颇具个性,其奔放自然似李白,怪异奇特似李贺,而诙谐通脱又似苏轼。其风格对晚明公安派有较大影响,袁宏道、陶望龄均曾作传记叙其人而评其诗。《四库全书总目提要》评其诗曰:"欲出入李白、李贺之间,而才高识僻,流为魔趣,选言失雅,仟佻居多,譬之急管幺弦,凄清幽渺,足以感荡心灵,而揆以中声,终为别调。"

宿　丘　园

[解题]

　　本诗是作者35岁时于入闽途中所作(该诗之写作时间见徐朔方《徐渭年谱》"嘉靖三十五年条目"下)。诗中以老树、长藤、磷火、枯根及精祟等怪异幽森的景物,组成了一幅凄清冷峻的画面,表达了作者夜宿山中时孤寂恐惧的心境。而诗之后半想象精祟化为道士月夜来访谈,又在怪异凄冷中透出一丝幽默。

　　老树拿空云[1],长藤网溪翠[2],碧火冷枯根[3],前山友精祟[4]。或为道士服,月明对人语,幸勿相猜嫌,夜来谈客旅。

《徐渭集》卷四,中华书局1983年版

[注释]

　　[1]拿空云:排空凌云。
　　[2]网溪翠:此处"网"为动词,犹言长藤在溪之两岸织成翠绿的大网。
　　[3]碧火:青绿色的火光,即磷火,俗称鬼火。冷枯根:使枯根阴森凄冷。
　　[4]友精祟:仿佛精祟相聚为友。精祟指前所言之"碧火"。

※三茅观观潮

　　黄幡绣字金铃重,仙人夜雨骑青凤,宝树攒攒摇绿枝,海门数点潮头动。海神罢舞回腰窄,天地有身存不得,谁将练带括秋空,谁将古概量春雪。黑鳌戴地几万年,昼夜一身神血干,升沉不守瞬息事,人间白浪今如此。白日高高惨不光,冷虹随日萦城隍,城中那得知城外,却疑寒色来何方。鹿园草长文殊死,狮子随人吼祇树,吴山石头坐秋风,带着高冠拂云雾。

《徐渭集》卷五,中华书局 1983 年版

※王元章倒枝梅画

皓态孤芳厌俗姿,不堪复写拂云枝。从来万事嫌高格,莫怪梅花着地垂。
《徐渭集》卷十一,中华书局 1983 年版

李 攀 龙

  李攀龙(1514—1570),字于鳞,号沧溟,历城(今山东济南)人。嘉靖二十三年进士,初授刑部主事,历员外、郎中。嘉靖三十二年迁顺德知府,三年后升任陕西提学副使。不久托病归乡,建白雪楼啸饮其中。隆庆元年起为浙江副使,迁参政,拜河南按察使。因母丧返乡,哀伤过甚而病逝于家中。有《沧溟先生集》传世。李攀龙继李梦阳后而倡言复古,与王世贞同为后七子领袖,以性情狂傲著称。其诗总体上均有模拟重复之弊,而其中乐府诗最为人所诟病,近体诗情形稍好,尤以七言律最为人所称道。

寄殿卿二首之一

[解题]

  本诗是作者任顺德知府时寄给其好友许殿卿的。许殿卿即许邦才,字殿卿,系李攀龙之少年好友与儿女亲家。嘉靖二十二年举人,授永宁知县,迁德府长史,又改周府长史。有《梁园集》四卷。诗中以世路的艰难、人情的惨淡以及现实环境的寂寞,突出了自己与朋友许殿卿的友情及其对他的思念,并表达了希望归隐的愿望。诗作确有精工雄浑、寄意深远的长处。

  人情原惨淡,世路故蹉跎。意气弹冠少[1],风尘按剑多[2]。客居深雨雪,春梦远漳河[3]。赖有西山色,犹堪载酒过。
包敬第点校《沧溟先生集》卷六,上海古籍出版社 1992 年版

[注释]

　　[1] 意气:志趣。弹(tán)冠:原指相友善者援引出仕,此处意为相契,相知。王维《酌酒与裴迪》:"白首相知犹按剑,朱门早达笑弹冠。"

　　[2] 风尘:世路。按剑:以手抚剑,预示击剑之姿。此指相疑,警戒。参见上引王维诗句。

　　[3] 漳河:卫河的支流。在河北、河南两省边境。有清漳河、浊漳河两源,均出山西省东南部,在河北省南部边境汇合后称漳河,东南流入卫河。据此可知作者此时在顺德(今河北邢台)府任上。

※挽王中丞八首之二

司马台前列柏高,风云犹自夹旌旄。属镂不是君王意,莫作胥山万里涛。

包敬第点校《沧溟先生集》卷十三,上海古籍出版社1992年版

王　世　贞

　　王世贞(1526—1590),字元美,号凤洲,又号弇(yǎn)州山人,太仓(今属江苏)人。嘉靖二十六年进士,曾任刑部主事、山东兵备副使等职,因父亲获罪被杀而解官。隆庆初年,其父之案得以平反,复起为大名兵备副使,并先后任山西、湖广按察使、广西布政使、太仆寺卿等职,最后官至刑部尚书。著有《弇州山人四部稿》及《续稿》。王世贞为复古派后七子领袖,为诗文力主秦汉盛唐,当时名气极大,尤其是李攀龙病逝后,独主文坛二十余年。但他反对一味模仿古人,主张博采众长,善于变化。加上他学识渊博,才力雄健,因而在诗歌创作上取得的成就比李攀龙更大。其诗风格以高华秀逸为主,然各体又自有特色,朱彝尊《静志居诗话》评其诗曰:"乐府变奇奇正正,易陈为新,远非于鳞生吞活剥者比。七律高华,七绝典丽,亦未遽出于鳞下。"其缺点主要是驳杂不纯。

哭梁公实十首之四

[解题]

　　本诗是作者对其诗友梁有誉的悼念之作。梁有誉,号兰汀,字公实。顺德(今属广东)人,嘉靖二十九年进士,授刑部主事,后因病归乡,病逝于家。他是后

七子成员之一,著有《兰汀存稿》。诗中抒发了对梁有誉逝世的沉痛之情及二人之间深厚的情谊,并进一步发出"雄才半陆沉"的感叹与不满。诗歌情感真挚,意境浑厚,寄意深远,是复古派作品中的佳作。

草色罗浮满[1],茫茫不可寻。乾坤闻笛赋[2],山水断弦心[3]。大业中途阻,雄才半陆沉。呼儿检书札,读罢细沾巾。

四库本《弇州四部稿》卷二十五

[注释]

[1] 罗浮:即罗浮山,在广东东江北岸,以风景优美著称。钱谦益《列朝诗集小传·丁集》上记载,梁有誉曾经"与黎民表约游罗浮,观沧海日出。海飓大作,宿田舍者三夕,意尽赋诗而归,中寒病作,遂不起,年三十六。"

[2] 笛赋:梁有誉有《霜夜楼中闻笛有感》(《兰汀存稿》卷二),为当时传诵名作,在此代指梁之诗作。又臧荣绪《晋书》与向秀《思旧赋序》均记嵇康死后,好友向秀过其旧庐,闻笛声嘹亮,触发对旧友的怀念之情,乃作《思旧赋》。此处暗用此典,以抒发对挚友的深沉之思。

[3]《吕氏春秋·本味》:伯牙善弹琴,钟子期为知音。"钟子期死,伯牙破琴绝弦,终身不复鼓琴。"此处寓挚友逝去,悲伤难抑之情。

※李于鳞罢官歌

人间奇事竟何限,李生掉头西出关。金鱼紫衫掷中道,曳耒长耕历下山。巨灵高掌撼不住,玉女噷吒愁云鬟。以东岳海奋生色,星河错落雄其间。雕镂万象抉元气,从此天公不得闲。词场雁行忝王李,怅望逸翮胡由攀?燕京冠盖但巉嵲,狂夫往事犹能说。酒歌哀弦下风雨,剑舞急调排虹霓。谢榛十诗九不道,布衣吾侪甘折节。凤凰池头失傲吏,馀子散作中原别。已许肮脏骄青云,复将飘零斗白雪。虽其远游足畅意,五斗往往摧余舌,呜呼李生太奇绝!赠生两丸弄千秋,骑一黄鹤览九州。君不见古来豪杰多自量,屈宋焉敢兼巢由!

四库本《弇州四部稿》卷十八

谢　　榛

谢榛(1495—1575),字茂秦,号四溟山人,山东临清人。明后期布衣诗人,后七子成员之一。有《四溟山人集》、《四溟诗话》等。

※大梁冬夜

坐啸南楼夜,孤灯客思长。人吹五更笛,月照万家霜。归计身多病,生涯鬓易苍。征鸿向何许,春意遍湖湘。

四库本《四溟集》卷四

※远别曲

阿郎几载客三秦,好忆侬家汉水滨。门外两株乌桕树,叮咛说向寄书人。

四库本《四溟集》卷十

袁宏道

袁宏道(1568—1610),字中郎,又字无学,号石公,又号六休,湖北公安人。万历二十年进士,先后任吴县知县、顺天教授、国子博士、吏部员外郎等职,43岁病逝于家乡。他是公安派的领袖人物,在"三袁"中成就与影响都最大。受王阳明心学尤其是李贽思想的影响,在文学上反对前后七子的复古主张,提出"独抒性灵,不拘格套"的创作理论,其文学成就主要表现在小品文与诗歌创作上。其诗歌尽管有时显得浅露而缺乏深意,但却能任性而发,不避俚俗,显得自由活泼、清新自然,具有独特的趣味与神韵。尤其是在《锦帆集》与《解脱集》中,仿效民歌体,大量吸收俗语入诗,率直浅易,清新活泼,形成了在当时影响甚大的"公安体",被许多诗人所仿效。其小品文主要包括山水、尺牍与传记等,具有生动传神、活泼幽默的特点。有《袁中郎全集》传世,今人将其整理为《袁宏道集笺校》。

白 铜 儿[1]

[解题]

本诗作于万历二十二年,属于作者的早期作品。《白铜儿》本是乐府旧题,作者在此仅是借题发挥而已。诗中讽刺了那些没有学问才气者的丑态,他们利用"积玉辇金"的手段,买来官职以炫耀乡里,并渴望成仙得道,于是做出种种荒唐的举动。作品语言流畅,语气幽默,刻画形象而寓意明确,活泼自然而不流于浅薄。

　　白铜儿,白铜儿,闭眼不观书与诗。积玉辇金游帝里[2],买得乌纱绣补衣[3]。归来白马吓儿童,黑纻满堂金字红[4]。炙牛锤马邀乡里,青丝华馆闹春风[5]。越女吴娃娇侍侧[6],又欲凌空生羽翼[7]。房中素女术无成[8],汞里金丹采不得[9]。洪都老道术最奇[10],龙虎真人张天师[11]。宝箓一箱金百两[12],牛头可作门前廝[13]。击大法锣鸣大鼓,百余道士挥白麈[14]。门外幡幢引雷公[15],江上芙蓉灯竞吐[16]。后门逼债前门舍,乞儿歌郎趋满野。方士行来眼欲穿[17],山僧醉后颜如赪[18]。儒生读书书总多,白发无官可奈何？生乏白金献天子,死无黄纸赂阎罗[19]。

　　　　　　钱伯城《袁宏道集笺校》卷二,上海古籍出版社1981年版

[注释]

　　[1]白铜儿:南朝梁歌谣名。《隋书·音乐志上》:"初,武帝之在雍镇,有童谣云:'襄阳白铜蹄,反缚扬州儿。'识者言,白铜蹄谓马也,白,金色也。及义师之兴,实以铁骑,扬州之士,皆面缚,果如谣言。故即位之后更造新声,帝自为之词三曲。"

　　[2]积玉辇(niǎn)金:积玉乃累金积玉的简化,形容财富极多;辇为搬运、运送,辇金即携带输送黄金。帝里:帝都、京都。

　　[3]乌纱绣补:乌纱即官帽,绣补指官服。当时官服的前胸与后背缀有补子,用金丝或彩线绣成鸟兽图像,以区别官级高下,谓之绣补。

　　[4]黑纻(zhù):黑色的纻麻布衣。金字:此谓皇帝所写的文字。

　　[5]青丝:青色的丝绳马缰。杜甫《青丝》诗:"青丝白马谁家子,粗豪且逐风尘起。"其后常以"青丝白马"指代粗暴之徒。

　　[6]越女吴娃:吴越之地的美女。

　　[7]凌空生羽翼:在此指得道成仙。

　　[8]房中素女术:古代道士、方士关于节欲养生保气之法。

　　[9]汞里金丹:金丹指道士用金石丹砂烧炼而成的丹,认为服之可以成仙。因汞为道士炼丹的重要原料,故言"汞里金丹"。

　　[10]洪都:即今日之江西南昌。

　　[11]龙虎真人张天师:张天师指汉代道教首领张陵,陵后名道陵,好黄老之学,初行五斗米教,后被尊称为正一天师,又称龙虎真人,乃道教正一派之祖。后来民间也泛称张道陵及其后裔、门徒为张天师。

　　[12]宝箓:道家之符箓。

[13] 牛头：佛教指地狱中的牛斗鬼卒，在此指道士的装神弄鬼。

[14] 白麈（zhǔ）：白色的麈尾。

[15] 幡幢（fān chuáng）：在此指佛教、道教所用的旌旗。雷公：神话中管打雷的神。

[16] 芙蓉灯：芙蓉即荷花，芙蓉灯即荷花形状的灯。

[17] 方士：方术之士，古代自称能访仙炼丹以求长生不老的人。

[18] 赪（chēng）：红色。

[19] 黄纸：此处指用黄纸做成的纸钱，古代认为这种纸钱可在阴司使用。

山 阴 道

[解题]

　　本诗作于万历二十五年，作者辞去吴县县令后，至杭州西湖、萧山、山阴、诸暨等地漫游山水，留下了大量的诗文作品，并结集为《解脱集》。本诗是作者离开山阴至诸暨途中行于山阴道（在今浙江绍兴西南郊外一带，历来以风景优美著称）上所作。诗中将山阴道与西湖作比，但不以景色描绘为重点，而是由景及人，抒发自我感想。有宋诗善议论之特点而又不平板迂腐，重在人生趣味的表现，从中显示出作者机智的灵性与幽默感。

　　钱塘艳若花，山阴芊如草[1]。六朝以上人，不闻西湖好。平生王献之[2]，酷爱山阴道。彼此俱清奇，输他得名早。

钱伯城《袁宏道集笺校》卷八，上海古籍出版社1981年版

[注释]

　　[1] 芊（qiān）：苍翠、碧绿。

　　[2] 王献之：东晋书法家，琅琊临沂人，后居会稽山阴。《世说新语·言语》曰："王子敬（献之）云：'从山阴道上行，山川自相映发，使人应接不暇。'"故下句言其"酷爱山阴道"。

※ 得 罢 官 报

　　拟将心事寄乌藤，料得前身是老僧。病里望归如望赦，客中闻去似闻升。尊前浊酒憨憨醉，饱后青山慢慢登。南北宗乘参取尽，庞家别有一支灯。

钱伯城《袁宏道集笺校》卷八，上海古籍出版社1981年版

※西　陵　桥

　　西陵桥,水长在。松叶细如针,不肯结罗带。莺如衫,燕如钗。油壁车,斫为柴;青骢马,自西来。昨日树头花,今日陌上土。恨血与啼魂,一半逐风雨。

钱伯城《袁宏道集笺校》卷八,上海古籍出版社1981年版

※戏题飞来峰二首之一

　　试问飞来峰,未飞在何处?人世多少尘,何事不飞去?高古而鲜妍,杨雄不能赋。

钱伯城《袁宏道集笺校》卷八,上海古籍出版社1981年版

袁　宗　道

　　袁宗道(1560—1600),字伯修,号玉蟠,湖北公安人,公安派成员之一,袁宏道之兄。万历十四年进士第一,授翰林院编修,后官至右庶子。有《白苏斋集》。

※初晴即事三首之一

　　晨风吹澹澹,檐日报新晴。尽启花开户,全收雨后清。尘烟留棐几,竹色上楸枰。自识斜川意,虚名总不争。

钱伯城点校《白苏斋集》卷四,上海古籍出版社1989年版

袁　中　道

　　袁中道(1570—1627),字小修,晚年自号凫隐居士,湖北公安人,公安派成员之一,袁宏道之弟。万历四十四年进士,官至南京礼部主事。有《珂雪斋集》。

※张　相　坟

　　牛眠童起嘻,共捽石人耳。竖子莫狂喧,江陵公在此。

钱伯城点校《珂雪斋集》卷七,上海古籍出版社1989年版

陈子龙

陈子龙(1608—1647),字卧子,号轶符,晚年自号大樽,松江华亭(今上海松江)人。崇祯十年进士,选绍兴推官,进兵科给事中。见朝廷腐败,辞职还乡,与夏允彝结几社以振作士气。清兵攻陷南京后,在故乡起兵抗清,失败后又暗中联络太湖义军,继续其抗清事业。顺治四年在苏州被捕,乘间投水而死。有《陈忠裕公全集》传世。他是明末诗坛最有成就的作家之一,论诗主张继承前后七子的复古传统,强调效法汉魏盛唐,同时也重视忧时托志的用世情怀。其早期作品讲究辞采,尤好拟古乐府。后期更加关注现实,多有感慨时事之作,内容充实丰满,风格苍凉悲壮。陈田《明诗纪事》曰:"忠裕虽续何、李、李、王之绪,自为一格,有齐梁之丽藻,兼盛唐之格调。早岁少过浮艳,中年骨干老成,殿残明一代诗,当首屈一指。"

秋日杂感十首(其二)

[解题]

本诗作于清顺治三年。原诗共七律十首,此为第二首。原题注曰"客吴中作"。当时陈子龙在松江、太湖等地抗清失败,避居于此地,眼见复国无望,心中苦闷。本诗正抒发了作者意欲复国而又事不可为的复杂情感。全诗直抒胸臆,沉雄悲壮,典型地代表着其后期的诗风。

行吟坐啸独悲秋,海雾江云引暮愁。不信有天常似醉[1],最怜无地可埋忧。荒荒葵井多新鬼[2],寂寂瓜田识故侯[3]。见说五湖供饮马[4],沧浪何处着渔舟[5]?

《陈子龙诗集》卷十五,上海古籍出版社1983年版

[注释]

[1] 有天常似醉:比喻时局混乱。

[2] 葵井:指战乱后城市村落的荒凉,语出梁代诗人何逊《行经范仆射故宅》诗:"旅葵应蔓井,荒藤已上扉。"

[3] 瓜田识故侯:秦朝灭亡后,东陵侯邵平隐居于长安城东,以种瓜为生,史称"瓜田故侯",见《史记·萧相国世家》。此处指明朝遗老贵族隐居田野的落魄

情状。

[4] 见说：听说。五湖：关于古代吴越地区的五湖有许多不同说法，根据作者当时所处的具体情况，应指太湖及附近四湖。供饮马：指被清兵占领。

[5] 沧浪(láng)：江湖。著渔舟：指隐身之地。

山 中 晓 行

[解题]

本诗写作者拂晓行于山中的景色与感受。境界雄浑阔大，格调悲壮苍凉，尤其是尾联，以愁其马之侧足高冈凸显山之高耸险要，而又无损作者豪迈之气，更是神来之笔。

夕宿青冥里[1]，晨驱翠霭旁[2]。卷旗千嶂月[3]，吹角万山霜。虎啸阴崖黑，鸡鸣曙海黄。无因愁予马[4]，侧足此高岗[5]。

《陈子龙诗集》卷十二，上海古籍出版社1983年版

[注释]

[1] 青冥：青苍幽远，此处形容山峰之高入云端。

[2] 翠霭：青色的云气。

[3] 千嶂：重重叠叠的陡峭山峰。嶂，耸立如屏障之山峰。

[4] 无因：无所凭借。

[5] 侧足：立足于不安稳之地。

夏 完 淳

夏完淳(1631—1647)，初名复，字存古，号玉樊，松江华亭(今上海松江)人。明末爱国志士，曾从陈子龙起兵抗清，被捕后不屈被杀。有《夏完淳集》。

※别 云 间

三年羁旅客，今日又南冠。无限河山泪，谁言天地宽？已知泉路近，欲别故乡难。毅魄归来日，灵旗空际看。

《夏完淳集》卷四，中华书局1959年版

二、文

宋　　濂

宋濂(1310—1381),字景濂,其先祖为金华潜溪人,故称潜溪先生,后移居浦江。元至正九年被荐授翰林院编修,以亲老不赴,隐居东明山著书。明初被朱元璋征召,初授江南儒学提举,洪武二年命授太子经,并任《元史》总裁官。累官至翰林学士承旨知制诰,后以年老致仕。洪武十三年因长孙犯法,又牵涉胡惟庸案而被流放茂州,病逝于途中。正德年间追谥文宪。宋濂为明朝开国文臣之首,明初朝廷的许多大著作均出于其手。他论文主张明道宗经,有用于世,代表了明代初年的朝廷文章观念,故其文章以醇深典正、浑穆雍容为主要特征。但也有不少写景写人的散文以形象传神见长,具有较高的艺术价值。有《宋学士集》传世。

秦　士　录

[解题]

本文是一篇人物传记,记述了陕西士人邓弼不得志的一生。文中以亦雄亦狂贯穿始终,初以斗牛持石显其力,继以使酒讲经显其狂与学,再以献艺德王显其勇与狂,最后则以老死草野的结局显其命运的不幸。文章不仅写出了邓弼的神态与个性,更突出表现了元代士人郁郁不得志的人生悲剧。清人李祖陶评此文曰:"此文亦以气胜,真写得鼻端火出,耳后风生。"(《金元明八大家文选·宋景濂先生文选》)

邓弼字伯翊,秦人也[1],身长七尺,双目有紫棱[2],开合闪闪如电。能以力雄人;邻牛方斗不可擘[3],拳其脊,折仆地。市门石鼓,十人舁弗能举[4],两手持之行。然好使酒怒视人[5],人见辄避,曰:"狂生不可近,近则必得奇辱。"一日,独饮娼楼,萧、冯两书生过其下,急牵入共饮。两生素贱其人,力拒之。弼怒曰:"君终不我从，必杀君，亡命走山泽耳。不能忍君苦也。"两生不得已，从之。弼自据中筵，指左右捭两生坐，呼酒歌啸以为乐。酒酣，解衣箕踞[6]，拔刀置案上，铿然鸣[7]。两生雅闻其酒狂[8]，欲起走。弼止之曰："勿走也。弼亦粗知书，君何至相视如涕唾。今日非速君饮[9]，欲少吐胸中不平气耳。四库书从君问[10]，即不能答，当血是刃。"两生曰："有是哉！"遽摘七经数十义叩之[11]，弼历举传疏，不遗一言。复询历代史，上下三千年，缉缉如贯珠[12]。弼笑曰："君等伏乎未也？"两生相顾，惨沮不敢再有问。弼索酒，被发跳叫曰："吾今日压倒老生矣！古者学在养气，今人一服儒衣，反奄奄欲绝，徒欲驰骋文墨，儿抚一世豪杰[13]。此何可哉！此何可哉！君等休矣。"两生素负多才艺，闻弼言，大愧，下楼足不得成步。归询其所与游，亦未尝见其挟册呻吟也[14]。

泰定末[15]，德王执法西御史台[16]，弼造书数千言，袖谒之。阍卒不为通[17]，弼曰："若不知关中有邓伯翊耶？"连击踣数人[18]。声闻于王，王令隶人捽入，欲鞭之。弼盛气曰："公奈何不礼壮士？今天下虽号无事，东海岛夷尚未臣顺[19]，间者驾海舰互市于鄞[20]，即不满所欲，出火刀斫柱，杀伤我中国民。诸将军控弦引矢，追至大洋，且战且却，其亏国体为已甚。西南诸蛮，虽曰称臣奉贡，乘黄屋左纛[21]，称制与中国等，尤志士所同愤。诚得如弼者一二辈，驱十万横磨剑伐之[22]，则东西止日所出入，莫非王土矣。公奈何不礼壮士！"庭中人闻之，皆缩颈吐舌，舌久不能收。王曰："尔自号壮士，解持矛鼓噪，前登坚城乎？"曰："能。""百万军中可刺大将乎？"曰："能。""突围溃阵，得保首领乎？"曰："能。"王顾左右曰："姑试之。"问所须，曰："铁铠、良马各一，雌雄剑二。"王即命给与。阴戒善槊者五十人[23]，驰马出东门外，然后遣弼往。王自临观，空一府随之。暨弼至，众槊并进。弼虎吼而奔，人马辟易五十步[24]，面目无色。已而烟尘涨天，但见双剑飞舞云雾中，连斫马首堕地，血涔涔滴。王抚髀欢曰[25]："诚壮士，诚壮士！"命酌酒劳弼。弼立饮不拜。由是狂名振一时，至比之王铁枪云[26]。王上章荐诸天子。会丞相与王有隙[27]，格其事不下。弼环视四体，叹曰："天生一具铜筋铁肋，不使立勋万里外，乃槁死三尺蒿下，命也，亦时也，尚何言！"遂入王屋山为道士[28]，后十年终。

史官曰[29]：弼死未二十年，天下大乱，中原数千里人影殆绝，玄鸟来降失家[30]，竞栖林木间。使弼在，必当有以自见。惜哉！弼鬼不灵则已，若有灵，吾知其怒发上冲也。

四库本《文宪集》卷二十八

[注释]

[1] 秦人：秦地之人。秦地指今陕西一带。

[2] 双目有紫棱:目光锐利有神。

[3] 擘(bāi):分开。

[4] 舁(yú):抬。

[5] 使酒:因酒使性。

[6] 箕踞:轻慢、不拘礼节貌,即随意张开两腿而坐,形似簸箕。

[7] 铿(kēng)然:象声词,这里形容响亮的刀鸣声。

[8] 雅:素来,向来。

[9] 速:召,请。

[10] 四库:本指古代官廷藏书之处,唐代两都各自聚书四部,列为经、史、子、集四库而藏之,见《新唐书·艺文志一》。后亦将四部书称为四库书。

[11] 七经:汉以来所推崇的七种儒家经典,其名目各家不一。据宋代王应麟《小学绀珠》有二说:一为《易》、《书》、《诗》、《三礼》、《春秋》,二为《诗》、《书》、《春秋》、《三礼》、《论语》。此处泛指儒家经典。

[12] 纚(xǐ)纚如贯珠:纚纚,为连绵不断貌;贯珠,即如成串之珠子而接连不断。形容谈吐流畅而滔滔不绝。

[13] 儿抚一世豪杰:将世上豪杰作小儿般抚弄,即轻视当世豪杰之意。

[14] 呻吟:此谓低声吟咏诵读。

[15] 泰定:元泰定帝也先帖木耳年号(1324—1328)。

[16] 德王:指马札儿台,其泰定四年为陕西行台治书侍御史。至元六年封忠王,德王乃死后改封。执法:即任职。西御史台:即陕西诸道行御史府。

[17] 阍(hūn)卒:守门士兵。

[18] 踣(bó):跌倒。

[19] 岛夷:此指倭寇。含有鄙视意。

[20] 鄞(yín):今浙江宁波一带。

[21] 黄屋:古代皇帝所乘之车,因车盖以黄缯为里,故名黄屋,并用以代指帝王之车。左纛(dào):纛为大旗,设于帝王车衡左边的大旗名左纛。

[22] 横磨剑:长而大的利剑,比喻精锐善战之士卒。《旧五代史·晋书·景延广传》:"晋朝有十万口横磨剑,翁若要战则来。"

[23] 阴戒:暗中叮嘱。槊(shuò):长矛。

[24] 辟(bì)易:退避,避开。

[25] 抚髀(bì):用手拍大腿,表示称赞。

[26] 王铁枪:五代梁人王彦章的绰号。其为人骁勇有力,持一铁枪,奔驰冲突,奋疾如飞,军中号为王铁枪。见《新五代史·死节传·王彦章》。

[27] 丞相:当时左丞相为倒剌沙,右丞相为塔失帖木儿。有隙:有嫌隙,犹

言有矛盾。

[28] 王屋山：山名，在今山西省垣曲县和河南省济源市之间。

[29] 史官：作者自称。

[30] 玄鸟：玄为黑色，玄鸟即燕子。

※ 松 风 阁 记

夫风者，天地之噫气，然则生生者谁哉？生之者静之体，而应之者动之用也。当其万窍怒号，前者唱于而随者唱喁，咸物之自取也。庭宇之松，苍髯奋杰于晨露夕月之中，遇祥飙过之，泠泠然如鸾凤之鸣，如琴瑟之音，昔者陶隐居恒乐之，后世幽人狷士又从而效之，或取以名其室焉。

方外恬师静庵，来征所谓松风阁记，予请极其变者而言之可乎？始风之未生也，敛神功于寂默之中，昏昏冥冥，万象虽具，不见其迹，天机一动，随品物以流形。大海遇之，重波复浪，一泻万里；千山逢之，鳞甲掀动，笙镛间作，经苍蒥之林，则郁烈酣润，清芬之气袭人；入鲍鱼之肆，则腥秽逆鼻，触之而哕呕。如此者不可以一二数。苟独指松而为言，非所以极风之变者也。然其变者，岂皆有系于风之动哉？先觉有云：风性本静，以缘起故动。倘其性本动，则宁有静时？是则物各有以自取也。且以吾心言之，大用繁兴之时，怒气炽然，如霆奔火烈；喜色熙然，如雾廓霞舒；兴哀则千人贯涕，鼓勇则万夫莫敌。皆此一心之变也。然心果有变乎？心无变，其所变者缘耳，故当本体澄湛之际，无物不有，而无一物之留。以近取譬，所谓生之者静之体，而应之者动之用，岂非然欤！

予家浦阳大山中，青松罗桓舍之北南，明月之夜，白露初零，默然出坐庭际，松声到耳，乍大乍小，或亟或徐，中心颇乐之，方知隐居酷爱之者，良有以也。自松声而推之，世间之声万变不齐，虽不可胜穷，其道亦不外是矣！尝一滴之咸而知沧海之性，窥寸隙之光而见日轮之体，又何以纷纭为哉？恬师学佛之流，故予极其变而告之。须知变之中而有不变者存，不变者何？前所谓心者是也。心无体段，无方所，无古今，无起灭。三世诸佛，不见其有余；河沙凡夫，不见其不足。恬师能索之于此焉，则松风朝夕所演无非大乘微妙之法，隐居恶足以语此哉？

阁在越之耶溪上，季蕤若公之所建者。因得径山范公所书"松风"二大字，遂揭以为名。予谓径山古之名德，其字不可亵玩，宜别求善书者易之。既告之故，复为记其事如右。其详则见天竺法师道公所为文，其妙无以加矣，予何言哉！

四库本《文宪集》卷二

刘 基

作者介绍见前"诗"部分。

郁离子(群蚁)

[解题]

　　本文选自作者的寓言集《郁离子》。《郁离子》是作者元末隐居青田时所作,其用意在于借寓言的形式指出现实的弊端,并总结历史的教训警示后人,其"郁离"二字乃文明之意,"其意为天下后世若用斯言,必可抵文明之治"。(吴从善《郁离子序》)因而其中各篇往往寓意深刻而又形象鲜明,原书共18章,195篇。本文选自卷一《玄豹》篇。文章不仅深刻揭示了一些人自毁根基而导致灭亡的教训,而且形象地描绘出在混乱时局中人们盲目乱撞而无所趋避的处境。

　　南山之隈有大木[1],群蚁萃焉,穿其中而积土其外,于是木朽,而蚁日蕃,则分处其南北之柯,蚁之垤瘯如也[2]。一日,野火至,其处南者走而北,处北者走而南,不能走者,渐而迁于火所未至。已而,俱爇无遗者[3]。

四库本《诚意伯文集》卷十七

[注释]

　　[1]隈(wēi):深曲之处。
　　[2]垤(dié):蚁冢,即蚂蚁做窝时堆积在洞口周匝的浮土。瘯(cù)如:瘯同簇,即丛生、丛集。瘯如乃到处丛集貌。
　　[3]爇(ruò):焚烧。

※横碧楼记

　　天下之佳山水,所在有之。自有天地以迄于今,地不改作也,或久晦而始彰,其有数乎?抑亦系于人也?故兰亭显于晋,盘谷显于唐,乃与右军之记,昌黎之序相为不朽。物之遇也,果有待于人哉。

　　会稽山阴之柯桥,即古之柯亭也。有寺曰"灵秘",有上人曰"守基"。爱其山水之佳无让于人所称者,而惜其不能与东山、云门并扬于时也,乃相其南偏作楼焉,出群室之上。凭之而觑,山之峙者苍然;俯之而瞰,水之流者渊然。或挺而隆,或靡而驰,如龙如虎,如蛟如蛇,如烟如云,如蓝如苔,如带如屏,远近高低,萦纡蔽亏,举不逃于一览。于是其地遂为甲观,恨未有高世之人为发之也。

至正甲午,用章师自浙西来,过而奇之,以其兼山水之美也。山与水皆以碧为色,故命其名曰"横碧",而俾予为之记。师今世之高人也,予于是乎喜斯楼之遇自此始也。予又闻柯亭有美竹可为笛,风清月明,登楼一吹,可以来凤凰,惊蛰龙,真奇事也。上人能之乎?吾将往观焉。

四库本《诚意伯文集》卷八

王　阳　明

作者介绍见"诗"部分。

瘗　旅　文

[解题]

瘗(yì)旅,就是埋藏死于外乡的人。本文作于正德四年王阳明被贬贵州龙场驿丞期间,文中所祭者是来自京城的不知名吏目及其一子一仆。文章对死于异乡的旅人表现了深切的同情与哀悼,其中所体现的是带有强烈审美倾向的高尚情怀,正如《古文观止》评语所言:"先生罪谪龙场,自分一死,而幸免于死。忽睹三人之死,伤心惨目,悲不自胜。作之者固为多情,读之者能无泪下。""固为多情"是指此种同情与哀悼对死者已无实用性帮助;而能使读者"泪下"则说明这是发自作者心底最真诚、最纯洁的关怀与体贴,是一种超越功利的仁者之心。

维正德四年秋月三日[1],有吏目云自京来者[2],不知其名氏;携一子一仆,将之任,过龙场[3],投宿土苗家。予从篱落间望见之,阴雨昏黑,欲就问讯北来事,不果。明早遣人觇之[4],已行矣。薄午有人自蜈蚣坡来[5],云一老人死坡下,旁两人哭之哀。予曰:"此必吏目死矣。伤哉!"薄暮复有人来,云:"坡下死者二人,旁一人坐叹。"询其状,则其子又死矣。明日复有人来,云:"见坡下积尸三焉。"则其仆又死矣。呜呼伤哉!念其暴骨无主,将二童子持畚锸[6],往瘗之。二童子有难色然。予曰:"嘻!吾与尔犹彼也。"二童悯然涕下[7],请往;就其傍山麓为三坎埋之,又以只鸡、饭三盂,嗟吁涕洟而告之。曰:呜呼伤哉!繄何人[8]?繄何人?吾龙场驿丞余姚王守仁也[9]。吾与尔皆中土之产,吾不知尔郡邑,尔乌为乎来为兹山之鬼乎?古者重去其乡,游宦不逾千里。吾以窜逐而来此,宜也[10];尔亦何辜乎?闻尔官,吏目耳,俸不能五斗,尔率妻子躬耕,可有也,乌为乎以五斗而易尔七尺之躯?又不足,而益以尔子与仆乎?呜呼伤哉!尔诚恋兹五斗而来,则宜欣然就道,乌为乎吾昨望见尔容蹙然[11],盖不任其忧者?夫冲冒雾露,扳援崖壁,行万峰之顶,饥渴劳顿,筋骨疲惫,而又瘴疠侵其外,忧郁攻其中,其能以无死乎?吾固知尔之必死,然不谓若是之速,又不谓尔子尔仆亦遽尔奄忽也[12]。皆尔自取,谓之何哉!吾念尔三骨之无依而来瘗尔,乃使吾有无穷之怆也,呜呼痛哉!纵不尔瘗,幽崖之狐成群,阴壑之虺如车轮[13],亦必能葬尔于腹,不致久暴尔。尔既已无知,然吾何能为心乎?自吾去父母乡国而来此,二年矣,历瘴毒而苟能自全,以吾未尝一日之戚戚也。今悲伤若此,是吾为尔者重而自为者轻也。吾不宜复为尔悲矣。吾为尔歌,尔听之。歌曰:

连峰际天兮,飞鸟不通;游子怀乡兮,莫知西东;莫知西东兮,维天则同。异域殊方兮,环海之中[14];达观随寓兮,奚必予宫?魂兮,魂兮,无悲以恫[15]!

又歌以慰之,曰:

与尔皆乡土之离兮,蛮之人言语不相知兮。性命不可期,吾苟死于兹兮,率尔子仆来从予兮。吾与尔遨以嬉兮,骖紫彪而乘文螭兮[16],登望故乡而嘘唏兮。吾苟获生归兮,尔子尔仆尚尔随兮,无以无侣悲兮。道旁之冢累累兮,多中土之流离兮,相与呼啸而徘徊兮。餐风饮露,无尔饥兮;朝友麋鹿,暮猿与栖兮。尔安尔居兮,无为厉于兹墟兮[17]。

吴光等编校《王阳明全集》卷二十五,上海古籍出版社1992年版

[注释]

[1] 正德四年:正德,明武宗年号。四年,即1509年。

[2] 吏目:明代的低级官员,从九品,在州、卫所等部门掌管文书或佐理刑狱。

[3] 龙场:地名,在今贵州修文县境内。龙场当时设有驿站,王阳明即贬为龙场驿丞。

[4] 觇(chān):察看。

[5] 薄午:将近中午时分。薄:迫近。

[6] 畚(běn):畚箕。锸(chā):铁锹。

[7] 悯然:忧伤貌。

[8] 繄(yī):句首语气词。

[9] 驿丞：官名，掌管邮传迎送之事，系明朝的低级官员。余姚：县名，今为市名，属浙江省。

[10] 窜逐：贬谪流放。

[11] 蹙(cù)然：忧愁貌。

[12] 遽(jù)然：突然，仓促。奄忽：死亡。

[13] 虺(huī)：毒蛇。

[14] 环海之中：指中国境内。古人认为中国四周皆大海环绕之。

[15] 恫(tōng)：痛苦。

[16] 骖：本意为两侧驾车之马，此处为动词，意为以紫彪为驾。紫彪：紫色花纹之虎。文螭(chī)：有花纹的无角龙。

[17] 厉：恶鬼。

※ 思 归 轩 赋

阳明子之官于虔也，廨之后乔木蔚然。退食而望，若处深麓而游于其乡之园也。构轩其下，而名之曰"思归"焉。

门人相谓曰："归乎！夫子之役役于兵革，而没没于徽缠也，而靡寒暑焉，而靡昏朝焉，而发萧萧焉，而色焦焦焉。虽其心之固瞥瞥也，而不免于呶呶焉，哓哓焉，亦奚为乎！槁中竭外，而徒以劳劳焉为乎哉？且长谷之迢迢也，穷林之寥寥也，而耕焉，而樵焉，亦焉往而弗宜矣。夫退身以全节，大知也，敛德以亨道，大时也；怡神养性以游于造物，大熙也，又夫子之夙期也。而今日之归，又奚以思为乎哉？"则又相谓曰："夫子之思归也，其亦在陈之怀欤？吾党之小子，其狂且简，伥伥然若瞽之无与偕也，非吾夫子之归，孰从而裁之乎？"则又相谓曰："嗟呼，夫子而得其归也，斯土之人为失其归矣乎！天下之大也，而皆若是焉，其谁与为理乎？虽然，夫子而得其归也，而后得于道。惟夫天下之不得于道也，故若是其贸贸。夫道得而志全，志全而化理，化理而人安。则夫斯人之徒，亦未始为不得其归也。而今日之归又奚疑乎？而奚以思为乎？"

阳明子闻之，怃然而叹曰："吾思乎！吾思乎！吾亲老矣，而暇以他为乎？虽然，之言也，其始也，吾私焉；其次也，吾资焉；又其次也，吾几焉。乃援琴而歌之。

歌曰：

归兮归兮，又奚疑兮！吾行日非兮，吾亲日衰兮；胡不然兮，日思予旋兮；后悔可迁兮？归兮归兮，二三子言兮！

吴光等编校《王阳明全集》卷十九，上海古籍出版社1992年版

唐 顺 之

唐顺之(1507—1560),字应德,又字义修,号荆川,武进(今江苏常州)人。嘉靖八年进士第一,授兵部武选主事,改任翰林院编修,因病乞归,致力于读书问学。后起任右春坊司谏,因与罗洪先、赵时春上疏请朝太子,被削职为民。嘉靖三十三年,因平倭患被朝廷重新起用,初授职方郎中巡视蓟镇,后升右佥都御史于东南督师平倭,因劳累过度而病逝于广陵舟中。有《荆川先生文集》传世。顺之系明代著名的气节之士,又是王阳明心学的重要学者,更是唐宋派的代表人物。其文学创作早年仿效李梦阳之复古,中年与王慎中等人倡言学习唐宋古文,40 岁以后受心学影响而讲求本色自然。其诗早年以富于才情称,晚年则率意自然而缺乏洗练。其散文则能遵循其"直据胸臆,信手写出"的主张,尽管也有侈言心性的浮廓之弊,但其佳作往往能够言之有物,本色自然,清雅晓畅,具有相当的审美价值。

永嘉袁君芳洲记[1]

[解题]

本文是唐顺之为其友人袁宗乔所种橘园写的一篇题记,时间应是其在京中任职时。文章继承了宋代写景散文议论化的特征,故可视其为唐宋派的代表作。文章佳处在于作者的议论并不抽象枯燥,而是先从一般文士对景色美的爱好落笔,然后过渡到袁宗乔对橘的特殊癖好。随后论述了橘树"受命不徙"的耿介独立品格,并以屈原颂橘作为其品格高洁的证明。文章最后点出袁宗乔本人的"志行耿介"与作者"迂憨不通于俗"的孤傲,这便将橘树、屈原、宗乔与作者在独立不羁的品格上联结为一体,给人余韵悠长的审美感受。文章叙议结合,结构精巧,行文有法而又自然流畅,寄意显明而又不流于肤浅。

介乎永嘉左右者[2],若天台雁宕之怪巧瑰丽甲天下[3],其间嘉卉美木蓊然杂植[4],虽博物者亦半不识其名品。故自古好游之士,辄以永嘉山水物产为第一。

宗乔以为是非吾好之所存也。吾独好橘,于是种橘数十本于洲上,游而乐焉,因以为号曰"橘洲主人"。又曰:"芳洲主人视其意,盖极世间名山水,自以莫如吾洲,一切嘉卉美木,自以莫如吾橘也。"而间请记于余。余始亦讶其迂且僻而笑之,既而叹曰:"宗乔可谓自足其乐,而不羡乎外者矣。"夫趣有所适,则不必其地之所胜;意有所钟,则不必其土之所珍。尝试观于草木之生,虽其奇花异卉,至不易生之物,或绝远生于海外,苟以人力移之而树艺,拥灌之如其法,则东西南北惟所徙焉。既久,而炎冷燥湿之性亦随变矣。而橘也确然独异乎是。盖昔骚人为之颂曰:"受命不徙,生此南国。"是草木中之专一耿介者也。夫骚人汇萃天下之香草美木,以况其幽馨窈窕之思,然皆未有特为之颂者。其于橘也特为之颂,岂偶然感物而假物以发兴也哉?取其臭味之深有合焉耳。

宗乔少业儒,而以医自进,其志行耿介,又雅慕王乔羡门子之道[5],翩然有迫隘斯世轻举远游之思,窥其貌,盖未尝以肉食之故而变其山泽之臞也[6],其自寄于橘也殆亦有骚人之意乎?余愧无橘之德,亦颇以迂憨不通于俗[7]。余家故邻太湖,太湖橘薮也。余将买山种橘于洞庭之上而老焉。清秋霜落,搔首而歌楚颂,欲以招宗乔,宗乔其许我乎否也?

四库本《荆川集》卷八

[注释]

[1] 袁君:袁宗乔,号芳洲,唐顺之在京任职时结识的朋友。除本文外,另有赠诗四首,其中《赠袁御医芳洲》曰:"家本东南海上村,翻因避世向金门。熊经自信窥真诀,鸿宝还将献至尊。鸣佩偶随供奉侣,下帘长对道家言。山人不厌少生事,种橘年来满故园。"据此知其为御医,并好道家学说。

[2] 永嘉:地名,在今浙江省温州市北部。

[3] 天台、雁宕:山名,均在浙江省南部,距永嘉不远。

[4] 蓊(wěng)然:草木茂盛貌。

[5] 王乔羡门子:皆古代传说中之仙人。王乔,汉代河东人,曾为叶县令,史载多有神仙之术显现,或以为即古之仙人王子乔。见《后汉书·王乔传》。羡门子,即秦汉时所传仙人羡门高,张守节《史记正义·司马相如列传》注"厮征伯侨而役羡门兮"曰:"羡门,碣石山上仙人羡门高也。"此处言袁宗乔有追求道家仙术之爱好。

[6] 臞(qú):清瘦,在此指超越世俗的清高之趣与山水之好。

[7] 迂憨:本意为迂腐痴隐。此处为耿介质直而不通世故之意。

※石屋山志序

凡情撄于物者未有不累于中,而丧失其所乐者也。有人焉知夫轩裳圭组之足以为累,而欲自逃于山颠水涯之外以为得所乐,不撄于物矣。然不知方其有羡于山水而莫之致也,则或烦劳而怅望;而其既得也,则或嗜深玩奇穷乎幽绝,劳精神而不知止。其据而私之也,则一丘一壑悉以自占,而若恐其或夺也。其久而将去也,则踌躇顾恋;其既去也,则或怅然有失,如迁客之思其故乡,罥于怀而不能已,此其患得患失于山水,与夫患得患失于轩裳圭组者,清浊有间矣,其决性命之情以撄于物,而丧失其所乐则一也。孔子不云乎,知者乐水,仁者乐山。知者动,仁者静。仁者所见无非山者,然非待山而后为乐也;知者所见无非水者,然非待水而后为乐也。非待山水而后为乐者,非遇境而情生。非遇境而情生,则亦非违境而情歇矣。故境有来去,而其乐未尝不在也。苟其乐未尝不在,则虽仁者之于水,知者之于山,亦是乐也;虽入金石,蹈水火,不足为碍。至于轩裳圭组,不足为继,亦是乐也。君子所以欲自得者,以此而已。

　　石屋者,安成山水之胜处也,彭君隐焉而乐之。既官于四方,而恨不能与俱。于是纂为图若干卷,凡岩洞之嵚崟,飞泉之喷薄,草木禽鱼之窈窕,朝霭夕霏之变化,不假登顿,不劳骋望,而宛然坐得于此。不离乎轩裳圭组之间,渺然自纵乎幽遐诡异萧散之观,虽人之未尝至石屋者,亦将于是焉可以神游而意到也。君信可谓能乐于山水矣。然吾不知君之乐,岂以厌轩裳圭组之为累而欲自逃于此欤?或怅然于怀而不能自已欤?抑其中固有可乐耶以寄于此欤?

　　君苦志好学,而从事于仁知,不欲为亢世高蹈之士,而欲为中行君子,其必有不撄于物者矣,其必有不待山水而后为乐矣。因叙以问之。

四库本《荆川集》卷七

归　有　光

　　归有光(1506—1571),字熙甫,昆山(今属江苏)人。嘉靖十九年举人,后八次进士考试皆不中,遂迁居嘉定读书讲学,学者称震川先生。嘉靖四十四年始成进士,授长兴知县,调顺德通判。隆庆元年官南京太仆寺丞,被留内阁掌制敕房,修《世宗实录》,卒于官。有《震川先生文集》传世。归有光是唐宋派的代表作家,反对王世贞等后七子的模拟剽窃。其古文创作原本六经,并好《史记》,能得其风神,在唐宋派中成就最大。尤长于记事写人的抒情散文,感情真挚,描写生动,不事雕琢,自然感人。清人方苞《书归震川文集后》评曰:"震川之文,乡曲应酬者十六七,而又徇请者之意,袭常缀琐,虽欲大远于俗言,其道无由。其发于亲旧及人微而语无忌者,盖多近古之文。至事关天属,其尤善者,不俟修饰,而情辞并得,使览者恻然有隐。"指出其应酬之文无法与怀念记述亲友的抒情散文相比,实为中肯之论。

沧浪亭记

[解题]

本文是为僧人文瑛重建沧浪亭而作。文章围绕沧浪亭的沧桑变迁,既写出亭变为庵,庵复变为亭的过程,同时又以古代极一时之盛而如今已荡然无存的诸历史事实相对比,将沧浪亭置于广阔的时空之中,突出了沧浪亭历尽沧桑而不衰的生命力。作者突出沧浪亭的目的在于缅怀初创此亭的宋代文人苏舜钦,沧浪亭的不衰实由于苏舜钦声名的长存,故曰:"可以见士之欲垂名于千载之后,不与其澌然而俱尽者,则有在矣。"但苏舜钦何以能名垂千载,作者并不点出,遂为读者留下余韵悠长的无穷遐想。

浮图文瑛[1],居大云庵[2],环水,即苏子美沧浪亭之地也[3]。亟求余作《沧浪亭记》,曰:"昔子美之记,记亭之胜也。请子记吾所以为亭者。"

余曰:昔吴、越有国时,广陵王镇吴中,治南园于子城之西南[4]。其外戚孙承佑[5],亦治园于其偏。迨淮、海纳土[6],此园不废。苏子美始建沧浪亭,最后禅者居之。此沧浪亭为大云庵也。有庵以来二百年,文瑛寻古遗事,复子美之构于荒残灭没之余。此大云庵为沧浪亭也。夫古今之变,朝市改易。尝登姑苏之台[7],望五湖之渺茫,群山之苍翠,太伯、虞仲之所建[8],阖闾、夫差之所争[9],子胥、种、蠡之所经营[10],今皆无有矣。庵与亭何为者哉?虽然,钱镠因乱攘窃[11],保有吴、越,国富兵强,垂及四世。诸子姻戚,乘时奢僭[12],宫馆园囿,极一时之盛。而子美之亭,乃为释子所钦重如此。可以见士之欲垂名于千载之后,不与其澌然而俱尽者[13],则有在矣。

文瑛读书喜诗,与吾徒游,呼之为沧浪僧云。

周本淳校点《震川先生集》卷十五,上海古籍出版社 1981 年版

[注释]

[1] 浮图:梵语 buddha 的音译,即佛,亦作"浮屠"、"佛陀"。此处指僧人。

[2] 大云庵:又名结草庵。

[3] 苏子美:北宋诗人苏舜钦(1008—1048),字子美。因议论触犯当朝权贵而遭贬,闲居苏州多年,于庆历五年建沧浪(láng)亭,并作《沧浪亭记》,见《苏学士文集》卷十三。沧浪亭:在今江苏苏州市南。原为五代吴越广陵王钱元璙的花园,后归苏舜钦。舜钦在园内建亭曰"沧浪",遂因亭名园。

[4] 子城:大城所属的小城,即内城及附郭的瓮城或月城。

[5] 外戚孙承佑：吴越王钱俶纳孙承佑之姊为妃，故称其为"外戚"。其所建花园即沧浪亭之前身。

[6] 淮、海纳土：指吴越国于公元978年献土地降于宋之事。

[7] 姑苏之台：即姑苏台，又名胥台，春秋时吴王所建，后越灭吴国时被焚。其址在吴县西南姑苏山上，临近太湖。

[8] 太伯、虞仲：周太王之长子与次子，二人为让王位于三弟季历，便逃至荆蛮之地建立吴国。见《史记·吴太伯世家》。

[9] 阖闾、夫差：二人均系春秋时吴国之君主，夫差为阖闾之子。

[10] 子胥：即伍子胥，春秋时原为楚国人，后为吴国大夫。种：即文种，春秋时越国大夫。蠡：即范蠡，亦为越国大夫，曾佐勾践灭吴。

[11] 钱镠（liú）：吴越国之建立者，唐代末年任镇海军节度使，后梁初封吴越王，后唐庄宗时自称吴越国王，官属称臣。攘窃：抢夺、窃取帝位。

[12] 奢僭（jiàn）：奢侈越分。

[13] 澌然：水尽貌。

张 自 新 传

[解题]

本文是作者为一位失意的穷书生所立的传记，他科场失意，终身无甚功名，按传统史学标准，本不具备立传资格。作者所突出者是其一生不幸的命运，自新孝母、悌兄、勤劳、质朴，用心读书而为文有奇气，胸有大志而欲有用于世，然而却受尽嘲笑凌辱，最终郁郁而逝。此种"丛兰欲茂，秋风败之"的不幸命运，无疑寄寓着作者自身的人生感慨，故而尤为感人。全文围绕其"性方简，无文饰"的个性落笔，用笔生动，形象传神，可谓深得《史记》笔法。尤其是结尾，用"风雨之夜，江涛有声，震动数里"来象征自新不亡的魂灵，更具有一种深长的诗意效果，可谓神来之笔。

张自新，初名鸿，字子宾，苏州昆山人。自新少读书，敏慧绝出。古经中疑义，群子弟屹屹未有所得，自新随口而应，若素了者。性方简[1]，无文饰。见之者莫不訕笑，目为乡里人。同舍生夜读，倦睡去，自新以灯檠投之，油污满几，正色切责，若老师然。髫龀丧父[2]，家计不能支，母曰："吾见人家读书，如捕风影，期望青紫[3]，万不得一。且命已至此，何以书为？"自新泣啼长跪，曰："亡父以此命鸿，且死，未闻有他语，鸿何敢忘？且鸿宁以衣食忧吾母耶？"与其兄耕田度日，带笠荷锄，面色黧黑[4]。夜归，则正襟危坐，啸歌古人，飘飘然若在世外，不知贫贱之为戚也。

兄为里长[5]，里多逃亡，输纳无所出。每岁终，官府催科，搒掠无完肤。自新辄诣县自代，而匿其兄他所。县吏怪其意气[6]，方授杖，辄止之，曰："而何人者？"自新曰："里长，实书生也。"试之文，立就，慰而免之。弱冠[7]，授徒他所。岁归省三四，敝衣草履，徒步往返，为其母具酒食，兄弟酬笑，以为大乐。

自新视豪势，眇然不为意[8]。吴中子弟多轻儇[9]，冶（治）鲜好衣服，相聚集，以亵语戏笑[10]，自新一切不省。与之语，不答。议论古今，意气慷慨。酒酣，大声曰："宰天下竟何如？"目直上视，气勃勃若怒，群儿至欲殴之。补学官弟子员[11]，学官索贽金甚急[12]，自新实无所出，数召笞辱[13]，意忽忽不乐，欲弃去。俄得疾卒。

自新为文，博雅而有奇气，人无知之者。予尝以示吴纯甫[14]，纯甫好奖士类，然其中所许可者，不过一二人，顾独称自新。自新之卒也，纯甫买棺葬焉。

归子曰：余与自新游最久，见其面斥人过，使人无所容。俦人广坐间[15]，出一语，未尝视人颜色。笑骂纷集，殊不为意。以自新之才，使之有所用，必有以自见者。沦没至此，天可问邪？世之乘时得势，意气扬扬，自谓己能者，亦可以省矣。语曰："丛兰欲茂，秋风败之。"余悲自新之死，为之叙列其事。自新家在新洋江口，风雨之夜，江涛有声，震动数里。野老相语[16]，以为自新不亡云。

周本淳校点《震川先生集》卷二十六，上海古籍出版社1981年版

[注释]

[1] 方简：刚直简朴。

[2] 髫（tiáo）龀（chèn）：指幼年。髫：儿童下垂之发。龀：儿童换齿。

[3] 青紫：本为古时公卿绶带之色，因借指高官显爵。

[4] 黧（lí）黑：黧黑泛指脸色黑。黧：黑而黄。

[5] 里长：明代实行里甲制，以邻近的110户为一里，以人丁田地多的10户轮流充当负责人，即所谓里长。10年轮流一遍，期满后按人丁田地的增减重新编排。

[6] 怪：惊奇。意气：神色，精神。

[7] 弱冠（guàn）：20来岁。古时以男子20岁为成人，因初加冠身体尚未强壮，故称弱冠。后遂称男子20或20余岁为弱冠。

[8] 眇（miǎo）然：微小、弱小貌。

[9] 轻儇（xuān）：轻佻，不庄重。

[10] 亵（xiè）语：污秽的语言。

[11] 补学官弟子员：成为（县学）生员，即通常所说的秀才。

[12] 贽金：见面的礼金。

[13] 笞(chī)辱:拷打而使受辱。

[14] 吴纯甫:吴中英,字纯甫,昆山人。学问渊博,风流儒雅,又好急人之难。然长期困顿于诸生,数次参加乡试皆不中,年四十四始成举人。嘉靖十七年参加礼部进士试落第,归途中得腹疾,至家二日卒。作者与纯甫交谊颇深,作有《吴纯甫行状》,见《震川先生集》卷二十五。

[15] 俦人广坐:即大庭广众。俦人:众人。广坐:众人聚坐之场所。

[16] 野老:村野老人。

※项脊轩志

项脊轩,旧南阁子也。室仅方丈,可容一人居。百年老屋,尘泥渗漉,雨泽下注,每移案,顾视无可置者。又北向,不能得日,日过午已昏。余稍为修葺,使不上漏;前辟四窗,垣墙周庭,以当南日;日影反照,室始洞然。又杂植兰桂竹木于庭,旧时栏楯,亦遂增胜。借书满架,偃仰啸歌,冥然兀坐。万籁有声,而庭阶寂寂,小鸟时来啄食,人至不去。三五之夜,明月半墙,桂影斑驳。风移影动,珊珊可爱。然予居于此,多可喜,亦多可悲。

先是,庭中通南北为一。迨诸父异爨,内外多置小门墙,往往而是。东犬西吠,客逾庖而宴,鸡栖于庭。庭中始为篱,已为墙,凡再变矣。家有老妪,尝居于此。妪,先大母婢也。乳二世,先妣抚之甚厚。室西连于中闺,先妣尝一至,妪每谓予曰:"某所,而母立于兹。"妪又曰:"汝姊在吾怀,呱呱而泣。娘以指扣门扉曰:'儿寒乎?欲食乎?'吾从板外相为应答。"语未毕,余泣,妪亦泣。

余自束发读书轩中。一日,大母过余曰:"吾儿,久不见若影,何竟日默默在此,大类女郎也?"比去,以手阖门,自语曰:"吾家读书久不效,儿之成,则可待乎?"顷之,持一象笏至,曰:"此吾祖太常公宣德间执此以朝,他日,汝当用之。"瞻顾遗迹,如在昨日。令人长号不自禁。

轩东故尝为厨。人往,从轩前过。余扃牖而居,久之能以足音辨人。轩凡四遭火,得不焚,殆有神护者。

项脊生曰:蜀清守丹穴,利甲天下。其后秦皇帝筑女怀清台。刘玄德与曹操争天下,诸葛孔明起陇中。方二人之昧昧于一隅也,世何足以知之?余区区处败屋中,方扬眉瞬目,谓有奇景。人知之者,其谓与坎井之蛙何异?

余既为此志后五年,吾妻来归。时至轩中从余问古事,或凭几学书。吾妻归宁,述诸小妹语曰:"闻姊家有阁子,且何谓阁子也?"其后六年,吾妻死,室坏不修。其后二年,余久卧病无聊,乃使人复葺南阁子,其制稍异于前。然自后余多在外,不常居。

庭有枇杷树,吾妻死之年所手植也。今已亭亭如盖矣。

周本淳校点《震川先生集》卷十七,上海古籍出版社1981年版

※寒花葬志

婢,魏孺人媵也。嘉靖丁酉五月四日死。葬虚丘。事我而不卒,命也夫。

婢初媵时,年十岁,垂双鬟,曳深绿布裳。一日天寒,爇火煮荸荠熟,婢削之盈瓯。予入自外,取食之,婢持去不与。魏孺人笑之。孺人每令婢倚几旁饭,即饭,目眶冉冉动,孺人又指予以为笑。回思是时,奄忽便已十年。吁!可悲也已!

周本淳校点《震川先生集》卷二十二,上海古籍出版社1981年版

※陶庵记

余少好读司马子长书,见其感慨激烈,愤郁不平之气,勃勃不能自抑。以为君子之处世,轻重之衡,常在于我,决不当以一时之所遭,而身与之迁徙上下。设不幸而处其穷,则所以平其心志,怡其性情者,亦必有其道。何至如闾巷小夫,一不快志,悲怨憔悴之意,动于眉眦之间哉?盖孔子亟美颜渊,而责子路之愠见,古之难其人久矣。

已而观陶子之集,则其平淡冲和,潇洒脱落,悠然势分之外,非独不困于穷,而直以穷为娱。百世之下,讽咏其词,融融然尘查俗垢与之俱化。信乎古之善处穷者也!推陶子之道,可以进于孔氏之门。而世之论者,徒以元熙易代之间,谓为大节,而不究其安命乐天之实。夫穷苦迫于外,饥寒惛于肤,而情性不挠。则于晋、宋间,真如蚍蜉聚散耳。

昔虞伯生慕陶,而并诸邵子之间。予不敢望于邵,而独喜陶也;予又今之穷者,扁其室曰陶庵云。

周本淳校点《震川先生集》卷十七,上海古籍出版社1981年版

李 贽

李贽(1527—1602),字宏甫,号卓吾,又号温陵居士,福建泉州人,明代杰出的思想家与文学家。嘉靖三十一年中福建乡试举人,因家境贫寒,不再参加进士考试而直接入仕,先后做过教谕、礼部司务等中下级官员,最后官至云南姚安知府。万历八年辞官,至湖北黄安耿家相聚讲学,后因与耿定向进行学术论争而关

系破裂,迁至麻城龙湖芝佛院,并剃发以示与世俗决绝,继续进行著述与讲学。万历三十年以"敢倡乱道,惑世诬民"的罪名被朝廷逮捕,并最终在狱中自杀身亡。其诗文主要收于《焚书》、《续焚书》中。李贽在文学思想上提倡"童心说",强调思想情感的真实自然与艺术表现的流畅不拘。其诗歌创作情感充沛,表达自如,往往在诗中真实地袒露自我,因而具有鲜明的个性色彩。其散文可分为政论与文学二种,政论文包括论文与部分书信,其主要特征为见解大胆独特,语言泼辣犀利。文学散文包括杂文、部分题跋序记及部分书信,其主要特征是真率自然,幽默风趣,随意挥洒,亦庄亦谐,甚至嬉笑怒骂,皆成文章。

李白诗题辞

[解题]

　　本文作于万历二十一年。其《续焚书》卷一《与方切庵》曰:"夏来读《杨升庵集》,有《读升庵集》五百叶,升庵先生固是才学卓绝,人品俊伟,然得弟读之,益光彩焕发,流光于百世也。"可知文章原是附于《杨升庵集》中的题辞,后被摘出收于《焚书》中。本文可分三层,先引升庵之语,然后引述其他材料以辨证之,最后是抒发感慨。作者主要突出了两点感受:一是李白生前落寞,而死后却被人争夺籍贯,二是指出李白的影响是没有时空限制的,其诗文永存,其精神不死,将永远活在后人心中。这就将一个学术问题转移到了审美感受上,深深表达了作者对这位诗人的赞叹和向往之情。同时也表现了李贽文章不拘一格,随意挥洒的特征。

　　升庵曰[1]:"白慕谢东山[2],故自号东山李白。杜子美云'汝与东山李白好'是也。刘昫修《唐书》[3],乃以白为山东人,遂致纷纷耳。"因引曾子固称白蜀郡人[4],而取《成都志》谓白生彰明县之青莲乡以实之[5]。卓吾曰:蜀人则以白为蜀产,陇西人则以白为陇西产,山东人又借此以为山东产,而修入《一统志》,盖自唐至今然矣。今王元美断以范传正《墓志》为是[6],曰:"白父客西域,逃居绵之巴西,而白生焉。是谓实录。"呜呼!一个李白,生时无所容入,死而百余年,慕而争者无时而已。余谓李白无时不是其生之年,无处不是其生之地。亦是天上星,亦是地上英。亦是巴西人,亦是陇西人,亦是山东人,亦是会稽人,亦是浔阳人,亦是夜郎人。死之处亦荣,生之处亦荣,流之处亦荣[7],不游不因不流不到之处,读其书,见其人,亦荣亦荣!莫争莫争!

《焚书》卷五,中华书局1961年版

[注释]

[1] 升庵：杨慎，字用修，号升庵，新都（今属四川）人。正德六年进士第一，授翰林修撰。后因"大礼议"而获罪于明世宗，遭廷杖后谪戍云南永昌卫，处边荒三十余年而卒于戍所。杨慎为明代著名之博雅君子，诗笔亦清丽婉转，在明代文人中影响甚大。

[2] 谢东山：指东晋人谢安。安曾辞官隐居于会稽之东山，经朝廷屡次征聘，方从东山复出，故人称谢东山。见《晋书·谢安传》。李白《登金陵冶城西北谢安墩》诗曰："想象东山姿，缅怀右军言。"

[3] 刘昫（xù）：字耀远，五代涿州归义（今河北雄县西北）人。曾任后唐、后晋两朝宰相，监修《旧唐书》，遂题为修撰人。

[4] 曾子固：曾巩，字子固，北宋文学家。

[5] 彰明县：旧县名，在四川省北部，今合并至江油市。

[6] 王元美：即王世贞。范传正：字西老，唐代顺阳（今河南淅川南）人，唐德宗时任光禄卿。

[7] 流之处：流放之地，指夜郎。

※ 三　蠢　记

刘翼性峭直，好骂人。李百药语人曰："刘四虽复骂人，人亦不恨。"噫！若百药者，可谓真刘翼知己之人矣。

余性亦好骂人，人亦未尝恨我。何也？以我口恶而心善，言恶而意善也。心善者欲人急于长进，意善者又恐其人之不肯急于长进也，是以知我而不恨也。然世人虽不我恨，亦终不与我亲。若能不恨我，又能亲我者，独有杨定见一人耳。所以不恨而益亲者又何也？盖我爱富贵，是以爱人之求富贵也。爱贵则必读书，而定见不肯读书，故骂之；爱富则必治家，而定见不做人家，故骂之。骂人不去取富贵，何恨之有？然定见又实有可骂者：方我之困于鄂城也，定见冒犯暑雪，一年而三四至，则其气骨果有过人者。我知其可以成就，故往往骂詈之不休耳。然其奈终不可变化何哉？不读书，不勤学，不求生世之产，不事出世之谋，盖有气骨而无远志，则亦愚人焉耳，不足道也。深有虽稍有向道之意，然亦不是直向上去之人，往往认定死语，以辛勤日用为枷锁，以富贵受用为极安乐自在法门，则亦不免误人自误者。盖定见有气骨而欠灵利，深有稍灵利而无气骨，同是山中一蠢物而已。

夫既与蠢物为伍矣，只好将就随顺，度我残年，犹尔责骂不已，则定见一蠢物也，深有一蠢物也，我又一蠢物也，岂不成三蠢乎？作《三蠢记》。

《焚书》卷三，中华书局 1961 年版

徐　渭

作者介绍见"诗"部分。

书草玄堂稿后[1]

[解题]

　　本文是为朋友郦仲玉诗集所作的题跋。徐渭的文学思想受唐顺之本色论影响较大，强调自然真实与表达流畅，但更突出作者的个性，而减少了唐顺之本色论的道学色彩。本文否定女子年轻时的刻意矫饰而肯定其年老时的本真流露，正表现了其一贯的文学主张。同时此种评价亦合乎郦仲玉作品之实际，《草玄堂稿》今虽不可见，但徐渭在《郦绩溪和诗序》中言其诗作为"自适其趣"，"嬉游傲睨而不屑屑于工拙"，足见其与徐渭为同道。这些观点已与李贽、公安三袁之见解极为接近。文章本身亦极有特色，其目的本为论诗，却并不作道理之抽象说明，通篇皆以比喻出之，其描绘之具体形象，大有令人如闻其声、如见其貌的效果，从而具备了轻快幽默的小品特色。

　　始女子之来嫁于婿家也，朱之粉之，倩之颦之[2]，步不敢越裾[3]，语不敢见齿，不如是，则以为非女子之态也。追数十年，长子孙而近妪姥，于是黜朱粉，罢倩颦，横步之所加，莫非问耕织于奴婢，横口之所语，莫非呼鸡豕于圈槽，甚至龋齿而笑[4]，蓬首而搔[5]，盖回视向之所谓态者，真靦然以为妆缀取怜[6]，矫真饰伪之物。而娣姒者犹望其宛宛婴婴也[7]，不亦可叹也哉！渭之学为诗也，矜于昔而颓且放于今也[8]，颇有类于是，其为娣姒哂也多矣。今校郦君之诗[9]，而恍然契[10]，肃然敛容焉，盖真得先我而老之娣姒矣。

《徐渭集》，中华书局1983年版

[注释]

　　[1] 草玄堂稿：郦琥的诗集。郦琥，字仲玉，诸暨（今属浙江）人，以监生任绩溪丞。他与徐渭之成为朋友，盖因文学主张相近与均为心学弟子两个原因。除本文外，徐渭尚有《郦绩溪和诗序》、《草玄堂稿序》、《彤管遗编序》，皆为郦氏所作。

　　[2] 倩：本意为笑靥美好貌，此处指修饰。颦（pín）：本意为皱眉，此处指故

意做作。

[3] 不敢越裾(jū):不敢超过衣襟而小步行走。裾,衣服之前后襟。

[4] 齵(óu)齿:牙齿参差不齐。

[5] 蓬首:形容头发散乱如飞蓬。

[6] 赧(nǎn)然:因羞惭而脸红。妆缀取怜:打扮装饰而邀宠。

[7] 娣(dì)姒(sì):妯娌,兄之妻为姒,弟之妻为娣。宛宛婴婴:细声细气。

[8] 矜(jīn):拘谨慎重。

[9] 校(jiào):此处为考察之意。

[10] 恍然:猛然貌。契:领悟。

※祭少保公文

於乎痛哉!公之律己也则当思己之过,而人之免乱也则当思公之功,今而两不思也遂以罹于凶。於乎痛哉!公之生也,渭既不敢以律己者而奉公于始,今其殁也,渭又安敢以思功者而望人于终?盖其微且贱之若此,是以两抱志而无从。惟感恩于一盼,潜掩涕于蒿蓬。

《徐渭集》,中华书局 1983 年版

※借竹楼记

龙山子,名雍,字子肃。

龙山子既结楼于宅东北,稍并其邻之竹,以著书乐道,集交游燕笑于其中,而自题曰借竹楼。方蝉子往问之,龙山子曰:"始吾先大夫之卜居于此也,则买邻之地而宅之。今吾不能也,则借邻之竹而楼之。如是而已。"方蝉子起,而四顾指以问曰:"如吾子之所为借者,特是邻之竹乎非欤?"曰:"然。""然则是邻之竹之外何物乎?"曰:"他邻之竹也。""他邻之竹之外又何物乎?"曰:"莫非邻莫非竹也。""莫非邻莫非竹之外又何物乎?"曰:"会稽之山,远出于南而迤于东也。""山之外又何物乎?"曰:"云天之所覆也。"方蝉子默然良久,龙山子固启之。方蝉子曰:"子见是邻之竹而乐,欲有之而不得也,故以借乎非欤?"曰:"然。""然则见他邻之竹而乐亦借也,见莫非邻之竹而乐亦借也,又远而见会稽之山与云天之所覆而乐,亦莫非借也,而胡独于是邻之竹?使吾子见云天而乐弗借也,山而乐弗借也,则近而见莫非邻之竹而乐,亦莫非借也,而又胡独于是邻之竹?且诚如吾子之所云假,而进吾子之居于是邻之东,以次而极于云天焉,则吾子之所乐而借者,能不以次而东之,而其所不借者,不反在于是邻乎?"又假而退吾子之居于云天之西,以次而极于是邻,则吾子之所乐而借者,能不以次而西之,而其所不借者,不反在于云天乎?而吾子之所为借者,将何居乎?

龙山子矍然曰:"吾知之矣,吾知之矣。吾能忘情于远,而不能忘情于近,非真忘情也,物远近也。凡逐逐然于其可致,而飘飘然于其不可致,以自谓能忘者,举天下之物皆若是矣。非子,则吾几不免于蔽。请子易吾之题,以广我之志,何如?"方蝉子曰:"胡以易为?乃所谓借者,固亦有之也。其心虚以直,其行清以逸,其文章铿然而有节,则子之所借于竹也,子固不知也。其本错以固,其势昂以耸,其流风潇然而不冗,则竹之所借于子也,而竹固不知也。而何不可之有?"龙山子仰而思,俯而释,使方蝉子书其题,而记是语焉。

《徐渭集》,中华书局 1983 年版

袁 宏 道

作者介绍见"诗"部分。

雨后游六桥记

[解题]

本文作于万历二十五年作者辞吴县县令后在杭州游西湖时,是袁宏道山水游记小品的代表作。六桥指杭州西湖外湖苏堤上之六桥。文章在形式上虽不受任何法度规矩的限制,只是随意地写出了一次兴到而出、兴尽而返的游历过程,但细加品味,却始终贯穿着一种游人与桃花主客相融所构成的活泼自由之趣。格调轻松,自由活泼,人与花相映成趣,透露出无穷的欢乐。

寒食后雨[1],予曰此雨为西湖洗红[2],当急与桃花作别,勿滞也。午霁[3],偕诸友至第三桥,落花积地寸余,游人少,翻以为快。忽骑者白纨而过[4],光晃衣[5],鲜丽倍常,诸友白其内者皆去表[6]。少倦,卧地上饮,以面受花,多者浮[7],少者歌,以为乐。偶艇子出花间[8],呼之,乃诗僧载茶来者。各啜一杯[9],荡舟浩歌而返。

钱伯城《袁宏道集笺校》卷十,上海古籍出版社 1981 年版

[注释]

[1] 寒食:节日名,清明前一日或二日。
[2] 洗红:指雨水使得桃花凋谢。红指桃花。
[3] 霁(jì):雨止天晴。
[4] 白纨(wán):白色的细绢。此作动词用,指穿着白色细绢的衣服。
[5] 光晃(huǎng)衣:指在红色桃花中白衣格外耀眼。晃:闪耀。
[6] 白其内:穿白色内衣,此白作动词用。去表:脱去外衣。
[7] 浮:指罚人饮酒,亦指满饮。
[8] 艇:小船。
[9] 啜(chuò):饮。

满井游记[1]

[解题]

本文作于万历二十七年袁宏道在北京任顺天府教授时。文章所写为初春景色,作者以"皆有喜气"作为全文主调,写冰皮始解时的水面明丽,雪洗山峦后的阳光明媚,将舒未舒时的柳条迎风摇曳,以及沙中曝日的小鸟,自由呷浪的游鱼,再加上各得其乐的游人,都带上了春天的喜悦。通过写这些充满生机喜悦的景物,也表达了作者本人开朗乐观的性格与怡然自得的心情。作者初任吴县县令时,深觉做官如囚徒,故而要辞官游西湖,去享受大自然的美丽。此刻他身任没有繁杂公务的教官,有了为官与审美两不误的条件,自然心情愉快了,而本文正是此种心情的表现。

燕地寒[2],花朝节后[3],余寒犹厉。冻风时作,作则飞沙走砾,局促一室之内,欲出不得。每冒风驰行,未百步,辄返。二十二日,天稍和,偕数友出东直[4],至满井。高柳夹堤,土膏微润[5],一望空阔,若脱笼之鹄[6]。于时冰皮始解,波色乍明,鳞浪层层,清彻见底,晶晶然如镜之新开[7],而冷光之乍出于匣也[8]。山峦为晴雪所洗,娟然如拭,鲜妍明媚,如倩女之靧面[9],而髻鬟之始掠也[10]。柳条将舒未舒,柔梢披风,麦田浅鬣寸许[11]。游人虽未盛,泉而茗者[12],罍而歌者[13],红装而蹇者[14],亦时时有。风力虽尚劲,然徒步则汗出浃背。凡曝沙之鸟[15],呷浪之鳞[16],悠然自得,毛羽鳞鬣之间[17],皆有喜气。始知郊田之外,未始无春,而城居者未之知也。夫能不以游堕事[18],而潇然于山石草木之间者,惟此官也[19]。而此地适与余近,余之游将自此始,恶能无记?己亥之二月也[20]。

钱伯城《袁宏道集笺校》卷十七,上海古籍出版社1981年版

[注释]

　　[1] 满井:北京古井名,系明代北京名胜之一,在安定门东三里许。直径五尺余,有飞泉突出,冬夏不竭,水常浮起,散满四溢。井旁有苍藤丰草,掩映小亭。见《长安客话》卷四。

　　[2] 燕(yān)地:古燕国之地,指今北京一带。

　　[3] 花朝(zhāo)节:节日名,农历二月十五日,旧俗认为此日及百花生日,故言花朝。

　　[4] 东直:即东直门,北京城门之一。

　　[5] 土膏:肥沃的土壤。膏:肥沃。

　　[6] 鹄(hú):一种水鸟,俗称天鹅。

　　[7] 新开:刚刚打开。

　　[8] 泠(líng)光:清凉的光。匣:镜盒。

　　[9] 倩女:美女。靧(huì)面:洗脸。

　　[10] 髻鬟(huán):古时女子所梳的环形发结。始掠:刚刚梳妆过。掠:梳妆。

　　[11] 浅鬣(liè):短短的麦苗。鬣,本义为兽类脖子上的长毛,此处指早春之麦苗。

　　[12] 泉而茗:此处"泉"与"茗"均为动词,意为汲泉煮茶。

　　[13] 罍(léi)而歌:罍本意为酒器,此处作动词,意为手持酒器而唱歌。

　　[14] 红装而蹇(jiǎn):蹇,本义是劣马或跛驴,此处泛指驴子。此处"红装"与"蹇"均作动词用,意为身穿红衣而骑着驴子。

　　[15] 曝(pù)沙:在沙滩上晒太阳。

　　[16] 呷(xiā)浪:吸水。鳞:本指鱼鳞,此处代指鱼。

　　[17] 毛羽鳞鬣:毛羽,鸟之羽毛,此处代指鸟类;鳞鬣,鱼鳞与鱼的背鳍,此处代指鱼类。

　　[18] 堕(huī)事:误事。堕:荒废,废弃。

　　[19] 此官:指作者担任的顺天府教授一职。

　　[20] 己亥:明神宗万历二十七年(1599)。

※徐 文 长 传

　　余一夕坐陶太史楼,随意抽架上书,得《阙编》诗一帙,恶楮毛书,烟煤败黑,微有字形。稍就灯间读之,读未数首,不觉惊跃,急呼周望:"《阙编》何人作者?今邪古邪?"周望曰:"此余乡徐文长先生书也。"两人跃起,灯影下读复叫,叫复读,僮仆睡者皆惊起。盖不佞生三十年,而始知海内有文长先生,噫,是何相识之晚也!因以所闻于越人士者,略为次第,为《徐文长传》。

徐渭字文长,为山阴诸生,声名藉甚。薛公蕙校越时,奇其才,有国士之目。然数奇,屡试辄蹶。中丞胡公宗宪闻之,客诸幕。文长每见,则葛衣乌巾,纵谭天下事。胡公大喜。是时公督数边兵,威振东南,介胄之士,膝语蛇行,不敢举头,而文长以部下一诸生傲之,议者方之刘真长、杜少陵云。会得白鹿,属文长作表,表上,永陵喜。公以是益奇之,一切疏记,皆出其手。

文长自负才略,好奇计,谈兵多中,视一世士无可当意者,然竟不偶。文长既已不得志于有司,遂乃放浪曲蘖,恣情山水,走齐、鲁、燕、赵之地,穷览朔漠,其所见山奔海立,沙起云行,风鸣树偃,幽谷大都,人物鱼鸟,一切可惊可愕之状,一一皆达之于诗。其胸中又有勃然不可磨灭之气,英雄失路、托足无门之悲,故其为诗,如嗔如笑,如水鸣峡,如种出土,如寡妇之夜哭,羁人之寒起,虽其体格时有卑者,然匠心独出,有王者气,非彼巾帼而事人者所敢望也。文有卓识,气沉而法严,不以模拟损才,不以议论伤格,韩、曾之流亚也。文长既雅不与时调合,当时所谓骚坛主盟者,文长皆叱而奴之,故其名不出于越,悲夫!喜作书,笔意奔放如其诗,苍劲中姿媚跃出,欧阳公所谓"妖韶女老,自有余态"者也。间以其余,旁溢为花鸟,皆超逸有致。卒以疑杀其继室,下狱论死,张太史元汴力解,乃得出。

晚年愤益深,佯狂益甚,显者至门,或拒不纳。时携钱至酒肆,呼下隶与饮。或自持斧击破其头,血流被面,头骨皆折,揉之有声。或以利锥锥其两耳,深入寸余,竟不得死。周望言:"晚岁诗文益奇,无刻本,集藏于家。"余同年有官越者,托以钞录,今未至。余所见者,《徐文长集》、《阙编》二种而已。然文长竟以不得志于时,抱愤而卒。

石公曰:"先生数奇不已,遂为狂疾;狂疾不已,遂为囹圄。古今文人牢骚困苦,未有若先生者也。虽然,胡公间世豪杰,永陵英主;幕中礼数异等,是胡公知有先生矣;表上,人主悦,是人主知有先生矣。独身未贵耳。先生诗文崛起,一扫近代芜秽之习,百世而下,自有定论,胡为不遇哉?梅客生尝寄余书曰:'文长吾老友,病奇于人,人奇于诗。'余谓文长无之而不奇者也。无之而不奇,斯无之而不奇也,悲夫!"

钱伯城《袁宏道集笺校》卷十九,上海古籍出版社 1981 年版

※西　湖　二

西湖最盛,为春为月。一日之盛,为朝烟,为夕岚。今岁春雪甚盛,梅花为寒所勒,与杏桃相次开发,尤为奇观。石篑数为余言,傅金吾园中梅,张功甫家故物

也,急往观之。余时为桃花所恋,竟不忍去。湖上由断桥至苏堤一带,绿烟红雾,弥漫二十余里。歌吹为风,粉汗为雨,罗纨之盛,多于堤畔之草,艳冶极矣。

然杭人游湖,止午未申三时,其实湖光染翠之工,山岚设色之妙,皆在朝日始出,夕春未下,始极其浓媚。月景尤不可言,花态柳情,山容水意,别是一种趣味。此乐留与山僧、游客受用,安可为俗士道哉!

钱伯城《袁宏道集笺校》卷十,上海古籍出版社1981年版

袁 宗 道

作者介绍见"诗"部分。

※ 锦 石 滩

余家江上,江心涌出一洲,长可五七里,满洲皆五色石子。或洁白如玉,或红黄透明如玛瑙。如今所重六合石子,千钱一枚者,不可胜计。余屡同友人泛舟登焉。净练外绕,花绣内攒。列坐其上,似在瑶岛中。余尝拾取数枚归,一类雀卵,中分玄黄二色。一类圭,正青色,红纹数道,如秋天晚霞。又一枚,黑地布金彩,大约如小李将军山水人物。东坡《怪石供》所述,殊觉平常。藏簏中数日,不知何人取去,亦易得不重之耳。

一日,偕诸舅及两弟游洲中,忽小艇飞来,一老翁向予戟手。至则外大父方伯公也,登洲大笑:"若等谩我取乐!"次日,送游锦石洲诗一首,用蝇头字跋诗尾曰:"老怀衰飒,不知所云,若为我涂抹,虽一字不留亦可。"嗟夫,此番归去,欲再睹色笑,不可得矣!

钱伯城标点《白苏斋类集》卷十四,上海古籍出版社1989年版

袁 中 道

作者介绍见"诗"部分。

※ 西山十记其五

香山跨山踞岩,以山胜者也;碧云以泉胜者也。折而北,为卧佛峰。转凹,不

闻泉声,然门有老柏百许森立,寒威逼人。至殿前,有老树二株,大可百围。铁干镠枝,碧叶虬结;纤羲回月,屯风宿雾;霜皮突兀,千瘿万螺;怒根出土,磊块诘曲。叩之,丁丁作石声。殿墀周遭数百丈,数百年以来,不见日月。石墀整洁,不容唾。寺较古,游者不至,长日静寂。若盛夏宴坐其下,凛然想衣裘矣。询树名,或云婆罗树,其叶若薇。予乃折一枝袖之,俟入城以问黄平倩,必可识也。卧佛盖以树胜者也。夫山刹当以老树怪石为胜,得其一者皆可居,不在整丽。三刹之中,野人宁居卧佛焉。

钱伯城点校《珂雪斋集》卷十二,上海古籍出版社1989年版

钟　惺

　　钟惺(1574—1625),字伯敬,号退谷,竟陵(今湖北天门)人。万历三十八年进士,授行人。先后任南京礼部祠祭主事、仪制郎中、福建提学佥事等职。天启三年50岁时因父丧而归,卒于家。有《隐秀轩集》。钟惺身处晚明腐败混乱的官场,郁郁不得志,遂形成严冷孤傲的性格,并影响到其诗文创作。他与谭元春同为竟陵派首领,不满于七子的复古与公安派的浅俗,并希望以幽深孤峭的风格以矫正之。其诗文尽管有局促奥涩之弊,受到后世许多人的批评攻讦,但也确实显示了有别于他人的独特风格。其小品文精于构思,讲究运笔,字锤句炼,所以陆云龙在《钟伯敬先生小品序》中言其作品"宁简无繁,宁新无袭,宁厚无佻,宁灵无痴"。这的确概括了竟陵派散文意清骨峻、精警峭拔的特征。

浣花溪记

[解题]

　　浣花溪一名濯锦江,又名百花潭。在四川省成都市西郊,为锦江支流。溪旁有杜甫的浣花草堂。本文作于万历三十九年十月,当时作者任行人出使四川,来往于夔府巴渝浣花溪之间,故得以游览此名胜并作此文。文章以自然景物、历史人物及其本人性情的叙写,突出表现了幽深孤峭的竟陵体特征。写历史人物杜甫,抓住其"清古"之形貌,及其在穷愁奔走的失意之际犹能择地而居的悠然情趣,突出了杜甫幽恬渊静的人格与从容的风度。在幽深之景与恬静之人的基础上,结尾处鄙视俗吏的"磬折喧溢",将作者本人孤峭傲岸的性格直接点出,并很好地将全文的格调统一起来。此外,本文用词之准确与比喻之奇特,亦均显示出钟惺散文的特点。

出成都南门,左为万里桥[1]。西折,纤秀长曲,所见如连环,如玦[2]如带,如规如钩,色如鉴[3],如琅玕[4],如绿沉瓜[5],窈然深碧[6],潆回城下者,皆浣花溪委也[7]。然必至草堂而后浣花有专名,则以少陵浣花居在焉耳[8]。

行三四里,为青羊宫[9]。溪时远时近,竹柏苍然,隔岸阴森者尽溪,平望如荠[10],水木清华,神肤洞达[11]。自宫以西,流汇而桥者三,相距各不半里。异夫云[12],通灌县,或所云"江从灌口来"是也[13]。人家住溪左,则溪蔽不时见。稍断,则复见溪。如是者数处。缚柴编竹,颇有次第。

桥尽,一亭树道左,署曰"缘江路"。过此则武侯祠[14]。祠前跨溪为板桥一,覆以水槛,乃睹"浣花溪"题榜。过桥,一小洲横斜插水间如梭。溪周之,非桥不通。置亭其上,题曰"百花潭水"。由此亭还,度桥,过梵安寺[15],始为杜工部祠[16]。像颇清古,不必求肖,想当尔尔。石刻像一,附以本传[17],何仁仲别驾署华阳时所为也[18]。碑皆不堪读。

钟子曰:杜老二居,浣花清远,东屯险奥[19],各不相袭。严公不死[20],浣溪可老[21]。患难之于友朋大矣哉!然天遣此翁增夔门一段奇耳[22]。穷愁奔走,犹能择胜[23];胸中暇整[24],可以应世。如孔子微服主司城贞子时也[25]。

时万历辛亥十月十七日[26]。出城欲雨,顷之霁。使客游者[27],多由监司郡邑招饮[28],冠盖稠浊[29],磬折喧溢[30],迫暮趣归[31]。是日清晨,偶然独往。楚人钟惺记[32]。

李先耕、崔重庆标校《隐秀轩集》卷二十,上海古籍出版社1992年版

[注释]

[1] 万里桥:在成都市南锦江之上。

[2] 玦(jué):环状而有缺口的玉佩。

[3] 鉴:镜子。

[4] 琅(láng)玕(gān):类似珠玉的美石,有五色,此处指绿色。

[5] 绿沉瓜:一种深绿色的瓜。

[6] 窈(yǎo)然:幽深貌。

[7] 委:指水之下流。

[8] 少陵:即杜甫,他曾自称"少陵野老"。浣花居,即杜甫草堂。

[9] 青羊宫:道观名,又名青羊观。在今成都市西,因传说老子曾乘青羊至此而得名。

[10] 荠(jì):荠菜。

[11] 神:精神。肤:肌肤,指肉体。洞达:通达清爽。

[12] 舁(yú)夫：轿夫。

[13] "江从灌口来"：语出杜甫《野望因过常少仙》："竹覆青城合，江从灌口来。"仇兆鳌《杜诗详注》引《元和郡县志》："灌口山，在彭州导江县西北十二六里，蜀州东北至彭州一百二十里，汉文翁穿湔江灌溉，故以灌口名。"

[14] 武侯祠：诸葛亮之祠堂。

[15] 梵安寺：寺名，在成都市南，俗称"草堂寺"。

[16] 杜工部祠：即杜甫祠堂。因杜甫曾任检校工部员外郎，故又称杜工部。

[17] 本传：即新、旧《唐书·杜甫传》。

[18] 别驾：官名，州府官之副职。始建于汉代，因从刺史行部，别乘传车，故谓之别驾。后成为通判的别称。署：代理，暂任。华阳：旧县名，今并入成都双流。

[19] 东屯：即夔州（今重庆奉节）之东瀼溪，杜甫在夔州时曾居于此。

[20] 严公：即严武，字季鹰，曾官剑南节度使，与杜甫相友好，杜甫入蜀曾依靠之。

[21] 浣溪可老：指杜甫本可以终老于浣溪。

[22] 天遣：天意之驱使。此翁：指杜甫。增夔门一段奇：增加夔州这一段不平凡的经历。夔门：即夔门峡，在此代指夔州一带。

[23] 择胜：选择名胜之地。

[24] 暇整：犹言整暇，好整以暇，形容严谨而从容。

[25] 孔子微服主司城贞子：司城贞子，春秋时陈国大夫。据记载孔子离开曹国到宋国时，曾与弟子在大树下习礼，宋国大夫司马桓魋欲杀孔子，拔掉那棵树。弟子们劝孔子快离开，孔子说："天生德于予，桓魋其如予何？"然后孔子至陈国，主于司城贞子之家。见《史记·孔子世家》。此处用孔子身处逆境而不慌乱以比喻杜甫。

[26] 万历辛亥：即明神宗万历三十九年（1611）。

[27] 使客：指朝廷使者，因钟惺为行人，故称使者。

[28] 监司：监察州郡之官。郡邑：府县，此指地方长官。

[29] 冠盖：此处泛指官员的冠服与车乘。冠：礼帽。盖：车盖。稠沓：繁乱。

[30] 磬(qìng)折：即弯腰。其意为屈身如磬之曲折。在此指躬身施礼。喧溢：人声嘈杂。

[31] 趣(cù)：督促，催促。归：返回。

[32] 楚人：战国时，后世之湖南、湖北皆属楚国之地，钟惺为湖北竟陵人，故称楚人。

※夏　梅　说

梅之冷易知也,然亦有极热之候。冬春冰雪,繁花粲粲,雅俗争赴,此其极热时也。三四五月,累累其实,和风甘雨之所加,而梅始冷矣。花实俱往,时维朱夏,叶干相守,与烈日争,而梅之冷极矣。

故夫看梅与咏梅者,未有于无花之时者也。张谓《官舍早梅》诗所咏者,花之终,实之始也。咏梅而及于实,斯已难矣,况叶乎? 梅至于叶而过时久矣。廷尉董崇相官南都在告,有《夏梅》诗,始及于叶。何者? 舍叶无所谓夏梅也。予为梅感此谊,属同志者和焉,而为图卷以赠之。

夫世固有处极冷之时之地,而名实之权在焉。巧者乘间赴之,有名实之得,而又无赴热之讥。此趋梅于冬春冰雪者之人也,乃真附热者也。苟真为热之所在,虽与地之极冷而有所必辩焉。此咏夏梅意也。

李先耕、崔重庆标校《隐秀轩集》卷三十六,上海古籍出版社1992年版

谭　元　春

谭元春(1586—1637),字友夏,湖广竟陵(今湖北天门)人。天启七年乡试第一。与同里钟惺共选《诗归》,一时名声甚赫。论文重视性灵,反对摹古,提倡幽深孤峭的风格,均同于钟惺。所作亦流于僻奥冷涩。竟陵派代表人物之一,与钟惺齐名。有《谭友夏合集》。

※三游乌龙潭记

予初游潭上,自旱西门左行城阴下,芦苇成洲,隙中露踏影。七夕再来,又见城端柳穷为竹,竹穷皆芦,芦青青达于园林。

后五日,献孺招焉。止生坐森阁未归,潘子景升、钟子伯敬由芦洲来,予与林氏兄弟由华林园、谢公墩取微径南来,皆会于潭上。潭上者有灵,应观之。冈合陂陀,木杪之水,坠于潭,清凉一带。丛灌其后,与潭边人家,檐溜沟勺入浚潭中,冬夏一深。阁去潭虽三丈余,若在潭中立。筏行潭,无所不至,反若住水轩。潭以北,莲叶未败,方作秋香气,令筏先就之。又爱隔岸林木,有朱垣点深翠中,令筏泊之。初上蒙翳,忽复得路,登登至冈。冈外野畴方塘,远湖近圃。宋子指谓予曰:"此中深可住。若冈下结庐,辟一上山径,俯空杳之潭,收前后之绿,天下升

平,老此无憾矣。"已而茅子至,又以告茅子。

是时残阳接月,晚霞四起,朱光下射,水地霞天。始犹红洲边,已而潭左方红,已而红在莲叶下起,已而尽潭皆赪,明霞作底,五色忽复杂之。下冈寻筏,月已待我半潭。乃回篙泊新亭柳下,看月浮波际,金光数十道,如七夕电影,柳丝垂垂拜月,无论宵霄。诸君试思前番风雨乎?相与上阁,周望不去。适有灯起荟蔚中,殊可爱。或曰:"此渔灯也。"

陈杏珍标校《谭元春集》卷二十,上海古籍出版社1998年版

张　岱

　　张岱(1597—1679),字宗子,又字石公,号陶庵,又号蝶庵居士,山阴(今浙江绍兴)人。出身于世代官宦之家,高祖张天复中嘉靖进士并官至太仆寺丞,曾祖张元忭为隆庆间状元,祖父张汝霖亦为进士。张岱虽多才多艺却仕途不利,遂绝意仕进而追求声色犬马的纨绔生活,从而具有多方面的生活经验。明朝灭亡后,以遗民自居而避入深山,布衣蔬食,破床碎几,著书追忆昔日豪华生活,每多忏悔之作。张岱系晚明小品文的代表作家,具有深厚的文学修养,又汲取了公安派与竟陵派小品文的长处,遂形成其独特的风貌。其散文有公安派的活泼生动,但避免了其油滑浅薄;有竟陵派的冷峻,而又不乏幽默,从而形成其内容丰富而不失雅趣、潇洒诙谐又时透悲凉的风格。其小品文主要收集在《陶庵梦忆》《西湖梦寻》及《琅嬛文集》中。此外,还有《石匮书》《史阙》《夜航船》等大量学术著作。

湖心亭看雪

[解题]

　　湖心亭在杭州西湖中,原为湖心寺,后被毁。嘉靖中,知府孙孟在遗址上建亭。本文可分前后两部分,前边写景,是面;后边写人之活动与对话,是点。写景突出其空旷静远,写人则是为赋予前边画面之意蕴,在此作者运用了以动显静、以繁写冷的好手段,金陵人"湖中焉得更有此人"的惊奇,更显出湖中之静寂,舟子"莫说相公痴,更有痴似相公者"的不解,更突出了作者情趣之别致。这"痴"是一种执著,是一种真心,是一种雅趣,是一种特殊的审美感受能力。有了这种"痴",才显示出雪景的无穷魅力与神韵。

崇祯五年十二月,余住西湖。大雪三日,湖中人鸟声俱绝。是日更定矣[1],余拏一小舟[2],拥毳衣炉火[3],独往湖心亭看雪。雾凇沆砀[4],天与云、与山、与水,上下一白,湖上影子,惟长堤一痕、湖心亭一点、与余舟一芥、舟中人两三粒而已。到亭上,有两人铺毡对坐,一童子烧酒炉正沸。见余大喜曰:"湖中焉得更有此人!"拉余同饮。余强饮三大白而别[5]。问其姓氏,是金陵人,客此。及下船,舟子喃喃曰:"莫说相公痴,更有痴似相公者。"

《陶庵梦忆》卷三,上海古籍出版社 1982 年版

[注释]

　　[1]更定:即一更。古代一夜分五更,一更入夜,五更天亮。更定即夜深人静之时。

　　[2]拏(ná):本意为牵引,此处为乘船之意。

　　[3]毳(cuì)衣:皮衣。毳:鸟兽之细毛。

　　[4]雾凇:寒冷天雾气在树枝等物上凝结成的白色松散冰晶。沆(hàng)砀(dàng):白气弥漫貌。

　　[5]三大白:即三大杯。大白:大酒杯。

西 湖 香 市

[解题]

　　本文记述了西湖香市的缘起、盛况以及废弃的原因。文中对香市盛况的描写可视为一副典型的明末风俗图,作者采取由面到点的叙述方式,对香市的地点、规模及内容进行了详细的描绘。作者此段多采用排比的句式与重叠的语词,造成紧凑的节奏与行文的气势,从而将香市的热闹繁荣写得极有声色,仿佛令人看到当年的情景。末段对香市废弃后凄凉景象的叙述,则体现出一种历史的兴衰之迹与恍如隔世之感,当年的繁华景象实在如一场美梦。结尾对所改古诗的引用,诙谐幽默中寄寓着冷峻的讽刺,同时也表达了作者的无限感慨。

　　西湖香市,起于花朝[1],尽于端午[2]。山东进香普陀者日至[3],嘉湖进香天竺者日至[4],至则与湖之人市焉,故曰香市。

　　然进香之人市于三天竺[5],市于岳王坟[6],市于湖心亭,市于陆宣公祠[7],无不市,而独凑集于昭庆寺,昭庆两廊故无日不市者。三代八朝之古董[8]、蛮夷闽貊之珍异[9],皆集焉。至香市,则殿中边甬道上下,池左右,山门内外,有屋则摊,无屋则厂,厂外又棚,棚外又摊,节节寸寸。凡胭脂簪珥,牙尺剪刀[10],以至经典

木鱼,孩儿嬉具之类,无不集。此时春暖,桃柳明媚,鼓吹清和,岸无留船,寓无留客,肆无留酿。袁石公所谓"山色如娥,花光如颊,波纹如绫,温风如酒"[11],已画出西湖三月。而此以香客杂来,光景又别。士女闲都[12],不胜其村妆野妇之乔画[13];芳兰芗泽[14],不胜其合香芫荽之薰蒸[15];丝竹管弦,不胜其摇鼓欱笙之聒帐[16];鼎彝光怪,不胜其泥人竹马之行情;宋元名画,不胜其湖景佛图之纸贵[17]。如逃如逐,如奔如追,撩扑不开,牵挽不住。数百十万男男女女老老少少,日簇拥于寺之前后左右者,凡四阅月方罢,恐大江以东,断无此二地矣。

崇祯庚辰三月[18],昭庆寺火。是岁及辛巳、壬午洊饥[19],民强半饿死。壬午虏鲠山东[20],香客断绝,无有至者,市遂废。辛巳夏,余在西湖,但见城中饿殍异出[21],扛挽相属[22]。时杭州刘太守梦谦,汴梁人,乡里抽丰者[23],多寓西湖,日以民词馈送[24]。有轻薄子改古诗诮之曰:"山不青山楼不楼,西湖歌舞一时休,暖风吹得死人臭,还把杭州送汴州[25]。"可作西湖实录。

《陶庵梦忆》卷七,上海古籍出版社1982年版

[注释]

　　[1] 花朝:旧俗以农历二月十五为"百花生日",故称此日为花朝节,简称花朝。

　　[2] 端午:即农历五月五日。

　　[3] 普陀:即普陀寺,在浙江舟山群岛中。

　　[4] 嘉湖:指浙江嘉兴、湖州一带。天竺(zhú):即天竺寺,在杭州灵隐山之南。

　　[5] 三天竺:指上、中、下三天竺寺。

　　[6] 岳王坟:即岳飞墓,在栖霞岭下。

　　[7] 陆宣公:唐代名臣陆贽,死后谥忠宣公。

　　[8] 三代:指夏、商、周。八朝:指汉、魏、六朝。

　　[9] 蛮夷闽貊(mò):泛指少数民族。蛮:古代对南方少数民族之泛称。夷:古代对东方民族之称谓。闽:指福建境内之古民族。貊:古代对东北民族之称呼。

　　[10] 牙尺:象牙尺子。

　　[11] 袁石公:即袁宏道。此处所引之语出自《袁宏道集笺校》卷十《西湖一》,原文为:"山色如娥,花光如颊,温风如酒,波纹如绫。"

　　[12] 闲都:文静美丽。

　　[13] 乔画:涂脂抹粉,刻意修饰。

　　[14] 芗(xiāng)泽:即香泽、香气。芗通香。

　　[15] 合香芫(yán)荽(sui):均指廉价化妆品。

　　[16] 欱(hē)笙:吹笙。欱之本义为吮吸,这是因为笙这种乐器的发声不但

要吹而且要吸。聒帐：喧闹。

　　[17]佛图：佛像，佛画。纸贵：犹言洛阳纸贵，指受欢迎。

　　[18]崇祯庚辰：即崇祯十三年(1640)。

　　[19]辛巳、壬午：崇祯十四、十五年(1641、1642)。洊(jiàn)饥：连年饥荒。洊：一再。

　　[20]虏：指清兵。这年底，清兵一度攻入黄淮流域。鲠：阻塞，鲠通梗。

　　[21]饿莩(piǎo)：饿死的人。舁(yú)出：抬出。

　　[22]相属(zhǔ)：接连不断。

　　[23]抽丰：旧时利用各种名义向做官之亲友索取钱物，意为抽取其富裕。有时又称为"打秋风"。

　　[24]以民词馈送：将包揽词讼而收受贿赂作为礼物送给亲友。民词：百姓的诉状，在此指从百姓诉讼中所得好处。馈送：礼物。

　　[25]"有轻薄子"五句：所改古诗为南宋林升的《题临安邸》，原诗为："山外青山楼外楼，西湖歌舞几时休。暖风熏得游人醉，直把杭州作汴州。"将末句改为"还把杭州送汴州"，是讽刺刘太守将杭州的财物都送给了抽丰的亲友。

※《夜航船》序

　　天下学问，惟夜航船中最难对付。盖村夫俗子，其学问皆预先备办，如瀛洲十八学士、云台二十八将之类，稍差其姓名，辄掩口笑之。彼盖不知十八学士、二十八将，虽失记其姓名，实无害于学问文理，而反谓错落一人，则可耻孰甚。故道听途说，只办口头数十个名氏，便为博学才子矣。余因想我八越，惟余姚风俗，后生小子无不读书，及至二十无成，然后习为手艺。故凡百工贱业，其《性理》、《纲鉴》，皆全部烂熟。偶问及一事，则人名、官爵、年号、地方，枚举之未尝少错。学问之富，真是两脚书橱，而其无益于文理考校，与彼目不识丁之人无以异也。或曰："信如此言，则古人姓名总不必记忆矣。"余曰："不然。姓名有不关于文理，不记不妨，如八元、八恺、厨、俊、顾、及之类是也；有关于文理者，不可不记，如四岳、三老、臧穀、徐夫人之类是也。"

　　昔有一僧人与一士子同宿夜航船，士子高谈阔论，僧畏慑，卷足而寝。僧听其语有破绽，乃曰："请问相公，澹台灭明，是一个人两个人？"士子曰："是两个人。"僧曰："这等尧舜是一个人两个人？"士子曰："自然是一个人。"僧人乃笑曰："这等说起来，且待小僧伸伸脚。"余所记载，皆眼前极肤浅之事，吾辈聊且记取，但勿使僧人伸脚则可已矣。故即命其名曰《夜航船》。

　　　　　　　　　　　　　　　　　《夜航船》，浙江古籍出版社1987年版

陈继儒

陈继儒（1558—1639），字仲醇，号眉公，松江华亭（今上海松江）人。明末著名的山水诗文作家，自命隐士，居住小昆山，而又周旋官绅间，时人颇有讥评。在当时号称"善于鉴别书画，然颇多舛误。有《陈眉公全集》。

※游桃花记

南城独当阳，城下多栽桃花，花得阳气及水色，大是秾华。居民以细榆软柳，编篱缉墙，花间菜畦，绾结相错如绣。

余以花朝后一日，呼陈山人父子，暖酒提小榼，同胡安甫、宋宾之、孟直夫，渡河梁，踏至城以东，有桃花蓊然。推户闯入，见一老翁具鸡黍饷客，余辈冲筵前索酒，请移酒花下。老翁愕视，恭谨如命。余亦不通姓字，便从花板酒杯，老饕一番。复攀桃枝坐花丛中，以藏钩输赢为上下，五六人从红雨中作活辘轳，又如孤猿狂鸟，探叶窥果，惟愁枝脆耳。日暮乃散。是日也，老翁以花朝为生辰，余于酒后作歌赠之，谓老翁明日请坐卮脯为寿。

十四日，余与希周、直夫、叔意，挈酒槛甫出关，路途得伯灵、子犹，拉同往，又遇袁长史披鹤氅入城中。长史得我辈看花消息，遂相与反至桃花溪。至则田先生方握锄理草根，见余辈便更冠出肃客。客方散居石上，而安父、宾之、箕仲父子俱挈酒榼佐之。董、徐、何三君，从城上窥见，色为动，复踉跄下城，又以酒及鲜笋、蛤蜊佐之。是时不速而会凡十八人。田先生之子归，骈为十九，榼十一，酒七八壶觞。酒屈兴信，花醉客醒，方苦瓶罍相耻，忽城头以长绠缒酒一尊，送城下客，则文卿、直卿兄弟是也。余辈大喜，赏为韵士。时人各为队，队各为戏，长史、伯灵角智局上，纷纷诸子饱毒空拳，主人发短耳长，龙钟言笑。时酒沥尚余，乃从花篱外要路客，不问生熟妍丑，以一杯酒浇入口中，以一枝桃花簪入髻角，人人得欢喜吉祥而去。日暮鸟倦，余亦言旋，皆以月影中抱持，而顾视纱巾缥袖，大都酒花花瓣而已。

昔陶征君以避秦数语，输写心事，借桃源为寓言，非有真桃源也。今桃花近在城齿，无一人为花作津梁，传之好事者。自余问津后，花下数日间，便尔成蹊。第赏花护花者，舍吾党后能复几人？几人摧折如怒风甚雨，至使一片赤霞，阑珊狼藉。则小人于桃花一公案，可谓功过半之矣。

中国珍本丛书第 26 种《晚香堂小品》卷十九

三、小　　说

冯　梦　龙

　　冯梦龙(1574—1646)明文学家。长洲(今江苏苏州)人。字犹龙,一字子犹,又字耳犹;别署龙子犹、墨憨斋主人、姑苏词奴、吴下词奴、顾曲散人、前周柱史等;《三言》及明末一些小说序跋题署的可一居士、无碍居士、绿天馆主人、茂苑野史氏、詹詹外史,一般认为也是他的化名。少有才名,与兄冯梦桂、弟冯梦熊并负时名,号为"吴下三冯"。十余岁为诸生,然命运多蹇,屡困场屋;至崇祯三年(1630),冯梦龙五十七岁时,方得补贡生。崇祯五年(1632)出任丹徒县训导;七年(1634)升任福建寿宁知县,十一年(1638)卸职归里。清兵渡江后,参与抗清活动,至南明政权相继覆亡,忧愤而死。享年七十三。受李贽及公安派影响,尚"真"主"情",倡言"情教",抨击伪道学(《情史序》);大力倡导通俗小说,第一次将《三国演义》、《水浒传》、《西游记》和《金瓶梅》提到"四大奇书"的地位(《北宋三遂平妖传序》)。一生主要从事通俗文学的研究、整理与创作。成就最为卓著、影响最大的是《三言》即《喻世明言》(原称《古今小说》)、《警世通言》、《醒世恒言》的编著;分别刊刻于天启元年(1620)前后、天启四年(1624)和天启七年(1627),各四十种,共计一百二十篇。还改编长篇小说《三遂平妖传》、《新列国志》等。另有署"冯梦龙鉴定"或"冯梦龙订补"之小说多种,是否确与冯梦龙相关,还有待进一步考证。此外,尚有笔记小说《古今谭概》(《古今笑》)、《智囊》、《智囊补》、《太平广记抄》、《情史类略》等传世。除小说外,冯梦龙还有多方面的著述。诗文集有《七乐斋稿》与《游闽诗草》,今已佚;民歌集有《挂枝儿》、《山歌》;散曲集有《太霞新奏》;传奇集有《墨憨斋定本传奇》(今存13种);经学著作有《麟经指月》、《四书指月》、《春秋衡库》等。

滕大尹鬼断家私

[解题]

　　这篇公案故事，见于《古今小说》(《喻世明言》)卷十。小说通过嫡庶争产丑剧，表现封建家庭的畸形关系以及明代中后期商品经济条件下传统道德的崩溃和价值观念的变化；滕大尹私吞黄金的插曲，则是意蕴复杂的一笔。故事借行乐图为伏线结构情节，引人入胜；插入奸杀冤案之审理，使情节于统一中有陪衬，颇见匠心。清初李玉《长生像》传奇，取此篇故事点缀成篇(见姚燮《今乐考证》)，民间曲艺也多据此篇故事演为弹词、鼓词。

　　玉树庭前诸谢，紫荆花下三田；埙篪和好弟兄贤[1]，父母心中欢忭。

　　多少争财竞产，同根苦自相煎。相持鹬蚌枉垂涎，落得渔人取便。

　　这首词，名为《西江月》，是劝人家弟兄和睦的。且说如今三教经典，都是教人为善的，儒教有十三经、六经、五经，释教有诸品《大藏金经》，道教有《南华冲虚经》，及诸品藏经，盈箱满案，千言万语，看来都是赘疣。依我说，要做好人，只消个两字经，是"孝弟"两个字。那两字经中，又只消理会一个字，是个"孝"字。假如孝顺父母的，见父母所爱者，亦爱之；父母所敬者，亦敬之，何况兄弟行中，同气连枝，想到父母身上去，那有不和不睦之理？就是家私田产，总是父母挣来的，分什么尔我？较什么肥瘠？假如你生于穷汉之家，分文没得承受，少不得自家挽起眉毛，挣扎过活。见成有田有地，兀自争多嫌寡，动不动推说爹娘偏爱，分受不均。那爹娘在九泉之下，他心上必然不乐。此岂是孝子所为？所以古人说得好，道是："难得者兄弟，易得者田地。"怎么是难得者兄弟？且说人生在世，至亲的莫如爹娘。爹娘养下我来时节，极早已是壮年了，况且爹娘怎守得我同去？也只好半世相处。再说至爱的莫如夫妇，白头相守，极是长久的了；然未做亲以前，你张我李，各门各户，也空着幼年一段。只有兄弟们，生于一家，从幼相随到老，有事共商，有难共救，真像手足一般，何等情谊！譬如良田美产，今日弃了，明日又可挣得来的。若失了个弟兄，分明割了一手，折了一足，乃终身缺陷。说到此地，岂不是"难得者兄弟，易得者田地"？若是为田地上坏了手足亲情，到不如穷汉赤光光没得承受，反为干净，省了许多是非口舌。

　　如今在下说一节国朝的故事，乃是"滕县尹鬼断家私"。这节故事，是劝人重义轻财，休忘了"孝弟"两字经。看官们，或是有弟兄没弟兄，都不关在下之事，各人自去摸着心头，学好做人便了。正是：

　　　　善人听说心中刺，恶人听说耳边风。

话说国朝永乐年间，北直顺天府香河县，有个倪太守，双名守谦，字益之，家累千金，肥田美宅。夫人陈氏，单生一子，名曰善继，长大婚娶之后，陈夫人身故。倪太守罢官鳏居，虽然年老，只落得精神健旺。凡收租放债之事，件件关心，不肯安闲享用。其年七十九岁，倪善继对老子说道："'人生七十古来稀'。父亲今年七十九，明年八十齐头了，何不把家事交卸与孩儿掌管，吃些见成茶饭，岂不为美？"老子摇着头，说出几句道："在一日，管一日。替你心，替你力。挣些利钱穿共吃；直待两脚壁立直，那时不关我事得。"

　　每年十月间，倪太守亲往庄上收租，整月的住下。庄户人家，肥鸡美酒，尽他受用。那一年，又去住了几日。偶然一日，午后无事，绕庄闲步，观看野景。忽然见一个女子，同着一个白发婆婆，向溪边石上捣衣。那女子虽然村妆打扮，颇有几分姿色：

　　　　发同漆黑，眼若波明。纤纤十指似栽葱，曲曲双眉如抹黛。随常布帛，俏身躯赛著绫罗；点景野花，美丰仪不须钗钿。五短身材偏有趣，二八年纪正当时。

倪太守老兴勃发，看得呆了。那女子捣衣已毕，随着老婆婆而走。那老儿留心观看，只见他走过数家，进一个小小白篱笆门内去了。倪太守连忙转身，唤管庄的来，对他说如此如此，教他访那女子跟脚，曾否许人，"若是没有人家时，我要娶他为妾，未知他肯否？"

　　管庄的巴不得奉承家主，领命便走。原来那女子姓梅，父亲也是个府学秀才。因幼年父母双亡，在外婆身边居住。年一十七岁，尚未许人。管庄的访得的实了，就与那老婆婆说："我家老爷见你女孙儿生得齐整，意欲聘为偏房。虽说是做小，老奶奶去世已久，上面并无人拘管。嫁得成时，丰衣足食，自不须说，连你老人家年常衣服茶米，都是我家照顾，临终还得个好断送，只怕你老人家没福。"老婆婆听得花锦似一片说话，即时依允。也是姻缘前定，一说便成。管庄的回复了倪太守。太守大喜，讲定财礼，讨皇历看个吉日，又恐儿子阻挡，就在庄上行聘，庄上做亲。成亲之夜，一老一少，端的好看！有《西江月》为证：

　　　　一个乌纱白发，一个绿鬓红妆。枯藤缠树嫩花香，好似奶公相傍。一个心中凄楚，一个暗地惊慌。只愁那话忒郎当，双手扶持不上。

当夜倪太守抖擞精神，勾消了姻缘簿上。真个是：

　　　　恩爱莫忘今夜好，风光不减少年时。

　　过了三朝，唤个轿子，抬那梅氏回宅，与儿子媳妇相见。阖宅男妇，都来磕头，称为"小奶奶"。倪太守把些布帛，赏与众人，各各欢喜。只有那倪善继，心中不美。面前虽不言语，背后夫妻两口儿议论道："这老人忒没正经，一把年纪，风灯之烛，做事也须料个前后，知道五年十年在世，却去干这样不了不当的事？讨这花枝般的女儿，自家也得精神对付他，终不然担误他在那里，有名无实？还有一件，多少人家老汉身边，有了少妇，支持不过，那少妇熬不得，走了野路，出乖露丑，为家门之玷。还有一件，那少妇跟随老汉，分明似出外度荒年一般，等得年时成熟，他便去了。平时偷短偷长，做下私房，东三西四的寄开，又撒娇撒痴，要汉子制办衣饰与他；到得树倒鸟飞时节，他便颠作嫁人，一包儿收拾去受用。这是木中之蠹，米中之虫。人家有了这般人，最损元气的。"又说道："这女子娇模娇样，好像个妓女，全没有良家体段，看来是个做声分的头儿，擒老公的太岁。在咱爹身边，只该半妾半婢，叫声姨姐，后日还有个退步，可笑咱爹不明，就叫众人唤他做'小奶奶'，难道要咱们叫他娘不成？咱们只不作准他，莫要奉承透了，讨他做大起来，明日咱们颠到受他呕气。"夫妻二人，唧唧哝哝，说个不了。早有多嘴的传话出来。倪太守知道了，虽然不乐，却也藏在肚里。幸得那梅氏秉性温良，事上接下，一团和气，众人也都相安。

过了两个月，梅氏得了身孕，瞒着众人，只有老公知道。一日三，三日九，捱到十月满足，生下一个小孩儿出来，举家大惊。这日正是九月九日，乳名取做重阳儿。到十一日，就是倪太守生日。这年恰好八十岁了，贺客盈门。倪太守开筵管待，一来为寿诞，二来小孩儿三朝，就当个汤饼之会。众宾客道："老先生高年，又新添个小令郎，足见血气不衰，乃上寿之徵也。"倪太守大喜。倪善继背后又说道："男子六十而精绝，况是八十岁了，那见枯树上生出花来？这孩子不知那里来的杂种，决不是咱爹嫡血，我断然不认他做兄弟。"老子又晓得了，也藏在肚里。

光阴似箭，不觉又是一年。重阳儿周岁，整备做晬盘故事[2]。里亲外眷，又来作贺。倪善继到走了出门，不来陪客。老子已知其意，也不去寻他回来。自己陪着诸亲，吃了一日酒。虽然口中不语，心内未免有些不足之意。自古道"子孝父心宽"，那倪善继平日做人，又贪又狠，一心只怕小孩子长大起来，分了他一股家私，所以不肯认做兄弟，预先把恶话谣言，日后好摆布他母子。那倪太守是读书做官的人，这个关窍怎不明白？只恨自家老了，等不及重阳儿成人长大，日后少不得要在大儿子手里讨针线，今日与他结不得冤家，只索忍耐。看了这点小孩子，好生痛他；又看了梅氏小小年纪，好生怜他。常时想一会，闷一会，恼一会，又懊悔一会。

再过四年，小孩子长成五岁。老子见他伶俐，又忒会顽耍，要送他馆中上学。取个学名，哥哥叫善继，他就叫善述。拣个好日，备了果酒，领他去拜师父。那师父就是倪太守请在家里教孙儿的。小叔侄两个同馆上学，两得其便。谁知倪善继与做爹的不是一条心肠，他见那孩子，取名善述，与己排行，先自不像意了；又与他儿子同学读书，到要儿子叫他叔叔，从小叫惯了，后来就被他欺压，不如唤了儿子出来，另从个师父罢。当日将儿子唤出，只推有病，连日不到馆中。倪太守初时只道是真病,过了几日,只听得师父说:"大令郎另聘了个先生,分做两个学堂,不知何意?"倪太守不听犹可,听了此言,不觉大怒,就要寻大儿子问其缘故。又想道:"天生恁般逆种,与他说也没干,由他罢了。"含了一口闷气,回到房中,偶然脚慢,绊着门槛一跌。梅氏慌忙扶起,搀到醉翁床上坐下,已自不省人事。急请医生来看,医生说是中风。忙取姜汤灌醒,扶他上床,虽然心下清爽,却满身麻木,动掸不得。梅氏坐在床头,煎汤煎药,殷勤伏侍。连进几服,全无功效。医生切脉道:"只好延捱日子,不能全愈了。"倪善继闻知,也来看觑了几遍,见老子病势沉重,料是不起,便呼么喝六,打童骂仆,预先装出家主公的架子来。老子听得,愈加烦恼。梅氏只得啼哭,连小学生也不去上学,留在房中,相伴老子。

倪太守自知病笃,唤大儿子到面前,取出簿子一本,家中田地屋宅及人头账目总数,都在上面,分付道:"善述年方五岁,衣服尚要人照管,梅氏又年少,也未必能管家,若分家私与他,也是枉然,如今尽数交付与你。倘或善述日后长大成人,你可看做爹的面上,替他娶房媳妇,分他小屋一所,良田五六十亩,勿令饥寒足矣。这段话我都写绝在家私簿上,就当分家,把与你做个执照。梅氏若愿嫁人,听从其便。倘肯守着儿子度日,也莫强他。我死之后,你一一依我言语,这便是孝子。我在九泉,亦得瞑目。"倪善继把簿子揭开一看,果然开得细,写得明,满脸堆下笑来,连声应道:"爹休忧虑,恁儿一一依爹分付便了。"抱了家私簿子,欣然而去。梅氏见他去得远了,两眼垂泪,指着那孩子道:"这个小冤家,难道不是你嫡血?你却和盘托出,都把与大儿了,教我母子两口,异日把什么过活?"倪太守道:"你有所不知,我看善继,不是个良善之人,若将家私平分了,连这小孩子的性命也难保。不如都把与他,像了他意,再无妒忌。"梅氏又哭道:"虽然如此,自古道'子无嫡庶',忒杀厚薄不均,被人笑话。"倪太守道:"我也顾他不得了。你年纪正小,趁我未死,将儿子嘱付善继,待我去世后,多则一年,少则半载,尽你心中拣择个好头脑,自去图下半世受用,莫要在他们身边讨气吃。"梅氏道:"说那里话!奴家也是儒门之女,妇人从一而终,况又有了这小孩儿,怎割舍得抛他?好歹要守在这孩子身边的。"倪太守道:"你果然肯守志终身么?莫非日久生悔?"梅氏就发起大誓来。倪太守道:"你若立志果坚,莫愁母子没得过活。"便向枕边摸出一件东西来,交与梅氏。梅氏初时只道又是一个家私簿子,却原来是一尺阔三尺长的一个小轴子。梅氏道:"要这小轴儿何用?"倪太守道:"这是我的行乐图,其中自有奥妙。你可悄地收藏,休露人目,直待孩子年长。善继不肯看顾他,你也只含藏于心。等得个贤明有司官来,你却将此轴去诉理,述我遗命,求他细细推详,自然有个处分,尽勾你母子二人受用。"梅氏收了轴子。话休絮烦,倪太守又延了数日,一夜痰厥,叫唤不醒,呜呼哀哉死了。享年八十四岁。正是:

　　三寸气在千般用,一日无常万事休。

早知九泉将不去,作家辛苦着何由?

且说倪善继得了家私簿,又讨了各仓各库钥匙,每日只去查点家财杂物,那有功夫走到父亲房里问安?直等呜呼之后,梅氏差丫鬟去报知凶信,夫妻两口方才跑来,也哭了几声"老爹爹"。没一个时辰,就转身去了,到委着梅氏守尸。幸得衣衾棺椁,诸事都是预办下的,不要倪善继费心。殡殓成服后,梅氏和小孩子两口守着孝堂,早暮啼哭,寸步不离。善继只是点名应客,全无哀痛之意。七中便择日安葬,回丧之夜,就把梅氏房中,倾箱倒箧,只怕父亲存下些私房银两在内。梅氏乖巧,恐怕收去了他的行乐图,把自己原嫁来的两只箱笼,到先开了,提出几件穿旧衣裳,教他夫妻两口检看。善继见他大意,到不来看了。夫妻两口儿乱了一回,自去了。梅氏思量苦切,放声大哭。那小孩子见亲娘如此,也哀哀哭个不住。恁般光景:

任是泥人应堕泪,从教铁汉也酸心。

次早,倪善继又唤个做屋匠来,看这房子,要行重新改造,与自家儿子做亲。将梅氏母子,搬到后园三间杂屋内栖身,只与他四脚小床一张,和几件粗台粗凳,连好家火都没一件。原在房中伏侍有两个丫鬟,只拣大些的又唤去了,止留下十一二岁的小使女,每日是他厨下取饭。有菜没菜,都不照管。梅氏见不方便,索性讨些饭米,堆个土灶,自炊来吃。早晚做些针指,买些小菜,将就度日。小学生到附在邻家上学,束脩都是梅氏自出。善继又屡次教妻子劝梅氏嫁人,又寻媒妪与他说亲,见梅氏誓死不从,只得罢了。因梅氏十分忍耐,凡事不言不语,所以善继虽然凶狠,也不将他母子放在心上。

光阴似箭,善述不觉长成一十四岁。原来梅氏平生谨慎,从前之事,在儿子面前,一字也不题,只怕娃子家口滑,引出是非,无益有损。守得一十四岁时,他胸中渐渐泾渭分明,瞒他不得了。

一日,向母亲讨件新绢衣穿,梅氏回他没钱买得,善述道:"我爹做过太守,止生我弟兄两人,见今哥哥恁般富贵,我要一件衣服,就不能勾了,是怎地?既娘没钱时,我自与哥哥索讨。"说罢就走。梅氏一把扯住道:"我儿,一件绢衣,直甚大事,也去开口求人。常言道:'惜福积福。''小来穿线,大来穿绢。'若小时穿绢,到大来线也没得穿了。再过两年,等你读书进步,做娘的情愿卖身来做衣服与你穿着。你那哥哥不是好惹的,缠他什么!"善述道:"娘说得是。"口虽答应,心下不以为然,想着:"我父亲万贯家私,少不得兄弟两个大家分受。我又不是随娘晚嫁,拖来的油瓶,怎么我哥哥全不看顾?娘又恁般说,终不然一匹绢儿,没有我分,直待娘卖身来做与我穿着?这话好生奇怪!哥哥又不是吃人的虎,怕他怎的?"心生一计,瞒了母亲,径到大宅里去,寻见了哥哥,叫声:"作揖。"善继到吃了一惊,问他来做什么。善述道:"我是个缙绅子弟,身上蓝缕,被人耻笑。特来寻哥哥讨匹绢去，做衣服穿。"善继道："你要衣服穿，自与娘讨。"善述道："老爹爹家私是哥哥管，不是娘管。"善继听说"家私"二字，题目来得大了，便红着脸问道："这句话，是那个教你说的？你今日来讨衣服穿，还是来争家私？"善述道："家私少不得有日分析，今日先要件衣服，装装体面。"善继道："你这般野种，要什么体面！老爹爹纵有万贯家私，自有嫡子嫡孙，干你野种屁事？你今日是听了甚人撺掇，到此讨野火吃？莫要惹着我性子，教你母子二人无安身之处！"善述道："一般是老爹爹所生，怎么我是野种？惹着你性子，便怎地？难道谋害了我娘儿两个，你就独占了家私不成？"善继大怒，骂道："小畜生，敢挺撞我！"牵住他衣袖儿，捻起拳头，一连七八个栗暴，打得头皮都青肿了。善述挣脱了，一道烟走出，哀哀的哭到母亲面前来。一五一十，备细述与母亲知道。梅氏抱怨道："我教你莫去惹事，你不听教训，打得你好！"口里虽如此说，扯着青布衫，替他摩那头上肿处，不觉两泪交流。有诗为证：

　　少年鳌妇拥遗孤，食薄衣单百事无。
　　只为家庭缺孝友，同枝一树判荣枯。

　　梅氏左思右量，恐怕善继藏怒，到遣使女进去致意，说小学生不晓世事，冲撞长兄，招个不是。善继兀自怒气不息，次日侵早，邀几个族人在家，取出父亲亲笔分关[3]，请梅氏母子到来，公同看了，便道："尊亲长在上，不是善继不肯养他母子，要抬他出去[4]，只因善述昨日与我争取家私，发许多说话，诚恐日后长大，说话一发多了，今日分析他母子出外居住。东庄住房一所，田五十八亩，都是遵依老爹爹遗命，毫不敢自专，伏乞尊亲长作证。"这伙亲族，平昔晓得善继做人利害，又且父亲亲笔遗嘱，那个还肯多嘴，做闲冤家？都将好看的话儿来说。那奉承善继的说道："'千金难买亡人笔'。照依分关，再没话了。"就是那可怜善述母子的，也只说道："'男子不吃分时饭，女子不着嫁时衣'。多少白手成家的，如今有屋住，有田种，不算没根基了，只要自去挣持。得粥莫嫌薄，各人自有个命在。"

　　梅氏料道在园屋居住，不是了日，只得听凭分析，同孩儿谢了众亲长，拜别了祠堂，辞了善继夫妇，教人搬了几件旧家伙，和那原嫁来的两只箱笼，雇了牲口骑坐，来到东庄屋内。只见荒草满地，屋瓦稀疏，是多年不修整的，上漏下湿，怎生住得？将就打扫一两间，安顿床铺。唤庄户来问时，连这五十八亩田，都是最下不堪的。大熟之年，一半收成还不能勾；若荒年，只好赔粮。梅氏只叫得苦。到是小学生有智，对母亲道："我弟兄两个，都是老爹爹亲生，为何分关上如此偏向？其中必有缘故。莫非不是老爹爹亲笔？自古道：'家私不论尊卑。'母亲何不告官申理？厚薄凭官府判断，到无怨心。"梅氏被孩儿题起线索，便将十来年隐下衷情，都说出来道："我儿休疑分关之语，这正是你父亲之笔。他道你年小，恐怕被做哥的暗算，所以把家私都判与他，以安其心。临终之日，只与我行乐图一轴，再三嘱付：其中含藏哑谜，直待贤明有司在任，送他详审，包你母子两口，有得过活，不致贫苦。"善述道："既有此事，何不早说？行乐图在那里？快取来与孩儿一看。"梅氏开了箱儿，取出一个布包来。解开包袱，里面又有一重油纸封裹着。拆了封，展开那一尺阔三尺长的小轴儿，挂在椅上，母子一齐下拜。梅氏通陈道："村庄香烛不便，乞恕亵慢。"善述拜罢，起来仔细看时，乃是一个坐像，乌纱白发，画得丰采如生，怀中抱着婴儿，一只手指着地下。揣摩了半晌，全然不解，只得依旧收卷包藏，心下好生烦闷。

过了数日，善述到前村要访个师父讲解，偶从关王庙前经过，只见一伙村人，抬着猪羊大礼，祭赛关圣。善述立住脚头看时，又见一个过路的老者，拄了一根竹杖，也来闲看，问着众人道："你们今日为甚赛神？"众人道："我们遭了屈官司，幸赖官府明白，断明了这公事。向日许下神道愿心，今日特来拜偿。"老者道："什么屈官司？怎生断的？"内中一人道："本县向奉上司明文，十家为甲。小人是甲首，叫做成大。同甲中，有个赵裁，是第一手针线，常在人家做夜作，整几日不归家的。忽一日出去了，月余不归。老婆刘氏，央人四下寻觅，并无踪迹。又过了数日，河内浮出一个尸首，头都打破。地方报与官府，有人认出衣服，正是那赵裁。赵裁出门前一日，曾与小人酒后争句闲话，一时发怒，打到他家，毁了他几件家私，这是有的。谁知他老婆把这桩人命告了小人，前任漆知县，听信一面之词，将小人问成死罪。同甲不行举首，连累他们都有了罪名。小人无处伸冤，在狱三载。幸遇新任滕爷，他虽乡科出身，甚是明白。小人因他热审时节[5]，哭诉其冤。他也疑惑道：'酒后争嚷，不是大仇，怎的就谋他一命？'准了小人状词，出牌拘人复审。滕爷一眼看着赵裁的老婆，千不说，万不说，开口便问他曾否再醮。刘氏道：'家贫难守，已嫁人了。'又问嫁的甚人，刘氏道：'是班辈的裁缝[6]，叫沈八汉。'滕爷当时飞拿沈八汉来，问道：'你几时娶这妇人？'八汉道：'他丈夫死了一个多月，小人方才娶回。'滕爷道：'何人为媒？用何聘礼？'八汉道：'赵裁存日，曾借用过小人七八两银子。小人闻得赵裁死信，走到他家探问，就便催取这银子。那刘氏没得抵偿，情愿将身许嫁小人，准折这银两，其实不曾央媒。'滕爷又问道：'你做手艺的人，那里来这七八两银子？'八汉道：'是陆续凑与他的。'滕爷把纸笔，教他细开逐次借银数目。八汉开了出来，或米或银共十三次，凑成七两八钱之数。滕爷看罢，大喝道：'赵裁是你打死的，如何妄陷平人？'便用夹棍夹起。八汉还不肯认，滕爷道：'我说出情弊，教你心服：既然放本盘利，难道再没第二个人托得，恰好都借与赵裁？必是平昔间与他妻子有奸，赵裁贪你东西，知情故纵。以后想做长久夫妻，便谋死了赵裁。却又教导那妇人告状，拄在成大身上[7]。今日你开账的字，与旧时状纸笔迹相同，这人命不是你是谁？'再教把妇人拶指[8]，要他承招。刘氏听见滕爷言语，句句合拍，分明鬼谷先师一般[9]，魂都惊散了，怎敢抵赖？拶子套上，便承认了。八汉只得也招了。原来八汉起初与刘氏密地相好，人都不知。后来往来勤了，赵裁怕人眼目，渐有隔绝之意。八汉私与刘氏商量，要谋死赵裁，与他做夫妻，刘氏不肯。八汉乘赵裁在人家做生活回来，哄他店上吃得烂醉，行到河边，将他推倒，用石块打破脑门，沉尸河底。只等事冷，便娶那妇人回去。后因尸骸浮起，被人认出，八汉闻得小人有争嚷之隙，却去唆那妇人告状。那妇人直待嫁后，方知丈夫是八汉谋死的。既做了夫妻，便不言语。却被滕爷审出真情，将他夫妻抵罪，释放小人宁家。多承列位亲邻斗出公分，替小人赛神。老翁，你道有这般冤事么？"老者道："怎般贤明官府，真个难遇！本县百姓有幸了。"倪善述听到那里，便回家学与母亲知道，如此如此，这般这般，"有恁地好官府，不将行乐图去告诉，更待何时？"母子商议已定，打听了放告日期，梅氏起个黑早，领着十四岁的儿子，带了轴儿，来到县中叫喊。大尹见没有状词，只有一个小小轴儿，甚是奇怪。问其缘故，梅氏将倪善继平昔所为，及老子临终遗嘱，备细说了。滕知县收了轴子，教他且去，"待我进衙细看。"正是：

一幅画图藏哑谜，千金家事仗搜寻。
只因嫠妇孤儿苦，费尽神明大尹心。

不题梅氏母子回家，且说滕大尹放告已毕，退归私衙，取那一尺阔三尺长的小轴，看是倪太守行乐图，一手抱个婴孩，一手指着地下。推详了半日，想道："这个婴孩就是倪善述，不消说了。那一手指地，莫非要有司官念他地下之情，替他出力么？"又想道："他既有亲笔分关，官府也难做主了。他说轴中含藏哑谜，必然还有个道理。若我断不出此事，枉自聪明一世。"每日退堂，便将画图展玩，千思万想。如此数日，只是不解。也是这事合当明白，自然生出机会来。一日午饭后，又去看那轴子。丫鬟送茶来吃，将一手去接茶瓯，偶然失挫，泼了些茶，把轴子沾湿了。滕大尹放了茶瓯，走向阶前，双手扯开轴子，就日色晒干。忽然日光中照见轴子里面有些字影，滕知县心疑，揭开看时，乃是一幅字纸，托在画上，正是倪太守遗笔，上面写道：

老夫官居五马[10]，寿逾八旬，死在旦夕，亦无所恨。但孽子善述，年方周岁，急未成立。嫡善继素缺孝友，日后恐为所戕。新置大宅二所，及一切田产，悉以授继。惟左偏旧小屋，可分与述。此屋虽小，室中左壁埋银五千，作五坛；右壁埋银五千，金一千，作六坛，可以准田园之额。后有贤明有司主断者，述儿奉酬白金三百两。八十一翁倪守谦亲笔。

年月日花押

原来这行乐图，是倪太守八十一岁上，与小孩子做周岁时，预先做下的。古人云"知子莫若父"，信不虚也。滕大尹最有机变的人，看见开着许多金银，未免垂涎之意。眉头一皱，计上心来，差人："密拿倪善继来见我，自有话说。"

却说倪善继,独霸家私,心满意足,日日在家中快乐。忽见县差奉着手批拘唤,时刻不容停留,善继推阻不得,只得相随到县。正直大尹升堂理事,差人禀道:"倪善继已拿到了。"大尹唤到案前问道:"你就是倪太守的长子么?"善继应道:"小人正是。"大尹道:"你庶母梅氏,有状告你,说你逐母逐弟,占产占房。此事真么?"倪善继道:"庶弟善述,在小人身边,从幼抚养大的。近日他母子自要分居,小人并不曾逐他。其家财一节,都是父亲临终,亲笔分析定的,小人并不敢有违。"大尹道,"你父亲亲笔在那里?"善继道:"见在家中,容小人取来呈览。"大尹道:"他状词内告有家财万贯,非同小可。遗笔真伪,也未可知。念你是缙绅之后,且不难为你。明日可唤齐梅氏母子,我亲到你家查阅家私。若厚薄果然不均,自有公道,难以私情而论。"喝教皂快押出善继,就去拘集梅氏母子,明日一同听审。公差得了善继的东道,放他回家去讫,自往东庄拘人去了。

再说善继听见官府口气利害,好生惊恐。论起家私,其实全未分析,单单持着父亲分关执照,千钧之力,须要亲族见证方好。连夜将银两分送三党亲长,嘱托他次早都到家来,若官府问及遗笔一事,求他同声相助。这伙三党之亲,自从倪太守亡后,从不曾见善继一盘一盒,岁时也不曾酒杯相及,今日大块银子送来,正是"闲时不烧香,急来抱佛脚",各各暗笑,落得受了买东西吃。明日见官,旁观动静,再作区处。时人有诗云:

休嫌庶母妄兴词,自是为兄意太私。
今日将银买三党,何如匹绢赠孤儿?

且说梅氏见县差拘唤,已知县主与他做主。过了一夜,次日侵早,母子二人,先到县中,去见滕大尹。大尹道:"怜你孤儿寡妇,自然该替你说法。但闻得善继执得有亡父亲笔分关,这怎么处?"梅氏道:"分关虽写得有,却是保全孩子之计,非出亡夫本心。恩相只看家私簿上数目,自然明白。"大尹道:"常言道:'清官难断家事。'我如今管你母子一生衣食充足,你也休做十分大望。"梅氏谢道:"若得免于饥寒足矣,岂望与善继同作富家郎乎?"

滕大尹分付梅氏母子,先到善继家伺候。倪善继早已打扫厅堂,堂上设一把虎皮交椅,焚起一炉好香。一面催请亲族,早来守候。梅氏和善述到来,见十亲九眷,都在眼前,一一相见了,也不免说几句求情的话儿。善继虽然一肚子恼怒,此时也不好发泄,各各暗自打点见官的说话。等不多时,只听得远远喝道之声,料是县主来了,善继整顿衣帽迎接。亲族中年长知事的,准备上前见官。其幼辈怕事的,都站在照壁背后张望,打探消耗。只见一对对执事两班排立,后面青罗伞下,盖着有才有智的滕大尹。到得倪家门首,执事跪下,么喝一声。梅氏和倪家兄弟,都一齐跪下来迎接。门子喝声:"起去!"轿夫停了五山屏风轿子。滕大尹不慌不忙,踱下轿来。将欲进门,忽然对着空中,连连打恭,口里应对,恰像有主人相迎的一般。众人都吃惊，看他做甚模样。只见滕大尹一路揖让，直到堂中。连作数揖，口中叙许多寒温的言语。先向朝南的虎皮交椅上打个恭，恰像有人看坐的一般。连忙转身，就拖一把交椅，朝北主位排下，又向空再三谦让，方才上坐。众人看他见神见鬼的模样，不敢上前，都两旁站立呆看。只见滕大尹在上坐拱揖，开谈道："令夫人将家产事告到晚生手里，此事端的如何？"说罢，便作倾听之状。良久，乃摇首吐舌道："长公子太不良了。"静听一会，又自说道，"教次公子何以存活？"停一会，又说道："右偏小屋，有何活计？"又连声道："领教，领教。"又停一时，说道："这项也交付次公子，晚生都领命了。"少停又拱揖道："晚生怎敢当此厚惠？"推逊了多时，又道："既承尊命恳切，晚生勉领，便给批照与次公子收执。"乃起身，又连作数揖，口称："晚生便去。"众人都看得呆了，只见滕大尹立起身来，东看西看问道："倪爷那里去了？"门子禀道："没见什么倪爷。"滕大尹道："有此怪事！"唤善继问道："方才令尊老先生，亲在门外相迎，与我对坐了讲这半日说话，你们谅必都听见的。"善继道："小人不曾听见。"滕大尹道："方才长长的身儿，瘦瘦的脸儿，高颧骨，细眼睛，长眉大耳，朗朗的三牙须，银也似白的，纱帽皂靴，红袍金带，可是倪老先生模样么？"唬得众人一身冷汗，都跪下道："正是他生前模样。"大尹道："如何忽然不见了？他说家中有两处大厅堂，又东边旧存下一所小屋，可是有的？"善继也不敢隐瞒，只得承认道："有的。"大尹道："且到东边小屋去一看，自有话说。"众人见大尹半日自言自语，说得活龙活现，分明是倪太守模样，都信道倪太守真个出现了，人人吐舌，个个惊心。谁知都是滕大尹的巧言，他是看了行乐图，照依小像说来，何曾有半句是真话？有诗为证：

　　圣贤自是空题目，惟有鬼神不敢触。
　　若非大尹假装词，逆子如何肯心服？

　　倪善继引路，众人随着大尹，来到东偏旧屋内。这旧屋是倪太守未得第时所居，自从造了大厅大堂，把旧屋空着，只做个仓厅，堆积些零碎米麦在内，留下一房家人。看见大尹前后走了一遍，到正屋中坐下，向善继道："你父亲果是有灵，家中事体，备细与我说了，教我主张，这所旧宅子与善述，你意下何如？"善继叩头道："但凭恩台明断。"大尹讨家私簿子细细看了，连声道："也好个大家事。"看到后面遗笔分关，大笑道："你家老先生自家写定的，方才却又在我面前说善继许多不是，这个老先儿也是没主意的。"唤倪善继过来，"既然分关写定，这些田园账目，一一给你，善述不许妄争。"梅氏暗暗叫苦，方欲上前哀求，只见大尹又道："这旧屋判与善述，此屋中之所有，善继也不许妄争。"善继想道："这屋内破家破火，不直甚事，便堆下些米麦，一月前都粜得七八了，存不多儿，我也勾便宜了。"便连连答应道："恩台所断极明。"大尹道："你两人一言为定，各无翻悔。众人既是亲族，都来做个证见。方才倪老先生当面嘱付说：'此屋左壁下埋银五千两，作五坛,当与次儿。"善继不信,禀道:"若果然有此,即使万金,亦是兄弟的,小人并不敢争执。"大尹道:"你就争执时,我也不准。"便教手下讨锄头铁锹等器,梅氏母子作眼,率领民壮,往东壁下掘开墙基,果然埋下五个大坛。发起来时,坛中满满的,都是光银子。把一坛银子,上秤称时,算来该是六十二斤半,刚刚一千两足数。众人看见,无不惊讶。善继益发信真了:若非父亲阴灵出现,面诉县主,这个藏银,我们尚且不知,县主那里知道？只见滕大尹教把五坛银子,一字儿摆在自家面前,又分付梅氏道:"右壁还有五坛,亦是五千之数。更有一坛金子,方才倪老先生有命,送我作酬谢之意,我不敢当,他再三相强,我只得领了。"梅氏同善述叩头说道:"左壁五千,已出望外；若右壁更有,敢不依先人之命。"大尹道:"我何以知之？据你家老先生是恁般说,想不是虚话。"再教人发掘西壁,果然六个大坛,五坛是银,一坛是金。善继看着许多黄白之物,眼里都放出火来,恨不得抢他一锭。只是有言在前,一字也不敢开口。滕大尹写个照帖,给与善继为照,就将这房家人,判与善述母子。梅氏同善述不胜之喜,一同叩头拜谢。善继满肚不乐,也只得磕几个头,勉强说句"多谢恩台主张"。大尹判几条封皮,将一坛金子封了,放在自己轿前,抬回衙内,落得受用。众人都认道真个倪太守许下酬谢他的,反以为理之当然,那个敢道个不字。这正叫做"鹬蚌相持,渔人得利"。若是倪善继存心忠厚,兄弟和睦,肯将家私平等分析,这千两黄金,弟兄大家该五百两,怎到得滕大尹之手,白白里作成了别人,自己还讨得气闷,又加个不孝不弟之名？千算万计,何曾算计得他人？只算计得自家而已。

　　闲话休题。再说梅氏母子,次日又到县拜谢滕大尹。大尹已将行乐图取去遗笔,重新裱过,给还梅氏收领。梅氏母子方悟行乐图上一手指地,乃指地下所藏之金银也。此时有了这十坛银子,一般置买田园,遂成富室。后来善述娶妻,连生三子,读书成名。倪氏门中,只有这一枝极盛。善继两个儿子,都好游荡,家业耗废。善继死后,两所大宅子,都卖与叔叔善述管业。里中凡晓得倪家之事本末的,无不以为天报云。诗曰:

　　　　从来天道有何私？堪笑倪郎心太痴。
　　　　忍以嫡兄欺庶母,却教死父算生儿。
　　　　轴中藏字非无意,壁下埋金属有司。
　　　　何似存些公道好,不生争竞不兴词。

　　　　据上海古籍出版社影印原藏日本内阁文库天许斋刊本《古今小说》校录

[注释]

　　[1] 埙篪(xūn chí):乐器名称。《诗·小雅·何人斯》云:"伯氏吹埙,仲氏吹篪。"后因以埙篪比喻兄弟和睦,亦借指兄弟。

[2] 晬(zuì)盘：旧俗小儿周岁时，令其抓取盘中之物如弓箭、纸笔、珍宝等以占其将来之志趣，称为晬盘，也叫试儿、试晬、抓周。晬：小儿周岁。

[3] 分关：分家文书。

[4] 拈(niǎn)：通撵。

[5] 热审：明代司法制度，每年夏季小满后十日起，至立秋前一日止（立秋在六月内者以七月一日止）审讯在押罪囚称为热审。

[6] 班辈：同辈。

[7] 拈：栽，硬给安上。

[8] 拶(zǎn)：旧时夹手指的刑具。这里用作动词，用拶夹指。

[9] 鬼谷先师：指鬼谷子，传说为战国时道术之士。

[10] 五马：汉代太守用五马驾车，后代遂以五马为太守的代称。

卖油郎独占花魁

[解题]

这篇爱情故事，见于《醒世恒言》卷三，主要叙写卖油郎秦重与妓女莘(shēn)瑶琴结合始末。故事背景虽为南宋临安时事，但篇中三次出现民间小曲《挂枝儿》，此曲明嘉、隆间始流行，故一般认为小说当为明人所作。秦重与莘瑶琴从嫖客和妓女的关系到知己、恋人和夫妻关系的变化，形象生动地歌颂了一种新型的以平等自由、相互尊重为基础的纯真爱情，同时也深刻反映了明代中后期追求人格尊严和人格独立的新的价值观念。小说篇幅较长，显示出白话短篇向中篇过渡的印痕。人物个性鲜明，在细节描写、心理描写、语言描写以及映衬、对比等方面，也有不少独到之处。清李玉《占花魁》传奇全本此篇，成为戏曲名作。

年少争夸风月，场中波浪偏多。有钱无貌意难和，有貌无钱不可。

就是有钱有貌，还须着意揣摩。知情识趣俏哥哥，此道谁人赛我。

这首词名为《西江月》，是风月机关中撮要之论。常言道："妓爱俏，妈爱钞。"所以子弟行中，有了潘安般貌、邓通般钱，自然上和下睦，做得烟花寨内的大王、鸳鸯会上的主盟。然虽如此，还有个两字经儿，叫做"帮衬"。帮者，如鞋之有帮；衬者，如衣之有衬。但凡做小娘的，有一分所长，得人衬贴，就当十分。若有短处，曲意替他遮护，更兼低声下气，送暖偷寒，逢其所喜，避其所讳，以情度情，岂有不爱之理。这叫做帮衬。风月场中，只有会帮衬的最讨便宜，无貌而有貌，无钱而有钱。假如郑元和在卑田院做了乞儿[1]，此时囊箧俱空，容颜非旧，李亚仙于雪天遇之，便动了一个恻隐之心，将绣襦包裹，美食供养，与他做了夫妻。这岂是爱他之钱,恋他之貌?只为郑元和识趣知情,善于帮衬,所以亚仙心中舍他不得。你只看亚仙病中想马板肠汤吃,郑元和就把个五花马杀了,取肠煮汤奉之。只这一节上,亚仙如何不念其情?后来郑元和中了状元,李亚仙封为汧国夫人。莲花落打出万年策,卑田院只做了白玉堂。一床锦被遮盖,风月场中反为美谈。这是:

　　运退黄金失色,时来铁也生光。

　　话说大宋自太祖开基,太宗嗣位,历传真、仁、英、神、哲,共是七代帝王,都则偃武修文,民安国泰。到了徽宗道君皇帝,信任蔡京、高俅、杨戬、朱勔之徒,大兴苑囿,专务游乐,不以朝政为事。以致万民嗟怨,金虏乘之而起,把花锦般一个世界,弄得七零八落。直至二帝蒙尘,高宗泥马渡江,偏安一隅,天下分为南北,方得休息。其中数十年,百姓受了多少苦楚。正是:

　　甲马丛中立命,刀枪队里为家。

　　杀戮如同戏耍,抢夺便是生涯。

　　内中单表一人,乃汴梁城外安乐村居住,姓莘,名善,浑家阮氏。夫妻两口,开个六陈铺儿[2]。虽则粜米为生,一应麦豆茶酒油盐杂货,无所不备,家道颇颇得过。年过四旬,止生一女,小名叫做瑶琴。自小生得清秀,更且资性聪明。七岁上,送在村学中读书,日诵千言。十岁时,便能吟诗作赋。曾有《闺情》一绝,为人传诵。诗云:

　　朱帘寂寂下金钩,香鸭沉沉冷画楼。

　　移枕怕惊鸳并宿,挑灯偏惜蕊双头。

　　到十二岁,琴棋书画,无所不通。若题起女工一事,飞针走线,出人意表。此乃天生伶俐,非教习之所能也。莘善因为自家无子,要寻个养女婿来家靠老。只因女儿灵巧多能,难乎其配。所以求亲者颇多,都不曾许。不幸遇了金虏猖獗,把汴梁城围困,四方勤王之师虽多,宰相主了和议,不许厮杀。以致虏势愈甚,打破了京城,劫迁了二帝。那时城外百姓,一个个亡魂丧胆,携老扶幼,弃家逃命。

　　却说莘善领着浑家阮氏,和十二岁的女儿,同一般逃难的,背着包裹,结队而走。

　　忙忙如丧家之犬,急急如漏网之鱼。担渴担饥担劳苦,此行谁是家乡?

　　叫天叫地叫祖宗,惟愿不逢鞑虏。正是:宁为太平犬,莫作乱离人!

　　正行之间,谁想鞑子到不曾遇见,却逢着一阵败残的官兵。他看见许多逃难的百姓,多背得有包裹,假意呐喊道:"鞑子来了!"沿路放起一把火来。此时天色将晚,吓得众百姓落荒乱窜,你我不相顾,他就乘机抢掠。若不肯与他,就杀害了。这是乱中生乱,苦上加苦。

　　却说莘氏瑶琴,被乱军冲突,跌了一交,爬起来,不见了爹娘,不敢叫唤,躲在道傍古墓之中,过了一夜。到天明,出外看时,但见满目风沙,死尸横路。昨日同时避难之人,都不知所往。瑶琴思念父母,痛哭不已。欲待寻访,又不认得路径,只得望南而行,哭一步,捱一步。约莫走了二里之程,心上又苦,腹中又饥。望见土房一所,想必其中有人,欲待求乞些汤饮。及至向前,却是破败的空屋,人口俱逃难去了。瑶琴坐于土墙之下,哀哀而哭。自古道:无巧不成话。恰好有一人从墙下而过。那人姓卜,名乔,正是莘善的近邻,平昔是个游手游食、不守本分、惯吃白食、用白钱的主儿,人都称他是卜大郎,也是被官军冲散了同伙。今日独自而行,听得啼哭之声,慌忙来看。瑶琴自小相认,今日患难之际,举目无亲,见了近邻,分明见了亲人一般,即忙收泪,起身相见。问道:"卜大叔,可曾见我爹妈么?"卜乔心中暗想:"昨日被官军抢去包裹,正没盘缠。天生这碗衣饭,送来与我,正是奇货可居。"便扯个谎,道:"你爹和妈,寻你不见,好生痛苦。如今前面去了。分付我道:'倘或见我女儿,千万带了他来,送还了我。'许我厚谢。"瑶琴虽是聪明,正当无可奈何之际,君子可欺以其方,遂全然不疑,随着卜乔便走。正是:

　　情知不是伴,事急且相随。

　　卜乔将随身带的干粮,把些与他吃了,分付道:"你爹妈连夜走的,若路上不能相遇,直要过江到建康府,方可相会。一路上同行,我权把你当女儿,你权叫我做爹。不然,只道我收留迷失子女,不当稳便。"瑶琴依允。从此陆路同步,水路同舟,爹女相称。到了建康府,路上又闻得金兀术四太子,引兵渡江,眼见得建康不得宁息。又闻得康王即位,已在杭州驻跸,改名临安,遂趁船到润州,过了苏、常、嘉、湖,直到临安地面,暂且饭店中居住。也亏卜乔,自汴京至临安,三千余里,带那莘瑶琴下来。身边藏下些散碎银两,都用尽了,连身上外盖衣服,脱下准了店钱,止剩得莘瑶琴一件活货,欲行出脱。访得西湖上烟花王九妈家要讨养女,遂引九妈到店中,看货还钱。九妈见瑶琴生得标致,讲了财礼五十两。卜乔兑足了银子,将瑶琴送到王家。原来卜乔有智,在王九妈前,只说:"瑶琴是我亲生之女,不幸到你门户人家,须是款款的教训,他自然从顺,不要性急。"在瑶琴面前,又说:"九妈是我至亲,权时把你寄顿他家。待我从容访知你爹妈下落,再来领你。"以此,瑶琴欣然而去。

　　可怜绝世聪明女,堕落烟花罗网中。

　　王九妈新讨了瑶琴,将他浑身衣服,换个新鲜,藏于曲楼深处,终日好茶好饭,去将息他,好言好语,去温暖他。瑶琴既来之,则安之。住了几日,不见卜乔回信。思量爹妈,噙着两行珠泪,问九妈道:"卜大叔怎不来看我?"九妈道:"那个卜大叔?"瑶琴道:"便是引我到你家的那个卜大郎。"九妈道:"他说是你的亲爹。"瑶琴道:"他姓卜,我姓莘。"遂把汴梁逃难,失散了爹妈,中途遇见了卜乔,引到临安,并卜乔哄他的说话,细述一遍。九妈道:"原来怎地,你是个孤身女儿,无脚蟹。我索性与你说明罢:那姓卜的把你卖在我家,得银五十两去了。我们是门户人家,靠着粉头过活。家中虽有三四个养女,并没个出色的。爱你生得齐整,把做个亲女儿相待。待你长成之时,包你穿好吃好,一生受用。"瑶琴听说,方知被卜乔所骗,放声大哭。九妈劝解,良久方止。自此九妈将瑶琴改做王美,一家都称为美娘,教他吹弹歌舞,无不尽善。长成一十四岁,娇艳非常。临安城中,这些富豪公子,慕其容貌,都备着厚礼求见。也有爱清标的,闻得他写作俱高,求诗求字的,日不离门。弄出天大的名声出来,不叫他美娘,叫他做花魁娘子。西湖上子弟编出一只《挂枝儿》,单道那花魁娘子的好处:

　　小娘中,谁似得王美儿的标致,又会写,又会画,又会做诗,吹弹歌舞都余事。常把西湖比西子,就是西子比他也还不如!那个有福的汤着他身儿,也情愿一个死。

只因王美有了个盛名,十四岁上就有人来讲梳弄[3]。一来王美不肯,二来王九妈把女儿做金子看成,见他心中不允,分明奉了一道圣旨,并不敢违拗。又过了一年,王美年方十五。原来门户中梳弄也有个规矩:十三岁太早,谓之试花,皆因鸨儿爱财不顾痛苦,那子弟也只博个虚名,不得十分畅快取乐;十四岁谓之开花,此时天癸已至,男施女受,也算当时了;到十五谓之摘花,在平常人家还算年小,惟有门户人家以为过时。王美此时未曾梳弄,西湖上子弟又编出一支《挂枝儿》来:

　　王美儿似木瓜空好看,十五岁还不曾与人汤一汤,有名无实成何干?不是石女,也是二行子的娘。若还有个好好的,羞羞也,如何熬得这些时痒?

王九妈听得这些风声,怕坏了门面,来劝女儿接客。王美执意不肯,说道:"要我会客时,除非见了亲生爹妈。他肯做主时,方才使得。"王九妈心里又恼他,又不舍得难为他。捱了好些时,偶然有个金二员外,大富之家,情愿出三百两银子,梳弄美娘。九妈得了这主大财,心生一计,与金二员外商议,若要他成就,除非如此如此。金二员外意会了。其日八月十五日,只说请王美湖上看潮,请至舟中。三四个帮闲,俱是会中之人,猜拳行令,做好做歉,将美娘灌得烂醉如泥,扶到王九妈家楼中,卧于床上,不省人事。此时天气和暖,又没几层衣服,妈儿亲手伏侍,剥得他赤条条,任凭金二员外行事。美娘梦中觉痛,醒将转来,已被金二员外要得够了。欲待挣扎,争奈手足俱软,繇他轻薄了一回。直待绿暗红飞,方始雨收云散。正是:

　　雨中花蕊方开罢,镜里蛾眉不似前。

五鼓时,美娘酒醒,已知鸨儿用计,破了身子。自怜红颜命薄,遭此强横。起来解手,穿了衣服,自在床边一个斑竹榻上,朝着里壁睡了,暗暗垂泪。金二员外来亲近他时,被他劈头劈脸,抓有几个血痕。金二员外好生没趣。捱得天明,对妈儿说声："我去也。"妈儿要留他时，已自出门去了。从来梳弄的子弟，早起时，妈儿进房贺喜，行户中都来称贺，还要吃几日喜酒。那子弟多则住一二月，最少也住半月二十日。只有金二员外侵早出门，是从来未有之事。王九妈连叫诧异。披衣起身上楼，只见美娘卧于榻上，满眼流泪。九妈要哄他上行，连声招许多不是。美娘只不开口，九妈只得下楼去了。美娘哭了一日，茶饭不沾，从此托病，不肯下楼，连客也不肯会面了。

　　九妈心下焦燥。欲待把他凌虐，又恐他烈性不从，反冷了他的心肠。欲待䚥他，本是要他赚钱。若不接客时，就养到一百岁也没用。踌躇数日，无计可施。忽然想起，有个结义妹子，叫做刘四妈，时常往来。他能言快语，与美娘甚说得着。何不接取他来，下个说词？若得他回心转意，大大的烧个利市。当下叫保儿去请刘四妈到前楼坐下，诉以衷情。刘四妈道："老身是个女随何、雌陆贾[4]，说得罗汉思情，嫦娥想嫁。这件事都在老身身上。"九妈道："若得如此，做姐的情愿与你磕头。你多吃杯茶去，省得说话时口干。"刘四妈道："老身天生这副海口，便说到明日，还不干哩。"

　　刘四妈吃了几杯茶，转到后楼，只见楼门紧闭。刘四妈轻轻的叩了一下，叫声："侄女！"美娘听得是四妈声音，便来开门。两下相见了。四妈靠桌朝下而坐，美娘傍坐相陪。四妈看他桌上铺着一幅细绢，才画得个美人的脸儿，还未曾着色。四妈称赞道："画得好！真是巧手！九阿姐不知怎生样造化，偏生遇着你这一个伶俐女儿。又好人物，又好技艺，就是堆上几千两黄金，满临安走遍，可寻出个对儿么？"美娘道："休得见笑！今日甚风吹得姨娘到来？"刘四妈道："老身时常要来看你，只为家务在身，不得空闲。闻得你恭喜梳弄了，今日偷空而来，特特与九阿姐叫喜。"美儿听得提起"梳弄"二字，满脸通红，低着头不来答应。刘四妈知他害羞，便把椅儿掇上一步，将美娘的手儿牵着，叫声："我儿！做小娘的，不是个软壳鸡蛋，怎的这般嫩得紧？似你恁地怕羞，如何赚得大主银子？"美娘道："我要银子做甚？"四妈道："我儿，你便不要银子，做娘的，看得你长大成人，难道不要出本？自古道：靠山吃山，靠水吃水。九阿姐家有几个粉头，那一个赶得上你的脚跟来？一园瓜，只看得你是个瓜种。九阿姐待你也不比其他。你是聪明伶俐的人，也须识些轻重。闻得你自梳弄之后，一个客也不肯相接，是什么意儿？都像你的意时，一家人口，似蚕一般，那个把桑叶喂他？做娘的抬举你一分，你也要与他争口气儿，莫要反讨众丫头们批点。"美娘道："䚥他批点，怕怎的！"

　　刘四妈道："阿呀！批点是个小事，你可晓得门户中的行径么？"美娘道："行径便怎的？"刘四妈道："我们门户人家，吃着女儿，穿着女儿，用着女儿，侥幸讨得一个像样的，分明是大户人家置了一所良田美产。年纪幼小时，巴不得风吹得大。到得梳弄过后，便是田产成熟，日日指望花利到手受用。前门迎新，后门送旧,张郎送米,李郎送柴,往来热闹,才是个出名的姊妹行家。"美娘道:"羞答答,我不做这样事!"刘四妈掩着口,格地笑了一声,道:"不做这样事,可是䌷得你的?一家之中,有妈妈做主。做小娘的若不依他教训,动不动一顿皮鞭,打得你不生不死。那时不怕你不走他的路儿。九阿姐一向不难为你,只可惜你聪明标致,从小娇养的,要惜你的廉耻,存你的体面。方才告诉我许多话,说你不识好歹,放着鹅毛不知轻,顶着磨子不知重,心下好生不悦,教老身来劝你。你若执意不从,惹他性起,一时翻过脸来,骂一顿,打一顿,你待走上天去!凡事只怕个起头。若打破了头时,朝一顿,暮一顿,那时熬这些痛苦不过,只得接客,却不把千金声价弄得低微了,还要被姊妹中笑话?依我说,吊桶已自落在他井里,挣不起了。不如千欢万喜,倒在娘的怀里,落得自己快活。"美娘道:"奴是好人家儿女,误落风尘。倘得姨娘主张从良,胜造九级浮图;若要我倚门献笑,送旧迎新,宁甘一死,决不情愿。"

刘四妈道:"我儿,从良是个有志气的事,怎么说道不该!只是从良也有几等不同。"美娘道:"从良有甚不同之处?"刘四妈道:"有个真从良,有个假从良;有个苦从良,有个乐从良;有个趁好的从良,有个没奈何的从良;有个了从良,有个不了的从良。我儿耐心听我分说。如何叫做真从良?大凡才子必须佳人,佳人必须才子,方成佳配。然而好事多磨,往往求之不得。幸然两下相逢,你贪我爱,割舍不下,一个愿讨,一个愿嫁。好像捉对的蚕蛾,死也不放。这个谓之真从良。怎么叫做假从良?有等子弟爱着小娘,小娘却不爱那子弟。本心不愿嫁他,只把个嫁字儿哄他心热,撒漫银钱。比及成交,却又推故不就。又有一等痴心的子弟,晓得小娘心肠不对他,偏要娶他回去。拼着一主大钱,动了妈儿的火,不怕小娘不肯。勉强进门,心中不顺,故意不守家规。小则撒泼放肆,大则公然偷汉。人家容留不得,多则一年,少则半载,依旧放他出来,为娼接客。把从良二字,只当个撰钱的题目。这个谓之假从良。如何叫做苦从良?一般样子弟爱小娘,小娘不爱那子弟,却被他以势凌之。妈儿惧祸,已自许了,做小娘的,身不䌷主,含泪而行。一入侯门,如海之深,家法又严,抬头不得。半妾半婢,忍死度日。这个谓之苦从良。如何叫做乐从良?做小娘的,正当择人之际,偶然相交个子弟。见他情性温和,家道富足,又且大娘子乐善,无男无女,指望他日过门,与他生育,就有主母之分。以此嫁他,图个日前安逸,日后出身。这个谓之乐从良。如何叫做趁好的从良?做小娘的,风花雪月,受用已勾,趁这盛名之下,求之者众,任我拣择个十分满意的嫁他,急流勇退,及早回头,不致受人怠慢。这个谓之趁好的从良。如何叫做没奈何的从良?做小娘的,原无从良之意,或因官司逼迫,或因强横欺瞒,又或因债负太多,将来赔偿不起,别口气,不论好歹,得嫁便嫁。买静求安,藏身之法,这谓之没奈何的从良。如何叫做了从良?小娘半老之际,风波历尽，刚好遇个老成的孤老[5]，两下志同道合，收绳卷索，白头到老，这个谓之了从良。如何叫做不了的从良？一般你贪我爱，火热的跟他，却是一时之兴，没有个长算。或者尊长不容，或者大娘妒忌，闹了几场，发回妈家，追取原价。又有个家道凋零，养他不活，苦守不过，依旧出来赶趁[6]。这谓之不了的从良。"

美娘道："如今奴家要从良，还是怎地好？"刘四妈道："我儿，老身教你个万全之策。"美娘道："若蒙教导，死不忘恩。"刘四妈道："从良一事，入门为净。况且你身子已被人捉弄过了，就是今夜嫁人，叫不得个黄花女儿。千错万错，不该落于此地。这就是你命中所招了。做娘的费了一片心机，若不帮他几年，趁过千把银子，怎肯放你出门？还有一件，你便要从良，也须拣个好主儿。这些臭嘴臭脸的，难道就跟他不成？你如今一个客也不接，晓得那个该从，那个不该从？假如你执意不肯接客，做娘的没奈何，寻个肯出钱的主儿，卖你去做妾，这也叫做从良。那主儿或是年老的，或是貌丑的，或是一字不识的村牛，你却不肮脏了一世！比着把你料在水里，还有扑通的一声响，讨得旁人叫一声可惜。依着老身愚见，还是俯从人愿，凭着做娘的接客。似你怎般才貌，等闲的料也不敢相扳。无非是王孙公子，贵客豪门，也不辱没了你。一来风花雪月，趁着年少受用；二来作成妈儿起个家事；三来使自己也积攒些私房，免得日后求人。过了十年五载，遇个知心着意的，说得来，话得着，那时老身与你做媒，好模好样的嫁去，做娘的也放得你下了，可不两得其便？"美娘听说，微笑而不言。刘四妈已知美娘心中活动了，便道："老身句句是好话。你依着老身的话时，后来还当感激我哩。"说罢，起身。

王九妈立在楼门之外，一句句都听得的。美娘送刘四妈出房门，劈面撞着了九妈，满面羞惭，缩身进去。王九妈随着刘四妈，再到前楼坐下。刘四妈道："侄女十分执意，被老身右说左说，一块硬铁看看溶做热汁。你如今快快寻个复帐的主儿[7]，他必然肯就。那时做妹子的再来贺喜。"王九妈连连称谢。是日备饭相待，尽醉而别。后来西湖上子弟们又有只《挂枝儿》，单说那刘四妈说词一节：

刘四妈，你的嘴舌儿好不利害！便是女随何，雌陆贾，不信有这大才！说着长，道着短，全没些破败。就是醉梦中，被你说得醒；就是聪明的，被你说得呆。好个烈性的姑姑，也被你说得他心地改。

再说王美娘自听了刘四妈一席话儿，思之有理，以后有客求见，欣然相接。复帐之后，宾客如市，捱三顶五，不得空闲，声价愈重。每一晚白银十两，兀自你争我夺。王九妈赚了若干钱钞，欢喜无限。美娘也留心要拣个心满意足的，急切难得。正是：

易求无价宝，难得有情郎。

话分两头。却说临安城清波门里，有个开油店的朱十老，三年前过继一个小厮，也是汴京逃难来的，姓秦名重。母亲早丧，父亲秦良，十三岁上将他卖了，自己在上天竺去做香火。朱十老因年老无嗣，又新死了妈妈，把秦重做亲子看成，改名朱重，在店中学做卖油生意。初时父子坐店甚好。后因十老得了腰痛的病，十眠九坐，劳碌不得，另招个伙计，叫做邢权，在店相帮。光阴似箭，不觉四年有余，朱重长成一十七岁，生得一表人才，虽然已冠，尚未娶妻。那朱十老家有个侍女，叫做兰花，年已二十之外，有心看上了朱小官人，几遍的倒下钩子去勾搭他。谁知朱重是个老实人，又且兰花龌龊丑陋，朱重也看不上眼，以此落花有意，流水无情。那兰花见勾搭朱小官人不上，别寻主顾，就去勾搭那伙计邢权。邢权是望四之人，没有老婆，一拍就上。两个暗地偷情，不止一次，反怪朱小官人碍眼，思量寻事赶他出门。邢权与兰花两个，里应外合，使心设计。兰花便在朱十老面前，假意撇清说："小官人几番调戏，好不老实！"朱十老平时与兰花也有一手，未免有拈酸之意。邢权又将店中卖下的银子藏过，在朱十老面前说道："朱小官在外赌博，不长进，柜里银子几次短少，都是他偷去了。"初次朱十老还不信，接连几次，朱十老年老糊涂，没有主意，就唤朱重过来，责骂了一场。朱重是个聪明的孩子，已知邢权与兰花的计较，欲待分辨，惹起是非不小。万一老者不听，枉做恶人。心生一计，对朱十老说道："店中生意淡薄，不消得二人。如今让邢主管坐店，孩儿情愿挑担子出去卖油。卖得多少，每日纳还，可不是两重生意？"朱十老心下也有许可之意，又被邢权说道："他不是要挑担出去，几年上偷银子做私房，身边积攒有余了，又怪你不与他定亲，心下怨怅，不愿在此相帮，要讨个出场，自去娶老婆，做人家哩。"朱十老叹口气道："我把他做亲儿看成，他却如此歹意！皇天不佑，罢，罢，不是自身骨血，到底粘连不上，繇他去罢！"遂将三两银子把与朱重，打发出门。寒夏衣服和被窝都教他拿去。这也是朱十老好处。朱重料他不肯收留，拜了四拜，大哭而别。正是：

　　孝已杀身因谤语，申生丧命为逸言[8]。
　　亲生儿子犹如此，何怪螟蛉受枉冤。

　　原来秦良上天竺做香火，不曾对儿子说知。朱重出了朱十老之门，在众安桥下赁了一间小小房儿，放下被窝等件，买巨锁儿锁了门，便往长街短巷，访求父亲。连走几日，全没消息。没奈何，只得放下。在朱十老家四年，赤心忠良，并无一毫私蓄。只有临行时打发这三两银子，不勾本钱，做什么生意好？左思右量，只有油行买卖是熟间。这些油坊多曾与他识熟，还去挑个卖油担子，是个稳足的道路。当下置办了油担家火，剩下的银两，都交付与油坊取油。那油坊里认得朱小官是个老实好人，况且小小年纪，当初坐店，今朝挑担上街，都因邢伙计挑拨他出来，心中甚是不平，有心扶持他，只拣窨清的上好净油与他，签子上又明让他些。朱重得了这些便宜，自己转卖与人，也放些宽。所以他的油比别人分外容易出脱。每日所赚的利息，又且俭吃俭用，积下东西来，置办些日用家业及身上衣服之类,并无妄废。心中只有一件事未了,牵挂着父亲,思想:"向来叫做朱重,谁知我是姓秦!倘或父亲来寻访之时,也没有个因由。"遂复姓为秦。说话的,假如上一等人,有前程的,要复本姓,或具札子奏过朝廷,或关白礼部、太学、国学等衙门,将册籍改正,众所共知。一个卖油的,复姓之时,谁人晓得?他有个道理,把盛油的桶儿,一面大大写个"秦"字,一面写"汴梁"二字,将油桶做个标识,使人一览而知。以此临安市上,晓得他本姓,都呼他为秦卖油。时值二月天气,不暖不寒,秦重闻知昭庆寺僧人,要起个九昼夜功德,用油必多,遂挑了油担来寺中卖油。那些和尚们也闻知秦卖油之名,他的油比别人又好又贱,单单作成他。所以一连这九日,秦重只在昭庆寺走动。正是:

    刻薄不赚钱,忠厚不折本。

  这一日是第九日了。秦重在寺出脱了油,挑了空担出寺。其日天气晴明,游人如蚁。秦重绕河而行,遥望十景塘桃红柳绿,湖内画船箫鼓,往来游玩,观之不足,玩之有余。走了一回,身子困倦,转到昭庆寺右边,望个宽处,将担子放下,坐在一块石上歇脚。近侧有个人家,面湖而住,金漆篱门,里面朱栏内,一丛细竹。未知堂室何如,先见门庭清整。只见里面三四个戴巾的从内而出,一个女娘后面相送。到了门首,两下把手一拱,说声请了,那女娘竟进去了。秦重定睛观之,此女容颜娇丽,体态轻盈,目所未睹。准准的呆了半晌,身子都酥麻了。他原是个老实小官,不知有烟花行径,心中疑惑,正不知是什么人家。

  方在凝思之际,只见门内又走出个中年的妈妈,同着一个垂发的丫头,倚门闲看。那妈妈一眼瞧着油担,便道:"阿呀,方才要去买油,正好有油担子在这里,何不与他买些?"那丫鬟取了油瓶出来,走到油担子边,叫声"卖油的!"秦重方才知觉,回言道:"没有油了!妈妈要用油时,明日送来。"那丫鬟也认得几个字,看见油桶上写个"秦"字,就对妈妈道:"那卖油的姓秦。"妈妈也听得人闲讲,有个秦卖油,做生意甚是忠厚,遂分付秦重道:"我家每日要油用,你肯挑来时,与你做个主顾。"秦重道:"承妈妈作成,不敢有误。"那妈妈与丫鬟进去了,秦重心中想道:"这妈妈不知是那女娘的什么人?我每日到他家卖油,莫说赚他利息,图个饱看那女娘一回,也是前生福分。"正欲挑担起身,只见两个轿夫,抬着一顶青绢幔的轿子,后边跟着两个小厮,飞也似跑来。到了其家门首,歇下轿子,那小厮走进里面去了。秦重道:"却又作怪:看他接什么人?"少顷之间,只见两个丫鬟,一个捧着猩红的毡包,一个拿着湘妃竹攒花的拜匣,都交付与轿夫,放在轿座之下。那两个小厮手中,一个抱着琴囊,一个捧着几个手卷,腕上挂碧玉箫一枝,跟着起初的女娘出来。女娘上了轿,轿夫抬起望旧路而去。丫鬟小厮,俱随轿步行。

  秦重又得亲炙一番,心中愈加疑惑。挑了油担子,洋洋的去。不过几步,只见临河有一个酒馆。秦重每常不吃酒,今日见了这女娘,心下又欢喜,又气闷,将担子放下,走进酒馆,拣个小座头坐下。酒保问道:"客人还是请客,还是独酌?"秦重道:"有上好的酒,拿来独饮三杯。时新果子一两碟,不用荤菜。"酒保斟酒时,秦重问道:"那边金漆篱门内是什么人家?"酒保道:"这是齐衙内的花园,如今王九妈住下。"秦重道:"方才看见有个小娘子上轿,是什么人?"酒保道:"这是有名的粉头,叫做王美娘,人都称为花魁娘子。他原是汴京人,流落在此。吹弹歌舞,琴棋书画,件件皆精。来往的都是大头儿,要十两放光才宿一夜哩,可知小可的也近他不得。当初住在涌金门外,因楼房狭窄,齐舍人与他相厚,半载之前,把这花园借与他住。"秦重听得说是汴京人,触了个乡里之念,心中更有一倍光景。吃了数杯,还了酒钱,挑了担子,一路走,一路的肚中打稿道:"世间有这样美貌的女子,落于娼家,岂不可惜!"又自家暗笑道:"若不落于娼家,我卖油的怎生得见!"又想一回,越发痴起来了,道:"人生一世,草生一秋。若得这等美人搂抱了睡一夜,死也甘心。"又想一回道:"呸!我终日挑这油担子,不过日进分文,怎么想这等非分之事!正是癞虾蟆在阴沟里想着天鹅肉吃,如何到口?"又想一回道:"他相交的,都是公子王孙。我卖油的,纵有了银子,料他也不肯接我。"又想一回道:"我闻得做老鸨的,专要钱钞。就是个乞儿,有了银子,他也就肯接了,何况我做生意的,青青白白之人。若有了银子,怕他不接!只是那里来这几两银子?"一路上胡思乱想,自言自语。你道天地间有这等痴人,一个小经纪的,本钱只有三两,却要把十两银子去嫖那名妓,可不是个春梦!

自古道:有志者事竟成。被他千思万想,想出一个计策来。他道:"从明日为始,逐日将本钱扣出,余下的积趱上去。一日积得一分,一年也有三两六钱之数。只消三年,这事便成了。若一日积得二分,只消得年半。若再多得些,一年也差不多了。"想来想去,不觉走到家里,开锁进门。只因一路上想着许多闲事,回来看了自家的床铺,惨然无欢,连夜饭也不要吃,便上了床。这一夜翻来覆去,牵挂着美人,那里睡得着。

只因月貌花容,引起心猿意马。

捱到天明,爬起来,就装了油担,煮早饭吃了,匆匆挑了油担子,一径走到王妈妈家去。进了门,却不敢直入,舒着头往里面张望。王妈妈恰才起床,还蓬着头,正分付保儿买饭菜。秦重识得声音,叫声:"王妈妈。"九妈往外一张,见是秦卖油,笑道:"好忠厚人,果然不失信。"便叫他挑担进来,称了一瓶,约有五斤多重,公道还钱。秦重并不争论。王九妈甚是欢喜,道:"这瓶油,只勾我家两日用。但隔一日,你便送来,我不往别处去买了。"秦重应诺,挑担而出,只恨不曾遇见花魁娘子。"且喜扳下主顾,少不得一次不见,二次见;二次不见,三次见。只是一件,特为王九妈一家挑这许多路来,不是做生意的勾当。这昭庆寺是顺路,今日寺中虽然不做功德,难道寻常不用油的?我且挑担去问他。若扳得各房头做个主顾,只消走钱塘门这一路,那一担油尽勾出脱了。"秦重挑担到寺内问时,原来各房和尚也正想着秦卖油。来得正好,多少不等,各各买他的油。秦重与各房约定,也是间一日便送油来用。这一日是个双日。自此日为始,但是单日,秦重别街道上做买卖;但是双日,就走钱塘门这一路。一出钱塘门,先到王九妈家里,以卖油为名,去看花魁娘子。有一日会见,也有一日不会见。不见时,费了一场思想;便见时,也只添了一层思想。正是:

  天长地久有时尽,此恨此情无尽期。

再说秦重到了王九妈家多次,家中大大小小,没一个不认得是秦卖油。时光迅速,不觉一年有余。日大日小,只拣足色细丝,或积三分,或积二分,再少也积下一分。凑得几钱,又打换大块头。日积月累,有了一大包银子,零星凑集,连自己也不知多少。

其日是单日,又值大雨,秦重不出去做买卖。积了这一大包银子,心中也自喜欢。"趁今日空闲,我把他上一上天平,见个数目。"打个油伞,走到对门倾银铺里,借天平兑银。那银匠好不轻薄,想着:"卖油的多少银子,要架天平?只把个五两头等子与他,还怕用不着头纽哩。"秦重把银子包解开,都是散碎银两。大凡成锭的见少,散碎的就见多。银匠是小辈,眼孔极浅,见了许多银子,别是一番面目,想道:"人不可貌相,海水不可斗量。"慌忙架起天平,搬出若大若小许多法马。秦重尽包而兑,一厘不多,一厘不少,刚刚一十六两之数,上秤便是一斤。秦重心下想道:"除去了三两本钱,余下的做一夜花柳之费,还是有余。"又想道:"这样散碎银子,怎好出手!拿出来也被人看低了!见成倾银店中方便,何不倾成锭儿,还觉冠冕。"当下兑足十两,倾成一个足色大锭,再把一两八钱,倾成水丝一小锭。剩下四两二钱之数,拈一小块,还了火钱,又将几钱银子,置下镶鞋净袜,新褶了一顶万字头巾。回到家中,把衣服浆洗得干干净净,买几根安息香,薰了又薰。拣个晴明好日,侵早打扮起来。

  虽非富贵豪华客,也是风流好后生。

秦重打扮得齐齐整整,取银两藏于袖中,把房门锁了,一径望王九妈家而来。那一时,好不高兴。及至到了门首,愧心复萌,想道:"时常挑了担子在他家卖油,今日忽地去做嫖客,如何开口?"正在踌躇之际,只听得"呀"的一声门响,王九妈走将出来。见了秦重,便道:"秦小官今日怎地不做生意,打扮得恁般齐楚,往那里去贵干?"事到其间,秦重只得老着脸,上前作揖。妈妈也不免还礼。秦重道:"小可并无别事,专来拜望妈妈。"那鸨儿是老积年,见貌辨色,见秦重恁般装束,又说拜望,"一定是看上了我家那个丫头,要嫖一夜,或是会一个房[9]。虽然不是个大势主菩萨,搭在篮里便是菜,捉在篮里便是蟹,赚他钱把银子买葱菜,也是好的。"便满脸堆下笑来,道:"秦小官拜望老身。必有好处。"秦重道:"小可有句不识进退的言语，只是不好启齿。"王九妈道："但说何妨。且请到里面客坐里细讲。"秦重为卖油虽曾到王家整百次，这客座里交椅，还不曾与他屁股做个相识。今日是个会面之始。王九妈到了客坐，不免分宾而坐，对着内里唤茶。

少顷，丫鬟托出茶来，看时却是秦卖油，正不知什么缘故，妈妈恁般相待？"格格"低了头只管笑。王九妈看见，喝道："有甚好笑！对客全没些规矩！"丫鬟止住笑，收了茶杯自去。王九妈方才开言问道："秦小官有甚话，要对老身说？"秦重道："没有别话，要在妈妈宅上请一位姐姐吃一杯酒儿。"九妈道："难道吃寡酒？一定要嫖了。你是个老实人，几时动这风流之兴？"秦重道："小可的积诚，也非止一日。"九妈道："我家这几个姐姐，都是你认得的。不知你中意那一位？"秦重道："别个都不要，单单要与花魁娘子相处一宵。"九妈只道取笑他，就变了脸道："你出言无度，莫非奚落老娘么？"秦重道："小可是个老实人，岂有虚情！"九妈道："粪桶也有两个耳朵，你岂不晓得我家美儿的身价！倒了你卖油的灶，还不够半夜歇钱哩。不如将就拣一个适兴罢。"秦重把颈一缩，舌头一伸，道："恁的好卖弄！不敢动问，你家花魁娘子一夜歇钱要几千两？"九妈见他说耍话，却又回嗔作喜，带笑而言道："那要许多？只要得十两敲丝。其他东道杂费，不在其内。"秦重道："原来如此，不为大事。"袖中摸出这秃秃里一大锭放光细丝银子，递与鸨儿道："这一锭十两重，足色足数，请妈妈收着。"又摸出一小锭来，也递与鸨儿，又道："这一小锭，重有二两，相烦备个小东。望妈妈成就小可这件好事，生死不忘，日后再有孝顺。"九妈见了这锭大银，已自不忍释手，又恐怕他一时高兴，日后没了本钱，心中懊悔，也要尽他一句才好，便道："这十两银子，你做经纪的人，积趱不易，还要三思而行。"秦重道："小可主意已定，不要你老人家费心。"

九妈把这两锭银子收于袖中，道："是便是了，还有许多烦难哩。"秦重道："妈妈是一家之主，有甚烦难？"九妈道："我家美儿，往来的都是王孙公子，富室豪家，真个是'谈笑有鸿儒，往来无白丁'。他岂不认得你是做经纪的秦小官，如何肯接你？"秦重道："但凭妈妈怎的委曲宛转，成全其事，大恩不敢有忘。"九妈见他十分坚心，眉头一皱，计上心来，扯开笑口道："老身已替你排下计策，只看你缘法如何。做得成，不要喜；做不成，不要怪。美儿昨日在李学士家陪酒，还未曾回；今日是黄衙内约下游湖；明日是张山人一班清客，邀他做诗社；后日是韩尚书的公子，数日前送下东道在这里。你且到大后日来看。还有句话，这几日你且不要来我家卖油，预先留下个体面。又有句话，你穿着一身的布衣布裳，不像个上等嫖客。再来时，换件绸缎衣服，教这些丫鬟们认不出你是秦小官，老娘也好与你装谎。"秦重道："小可一一理会得。"说罢，作别出门，且歇这三日生理，不去卖油，到典铺里买了一件见成半新半旧的绸衣，穿在身上，到街坊闲走，演习斯文模样。正是：

未识花院行藏，先习孔门规矩。

丢过那三日不题。到第四日,起个清早,便到王九妈家去。去得太早,门还未开,意欲转一转再来。这番装扮希奇,不敢到昭庆寺去,恐怕和尚们批点,且到十景塘散步。良久又踅转去,王九妈家门已开了。那门前却安顿得有轿马,门内有许多仆从,在那里闲坐。秦重虽然老实,心下到也乖巧,且不进门,悄悄的招那马夫问道:"这轿马是谁家的?"马夫道:"韩府里来接公子的。"秦重已知韩公子夜来留宿,此时还未曾别。重复转身,到一个饭店之中,吃了些见成茶饭,又坐了一回,方才到王家探信。只见门前轿马已自去了。进得门时,王九妈迎着,便道:"老身得罪,今日又不得工夫了。恰才韩公子拉去东庄赏早梅,他是个长嫖,老身不好违拗。闻得说来日还要到灵隐寺,访个棋师赌棋哩。齐衙内又来约过两三次了,这是我家房主,又是辞不得的。他来时,或三日五日的住了去,连老身也定不得个日子。秦小官,你真个要嫖,只索耐心再等几日。不然,前日的尊赐,分毫不动,要便奉还。"秦重道:"只怕妈妈不作成。若还迟,终无失,就是一万年,小可也情愿等着。"九妈道:"恁地时,老身便好张主。"秦重作别,方欲起身,九妈又道:"秦小官人,老身还有句话。你下次若来讨信,不要早了。约莫申牌时分,有客没客,老身把个实信与你。倒是越晏些越好。这是老身的妙用,你休错怪。"秦重连声道:"不敢,不敢!"这一日秦重不曾做买卖。次日,整理油担,挑往别处去生理,不走钱塘门一路。每日生意做完,傍晚时分就打扮齐整,到王九妈家探信,只是不得工夫。又空走了一月有余。

那一日是十二月十五,大雪方霁,西风过后,积雪成冰,好不寒冷。却喜地下干燥,秦重做了大半日买卖,如前妆扮,又去探信。王九妈笑容可掬,迎着道:"今日你造化,已是九分九厘了。"秦重道:"这一厘是欠着什么?"九妈道:"这一厘么,正主儿还不在家。"秦重道:"可回来么?"九妈道:"今日是俞太尉家赏雪,筵席就备在湖船之内。俞太尉是七十岁的老人家,风月之事,已自没分。原说过黄昏送来,你且到新人房里,吃杯烫风酒,慢慢的等他。"秦重道:"烦妈妈引路。"王九妈引着秦重,弯弯曲曲,走过许多房头,到一个所在,不是楼房,却是个平屋三间,甚是高爽。左一间是丫鬟的空房,一般有床榻桌椅之类,却是备官铺的;右一间是花魁娘子卧室,锁着在那里。两旁又有耳房。中间客坐上面,挂一幅名人山水,香几上博山古铜炉,烧着龙涎香饼。两旁书桌,摆设些古玩,壁上贴许多诗稿。秦重愧非文人,不敢细看,心下想道:"外房如此整齐,内室铺陈,必然华丽。今夜尽我受用。十两一夜,也不为多。"九妈让秦小官坐于客位,自己主位相陪。少顷之间,丫鬟掌灯过来,抬下一张八仙桌儿,六碗时新果子,一架攒盒,佳肴美酝,未曾到口,香气扑人。九妈执盏相劝道:"今日众小女都有客,老身只得自陪,请开怀畅饮几杯。"秦重酒量本不高,况兼正事在心,只吃半杯。吃了一会,便推不饮。九妈道:"秦小官想饿了,且用些饭再吃酒。"丫鬟捧着雪花白米饭,一吃一添,放于秦重面前,就是一盏杂和汤。鸨儿量高,不用饭,以酒相陪。秦重吃了一碗,就放箸。九妈道:"夜长哩,再请些。"秦重又添了半碗。丫鬟提个行灯来,说:"浴汤热了,请客官洗浴。"秦重原是洗过澡来的,不敢推托,只得又到浴堂,肥皂香汤,洗了一遍,重复穿衣入坐。九妈命撤去肴盒,用暖锅下酒。此时黄昏已绝,昭庆寺里的钟都撞过了,美娘尚未回来。

  玉人何处贪欢耍?等得情郎望眼穿!

  常言道:等人心急。秦重不见姹子回家,好生气闷。却被鸨儿夹七夹八,说些风话劝酒。不觉又过了一更天气,只听外面热闹闹的,却是花魁娘子回家。丫鬟先来报了,九妈连忙起身出迎,秦重也离坐而立。只见美娘吃得大醉,侍女扶将进来,到于门首,醉眼蒙眬,看见房中灯烛辉煌,杯盘狼藉,立住脚问道:"谁在这里吃酒?"九妈道:"我儿,便是我向日与你说的那秦小官人。他心中慕你,多时的送过礼来。因你不得工夫,担阁他一月有余了。你今日幸而得空,做娘的留他在此伴你。"美娘道:"临安郡中,并不闻说起有什么秦小官人,我不去接他。"转身便走。九妈双手托开,即忙拦住道:"他是个至诚好人,娘不误你。"美娘只得转身,才跨进房门,抬头一看那人,有些面善,一时醉了,急切叫不出来,便道:"娘,这个人我认得他的,不是有名称的子弟。接了他,被人笑话。"九妈道:"我儿,这是涌金门内开缎铺的秦小官人。当初我们住在涌金门时,想你也曾会过,故此面善。你莫识认错了。做娘的见他来意志诚,一时许了他,不好失信。你看做娘的面上,胡乱留他一晚。做娘的晓得不是了,明日却与你陪礼。"一头说,一头推着美娘的肩头向前。美娘拗妈妈不过,只得进房相见。正是:

  千般难出虔婆口,万般难脱虔婆手。
  饶君纵有万千般,不如跟着虔婆走。

  这些言语,秦重一句句都听得,佯为不闻;美娘万福过了,坐于侧首,仔细看着秦重,好生疑惑。心里甚是不悦,嘿嘿无言,唤丫鬟将热酒来,斟着大钟。鸨儿只道他敬客,却自家一饮而尽。九妈道:"我儿醉了,少吃些么。"美儿那里依他,答应道:"我不醉!"一连吃上十来杯。这是酒后之酒,醉中之醉,自觉立脚不住,唤丫鬟开了卧房,点上银缸,也不卸头,也不解带,蹁脱了绣鞋,和衣上床,倒身而卧。鸨儿见女儿如此做作,甚不过意。对秦重道:"小女平日惯了,他专会使性。今日他心中不知为什么有些不自在,却不干你事。休得见怪!"秦重道:"小可岂敢!"鸨儿又劝了秦重几杯酒,秦重再三告止。鸨儿送入卧房,向耳傍分付道:"那人醉了,放温存些。"又叫道:"我儿起来,脱了衣服,好好的睡。"美娘已在梦中,全不答应,鸨儿只得去了。丫鬟收拾了杯盘之类,抹了桌子,叫声:"秦小官人,安置罢。"秦重道:"有热茶要一壶。"丫鬟泡了一壶浓茶,送进房里,带转房门,自去耳房中安歇。

秦重看美娘时，面对里床，睡得正熟，把锦被压于身下。秦重想酒醉之人，必然怕冷，又不敢惊醒他，忽见阑干上又放着一床大红纻丝的锦被，轻轻的取下，盖在美娘身上，把银灯挑得亮亮的，取了这壶热茶，脱鞋上床，捱在美娘身边，左手抱着茶壶在怀，右手搭在美娘身上，眼也不敢闭一闭。正是：

　　未曾握雨携云，也算偎香倚玉。

　　却说美娘睡到半夜，醒将转来，自觉酒力不胜，胸中似有满溢之状，爬起来，坐在被窝中，垂着头，只管打干哕[10]。秦重慌忙也坐起来，知他要吐，放下茶壶，用手抚摩其背。良久，美娘喉间忍不住了，说时迟，那时快，美娘放开喉咙便吐。秦重怕污了被窝，把自己的道袍袖子张开，罩在他嘴上。美娘不知所以，尽情一呕，呕毕，还闭着眼，讨茶漱口。秦重下床，将道袍轻轻脱下，放在地平之上，摸茶壶还是暖的，斟上一瓯香喷喷的浓茶，递与美娘。美娘连吃了二碗，胸中虽然略觉豪燥，身子兀自倦怠，仍旧倒下，向里睡去了。秦重脱下道袍，将吐下一袖的腌臜，重重裹着，放于床侧，依然上床，拥抱如初。美娘那一觉直睡到天明方醒，覆身转来，见傍边睡着一人，问道："你是那个？"秦重答道："小可姓秦。"美娘想起夜来之事，恍恍惚惚，不甚记得真了，便道："我夜来好醉。"秦重道："也不甚醉。"又问："可曾吐么？"秦重道："不曾。"美娘道："这样还好。"又想一想道："我记得曾吐过的，又记得曾吃过茶来，难道做梦不成？"秦重方才说道："是曾吐来。小可见小娘子多了杯酒，也防着要吐，把茶壶暖在怀里。小娘子果然吐后讨茶，小可斟上，蒙小娘子不弃，饮了两瓯。"美娘大惊道："脏巴巴的，吐在那里？"秦重道："恐怕小娘子污了被褥，是小可把袖子盛了。"美娘道："如今在那里？"秦重道："连衣服裹着，藏过在那里。"美娘道："可惜坏了你一件衣服。"秦重道："这是小可的衣服，有幸得沾小娘子的余沥。"美娘听说，心下想道："有这般识趣的人！"心里已有四五分欢喜了。

　　此时天色大明，美娘起身，下床小解，看着秦重，猛然想起是秦卖油，遂问道："你实对我说，是什么样人？为何昨夜在此？"秦重道："承花魁娘子下问，小子怎敢妄言。小可实是常来宅上卖油的秦重。"遂将初次看见送客，又看见上轿，心下想慕之极，及积攒嫖钱之事，备细述了一遍。"夜来得亲近小娘子一夜，三生有幸，心满意足。"美娘听说，愈加可怜，道："我昨夜酒醉，不曾招接得你。你干折了多少银子，莫不懊悔？"秦重道："小娘子天上神仙，小可惟恐伏侍不周，但不见责，已为万幸，况敢有非意之望？"美娘道："你做经纪的人，积下些银两，何不留下养家？此地不是你来往的。"秦重道："小可单只一身，并无妻小。"美娘顿了一顿，便道："你今日去了，他日还来么？"秦重道："只这昨宵相亲一夜，已慰生平，岂敢又作痴想？"美娘想道："难得这好人，又忠厚，又老实，又且知情识趣，隐恶扬善，千百中难遇此一人。可惜是市井之辈，若是衣冠子弟，情愿委身事之。"正在沉吟之际,丫鬟捧洗脸水进来,又是两碗姜汤。秦重洗了脸。因夜来未曾脱帻,不用梳头,呷了几口姜汤,便要告别。美娘道:"少住不妨,还有话说。"秦重道:"小可仰慕花魁娘子,在傍多站一刻,也是好的。但为人岂不自揣?夜来在此,实是大胆。惟恐他人知道,有玷芳名,还是早些去了安稳。"美娘点了一点头,打发丫鬟出房,忙忙的开了减妆,取出二十两银子,送与秦重道:"昨夜难为了你,这银两权奉为资本,莫对人说。"秦重那里肯受。美娘道:"我的银子,来路容易。这些须酬你一宵之情,休得固逊。若本钱缺少,异日还有助你之处。那件污秽的衣服,我叫丫鬟湔洗干净了还你罢。"秦重道:"粗衣不烦小娘子费心,小可自会湔洗。只是领赐不当。"美娘道:"说那里话!"将银子挝在秦重袖内[11],推他转身。秦重料难推却,只得受了,深深作揖,卷了脱下这件龌龊道袍,走出房门。打从鸨儿房前经过,鸨儿看见,叫声:"妈妈,秦小官去了。"王九妈正在净桶上解手,口中叫道:"秦小官,如何去得恁早?"秦重道:"有些贱事,改日特来称谢。"

不说秦重去了,且说美娘与秦重虽然没点相干,见他一片诚心,去后好不过意。这一日因害酒,辞了客在家将息。千个万个孤老都不想,倒把秦重整整地想了一日。有《挂枝儿》为证:

俏冤家,须不是串花家的子弟,你是个做经纪本分人儿,那匡你会温存,能软款,知心知意。料你不是个使性的,料你不是个薄情的。几番待放下思量也,又不觉思量起。

话分两头,再说邢权在朱十老家,与兰花情热,见朱十老病废在床,全无顾忌。十老发作了几场,两个商量出一条计策来,俟夜静更深,将店中资本席卷,双双的桃之夭夭,不知去向。次日天明,十老方知。央及邻里,出了个失单,寻访数日,并无动静。深悔当日不合为邢权所惑,逐了朱重。如今日久见人心,闻知朱重,赁居众安桥下,挑担卖油,不如仍旧收拾他回来,老死有靠。只怕他记恨在心,教邻舍好生劝他回家,但记好,莫记恶。秦重一闻此言,即日收拾了家伙,搬回十老家里。相见之间,痛哭了一场。十老将所存囊橐,尽数交付秦重。秦重自家又有二十余两本钱,重整店面,坐柜卖油。因在朱家,仍称朱重,不用秦字。不上一月,十老病重,医治不痊,呜呼哀哉。朱重搥胸大恸,如亲父一般,殡殓成服,七七做了些好事。朱家祖坟在清波门外,朱重举丧安葬,事事成礼,邻里皆称其厚德。

事定之后,仍先开店。原来这油铺是个老店,从来生意原好,却被邢权刻剥存私,将主顾弄断了多少。今见朱小官在店,谁家不来作成?所以生理比前越盛。朱重单身独自,急切要寻个老成帮手。有个惯做中人的,叫做金中,忽一日引着一个五十余岁的人来。原来那人正是莘善,在汴梁城外安乐村居住。因那年避乱南奔,被官兵冲散了女儿瑶琴,夫妻两口,凄凄惶惶,东逃西窜,胡乱的过了几年。今日闻临安兴旺，南渡人民大半安插在彼，诚恐女儿流落此地，特来寻访，又没消息。身边盘缠用尽，欠了饭钱，被饭店中终日赶逐，无可奈何。偶然听见金中说起朱家油铺，要寻个卖油帮手，自己曾开过六陈铺子，卖油之事，都则在行。况朱小官原是汴京人，又是乡里，故此央金中引荐到来。朱重问了备细，乡人见乡人，不觉感伤。"既然没处投奔，你老夫妻两口，只住在我身边，只当个乡亲相处，慢慢的访着令爱消息，再作区处。"当下取两贯钱把与莘善，去还了饭钱，连浑家阮氏也领将来与朱重相见了，收拾一间空房，安顿他老夫妇在内。两口儿也尽心竭力，内外相帮，朱重甚是欢喜。光阴似箭，不觉一年有余，多有人见朱小官年长未娶，家道又好，做人又志诚，情愿白白把女儿送他为妻。朱重因见了花魁娘子，十分容貌，等闲的不看在眼，立心要访求个出色的女子，方才肯成亲。以此日复一日，耽搁下去。正是：

  曾观沧海难为水，除却巫山不是云。

  再说王美娘在九妈家，盛名之下，朝欢暮乐，真个口厌肥甘，身嫌锦绣。然虽如此，每遇不如意之处，或是子弟们任情使性，吃醋挑槽，或自己病中醉后，半夜三更，没人疼热，就想起秦小官人的好处来，只恨无缘再会。也是他桃花运尽，合当变更，一年之后，生出一段事端来。

  却说临安城中，有个吴八公子，父亲吴岳，见为福州太守。这吴八公子，打从父亲任上回来，广有金银，平昔间也喜赌钱吃酒，三瓦两舍走动。闻得花魁娘子之名，未曾识面，屡屡遣人来约，欲要嫖他。王美娘闻他气质不好，不愿相接，托故推辞，非止一次。那吴八公子也曾和着闲汉们亲到王九妈家儿番，都不曾会。其时清明节届，家家扫墓，处处踏青。美娘因连日游春困倦，且是积下许多诗画之债，未曾完得，分付家中："一应客来，都与我辞去。"闭了房门，焚起一炉好香，摆设文房四宝。方欲举笔，只听得外面沸腾，却是吴八公子，领着十余个狠仆，来接美娘游湖。因见鸨儿每次回他，在中堂行凶，打家打伙，直闹到美娘房前。只见房门锁闭。原来妓家有个回客法儿，小娘躲在房内，却把房门反锁，支吾客人，只推不在。那老实的就被他哄过了。吴公子是惯家，这些套子，怎地瞒得！分付家人扭断了锁，把房门一脚踢开。美娘躲身不迭，被公子看见，不由分说，教两个家人，左右牵手，从房内直拖出房外来，口中兀自乱嚷乱骂。王九妈欲待上前陪礼解劝，看见势头不好，只得闪过。家中大小，躲得没半个影儿。吴家狼仆牵着美娘，出了王家大门，不管他弓鞋窄小，望街上飞跑。八公子在后，扬扬得意。直到西湖口，将美娘扚下了湖船，方才放手。美娘十二岁到王家，锦绣中养成，珍宝般供养，何曾受恁般凌贱。下了船，对着船头，掩面大哭。吴八公子见了，放下面皮，气忿忿的像关云长单刀赴会，一把交椅，朝外而坐，狠仆侍立于傍。一面分付开船，一面数一数二的发作一个不住："小贱人，小娼根，不受人抬举！再哭时，就讨打了!"美娘那里怕他,哭之不已。船至湖心亭,吴八公子分付摆盒在亭子内,自己先上去了,却分付家人:"叫那小贱人来陪酒!"美娘抱住了栏杆,那里肯去,只是嚎哭。吴八公子也觉没兴,自己吃了几杯淡酒,收拾下船,自来扯美娘,美娘双脚乱跳,哭声愈高。八公子大怒,教狼仆拔去簪珥。美娘蓬着头,跑到船头上,就要投水,被家童们扶住。公子道:"你撒赖便怕你不成!就是死了,也只费得我几两银子,不为大事。只是送你一条性命,也是罪过。你住了啼哭时,我就放你回去,不难为你。"美娘听说放他回去,真个住了哭。八公子分付移船到清波门外僻静之处,将美娘绣鞋脱下,去其裹脚,露出一对金莲,如两条玉笋相似,教狼仆扶他上岸,骂道:"小贱人,你有本事,自走回家,我却没人相送。"说罢,一篙子撑开,再向湖中而去。正是:

　　焚琴煮鹤从来有,惜玉怜香几个知!

　　美娘赤了脚,寸步难行,思想:"自己才貌两全,只为落于风尘,受此轻贱。平昔枉自结识许多王孙贵客,急切用他不着。受了这般凌辱,就是回去,如何做人?到不如一死为高。只是死得没些名目,枉自享个盛名,到此地位,看着村庄妇人,也胜我十二分。这都是刘四妈这个花嘴,哄我落坑堕堑,致有今日!自古红颜薄命,亦未必如我之甚。"越思越苦,放声大哭。

　　事有偶然,却好朱重那日到清波门外朱十老的坟上,祭扫过了,打发祭物下船,自己步回,从此经过。闻得哭声,上前看时,虽然蓬头垢面,那玉貌花容,从来无两,如何不认得!吃了一惊,道:"花魁娘子,如何这般模样?"美娘哀哭之际,听得声音厮熟,止啼而看,原来正是知情识趣的秦小官。美娘当此之际,如见亲人,不觉倾心吐胆,告诉他一番。朱重心中十分疼痛,亦为之流泪。袖中带得有白绫汗巾一条,约有五尺多长,取出劈半扯开,奉与美娘裹脚,亲手与他拭泪,又与他挽起青丝,再三把好言宽解。等待美娘哭定,忙去唤个暖轿,请美娘坐了,自己步送,直到王九妈家。

　　九妈不得女儿消息,在四处打探。慌迫之际,见秦小官送女儿回来,分明送一颗夜明珠还他,如何不喜!况且鸨儿一向不见秦重挑油上门,多曾听得人说,他承受了朱家的店业,手头活动,体面又比前不同,自然刮目相待。又见女儿这等模样,问其缘故,已知女儿吃了大苦,全亏了秦小官。深深拜谢,设酒相待。日已向晚,秦重略饮数杯,起身作别。美娘如何肯放,道:"我一向有心于你,恨不得你见面。今日定然不放你空去。"鸨儿也来扳留。秦重喜出望外。是夜,美娘吹弹歌舞,曲尽生平之技,奉承秦重。秦重如做了一个游仙好梦,喜得魄荡魂消,手舞足蹈。夜深酒阑,二人相挽就寝,云雨之事,其美满更不必言:

　　　　一个是足力后生,一个是惯情女子。这边说:三年怀想,费几多役梦劳魂;那边说:一夜相思,喜侥幸粘皮贴肉。一个谢前番帮衬,合今番恩上加恩；一个谢今夜总成，比前夜爱中添爱。红粉妓倾翻粉盒，罗帕留痕；卖油郎打泼油瓶，被窝沾湿。可笑村儿干折本，作成小子弄风流。

云雨已罢，美娘道："我有句心腹之言与你说，你休得推托。"秦重道："小娘子若用得着小可时，就赴汤蹈火，亦所不辞，岂有推托之理？"美娘道："我要嫁你！"秦重笑道："小娘子就嫁一万个，也还数不到小可头上，休得取笑，枉自折了小可的食料。"美娘道："这话实是真心，怎说取笑二字？我自十四岁被妈妈灌醉，梳弄过了，此时便要从良。只为未曾相处得人，不辨好歹，恐误了终身大事。以后相处的虽多，都是豪华之辈，酒色之徒，但知买笑追欢的乐意，那有怜香惜玉的真心。看来看去，只有你是个志诚君子。况闻你尚未娶亲，若不嫌我烟花贱质，情愿举案齐眉，白头奉侍。你若不允之时，我就将三尺白罗，死于君前，表白我一片诚心，也强如昨日死于村郎之手，没名没目，惹人笑话。"说罢，呜呜的哭将起来。秦重道："小娘子休得悲伤。小可承小娘子错爱，将天就地，求之不得，岂敢推托？只是小娘子千金声价，小可家贫力薄，如何摆布？也是力不从心了。"美娘道："这却不妨。不瞒你说，我只为从良一事，预先积攒些东西，寄顿在外。赎身之费，一毫不费你心力。"秦重道："就是小娘子自己赎身，平昔住惯了高堂大厦，享用了锦衣玉食，在小可家，如何过活？"美娘道："布衣蔬食，死而无怨！"秦重道："小娘子虽然——只怕妈妈不从。"美娘道："我自有道理。"如此如此，这般这般，两个直说到天明。

原来黄翰林的衙内，韩尚书的公子，齐太尉的舍人，这几个相知的人家，美娘都寄顿得有箱笼。美娘只推要用，陆续取到密地，约下秦重，教他收置在家。然后一乘轿子，抬到刘四妈家，诉以从良之事。刘四妈道："此事老身前日原说过的，只是年纪还早，又不知你要从那一个？"美娘道："姨娘，你莫管是甚人，少不得依着姨娘的言语，是个真从良、乐从良、了从良，不是那不真、不假、不了、不绝的勾当。只要姨娘肯开口时，不愁妈妈不允。做侄女的没别孝顺，只有十两金子，奉与姨娘，胡乱打些钗子，是必在妈妈前做个方便。事成之时，媒礼在外。"刘四妈看见这金子，笑得眼儿没缝，便道："自家儿女，又是美事，如何要你的东西？这金子权时领下，只当与你收藏。此事都在老身身上。只是你的娘，把你当个摇钱之树，等闲也不轻放你出去。怕不要千把银子，那主儿可是肯出手的么？也得老身见他一见，与他讲道方好。"美娘道："姨娘莫管问事，只当你侄女自家赎身便了。"刘四妈道："妈妈可晓得你到我家来？"美娘道："不晓得。"四妈道："你且在我家便饭。待老身先到你家，与妈妈讲。讲得通时，然后来报你。"

刘四妈雇乘轿子，抬到王九妈家。九妈相迎入内，刘四妈问起吴八公子之事，九妈告诉了一遍。四妈道："我们行户人家，倒是养成个半低不高的丫头，尽可赚钱，又且安稳。不论什么客就接了，倒是日日不空的。侄女只为声名大了，好似一块鲞鱼落地,马蚁儿都要钻他。虽然热闹,却也不得自在。说便许多一夜,也只是个虚名。那些王孙公子来一遍,动不动有几个帮闲,连宵达旦,好不费事。跟随的人又不少,个个要奉承得他好。有些不到之处,口里就出粗,哩哩啰啰的骂人,还要弄损你家伙,又不好告诉他家主,受了若干闷气。况且山人墨客,诗社棋社,少不得一月之内,又有几时官身[12]。这些富贵子弟,你争我夺,依了张家,违了李家,一边喜,少不得一边怪了。就是吴八公子这一个风波,吓杀人的,万一失差,却不连本送了?官宦人家,和他打官司不成?只索忍气吞声。今日还亏着你家时运高,太平没事,一个霹雳空中过去了。倘然山高水低,悔之无及。妹子闻得吴八公子不怀好意,还要与你家索闹。侄女的性气又不好,不肯奉承人。第一是这件,乃是个惹祸之本。"九妈道:"便是这件,老身常是担忧。就是这八公子,也是有名有称的人,又不是微贱之人。这丫头抵死不肯接他,惹出这场寡气。当初他年纪小时,还听人教训。如今有了个虚名,被这些富贵子弟夸他奖他,惯了他性情,骄了他气质,动不动自作自主。逢着客来,他要接便接,他若不情愿时,便是九牛也休想牵得他转。"刘四妈道:"做小娘的略有些身分,都则如此。"王九妈道:"我如今与你商议,倘若有个肯出钱的,不如卖了他去,到得干净。省得终身担着鬼胎过日。"刘四妈道:"此言甚妙。卖了他一个,就讨得五六个。若凑巧撞得着相应的,十来个也讨得的。这等便宜事,如何不做?"王九妈道:"老身也曾算计过来。那些有势有力的不肯出钱,专要讨人便宜。及至肯出几两银子的,女儿又嫌好道歉,做张做智的不肯。若有好主儿,妹子做媒,作成则个。倘若这丫头不肯时节,还求你撺掇。这丫头做娘的话也不听,只你说得他信,话得他转。"

刘四妈呵呵大笑道:"做妹子的此来,正为与侄女做媒。你要许多银子便肯放他出门?"九妈道:"妹子,你是明理的人,我们这行户例,只有贱买,那有贱卖?况且美儿数年盛名满临安,谁不知他是花魁娘子。难道三百四百,就容他走动?少不得要他千金。"刘四妈道:"待妹子去讲,若肯出这个数目,做妹子的便来多口;若合不着时,就不来了。"临行时,又故意问道:"侄女今日在那里?"王九妈道:"不要说起,自从那日吃了吴八公子的亏,怕他还来淘气,终日里抬个轿子,各宅去分诉。前日在齐太尉家,昨日在黄翰林家,今日又不知在那家去了。"刘四妈道:"有了你老人家做主,按定了坐盘星,也不容侄女不肯。万一不肯时,做妹子自会劝他。只是寻得主顾来,你却莫要捉班做势。"九妈道:"一言既出,并无他说。"九妈送至门首,刘四妈叫声"聒噪"[13],上轿去了。这才是:

  数黑论黄凭陆贾,说长话短女随何。
  若还都像虔婆口,尺水能兴万丈波。

刘四妈回到家中,与美娘说道:"我对你妈妈如此说,这般讲,你妈妈已自肯了。只要银子见面,这事立地便成。"美娘道:"银子已曾办下,明日姨娘千万到我家来,玉成其事。不要冷了场,改日又费讲。"四妈道:"既然约定,老身自然到宅。"美娘别了刘四妈,回家一字不题。次日,午牌时分,刘四妈果然来了。王九妈问道:"所事如何?"四妈道:"十有八九,只不曾与侄女说过。"四妈来到美娘房中,两下相叫了,讲了一回说话。四妈道:"你的主儿到了不曾?那话儿在那里?"美娘指着床头道:"在这几只皮箱里。"美娘把五六只皮箱一时都开了,五十两一封,搬出十三四封来,又把些金珠宝玉算价,足勾千金之数。把个刘四妈惊得眼中出火,口内流涎,想道:"小小年纪,这等有肚肠,不知如何设处,积下许多东西?我家这几个粉头,一般接客,赶得着他那里?不要说不会生发,就是有几文钱在荷包里,闲时买瓜子磕,买糖儿吃,两条脚布破了,还要做妈的与他买布哩。偏生九阿姐造化,讨得着,年时赚了若干钱钞,临出门还有这一主大财,又是取诸宫中[14],不劳余力。"这是心中暗想之语,却不曾说出来。美娘见刘四妈沉吟,只道他作难索谢,慌忙又取出四匹潞绸,两股宝钗,一对凤头玉簪,放在桌上,道:"这几件东西,奉与姨娘为伐柯之敬。"刘四妈欢天喜地,对王九妈说道:"侄女情愿自家赎身,一般身价,并不短少分毫。比着孤老赎身更好。省得闲汉们从中说合,费酒费浆,还要加一加二的谢他。"王九妈听得说女儿皮箱内有许多东西,到有个怫然之色。你道却是为何?世间只有鸨儿最狠,做小娘的设法些东西,都送到他手里,才是快活。也有做些私房在箱笼内,鸨儿晓得些风声,专等女儿出门,撅开锁钥,翻箱倒笼取个罄空。只为美娘盛名之下,相交都是大头儿,替做娘的挣得钱钞,又且性格有些古怪,等闲不敢触犯。故此卧房里面,鸨儿的脚也不搠进去。谁知他如此有钱!

刘四妈见九妈颜色不善,便猜着了,连忙道:"九阿姐,你休得三心两意。这些东西,就是侄女自家积下的,也不是你本分之钱。他若肯花费时,也花费了。或是他不长进,把来津贴了得意的孤老,你也那里知道!这还是他做家的好处。况且,小娘自己手中没有钱钞,临到从良之际,难道赤身赶他出门?少不得头上脚下都要收拾得光鲜,等他好去别人家做人。如今他自家拿得出这些东西,料然一丝一线不费你的心。这一主银子,是你完完全全鳖在腰胯里的,他就赎身出去,怕不是你女儿?倘然他挣得好时,时朝月节,怕他不来孝顺你?就是嫁了人时,他又没有亲爹亲娘,你也还去做得着他的外婆,受用处正有哩!"只这一套话,说得王九妈心中爽然,当下应允。

刘四妈就去搬出银子,一封封兑过,交付与九妈,又把这些金珠宝玉,逐件指物作价,对九妈说道:"这都是做妹子的故意估下他些价钱。若换与人,还便宜得几十两银子。"王九妈虽同是个鸨儿,到是个老实头儿,凭刘四妈说话,无有不纳。刘四妈见王九妈收了这主东西;便叫亡八写了婚书,交付与美儿。美儿道:"趁姨娘在此，奴家就拜别了爹妈出门，借姨娘家住一两日，择吉从良，未知姨娘允否？"刘四妈得了美娘许多谢礼，生怕九妈翻悔，巴不得美娘出了他门，完成一事，说道："正该如此。"当下美娘收拾了房中自己的梳台拜匣，皮箱铺盖之类。但是鸨儿家中之物，一毫不动。收拾已完，随着四妈出房，拜别了假爹假妈，和那姨娘行中，都相叫了。王九妈一般哭了几声。美娘唤人挑了行李，欣然上轿，同刘四妈到刘家去。

四妈出一间幽静的好房，顿下美娘行李。众小娘都来与美娘叫喜。是晚，朱重差莘善到刘四妈家讨信，已知美娘赎身出来。择了吉日，笙箫鼓乐娶亲。刘四妈就做大媒送亲，朱重与花魁娘子花烛洞房，欢喜无限。

虽然旧事风流，不减新婚佳趣。

次日，莘善老夫妇请新人相见，各各相认，吃了一惊。问起根由，至亲三口，抱头而哭。朱重方才认得是丈人丈母。请他上坐，夫妻二人，重新拜见。亲邻闻知，无不骇然。是日，整备筵席，庆贺两重之喜，饮酒尽欢而散。三朝之后，美娘教丈夫备下几副厚礼，分送旧相知各宅，以酬其寄顿箱笼之恩，并报他从良信息。此是美娘有始有终处。王九妈、刘四妈家，各有礼物相送，无不感激。满月之后，美娘将箱笼打开，内中都是黄白之资，吴绫蜀锦，何止百计，共有三千余金，都将匙钥交付丈夫，慢慢的买房置产，整顿家当。油铺生理，都是丈人莘善管理。不上一年，把家业挣得花锦般相似，驱奴使婢，甚有气象。

朱重感谢天地神明保佑之德，发心于各寺庙喜舍合殿香烛一套，供琉璃灯油三个月；斋戒沐浴，亲往拈香礼拜。先从昭庆寺起，其他灵隐、法相、净慈、天竺等寺，以次而行。就中单说天竺寺，是观音大士的香火，有上天竺、中天竺、下天竺，三处香火俱盛，却是山路，不通舟楫。朱重叫从人挑了一担香烛，三担清油，自己乘轿而往。先到上天竺来，寺僧迎接上殿，老香火秦公点烛添香。此时朱重居移气，养移体，仪容魁岸，非复幼时面目，秦公那里认得他是儿子。只因油桶上有个大大的"秦"字，又有"汴梁"二字，心中甚以为奇。也是天然凑巧，刚刚到上天竺，偏用着这两只油桶。朱重拈香已毕，秦公托出茶盘，主僧奉茶。秦公问道："不敢动问施主，这油桶上为何有此三字？"朱重听得问声，带着汴梁人的土音，忙问道："老香火，你问他怎么？莫非也是汴梁人么？"秦公道："正是。"朱重道："你甚姓名谁？为何在此？出家共有几年了？"秦公把自己姓名乡里，细细告诉："某年上避兵来此，因无活计，将十三岁的儿子秦重，过继与朱家，如今有八年之远。一向为年老多病，不曾下山问得信息。"朱重一把抱住，放声大哭道："孩儿便是秦重！向在朱家挑油买卖。正为要访求父亲下落，故此于油桶上写'汴梁秦'三字，做个标识。谁知此地相逢，真乃天与其便！"众僧见他父子别了八年，今朝重会，各各称奇。

朱重这一日,就歇在上天竺,与父亲同宿,各叙情节。次日,取出中天竺、下天竺两个疏头换过[15],内中"朱重",仍改做"秦重",复了本姓。两处烧香礼拜已毕,转到上天竺,要请父亲回家,安乐供养。秦公出家已久,吃素持斋,不愿随儿子回家。秦重道:"父亲别了八年,孩儿有缺侍奉。况孩儿新娶媳妇,也得他拜见公公方是。"秦公只得依允。秦重将轿子让与父亲乘坐,自己步行,直到家中。秦重取出一套新衣,与父亲换了,中堂设坐,同妻莘氏双双参拜。亲家莘公、亲母阮氏,齐来见礼。此日大排筵席。秦公不肯开荤,素酒素食。次日,邻里敛财称贺。一则新婚,二则新娘子家眷团圆,三则父子重逢,四则秦小官归宗复姓:共是四重大喜。一连又吃了几日喜酒。秦公不愿家居,思想上天竺故处清净出家。秦重不敢违亲之志,将银二百两,于上天竺另造净室一所,送父亲到彼居住。其日用供给,按月送去。每十日亲往候问一次,每一季同莘氏往候一次。那秦公活到八十余,端坐而化,遗命葬于本山,此是后话。

却说秦重和莘氏,夫妻偕老,生下两个孩儿,俱读书成名。至今风月中市语,凡夸人善于帮衬,都叫做"秦小官",又叫"卖油郎"。有诗为证:

春来处处百花新,蜂蝶纷纷竞采春。
堪爱豪家多子弟,风流不及卖油人。

据上海古籍出版社影印原藏日本内阁文库叶敬池刊本《醒世恒言》校录

[注释]

[1] 郑元和:唐代传奇故事人物。书生郑元和因热恋妓女李亚仙,以致穷困落魄。后来亚仙设法救护他,使他读书作了官。卑田院:悲田院的语讹。佛教以施贫为"悲田"。由公家出钱、寺庙主办、收容无依靠的老年人的处所。后来成为乞丐收容所。

[2] 六陈铺:粮食店。六陈:指大米、大麦、小麦、大豆、小豆、芝麻,因其耐贮藏而得名。

[3] 梳弄:或作"梳笼",旧时指妓女第一次接客伴宿。从前妓院里的清倌(处女)头上只梳辫子,接客以后就梳髻,叫做"梳弄"。

[4] 随何、陆贾:秦末汉初有名的说客、辩士。

[5] 孤老:俗称宿娼者为孤老。

[6] 赶趁:旧时下等妓女自动到酒楼筵前歌唱,借以获得一点钱物,叫"赶趁"。

[7] 复帐:妓女接待第二个嫖客,与其同宿,叫做"复帐"。

[8] 孝已:传说他是殷高宗武丁的太子,很孝顺父母,因后母的谗害,被放逐而死。申生:春秋时晋献公的世子,被献公的小夫人骊姬陷害,自杀。

[9] 会一个房：和妓女发生一次性关系。

[10] 干哕（yuě）：呕吐而又吐不出来。《正字通·口部》："有声无物曰哕。"

[11] 挜（yà）：强给人家东西。

[12] 官身：即"唤官身"，隶属于乐籍的妓女，须承应官府，平时或节日，官府唤她们去侍酒陪筵，叫做唤官身。

[13] 聒（guō）噪：江湖上打招呼用的习惯语。犹言打扰了，对不起。

[14] 宫中：家中。

[15] 疏头：和尚、道士祈祷诵经之前向神前焚化的祷词。

[参考文献]

1. 胡士莹：《〈三言〉〈二拍〉及其他拟话本小说》、《话本小说概论》（上册），中华书局1980年版。

2. 何满子，李时人：《中国古代短篇小说杰作评注》（下册），安徽文艺出版社1988年版。

※杜十娘怒沉百宝箱

扫荡残胡立帝畿，龙翔凤舞势崔嵬。

左环沧海天一带，右拥太行山万围。

戈戟九边雄绝塞，衣冠万国仰垂衣。

太平人乐华胥世，永永金瓯共日辉。

这首诗单夸我朝燕京建都之盛。说起燕都的形势，北倚雄关，南压区夏，真乃金城天府，万年不拔之基。当先洪武爷扫荡胡尘，定鼎金陵，是为南京。到永乐爷从北平起兵靖难，迁于燕都，是为北京。只因这一迁，把个苦寒地面变作花锦世界。自永乐爷九传至于万历爷，此乃我朝第十一代的天子。这位天子，聪明神武，德福兼全，十岁登基，在位四十八年，削平了三处寇乱。那三处？

日本关白平秀吉，西夏哱承恩，播州杨应龙。

平秀吉侵犯朝鲜，承恩、杨应龙是土官谋叛，先后削平。远夷莫不畏服，争来朝贡。真个是：

一人有庆民安乐，四海无虞国太平。

话中单表万历二十年间，日本国关白作乱，侵犯朝鲜。朝鲜国王上表告急，天朝发兵泛海往救。有户部官奏准：目今兵兴之际，粮饷未充，暂开纳粟入监之例。原来纳粟入监的，有几般便宜：好读书，好科举，好中，结末来又有个小小前程结果。以此宦家公子、富室子弟，到不愿做秀才，都去援例做太学生。自开了这例,两京太学生各添至千人之外。内中有一人,姓李名甲,字子先,浙江绍兴府人氏。父亲李布政所生三儿,惟甲居长,自幼读书在庠,未得登科,援例入于北雍。因在京坐监,与同乡柳遇春监生同游教坊司院内,与一个名姬相遇。那名姬姓杜名媺,排行第十,院中都称为杜十娘,生得:

浑身雅艳,遍体娇香,两弯眉画远山青,一对眼明秋水润。脸如莲萼,分明卓氏文君;唇似樱桃,何减白家樊素。可怜一片无瑕玉,误落风尘花柳中。

那杜十娘自十三岁破瓜,今一十九岁,七年之内,不知历过了多少公子王孙。一个个情迷意荡,破家荡产而不惜。院中传出四句口号来,道是:

坐中若有杜十娘,斗筲之量饮千觞。
院中若识杜老媺,千家粉面都如鬼。

却说李公子风流年少,未逢美色,自遇了杜十娘,喜出望外,把花柳情怀,一担儿挑在他身上。那公子俊俏庞儿,温存性儿,又是撒漫的手儿,帮衬的勤儿,与十娘一双两好,情投意合。十娘因见鸨儿贪财无义,久有从良之志,又见李公子忠厚志诚,甚有心向他。奈李公子惧怕老爷,不敢应承。虽则如此,两下情好愈密,朝欢暮乐,终日相守,如夫妇一般。海誓山盟,各无他志。真个:

恩深似海恩无底,义重如山义更高。

再说杜妈妈,女儿被李公子占住,别的富家巨室,闻名上门,求一见而不可得。初时李公子撒漫用钱,大差大使,妈妈胁肩谄笑,奉承不暇。日往月来,不觉一年有余,李公子囊箧渐渐空虚,手不应心,妈妈也就怠慢了。老布政在家闻知儿子嫖院,几遍写字来唤他回去。他迷恋十娘颜色,终日延捱。后来闻知老爷在家发怒,越不敢回。古人云:"以利相交者,利尽而疏。"那杜十娘与李公子真情相好,见他手头愈短,心头愈热。妈妈也几遍教女儿打发李甲出院,见女儿不统口,又几遍将言语触突李公子,要激怒他起身。公子性本温克,词气愈和。妈妈没奈何,日逐只将十娘叱骂道:"我们行户人家,吃客穿客,前门送旧,后门迎新,门庭闹如火,钱帛堆成垛。自从那李甲在此,混帐一年有余,莫说新客,连旧主顾都断了。分明接了个钟馗老,连小鬼也没得上门,弄得老娘一家人家,有气无烟,成什么模样!"

杜十娘被骂,耐性不住,便回答道:"那李公子不是空手上门的,也曾费过大钱来。"妈妈道:"彼一时,此一时,你只教他今日费些小钱儿,把与老娘办些柴米,养你两口也好。别人家养的女儿便是摇钱树,千生万活,偏我家晦气,养了个退财白虎!开了大门七件事,般般都在老身心上。到替你这小贱人白白养着穷汉,教我衣食从何处来?你对那穷汉说:有本事出几两银子与我,到得你跟了他去,我别讨个丫头过活却不好?"十娘道:"妈妈,这话是真是假?"妈妈晓得李甲囊无一钱,衣衫都典尽了,料他没处设法,便应道:"老娘从不说谎,当真哩。"十娘道:

"娘,你要他许多银子?"妈妈道:"若是别人,千把银子也讨了。可怜那穷汉出不起,只要他三百两,我自去讨一个粉头代替。只一件,须是三日内交付与我,左手交银,右手交人。"若三日没有银时,老身也不管三七二十一,公子不公子,一顿孤拐,打那光棍出去。那时莫怪老身!"十娘道:"公子虽在客边乏钞,谅三百金还措办得来。只是三日忒近,限他十日便好。"妈妈想道:"这穷汉一双赤手,便限他一百日,他那里来银子?没有银子,便铁皮包脸,料也无颜上门。那时重整家风,媺儿也没得话讲。"答应道:"看你面,便宽到十日。第十日没有银子,不干老娘之事。"十娘道:"若十日内无银,料他也无颜再见了。只怕有了三百两银子,妈妈又翻悔起来。"妈妈道:"老身年五十一岁了,又奉十斋,怎敢说谎?不信时与你拍掌为定。若翻悔时,做猪做狗!"

  从来海水斗难量,可笑虔婆意不良。
  料定穷儒囊底竭,故将财礼难娇娘。

  是夜,十娘与公子在枕边,议及终身之事。公子道:"我非无此心。但教坊落籍,其费甚多,非千金不可。我囊空如洗,如之奈何!"十娘道:"妾已与妈妈议定只要三百金,但须十日内措办。郎君游资虽罄,然都中岂无亲友可以借贷?倘得如数,妾身遂为君之所有,省受虔婆之气。"公子道:"亲友中为我留恋行院,都不相顾。明日只做束装起身,各家告辞,就开口假贷路费,凑聚将来,或可满得此数。"起身梳洗,别了十娘出门。十娘道:"用心作速,专听佳音。"公子道:"不须分付。"

  公子出了院门,来到三亲四友处,假说起身告别,众人到也欢喜。后来叙到路费欠缺,意欲借贷。常言道:"说着钱,便无缘。"亲友们就不招架。他们也见得是,道李公子是风流浪子,迷恋烟花,年许不归,父亲都为他气坏在家。他今日抖然要回,未知真假,倘或说骗盘缠到手,又去还脂粉钱,父亲知道,将好意翻成恶意,始终只是一怪,不如辞了干净。便回道:"目今正值空乏,不能相济,惭愧,惭愧!"人人如此,个个皆然,并没有个慷慨丈夫,肯统口许他一十二十两。李公子一连奔走了三日,分毫无获,又不敢回决十娘,权且含糊答应。到第四日又没想头,就羞回院中。平日间有了杜家,连下处也没有了,今日就无处投宿。只得往同乡柳监生寓所借歇。

  柳遇春见公子愁容可掬,问其来历。公子将杜十娘愿嫁之情,备细说了。遇春摇首道:"未必,未必。那杜媺曲中第一名姬,要从良时,怕没有十斛明珠,千金聘礼。那鸨儿如何只要三百两?想鸨儿怪你无钱使用,白白占住他的女儿,设计打发你出门。那妇人与你相处已久,又碍却面皮,不好明言。明知你手内空虚,故意将三百两卖个人情,限你十日;若十日没有,你也不好上门。便上门时,他会说你笑你,落得一场亵渎,自然安身不牢,此乃烟花逐客之计。足下三思,休被其惑。据弟愚意,不如早早开交为上。"公子听说,半晌无言,心中疑惑不定。遇春又道:"足下莫要错了主意。你若真个还乡,不多几两盘费,还有人搭救;若是要三百两时,莫说十日,就是十个月也难。如今的世情,那肯顾缓急二字的!那烟花也算定你没处告债,故意设法难你。"公子道:"仁兄所见良是。"口里虽如此说,心中割舍不下。依旧又往外边东央西告,只是夜里不进院门了。

公子在柳监生寓中,一连住了三日,共是六日了。杜十娘连日不见公子进院,十分着紧,就教小厮四儿街上去寻。四儿寻到大街,恰好遇见公子。四儿叫道:"李姐夫,娘在家里望你。"公子自觉无颜,回复道:"今日不得功夫,明日来罢。"四儿奉了十娘之命,一把扯住,死也不放,道:"娘叫咱寻你,是必同去走一遭。"李公子心上也牵挂着婊子,没奈何,只得随四儿进院,见了十娘,嘿嘿无言。十娘问道:"所谋之事如何?"公子眼中流下泪来。十娘道:"莫非人情淡薄,不能足三百之数么?"公子含泪而言,道出二句:

"不信上山擒虎易,果然开口告人难。"

"一连奔走六日,并无铢两,一双空手,羞见芳卿,故此这几日不敢进院。今日承命呼唤,忍耻而来。非某不用心,实是世情如此。"十娘道:"此言休使虔婆知道。郎君今夜且住,妾别有商议。"十娘自备酒肴,与公子欢饮。睡至半夜,十娘对公子道:"郎君果不能办一钱耶?妾终身之事,当如何也?"公子只是流涕,不能答一语。渐渐五更天晓。十娘道:"妾所卧絮褥内藏有碎银一百五十两,此妾私蓄,郎君可持去。三百金,妾任其半,郎君亦谋其半,庶易为力。限只四日,万勿迟误!"十娘起身将褥付公子,公子惊喜过望。唤童儿持褥而去。径到柳遇春寓中,又把夜来之情与遇春说了。将褥拆开看时,絮中都裹着零碎银子,取出兑时果是一百五十两。遇春大惊道:"此妇真有心人也。既系真情,不可相负,吾当代为足下谋之。"公子道:"倘得玉成,决不有负。"当下柳遇春留李公子在寓,自出头各处去借贷。两日之内,凑足一百五十两交付公子道:"吾代为足下告债,非为足下,实怜杜十娘之情也。"

李甲拿了三百两银子,喜从天降,笑逐颜开,欣欣然来见十娘,刚是第九日,还不足十日。十娘问道:"前日分毫难借,今日如何就有一百五十两?"公子将柳监生事情,又述了一遍。十娘以手加额道:"使吾二人得遂其愿者,柳君之力也!"两个欢天喜地,又在院中过了一晚。

次日十娘早起,对李甲道:"此银一交,便当随郎君去矣。舟车之类,合当预备。妾昨日于姊妹中借得白银二十两,郎君可收下为行资也。"公子正愁路费无出,但不敢开口,得银甚喜。说犹未了,鸨儿恰来敲门叫道:"媺儿,今日是第十日了。"公子闻叫,启门相延道:"承妈妈厚意,正欲相请。"便将银三百两放在桌上。鸨儿不料公子有银,嘿然变色,似有悔意。十娘道:"儿在妈妈家中八年,所致金帛，不下数千金矣。今日从良美事，又妈妈亲口所订，三百金不欠分毫，又不曾过期。倘若妈妈失信不许，郎君持银去，儿即刻自尽。恐那时人财两失，悔之无及也。"鸨儿无词以对。腹内筹画了半晌，只得取天平兑准了银子，说道："事已如此，料留你不住了。只是你要去时，即今就去。平时穿戴衣饰之类，毫厘休想！"说罢，将公子和十娘推出房门，讨锁来就落了锁。此时九月天气。十娘才下床，尚未梳洗，随身旧衣，就拜了妈妈两拜。李公子也作了一揖。一夫一妇，离了虔婆大门。

　　鲤鱼脱却金钩去，摆尾摇头再不来。

　　公子教十娘且住片时："我去唤个小轿抬你，权往柳荣卿寓所去，再作道理。"十娘道："院中诸姊妹平昔相厚，理宜话别。况前日又承他借贷路费，不可不一谢也。"乃同公子到各姊妹处谢别。姊妹中惟谢月朗、徐素素与杜家相近，尤与十娘亲厚；十娘先到谢月朗家。月朗见十娘秃髻旧衫，惊问其故。十娘备述来因，又引李甲相见。十娘指月朗道："前日路资，是此位姐姐所贷，郎君可致谢。"李甲连连作揖。月朗便教十娘梳洗，一面去请徐素素来家相会。十娘梳洗已毕，谢、徐二美人各出所有，翠钿金钏，瑶簪宝珥，锦袖花裙，鸾带绣履，把杜十娘装扮得焕然一新，备酒作庆贺筵席。月朗让卧房与李甲、杜媺二人过宿。次日，又大排筵席，遍请院中姊妹。凡十娘相厚者，无不毕集，都与他夫妇把盏称喜。吹弹歌舞，各逞其长，务要尽欢，直饮至夜分。十娘向众姊妹一一称谢。众姊妹道："十姊为风流领袖，今从郎君去，我等相见无日。何日长行，姊妹们尚当奉送。"月朗道："候有定期，小妹当来相报。但阿姊千里间关，同郎君远去，囊箧萧条，曾无约束，此乃吾等之事。当相与共谋之，勿令姊有穷途之虑也。"众姊妹各唯唯而散。

　　是晚，公子和十娘仍宿谢家。至五鼓，十娘对公子道："吾等此去，何处安身？郎君亦曾计议有定着否？"公子道："老父盛怒之下，若知娶妓而归，必然加以不堪，反致相累。展转寻思，尚未有万全之策。"十娘道："父子天性，岂能终绝？既然仓卒难犯，不若与郎君于苏、杭胜地，权作浮居。郎君先回，求亲友于尊大人面前劝解和顺，然后携妾于归，彼此安妥。"公子道："此言甚当。"次日，二人起身辞了谢月朗，暂往柳监生寓中，整顿行装。杜十娘见了柳遇春，倒身下拜，谢其周全之德："异日我夫妇必当重报。"遇春慌忙答礼道："十娘钟情所欢，不以贫窭易心，此乃女中豪杰。仆因风吹火，谅区区何足挂齿！"三人又饮了一日酒。次早，择了出行吉日，雇倩轿马停当。十娘又遣童儿寄信，别谢月朗。临行之际，只见肩舆纷纷而至，乃谢月朗与徐素素拉众姊妹来送行。月朗道："十姊从郎君千里间关，囊中消索，吾等甚不能忘情。今合具薄赆，十姊可检收，或长途空乏，亦可少助。"说罢，命从人挈一描金文具至前，封锁甚固，正不知什么东西在里面。十娘也不开看，也不推辞，但殷勤作谢而已。须臾，舆马齐集，仆夫催促起身。柳监生三杯

别酒,和众美人送出崇文门外,各各垂泪而别。正是:

　　他日重逢难预必,此时分手最堪怜。

　　再说李公子同杜十娘行至潞河,舍陆从舟。却好有瓜州差使船转回之便,讲定船钱,包了舱口。比及下船时,李公子囊中并无分文余剩。你道杜十娘把二十两银子与公子,如何就没了?公子在院中嫖得衣衫蓝缕,银子到手,未免在解库中取赎几件穿着,又制办了铺盖,剩来只勾轿马之费。公子正当愁闷,十娘道:"郎君勿忧,众姊妹合赠,必有所济。"及取钥开箱。公子在傍自觉惭愧,也不敢窥觑箱中虚实。只见十娘在箱里取出一个红绢袋来,掷于桌上道:"郎君可开看之。"公子提在手中,觉得沉重,启而观之,皆是白银,计数整五十两。十娘仍将箱子下锁,亦不言箱中更有何物。但对公子道:"承众姊妹高情,不惟途路不乏,即他日浮寓吴、越间,亦可稍佐吾夫妻山水之费矣。"公子且惊且喜道:"若不遇恩卿,我李甲流落他乡,死无葬身之地矣。此情此德,白头不敢忘也!"自此每谈及往事,公子必感激流涕,十娘亦曲意抚慰。一路无话。

　　不一日,行至瓜州,大船停泊岸口,公子别雇了民船,安放行李。约明日侵晨,剪江而渡。其时仲冬中旬,月明如水,公子和十娘坐于舟首。公子道:"自出都门,困守一舱之中,四顾有人,未得畅语。今日独据一舟,更无避忌。且已离塞北,初近江南,宜开怀畅饮,以舒向来抑郁之气。恩卿以为何如?"十娘道:"妾久疏谈笑,亦有此心,郎君言及,足见同志耳。"公子乃携酒具于船首,与十娘铺毡并坐,传杯交盏。饮至半酣,公子执卮对十娘道:"恩卿妙音,六院推首。某相遇之初,每闻绝调,辄不禁神魂之飞动。心事多违,彼此郁郁,鸾鸣凤奏,久矣不闻。今清江明月,深夜无人,肯为我一歌否?"十娘兴亦勃发,遂开喉顿嗓,取扇按拍,呜呜咽咽,歌出元人施君美《拜月亭》杂剧上"状元执盏与婵娟"一曲,名《小桃红》。真个:

　　声飞霄汉云皆驻,响入深泉鱼出游。

　　却说他舟有一少年,姓孙名富,字善赉,徽州新安人氏。家资巨万,积祖扬州种盐。年方二十,也是南雍中朋友。生性风流,惯向青楼买笑,红粉追欢,若嘲风弄月,到是个轻薄的头儿。事有偶然,其夜亦泊舟瓜州渡口,独酌无卿,忽听得歌声嘹亮,凤吟鸾吹,不足喻其美。起立船头,伫听半晌,方知声出邻舟。正欲相访,音响倏已寂然,乃遣仆者潜窥踪迹,访于舟人。但晓得是李相公雇的船,并不知歌者来历。孙富想道:"此歌者必非良家,怎生得他一见?"展转寻思,通宵不寐。捱至五更,忽闻江风大作。及晓,彤云密布,狂雪飞舞。怎见得,有诗为证:

　　千山云树灭,万径人踪绝。

　　扁舟蓑笠翁,独钓寒江雪。

　　因这风雪阻渡,舟不得开。孙富命艄公移船,泊于李家舟之傍。孙富貂帽狐裘,推窗假作看雪。值十娘梳洗方毕,纤纤玉手揭起舟傍短帘,自泼盂中残水。粉容微露,却被孙富窥见了,果是国色天香。魂摇心荡,迎眸注目,等候再见一面,杳不可得。沉思久之,乃倚窗高吟高学士《梅花诗》二句,道:

雪满山中高士卧,月明林下美人来。

李甲听得邻舟吟诗,舒头出舱,看是何人。只因这一看,正中了孙富之计。孙富吟诗,正要引李公子出头,他好乘机攀话。当下慌忙举手,就问:"老兄尊姓何讳?"李公子叙了姓名乡贯,少不得也问那孙富。孙富也叙过了。又叙了些太学中的闲话,渐渐亲熟。孙富便道:"风雪阻舟,乃天遣与尊兄相会,实小弟之幸也。舟次无聊,欲同尊兄上岸,就酒肆中一酌,少领清海,万望不拒。"公子道:"萍水相逢,何当厚扰?"孙富道:"说那里话!'四海之内,皆兄弟也'。"喝教艄公打跳,童儿张伞,迎接公子过船,就于船头作揖。然后让公子先行,自己随后,各各登跳上涯。

行不数步,就有个酒楼。二人上楼,拣一副洁净座头,靠窗而坐。酒保列上酒肴。孙富举杯相劝,二人赏雪饮酒。先说些斯文中套话,渐渐引入花柳之事。二人都是过来之人,志同道合,说得入港,一发成相知了。孙富屏去左右,低低问道:"昨夜尊舟清歌者,何人也?"李甲正要卖弄在行,遂实说道:"此乃北京名姬杜十娘也。"孙富道:"既系曲中姊妹,何以归兄?"公子遂将初遇杜十娘,如何相好,后来如何要嫁,如何借银讨他,始末根由,备细述了一遍。孙富道:"兄携丽人而归,固是快事,但不知尊府中能相容否?"公子道:"贱室不足虑,所虑者老父性严,尚费踌躇耳!"孙富将机就机,便问道:"既是尊大人未必相容,兄所携丽人,何处安顿?亦曾通知丽人,共作计较否?"公子攒眉而答道:"此事曾与小妾议之。"孙富欣然问道:"尊宠必有妙策。"公子道:"他意欲侨居苏杭,流连山水。使小弟先回,求亲友宛转于家君之前,俟家君回嗔作喜,然后图归。高明以为何如?"孙富沉吟半晌,故作愀然之色,道:"小弟乍会之间,交浅言深,诚恐见怪。"公子道:"正赖高明指教,何必谦逊?"孙富道:"尊大人位居方面,必严帷薄之嫌,平时既怪兄游非礼之地,今日岂容兄娶不节之人?况且贤亲贵友,谁不迎合尊大人之意者?兄枉去求他,必然相拒。就有个不识时务的进言于尊大人之前,见尊大人意思不允,他就转口了。兄进不能和睦家庭,退无词以回复尊宠。即使留连山水,亦非长久之计。万一资斧困竭,岂不进退两难!"

公子自知手中只有五十金,此时费去大半,说到资斧困竭,进退两难,不觉点头道是。孙富又道:"小弟还有句心腹之谈,兄肯俯听否?"公子道:"承兄过爱,更求尽言。"孙富道:"疏不间亲,还是莫说罢。"公子道:"但说何妨!"孙富道:"自古道:'妇人水性无常。'况烟花之辈,少真多假。他既系六院名姝,相识定满天下;或者南边原有旧约,借兄之力,挈带而来,以为他适之地。"公子道:"这个恐未必然。"孙富道:"既不然,江南子弟,最工轻薄。兄留丽人独居,难保无逾墙钻穴之事。若挈之同归,愈增尊大人之怒。为兄之计,未有善策。况父子天伦,必不可绝。若为妾而触父,因妓而弃家,海内必以兄为浮浪不经之人。异日妻不以为夫,弟不以为兄,同袍不以为友,兄何以立于天地之间?兄今日不可不熟思也!"

公子闻言,茫然自失,移席问计:"据高明之见,何以教我?"孙富道:"仆有一计,于兄甚便。只恐兄溺枕席之爱,未必能行,使仆空费词说耳!"公子道:"兄诚有良策,使弟再睹家园之乐,乃弟之恩人也。又何惮而不言耶?"孙富道:"兄飘零岁余,严亲怀怒,闺阁离心。设身以处兄之地,诚寝食不安之时也。然尊大人所以怒兄者,不过为迷花恋柳,挥金如土,异日必为弃家荡产之人,不堪承继家业耳!兄今日空手而归,正触其怒。兄倘能割衽席之爱,见机而作,仆愿以千金相赠。兄得千金以报尊大人,只说在京授馆,并不曾浪费分毫,尊大人必然相信。从此家庭和睦,当无间言。须臾之间,转祸为福。兄请三思,仆非贪丽人之色,实为兄效忠于万一也!"李甲原是没主意的人,本心惧怕老子,被孙富一席话,说透胸中之疑,起身作揖道:"闻兄大教,顿开茅塞。但小妾千里相从,义难顿绝,容归与商之。得其心肯,当奉复耳。"孙富道:"说话之间,宜放婉曲。彼既忠心为兄,必不忍使兄父子分离,定然玉成兄还乡之事矣。"二人饮了一回酒,风停雪止,天色已晚。孙富教家僮算还了酒钱,与公子携手下船。正是:

　　逢人且说三分话,未可全抛一片心。

　　却说杜十娘在舟中,摆设酒果,欲与公子小酌,竟日未回,挑灯以待。公子下船,十娘起迎。见公子颜色匆匆,似有不乐之意,乃满斟热酒劝之。公子摇首不饮,一言不发,竟自床上睡了。十娘心中不悦,乃收拾杯盘为公子解衣就枕,问道:"今日有何见闻,而怀抱郁郁如此?"公子叹息而已,终不启口。问了三四次,公子已睡去了。十娘委决不下,坐于床头而不能寐。到夜半,公子醒来,又叹一口气。十娘道:"郎君有何难言之事,频频叹息?"公子拥被而起,欲言不语者几次,扑簌簌掉下泪来。十娘抱持公子于怀间,软言抚慰道:"妾与郎君情好,已及二载,千辛万苦,历尽艰难,得有今日。然相从数千里,未曾哀戚。今将渡江,方图百年欢笑,如何反起悲伤?必有其故。夫妇之间,死生相共,有事尽可商量,万勿讳也。"

　　公子再四被逼不过,只得含泪而言道:"仆天涯穷困,蒙恩卿不弃,委曲相从,诚乃莫大之德也。但反复思之,老父位居方面,拘于礼法,况素性方严,恐添嗔怒,必加黜逐。你我流荡,将何底止?夫妇之欢难保,父子之伦又绝。日间蒙新安孙友邀饮,为我筹及此事,寸心如割!"十娘大惊道:"郎君意将如何?"公子道:"仆事内之人,当局而迷。孙友为我画一计颇善,但恐恩卿不从耳!"十娘道:"孙友者何人?计如果善,何不可从?"公子道:"孙友名富,新安盐商,少年风流之士也。夜间闻子清歌,因而问及。仆告以来历,并谈及难归之故,渠意欲以千金聘汝。我得千金,可借口以见吾父母,而恩卿亦得所耳。但情不能舍,是以悲泣。"说罢,泪如雨下。

十娘放开两手,冷笑一声道:"为郎君画此计者,此人乃大英雄也!郎君千金之资既得恢复,而妾归他姓,又不致为行李之累,发乎情,止乎礼,诚两便之策也。那千金在那里?"公子收泪道:"未得恩卿之诺,金尚留彼处,未曾过手。"十娘道:"明早快快应承了他,不可挫过机会。但千金重事,须得兑足交付郎君之手,妾始过舟,勿为贾竖子所欺。"时已四鼓,十娘即起身挑灯梳洗道:"今日之妆,乃迎新送旧,非比寻常。"于是脂粉香泽,用意修饰,花钿绣袄,极其华艳,香风拂拂,光采照人。装束方完,天色已晓。

孙富差家童到船头候信。十娘微窥公子,欣欣似有喜色,乃催公子快去回话,及早兑足银子。公子亲到孙富船中,回复依允。孙富道:"兑银易事,须得丽人妆台为信。"公子又回复了十娘,十娘即指描金文具道:"可便抬去。"孙富喜甚。即将白银一千两,送到公子船中。十娘亲自检看,足色足数,分毫无爽,乃手把船舷,以手招孙富。孙富一见,魂不附体。十娘启朱唇,开皓齿道:"方才箱子可暂发来,内有李郎路引一纸,可检还之也。"孙富视十娘已为瓮中之鳖,即命家童送那描金文具,安放船头之上。十娘取钥开锁,内皆抽替小箱。十娘叫公子抽第一层来看,只见翠羽明珰,瑶簪宝珥,充牣于中,约值数百金。十娘遽投之江中。李甲与孙富及两船之人,无不惊诧。又命公子再抽一箱,乃玉箫金管;又抽一箱,尽古玉紫金玩器,约值数千金。十娘尽投之于大江中。岸上之人,观者如堵。齐声道:"可惜,可惜!"正不知什么缘故。最后又抽一箱,箱中复有一匣。开匣视之,夜明之珠约有盈把。其他祖母绿、猫儿眼,诸般异宝,目所未睹,莫能定其价之多少。众人齐声喝彩,喧声如雷。十娘又欲投之于江。李甲不觉大悔,抱持十娘恸哭,那孙富也来劝解。

十娘推开公子在一边,向孙富骂道:"我与李郎备尝艰苦,不是容易到此。汝以奸淫之意,巧为谗说,一旦破人姻缘,断人恩爱,乃我之仇人。我死而有知,必当诉之神明,尚妄想枕席之欢乎!"又对李甲道:"妾风尘数年,私有所积,本为终身之计。自遇郎君,山盟海誓,白首不渝。前出都之际,假托众姊妹相赠,箱中韫藏百宝,不下万金。将润色郎君之装,归见父母,或怜妾有心,收佐中馈,得终委托,生死无憾。谁知郎君相信不深,惑于浮议,中道见弃,负妾一片真心。今日当众目之前,开箱出视,使郎君知区区千金,未为难事。妾椟中有玉,恨郎眼内无珠。命之不辰,风尘困瘁,甫得脱离,又遭弃捐。今众人各有耳目,共作证明,妾不负郎君,郎君自负妾耳!"于是众人聚观者,无不流涕,都唾骂李公子负心薄幸。公子又羞又苦,且悔且泣,方欲向十娘谢罪。十娘抱待宝匣,向江心一跳。众人急呼捞救,但见云暗江心,波涛滚滚,杳无踪影。可惜一个如花似玉的名姬,一旦葬于江鱼之腹！

　　三魂渺渺归水府，七魄悠悠入冥途。

　　当时旁观之人，皆咬牙切齿，争欲拳殴李甲和那孙富。慌得李、孙二人手足无措，急叫开船，分途遁去。李甲在舟中，看了千金，转忆十娘，终日愧悔，郁成狂疾，终身不痊。孙富自那日受惊，得病卧床月余，终日见杜十娘在傍诟骂，奄奄而逝。人以为江中之报也。

　　却说柳遇春在京坐监完满，束装回乡，停舟瓜步。偶临江净脸，失坠铜盆于水，觅渔人打捞。及至捞起，乃是个小匣儿。遇春启匣观看，内皆明珠异宝，无价之珍。遇春厚赏渔人，留于床头把玩。是夜梦见江中一女子，凌波而来，视之，乃杜十娘也。近前万福，诉以李郎薄倖之事，又道："向承君家慷慨，以一百五十金相助。本意息肩之后，徐图报答，不意事无终始。然每怀盛情，悒悒未忘。早间曾以小匣托渔人奉致，聊表寸心，从此不复相见矣。"言讫，猛然惊醒，方知十娘已死，叹息累日。

　　后人评论此事，以为孙富谋夺美色，轻掷千金，固非良士；李甲不识杜十娘一片苦心，碌碌蠢才，无足道者。独谓十娘千古女侠，岂不能觅一佳侣，共跨秦楼之凤，乃错认李公子。明珠美玉，投于盲人，以致恩变为仇，万种恩情，化为流水，深可惜也！有诗叹云：

　　不会风流莫妄谈，单单情字费人参。
　　若将情字能参透，唤作风流也不惭。

凌　濛　初

　　凌濛初(1580—1644)字玄房，号初成，别署即空观主人。浙江乌程（今湖州）人。官至徐州通判。所著《拍案惊奇》（或称《初刻拍案惊奇》），是中国第一部个人创作的白话短篇小说集，与《二刻拍案惊奇》合称"二拍"；有经史杂著、诗文选评及杂剧传奇二十余种，大多散佚。

※转运汉遇巧洞庭红　波斯胡指破鼍龙壳

　　词云：
　　日日深杯酒满，朝朝小圃花开。自歌自舞自开怀，且喜无拘无碍。
　　青史几番春梦，红尘多少奇才。不须计较与安排，领取而今现在！
　　这首词乃宋朱希真所作，词寄《西江月》。单道着人生功名富贵，总有天数，不如图一个见前快活。试看往古来今,一部十七史中,多少英雄豪杰?该富的不得富,该贵的不得贵;能文的倚马千言,用不着时,几张纸,盖不完酱瓿;能武的穿杨百步,用不着时,几筯箭煮不熟饭锅。极至那痴呆懵董,生来有福分的,随他文学低浅,也会发科发甲;随他武艺庸常,也会大请大受:真所谓时也,运也,命也。俗语有两句道得好:"命若穷,掘得黄金化作铜;命若富,拾着白纸变成布。"总来只听掌命司颠之倒之。所以吴彦高又有词云:"造化小儿无定据,翻来覆去,倒横直竖,眼见都如许!"僧晦庵亦有词云:"谁不愿黄金屋?谁不愿千钟粟?算五行不是这般题目。枉使心机闲计较,儿孙自有儿孙福。"苏东坡亦有词云:"蜗角虚名,蝇头微利,算来着甚干忙?事皆前定,谁弱又谁强?"这几位名人说来说去,都是一个意思。总不如古语云:"万事分已定,浮生空自忙。"说话的,依你说来,不须能文善武,懒惰的,也只消天掉下前程;不须经商立业,败坏的,也只消天挣与家园,却不把人间向上的心都冷了?看官有所不知,假如人家出了懒惰的人,也就是命中该贱;出了败坏的人,也是命中该穷:此是常理。却又自有转眼贫富出人意外,眼前事分毫算不得准的哩!

且听说一人,乃宋朝汴京人,姓金双名维厚,乃是经纪行中人,少不得朝晨起早,晚夕眠迟,睡醒来,千思想,万算计,拣有便宜的才做。后来家事挣得从容了,他便思想一个久远方法:手头用来用去的,只是那散碎银子。若是二两块头好银,便存着不动。约得百两,便熔成一大锭,把一综红线,结成一绦,系在锭腰,放在枕边。夜来摩弄一番,方才睡下。积了一生,整整熔成八锭,以后也就随来随去,再积不成百两,他也罢了。金老生有四子,一日,是他七十寿旦,四子置酒上寿。金老见了四子,跻跻跄跄,心中喜欢,便对四子说道:"我靠皇天覆庇,虽则劳碌一生,家事尽可度日。况我平日留心,有熔成八大锭银子,永不动用的,在我枕边。见将绒线做对儿结着。今将择个好日子分与尔等,每人一对,做个镇家之宝。"四子喜谢,尽欢而散。

是夜金老带些酒意,点灯上床,醉眼模糊,望去八个大锭,白晃晃排在枕边。摸了几摸,哈哈地笑了一声,睡下去了。睡未安稳,只听得床前有人行走脚步响,心疑有贼。又细听着,恰象欲前不前,相让一般。床前灯火微明,揭帐一看,只见八个大汉,身穿白衣,腰系红带,曲躬而前曰:"某等兄弟,天数派定,宜在君家听令。今蒙我翁过爱,抬举成人,不烦役使,珍重多年,冥数将满。待翁归天后,再觅去向。今闻我翁目下将以我等分役诸郎君,我等与诸郎君辈原无前缘,故此先来告别,往某县某村王姓某者投托,后缘未尽,还可一面。"语毕,回身便走。金老不知何事,吃了一惊。翻下床,不及穿鞋,赤脚赶去。远远见八人,出了房门。金老赶得性急,绊了房槛,扑地跌倒,飒然惊醒,乃是南柯一梦。急起挑灯明亮,点照枕边,已不见了八个大锭。细思梦中所言,句句是实。叹了一口气,哽咽了一会,道:"不信我苦积一世,却没分与儿子每受用,到是别人家的?明明说有地方姓名,且慢慢跟寻下落则个。"一夜不睡,次早起来与儿子每说知,儿子中也有惊骇的,也有疑惑的。惊骇的道:"不该是我们手里东西,眼见得作怪。"疑惑的道:"老人家欢喜中说话,失许了我们,回想转来,一时间就不割舍得分散了,造此鬼话,也未见得。"金老见儿子们疑信不等,急急要验个实话。遂访至某县某村,果有王姓某者。叩门进去,只见堂前灯烛荧煌,三牲福物,正在那里献神。金老便开口问道:"宅上有何事如此?"家人报知,请主人出来。主人王老儿见金老揖坐了,问其来因。金老道:"老汉有一疑事,特造上宅,来问消息。今见上宅正在此献神,必有所谓,敢乞明示。"王老道:"老拙偶因寒荆小恙买卜,先生道:'移床即好。'昨寒荆病中,恍惚见八个白衣大汉,腰系红束,对寒荆道:'我等本在金家,今在彼缘尽,来投身宅上。'言毕,俱钻入床下。寒荆惊出了一身冷汗,身体爽快了。及至移床,灰尘中得银八大锭,多用红绒系腰,不知是那里来的?此皆神天福佑,故此买福物酬谢。金老丈来问,莫非晓得些来历么?"金老跌跌脚道:"此老汉一生所积,因前日也做了一梦,就不见了。梦中也道出老丈姓名居址的确,故得访寻到此。可见天数已定,老汉也无怨处。但只求取出一看,也完了老汉心事。"王老道:"容易。"笑嘻嘻的走进去,叫安童四人,托出四个盘来。每盘两锭,多是红绒系束,正是金家之物。金老看了,眼睁睁无计所奈,不觉扑簌簌吊下泪来,抚摩一番道:"老汉直如此命薄!消受不得。"王老虽然叫安童仍旧拿了进去,心里见金老如此,老大不忍。另取三两零银封了,送与金老作别。金老道:"自家的东西尚无福,何须尊惠!"再三谦让,必不肯受。王老强纳在金老袖中,金老欲待摸出还了,一时摸个不着,面儿通红,又被王老央不过,只得作揖别了。直至家中,对儿子们一一把前事说了,大家叹息了一回。因言王老好处,临行送银三两,满袖摸遍,并不见有,只说路中掉了。却元来金老推逊时,王老往袖里乱塞,落在着外面一层袖中。袖有断线处,在王老家摸时,已在脱线处落出在门槛边了。客去扫门,仍旧是王老拾得。可见一饮一啄,莫非前定。不该是他的东西,不要说八百两,就是三两,也得不去。该是他的东西,不要说八百两,就是三两也推不出。原有的到无了,原无的到有了,并不由人计较。而今说一个人在实地上行,步步不着,极贫极苦的;却在渺渺茫茫、做梦不到的去处,得了一主没头没脑钱财,变成巨富。从来希有,亘古新闻。有诗为证,诗曰:

分内功名匣里财,不关聪慧不关呆。

果然命是财官格,海外犹能送宝来。

话说国朝成化年间,苏州府长洲县阊门外有一人,姓文名实,字若虚。生来心思慧巧,做着便能,学着便会。琴棋书画,吹弹歌舞,件件粗通。幼年间,曾有人相他有巨万之富,他亦自恃才能,不十分去营求生产。坐吃山空,将祖上遗下千金家事，看看消下来。以后晓得家业有限，看见别人经商图利的，时常获利几倍，便也思量做些生意，却又百做百不着。一日见人说："北京扇子好卖"，他便合了一个伙计，置办扇子起来。上等金面精巧的，先将礼物，求了名人诗画，免不得是沈石田、文衡山、祝枝山拓了几笔，便直上两数银子；中等的自有一样乔人，一只手学写了这几家字画，也就哄得人过，将假当真的买了，他自家也兀自做得来的；下等的无金无字画，将就卖几十钱，也有对合利钱，是看得见的。拣个日子装了箱儿，到了北京。岂知北京那年自交夏来，日日淋雨不晴，并无一毫暑气，发市甚迟。交秋早凉，虽不见及时，幸喜天色却晴，有妆晃子弟要买把苏做的扇子袖中笼着摇摆。来买时，开箱一看，只叫得苦。元来北京历渗，却在七八月。更加日前雨湿之气，斗着扇上胶墨之性，弄做了个'合而言之'，揭不开了。用力揭开，东粘一层，西缺一片，但是有字有画值价钱者，一毫无用。止剩下等没字白扇，是不坏的，能值几何？将就卖了，做盘费回家，本钱一空。频年做事，大概如此。不但自己折本，但是搭他作伴，连伙计也弄坏了，故此人起他一个混名叫"倒运汉"。不数年，把个家事干圆洁净了，连妻子也不曾娶得。终日间靠着些东涂西抹，东挨西撞，也济不得甚事。但只是嘴头子诌得来，会说会笑，朋友家喜欢他有趣，顽要去处，少他不得。也只好趁口，不是做家的。况且他是大模大样过来的，帮闲行里，又不十分入得队。有怜他的，要荐他坐馆教学；又有诚实人家嫌他是个杂板令；高不凑，低不就，打从帮闲的、处馆的两项人见了他，也就做鬼脸，把'倒运'两字笑他，不在话下。

　　一日，有几个走海泛货的邻近，做头的无非是张大、李二、赵甲、钱乙一班人，共四十余人，合了伙将行。他晓得了，自家思忖道："一身落魄，生计皆无，便附了他们航海，看看海外风光，也不枉人生一世。况且他们定是不却我的，省得在家忧柴忧米，也是快活。"正计较间，恰好张大踱将来，原来这个张大，名唤张乘运，专一做海外生意，眼里认得奇珍异宝，又且秉性爽慨，肯扶持好人，所以乡里起他一个混名叫"张识货"。文若虚见了，便把此意一一与他说了。张大道："好，好。我们在海船里头，不耐烦寂寞。若得兄去，在船中说说笑笑，有甚难过的日子？我们众兄弟料想多是喜欢的。只是一件，我们多有货物将去，兄并无所有，觉得空了一番往返，也可惜了。待我们大家计较，多少凑些出来，助你将就置些东西去也好。"文若虚便道："多谢厚情，只怕没人如兄肯周全小弟。"张大道："且说说看。"一竟自去了。恰遇一个瞽目先生，敲着报君知走将来，文若虚伸手顺袋里摸了一个钱，扯他一卦，问问财气看。先生道："此卦非凡，有百十分财气，不是小可。"文若虚自想道："我只要搭去海外耍耍混过日子罢了，那里是我做得着的生意？要甚么赍助？就赍助得来，能有多少？便直恁地财爻动？这先生也是混帐。"只见张大气忿忿走来，说道："说着钱，便无缘，这些人好笑，说道你去，无不喜欢;说到助你,没一个则声。今我同两个好的弟兄,拼凑得一两银子在此,也办不成甚货,凭你买些果子船里吃罢。口食之类,是在我们身上。"若虚称谢不尽,接了银子。张大先行道:"快些收拾,就要开船了。"若虚道:"我没甚收拾,随后就来。"手中拿了银子,看了又笑,笑了又看,道:"置得甚货么?"信步走去,只见满街上箧篮内盛着卖的:

红如喷火,巨若悬星。皮未靴,尚有余酸;霜未降,不可多得。元殊苏井诸家树;亦非李氏千头奴。较"广"似曰"难兄",比"福"亦云"具体"。

乃是太湖中有一洞庭山,地软土肥,与闽广无异,所以广橘福橘,播名天下,洞庭有一样橘树绝与他相似,颜色正同,香气亦同。止是初出时,味略少酸,后来熟了,却也甜美,比福橘之价,十分之一,名曰"洞庭红"。若虚看见了,便思想道:"我一两银子,买得百斤有余,在船可以解渴,又可分送一二,答众人助我之意。"买成装上竹篓,雇一闲的,并行李挑了下船。众人都拍手笑道:"文先生宝货来也!"文若虚羞惭无地,只得吞声上船,再也不敢提起买橘的事。开得船来,渐渐出了海口,只见:

银涛卷雪,雪浪翻银。湍转则日月似惊,浪动则星河如覆。

三五日间,随风漂去,也不觉过了多少路程。忽至一个地方,舟中望去,人烟凑聚,城郭巍峨,晓得是到了甚么国都了。舟人把船撑入藏风避浪的小港内,钉了桩橛,下了铁锚,缆好了。船中人多上岸打一看,元来是来过的所在,名曰"吉零国"。元来这边中国货物拿到那边,一倍就有三倍价。换了那边货物,带到中国也是如此。一往一回,却不便有八九倍利息,所以人都拼死走这条路。众人多是做过交易的,各有熟识经纪、歇家、通事人等,各自上岸找寻,发货去了。只留文若虚在船中看船,路径不熟,也无走处。正闷坐间,猛可想起道:"我那一篓红橘,自从到船中,不曾开看,莫不人气蒸烂了?趁着众人不在,看看则个。"叫那水手在舱板底下翻将起来,打开了篓看时,面上多是好好的。放心不下,索性搬将出来,都摆在舺板上面。也是合该发迹,时来福凑。摆得满船红焰焰的,远远望来,就是万点火光,一天星斗。岸上走的人,都拢将来问道:"是甚么好东西呀?"文若虚只不答应,看见中间有个把一点头的,拣了出来,掐破就吃。岸上看的,一发多了。惊笑道:"元来是吃得的。"就中有个好事的,便来问价:"多少一个?"文若虚不省得他们说话,船上人却晓得,就扯个谎哄他,竖起一个指头,说,"要一钱一颗。"那问的人揭开长衣,露出那兜罗锦红裹肚来,一手摸出银钱一个来,道:"买一个尝尝。"文若虚接了银钱,手中等等看,约有两把重。心下想道:"不知这些银子,要买多少?也不见秤秤,且先把一个与他看样。"拣个大些的,红得可爱的,递一个上去。只见那个人接上手,撷了一撷道:"好东西呀!"扑地就劈开来,香气扑鼻,连旁边闻着的许多人,大家喝一声采。那买的不知好歹,看见船上吃法,也学他去了皮,却不分瓤,一块塞在口里,甘水满咽喉,连核都不吐,吞下去了。哈哈大笑道:"妙哉!妙哉!"又伸手在裹肚里,摸出十个银钱来,说,"我要买十个进奉去。"文若虚喜出望外,拣十个与他去了。那看的人见那人如此买去了,也有买一个的,也有买两个、三个的,都是一般银钱。买了的,都千欢万喜去了。元来彼国以银为钱,上有文采,有等龙凤文的最贵重;其次人物;又次禽兽;又次树木;最下通用的,是水草。却都是银铸的,分两不异。适才买橘的,都是一样水草文的,他道是把下等钱买了好东西去了,所以欢喜,也只是要小便宜心肠,与中国人一样。须臾之间,三停里卖了二停,有的不带钱在身边的,老大懊悔,急忙取了钱转来,文若虚已此剩不多了,拿一个班道:"而今要留着自家用,不卖了。"其人情愿再增一个钱,四个钱买了二颗。口中哓哓说:"悔气!来得迟了。"旁边人见他增了价,就埋怨道:"我每还要买个,如何把价钱增长了他的!"买的人道:"你不听得他方才说,兀自不卖了。"正在议论间,只见首先买十颗的那一个人,骑了一匹青骢马,飞也似奔到船边,下了马,分开人丛对船上大喝道:"不要零卖!不要零卖!是有的,俺多要买。俺家头目,要买去进克汗哩。"看的人听见这话,便远远走开,站住了看。文若虚是伶俐的人,看见来势,已自瞧科在眼里,晓得是个好主顾了,连忙把篓里尽数倾出来,止剩五十余颗。数了一数,又拿起班来说道:"适间讲过要留着自用,不得卖了。今肯加些价钱,再让几颗去罢。适间已卖出两个钱一颗了。"其人在马背上拖下一大囊,摸出钱来,另是一样树木纹的,说道:"如此钱一个罢了。"文若虚道:"不情愿,只照前样罢了。"那人笑了一笑,又把手去摸出一个龙凤纹的来道:"这样的一个如何?"文若虚又道:"不情愿,只要前样的。"那人又笑道:"此钱一个抵百个,料也没得与你,只是与你要。你不要俺这一个,却要那等的,是个傻子!你那东西,肯都与俺了,俺就加你一个那等的,也不打紧。"文若虚数了一数有五十二颗,准准的要了他一百五十六个水草银钱。那个连竹篓都要了,又丢了一个钱,把篓拴在马上,笑吟吟地一鞭去了,看的人见没得卖了,一哄而散。

  文若虚见人散了,到舱里把一个钱秤一秤,有八钱七分多重。秤过数个都是一般,总数一数,共有一千个差不多。把两个赏了船家,其余收拾在包里了。笑一声道:"那盲子好灵卦也!"欢喜不尽,只等同船人来对他说笑则个。说话的,你说错了,那国里银子这样不值钱?如此做买卖,那久惯漂洋的,带去多是绫罗缎匹,何不多卖了些银钱回来,一发百倍了?看官有所不知,那国里见了绫罗等物,都是以货交兑。我这里人也只是要他货物,才有利钱。若是卖他银钱时,他都把龙凤、人物的来交易,作了好价钱,分量也只得如此,反不便宜。如今是买吃口东西,他只认做把低钱交易,我却只管分量,所以得利了。说话的,你又说错了。依你说来,那航海的,何不只买吃口东西只换他低钱,岂不有利?反着重本钱,置他货物怎地?看官又不是这话。也是此人,偶然有此横财,带去着了手。若是有心第二遭再带去，三五日不遇巧，等得希烂。那文若虚运未通时，卖扇子就是榜样。扇子还是放得起的，尚且如此，何况果品！是这样执一论不得的。

闲话休题，且说众人领了经纪主人到船发货，文若虚把上头事说了一遍，众人都惊喜道："造化，造化！我们同来，到是你没本钱的，先得了手也！"张大便拍手道："人都道他倒运，而今想是运转了！"便对文若虚道："你这些银钱在此置货，作价不多，除是转发在伙伴中，回他几百两中国货物上去，打换些土产珍奇，带转去有大利钱，也强如虚藏此银钱在身边，无个用处。"文若虚道："我是倒运的，将本求财，从无一遭不连本送的。今承诸公挈带，做此无本钱生意，偶然侥幸一番，真是天大造化了，如何还要生利钱，妄想甚么？万一如前，再做折了，难道再有'洞庭红'这样好卖不成？"众人多道："我们用得着的是银子，有的是货物。彼此通融，大家有利，有何不可？"文若虚道："一年被蛇咬，三年怕草索。说着货物，我就没胆气了。只是带了这些银钱回去罢。"众人齐拍手道："放着几倍利钱不取，可惜，可惜！"随同众人一齐上去，到了店家，交货明白，彼此兑换，约有半月光景。文若虚眼中看过了若干好东好西，他已自志得意满，不放在心上。

众人事体完了，一齐上船，烧了神福，吃了酒，开洋。行了数日，忽然间天变起来。但见：

> 乌云蔽日，黑浪掀天。蛇龙戏舞起长空，鱼鳖惊惶潜水底。艨艟泛泛，只如栖不定的数点寒鸦；岛屿浮浮，便似没不煞的几双水鹚。舟中是方扬的米簸；舷外是正熟的饭锅。总因风伯太无情，以致篙师多失色。

那船上人见风起了，扯起半帆，不问东西南北，随风势漂去。隐隐望见一岛，便带住篷脚，只看着岛边使来，看看渐近，恰是一个无人的空岛。但见：

> 树木参天，草莱遍地。荒凉径界，无非些兔迹狐踪；坦迤土壤，料不是龙潭虎窟。混茫内，未识应归何国辖？开辟来，不知曾否有人登？

船上人把船后抛铁锚，将桩橛泥犁上岸去钉停当了，对舱里道："且安心坐一坐，候风势则个。"那文若虚身边有了银子，恨不得插翅飞到家里，巴不得行路，却如此守风呆坐，心里焦燥。对众人道："我且上岸去岛上望望则个。"众人道："一个荒岛，有何好看？"文若虚道："总是闲着，何碍！"众人都被风颠得头晕，个个是呵欠连天，都不肯同去。文若虚便自一个抖擞精神，跳上岸来。只因此一去，有分交：千年败壳精灵显，一介穷神富贵来。若是说话的同年生，并时长，有个未卜先知的法儿便双脚走不动，也挂个拐儿，随他同去一番也不枉的。

却说文若虚见众人不去，偏要发个狠，扳藤附葛，直走到岛上绝顶。那岛也苦不甚高，不费甚大力，只是荒草蔓延，无好路径。到得上边，打一看时，四望漫漫，身如一叶，不觉凄然，吊下泪来。心里道："想我如此聪明，一生命蹇。家业消亡，剩得只身，直到海外，虽然侥幸有得千来个银钱在囊内，知他命里是我的，不是我的？今在绝岛中间,未到实地,性命也还是与海龙王合着的哩。"正在感怆,抬头望去,远远草丛中一物突高,移步往前一看,却是床大一个败龟壳,大惊道:"不信天下有如此大龟！世上人那里曾看见,说也不信的。我自到海外一番,不曾置得一件海外物事,今我带了此物去,也是一件稀罕的东西,与人看看,省得空口说着,道是苏州人会调谎。又且一件,锯将开来,一盖一板,各置四足,便是两张床,却不奇怪！"遂脱下两只裹脚接了,穿在龟壳中间,打个扣儿,拖了便走。走至船边,船上人见他这等模样,都笑道:"文先生那里又趸了纤来？"文若虚道:"好教列位得知,这就是我海外的货了。"众人抬头一看,却便似一张无柱有底的硬脚床。吃惊道:"好大龟壳,你拖来何干？"文若虚道:"也是罕见的,带了他去。"众人笑道:"好货不置一件,要此何用？"有的道:"也有用处,有甚么天大的疑心事,灼他一卦,只没有这样大龟药。"又有的道:"是医家要煎龟膏,拿去打碎了煎起来,也当得几百个小龟壳。"文若虚道:"不要管有用没用,只是希罕。又不费本钱,便带了回去。"当时叫个船上水手,一抬抬下舱来。初时山下空阔,还只如此;舱中看来,一发大了。若不是海船,也着不得这样狼犺东西。众人大家笑了一回,说:"到家时,有人问,只说文先生做了偌大的乌龟买卖来了。"文若虚道:"不要笑我,好歹有一个用处,决不是弃物。"随他众人取笑,文若虚只是得意,取些水来内外洗一洗净,抹干了,却把自己钱包行李都偎在龟壳里面,两头把绳一绊,却当了一个大皮箱子。自笑道:"兀的不眼前就有用处了。"众人都笑将起来道:"好算计,好算计！文先生到底是个聪明人。"

　　当夜无词,次日风息了,开船一走。不数日,又到了一个去处,却是福建地方了。才住定了船,就有一伙惯伺候接海客的小经纪牙人,攒将拢来,你说张家好,我说李家好,拉的拉,扯的扯,嚷个不住。船上众人拣一个一向熟识的,跟了去,其余的也就住了。众人到了一个波斯胡人店中坐定。里面主人见说海客到了,连忙先发银子,唤厨户,包办酒席几十桌,分付停当,然后踱将出来。这主人是个波斯国里人,姓个古怪姓,是玛瑙的"玛"字,叫名玛宝哈,专一与海客兑换珍宝货物,不知有多少万数本钱。众人走海过的,都是熟主熟客,只是文若虚不认得。抬眼看时,元来波斯胡住得在中华久了,衣服言动,都与中华不大分别,只是剃眉剪须,深目高鼻,有些古怪。出来见了众人,行宾主礼,坐定了。两杯茶罢,站起身来,请到一个大厅上。只见酒筵多完备了,且是摆得济楚。元来旧规,海船一到,主人家先折过这一番款待,然后发货讲价的。主人家手执着一付珐琅菊花盘盏,拱一拱手道:"请将货单一看,好定坐席。"看官,你道这是何意？原来波斯胡以利为重,只看货单上有奇珍异宝值得上万者,就送在先席。余者看货轻重,挨次坐去,不论年纪,不论尊卑,一向做下的规矩。船上众人,货物贵的贱的,多的少的,你知我知,各自心照,差不多领了酒杯,各自坐了。单单剩得文若虚一个,呆呆站在那里。主人道："这位老客长,不曾会面,想是新出海外的,置货不多了。"众人道："这是我们好朋友,到海外耍去的。身边有银子,却到不曾置货。今日没奈何,只是屈他在末席坐了。"文若虚满面羞惭,坐了末位,主人坐在横头。饮酒中间,这一个说道我有猫儿眼多少;那一个说我有祖母绿多少。你夸我逞。文若虚一发嘿嘿无言,自心里也微微有些懊悔道："我前日该听他们劝,置些货物来的是。今枉有几百银子在囊中,说不得一句说话。"又自叹了口气道："我原是一些本钱没有的,今已大幸,不可不知足。"自思自忖,无心发兴吃酒。众人却猜拳行令,吃得狼藉。主人是个积年,看出文若虚不快活的意思来,不好说破,虚劝了他几杯酒。众人都起身道："酒勾了,天晚了,趁早上船去。明日发货罢。"别了主人去了。

主人撤了酒席,收拾睡了。明日起个清早,先走到海岸船边来拜这伙客人。主人登舟,一眼瞅去,那舱里狼狼犹犹这件东西早先看见了。吃了一惊道："这是那一位客人的宝货?昨日席上并不曾见说起,莫不是不要卖的?"众人都笑指道："此敝友文兄的宝货。"中有一人衬道："又是滞货。"主人看了文若虚一看,满面挣得通红,带了怒色,埋怨众人道："我与诸公相处多年,如何恁地作弄我?教我得罪于新客。把一个末座屈了他,是何道理!"一把扯住文若虚对众客道："且慢发货,容我上岸谢过罪着。"众人不知其故,有几个与文若虚相知些的,又有几个喜事的,觉得有些古怪,共十余人,赶了上来,重到店中,看是如何。只见主人拉了文若虚,把交椅整一整,不管众人好歹,纳他头一位坐下了,道："适间得罪得罪,且请坐一坐。"文若虚心中镗铎,忖道："不信此物是宝贝,这等造化不成?"主人走了进去,须臾出来,又拱众人到先前吃酒去处。早又摆下几桌酒。为首一桌,比先更齐整。主人向文若虚一揖,就对众人道："此公正该坐头一席,你每枉自一船的货,也还赶他不来。先前失敬失敬。"众人看见,又好笑,又好怪,半信不信的一带儿坐了。酒过三杯,主人就开口道："敢问客长,适间此宝可肯卖否?"文若虚是个乖人,趁口答应道："只要有好价钱,为甚不卖?"那主人听得肯卖,不觉喜从天降,笑逐颜开。起身道："果然肯卖,但凭分付价钱,不敢吝惜。"文若虚其实不知值多少,讨少了,怕不在行;讨多了,怕吃笑。忖了忖,面红耳热,颠倒讨不出价钱来。张大便向文若虚丢个眼色,将手放在椅子背上,竖着三个指头,再把第二个指,空中一撇道："索性讨他这些。"文若虚摇头竖一指道："这些我还讨不出口在这里。"却被主人看见道："果是多少价钱?"张大捣一个鬼道。"依文先生手势,敢象要一万哩。"主人呵呵大笑道："这是不要卖,哄我而已。此等宝物,岂止此价钱!"众人见说,大家目睁口呆,都立起了身来,扯文若虚去商议道："造化,造化!想是值得多哩。我们实实不知,如何定价?文先生不如开个大口,凭他还罢。"文若虚终是碍口识羞,待说又止。众人道："不要不老气!"主人又催道："实说说,何妨。"文若虚只得讨了五万两。主人还摇头道："罪过，罪过。没有此话。"扯着张大私问他道："老客长们海外往来，不是一番了。人都叫你张识货，岂有不知此物就里的？必是无心卖他，奚落小肆罢了。"张大道："实不瞒你说，这个是我的好朋友，同了海外顽耍的，故此不曾置货。适间此物，乃是避风海岛，偶然得来，不是出价置办的，故此不识得价钱。若果有这五万与他，勾他富贵一生，他也心满意足了。"主人道："如此说，要你做个大大保人，当有重谢，万万不可翻悔！"遂叫店小二拿出文房四宝来，主人家将一张供单绵料纸，折了一折，拿笔递与张大道："有烦老客长做主，写个合同文书，好成交易。"张大指着同来一人道："此位客人褚中颖，写得好。"把纸笔让与他。褚客磨得墨浓，展好纸，提起笔来写道：

　　立合同议单张乘运等，今有苏州客人文实，海外带来大龟壳一个，投至波斯玛宝哈店，愿出银五万两买成，议定立契之后，一家交货，一家交银，各无翻悔。有翻悔者，罚契上加一。合同为照。

一样两纸，后边写了年月日，下写张乘运为头，一连把在坐客人十来个写去，褚中颖因自己执笔，写了落末，年月前边，空行中间，将两纸凑着，写了骑缝一行，两边各半，乃是"合同议约"四字，下写"客人文实，主人玛宝哈"。各押了花押，单上有名的，从后头写起，写到张乘运，道："我们押字钱重些，这买卖才弄得成。"主人笑道："不敢轻，不敢轻。"写毕，主人进内，先将银一箱抬出来道："我先交明白了用钱，还有说话。"众人攒将拢来，主人开箱，却是五十两一包，共是二十包，整整一千两。双手交与张乘运道："凭老客长收明，分与众客罢。"众人起初吃酒，写合同，大家撑哄鸟乱，心下还有些不信的意思，如今见他拿出精晃晃白银来做用钱，方知是实。文若虚恰象梦里醉里，话都说不出来，呆呆的看。张大扯他一把道："这佣钱如何分散？也要文兄主张。"文若虚方说一句道："且完了正事慢处。"只见主人笑嘻嘻的对文若虚道："有一事要与客长商议，价银见在里面阁儿上，都是向来兑过的，一毫不少，只消请客长一两位进去，将一包过一过目，兑一兑为准，其余多不消兑得。却又一说，此银数不少，搬动也不是一时功夫。况且文客官是个单身，如何好将下船去？又要泛海回还，有许多不便处。"文若虚想了一想道："见教得极是。而今却待怎样？"主人道："依着愚见，文客官目下回去未得，小弟此间有个缎匹铺，有本三千两在内。其前后大小厅屋楼房，共百余间，也是个大所在，价值二千两，离此半里之地。愚见就把本店货物及房屋文契，作了五千两，尽行交与文客官，就留文客官在此住下了，做此生意。其银也做几遭搬了过去，不知不觉。日后文客官要回去，这里可以托心腹伙计看守，便可轻身往来。不然，小店交出不难，文客官收贮却难也，愚意如此。"说了一遍，说得文若虚与张大跌足道："果然是客纲客纪，句句有理。"文若虚道："我家里元无家小，况且家业已尽了，就带了许多银子回去，没处安顿。依了此话，我就在这里，立起个家缘来，有何不可？此番造化，一缘一会，都是上天作成的，只索随缘做去。便是货物房屋价钱，未必有五千，总究落得的。"便对主人说："适间所言，诚万全之算，小弟无不从命。"主人便领文若虚进去阁上看，又叫张褚二人："一同来看，其余列位不必了，请略坐一坐。"他四人去了。众人不进去的，个个伸头缩颈，你三我四，说道："有此异事，有此造化！早知这样，懊悔岛边泊船时节，也不去走走，或者还有宝贝，也不见得。"有的道："这是天大的福气，撞将来的，如何强得？"

正欣羡间，文若虚已同张褚二客出来了。众人都问："进去如何了？"张大道："里边高阁，是个上库放银两的所在，都是桶子存着。适间进去看了，十个大桶，每桶四千；又五个小匣，每个一千，共是四万五千，已将文兄的封皮记号封好了，只等交了货，就是文兄的了。"主人出来道："房屋文书缎匹账目，俱已在此，凑足五万之数了。且到船上取货去。"一拥都到海船来。文若虚于路对众人说："船上人多，切勿明言！小弟自有厚报。"众人也只怕船上人知道，要分了佣钱去，各各心照。文若虚到了船上，先向龟壳中，把自己包裹被囊，取出了，手摸一摸壳，口里暗道："侥幸，侥幸。"主人便叫店内后生二人来抬此壳，分付道："好生抬进去，不要放在外边。"船上人见抬了此壳去，便道："这个滞货也脱手了。不知卖了多少？"文若虚只不做声，一手提了包裹，往岸上就走。这起初同上来的几个，又到岸上，将龟壳从头至尾，细细看了一遍，又向壳内张了一张，捽了一捽，面面相觑道："好处在那里？"主人仍拉了这十来个，一同上去，到店里说道："而今且同文客官看了房屋铺面来。"众人与主人，一同走到一处，正是闹市中间，一所好大房屋。门前正中是个铺子，傍有一弄，走进转个湾，是两扇大石扳门。门内大天井，上面一所大厅，厅上有一匾，题曰："来琛堂"。堂旁有两楹侧屋，屋内三面有橱，橱内都是绫罗各色缎匹，以后内房，楼房甚多。文若虚暗道："得此为住居，王侯之家，不过如此矣。况又有缎铺营生，利息无尽，便做了这里客人罢了。还思想家里做甚？"就对主人道："好却好，只是小弟是个孤身，毕竟还要寻几房使唤的人才住得。"主人道："这个不难，都在小店身上。"文若虚满心欢喜，同众人走归本店来。主人讨茶来吃了，道："文客官今晚不消船里去，就在铺中下了。使唤的人，铺中现有，逐渐再讨便是。"众客人多道："交易事已成，不必说了，只是我们毕竟有些疑心，此壳有何好处？价值如此。还要主人见教一个明白。"文若虚道："正是，正是。"主人笑道："诸公枉了海上走了多遭，这些也不识得！列位岂不闻说，龙有九子乎？内有一种是鼍龙，其皮可以幔鼓，声闻百里，所以谓之鼍鼓。鼍龙万岁，到底蜕下此壳成龙。此壳有二十四肋，按天上二十四气，每肋中间节内有大珠一颗。若有肋未完全时节，成不得龙，蜕不得壳。也有生捉得他来，只好将皮幔鼓。其肋中也未有东西，直待二十四肋，肋肋完全，节节珠满，然后蜕了此壳，变龙而去。故此是天然蜕下，气候俱到，肋节俱完的，与生擒活捉，寿数未满的不同，所以有如此之大。这个东西,我们肚中虽晓得,知他几时脱下? 又在何处地方守得他着? 壳不值钱,其珠皆有夜光,乃无价宝也! 今天幸遇巧,得之无心耳。"众人听罢,似信不信。只见主人走将进去了一会,笑嘻嘻的走出来,袖中取出一西洋布的包来,说道:"请诸公看看。"解开来,只见一团绵裹着寸许大一颗夜明殊,光彩夺目。讨个黑漆的盘,放在暗处,其珠滚一个不定,闪闪烁烁,约有尺余亮处。众人看了,惊得目睁口呆,伸了舌头,收不进去。主人回身转来,对众客逐个致谢道:"多蒙列位作成了,只这一颗,拿到咱国中,就值方才的价钱了。其余多是尊惠。"众人个个心惊,却是说过的话,又不好翻悔得。主人见众人有些变色,取了珠子,急急走到里边,又叫抬出一个缎箱来。除了文若虚,每人送与缎子二端,说道:"烦劳了列位,做两件道袍穿穿,也见小肆中薄意。"袖中又摸出细珠十数串,每人送一串道:"轻鲜,轻鲜。备归途一茶罢了。"文若虚处另是粗些的珠子四串,缎子八匹,道是:"权且做几件衣服。"文若虚同众人欢喜作谢了,主人就同众人送了文若虚到缎铺中,叫铺里伙计后生们,都来相见。说道:"今番是此位主人了。"

　　主人自别了去道:"再到小店中去去来。"只见须臾间数十个脚夫扛了好些杠来,把先前文若虚封记的十桶五匣都发来了。文若虚搬在一个深密谨慎的卧房里头去处,出来对众人道:"多承列位挈带,有此一套意外富贵,感谢不尽。"走进去把自家包裹内所卖"洞庭红"的银钱,倒将出来,每人送他十个,止有张大与先前出银助他的两三个,分外又是十个。道:"聊表谢意"此时文若虚把这些银钱,看得不在眼里了。众人却是快活,称谢不尽。文若虚又拿出几十个来对张大说:"有烦老兄将此分与船上同行的人,每位一个,聊当一茶。小弟住在此间,有了头绪,慢慢到本乡来。此时不得同行,就此为别了。"张大道:"还有一千两佣钱,未曾分得,却是如何? 须得文兄分开,方没得说。"文若虚道:"这到忘了。"就与众人商议,将一百两散与船上众人,余九百两照现在人数,另外添出两股,派了股数,各得一股。张大为头的,褚中颖执笔的,多分一股。众人千欢万喜,没有说话。内中一人道:"只是便宜了这回回,文先生还该起个风,要他些不敷才是。"文若虚道:"不要不知足,看我一个倒运汉。做着便折本的,造化到来,平空地有此一主财爻。可见人生分定,不必强取。我们若非这主人识货,也只当废物罢了。还亏他指点晓得,如何还好昧心争论?"众人都道:"文先生说得是,存心忠厚,所以该有此富贵。"大家千恩万谢,各各赍了所得东西,自到船上发货。从此文若虚做了闽中一个富商,就在那边,取了妻小,立起家业。数年之间,才到苏州走一遭,会会旧相识,依旧去了。至今子孙繁衍,家道殷富不绝。正是:

　　　　运退黄金失色,时来顽铁生辉。
　　　　莫与痴人说梦,思量海外寻龟。

据上海古籍出版社影印尚友堂本《拍案惊奇》校录

※程元玉店肆代偿钱　十一娘云冈纵谭侠

赞曰：

　　红线下世，毒哉仙仙。隐娘出没，跨黑白卫。香丸袅袅，游刃香烟。崔妾白练，夜半忽失。侠妪条裂，宅众神耳。贾妻断婴，离恨以豁。解洵娶妇，川陆毕具。三鬟携珠，塔户严扃。车中飞度，尺余一孔。

　　这一篇《赞》，都是序着从前剑侠女子的事。从来世间有这一家道术，不论男女，都有习他的。虽非真仙的派，却是专一除恶扶善。功行透了的，也就借此成仙。所以好事的，类集他做《剑侠传》。又有专把女子类成一书，做《侠女传》。前面这《赞》上说的，都是女子。

　　那红线就是潞州薛嵩节度家小青衣。因为魏博节度田承嗣养三千外宅儿男，要吞并潞州，薛嵩日夜忧闷。红线问知，弄出剑术手段，飞身到魏博，夜漏三时，往返七百里，取了他床头金盒归来。明日，魏博搜捕金盒，一军忧疑，这里却教了使人送还他去。田承嗣一见惊慌，知是剑侠，恐怕取他首级，把邪谋都息了。后来，红线说出前世是个男子，因误用医药杀人，故此罚为女子，今已功成，修仙去了。这是红线的出处。

　　那隐娘姓聂，魏博大将聂锋之女。幼年撞着乞食老尼，摄去教成异术。后来嫁了丈夫，各跨一蹇驴，一黑一白。蹇驴是卫地所产，故又叫做"卫"。用时骑着，不用时就不见了，元来是纸做的。他先前在魏帅左右，魏帅与许帅刘昌裔不和，要隐娘去取他首级。不想那刘节度善算，算定隐娘夫妻该入境，先叫卫将早至城北候他。约道："但是一男一女，骑黑白二驴的便是。可就传我命拜迎。"隐娘到许，遇见如此，服刘公神明，便弃魏归许。魏帅知道，先遣精精儿来杀他，反被隐娘杀了。又使妙手空空儿来。隐娘化为蠛蠓，飞入刘节度口中，教刘节度将于阗国美玉围在颈上。那空空儿三更来到，将匕首项下一划，被玉遮了，其声铿然，划不能透。空空儿羞道不中，一去千里，再不来了。刘节度与隐娘俱得免难。这是隐娘的出处。

　　那香丸女子同一侍儿住观音里，一书生闲步，见他美貌，心动。旁有恶少年数人，就说他许多淫邪不美之行，书生贱之。及归家与妻言及，却与妻家有亲，是个极高洁古怪的女子，亲戚都是敬畏他的。书生不平，要替他寻恶少年出气，未行，只见女子叫侍儿来谢道："郎君如此好心，虽然未行，主母感恩不尽。"就邀书生过去，治酒请他独酌。饮到半中间，侍儿负一皮袋来，对书生道："是主母相赠的。"开来一看，乃是三四个人头，颜色未变，都是书生平日受他侮害的仇人。书生吃了一惊，怕有累及，急要逃去。侍儿道："莫怕，莫怕！"怀中取出一包白色有光的药来,用小指甲挑些些弹在头断处,只见头渐缩小,变成李子大。侍儿一个一个撮在口中吃了,吐出核来,也是李子。侍儿吃罢,又对书生道:"主母也要郎君替他报仇,杀这些恶少年。"书生谢道:"我如何干得这等事?"侍儿进一香丸道:"不劳郎君动手,但扫净书房,焚此香于炉中,看香烟那里去,就跟了去,必然成事。"又将先前皮袋与他,道:"有人头尽纳在此中,仍旧随烟归来,不要惧怕。"书生依言做是,只见香烟袅袅,行处有光,墙壁不碍。每到一处,遇一恶少年,烟绕颈三匝,头已自落,其家不知不觉,书生便将头入皮袋中。如此数处,烟袅袅归来,书生已随了来。到家尚未三鼓,恰如做梦一般。事完,香丸飞去。侍儿已来,取头弹药,照前吃了。对书生道:"主母传语郎君:这是畏关。此关一过,打点共做神仙便了。"后来不知所往。这女子、书生都不知姓名,只传得有《香丸志》。

那崔妾是:唐贞元年间,博陵崔慎思应进士举,京中赁房居住。房主是个没丈夫的妇人,年止三十余,有容色。慎思遣媒道意,要纳为妻。妇人不肯,道:"我非宦家之女,门楣不对,他日必有悔,只可做妾。"遂随了慎思。二年,生了一子。问他姓氏,只不肯说。一日,崔慎思与他同上了床,睡至半夜,忽然不见。崔生疑心有甚奸情事了,不胜忿怒,遂走出堂前。走来走去,正自彷徨,忽见妇人在屋上走下来,白练缠身,右手持匕首,左手提一个人头,对崔生道:"我父昔年被郡守枉杀,求报数年未得,今事已成,不可久留。"遂把宅子赠了崔生,逾墙而去。崔生惊惶。少顷又来,道是再哺孩子些乳去。须臾出来,道:"从此永别。"竟自去了。崔生回房看看,儿子已被杀死。他要免心中记挂,故如此。所以说"崔妾白练"的话。

那侠妪的事,乃元雍妾修容自言:小时,里中盗起,有一老妪来对他母亲说道:"你家从来多阴德,虽有盗乱,不必惊怕,吾当藏过你等。"袖中取出黑绫二尺,裂作条子,教每人臂上系着一条,道:"但随我来!"修容母子随至一道院,老妪指一个神像道:"汝等可躲在他耳中。"叫修容母子闭了眼背了他进去。小小神像,他母子住在耳中,却象一间房子,毫不窄隘。老妪朝夜来看,饮食都是他送来。这神像耳孔只有指头大小,但是饮食到来,耳孔便大起来。后来盗平,仍如前负了归家。修容要拜为师,誓修苦行,报他恩德。老妪说:"仙骨尚微。"不肯收他,后来不知那里去了。所以说"侠妪神耳"的说话。

那贾人妻的,与崔慎思妾差不多。但彼是余干县尉王立,调选流落,遇着美妇,道是元系贾人妻子,夫亡十年,颇有家私,留王立为婿,生了一子。后来,也是一日提了人头回来,道:"有仇已报,立刻离京。"去了复来,说是"再乳婴儿,以豁离恨"。抚毕便去。回灯褰帐,小儿身首已在两处。所以说"贾妻断婴"的话,却是崔妾也曾做过的。

那解洵是宋时的武职官,靖康之乱,陷在北地,孤苦零落。亲戚怜他,替他另娶一妇为妻。那妇人妆奁丰厚,洵得以存活。偶逢重阳日,想起旧妻坠泪。妇人问知欲归本朝,便替他备办,水陆之费毕具,与他同行。一路水宿山行,防闲营护,皆得其力。到家,其兄解潜军功累积,已为大帅,相见甚喜,赠以四婢。解洵宠爱了,与妇人渐疏。妇人一日酒间责洵道:"汝不记昔年乞食赵魏时事乎?非我,已为饿莩。今一旦得志,便尔忘恩,非大丈夫所为。"洵已有酒意,听罢大怒,奋起拳头,连连打去。妇人忍着,冷笑。洵又唾骂不止。妇人忽然站起,灯烛皆暗,冷气袭人,四妾惊惶仆地。少顷,灯烛复明,四妾才敢起来,看时,洵已被杀在地上,连头都没了。妇人及房中所有,一些不见踪影。解潜闻知,差壮勇三千人各处追捕,并无下落。这叫做"解洵娶妇"。

那三鬟女子,因为潘将军失却玉念珠,无处访寻,却是他与朋侪作戏,取来挂在慈恩寺塔院相轮上面。后潘家悬重赏,其舅王超问起,他许取还。时寺门方开,塔户尚锁,只见他势如飞鸟,已在相轮上,举手示超,取了念珠下来,王超自去讨赏。明日女子已不见了。

那车中女子又是怎说?因吴郡有一举子入京应举,有两少年引他到家,坐定,只见门迎一车进内,车中走出一女子,请举子试技。那举子只会着靴在壁上行得数步。女子叫座中少年,各呈妙技:有的在壁上行,有的手撮椽子行,轻捷却像飞鸟。举子惊服,辞去。数日后,复见前两少年来借马,举子只得与他。明日,内苑失物,唯收得驮物的马,追问马主,捉举子到内侍省勘问。驱入小门,吏自后一推,倒落深坑数丈。仰望屋顶七八丈,唯见一孔,才开一尺有多。举子苦楚间,忽见一物如鸟飞下,到身边,看时却是前日女子。把绢重系举子胳膊讫,绢头系女子身上,女子腾身飞出宫城。去门数十里乃下,对举子云:"君且归,不可在此!"举人乞食寄宿,得达吴地。

这两个女子,便都有些盗贼意思,不比前边这几个报仇雪耻,救难解危,方是修仙正路。然要晓世上有此一种人,所以历历可纪,不是脱空的说话。

而今再说一个有侠术的女子,救着一个落难之人,说出许多剑侠的议论,从古未经人道的,真是精绝。有诗为证:

念珠取却犹为戏,若似车中便累人。

试听韦娘一席话,须知正直乃为真。

话说徽州府有一商人,姓程名德瑜,表字元玉。禀性简默端重,不妄言笑,忠厚老成。专一走川、陕做客贩货,大得利息。一日,收了货钱,待要归家,与带去仆人收拾停当,行囊丰满,自不必说。自骑一匹马,仆人骑了牲口,起身行路。来过文、阶道中,与一伙做客的人同落一个饭店,买酒饭吃。正吃之间,只见一个妇人骑了驴儿,也到店前下了,走将进来。程元玉抬头看时,却是三十来岁的模样,面颜也尽标致,只是装束气质带些武气,却是雄纠纠的。饭店中客人,个个颠头耸脑,看他说他,胡猜乱语,只有程元玉端坐不瞧。那妇人都看在眼里,吃罢了饭,忽然举起两袖,抖一抖道:"适才忘带了钱来,今饭多吃过了主人的,却是怎好?"那店中先前看他这些人都笑将起来,有的道:"元来是个骗饭吃的。"有的道:"敢是真个忘了?"有的道:"看他模样,也是个江湖上人,不像个本分的,骗饭的事也有。"那店家后生,见说没钱,一把扯住不放。店主又发作道:"青天白日,难道有得你吃了饭不还钱不成!"妇人只说:"不带得来,下次补还。"店主道:"谁认得你!"正难分解,只见程元玉便走上前来,说道:"看此娘子光景,岂是要少这数文钱的?必是真失带了出来,如何这等逼他?"就把手腰间去摸出一串钱来道:"该多少,都是我还了就是。"店家才放了手,算一算账,取了钱去。那妇人走到程元玉跟前,再拜道:"公是个长者,愿闻高姓大名,好加倍奉还。"程元玉道:"些些小事,何足挂齿!还也不消还得,姓名也不消问得。"那妇人道:"休如此说!公去前面,当有小小惊恐,妾将在此处出些力气报公,所以必要问姓名,万勿隐讳。若要晓得妾的姓名,但记着韦十一娘便是。"程元玉见他说话有些尴尬,不解其故,只得把名姓说了。妇人道:"妾在城西去探一个亲眷,少刻就到东来。"跨上驴儿,加上一鞭,飞也似去了。

程元玉同仆人出了店门,骑了牲口,一头走,一头疑心。细思适间之话,好不蹊跷。随又忖道:"妇人之言,何足凭准!况且他一顿饭钱尚不能预备,就有惊恐,他如何出力相报得?"以口问心,行了几里。只见途间一人,头带毡笠,身背皮袋,满身灰尘,是个惯走长路的模样。或在前,或在后,参差不一,时常撞见。程元玉在马上问他道:"前面到何处可以宿歇?"那人道:"此去六十里,有杨松镇,是个安歇客商的所在,近处却无宿头。"程元玉也晓得有个杨松镇,就问道:"今日晏了些,还可到得那里么?"那人抬头把日影看了一看道:"我到得,你到不得。"程元玉道:"又来好笑了。我每是骑马的,反到不得,你是步行的,反说到得,是怎的说?"那人笑道:"此间有一条小路,斜抄去二十里,直到河水湾,再二十里,就是镇上。若你等在官路上走,迂迂曲曲,差了二十多里,故此到不及。"程元玉道:"果有小路快便,相烦指示同行,到了镇上买酒相谢。"那人欣然前行道:"这等,都跟我来。"

那程元玉只贪路近,又见这厮是个长路人,信着不疑,把适间妇人所言惊恐都忘了。与仆人策马,跟了那人前进。那一条路来,初时平坦好走。走得一里多路,地上渐渐多是山根顽石,驴马走甚不便。再行过去,有陡峻高山遮在面前。绕山走去,多是深密村子,仰不见天。程元玉主仆俱慌,埋怨那人道:"如何走此等路?"那人笑道:"前边就平了。"程元玉不得已,又随他走,再度过一个冈子,一发比前崎岖了。程元玉心知中计,叫声"不好不好"!急掣转马头回走。忽然那人唿哨一声,山前涌出一干人来:

狰狞相貌,劣撅身躯。无非月黑杀人,不过风高放火。盗亦有道,大曾偷习儒者虚声;师出无名,也会剽窃将家实用。人间偶而呼为盗,世上于今半是君。

程元玉见不是头,自道必不可脱。慌慌忙忙下了马,躬身作揖道:"所有财物,但凭太保取去,只是鞍马衣装,须留下做归途盘费则个。"那一伙强盗听了说话,果然只取包裹来,搜了银两去了。程元玉急回身寻时,那马散了缰,也不知那里去了。仆人躲避,一发不知去向。凄凄惶惶,剩得一身,拣个高冈立着,四围一望,不要说不见强盗出没去处,并那仆马消息,杳然无踪。四无人烟,且是天色看看黑将下来,没个道理。叹一声道:"我命休矣!"

正急得没出豁,只听得林间树叶窣窣价声响。程元玉回头看时,却是一个人攀藤附葛而来,甚是轻便。走到面前,是个女子,程元玉见了个人,心下已放下好些惊恐。正要开口问他,那女子忽然走到程元玉面前来,稽首道:"儿乃韦十一娘弟子青霞是也。吾师知公有惊恐,特教我在此等候。吾师只在前面,公可往会。"程元玉听得说韦十一娘,又与惊恐之说相合,心下就有些望他救答意思,略放胆大些了。随着青霞前往,行不到半里,那饭店里遇着的妇人来了,迎着道:"公如此大惊,不早来相接,甚是有罪!公货物已取还,仆马也在,不必忧疑。"程元玉是惊坏了的,一时答应不出。十一娘道:"公今夜不可前去。小庵不远,且到庵中一饭,就在此寄宿罢了。前途也去不得。"程元玉不敢违,随了去。

过了两个冈子,前见一山陡绝,四周并无联属,高峰插于云外。韦十一娘以手指道:"此是云冈,小庵在其上。"引了程元玉,攀萝附木,一路走上。到了陡绝处,韦与青霞共来扶掖,数步一歇。程元玉气喘当不得,他两个就如平地一般。程元玉抬头看高处,恰似在云雾里;及到得高处,云雾又在下面了。约莫有十数里,方得石磴。磴有百来级,级尽方是平地。有茅堂一所,甚是清雅。请程元玉坐了,十一娘又另唤一女童出来,叫做缥云,整备茶果、山蔌、松醪,请元玉吃。又叫整饭,意甚殷勤。程元玉方才性定,欠身道:"程某自不小心,落了小人圈套。若非夫人相救,那讨性命?只是夫人有何法术制得他,讨得程某货物转来?"十一娘道:"吾是剑侠,非凡人也。适间在饭店中,见公修雅,不像他人轻薄,故此相敬。及看公面上气色有滞,当有忧虞,故意假说乏钱还店,以试公心。见公颇有义气,所以留心,在此相候,以报公德。适间鼠辈无礼,已曾晓谕他过了。"程元玉见说,不觉欢喜敬羡。他从小颇看史鉴,晓得有此一种法术。便问道:"闻得剑术起自唐时,到宋时绝了。故自元朝到国朝,竟不闻有此事。夫人在何处学来的?"十一娘道:"此术非起于唐,亦不绝于宋。自黄帝受兵符于九天玄女,便有此术。其臣风后习之,所以破得蚩尤。帝以此术神奇,恐人妄用,且上帝立戒甚严,不敢宣扬。但拣一二诚笃之人,口传心授。故此术不曾绝传,也不曾广传。后来张良募来击秦皇,梁王遣来刺袁盎,公孙述使来杀来、岑,李师道用来杀武元衡,皆此术也。此术既不易轻得,唐之藩镇羡慕仿效,极力延致奇踪异迹之人,一时罔利之辈,不顾好歹,皆来为其所用,所以独称唐时有此。不知彼辈诸人,实犯上帝大戒,后来皆得惨祸。所以彼时先师复申前戒,大略:不得妄传人,妄杀人;不得替恶人出力害善人;不得杀人而居其名。此数戒最大。故赵元昊所遣刺客,不敢杀韩魏公;苗傅、刘正彦所遣刺客,不敢杀张德远,也是怕犯前戒耳。"程元玉道:"史称黄帝与蚩尤战,不说有术;张良所募力士,亦不说术;梁王、公孙述、李师道所遣,皆说是盗,如何是术?"十一娘道:"公言差矣!此正吾道所谓不居其名也。蚩尤生有异像,且挟奇术,岂是战阵可以胜得?秦始皇万乘之主,仆从仪卫,何等威焰?且秦法甚严,谁敢击他?也没有击了他,可以脱身的。至如袁盎官居近侍,来、岑身为大帅,武相位在台衡,或取之万众之中,直戕之辇毂之下,非有神术,怎做得成?且武元衡之死,并其颅骨也取了去,那时慌忙中,谁人能有此闲工夫?史传元自明白,公不曾详玩其旨耳。"程元玉道:"史书上果是如此。假如太史公所传刺客,想正是此术?至荆轲刺秦王,说他剑术疏,前边这几个刺客,多是有术的了?"十一娘道:"史迁非也。秦诚无道,亦是天命真主,纵有剑术,岂可轻施?至于专诸、聂政诸人,不过义气所使,是个有血性好汉,原非有术。若这等都叫做剑术,世间拼死杀人,自身不保的,尽是术了!"程元玉道:"昆仑摩勒如何?"十一娘道:"这是粗浅的了。聂隐娘、红线方是至妙的。摩勒用形,但能涉历险阻,试他矫健手段。隐娘辈用神,其机玄妙,鬼神莫窥,针孔可度,皮郛中藏,倏忽千里,往来无迹,岂得无术?"

程元玉道:"吾看《虬髯客传》,说他把仇人之首来吃了,剑术也可以报得私仇的?"十一娘道:"不然。虬髯之事寓言,非真也。就是报仇,也论曲直。若曲在我,也是不敢用术报得的。"程元玉道:"假如术家所谓仇,必是何等为最?"十一娘道:"仇有几等,皆非私仇。世间有做守令官,虐使小民的,贪其贿又害其命的;世间有做上司官,张大威权,专好诌奉,反害正直的;世间有做将帅,只剥军饷,不勤武事,败坏封疆的;世间有做宰相,树置心腹,专害异己,使贤奸倒置的;世间有做试官,私通关节,贿赂徇私,黑白混淆,使不才侥幸,才士屈仰的:此皆吾术所必诛者也!至若舞文的滑吏,武断的土豪,自有刑宰主之;忤逆之子,负心之徒,自有雷部司之,不关我事。"程元玉曰:"以前所言几等人,曾不闻有显受刺客剑仙杀戮的。"十一娘笑道:"岂可使人晓得的?凡此之辈,杀之之道非一:重者或径取其首领及其妻子,不必说了;次者或入其咽,断其喉,或伤其心腹,其家但知为暴死,不知其故;又或用术摄其魂,使他颠蹶狂谬,失志而死;或用术迷其家,使他丑秽迭出,愤郁而死;其有时未到的,但假托神异梦寐,使他惊惧而已。"程元玉道:"剑可得试令吾一看否?"十一娘道:"大者不可妄用,且怕惊坏了你。小者不妨试试。"

乃呼青霞、缥云二女童至，吩咐道："程公欲观剑，可试为之。就此悬崖旋制便了。"二女童应诺。十一娘袖中摸出两个丸子，向空一掷，其高数丈，才坠下来，二女童即跃登树枝梢上，以手接着，毫发不差。各接一丸来，一拂便是雪亮的利刃。程元玉看那树枝，樛曲倒悬，下临绝壑，窅不可测。试一俯瞯，神魂飞荡，毛发森竖，满身生起寒栗子来。十一娘言笑自如，二女童运剑为彼此击刺之状。初时犹自可辨，到得后来，只如两条白练，半空飞绕，并不看见有人。有顿饭时候，然后下来，气不喘，色不变。程元玉叹道："真神人也。"

时已夜深，乃就竹榻上施衾褥，命程在此宿卧，仍加以鹿裘覆之。十一娘与二女童作礼而退，自到石室中去宿了。时方八月天气，程元玉拥裘伏衾，还觉寒凉，盖缘居处高了。天未明，十一娘已起身，梳洗毕。程元玉也梳洗了，出来与他相见，谢他不尽。十一娘道："山居简慢，恕罪则个。"又供了早膳。复叫青霞操弓矢下山寻野味作昼馔。青霞去了一会，无一件将来，回说："天气早，没有。"再叫缥云去。坐谭未久，缥云提了一雉一兔上山来。十一娘大喜，叫青霞快整治供客。程元玉疑问道："雉兔山中岂少？何乃难得如此？"十一娘道："山中元不少，只是潜藏难求。"程元玉笑道："夫人神术，何求不得，乃难此雉兔？"十一娘道："公言差矣！吾术岂可用来伤物命以充口腹乎？不唯神理不容，也如此小用不得。雉兔之类，原要挟弓矢，尽人力取之方可。"程元玉深加叹服。

须臾，酒至数行。程元玉请道："夫人家世，愿得一闻。"十一娘踧踖沉吟道："事多可愧。然公是忠厚人，言之亦不妨。妾本长安人，父母贫，携妾寄寓平凉，手艺营生。父亡，独与母居。又二年，将妾嫁同里郑氏子，母又转嫁了人去。郑子佻达无度，喜侠游，妾屡屡谏他，遂至反目。因弃了妾，同他一伙无籍人到边上立功去，竟无音耗回来了。伯子不良，把言语调戏我，我正色拒之。一日，潜走到我床上来，我提床头剑刺之，着了伤走了。我因思：我是一个妇人，既与夫不相得，弃在此间，又与伯同居不便，况且今伤了他，住在此不得了。曾有个赵道姑自幼爱我，他有神术，道我可传得。因是父母在，不敢自由，而今只索投他去。次日往见道姑，道姑欣然接纳。又道：'此地不可居。吾山中有庵，可往住之。'就挈我登一峰颠，较此处还险峻，有一团瓢在上，就住其中，教我法术。至暮，径下山去，只留我独宿，戒我道：'切勿饮酒及淫色。'我想道：'深山之中，那得有此两事？'口虽答应，心中不然，遂宿在团瓢中床上。至更余，有一男子逾墙而入，貌绝美。我遽惊起，问了不答，叱他不退。其人直前将拥抱我，我不肯从，其人求益坚。我抽剑欲击他，他也出剑相刺。他剑甚精利，我方初学，自知不及，只得丢了剑，哀求他道：'妾命薄，久已灰心，何忍乱我？且师有明戒誓不敢犯。'其人不听，以剑加我颈，逼要从他。我引颈受之，曰：'要死便死，吾志不可夺！'其人收剑，笑道：'可知子心不变矣！'仔细一看，不是男子，原来是赵道姑，作此试我的。因此道我心坚,尽把术来传了。我术已成,彼自远游,我便居此山中了。"程元玉听罢,愈加钦重。

日已将午,辞了十一娘要行,因问起昨日行装仆马。十一娘道:"前途自有人送还,放心前去。"出药一囊送他,道:"每岁服一丸,可保一年无病。"送程下山,直至大路方别。才别去,行不数步,昨日群盗将行李仆马已在路旁等候奉还。程元玉将银钱分一半与他,死不敢受。减至一金做酒钱,也必不肯。问是何故?群盗道:"韦家娘子有命,虽千里之外,不敢有违。违了他的,他就知道。我等性命要紧,不敢换货用。"程元玉再三叹息,仍旧装束好了,主仆取路前进。

此后不闻十一娘音耗,已是十余年。一日,程元玉复到四川。正在栈道中行,有一少妇人,从了一个秀士行走,只管把眼来瞧他。程元玉仔细看来,也像个素相识的,却是再想不起,不知在那里会过。只见那妇人忽然道:"程丈别来无恙乎?还记得青霞否?"程元玉方悟是韦十一娘的女童,乃与青霞及秀士相见。青霞对秀士道:"此丈便是吾师所重程丈,我也多曾与你说过的。"秀士再与程叙过礼。程问青霞道:"尊师今在何处?此位又是何人?"青霞道:"吾师如旧。吾丈别后数年,妾奉师命嫁此士人。"程问道:"还有一位缥云何在?"青霞道:"缥云也嫁人了。吾师又另有两个弟子了。我与缥云,但逢着时节,才去问省一番。"程又问道:"娘子今将何往?"青霞道:"有些公事在此要做,不得停留。"说罢作别。看他意态甚是匆匆,一竟去了。

过了数日,忽传蜀中某官暴卒。某官性诡激好名,专一暗地坑人夺人。那年进场做房考,又暗通关节,卖了举人,屈了真才,有像十一娘所说必诛之数。程元玉心疑道:"分明是青霞所说做的公事了。"却不敢说破,此后再也无从相闻。

此是吾朝成化年间事。秣陵胡太史汝嘉有《韦十一娘传》。诗云:

　　侠客从来久,韦娘论独奇。
　　双丸虽有术,一剑本无私。
　　贤佞能精别,恩仇不浪施。
　　何当时假腕,划尽负心儿!

据上海古籍出版社影印尚友堂本《拍案惊奇》校录

四、戏　　曲

朱　　权

朱权(1378—1448),号臞仙、涵虚子、丹丘先生。明太祖朱元璋第十七子。他曾参与朱棣发动的"靖难"事,但朱棣即位后却受到严密控制,后半生韬晦于南昌,隐居学道,奋力著书。编撰音乐、戏曲、医学、道家等类别的书籍数十种,其中《太和正音谱》为古代第一部北曲韵书。所作杂剧12种,今存《冲漠子独步大罗天》和《卓文君私奔相如》两种。《冲漠子独步大罗天》演东华帝君派吕岩和张紫阳二仙度化冲漠子成仙,东华帝君赐冲漠子道号"丹丘真人"的故事。"丹丘"即为朱权的号,可见出他的崇道思想,或也在有意表明自己超脱于宫廷之争。《卓文君私奔相如》描写司马相如和卓文君恋爱的故事。

※文君私奔相如(第二折)

(孤上)(云)老夫姓卓名王孙的便是。久闻成都府一人,复姓司马名相如,奇才异学,文章博识,超迈今古。近日有人自成都来,闻说于升仙桥题其柱曰:大丈夫不乘驷马车,不复过此桥。此人负志不小。今来欲往长安求仕,必于老夫门首经过,须延此人于家,馆谷数日,赍助他些盘费。如今我富,久后他贵,相见的日子,岂不成旧日之交乎?家童,门首看者,来时入报。(外应科)(正上)(云)自彼时题了桥柱,离家旬日,早来到这里。此是卓王孙之宅,此人乃巨室之公子也。闻知有一女子名文君,姿色殊绝,善于诗词,精通音律,目今新寡。我作了一操《凤求凰》之曲,欲登其堂,以琴心挑之。他若有悟于琴,吾当与之俱奔,成其伉俪,岂不美哉。昔雍伯种玉,后来得美妻,小生久拟此操,用心并非一日矣,不然再做个话说。(唱)

[越调·斗鹌鹑] 窃玉偷香,裁冰剪雪,搓粉团朱,嘲风咏月,倚翠偎红,拈花摘叶,件件宜,事事别。操一曲孤凤求凰,只向那多情行诉说。

四、戏　曲

〔紫花儿序〕　也不用蜂媒蝶使,更何须燕侣莺俦,硬撞入凤窟鸾穴。只消我移宫换羽,便是我捎关打节。不是我自说,遮莫你贞烈心肠硬似铁,我将那打凤牢龙的计设,都分付与玉轸金徽,也不索雁简鱼帖。

（做到门科）（云）但见昏鸦投林,夕阳衔岫,天色将暮矣。吾将此处告宿,未知果否。（唱）

〔金蕉叶〕　碧天边夕阳渐斜,疏林外昏鸦乱噪,见古道西风暮也,空怅望煞天涯倦客。

（做见童子科）（童问云）敢问先生仙乡何处？（正云）敝郡成都。（童云）先生何往？（正云）欲赴选於长安,过此日暮,愿投一宿。（童云）敢问先生高姓。（正云）小生草茅,复姓司马。（童云）敢问盛德？（正云）朋友所称,相如二字。（童云）先生少候片时,以待入报。（做报科）（云）门外有一秀士,自称司马相如,成都人也。欲往长安取应,路经于此,特来投宿。（孤云）吾候之久矣,吾当出迎。（见揖科）（请入科）（孤云）久闻大德,未遂识荆。辱顾寒居,光辉蓬荜,何其幸也。（正云）小生谫薄之材,岂足以干长者乎？（孤云）先生不弃蜗居蚁垤,暂屈一宿。（正云）量小生一介寒儒,岂足以当华堂广厦之居乎。（唱）

〔么〕　我则见绣屏开花枝踝蹬,绮窗闲花影重叠。端的是会受用文章巨客,锦模糊红造翠设。

（正旦上）（云）妾乃卓王孙之女文君也。久闻成都司马相如,天下奇士也,令闻籍甚,正所谓德可仰而迹不可亲也。今日道经与此,尊君延之于堂,妾身欲窃窥之,以睹仪表。只在此画屏之后,试偷视者。（做瞧科）（正唱）

〔调笑令〕　我这里见耶,他那里忙把面皮遮。我手抵着牙儿自想者,莫不是梦中走入嫦娥阙,莫不是上天台误入仙穴？这的是王孙宅内观了艳奢,可知道看的人醉眼乜斜。

（孤云）久闻先生善琴,愿操一曲,以涤尘想。（正云）久处客程,指生荆棘,不足以奉高明,但恐污耳。（孤云）先生不必多谦,请发柔指。（正取琴鼓科）（歌曰）凤兮凤兮求其凰,安得接翼兮从其翔。巢五云兮鸣朝阳。凤兮凤兮,怀余心兮何能忘。（旦长叹科）（正唱）

〔圣药王〕　我这里曲未绝,他那里心早邪,只将那一声长叹向人说。他心又怯,我情又劣,咫尺间千里水云赊。欲寄字呵,又恐怕风急雁行斜。

〔麻郎儿〕　我这里偷睛儿望者,他将个笑脸儿迎者。可喜娘知疼热的姐姐,又撞着我这软厮禁不识羞的傒倈。

〔么〕　对面儿似隔着苍梧迥野,(旦下)(正起云)呀！回去了也。转过这屏风呵,(唱)又隔了巫山万叠。恰便似支楞的把琴上冰弦断绝,柱把我春心漏泻。

（孤唤院公分付科）（云）着先生只在书房里歇，好生管待伏侍，如有不到处呵，我不饶你。（下）（院公领末安歇科）（云）先生这们好房儿，你且只在这里歇。（做端详科）（云）我看你这模样，敢有些不老实。你却是至诚着，不要胡做，带累我老屁骨。（正云）小生读书君子，量无他事。（院公下）（正背云）却不知我这一来，正为何事。对此月白风清，其如良夜何？我就在此书院竹间抚一曲琴，借此琴声，以诉衷悃。（鼓琴科）（歌曰）凤兮凤兮求其凰，翱翔四海归故乡。白雉尚有两雌挟，人生岂得长孤孀。（旦上）（云）适来那先生抚琴，意在起妾之心，妾身有感于衷焉。时将二鼓，更阑人静，又闻书院里琴声，好是动人之情也呵！我向那花荫下听一听，看他意下如何？（做潜花下科）（闻琴声科）（正歌曰）凤兮凤兮求其凰，求之不得心彷徨。秋风暮兮碧梧老，各分飞兮天一方。凤兮凤兮，安得比翼翱翔。（旦长吁科）（正惊科）（推琴起立出瞧科）（唱）

[鬼三台] 又不曾夜宿在旗亭舍，却怎么不由我心惊怯。知他是人耶鬼耶既不沙，猛听的花荫下暗咨嗟，可擦擦似有人来也。莫不是忒楞楞宿鸟惊栖不暂歇，疏剌剌花影摇风吹落叶。是何人嚇鬼瞒神，叫小生心劳意拙。

（做见科）（唱）

[圣药王] 见一人荼蘼月下潜立者，（旦做躲科）（正唱）又转过芭蕉影底躲闪者，我向前扯住他绣裙褶。呀！才听的长叹呵，却元来是姐姐暗咨嗟，错猜做东风花外杜鹃舌，我则索克答扑的膝跪者。

（跪云）小生何幸，得蒙姐姐眷恋之情，冒兹风露，远离香闺，枉顾寒微，其幸匪浅。（旦扯末起）（云）妾闻先生琴声，知先生不弃鄙陋。值此好天良夜，愿荐枕席之欢，以效于飞之乐。（正云）小子不敏，何以克当。况严君在堂，倘或事泄，反成闻隔。如有眷恋之情，不若私奔归家，永为夫妇，以同偕老，不亦美乎？（旦云）妾愿侍巾栉，执箕帚以奉先生。即当从命，不可久留。妾有香车一乘，先生可乘此车，夜遁而去。（正唱）

[秃厮儿] 则你这俊句儿教人怎舍，既相见争忍离别。趁着这更阑人静月儿斜，悄悄的辆起这七香车，快疾些也么行者。（旦下取车上科）（正唱）

[小络丝娘] 我纽回身望着你那尊堂行拜谢，小生将的你可喜娘孩儿去也。

[余韵] 却怎么东君未觉花先谢，我袖得春风去也。恁觉来时月到画堂中，人在天涯何处也。

（旦请末上车科）（云）请先生乘车，妾为之御。（正云）小生何幸，敢当如此。（旦云）男尊女卑，理之常也；夫唱妇随，人之道也。今先生乘车，妾为之御，斯乃妇道之宜。虽於仓皇之际，焉敢失其义乎？（正乘车、旦御车下）

王季烈校本《孤本元明杂剧》卷十，上海涵芬楼印行1941年版

王 九 思

王九思(1468—1551),字敬夫,号渼陂,别署紫阁山人。鄠县(今陕西户县)人。明弘治九年(1496)进士。官至翰林院检讨、吏部郎中。武宗时,刘瑾伏诛,他以同党罪被谪寿州同知,不久免官回乡。与李梦阳、何景明、康海等七人论文征歌,世称为"前七子"。有诗文集《渼陂集》、《渼陂续集》,散曲集《碧山乐府》,作杂剧《杜子美沽酒游春》、《中山狼》。

杜子美沽酒游春(第二折)

[解题]

此剧又名《曲江春》。全剧共4折,演唐肃宗二年(757)春,杜甫面对"安史之乱"带来的萧条景象,惨目伤怀,不堪回首。一日闲游曲江,于酒楼遇卫大郎,借论诗之机历数李林甫奸诈险恶、口蜜腹剑之罪行。翌日,杜甫与岑参游赏鄠县渼陂庄,流露了隐逸之想,第二天朝廷遣使臣宣杜甫为翰林院学士,杜甫力辞不就,情愿乘桴去海,悠游山水。第4折即演杜甫于酒楼同卫大郎论诗事。杜甫抨击李林甫之辞,深恶痛嫉,义愤填膺,激昂慷慨,辛辣尖锐。渼陂是王九思的故乡,也是他的号,联系到剧作家的身世,或以剧中杜甫自况而发疾世愤俗之情。明杂剧不乏文人写文人之作,常有所谓"借他人之酒浇中心之垒块"的情形,观此剧可见一斑。

(净扮卖酒媪上)二月已尽三月来,渐老逢春能几回。莫思身外无穷事,且尽生前酒一杯。妾身贾婆婆是也。在此曲江池上[1],开着一个酒店儿。前日杜子美在此饮酒,因无酒钱,将他一领朝衫当下[2]。今日压下新酒,看有甚么人到来。(发科了下[3])(外扮酒客上)马上谁家白面郎,临街下马坐人床。不通姓字粗豪甚,指点银缸索酒尝。小人卫大郎是也。父亲曾做工部尚书,家中有几文钱财,性鲁不能读书[4],好饮几杯花酒。这曲江池上贾婆婆店内,卖的好酒,我到那里饮几杯去,却不是好?(外与净相见科)(净)大郎,这两日如何不来饮酒?我这里官客虽多,能有几个似得大郎?我只是敬重你,接待不着,休得见怪。(外)我今日要欢饮几杯。你唤两个能歌会舞的小娘子来劝酒,我多与你些酒钱。不要教那穷酸的人来搅席。(净)我知道了。(末上,丑随上)朝回日日典春衣[5],每日江头尽醉归。酒债寻常行处有,人生七十古来稀。穿花夹蝶双双见[6],点水蜻蜓款款飞。传语风光共流转,暂时相赏莫相违。小生昨日退朝晚了,约在今日要往曲江池游玩。琴童那里,备过蹇喂来[7],我骑上走一遭者。

[中吕粉蝶儿] 白发青袍[8],叹英雄不同年少,怨东风吹损花梢。子恐怕玉楼中,金殿侧,早寒尤峭[9]。想人生富贵空劳,谁又肯惜芳春赏心行乐。

[醉春风] 我这里风软帽檐低,身轻驴背好。见一个采花人过粉墙东,起的来早,早。岁月无情,河山依旧,古今堪笑。

骑着这蹇驴儿,不觉来在长安城外。这城南一段好景,想着那前日的乱离,却又今日的繁华呵!

[普天乐] 曲江池,长安道,垂杨绕岸,绿水平桥。锦绣堆,烟花套[10],一曲中兴黎民乐。绕东风锦色鸾箫[11],金鞍马骄,层楼日晓,紫陌香飘[12]。

早至曲江池上。这里有个贾婆婆,卖的好酒。我前日因无酒钱,将朝衫当下,一向不曾来取。今日带了几百青钱,把一半儿去赎朝衫,一半儿沽酒游玩。既到门首,便索过去。(净与末相见科)(净)杜先生有钱呵,赎了朝衫去,不索上楼。这里有一位客饮酒,不许穷酸来打搅。(末)他是一个甚么人?(净)他是富贵卫大郎。(末)不曾闻说此人,我试问你。

[快活三] 他敢是王右丞运彩毫[13]?(净)不是。(末)李翰林挂锦袍[14]?(净)不是。(末)是谁家小儿曹,到有些湖海气、元龙傲[15]?

我每番来登楼饮酒,今日如何见却?不索拦当,须索上楼饮几杯去。(末做上楼与外相见科)(外)先生是谁?(末)小官是杜子美。(外)久闻先生,未曾面会,请问先生何事到此?(末)沽酒游春,吟诗遣兴。(外)久闻先生高作好便好,只是忒深奥些。我闻的先父尝说李林甫丞相的诗最好[16],清新流丽,人人易晓。先生曾见来么?(末怒云)你说那李林甫做什么!他是个奸邪之徒,专一嫉贤妒能,把朝廷的事都坏了。我试说与你听咱。

[朝天子] 他狠心似虎牢[17],潜身在凤阁[18],几曾去正纲纪、明天道?风流才子显文学[19],一个个走不出漫天套[20]。暗里编排,人前谈笑,把英雄都送了。你说他的好诗!他写书贺人生子,把"弄璋"写做獐鹿的"獐"字,闻者无不大笑[21],他又吟出甚么好诗来。他手儿里字错,肚儿里墨少[22],那里有白雪阳春调[23]。

(外)似你这般说来,他如何做得到宰相地位?(末)你说他宰相做甚么?

[四边静] 说甚么清风黄阁[24],口儿能甜,命儿做巧[25],柱国当权[26],不怕人傍笑。二十年鸦栖凤巢,兀的不虚费禄尽堂食钞[27]。

李林甫今已死了,此后再不劳挂齿。(外)不说他也罢。且问先生囊中是甚么东西,我试取将来,与这唱的小娘子做个锦缠头[28]。(末)我秀才家有甚好物件,这囊中是文房四宝。(外大笑云)这个东西要他有何用?(末)自有用处,我说与你听咱。

[脱布衫]　端溪砚黑玉常飘[29],白玉版紫兔常摇[30]。霎时间连真草[31],忽剌的雨飞云落。

[小梁州]　千首诗成字字高,风雅离骚。草堂明转花梢[32],乌纱帽斜戴饮香醪。

[么]　醉眠又遭春鸡报,整罗衣金阙随朝。我又无瓜子金、鸦翎钞[33],追欢买笑,一任你话儿嘲。

(外)贾婆婆,你看这个穷酸在这搅席。(净怒科)杜先生,将钱来赎了朝衫去,不要在此打搅。(末)这是三百文青钱。(净)定要五百文。(末)我止有五百青钱,与你三百,留二百沽酒。(净)我定要五百文,将钱来你去罢。(做送末下楼科)(末)不须这等仓卒。

[上小楼]　扬子云何须猛跳[34],王仲宣难寻东道[35]。你便是云里蓬莱[36],月底青鸾[37],海上黄鹤[38],恰撞着这一遭,胆惊魂落,再不上谢家楼[39],倚栏吟眺。

(净外下)(末)青钱尽与他去了,如今无钱沽酒,未免再寻一个东道,将这朝衫又典了沽酒。这慈恩寺南边有一座酒店[40],我试问咱。(主人云)请在此饮酒。

[么]　(末)我将这春衫当了,又则怕郎君不要。(主人)当下朝衫最好。(末)也不是紫绶金章[41],玉带金鱼[42],宝剑金貂[43],假若是换几瓢,添两杓,天昏日落,只吃的醉淋漓,仰天长啸。

将酒来。春光已暮,对景伤怀,好痛饮一场也呵!

[满庭芳]　深拼醉倒,青春已去,白发难饶。满园桃李,风吹落,万点飘摇。高冢外麒麟卧草,小堂中翡翠为巢。推物理须行乐,浮名蜗角[44],何用绊吾曹。

饮酒中间,则见风雨来也,这雨中又是一段景致。

[耍孩儿]　我则见长空霭霭浓云罩,低压着花梢树杪[45]。纷纷微雨洒南郊,把春光用意妆描。我子见烟横贝阙禅林远[46],风摆金铃雁塔高。忽听得儿童报,绿莎牛背,赤脚山樵。

[四煞]　蓬莱宫望转迷,斗城门路匪遥[47]。淡烟疏雨频凝眺。林花着雨胭脂湿,岸柳和烟翡翠摇。忽听得佳人报,画栏中红残芍药,湖山下绿满芭蕉。

[三煞]　琼卮酒满斟[48],锦囊诗正好[49]。倚楼对景穷搜掠。叶心润带蝴蝶粉,花片香归燕子巢。忽听得诗人报,吟就这一联佳句,费尽了多少推敲。

[二煞]　坐黄昏,风雨冥,对清灯,庭院悄。梨花无语伤怀抱。彩毫细点城南景,碧殿常怀梦里朝。忽听得游人报,逍遥呵今夜,玩赏在明朝。

[煞尾]　良宵欹枕眠,浮生随处好[50]。霎时酒醒晨钟报,不似那一刻千金怕到晓。

明沈泰编《盛明杂剧》二集,原署《曲江春》,
上海中国书店据董氏诵芬楼刊本重印本1925年版

[注释]

[1] 曲江池：故址在西安市东南，因池水曲折，故名。汉武帝在此造宜春苑，隋唐时为繁华游览之地，唐玄宗于每年上巳（三月初三）在此赐宴臣僚，也为新科进士宴集之地。安史之乱后，建筑物已废，而士大夫仍常到此游赏。

[2] 当（dàng）：用实物做抵押借贷。后文"典"，与此义通。

[3] 发科：戏曲舞台指示术语，指角色做滑稽动作或表情。

[4] 鲁：愚笨。

[5] "朝回日日典春衣"以下八句：径用杜甫《曲江二首·之二》诗。

[6] 穿花夹蝶：穿戏花丛中的蝴蝶。夹蝶：即蛱（jiá）蝶，一种翅有艳丽色斑的蝴蝶。

[7] 蹇（jiǎn）喂：又作"蹇卫"，即蹇驴，跛足驴。

[8] 青袍：社会地位低下者的衣服，这里代指贱士。

[9] 尤峭：怪异陡峭的山石。

[10] 烟花套：犹"烟花阵"，妓院。

[11] 鸾箫：箫的美称。

[12] 紫陌：京师郊外的路。

[13] 王右丞：即王维，唐肃宗时曾任尚书右丞。彩毫：传说江淹少时梦见有人送他一支五色笔，自此文思大进；晚年梦自称郭璞的人将笔要去，从此再写不出好诗。此以"彩毫"比喻词藻富丽的文笔。

[14] 李翰林：即李白，唐玄宗时曾召为供奉翰林。

[15] 湖海气，元龙傲：此谓豪侠之气、傲慢作风。据《三国志·魏书·陈登传》载，汉末许汜曾向陈登（字元龙）求田问舍，陈登竟无客主之意，久不答话，且自己卧大床，让客人卧下床，后许汜对刘备说："陈元龙湖海之士，豪气不除。"

[16] 李林甫（？—752）：宗室，开元时任礼部尚书、同中书门下三品，进兼中书令，封晋国公。勾结宦官，败坏朝政，重用安禄山。

[17] 虎牢：虎牢关，在今河南省荥阳市汜水镇西，地势险要。此形容心地险恶。

[18] 凤阁：此指中书省，武则天当政时称中书省为凤阁。

[19] 显文学：此指文人中的名流。

[20] 漫天套：无边际的圈套。

[21] "把弄璋"二句：事见《旧唐书·李林甫传》："太常少卿姜度，林甫舅子，度妻诞子，林甫手书庆之曰：'闻有弄獐之庆。'客视之掩口。"弄璋：《诗·小雅·斯干》："乃生男子，载寝之床，载衣之裳，载弄之璋。""乃生男子……弄之璋"，意谓如果生下男孩就让他玩玉璋，以示将来做官做侯。后把生男孩叫作"弄璋"。

璋,一种玉器,古代朝聘、祭祀、丧葬、治军时所用。

[22]"他手儿里"二句:参见《旧唐书·李林甫传》,李林甫"自无学术,仅能秉笔,有才名于时者尤忌之",常让人代为题笔。

[23]白雪阳春:即阳春白雪。《阳春》、《白雪》为战国楚国的两首高雅深奥的歌曲,后以"阳春白雪"比喻高雅的文艺作品。

[24]清风黄阁:品德高尚的宰相。清风:喻高尚的品格;也作为"两袖清风"的略语,形容为官清廉。黄阁:汉唐时宰相等高官,为表示自己不超越本分,避免把门漆成红色,而漆作黄色,后把宰相的听事阁称为"黄阁",也代指宰相。

[25]命儿做巧:以投机为手段改变自己的命运。

[26]柱国:肩负国家重任。

[27]堂食钞:此指俸禄。堂食:唐时政事堂的公膳。

[28]锦缠头:也作"缠头锦"、"锦缠"、"缠头",旧时艺妓演出结束时,宾客赏给罗锦,置于头上,后又作为赠给妓女的物品的通称。

[29]端溪砚:产于端溪的砚台,为砚之上品。端溪:溪名,在广东高要市东南。

[30]紫兔:用紫色兔毛制成的笔,为笔之上品。

[31]真草:楷书和草书。真书,原是隶书的别名,后来指楷书。

[32]草堂:茅草筑的房屋。古代文人常以此命其居所,标其节操高雅。杜甫便将自己的住处称为草堂。

[33]瓜子金:古时广西人把产于当地洞穴的大如甜瓜子的金粒,称为"瓜子金",见宋周密《癸辛杂识续集·金紫银青》。鸦翎钞:指古代的一种纸币,因币两旁的花纹如鸦翎,故称。

[34]扬子云:即汉代辞赋家扬雄,字子云。猛跳:用王莽在位时,扬雄为避祸从天禄阁跳下的典故。

[35]王仲宣:即东汉文人王粲,字仲宣。难寻东道:用王粲投刘表而不被重用的典故。东道:即东道主,此指刘表。

[36]蓬莱:传说中的仙山,此或指蓬莱仙子。

[37]青鸾:传说中凤凰一类的神鸟,仙人乘坐。

[38]黄鹤:传说中的仙鹤,仙人乘坐。

[39]谢家楼:南朝谢灵运家的楼房。下句"倚栏吟眺",暗用谢灵运《登池上楼》中"倾耳聆波澜,举目眺岖嵚"诗句。

[40]慈恩寺:在曲江池北,唐太宗时太子李治为母后长孙氏所建。玄奘曾在此译经,内设雁塔以藏经。

[41]紫绶金章:用于系金印的紫色绶带和金印。

[42] 玉带：贵官的玉饰腰带。金鱼：即金鱼符,用以表示品级身份,唐时亲王及贵官佩于玉带上。

[43] 金貂：皇帝侍从的冠饰。冠上加黄金珰,貂尾为饰,故名。

[44] 蜗角：以蜗牛的触角比喻微小,常用以形容名利的微不足道。

[45] 树杪(miǎo)：树枝的细梢。

[46] 贝阙：饰以紫贝的宫阙,本指传说中的龙宫,后泛指壮丽的宫殿。禅林：寺院。

[47] 斗城：本为秦宫,汉惠帝时复修,因城南为南斗形,北为北斗形,故名。后泛指京师。

[48] 琼卮(zhī)：玉制的酒器。

[49] 锦囊诗：指优美的诗篇。锦囊,锦制的袋子,古人多用以藏诗稿或文书。

[50] 浮生：人生。《庄子·刻意》："其生若浮,其死若休。"因视人生虚浮不定,故后以浮生喻人生。

康　　海

康海(1475—1540),字德涵,号对山,别署沜(pàn)东渔夫。武功(今属陕西)人。明弘治十五年(1502)状元,授翰林院修撰。刘瑾当政,欲招之,不就。李梦阳坐狱,往刘瑾处为其解脱。瑾败,涉嫌党附而削职为民。归田后,制乐造曲。善琵琶,喜鼓乐,收集大小鼓三百副,可见其情趣。与何景明、王九思等唱和,并称"前七子"。作有诗文集《对山集》,散曲集《沜东乐府》,杂剧《中山狼》、《王兰卿》。其师马中锡有《中山狼》文,康海《中山狼》杂剧即据此改编。

※东郭先生误救中山狼(第四折)

(冲末拄杖上)则俺杖藜老子的是也。俺逃名晦迹,在这深山里隐居,真个无是无非,每日间到那溪边林下闲步逍遥。只今暮秋天气,景致煞是佳也。只索倚杖散步一回者。(末同狼上)天那!着谁人救俺东郭先生也。呀,远远望见的小桥流水,茅舍疏篱,敢是人家的村落。俺只索向前去者。

[双调新水令]　看半林黄叶暮云低,碧澄澄小桥流水。柴门无犬吠,古树有乌啼。茅舍疏篱,这是个上八洞闲天地。

呀,那林子里有个老儿扶杖走来,求他救俺者。(末拜科)丈人,早些儿救俺咱。(老)兀那先生,为着甚来?(末)这中山狼,被赵卿所射,带箭走了。他赶的来,上天无路,入地无门,向俺求救。想起俺墨者,以兼爱为道,只得把书囊救他一命。才出囊来,反要吃俺。苦苦求他,不肯相饶。俺和他说问个三老,可道是该吃不该吃。打头来遇着株老杏,那无知的朽木道是该吃俺;再来遇着个老㹀,那个泼禽兽又道是该吃俺,险些断送了性命也!今来遇着丈人,这是俺命儿里该有救星。天幸得遇丈人,望赐一言,救俺则个!

〔驻马听〕枉然心痴,向猛虎丛中来救你。无端负义,这鬼门关上诉凭谁?遇着顽禽蠢木总无知,道是屠牛伐树都差异。这搭儿难回避。丈人呵,俺不道救星儿恰撞你。

(老举杖打狼科)哎,世上有你这般负恩的!他好意儿救得你,便要吃他,那有你这没天理的畜生!你快走,迟呵,俺便杖杀你也!(狼)丈人不可听信他,这都是虚言。他见俺被箭射伤,把俺缚了足,踏曲在囊中,受了多少苦楚。他又支吾赵卿,说俺恁贪狠,延挨了这一会。他假意儿救俺,却是要囊中谋害了,自己独受其利。这般欺心的,道是该吃那不该吃?(老)这般说来,先生你也有些不是处。(末)哎哟,丈人不知。俺只因救他,险被赵卿看出破绽来,几乎送了一命。这是俺的热心儿,图他甚么来?

〔雁儿落〕俺为他冲寒忍肚肌,俺为他胆颤心惊碎。把他来无情认有情,博得个冷气淘热气。

(狼)丈人莫信他。俺被他缚在囊里,好不苦也。(老)你两个说来都难凭信。如今依旧缚在囊中,把那苦的模样,使俺亲见一番。若是果然受苦呵,先生,你也说不得,只索与老狼吃下者。(狼)恁的说得有理。俺肚里饿的慌了,快些缚起来,看可是苦也那不苦么。丈人,俺定是要吃那先生的,你莫哄俺来。(末缚科)(置囊中科)(老)先生,你可有佩刀么?(末)俺带有佩刀也。(出刀科)(老)如今怎的还不下手么?(末)虽然是他负俺,俺却不忍杀了他也。

〔得胜令〕光灿灿匕首雪花吹,软哈哈力怯手难提。俺笑他今日里真狼狈,悔从前怎噬脐?须知,跳不出丈人行牢笼计。还疑,也是俺先生的命运低。

丈人,只都是俺的晦气,那中山狼且放他去罢。(老拍掌笑科)这般负恩的禽兽,还不忍杀害他。虽然是你一念的仁心,却不做了个愚人么?(末)丈人,那世上负恩的尽多,何止这一个中山狼么!

〔沽美酒〕休道是这贪狼反面皮,俺只怕尽世里把心亏。少什么短箭难防暗里随,把恩情番成仇敌,只落得自伤悲。

(老)先生说的是。那世上负恩的好不多也!那负君的,受了朝廷大俸大禄,不干得一些儿事,使着他的奸邪贪佞,误国殃民,把铁桶般的江山败坏,不可收拾。那负亲的,受了爹娘抚养,不能报答,只道爹娘没些挣挫,便待拆骨还父,割肉还母,才得亨通,又道爹娘亏他抬举,却不思身从何来。那负师的,大模大样,把个师父做陌路人相看,不思做蒙童时节,教你读书识字,那师父费他多少心来。那负朋友的,受他的周济,亏他的游扬,真是如胶似漆,刎颈之交,稍觉冷落,却便别处去趋炎赶热,把那穷交故友,撇在脑后。那负亲戚的,傍他吃,靠他穿,贫穷与你资助,患难与你扶持,才竖得起脊梁,便颠番面皮,转眼无情,却又自怕穷,忱人富,划地的妒忌,暗里所算他。你看,世上那些负恩的,却不个个是这中山狼么!(末)

〔太平令〕 怪不得那私恩小惠,却教人便叫唱扬疾。若没有个天公算计,险些儿被么幺得意。俺只索舍悲忍气。从今后见机、莫痴,呀,把这负心的中山狼做傍州例。

(杀狼科)业畜!这回死了,你如今还想吃俺么?把他撇在路上罢。多幸遇着丈人救俺,索谢了你去也。(同下)

明沈泰编《盛明杂剧》初集,上海中国书店据董氏
诵芬楼刊本重印本1925年版

李 开 先

李开先(1502—1568),字伯华,号中麓,别署中麓子、中麓山人、中麓放客。章丘(今属山东)人。明嘉靖八年(1529)进士,官至太常寺少卿。嘉靖二十年(1541)因抨击时政而罢官。少有才情,致力于诗文,与王慎、唐顺之等齐名,并称"嘉靖八才子"。又热衷于词曲,曾造访王九思、康海,谈词论曲。藏书颇丰,尤多词曲,有"词山曲海"之称。作有院本多种,今存《打哑禅》、《园林午梦》2种;传奇3种,今存《宝剑记》、《断发记》2种。校刊元剧16种,刊为《改定元贤传奇》。散曲集有《中麓乐府》、《中麓小令》等。喜流行俗曲,并编纂《市井艳词》等。词曲论著有《词谑》。

※宝剑记(林冲夜奔)

〔点绛唇〕 (生上,唱)数尽更筹,听残银漏。逃秦寇,好教我有国难投,那搭儿相求救?

(白)欲送登高千里目,愁云低锁衡阳路。鱼书不至雁无凭,几番欲作悲秋赋。回首西山日又斜,天涯孤客真难度。丈夫有泪不轻弹,只因未到伤心处。念我一时忿怒,杀死奸细,幸得深夜无人知觉,密投柴大官人庄上隐藏。

昨闻故人公孙胜使人报知：今遣指挥徐宁领兵，沧州地界捉拿。亏承柴大官人，怜我孤穷，写书荐达，径往梁山逃命。日里不敢前行，今夜路经济州地界。恰才天明月朗，霎时雾暗云迷，况山路崎岖，高低不辨，教我怎生行蓦。那前边黑洞洞的，想是村店，只得紧行几步。呀，原来是一座禅林。夜深无人，我向伽蓝殿前暂憩片时。（生作睡介）（净扮神上白）生前能护国，没世号伽蓝。眼观十万里，日赴九千坛。吾乃本庙护法之神。今有上界武曲星受难，官兵追急，恐伤他性命。兀那林冲，休推睡梦，今有官兵过了黄河，咫尺赶上，急急起来逃命去罢！吾神去也。凡人心不昧，处处有灵神。但愿人行早，神天不负人。（生醒白）唬死我也！刚才合眼，忽见神像指着道："林冲急急起来，官兵到了！"想是伽蓝神圣指引迷途。我林冲若得一步之地，重修宝殿，再塑金身。撒开脚步去也！（唱）

［新水令］　按龙泉血泪洒征袍，恨天涯一身流落。专心投水浒，回首望天朝。急走忙逃，顾不的忠和孝。

［驻马听］　良夜迢迢，投宿休将门户敲。遥瞻残月，暗度重关，急步荒郊。身轻不惮路迢遥，心忙只恐人惊觉。魄散魂消，魄散魂消，红尘误了武陵年少。

［水仙子］　一朝谏诤触权豪，百战勋名做草茅，半生勤苦无功效。名不将青史标，为家国总是徒劳。再不得倒金樽杯盘欢笑，再不得歌金缕筝琶络索，再不得谒金门环珮逍遥！

［折桂令］　封侯万里班超，生逼做叛国的红巾，背主的黄巢。恰便似脱扣苍鹰，离笼狡兔，摘网腾蛟。救急难谁诛正卯？掌刑罚难得皋陶！鬓发萧骚，行李萧条。这一去，博得个斗转天回，须教他海沸山摇。

［雁儿落］　望家乡去路遥，想妻母将谁靠？我这里吉凶未可知，他那里生死应难料。

［得胜令］　呀！唬我的汗浸浸身上似汤浇，急煎煎心内类油调。幼妻室今何在？老尊堂恐丧了！劬劳，父母恩难报；悲嚎，英雄气难消。

［沽美酒］　怀揣着雪刃刀，行一步哭号咷。拽长裾急急蓦羊肠路绕，且喜这灿灿明星下照。忽然间昏惨惨云迷雾罩，疏喇喇风吹叶落，振山林声声虎啸，绕溪涧哀哀猿叫。吓得的我魂飘胆消，百忙里走不出山前古庙。

［收江南］　呀！又只见乌鸦阵阵起松梢，数声残角断渔樵。忙投村店伴寂寥。想亲帏梦杳，空随风雨度良宵！

故国徒劳梦，思归未得归。
此身无所托，空有泪沾衣。

路工辑校《李开先集》下册，中华书局1959年版

徐　渭

作者介绍见"诗"部分。

狂鼓史渔阳三弄

[解题]

《狂鼓史渔阳三弄》是徐渭《四声猿》"连环剧"之首折,独立成篇。三国故事有祢衡击鼓骂曹,后被曹操借刀所杀的情节,而此剧演祢衡在阎罗殿奉判官之请,重演生前击鼓骂曹事,故该剧又俗称"阴骂曹"。想象中的阴府,不以生前权势的大小区分等级,而以善恶业因定高下,于是曹操便成为一个任祢衡数骂而毫无施威能力的恶鬼了。祢衡之"阴骂"比"阳骂"更为畅快,因为曹操已走完一生,可历数其全部罪恶。此剧开明清借"鬼魂"之口而抒发剧作家心中忧忿之先河。

(外扮判官引鬼上[1])咱这里算子忒明白[2],善恶到头来撒不得赖。就如那少债的,会躲也躲不得几多时,却从来没有不还的债。咱家姓察名幽,字能平,别号火珠道人。平生以善断持公,在第五殿阎罗天子殿下,做一个明白洒落的好判官。当日祢正平先生[3],与曹操老瞒对讦那一宗案卷,是咱家所掌。俺殿主向来以祢先生气概超群,才华出众,凡一应文字,皆属他起草,待以上宾。昨日晚衙[4],殿主对咱家说:"上帝旧用一伙修文郎[5],并皆迁次别用。今拟召劫满应补之人[6],祢生亦在数中。汝可预备装送之资,万一来召,不得有误时刻!"我想起来,当时曹瞒召客,令祢生奏鼓为欢,却被他横睛裸体,掉板掀槌,翻古调作《渔阳三弄》,借狂发愤,推哑装聋,数落得他一个有地皮没躲闪。此乃岂不是踢弄乾坤、提大傀儡的一场奇观[7]!他如今不久要上天去了,俺待要请将他来,一并放出曹瞒,把旧日骂座的情状,两下里演述一番,留在阴司中做个千古的话靶,又见得善恶到头,就是少债还债一般,有何不可?手下,与我请过祢先生,就一面放出曹操,并他旧使唤的一两个人,在左壁厢伺候指挥。(鬼)领台旨。(下)(引生扮祢,净扮曹,从二人上[8])(曹、从留左边)(鬼)禀上爷,祢先生请到了。(相见介[9])(祢上座,判下陪云)先生当日借打鼓骂曹操,此乃天下大奇。下官虽从鞫问时左证得闻一二,终以未曾亲睹为歉。(判立云)又一件,而今恭喜先生为上帝所知,有请召修文的消息,不久当行;而此事缺然,终为一生耿耿。这一件尚是小事。阴司僚属,并那些诸鬼众,传流激劝,更是少此一桩不可。下官斗胆,敢请先生权做旧日行径,把曹操也扮做旧日规模,演述那旧日骂座的光景,了此夙愿。先生意下如何?(祢)这个有何不可。只是一件,小生骂座之时,那曹瞒罪恶尚未如此之多,骂将来冷淡寂寥,不甚好听。今日要骂呵,须直捣到铜雀台、分香卖履[10],方痛快人心!(判)更妙,更妙!手下,带曹操与他的从人过来。曹操,今日要你仍旧扮做丞相,与祢先生演述旧日打鼓骂座那一桩事。你若是乔做那等小心畏惧,藏过了那狠恶的模样,手下就与他一百铁鞭,再从头做起。(曹众扮介)(祢)判翁大人,你一向谦厚,必不肯坐观,就不成一场戏耍。当日骂座,原有宾客在座,今日就权屈大人为曹瞒之宾,坐以观之,方成一个体面。(判)这也见教得是。(揖云)先生告罪,却斗胆了也。(判左、曹右举酒坐,祢以常衣进前将鼓)(曹喝云)野生!你为鼓史,自有本等服色,怎么不穿?快换!(校喝云)还不快换!(祢脱旧衣,裸体向曹立)(校喝云)禽兽!丞相跟前可是你裸体赤身的所在!却不道驴臊子朝东[11],马臊子朝西?(祢)你那颡丞相臊子朝南,我的臊子朝北。(校喝云)还不换上衣服,买什么嘴!(祢换锦巾、绣服、扁绦介)

[点绛唇] 俺本是避乱辞家,遨游许下[12]。登楼罢[13],回首天涯,不想道屈身躯扒出他们胯[14]。

[混江龙] 他那里开筵下榻,教俺操槌按板把鼓来挝。正好俺借槌来打落,又合着鸣鼓攻他。俺这骂一句句锋铓飞剑戟,俺这鼓一声声霹雳卷风沙。曹操,这皮是你身儿上躯壳,这槌是你肘儿下肋巴,这钉孔儿是你心窝里毛窍,这板杖儿是你嘴儿上獠牙。两头蒙总打你泼皮穿,一时间也酹不尽你亏心大。且从头数起,洗耳听咱[15]。

(鼓一通)(曹)狂生,我教你打鼓,你怎么指东话西,将人比畜?我这里铜槌铁刃,好不厉害!你仔细你那舌头和那牙齿!(判)这生果是无礼。(祢)

[油葫芦] 第一来逼献帝迁都[16],又将伏后来杀[17],使郗虑去拿。唉,可怜那九重天子救不得一浑家!帝道:"后,少不得你先行,咱也只在目下。"更有那两个儿,又不是别树上花,都总是姓刘的亲骨血,在宫中长大,却怎生把龙雏凤种,做一瓮鲊鱼虾。

(鼓一通)(曹)说着我那一桩事了。(祢)

[天下乐] 有一个董贵人[18],是汉天子第二位美娇娃,他该什么刑罚?你差也不差!他肚子里又怀着两三月小娃娃,既杀了他的娘,又连着胞一搭,把娘儿们两口砍做血蛤蟆。

(鼓一通)(曹)狂生,自古道"风来树动","人害虎,虎也要害人"。伏后与董承等阴谋害俺,我故有此举。终不然是俺先怀歹意害他?(判)丞相说得是。(袮)你也想着,他们要害你,为着甚么来?你把汉天子逼迁来许昌,禁得就是这里的鬼一般,要穿没有,要吃没有,要使用的没有,要传三指大一块纸条儿,鬼也没得理他。你又先杀了董贵人,他们极了[19],不谋你待几时!你且说,就是天子无故要杀一个臣下,那臣下可好就去当面一把手采将他妈妈过来,一刀就砍做两段,世上可有这等事么!(判)这又是狂生说得有理。且请一杯解嘲。(袮)

〔那吒令〕 他若讨吃么,你与他几块歪剌[20]。他若讨穿么,你与他一匹苘麻[21]。他有时传旨么,教鬼来与拿。是石人也动心,总痴人也害怕,羊也咬人家。

(鼓一通)(判)丞相,这却说他不过。(曹)说得他过,我倒不到这田地了。(袮)

〔鹊踏枝〕 袁公那两家[22],不留他片甲。刘琮那一答[23],又逼他来献纳。那孙权呵几遍几乎[24],玄德呵两遍价抢他妈妈。是处儿城空战马,递年来尸满啼鸦。

(鼓一通)(曹)大人,那时节乱纷纷,非只我曹操一人如此。(判)这个俺阴司各衙门,也都有案卷。(袮)

〔寄生草〕 仗威风只自假,进官爵不由他。一个女孩儿竟坐中宫驾[25],骑中郎直做了侯王霸[26],铜雀台直把那云烟架,僭车旗直按倒朝廷胯[27]。在当时险夺了玉皇尊,到如今还使得阎罗怕。

(鼓一通)(判低声吩咐小鬼,令扮女乐鼓吹介)(判)丞相,女儿嫁做皇后,造房子大了些,这还较不妨。打鼓的,且停了鼓。俺闻得丞相有好女乐,请出来劳一劳。(曹)这是往事,如今那里讨?(判)你莫管,叫就有。只要你好生纵放着使用他。(曹)领台命。分付手下,叫我那女乐出来。(二女持乌悲词乐器上)(曹)你两人今日却要自造一个小令,好生弹唱着,劝俺们三杯酒。(袮对曹蹋地坐介)(女唱)

那里一个大鹈鹕[28],呀一个低都,呀一个低都,变一个花猪低打都,打低都,唱鹧鸪。呀一个低都,呀一个低都。唱得好时犹自可,呀一个低都,呀一个低都,不好之时低打都,打低都,唤王屠[29]。呀一个低都,呀一个低都。

(曹)怎说唤王屠?(女)王屠杀猪。(进判酒)(又一女唱)

丞相做事太心欺,呀一个跷蹊,呀一个跷蹊,引惹得旁人跷打蹊,打跷蹊,说是非。呀一个跷蹊,呀一个跷蹊。雪隐鹭鸶飞始见,呀一个跷蹊,呀一个跷蹊,柳藏鹦鹉跷打蹊,打跷蹊,语方知。呀一个跷蹊,呀一个跷蹊。

(曹)这两句是旧话。(女)虽是旧话,却贴题。(曹)这妮子朝外叫。(女)也是道其实,我先首免罪[30]。(进曹酒)(一女又唱)

四、戏　　曲

抹粉搽脂只一会儿红,呀一个冬烘,呀一个冬烘,(又一女唱)报恩结怨烘打冬,打冬烘,落花的风。呀一个冬烘,呀一个冬烘。(二女合唱)万事不由人计较,呀一个冬烘,呀一个冬烘,算来都是烘打冬,打冬烘,一场空。呀一个冬烘,呀一个冬烘。

(二女各进酒)(判)这一曲才妙,合着咱们天机。(曹)女乐且退,我倦了。(判笑介)(祢起立云)你倦了,我的鼓儿、骂儿可还不了!

[六幺序] 哄他人口似蜜,害贤良只当耍。把一个杨德祖立断在辕门下[31],磣可可血唬零喇。孔先生是丹鼎灵砂[32],月邸金蟆,仙观琼花。《易》奇而法,《诗》正而葩[33]。他两人嫌隙,于你只有针尖大,不过是口唠噪有甚争差。一个为忒聪明参透了"鸡肋"话[34],一个则是一言不洽,都双双命掩黄沙。

(鼓一通)(判)丞相,这一桩却去不得。(曹)俺醉了,要睡了。(打盹介)(判)手下,采将下去,与他一百铁鞭,再从头做起!(曹慌介云)我醒我醒。(判)你才省得哩。(祢)

[幺] 哎,我的根芽也没大兜搭,都则为文字儿奇拔,气概儿豪达,拜帖儿长拿,没处儿投纳。绣斧金挝[35],东阁西华[36],世不曾挂齿沾牙。咳!那孔北海没来由也[37]。说有些缘法,送在他家。井底蛤蟆,也一言不洽,怒气相加。早难道投机少话,因此上暗藏刀,把我送与黄江夏[38]。又逢着鹦鹉撩咱,彩毫端满纸高声价,竟躬身持觞劝酒,俺掷笔还未了杯茶[39]。

(鼓一通)(判)这祸从这上头起。咳,仔细《鹦鹉赋》害事!(祢)

[青哥儿] 日影移窗棂,窗棂一罅[40]。赋草掷金声[41],金声一下。黄祖的心肠忒狠辣,陡起鳞甲[42],放出槎枒[43]。香怕风刮,粉怪娟搽,士忌才华,女妒娇娃。昨日菩萨,顷刻罗刹[44]。哎!可怜俺祢衡的头呵,似秋尽壶瓜,断藤无计再生发,霜檐挂。

(鼓一通)(判)这贼元来这每巧弄了这生!(曹)大人,这也听他不得。俺前日也是屈招的。(判)这般说,这生的头也是自家掉下来的!(曹)祢的爷,饶了罢么!(判)还要这等虚小心,手下铁鞭在那里!(曹慌作怒介)狂生,俺也有好处来!俺下令求贤,让还三州县,也埋没了俺。(祢)

[寄生草] 你狠求贤为自家,让三州直什么?大缸中去几粒芝麻罢,馋猫哭一会慈悲诈,饥鹰饶半截肝肠挂,凶屠放片刻猪羊假。你如今还要哄谁人,就还魂改不过精油滑。

(鼓一通)(判)痛快,痛快!大杯来一杯,先生尽着说。(祢)

[葫芦草混] 你害生灵呵,有百万来的还添上七八,杀公卿呵,那里查?借廒仓的大斗来斛芝麻[45]。恶心肝生就在刀枪上挂,狠规模描出丹青的画,狡机关我也拈不尽仓猝里骂。曹操,你怎生不再来牵犬上东门[46],闲听唳鹤华亭坝[47],却

出乖弄丑,带锁披枷?

（鼓一通）（判）老瞒,就教你自家处此,也饶自家不过了。先生尽着说。（祢）
[赚煞] 你造铜雀要锁二乔[48],谁想道梦巫峡羞杀[49],靠赤壁那火烧一把。你临死时和那些歪刺们话离别[50],又卖履分香待怎么?亏你不害羞,初一十五教望着西陵,月月的哭他[51]。不想这些歪刺们呵,带衣麻、就搂别家。曹操,你自说么,且休提你一世的贤达,只临了这一桩呵,也该几管笔题跋[52]。咳,俺且饶你罢,争奈我《渔阳三弄》的鼓槌儿乏。

（末扮阎罗鬼使上）（判）手下,快把曹操等收监!（鬼）禀上老爷,玉帝差人召祢先生,殿主爷说刻限甚急,教老爷这里径自厚资远饯,记在殿主爷的支应簿上。爷呵会勘事忙,不得亲送,教老爹爹上复先生,他日朝天,自当谢过。（判）知道了,你自去回话。（鬼应下）（判）叫掌簿的,快备第一号的金帛与饯送果酒伺候!（内应介）（小生扮童,旦扮女,捧书节上云）汉阳江草摇春日,天帝亲闻鹦鹉笔;可知昨夜玉楼成[53],不用陇西李长吉[54]。咱两人奉玉帝符命,到此召请祢衡,不免径入宣旨。那一个是第五殿判官?（判跪介）（二使）玉帝有旨,召祢衡先生。你请他过来,待俺好宣旨。（祢同判跪,二使付书介）祢先生,上帝有旨召你,你可受了这符册自看,临到却要拜还。就此起行,不得有违时刻。（童唱）

[耍孩儿] 文章自古真无价,动天廷玉皇亲迓。飞凫降鹤踏红霞[55],请先生即便登遐[56]。修葺了旧衔螭首黄金阁[57],准备着新鲊麟羔白玉叉,倒琼浆三奏钧天罢[58]。校书郎,侍玉京香案[59],支机女,倚银汉仙槎[60]。

（内作细乐）（女唱）

[三煞] 祢先生,你挟鸿名懒去投[61],赋鹦哥点不加,文光直透俺三台下[62]。奇禽瑞兽虽嘉兆,倚马雕龙却祸芽[63]。祢先生,谁似你这般前凶后吉,这好花样谁能揭?待枣儿甜口,已橄榄酸牙。（祢）

[二煞] 向天门渐不遥,辞地主痛愈加,几时再得陪清话?叹风波满狱君为主,已后呵,倘裘马朝天我即家[64]。小生有一句说话。（判）愿闻。（祢）大包容,饶了曹瞒罢。（判）这个可凭下官不得。（祢）我想眼前业景[65],尽雨后春花。（判）

[一煞] 谅先生本泰山,如电目一似瞎[66]。俺此后呵,扫清斋图一幅尊容挂。你那里飞仙作队游春圃,俺这里押鬼成群闹晚衙,怎再得邀文驾?又一件,倘三彭诬枉[67],望一笔涂抹。

这里已到阴阳交界之处,下官不敢越境再送。（祢）就请回。（判）俺殿主有薄赆[68],令下官奉上,伏望俯纳。下官自有一个小果酒,也要仰屈三杯,表一向侍教的薄意。（祢）小生叨向天廷,要赆物何用,仰烦带回,多多拜上殿主。携榼该领[69],却不敢稽留天使。（判）这等就此拜别了。（各磕头共唱）

〔尾〕自古道胜读十年书,与君一席话。提醒人多因指驴说马,方信道曼倩诙谐不是耍[70]。(祢下)(判)
　　　　　看了这祢正平渔阳三弄,笑得我察判官眼睛一缝。
　　　　　若没有狠阎罗刑法千条,都只道曹丞相神仙八洞[71]。(下)
明沈泰编《盛明杂剧》初集,上海中国书店据董氏诵芬楼刊本重印本1925年版

[注释]

[1] 外:行当名,次于生角的男性角色。判官:迷信指地府阎王的辅佐官。

[2] 算子:计算工具,算盘。

[3] 祢(mí)正平:祢衡(173—198),字正平,平原般(今山东临邑东北)人。有才善辩,性刚气傲。曹操召为鼓吏,当众羞辱之,他借机击鼓骂曹;操怒,施计送至刘表,表不能容,转送至江夏太守黄祖,终被杀。有《鹦鹉赋》传世。老瞒:曹操的小名叫阿瞒,此为蔑称。对讦(jié):互相攻击对方的短处或揭露对方的隐私。

[4] 晚衙:古代官府坐衙理事,一日两次,上午称早衙,下午称晚衙。

[5] 修文郎:此指天廷中掌管著作的吏员。

[6] 劫满:厄运已满期。劫:古印度教及佛教语,指世界每隔千万年毁灭、再生一次,此一周期叫做"劫"。因含"毁灭"的意思,所以后来以"劫"指代灾难、厄运。

[7] 提大傀儡:耍木偶戏。

[8] 生:剧中主要男性角色。从:从人。

[9] 介:相当于元杂剧的"科",剧本中关于动作、表情、音响、舞台美术等方面的舞台指示用语。

[10] 铜雀台:曹操于建安十五年(210)冬所造的庞大建筑物,在今河北省临漳县西南的邺城西北隅,因楼顶有铜铸的孔雀,故名。分香卖履:据说曹操死前留有《遗令》,把生前余下的香分送给众妾,让其做鞋卖。见晋陆机《吊魏武帝文并序》。

[11] 膋(liáo)子:阴茎。

[12] 许下:即许昌,曹操的政治、军事中心。参见[16]。

[13] 登楼:用汉末王粲《登楼赋》典,赋中表达了渴望治理乱世的莫大报复和怀才不遇的郁闷心境。

[14] 屈身扒出他们胯:用秦末韩信少时受胯下之辱的典故。见《史记·淮阴侯列传》。

[15] 洗耳听咱:形容恭敬地倾听。洗耳:尧请许由治理天下,由自命高洁,

恶闻其声,洗耳于颍水滨。见《高士传·许由》。

[16] 逼献帝迁都:建安元年(196)曹操挟持汉献帝迁都许昌。献帝:刘协,东汉末代皇帝,在位 32 年。

[17] 伏后:名寿,伏完之女,献帝之妻,兴平年间封为皇后。曹操杀董贵人,伏后恐惧,写信派人密送伏完,谋其对策,事泄后曹操派郗虑等人将伏后及其二子杀死。

[18] 董贵人:董承之女,献帝之妃,受董承牵累被杀。

[19] 极:通"亟",此指"急"。

[20] 歪刺:牛角中的腐肉。

[21] 苘(qǐng)麻:此指粗麻布。苘:一种麻类。

[22] 袁公那两家:指袁绍、袁术二兄弟,东汉末年地方割据集团的首领,袁绍据河北,袁术据淮南,均为曹操所败。

[23] 刘琮(cóng):荆州太守刘表之子,继荆州太守位后,被迫投降曹操。

[24] 几乎:近于危险。

[25] 女孩儿:指曹操之女。曹操杀伏后的第二年,将她扶为皇后。中官驾,皇后乘坐的车。

[26] 骑中郎:皇帝侍卫官。

[27] 僭车旗:指所用车马、仪仗超越等级规定。

[28] 鹈鹕(tíhú):俗称"塘鹅"或"淘河",一种水鸟,体长可达二米。这里暗喻曹操是个篡权而不称其位的家伙。《诗·曹风·候人》:"维鹈在梁,不濡其翼。彼其之子,不称其服。维鹈在梁,不濡其咮。彼其之子,不遂其媾。"以鹈鹕喻不称职的高官。

[29] 王屠:姓王的屠户。

[30] 先首:先行自首。

[31] 杨德祖:杨修,字祖德,在曹操手下做主簿,后被曹操所杀。参见注[34]。

[32] 孔先生:孔融,建安七子之一,献帝时曾任北海相,古人称孔北海,累迁太中大夫、少府,被曹操所杀。

[33] "《易》奇"二句:引韩愈《进学解》中语,意谓《易经》变易多奇而有法则,《诗经》思想纯正而辞章华美。葩(pā):花,引申为华美。

[34] 参透了"鸡肋"话:《三国志·魏书·武帝纪》裴松之注引《九州春秋》:曹操在汉中与刘备相拒,无功欲返,"出令曰'鸡肋',官属不知所谓。主簿杨修便自严装,人惊问修何以知之,修曰:'夫鸡肋,弃之如可惜,食之无所得,以比汉中,知王欲还也。'"曹操见杨修识破自己不想恋战之心,竟以扰乱军心之名把杨

修杀死。

[35] 绣斧金椯(zhuā)：比喻有特权的人。《汉书·武帝纪》：天汉二年(前99)，武帝"遣直指使者暴胜之等衣绣衣，仗斧，分部逐捕，刺史、郡守以下皆伏诛。"后以"绣斧"代指皇帝特派执法大员。椯：杖，鞭。

[36] 东阁西华：此指权贵豪门。东阁：皇帝待宾处。西华：皇城西门谓西华门。

[37] 没来由：无缘由，无端。

[38] 黄江夏：黄祖，因曾任江夏太守，故称。

[39] "又逢着"四句：参见祢衡《鹦鹉赋·序》：黄祖长子黄射大会宾客，有献鹦鹉者，请祢衡作《鹦鹉赋》，祢衡遂笔不停辍，文不加点而成。

[40] "日影"二句：日光越过窗子的缝隙，喻时间过得飞快。一罅(xià)：一条缝隙。

[41] 掷金声：谓掷于地上发出金石之声，形容文字铿锵有力。

[42] 鳞甲：喻心机狡诈，不可逆犯。

[43] 槎枒(cháyā)：枝杈，喻戳人之物。

[44] 罗刹(chà)：梵语 Rākṣasa 的略译，古印度教、佛教中吃人的恶鬼。

[45] 廒仓：粮仓。

[46] 牵犬上东门：《史记·李斯列传》载，李斯临刑前，对其子说："吾欲与若复牵黄犬俱出上蔡东门逐狡兔，岂可得乎？"表现出对生命和自由的渴望。

[47] 唳鹤华亭：本作"华亭鹤唳"。唳，鹤鸣。华亭，今上海松江。《晋书·陆机传》载，陆机临刑前叹道："华亭鹤唳，岂可复闻乎？"表现出对故土的怀念及懊悔之情。

[48] 二乔：东汉末太尉桥玄的两个女儿，大乔(桥)嫁给孙权，小乔(桥)嫁给周瑜。传说曹操有贪二乔之心。全句参见唐杜牧《赤壁》"东风不与周郎便，铜雀春深锁二乔"诗句，意谓如果东风不给周瑜提供方便，那么东吴就会被曹操所灭，大小乔亦便成为曹操在铜雀台中的玩物了。

[49] 梦巫峡：谓楚怀王游高唐，梦中与巫山神女幽会事。见宋玉《高唐赋序》。

[50] 歪剌们：此指曹操的众妾。歪剌，詈辞。参见[20]。

[51] 教望着西陵：晋陆机《吊魏武帝文并序》载曹操遗令：其妾妓皆住在铜爵(雀)台，月朝十五，辄向帐作妓，诸子时时登铜爵(雀)台，瞻望设在西陵的墓地。

[52] 题跋：此泛指品评，评价。题：题于书籍、字画、碑帖等前的文字。跋：写在书籍、字画、碑帖等后的文字。

[53] 玉楼成:李商隐《李长吉小传》载:李贺将死时,忽见一绯衣人笑曰:"帝成白玉楼,立召君为记,天上差乐,不苦也。"不久,李贺气绝。

[54] 李长吉:李贺,字长吉。

[55] 飞凫(fú):亦作"仙凫"。凫:水鸟名。《后汉书·方术传上·王乔》载:汉显帝时,叶县令王乔有神术,每月朔望来京朝拜,却不见车骑,显帝颇感奇怪,密令太史伺望之,发现王乔临至之时,有双凫从东南飞来,举网张之,捕到的是鞋子。

[56] 登遐:本为古代的一种火葬,《墨子·节葬下》:"其亲戚死,聚柴薪而焚之,熏上,谓之登遐。"后道教和民间信仰以登遐谓升仙。

[57] 螭(chī)首:古代殿堂的柱、脊、阶上的龙型饰纹。螭:传说中的一种龙。

[58] 琼浆:传说天宫中的美酒。钧天:本指传说中的天宫,这里是"钧天广乐"的略称,天宫的音乐。

[59] 校书郎:掌管校勘书籍的官,此即泛指前文的修文郎。玉京香案:天帝的龙书案,御案。

[60] 支机女:传说中天上的织女。银汉:传说中的天河。仙槎:传说中往返于海上和天河间的竹木筏。

[61] 鸿名:极大的声名。

[62] 三台:《初学记》卷二四引许慎《五经异义》:"天子有三台,灵台以观天文,时台以观四时施化,囿台以观鸟兽鱼鳖。"此指天廷。

[63] 倚马:《世说新语·文学》载:晋大司马桓温北征,令袁虎倚马前作露布文,袁虎手不辍笔,俄得七纸,殊可观。后以"倚马"喻才思敏捷。

[64] 裘马朝天:穿轻裘乘肥马朝见天帝。

[65] 业景:作孽的景象。业:佛教语,梵文 karma(羯磨)的意译,这里指恶业,罪孽。

[66] 电目:形容眼睛像电那样明亮,能透彻地洞察事物。

[67] 三彭:亦称"三尸",道家谓人体内有三神:上尸在头中,称彭倨;中尸在腹中,称彭质;下尸在足中,称彭矫。三彭伺人的思想、行为、言论中的失误,每于庚申日报告给天帝。

[68] 赆:临别时赠送的礼物。

[69] 榼(kē):古代盛酒的器皿。

[70] 曼倩:东方朔,字曼倩,汉武帝时任常侍郎,性浪漫诙谐,常出语不凡,得武帝赏识。

[71] 神仙八洞:指道教所谓的八仙,即汉钟离、张果老、吕洞宾、李铁拐、韩

湘子、曹国舅、蓝采和、何仙姑。因其所居为洞府,故称。

[参考文献]

程毅中:《徐渭及其〈四声猿〉》,《文学遗产》1984年第一辑。

梁 辰 鱼

梁辰鱼(约1519—约1592),字伯龙,号少白,一作少伯,别号仇池外史。昆山(今属江苏)人。太学生。好结交四方名士豪杰。酷好词曲,与戏曲家张凤翼、潘之衡等友好。音律方面得昆山腔音乐改革家魏良辅指点,并精心把魏良辅所创"水磨调"运用到《浣纱记》传奇创作中,对昆山腔的传播产生极大的影响。所作传奇除《浣纱记》外,还有《鸳鸯记》,已佚;杂剧2种,今存《红线女》1种。

浣纱记(泛湖)

[解题]

《浣纱记》共45出,演春秋时越国上大夫范蠡与浣纱女西施相爱,未及迎娶,越为吴所败,越王勾践夫妇及范蠡皆成吴国的阶下囚,备受艰辛,勾践以尝吴王的粪示其臣服,令吴王感动,赦其归越。越国君臣,计以美色倾吴,范蠡遂送西施至吴宫,致使吴王沉于女色,无心理政。而勾践则卧薪尝胆,发愤图强。吴王伐齐,越趁机攻吴,吴败,吴王自刎而死。功成后,范蠡携西施泛舟飘然而去。该剧以悲欢离合之情事为线索,演国家兴亡之大事的结构方式,成为后世传奇创作的范例。《泛湖》是该剧的最后一出。一对充满忧患意识的英雄、美女,以崇高的自我牺牲精神,忍辱负重,终于完成了复国的使命,然而为避祸远害却选择了泛湖隐居的道路。面对如此重大而严肃的人生抉择,主人公却持以异常洒脱的心态,这表明他们对官场有着十分清醒的认识。尽管如此,剧中的悲剧色彩仍依稀可见。该出的下场诗,或透露出作者对明王朝官场弊端的讽喻。

(净、丑扮渔翁唱渔歌上)我两人都是太湖中的渔翁。昨日范老爷分付要几个渔船,泊在胥口[1],想要到湖上去耍子,怎么这时候还不见到来?只得在此伺候。(生上)功成不受上将军,一艇归来笠泽云[2]。载去西施岂无意,恐留倾国更迷君[3]。自家范蠡,辅我弱越,破彼强吴,名遂功成,国安民乐,平生志愿于此毕矣!正当见机祸福之先,脱屣尘埃之外[4],若少留滞,焉知今日之范蠡,不为昔日之伍胥[5]也。向已告过主公,今当远遁。昨日分付渔船,泊在湖口,专等西施美人到来,即便同行。(旦上)双眉颦处恨匆匆,转眼兴亡一瞥中。若泛扁舟湖上去,不宜重过馆娃宫[6]。相公万福[7]!(生)美人少礼。美人,我本楚人,久作越客,昔遇倾城于溪路,常遭患难于邻邦。自分宿世难逢,谁料今生复合。兹具舟中之花烛,聊结湖上之姻盟。事出匆匆,莫嫌草草。(旦)妾乃白屋寒娥[8],黄茅下妾。惟冀德配君子[9],不意苟合吴王。摧残风雨,已破豆蔻之梢[10];断送韶华,遂折芙蓉之蒂。不堪奉尔中馈[11],未可充君下陈[12]。(生)我实霄殿金童[13],卿乃天宫玉女,双遭微谴,两谪人间。故鄙人为奴石室[14],本是夙缘;芳卿作妾吴宫[15],实由尘劫[16]。今续百世已断之契[17],要结三生未了之姻[18]。始离迷途,方归正道。(旦)既蒙恩谊[19],敢不祗承[20]。但旧家姊妹,久缺音书;晚景椿萱[21],杳无消耗[22]。欲暂返山中之驾,方相从湖上之舟。未知尊意何如?(生)我已差人前往诸暨[23],令尊令堂,同载舟航,东施北威[24],并赐金帛。(旦)相公,你既无仇不雪,无恩不报,但有一故人,尚未相酬,君何忘之也?(生)卿但言之。(旦)当初若无溪纱,我与你那有今日。(生)你那纱在何处?(旦)妾朝夕爱护,佩在心胸,君试观之。(生)我的纱也在此。千丛万结乱如堆,曾系吴宫合卺杯;今日两归溪水上,方知一缕是良媒。美人,我和你早早登舟去罢。渔翁那里?(丑、净)相公有何吩咐?(生)我要下船,过湖口往海上去。(丑、净)不知相公海上要到那一方?若出了海,北风往广东,西风往日本,南风往齐国。今日恰是南风。(生)既是南风,就往齐国去罢!(丑、净)请相公夫人登舟。(生)

[北新水令] 问扁舟何处恰才归?叹飘流常在万重波里。当日个浪翻千丈急,今日个风息一帆迟。烟景迷离,望不断太湖水[25]。(旦)

[南步步娇] 忆昔持纱溪边洗,正遇春初霁,芳心不自持。谁料多才[26],忽然相值。伫立不多时,急忙里便许成佳配。(生)

[北雁儿落] 谢娘行能谐子女姻[27],羞杀我未有儿夫气。乱丛丛邦家多苦辛,急攘攘军旅常留滞。(旦)

[南沈醉东风] 为君家寥寥旦夕[28],为君家淹淹憔悴[29]。奈彻夜患心疼,奈彻夜患心疼,日高未起,空留下数行珠泪。山深地僻,花飞鸟啼,伤心过处,双双蹙着翠眉。(生)

[北得胜令] 呀,非是我冷淡了相识,非是我冥落了新知。只为那国主亲遭辱,只为那夫人尽被羁。奔驰,千里价难相会;栖迟[30],三年犹未回。(旦)

[南忒忒令] 你流落他乡未回,我寂寞深山无倚。莺儿燕子,眼望亲成对。谁知道命飘蓬,谁知道命飘蓬,君恰归,妾又行,做浮花浪蕊!(生)

[北沽美酒] 为邦家轻别离,为邦家轻别离。为国主撇夫妻,割爱分恩送与谁?

负娘行心痛悲,望姑苏泪沾臆[31],望姑苏泪沾臆!(旦)

[南好姐姐] 路岐、城郭半非,去故国云山千里。残香破玉,颜厚有忸怩。藏深计,迷花恋酒拼沉醉,断送苏台只废基[32]。(生)

[北川拔棹] 古和今此会稽[33],古和今此会稽,旧和新一范蠡。谁知道戈挽斜晖[34],龙起春雷,风卷潮回,地转天随。霎时间驱戎破敌,因此上喜卿卿北归矣[35]。(旦)

[南园林好] 谢君王将前姻再提[36],谢伊家把初心不移[37],谢一缕溪纱相系,谐匹配作良媒,谐匹配作良媒。(生)

[北太平令] 早离了尘凡浊世,空回首骇弩危机[38]。伴浮鸥溪头沙嘴[39],学冥鸿寻双逐对[40]。我呵,从今后车儿马儿,好一回辞伊谢伊,呀,趁风帆海天无际。(旦)

[南川拔棹] 烟波里,傍汀蘋[41],依岸苇,任飘飘海北天西,任飘飘海北天西!趁人间贤愚是非,跨鲸游驾鹤飞,跨鲸游驾鹤飞!(生)

[北梅花酒] 笑燕秦楚共齐,笑燕秦楚共齐。耀干戈整旌旗,军共马露水泥,兵和将釜中食。酒席间森剑戟,庙堂中坐刀笔,一霎时见凶吉。(旦)

[南锦衣香] 你看馆娃宫荆榛蔽[42],响屧廊莓苔翳[43]。可惜剩水残山,断崖高寺,百花深处一僧归。空遗旧迹,走狗斗鸡,想当年僭祭[44]。望郊台凄凉云树,香水鸳鸯去[45],酒城倾坠[46]。茫茫练渎[47],无边秋水!(生)

[北收江南] 呀!看满目兴亡惨凄,笑吴是何人越是谁?功名到手未嫌迟。从今号子皮[48],从今号子皮,今来古往不许外人知。(旦)

[南浆水令] 采莲泾红芳尽死,越来溪吴歌惨凄[49]。宫中鹿走草萋萋,黍离故墟,过客伤悲。离宫废[50],谁避暑!琼姬墓冷苍烟蔽[51]。空园滴,空园滴,梧桐夜雨[52]。台城上,台城上,夜乌啼!(生)

[北青江引] 人生聚散皆如此,莫论兴和废。富贵似浮云,世事如儿戏。唯愿普天下做夫妻,都是咱共你。

尽道梁郎识见无[53],反编勾践破姑苏。
大明今日归一统[54],安问当年越与吴。

明毛晋编《六十种曲》第一册,中华书局用开明书店原版重印本1958年版

[注释]

[1] 胥口:在江苏吴县市西南胥山下,为太湖的要口。

[2] 笠泽:即太湖。

[3] 倾国:《汉书·孝武李夫人传》:"(李)延年侍上,起舞歌曰:'北方有佳人,绝世而独立。一顾倾人城,再顾倾人国。宁不知倾城与倾国?佳人难再

得!'"后因用"倾国倾城"、"倾国"、"倾城"形容绝色女子。

[4] 脱屣(xǐ):脱鞋,比喻看得很轻,无所顾恋。尘埃:比喻污浊的事物或俗事。

[5] 伍胥:即伍员(yún),字子胥,春秋吴国大夫。吴败越,他劝谏吴王夫差拒绝越王勾践的请和,夫差不听,并听信谗言,将其赐死。

[6] 馆娃宫:吴王夫差为西施所筑,在今苏州灵岩山上,灵岩寺即其故址。娃:吴人对美女的称谓。

[7] 万福:即多福,古时女子向对方行礼时的祝福语。

[8] 白屋寒娥:贫家之女。白屋:用茅草盖的居室,形容家庭贫寒。寒娥:贫寒女子。

[9] 冀:希望。

[10] 豆蔻:一种多年生草本植物,南方人取其种子尚未大开的,称为含胎花,以其形如怀孕之身。用以比作少女。杜牧《赠别》诗:"娉娉袅袅十三余,豆蔻梢头二月初。"后把女子十三四岁称作"豆蔻年华"。

[11] 中馈:《易·家人》:"无攸遂,在中馈。"原指妇女在家中主管饮食等事,后代指妻室。

[12] 下陈:古代殿堂下陈放贵重礼品、站列婢妾的地方,这里指婢妾,自谦语。

[13] 霄殿金童:传说天宫凌霄殿上玉皇有男女仙童侍奉,男童称金童,女童称玉女。古代戏曲中有多种剧目演金童玉女因互相爱慕而思凡,被贬至人间再续姻缘的故事。下文即取此意。

[14] 为奴石室:指越国战败后,范蠡与越王夫差夫妇成为亡国奴,在吴国岩洞中做马夫。该剧第十三出《养马》即演此情节。

[15] 芳卿:男子对女子的昵称。作妾呈宫:指把西施献给吴王夫差为姬的事。

[16] 尘劫:人生在世的灾难。尘:佛家指人世间。劫:灾难,参见《狂鼓史渔阳三弄》注[6]。

[17] 续百世已断之契:指接续在天宫的那段情誓。

[18] 三生:即佛教所谓前生、今生、来生,又称三世。因前世还有前世,所以上文有"百世"之说;百,喻多。

[19] 恩谊:恩爱情谊。

[20] 祗(zhī)承:恭敬地承受。

[21] 晚景椿萱:意谓年老的父母。古时以椿树喻父,萱草喻母。

[22] 消耗:消息、音信。

四、戏　　曲

[23] 诸暨：县名(今为市名，属浙江省)，西施家乡苎萝西村即在诸暨南。

[24] 东施：剧中为西施的族姊，家住苎萝东村，丑妇，曾效颦西施的病姿，而显得更丑。北威，剧中为西施的女友，家住苎萝北村，驼背，女科医生。

[25] 太湖：在江苏省南部，为我国第三大淡水湖。

[26] 多才：富于才智，借指颇有才能的人，又转指女子的意中人。

[27] 娘行(háng)：对女子的通称。

[28] 寥寥：寂寞，空虚。

[29] 淹淹：昏昏沉沉，萎靡不振。

[30] 栖迟：滞留。

[31] 姑苏：山名、台名，在今苏州市西南，相传吴王阖闾在姑苏山上筑台，是为姑苏台，夫差在台上立春宵宫。臆：胸。

[32] 断送苏台只废基：指越国攻吴时，吴太子友战败，遂将姑苏台焚烧之事。

[33] 会(kuài)稽：山名，在今浙江省中部，为浦阳江与曹娥江的分水岭。越为吴所败，勾践退居于此。

[34] 戈挽斜晖：《淮南子·览冥训》："鲁阳公与韩构难，战酣日暮，援戈而挥之，日为之反三舍。"戈：古代一种横刃长柄的兵器。挽：扭转。斜晖：傍晚西斜的阳光，此指夕阳。

[35] 卿卿：夫妻间的昵称。

[36] 君王：指吴王夫差。

[37] 伊家：你，您。

[38] 骇弩危机：骇人的弓弩，危险的机关。比喻严重的祸患和危险。

[39] 溪头：溪边。沙嘴：江河湖海里由泥沙沉积而形成的半岛形陆地。

[40] 冥鸿：高飞的鸿雁。

[41] 汀蘋(pín)：水边小洲上的蘋花，蘋一种水生蕨类植物。

[42] 荆榛：两种丛生植物，泛指草木丛生，此形容荒芜景象。

[43] 响屟(xiè)廊：吴王宫中的廊名，在灵岩山上，其地面用梓木板铺成。宋范成大《吴郡志·古迹》："相传吴王令西施辈步屟：廊虚而响，故名。"屟：木屐(jī)。莓苔翳：被青苔所覆盖。

[44] 僭(jiàn)祭：超越本分的祭祀仪式。

[45] 香水：溪名，《吴郡志》："香水溪在吴故宫中，俗云西施浴处，人呼'脂粉塘'，吴王宫人濯妆于此溪，上源至今馨香。"

[46] 酒城：《吴郡志》："酒城在坛城边，夫差祭子胥处，临祭劝酒，因名焉。"

[47] 练渎：溪名，《吴郡志》："练渎在太湖，旧传吴王所开以练兵。"

[48] 子皮：范蠡自号鸱(chī)夷子皮。《战国策·燕二》：吴王夫差不听伍子胥的劝谏，"赐之鸱夷而浮之江"。另《史记·伍子胥列传》有吴王"乃取子胥尸盛以鸱夷革，浮之江中"的记载。鸱夷：皮囊，马革所制，一说即生牛皮。《史记·越王勾践世家》司马贞索隐曰：鸱夷子皮乃"范蠡自谓也。盖以吴王杀子胥而盛以鸱夷，今蠡自以为有罪，故为号也"。

[49] 越来溪：《吴郡志》："越来溪在越城东南……越兵自此溪来入吴，故以名。"

[50] 离宫：供帝王出外居住的宫室。

[51] 琼姬：《吴郡志》："阳山有琼姬墓，吴王女也。"

[52] 梧桐：园名，《吴郡志》："梧桐园在吴宫，本吴王夫差园也，一名秦川。语曰：'梧宫秋，吴王愁。'"

[53] 梁郎：此为梁辰鱼自称。

[54] 大明：对明王朝的尊称。

汤 显 祖

汤显祖（1550—1616），字义仍，号若士、海若、茧翁，别署清远道人。临川（今属江西）人。万历十一年（1583）进士。历任南京太常寺博士、詹事府主簿、礼部祠祭司主事。少年时师事泰州学派罗汝芳，后受李贽思想的影响，曾把李贽的言论比作"美剑"（《答管东溟书》，《汤显祖集》卷四十四）。万历十九年（1591）上书《论辅臣科臣疏》，抨击大学士申时行专权、吏科给事中杨文举贪污，因语诋神宗，被贬广东徐闻典史。二十一年（1593）任浙江遂昌知县。任职期间，实行德政，却也因此遭到非议。万历二十六年（1598）弃官回乡，三年后正式免职。其文学主张接近公安派，强调真实情感在生活中及文学作品中的价值，反对拟古，反对形式主义。他曾说："凡文以意趣神色为主，四者到时，或有丽词俊音可用，尔时能一一顾九宫四声否？"（《答吕姜山》，《汤显祖集》卷四十七）他还说："曲者，句字转声而已，使然而自然也。"（《答凌初成》，同上书）其戏曲创作时期主要在弃官之后，作有《紫钗记》（据早年所作《紫箫记》改写）、《牡丹亭》、《南柯记》、《邯郸记》，合称《临川四梦》或《玉茗堂四梦》。有不少后学者学习他的创作风格，称为"临川派"或"玉茗堂派"。诗文集有《红泉逸草》、《向棘邮草》、《玉茗堂集》等。

牡丹亭(惊梦)

[解题]

　　全剧共55出,演宋初江西南安太守杜宝之女丽娘,年方二八,在花园游春后,在梦中与一书生相会,梦醒寻梦不着,忧郁而死。其魂从判官那里得知梦中之所爱名叫柳梦梅,遂与柳生幽会三载。后在柳生的协助下复生,经与父亲的一番斗争,终与爱人结成永久夫妻。这是一出"梦戏",也是一出"鬼戏",通过"情不知所起"的梦以及"生者可以死,死可以生"(《牡丹亭·题词》语)的人鬼幻化的演述,着意批判了现实中那种"形骸"式的"矫情",而突出强调了婚姻中当有的"至情"。《惊梦》为其第10出,即演情窦初开的丽娘,因春感情,并在梦中与陌生男子温存,醒后思梦的事,有层次地描绘出丽娘起伏跌宕的心理发展轨迹,隐约见出丽娘叛逆性格的萌生之由。梦中情是全剧的"大头脑",它是"生者可以死,死可以生"故事演进的动因。剧中充满浪漫情调,形象地反映出封建社会青年女子对美满生活的渴望。值得注意的是,同是游春,丽娘和春香由于年龄、处境的差异,对春有着不尽相同的感受。该出可分为"游园"、"惊梦"两个段落,为适应内容的划分,音乐也分为[绕地游]、[山坡羊]两套曲子。清代戏曲选本《缀白裘》,把该出分为《游园》、《惊梦》两出,后来昆曲演全出则称为《游园惊梦》。

[绕地游]　(旦上)梦回莺啭,乱煞年光遍[1]。人立小庭深院。(贴)炷尽沉烟[2],抛残绣线,恁今春关情似去年?

　　[乌夜啼](旦)"晓来望断梅关[3],宿妆残。(贴)你侧着宜春髻子恰凭阑[4]。(旦)剪不断,理还乱[5],闷无端。(贴)已分付催花莺燕借春看。"(旦)春香,可曾叫人扫除花径?(贴)分付了。(旦)取镜台衣服来。(贴取镜台衣服上)"云髻罢梳还对镜,罗衣欲换更添香[6]。"镜台衣服在此。

　　[步步娇]　(旦)袅晴丝[7]吹来闲庭院,摇漾春如线。停半晌、整花钿[8]。没揣菱花[9],偷人半面,迤逗的彩云偏[10]。(行介)步香闺怎便把全身现!(贴)今日穿插的好。

　　[醉扶归]　(旦)你道翠生生出落的裙衫儿茜[11],艳晶晶花簪八宝填[12],可知我常一生儿爱好是天然。恰三春好处无人见[13]。不提防沉鱼落雁鸟惊喧[14],则怕的羞花闭月花愁颤。

　　(贴)早茶时了,请行。(行介)你看:"画廊金粉半零星,池馆苍苔一片青。踏草怕泥新绣袜,惜花疼煞小金铃[15]。"(旦)不到园林,怎知春色如许!

　　[皂罗袍]　原来姹紫嫣红开遍[16],似这般都付与断井颓垣[17]。良辰美景奈何天[18],赏心乐事谁家院!恁般景致,我老爷和奶奶再不提起。(合)朝飞暮卷[19],

云霞翠轩;雨丝风片,烟波画船——锦屏人忒看的这韶光贱[20]!

（贴）是花都放了,那牡丹还早。

[好姐姐]（旦）遍青山啼红了杜鹃[21],荼蘼外烟丝醉软[22]。春香呵,牡丹虽好,他春归怎占的先!（贴）成对儿莺燕呵。（合）闲凝眄,生生燕语明如翦,呖呖莺歌溜的圆。

（旦）去罢。（贴）这园子委是观之不足也。（旦）提他怎的!（行介）

[隔尾]观之不足由他缱[23],便赏遍了十二亭台是枉然。到不如兴尽回家闲过遣。

（作到介）（贴）"开我西阁门,展我东阁床[24]。瓶插映山紫,炉添沉水香。"小姐,你歇息片时,俺瞧老夫人去也。（下）（旦叹介）"默地游春转,小试宜春面。"春呵,得和你两留连,春去如何遣？恁般天气,好困人也。春香那里？（作左右瞧介）（又低首沉吟介）天呵,春色恼人,信有之乎!常观诗词乐府,古之女子,因春感情,遇秋成恨,诚不谬矣。吾今年已二八[25],未逢折桂之夫[26];忽慕春情,怎得蟾宫之客[27]？昔日韩夫人得遇于郎[28],张生偶逢崔氏[29],曾有《题红记》、《崔徽传》二书[30]。此佳人才子,前以密约偷期,后皆得成秦晋[31]。（长叹介）吾生于宦族,长在名门。年已及笄[32],不得早成佳配,诚为虚度青春,光阴如过隙耳。（泪介）可惜妾身颜色如花,岂料命如一叶乎!

[山坡羊]没乱里春情难遣[33],蓦地里怀人幽怨。则为俺生小婵娟,拣名门一例、一例里神仙眷。甚良缘,把青春抛的远!俺的睡情谁见?则索因循腼腆。想幽梦谁边,和春光暗流转？迟延,这衷怀那处言!淹煎[34],泼残生[35],除问天!

身子困乏了,且自隐几而眠。（睡介）（梦介）（生持柳枝上）"莺逢日暖歌声滑,人遇风情笑口开。一径落花随水入,今朝阮肇到天台[36]。"小生顺路儿跟着杜小姐回来,怎生不见？（回看介）呀,小姐,小姐!（旦作惊起介）（相见介）（生）小生那一处不寻访小姐来,却在这里!（旦作斜视不语介）（生）恰好花园内,折取垂柳半枝。姐姐,你既淹通书史,可作诗以赏此柳枝乎？（旦作惊喜,欲言又止介）（背想）这生素昧平生,何因到此？（生笑介）小姐,咱爱杀你哩!

[山桃红]则为你如花美眷,似水流年,是答儿闲寻遍[37]。在幽闺自怜。小姐,和你那答儿讲话去。（旦作含笑不行）（生作牵衣介）（旦低问）那边去？（生）转过这芍药栏前,紧靠着湖山石边。（旦低问）秀才,去怎的？（生低答）和你把领扣松,衣带宽,袖梢儿搵着牙儿苫也[38],则待你忍耐温存一晌眠。（旦作羞）（生前抱）（旦推介）（合）是那处曾相见,相看俨然,早难道这好处相逢无一言[39]？

（生强抱旦下）（末扮花神束发冠,红衣插花上）"催花御史惜花天,检点春工又一年[40]。蘸客伤心红雨下[41],勾人悬梦彩云边。"吾乃掌管南安府后花园花神是也。因杜知府小姐丽娘,与柳梦梅秀才,后日有姻缘之分。杜小姐游春感伤,致使柳秀才入梦。咱花神专掌惜玉怜香,竟来保护他,要他云雨十分欢幸也。

[鲍老催] (末)单则是混阳蒸变,看他似虫儿般蠢动把风情搧。一般儿娇凝翠绽魂儿颤[42]。这是景上缘[43],想内成[44],因中见[45]。呀,淫邪展污了花台殿。咱待拈片落花儿惊醒他。(向鬼门丢花介[46])他梦酣春透了怎留连?拈花闪碎的红如片。

秀才才到的半梦儿;梦毕之时,好送杜小姐仍归香阁。吾神去也。(下)
[山桃红] (生、旦携手上)(生)这一霎天留人便,草藉花眠。小姐可好?(旦低头介)(生)则把云鬟点,红松翠偏。小姐休忘了呵,见了你紧相偎,慢厮连,恨不得肉儿般团成片也,逗的个日下胭脂雨上鲜。(旦)秀才,你可去呵?(合)是那处曾相见,相看俨然,早难道这好处相逢无一言?

(生)姐姐,你身子乏了,将息,将息。(送旦依前作睡介)(轻拍旦介)姐姐,俺去了。(作回顾介)姐姐,你十分将息,我再来瞧你那。"行来春色三分雨,睡去巫山一片云。"(下)(旦作惊醒,低叫介)秀才,秀才,你去了也?(又作痴睡介)(老旦上)"夫婿坐黄堂[47],娇娃立绣窗。怪他裙衩上,花鸟绣双双。"孩儿,孩儿,你为甚瞌睡在此?(旦作醒,叫秀才介)咳也。(老旦)孩儿怎的来?(旦作惊起介)奶奶到此!(老旦)我儿,何不做些针指,或观玩书史,舒展情怀?因何昼寝于此?(旦)孩儿适花园中闲玩,忽值春暄恼人,故此回房。无可消遣,不觉困倦少息。有失迎接,望母亲恕儿之罪。(老旦)孩儿,这后花园中冷静,少去闲行。(旦)领母亲严命。(老旦)孩儿,学堂看书去。(旦)先生不在,且自消停。(老旦叹介)女孩儿长成,自有许多情态,且自由他。正是:"宛转随儿女,辛勤做老娘。"(下)(旦长叹介)(看老旦下介)哎也,天那,今日杜丽娘有些侥幸也。偶到后花园中,百花开遍,睹景伤情。没兴而回,昼眠香阁。忽见一生,年可弱冠[48],丰姿俊妍。于园中折得柳丝一枝,笑对奴家说:"姐姐既淹通书史,何不将柳枝题赏一篇?"那时待要应他一声,心中自忖,素昧平生,不知名姓,何得轻与交言。正如此想间,只见那生向前说了几句伤心话儿,将奴搂抱去牡丹亭畔,芍药阑边,共成云雨之欢。两情和合,真个是千般爱惜,万种温存。欢毕之时,又送我睡眠,几声"将息"。正待自送那生出门,忽值母亲来到,唤醒将来。我一身冷汗,乃是南柯一梦[49]。忙身参礼母亲,又被母亲絮了许多闲话。奴家口虽无言答应,心内思想梦中之事,何曾放怀。行坐不宁,自觉如有所失。娘呵,你教我学堂看书去,知他看那一种书消闷也。(作掩泪介)

[绵搭絮] 雨香云片,才到梦儿边。无奈高堂,唤醒纱窗睡不便。泼新鲜冷汗粘煎,闪的俺心悠步嚲[50],意软鬈偏。不争多费尽神情[51],坐起谁忺[52]?则待去眠。

(贴上)"晚妆销粉印,春润费香篝[53]。"小姐,熏了被窝睡罢。

[尾声] (旦)困春心游赏倦,也不索香熏绣被眠。天呵,有心情那梦儿还去不远。

　　　　春望逍遥出画堂[54],张说　间梅遮柳不胜芳[55]。罗隐
　　　　可知刘阮逢人处[56]?许浑　回首东风一断肠[57]。韦庄

(同下)

徐朔方、杨笑梅校注《牡丹亭》,人民文学出版社1963年版

[注释]

[1] 年光:春光。

[2] 沉烟:沉香的烟。沉香:一种熏用的香料。

[3] 梅关:即大庾岭,因山岭多梅,故又称梅岭;因是古代著名关塞,故有梅关之称。

[4] 宜春髻子:指古代妇女春日时所梳的一种贴有"宜春"字样的发髻。南朝梁宗懔《荆楚岁时记》:"立春之日,悉剪彩为燕,戴之,帖'宜春'二字。"

[5] "剪不断"二句:出自李煜《相见欢》词的下半阕,形容愁思如千丝万缕纠缠盘绕。

[6] "云髻罗梳"二句:出自唐薛蓬《宫词》。

[7] 晴丝:春日飘荡在空中的游丝,因"晴"与"情"、"丝"与"思"谐音,故暗喻"情思"。

[8] 花钿(diàn):一种镶嵌金花的首饰。

[9] 没揣:不料。菱花:古时用的铜镜,因其背面一般铸有菱花状,故称。

[10] 迤(tuō)逗:挑逗,招惹。彩云:形容美丽的鬟髻。

[11] 出落:显出。茜(qiàn):绛红色。

[12] 花簪八宝填:镶嵌着多种珍贵饰物的簪子。八宝:多种宝物。

[13] 三春好处:比喻女子韶华美丽。

[14] 沉鱼落雁:女子的美丽令鱼儿见了会觉得自愧不如而沉入水底,大雁见了会失去飞翔的能力。庄子《齐物论》:"毛嫱,丽姬,人之所美也,鱼见之深入,鸟见之高飞。"下文"羞花闭月"的意思与之略同。

[15] 惜花疼煞小金铃:《开元天宝遗事》:"宁王……于后园中纫红丝为绳,密缀金铃,系与花梢之上。每有鸟鹊翔集,则令园吏掣铃索以惊之。盖惜花之故

也。"疼煞,意谓因爱花,让园吏不断拉响金铃,使金铃都感到异常疼痛。此拟人化的说法。

[16] 姹紫嫣红:形容百花多彩艳丽。

[17] 断井颓垣:断了栏的井,倒塌的墙。形容景象荒凉破败。

[18] 良辰美景:与下句"赏心乐事"均出自谢灵运《拟魏太子邺中集诗序》:"天下良辰、美景、赏心、乐事,四者难并。"赏心:心情愉悦。

[19] 朝飞暮卷:参见王勃《滕王阁诗》"画栋朝飞南浦云,珠帘暮卷西山雨"句。

[20] 锦屏人:深闺中人。韶光:春光。

[21] 啼红了杜鹃:谓杜鹃花遍开。杜鹃:又称映山红,于农历二三月杜鹃鸟啼时开放。

[22] 荼蘼:花名。烟丝:游丝,与上文"晴丝"本义同。

[23] 缱:留恋,留连。

[24] "开我西阁门"二句,由《木兰诗》"开我东阁门,坐我西阁床"句转来。

[25] 二八:一十六(岁)。

[26] 折桂:《晋书·郤诜传》:"武帝于东堂会送,问诜曰:'卿自以为何如?'诜对曰:'臣举贤良对策,为天下第一,犹桂林之一枝,昆山之片玉。'帝笑。"后因以"折桂"比喻科举及第。唐温庭筠《春日将欲东归寄新及第苗绅先辈》诗:"犹喜故人先折桂,自怜羁客尚飘蓬。"

[27] 蟾宫之客:到月宫中折桂枝的人,比喻科举及第的人。蟾宫:月宫,相传月宫中有桂树。参见前注。

[28] 韩夫人得遇于郎:见《青琐高议·流红记》传奇小说:唐僖宗时,宫女韩氏在红叶上题写思春诗,随御沟水流向宫外,书生于佑发现后,也以红叶题诗,从御沟的上游流入宫内,恰又被韩夫人拾取。后僖宗放宫女出宫,韩、于二人终结为夫妻。见刘斧《青琐高议》所收张子京《流红记》。

[29] 张生偶逢崔氏:即张珙与崔莺莺的爱情故事。

[30] 题红记:明传奇剧,王骥德根据王炉峰的传奇剧《红叶记》改写,而《红叶记》又是根据唐传奇小说《流红记》改编的。参见注[28]。崔徽传:本为《崔徽歌》之序文,唐元稹撰,述御史裴敬中使蒲,妓女崔徽与之相从数月,裴中使回,徽以不能从为恨,久之成疾,写真以寄敬中,后发狂而卒。据此,故事情节非属下文所谓"前以密约偷期,后皆得成秦晋"之列,或疑《崔徽传》为《莺莺传》或《西厢记》之笔误。

[31] 秦晋:春秋时,秦国与晋国世为婚姻,后以"秦晋之好"谓两姓联姻。

[32] 及笄:意谓女子已年满十五岁。笄:发簪。《礼记·内则》谓女子十五

岁以笄束发。

　　[33] 没乱里：心急意乱。

　　[34] 淹煎：受熬煎，遭折磨。

　　[35] 泼残生：意谓倒霉的苦命。泼：詈辞。

　　[36] 阮肇到天台：指男子遇到情人。南朝刘义庆《幽明录》：永平年间，阮肇和刘晨到天台山采药，遇二仙女，生活半年而归，时已入晋，历经七代。

　　[37] 是答儿：到处。是：凡。答儿：处。

　　[38] 搵（wèn）着：贴着。苫（shān）：颤动。

　　[39] 早难道：岂不闻。

　　[40] 检点：查点。春工：春季造化万物之工。

　　[41] 蘸：将物体在液体或粉末中沾一下再拿出，此谓人身上沾上许多落花，就如同人在红雨中蘸过一样。红雨：落花。

　　[42] "混阳蒸变"三句：描写两性幽会。

　　[43] 景上缘：因缘分而产生的虚象。

　　[44] 想内成：梦中而成的情事。

　　[45] 因中见：因缘的体现。见：通"现"。

　　[46] 鬼门：古代戏曲舞台的上下场门。

　　[47] 黄堂：太守衙中的正堂。

　　[48] 弱冠：古代男子二十岁行冠礼，表明已长成人。弱，二十岁。《礼记·曲礼上》："人生十年曰幼，学；二十曰弱，冠……"

　　[49] 南柯一梦：《太平广记》引李公佐《淳于棼》：淳于棼梦见自己做了大槐安国的驸马，并任南柯郡太守，享尽荣华富贵，历尽人世浮沉，梦醒方知所谓大槐安国乃是大槐树下的蚁穴，而南柯郡是旁边的另一蚁穴。因以南柯一梦代指做梦。汤显祖《南柯记》也取此题材。

　　[50] 闪的俺：害得我。步軃（duǒ）：行走时脚下发飘。軃：飘动，摇曳。

　　[51] 不争：只因。

　　[52] 忺（xiān）：适意。

　　[53] 香篝：熏香用的熏笼。

　　[54] 春望逍遥出画堂：为唐诗人张说《奉和圣制春日出苑应制》诗句。

　　[55] 间梅遮柳不胜芳：为唐诗人罗隐《桃花》诗句。

　　[56] 可知刘阮逢人处：为唐诗人许浑《早发天台中岩寺度关岭次天姥岑》诗句。

　　[57] 回首东风一断肠：仍为罗隐《桃花》诗句，而非韦庄诗句。韦庄《春陌二首》其一有"断肠东风各回首"句，句意与"回首东风一断肠"同，但句式不同。

※寻　梦

［夜游宫］（贴上）腻脸朝云罗盥，倒犀簪斜插双鬟。侍香闺起早，睡意阑珊。衣桁前，妆阁畔，画屏间。

伏侍千金小姐，丫鬟一位春香。请过猫儿师父，不许老鼠放光。倖幸《毛诗》感动，小姐吉日时良。拖带春香遣闷，后花园里游芳。谁知小姐瞌睡，恰遇着夫人问当，絮了小姐一会，要与春香一场。春香无言知罪，以后劝止娘行，夫人还是不放，少不得发咒禁当。（内介）春香姐，发个甚咒来？（贴）敢再跟娘胡撞，教春香即世里不见儿郎。虽然一时抵对，乌鸦管的凤凰？一夜小姐焦躁，起来促水朝妆。由他自言自语，日高花影纱窗。（内介）快请小姐早膳。（贴）"报道官厨饭熟，且去传叫茶汤。"（下）

［月儿高］（旦上）几曲屏山展，残眉黛深浅。为甚衾儿里不住的柔肠转？这憔悴非关爱月眠迟倦，可为惜花，朝起庭院？

"忽忽花间起梦情，女儿心性未分明。无眠一夜灯明灭，分煞梅香唤不醒。"昨日偶尔春游，何人见梦。绸缪顾盼，如遇平生。独坐思量，情殊怅恍。真个可怜人也！（闷介）（贴捧茶食上）"香饭盛来鹦鹉粒，清茶擎出鹧鸪斑。"小姐早膳哩。（旦）咱有甚心情也！

［前腔］　梳洗了才匀面，照台儿未收展。睡起无滋味，茶饭怎生咽？（贴）夫人分付，早饭要早。（旦）你猛说夫人，则待把饥人劝。你说为人在世，怎生叫做吃饭？（贴）一日三餐。（旦）咳，甚瓯儿气力与擎拳！生生的了前件。

你自拿去吃便了。（贴）"受用馀杯冷炙，胜如剩粉残膏。"（下）（旦）春香已去。天呵，昨日所梦，池亭俨然。只图旧梦重来，其奈新愁一段。寻思展转，竟夜无眠。咱待乘此空闲，背却春香，悄向花园寻看。（悲介）哎也，似咱这般，正是："梦无彩凤双飞翼，心有灵犀一点通。"（行介）一径行来，喜的园门洞开，守花的都不在。则这残红满地呵！（唱）

［懒画眉］　最撩人春色是今年。少甚么低就高来粉画垣，元来春心无处不飞悬。（绊介）哎，睡荼蘼抓住裙衩线，恰便是花似人心好处牵。

这一湾流水呵！

［前腔］　为甚呵，玉真重溯武陵源？也则为水点花飞在眼前。是天公不费买花钱，则咱人心上有啼红怨。咳，辜负了春三二月天。

（贴上）吃饭去，不见小姐，则得一径寻来。呀，小姐，你在这里！

［不是路］　何意婵娟，小立在垂垂花树边。才朝膳，个人无伴怎游园？（旦）画廊前，深深蓦见衔泥燕，随步名园是偶然。（贴）娘回转，幽闺窄地教人见，"那些儿

闲串？那些儿闲串？"

〔前腔〕（旦作恼介）咦，偶尔来前，道的咱偷闲学少年。（贴）咳，不偷闲，偷淡。（旦）欺奴善，把护春台都猜做谎桃源。（贴）敢胡言，这是夫人命，道春多刺绣宜添线，润逼炉香好腻笺。（旦）还说甚来？（贴）这荒园堑，怕花妖木客寻常见。去小庭深院，去小庭深院！

（旦）知道了。你好生答应夫人去，俺随后便来。（贴）"闲花傍砌如依主，娇鸟嫌笼会骂人。"（下）（旦）丫头去了，正好寻梦。

〔忒忒令〕那一答可是湖山石边，这一答似牡丹亭畔。嵌雕阑芍药芽儿浅，一丝丝垂杨线，一丢丢榆荚钱，线儿春甚金钱吊转！

呀，昨日那书生将柳枝要我题咏，强我欢会之时，好不话长！

〔嘉庆子〕是谁家少俊来近远，敢迤逗这香闺去沁园？话到其间腼腆，他捏这眼，奈烦也天；咱嗽这口，待酬言。

〔尹令〕那书生可意呵，咱不是前生爱眷，又素乏平生半面。则道来生出现，乍便今生梦见。生就个书生，恰恰生生抱咱去眠。

那些好不动人春意也。

〔品令〕他倚太湖石，立着咱玉婵娟。待把俺玉山推倒，便日暖玉生烟。挨过雕阑，转过秋千，掯着裙花展。敢席地，怕天瞧见。好一会分明，美满幽香不可言。

梦到正好时节，甚花片儿吊下来也！

〔豆叶黄〕他兴心儿紧咽咽，呜着咱香肩。俺可也慢掂掂做意儿周旋。等闲间把一个照人儿昏善，那般形现，那般软绵。忑一片撒花心的红影儿吊将来半天。敢是咱梦魂儿厮缠？

咳，寻来寻去，都不见了。牡丹亭，芍药阑，怎生这般凄凉冷落，杳无人迹？好不伤心也！

〔玉交枝〕（泪介）是这等荒凉地面，没多半亭台靠边，好是咱眯瞑色眼寻难见。明放着白日青天，猛教人抓不到魂梦前。霎时间有如活现，打方旋再得俄延，呀，是这答儿压黄金钏匾。

要再见那书生呵，

〔月上海棠〕怎赚骗，依稀想象人儿见。那来时荏苒，去也迁延。非远，那雨迹云踪才一转，敢依花傍柳还重现。昨日今朝，眼下心前，阳台一座登时变。

再消停一番。（望介）呀，无人之处，忽然大梅树一株，梅子磊磊可爱。

〔二犯么令〕偏则他暗香清远，伞儿般盖的周全。他趁这，他趁这春三月红绽雨肥天，叶儿青，偏迭着苦仁儿里撒圆。爱杀这昼阴便，再得到罗浮梦边。

罢了，这梅树依依可人，我杜丽娘若死后，得葬于此，幸矣。

［江儿水］　偶然间心似缱，梅树边。这般花花草草由人恋，生生死死随人愿，便酸酸楚楚无人怨。待打并香魂一片，阴雨梅天，守的个梅根相见。

（倦坐介）（贴上）"佳人拾翠春亭远，侍女添香午院清。"咳，小姐走乏了，梅树下眦。

［川拨棹］　你游花院，怎靠着梅树偎？（旦）一时间望，一时间望眼连天，忽忽地伤心自怜。（泣介）（合）知怎生情怅然，知怎生泪暗悬？

（贴）小姐甚意儿？

［前腔］　（旦）春归人面，整相看无一言，我待要折，我待要折的那柳枝儿问天，我如今悔，我如今悔不与题笺。（贴）这一句猜头儿是怎言？（合前）

（贴）去罢。（旦作行又住介）

［前腔］　为我慢归休，缓留连。（内鸟啼介）听，听这不如归春暮天，难道我再，难道我再到这亭园，则挣的个长眠和短眠！（合前）

（贴）到了，和小姐瞧奶奶去。（旦）罢了。

［意不尽］　软哈哈刚刚扶到画阑偏，报堂上夫人稳便。咱杜丽娘呵，少不得楼上花枝也则是照独眠。

（旦）武陵何处访仙郎？释皎然　　（贴）只怪游人思易忘。韦庄
（旦）从此时时春梦里，白居易　　（贴）一生遗恨系心肠。张祜

徐朔方、杨笑梅校注《牡丹亭》，人民文学出版社1963年版

[参考文献]

徐朔方：《论〈牡丹亭〉》、《论汤显祖及其他》，上海古籍出版社1983年版。

沈　　璟

　　沈璟(1553—1610)，字伯英，号宁庵，别号词隐，吴江(今属江苏)人。万历二年(1574)中进士，历任吏部员外郎、光禄寺丞等官。万历十七年(1589)因科场舞弊事，告病归乡。居家20年，致力于词曲研究与戏曲著述。倡本色、当行说，尤重合律依腔，但所论偶有偏激。其周围聚集了一批曲家，人称"吴江派"，其中多数曲家仅支持他的音律主张，而对他在文辞上疏于文采则时发微词。著有传奇《红蕖记》、《埋剑记》、《分钱记》、《桃符记》、《义侠记》等17种，合称《属玉堂传奇》；并改写汤显祖《牡丹亭》为《同梦记》。杂剧有《十孝记》、《博笑记》2种。今存小令17首，套曲40余套。曲学著述有《词隐先生论曲》、《唱曲当知》、《正吴编》等，并改订明嘉靖蒋孝《南九宫谱》为《南九宫十三调曲谱》。

※博笑记

乜县丞竟日昏眠(第五出)

(小丑扮官上,唱)

[双调普贤歌] 钦承恩命到崇明,耳又聪来眼又明。问来不做声,摸来不见形,人说县丞常好睡。

(末上)阿呀,老爹倒了韵了!(小丑)走,狗才!老爹昨日才到任,你说这般不利市的话。叫手下,拿去打!且问你叫什么名字?(末)小的是蒋敬。(小丑)快打!呀,一个人也不来,老爹自家行杖。(咬末介)(末走下介)(小丑)蒋敬这等可恶,禀了大爷,革了他罢。(小生扮秀才上)何故入公门,其接也以礼。(净扮家人持帖上)官人若做官,进县人站起。(小生)送帖儿进去。(净)是了。(送帖介)家主拜访。(小丑看,白)治侍教生长铁顿首拜。(净)如今都用古折束,不用长帖。(小丑)你每家主姓长么?(净)我家主唤做张铁,不唤做长铁。(小丑)是我眼昏,看差了。请,请,请!(净)家主有请!(小生进介)(小丑)老丈请!(小生)父母请上拜贺。(小丑)免拜。(小生惊看介)(背白)有些可怪!阿,作揖了。(小丑)多劳。(小生)薄礼。(送帖介)(小丑看,白)谨具小书一部,帖金三星将敬。呀!你元来就是蒋敬?你跑得去,好呵!(小生)写了贺字,只怕不肯受,故此只写将敬。(小丑怒白)胡说!手下拿他下去!(小生)走,谁敢拿!(径走出,白)是个颠的,不要计较他!"仰天大笑出门外,吾辈岂是蓬蒿人。"(冷笑下)(净)你多大的官儿,要拿我每家主!见鬼了。(小丑)叫手下!拿住他,替我蒋敬的打罢!(末上)嗄。(拿介)(小丑自行杖介)(末)一五、一十、十五、二十。(小丑)捞起来!(末)嗄。(捞介)(小丑)带在一边!(打盹介)(丑扮官上)(杂扮家人跟上)(丑唱)

[前腔] 崇明城内有名声,县佐诸公谁不敬。(杂)闻知新县丞,诸人都去迎,(丑)今日来迟无伴等。

(杂)有人么?(末)那个?(杂)乡宦拜贺。(末)老爹,新任老爹是个颠的,又在里面打人乱嚷,倒不劳进去罢!(丑)既如此,收好了帖儿。(末)晓得(丑)何须亲口回不在,(杂)只要阍人写到厅。(末)晓得了。(丑)正好正好,回去打盹。(与杂同下)(末)老爹!(小丑惊醒,白)怎么说?(末)有一位乡宦来拜,小的说老爹打盹,他就去了。帖儿在此。(小丑)是个知趣的好人。我吃了饭,就去拜他。你也伶俐,我把这花脸的人,赏你领去卖放了罢。(末)老爷,这是学里相公的家人,老爹打差了他,该送去请罪才是。(小丑)既如此,先放了他,待我拜过乡宦,就去请罪。(末)嗄,晓得了。(小丑)蒋敬拿不着,(末背白)谁知在面前。(小丑)张兄虽见怪,乡宦或相怜。(末)大官,上覆你每相公,不干我事,休要怪我。(净)与你什么相干,且回去看相公怎么说。(哭下)(末)不曾见这样好笑的事。(下)

※乜县丞竟日昏眠(第六出)

(丑更衣上)(唱)

[越调梨花儿] 今朝曾经县里去,睡犹不醒眼模糊。回来正遇午饭熟也么嗦,吃得饱来睡得足。

吃饭不眠,不着两边;吃饭不睡,不着两腿。叫小厮。(净上)来了。(丑)有人来拜,只说不在。(净)是了,收下帖儿,推出门外。(丑)好儿子,改日有赏。(净)就见赐了罢。(丑)走。(净出介)(丑睡介)(小丑领末上)(小丑唱)

[前腔] 新任连朝太碌碌,(末)连咱皂隶也忙促。(小丑)特来回拜乡宦府也么嗦,只在戏场三五步。

(末)到了。(小丑)送帖儿。(末)嗄,有人么?(净)那个?(末)新任乜老爹帖儿在此。(净)少待。禀老爷,乜县丞老爷来拜。(丑)前厅请坐,待我进去穿大衣服。(下)(净)嗄,请老爹前厅坐,家主穿了大衣服出来。(小丑)晓得了,从容些。(坐介,打盹介)(丑)我是尹字少半撇,他是也字少一竖。若逢副末拿磕瓜,两个大家没躲处。请了!(净摇手白)乜老爹睡着了。(丑)不要惊他。有兴,我也对了他打盹。(打盹介)(末、净随意问话介)(小丑)这是那里?我怎么倒在此间?呀,对面的是谁?(末)对面的是乡宦老爹,这是他家里。老爹坐着候他出来,就睡去了。他又不敢惊动,也在此打盹。(小丑)既如此,我怎么好惊动他,再睡。(末、净低唱)

[北双调清江引] 古和今不曾闻他这一对,对面沉沉睡,睡着不得醒,醒了还如醉,醉人呵怎如他昏到底。

(丑醒白)呀,昨日那乜老爹来拜,怎么今日还在这里?(净)如今是酉牌时分,还是今日哩。(丑)他既睡着,怎么打动他,我也再睡。(净、末低唱)

[前腔] 醉人呵怎如他昏到底,底事常如醉?醉人有日醒,醒者翻常睡,睡魔神不离他双目里。

(小丑醒白)呀,天晚了。(末)晚了。(小丑)乡宦老爹正睡着,我去罢,改日再来。(净)多慢老爹。(小丑)多拜上。(净)谢拜上。(小丑唱)

[前腔] 有良言要伊特拜启,(净)有何说话?(小丑)莫道咱相戏。若还少睡时,

请我来家内,我是补心丹枣仁和枸杞。(与末同下)(丑醒白)呀,乜老爹那里去了?(净)等得不耐烦去了,说改日来拜。(丑)还有什么呢?(净)他说道要求少睡时,请到乡村内,此时二三月,大家(诨介)看狗起。(丑)走,也来打诨!(俱下)

《古本戏曲丛刊初集》,文学古籍刊行社1954年影印

王 玉 峰

王玉峰,号月榭主人,松江(今属上海)人。生卒年及事迹不详,约嘉靖初至万历年间在世。作有传奇《焚香记》,一说《钗钏记》、《羊觚记》亦为他所作。《羊觚记》已佚。

焚香记(折证)

[解题]

《焚香记》是宋南戏《王魁负桂英》的"翻案剧"。原剧演书生王魁在赶考途中贫病交加,为妓女敫桂英所救,至王魁临考前,二人在神前盟誓永不负心。王魁高中后,弃桂英而另娶,桂英自缢,到阴间状告王魁,神派鬼卒携桂英魂将王魁魂摄于阴间加以处罚。而《焚香记》则改为王魁高中后,发信向桂英报喜,信被贪桂英之色的金垒篡改为休书,桂英不知真情,向海神诉冤,海神以"阴阳间隔,难以处分"为由不予受理,桂英只得自缢,魂告王魁。海神又自称"但司海内风涛险,不管人间闲是非",仍不理睬。经争辩,海神方派鬼卒同桂英将王魁之魂摄来,经审勘方真相大白,使桂英、王魁还魂,终成眷属。《折证》为全剧的第28出,演桂英随鬼卒摄取王魁魂的情形,表现了受迫害的桂英的复仇决心。桂英虽已为鬼魂,但其情感描写颇具人格化。此剧因"误会"而敷演成篇,多少伤害到桂英形象的塑造,但仍在一定程度上揭露了社会上的丑恶现象。一封假休书即把桂英弄得死去活来,充分表明封建时代的女子在以男人为中心的婚姻制度下身心的不自由,同时也曲折地揭示了无以自立的妇女但以死来实现自己的人生价值的非常心态。

[绕池游] (生上)仁风吹遍[1],闾巷弦歌满。官衙冷,一庭苔藓。秋风过眼,猛惊心那人不见,怪鳞鸿何事至今杳然[2]。

吏散公余早闭门,萧萧梧叶乱秋声。兀坐焚香思往事[3],西风落日不胜情。下官自中榜后,除授此职。到任来,不想尚缺郡守,一郡事都属下官掌理。且喜物阜民安[4],辞清讼简[5],焚香宴坐,啜茗观书[6],诚为乐事。但我在此

安享富贵,竟不知夫人安否何如?前日在京时,即便写书寄与卖登科录的[7],到莱阳报喜[8],就请夫人竟赴徐州任所[9],但不知此书可曾到否?叫我时刻在怀,好闷人也!

[集贤宾]　重重离恨难自遣,思量展转凄然。他受苦担辛图美满,别来后,有万千肠断。指望我功成名显,毕竟把佳音频盼。此书若没有差失,想已到多时了。他若见此书呵,料应愁眉展,又怕他生憎去迟来晚。

且住。我想起来,前日虽有书寄去,那卖登科录的人莫非有些差迟?我如今不免再写一封书,差的当人去,方才不至误事。左右,取纸笔过来。(末上介)你自回避。(介)呀,身子如何霎时这般疲倦?一回也想不起来了。为甚的神思不安?

[啭林莺]　神魂恍惚霜毫软[10],昏昏没倒没颠,莫非相思搅得愁心乱?想当初誓海盟山,他把香云痛剪[11]。念此情,忍霎时抛闪。闷无言,睁睁望眼,寂寞泪阑干。

(作惊介)呀,好没头绪。我想夜来曾得一梦,梦见梨花一枝,才扳在手,却被一阵狂风将花吹落堕,以后又取起来置在瓶中,其花复鲜,不知何兆?(作倦介)呀,如何身子一发昏眩起来,莫非是不祥?

[啄木鹂]　如病里,似梦间,(鬼暗上下)闹攘攘虚声过耳边。(惊介)眼生花惨雾愁霾[12],乱庭除沙暗风掀[13]。(介)无形有影空中见,瞻前忽后魂飘散。(鬼上下)呀,满目间非人非兽,(旦上)王魁,你负的我好苦!(生)呼名姓似妇人言。

(旦)王魁这厮,你好负心也!(生)你是那个?(旦)我是敫桂英。(生)我的妻!如何这般模样!莫非是鬼?(旦)我如今不是你的妻子了。(生慌介)

[香柳娘]　却怎生蓬头垢面,却怎生蓬头垢面?一簇鬼兵交战,磨牙攘臂争相犯。(旦)王魁,还我性命来!(生)呀,你果是阴魂负冤,你果是阴魂负冤,因甚赴冥途,一声声将咱怨?(旦)你身荣再婚,你身荣再婚,害我把香罗自缠,你这兽心人面!(生)

[前腔]　听他咬牙关恨言,听他咬牙关恨言,不明不暗。(旦扯生介)快随我去!(鬼捉介,生)遮拦不住相牵挽。(旦)我要拿你去见海神爷!(生)那神灵与我,那神灵与我,有甚干连,到此胡沾染?(旦)你在神前罚愿,你在神前罚愿,我拚生诉冤,今日与伊分辩!

(鬼捉生介)快走!快走!(旦扯生)王魁这厮,好好随我去,教你浑身是口也难言,遍体排牙说不得!(生倒地介,鬼、旦下,末上)天有不测风云,人有旦夕祸福。有这等异事:我老爷在书院中闲坐,我在厅后边,只见阴风渐渐,杀气腾腾,一阵鬼兵带着一个妇人,盘盘旋旋,啼啼哭哭,把我老爷锁着牵出衙门。那时急欲去救他,被黑沙乱滚,不得近前。霎时风息烟消,天朗气清,不免到书院中一看。呀！老爷原来昏倒在这里。老爷！老爷！呀，叫也叫他不醒。牌子们[14]，快来扶老爷进去！（众上介）快扶到里边卧床上睡着，一面请医人调治。正是：青龙共白虎同行，吉凶事全然未料。（下）

明毛晋编《六十种曲》第七册，中华书局用开明书店原版重印1958年版

[注释]

  [1] 仁风：形容恩泽像风一样流布。旧时用以颂扬帝王或地方长官的德政。
  [2] 鳞鸿：鱼与雁，代指书信。杳然：无影无声。
  [3] 兀坐：独自端坐。
  [4] 阜：丰盛。
  [5] 辞清讼简：意谓告状的少。辞、讼：诉状。
  [6] 啜茗：饮茶。
  [7] 登科录：科举考试的录取名录。
  [8] 莱阳：今属山东。
  [9] 徐州：今属江苏。
  [10] 霜毫：白色兽毛，此指代毛笔。
  [11] 香云：比喻美人的头发。
  [12] 霾(mái)：空气中悬浮着的烟尘所形成的浑浊现象。
  [13] 庭除：庭院。
  [14] 牌子：即衙役。旧时衙役悬挂证明身份的腰牌，故有此称。

周　朝　俊

  周朝俊，字夷玉，一作仪玉，鄞(yín)县(今浙江宁波)人。生卒年不详，约明万历元年(1573)至万历末年(1620)在世。诸生。工诗词，诗学李贺。著有传奇《李丹记》、《香玉人》、《红梅记》、《画舫记》等，今仅存《红梅记》一种。

红梅记(鬼辩)

[解题]

  《红梅记》虽以书生裴禹和少女卢昭容的婚姻事贯穿全剧，但戏剧性体现得最集中的却是演述李慧娘遭遇的情节。李慧娘只因对裴禹偶发赞美之辞，便被主子贾似道所杀，这既揭露了权奸的骄奢与残忍，又反映了下层妇女命如草芥的

遭际。李慧娘死后,其形象得到进一步升华。《鬼辩》为《红梅记》第11出,即演慧娘魂为搭救众姊妹而主动"现身"与贾似道进行面对面的斗争。死后的慧娘敢恨敢爱了,她已意识到"在生时贱,死后也不分贵贱了",于是蔑视权贵,并与之展开针锋相对的斗争。在中国戏曲的妇女群象中,李慧娘形象是大放光彩的。今录《鬼辩》一出为明末剑啸阁的改订本,附录于玉茗堂批评《红梅记》的《鬼辩》一折后。

(净扮贾平章上)

[挂真儿] 烂醉归来明月下,看两行绛蜡笼纱。才罢堂餐[1],又排家宴,早是三更初打。

圣上召进宫中赏月,不觉大醉。出的朝来,你看月色转明,再作通宵之饮,有何不可。(小净上)拆破玉笼飞彩凤,顿开金锁走蛟龙。廖莹中见。(净四顾介)所干的事却如何了?(小净)特来回复,廖莹中一承太师分付,即便走到西廊。只见书房中悄无人影,急忙提灯寻觅,只见后花园内同一妇人站着。正待下手,被一阵大风吹灭了灯,黑地里被他闪过。再点着灯照看,但见园门大开,便不知那一路去了。廖莹中飞也似追寻,并没踪影,(净惊怒介)呀呀,有这等异事!你见是那一个妇人?(小净)急忙里那里认得真切。(净)可恼!可恼!老廖请回,我自有处置。(小净)嗄。(下)(净)众姬们那里?(旦、小旦、老旦、丑上)笙歌归院落,灯光下楼台[2]。众侍妾叩头。(净)哝,都跪下了!你这班贱人,是那个放了裴秀才去?从实招来!(众惊介)呀,十院都在房里听老爷呼唤,那敢到外边去做这样大胆的事?(净)管家婆子那里?快取刑具出来!(小净)捞子和夹棍[3],竹片共荆条,都在此了。(净)你与我一个个都先捞起来。(婆作捞介)(众)其实没有放裴生出来的。(叫痛介)望老爷详察。(净唱)

[琐窗郎] 恨无知泼妇淫娃,胆如天不畏法,私通秀士,放走官衙,把咱凤恨弄成虚话。(众)贱妾那敢做这样歹事!(净)哝!看他们巴巴铁咀还奸诈[4]。老婆子,与我着实捞,下力打。

(婆打,众叫痛介)(唱)

[香柳娘] 望雷霆暂息,望雷霆暂息,少停敲打。(净)顷刻间死在头上了。(众)命悬顷刻谁不怕。(净)既怕死,为何开了园门,放裴生出去?(众)有谁行见来[5]?有谁行见来?(净)怎的没有人见?(众)老爷竟唤那见的人来,若是认得,咱当堂辩真假。(净)还要胡说!再不招,有杀李慧娘的剑在此。(唤小净取剑)(众)便浑身碎剐,便浑身碎剐,(净)难道碎剐也不招么?(众)没甚争差[6],如何招下?

(贴扮李慧娘阴魂,红纱兜头,立鬼门道[7])(云)放出裴生应有故,如何连累众钗裙?若将庭下都开释,细向灯前说与君。(净听自语)咦,空中若有人言,听他说起,不干这班事。且放了拶,再作区处[8]。(向小净云)你可把这班贱人暂时放拶,都拘在一间房内,听我停回复审。(小净应,放拶,领众下)

(贴上,唱)

〔北点绛唇〕 俺本待懊恨平章[9],兀的又肆行狂妄。咱小可把裴生放[10],他恰便拷打红妆,不免去明开着供状。

(净)起初但闻人声,如今渐见人形,头上兜红,身上穿青,不知什么妖怪。(贴)贾平章。(净)阿呀!你是个妖魔,还是个天将?(贴唱)

〔北混江龙〕 咱不是妖魔,也非神将,却是个旧相知,怎待要费端详。(净惊介)你与我甚么相知?(贴)也有时追欢买笑,也有时共枕同床。(净怕介)说起来是个妇人了,我姬妾如云,那里认得你?(贴)不记得清盼空招一少年[11],险些儿红颜随葬半闲堂[12]。(净惊觑)莫非李慧娘的阴魂么?我且问你,怎的还在这里?(贴)咱是你紧对头,怎相忘?(净)你在这里做甚?(贴)伴那裴秀士,在西廊。(净)你还与他有帐吗?(贴)休欺做鬼的少风光。(净)有甚风光?(贴)学那巫山女,恋襄王[13]。(净)可恶,可恶!原来那裴秀才是你放出去的。(贴)也差不多儿。则听得廖莹中密议,待做出险行藏[14],咱便去后花园引路,把他来私发放。早累着娇滴滴如花姊妹,特回复怒狠狠似虎平章。

(净)(怒介)咦,贱人这等无状!(贴)在生时贱,死后也不分贵贱了。(唱)

〔北油葫芦〕 咱是你守死冤魂狠无常[15]。(净)我有朝廷威命在身,不知杀了千万官民,害了多少男女,那在你幺髒小鬼[16],辄敢作怪。你不怕我吗?(贴)甚不足怕,你则道秉威权将生杀掌,你则凭着五行八字吃尽宰官粮[17],却不道前因后果有部轮回帐[18]。(净)我生为宰相,死去料不落寞。(贴笑介)黄泉路伶仃苦与我只一样,贾似道怎跳出别伎俩。(净怒)咦!料想你这样孤鬼,也不敢见我。(贴)那时节撞着李慧娘,这的是相逢狭路难轻放,紧些儿的相扭看那个强?

(净)不许多言,只今夜里我与你谁弱谁强?(贴唱)

〔北天下乐〕 咱本是生死冤家,论甚弱共强。(净)你不思量前日的宝剑吗?(贴)若教人思也量,思量、转断肠。(净)那教你看上了裴生?(贴)西湖上偶赞扬,甚淫奔乱纪纲?不详察不细商,握吴钩便砍的莽[19]。埋我在牡丹根,谁人不怅快!

(净)再在此胡缠,我就把宝剑又砍将来了。(贴)人只有一死,那有两死。

(唱)

〔北金盏儿〕 待杀咱无头鬼,直甚逞豪强。似风儿踪迹在那边厢。(净按剑介)(贴指介)(净)咦,怎的砍不下去?好古怪,好蹊跷!(贴)好教你手提着三尺剑只在空中晃。早知是这般伎俩,休再把威怪逞势虚张。

（净）怎的不容我动手？（贴）我不曾大犯[20]，如何就要动手。（净）也罢，还哄那裴生到西廊下来，我饶了你罢。（贴）咳！（唱）

［北寄生草］ 咱若肯笼鹦鹉，却怎的放凤凰？救裴生怎又把裴生诳？（净怒）你不还我裴生，又在此无礼，我明日牒你到酆都城里去受苦[21]，再不得来了。（贴）屈死游魂有甚的难来往？（净）难道地狱里不拘管？（贴）数不绝差来与您胡缠帐。（净）越该牒去了。（贴笑）笑君王一时错认好平章，阴司里却全然不睬贼丞相。

（净怒喝，赶贴介）（贴作鬼叫）（舞起旋风介）（净作欲前复却介）（向内叫）管家婆，十院歌姬那里？快些来，有鬼有鬼！（内）十院歌姬都捞打坏了，睡倒爬不起来。（净）婆子自来吧。（内）有阵鬼头风推住，一步也走不上。（贴唱）

［北煞尾］ 才见你东西四顾悉惊惶，唤着婆子来堂上。可这一阵旋风将人拦挡，众姬们哭哀哀只叫柱，一一的磕倒象牙床。只丢下一个寡平章，断头的有甚么商量[22]。（净）只管絮叨。（贴）说得个月华惨淡灯不亮，冤家眼却觑得甚详。（走上看净）（净怕介）（贴）再请你认咱半晌，咱待把血头颅向心窝一撞。（净作慌避，摇手介）这使不得！（贴）方始信李慧娘做鬼强梁。（净）你不要作怪，我明日唤高僧招你魂来超度吧[23]。（贴）受用过无情剑，不劳赐返魂香[24]。

（撞净下）（净跌介）（小净急上，唱）

［南扑灯蛾］ 画堂烛有辉，倏然见魑魅。（净在地发谵语介[25]）（小净）唬得太师爷云瞬便教跌地也，阴风透髓，却使人一步难移。慢行来将他救起，（扶净起介）看他醒来时面皮还是纸钱灰。

（净醒介）奇怪奇怪，却是李慧娘魂灵放出裴生。见我拷打众姬，特来认明此事。见恐吓他太过了，就显个神通把我一交跌了。（小净）老爷叫时，就走将来，一阵鬼风，把婆子也是一跌，酥麻在地，那里走得动。（净）如今掘开牡丹花下，看其尸骸是怎生了？（杂持锹掘介）（净惊介）原来面色如生，衣裳不毁。院子，快买棺木重葬她，待我生日念经超度他便了。

　　　　头颅虽已断，阴灵未易磨。
　　　　宁可信其有，不可信其无。

（并下）

　　　　　　　　　王起《中国戏曲选》中册，人民文学出版社1985年版

［注释］

　　［1］堂餐：又称堂食、堂膳，唐代政事堂的公膳，后泛指公署膳食。

　　［2］笙歌归院落，灯光下楼台：语出杜甫《宴散》诗。

[3] 拶(zǎn)子:古代的一种夹手指的刑具。

[4] 巴巴:能说会道,口齿伶俐。

[5] 谁行(háng):哪位。

[6] 争差:差池,错处。

[7] 鬼门道:又称鬼门,戏曲舞台的上下场门。

[8] 区处:处理。

[9] 平章:官名,一般不设专职,由宰相重臣兼任,此指贾似道。

[10] 小可:平常的人或事。

[11] 清盼空招一少年:指李慧娘回顾裴禹(第二出《泛湖》),贾似道口称将慧娘"纳聘"却将她杀死(第四出《杀妾》)事。

[12] 红颜随葬半闲堂:指李慧娘死后被埋在半闲堂牡丹花下事。

[13] 巫山女,恋襄王:参见《狂鼓史渔阳三弄》注[49]。

[14] 行藏(cáng):行止,行为。

[15] 无常:佛教语,本指世界一切事物都是变化无常的,后来迷信附会为黑、白二鬼,常被阎王派往人间勾摄人魂。

[16] 幺麽(mó):微小。

[17] 五行(xíng):指金、木、水、火、土,星相家以五行相克推算命运。八字:星相家以人的出生年、月、日、时配以天干地支,每项两个字,共八个字,用来推算命运。后以"五行"、"八字"或"五行八字"泛指命运。

[18] 轮回:佛教语,即世界众生根据善恶业力辗转于天、人、阿修罗、畜生、恶鬼和地狱等六道中,遵循善有善报、恶有恶报的因果关系。

[19] 吴钩:一种弯曲的金属兵器,本称钩或金钩,因春秋吴王阖闾曾奖励善使钩者,且吴国制钩有名,故后以吴钩代名之。亦泛指剑等武器。

[20] 大犯:犯有不可饶恕的死罪。

[21] 牒(dié):公文,这里用作动词,带着公文押送罪犯。酆(fēng)都城:迷信中的阴府所在地,拥有治鬼的地狱。地名"酆都"(在重庆)现在规范写作"丰都"。

[22] 断头的:意谓该死的人。

[23] 超度:佛、道教谓通过某种仪式或手段,使死者灵魂得以超脱地狱之苦。

[24] 返魂香:传说用所谓返魂树制作的香,烧熏之,可使死者复活。

[25] 谵(zhān)语:胡话。

清代部分

一、诗

钱 谦 益

钱谦益(1582—1664),字受之,号牧斋,晚年号蒙叟、绛云老人、东涧遗老等,世称虞山先生。江南常熟(今属江苏)人。明万历三十八年(1610)以一甲三名登进士第,授翰林院编修。后因与东林党人来往密切,遭疏劾削籍归。崇祯时起为礼部右侍郎兼翰林院侍读学士,后于党争中被革职。南明弘光朝被起用为礼部尚书。清兵渡江破南京,出而迎降,清廷任以礼部右侍郎管秘书院事,充修明史副总载。任职六月,即告病归里,从此隐居不仕,从事著述,且秘密从事抗清活动,与瞿式耜、郑成功等抗清力量联系密切。康熙三年卒。著有《初学集》、《有学集》、《投笔集》等,编选有《列朝诗集》八十一卷。钱谦益主盟文坛五十年之久,是明清之际公认的文坛领袖,与吴伟业、龚鼎孳合称"江左三大家"。他广泛汲取唐宋元明诸大家的艺术经验,以"组唐纬宋,缘情匠意"相号召,强调诗歌表现"真性情",发挥个性。兼通各种诗体,取材宏富,沉郁藻丽,于七律尤工,其和杜甫诗韵的《后秋兴》组诗,最能见其深挚情思与艺术功力。钱谦益在扭转明末模拟、纤仄诗风、开创清诗创作新风气方面,起了重要的作用。

西湖杂感二十首(其一)

[解题]
　　西湖杂感是钱谦益作于顺治七年(1650)的一组诗。原诗序中曰:"想湖山之佳丽,数都会之繁华。旧梦依然,新吾安往?""嗟地是而人非,忍凭今而吊古。"组诗从不同的侧面反映了美丽的西湖所经受的践踏和摧残。作者经历了明清易代的巨大社会震荡,历史的沧桑感与人生的空幻感交织在一起,用典与写景融合无间,风格沉郁凄怆。

板荡凄凉忍再闻[1]？烟峦如赭水如焚[2]。白沙堤下唐时草,鄂国坟边宋代云[3]。树上黄鹂今作友,枝头杜宇昔为君。昆明劫后钟声在,依恋湖山报夕曛[4]。

钱仲联标校《牧斋有学集》卷三,上海古籍出版社 1996 年版

[注释]

[1] 板荡:《板》、《荡》,均为《诗·大雅》篇名,内容为对周厉王的讥刺。后因以"板荡"称政局动荡。刘孝标《辨命论》:"自金行不竞,天地板荡。"

[2] 赭(zhě):赤色。《史记·秦始皇本纪》:"伐湘山树,赭其山。"

[3] 鄂国坟:岳飞墓。岳飞被害后,宋宁宗时追封鄂王。墓在杭州西湖栖霞岭下。

[4] 夕曛(xūn):落日的余光。

后观棋绝句六首(其三)

[解题]

这组诗作于顺治四年(1647)。作者先有《观棋绝句六首》,后来又写六首,故曰《后观棋绝句》。诗人借观棋寄寓对时事的观察、分析和感慨,环境气氛的渲染与历史事实的展现结合得非常紧密,抓住棋局与时局的相似意义加以开掘,颇见匠心。

寂寞枯枰响泬漻[1],秦淮秋老咽寒潮。白头灯影凉宵里,一局残棋见六朝[2]。

钱仲联标校《牧斋有学集》卷一,上海古籍出版社 1996 年版

[注释]

[1] 枰(píng):棋盘。泬漻(xuè liáo):亦作"泬寥"。形容心情寂寞孤独。唐陆龟蒙皮日休《寒夜联句》:"我思方泬寥,君词复凄切。"

[2] 残棋:指败局。作者以败局的不可收拾,表达对南明弘光政权灭亡的感慨。

※迎神曲十二首(其九)

吴人喧传瞿稼轩留守降灵郡城西,相率诣东皋招魂,塑像迎请上任。聋骏道人惊喜呜咽,

放言作绝句十二首,用代里社迎神送神之曲。

三年碧血肯销沉?我所思兮在桂林。却望苍梧量泪雨,湘江何似五湖深!
钱仲联标校《牧斋有学集》卷一三,上海古籍出版社1996年版

※丙戌南还赠别故侯家妓人冬哥四绝句(其一)

绣岭灰飞金谷残,内人红袖泪阑干。临舣莫恨青娥老,两见仙人泣露盘。
钱仲联标校《牧斋有学集》卷一,上海古籍出版社1996年版

※丙申春就医秦淮寓丁家水阁浃两月临行作绝句三十首留别留题不复论次(其六)

东风狼藉不归轩,新月盈盈自照门。浩荡白鸥能万里,春来还没旧潮痕。
钱仲联标校《牧斋有学集》卷六,上海古籍出版社1996年版

[参考文献]

裴世俊:《钱谦益诗歌研究》,宁夏人民出版社1991年版。

吴 伟 业

吴伟业(1609—1671),字骏公,号梅村,别署鹿樵生、灌隐主人。江南太仓(今江苏太仓)人。天资颖悟,才华横溢,14岁时即因文章见赏于同里著名学者、复社领袖张溥,为入室弟子。崇祯四年(1631)中会试第一,殿试一甲第二名进士,授翰林院编修,此时年方23岁。赐假归娶,荣动一时。吴伟业于崇祯朝历仕编修、东宫讲读、南京国子监司业、左中允、左谕德、左庶子等。南明弘光朝,官少詹事。与马士英、阮大铖不合,假归。入清,初不出仕,屏居乡里十余年,但仍主持文社,在虎丘等地召开十郡社友大会,声名颇重,引起清廷注意。顺治十年(1653),被强荐入京,授弘文院秘书侍讲,转国子监祭酒。十四年(1657),以奔继母丧得南归。自后家居十余年。吴伟业深受明朝恩宠,明亡未能殉国,后又被迫仕清,内心十分痛苦,晚年诗文中表达此种情感者颇多。吴伟业是明清之际成就最高的诗人。为诗尊崇唐调,取法唐代大家。最具特色的是他的七言歌行,既继承了元白叙事诗关注现实的精神和艺术表现手法,又在此基础上加以变化创造,感情深挚凄怆,表现手

法多样,辞藻华丽,音韵谐美,世称"梅村体"。有《吴梅村全集》。

圆 圆 曲

[解题]

  《圆圆曲》是《梅村集》中最著名的一首七言歌行。诗中借吴三桂和陈圆圆的故事反映了明清易代之际的巨大社会动荡。全诗突破了传统叙事诗主要以时间顺序为发展线索的结构形式,叙述富于变化而一气鼓荡。陈圆圆,本姓邢,名沅,字畹芬,小字圆圆,明末苏州名妓。关于陈圆圆的故事,历来说法不一。据诗意,初曾入宫,后又放出,为崇祯帝的外戚所得,又转赠给辽东总兵吴三桂为妾。李自成起义军攻克北京,陈圆圆被俘。吴三桂出于私恨,遂引清兵入关,复得圆圆,同至云南。钮琇《觚剩》谓圆圆晚年出家为女道士。

  鼎湖当日弃人间[1],破敌收京下玉关[2]。恸哭六军俱缟素[3],冲冠一怒为红颜[4]。红颜流落非吾恋,逆贼天亡自荒宴[5]。电扫黄巾定黑山[6],哭罢君亲再相见[7]。相见初经田、窦家[8],侯门歌舞出如花。许将戚里箜篌伎[9],等取将军油壁车[10]。家本姑苏浣花里,圆圆小字娇罗绮。梦向夫差苑里游[11],宫娥拥入君王起。前身合是采莲人,门前一片横塘水[12]。横塘双桨去如飞,何处豪家强载归[13]?此际岂知非薄命,此时只有泪沾衣。熏天意气连宫掖,明眸皓齿无人惜。夺归永巷闭良家,教就新声倾座客[14]。座客飞觞红日暮,一曲哀弦向谁诉?白皙通侯最少年[15],拣取花枝屡回顾。早携娇鸟出樊笼,待得银河几时渡?恨杀军书底死催,苦留后约将人误[16]。相约恩深相见难,一朝蚁贼满长安[17]。可怜思妇楼头柳,认作天边粉絮看。遍索绿珠围内第,强呼绛树出雕栏[18]。若非壮士全师胜,争得蛾眉匹马还。蛾眉马上传呼进,云鬟不整惊魂定。蜡炬迎来在战场,啼妆满面残红印。专征箫鼓向秦川[19],金牛道上车千乘[20]。斜谷云深起画楼,散关月落开妆镜[21]。传来消息满江乡,乌桕红经十度霜[22]。教曲妓师怜尚在,浣纱女伴忆同行。旧巢共是衔泥燕,飞上枝头变凤凰。长向尊前悲老大,有人夫婿擅侯王[23]。当时只受声名累,贵戚名豪竞延致[24]。一斛明珠万斛愁[25],关山飘泊腰支细。错怨狂风飏落花,无边春色来天地。尝闻倾国与倾城,翻使周郎受重名[26]。妻子岂应关大计,英雄无奈是多情。全家白骨成灰土,一代红妆照汗青[27]。君不见馆娃初起鸳鸯宿[28],越女如花看不足。香径尘生乌自啼,屧廊人去苔空绿[29]。换羽移宫万里愁[30],珠歌翠舞古梁州[31]。为君别唱吴宫曲[32],汉水东南日夜流[33]!

        李学颖集评标校《吴梅村全集》卷三,上海古籍出版社1990年版

[注释]

[1] 鼎湖:古代传说黄帝乘龙升天之处。《史记·封禅书》:"黄帝采首山铜,铸鼎于荆山下。鼎既成,有龙垂胡髯下迎黄帝,黄帝上骑……故后世因名其处曰鼎湖。"后人常以此用为帝王崩逝的典故。这里指明末李自成攻陷北京,明思宗崇祯皇帝被迫自杀。

[2] 玉关:玉门关,在甘肃省敦煌西,这里借指山海关。

[3] 恸(tòng)哭:哀痛大哭。六军:本指天子所统领的军队。《周礼·夏官·序官》:"凡制军,万有二千五百人为军。王六军,大国三军,次国二军,小国一军。"后因以为国家军队的统称。缟(gǎo)素:白衣,指孝服。

[4] 冲冠:极度愤怒的情状。"怒发上冲冠",语出《史记·廉颇蔺相如列传》。红颜:美女,指陈圆圆。

[5] 逆贼:对李自成起义军的污称。荒宴:沉溺于酒色。

[6] 电扫:比喻扫荡疾如闪电。黄巾:东汉末年张角领导的黄巾起义军。黑山:东汉末年河南黑山农民起义的队伍。诗中均指李自成起义军。

[7] 君亲:指崇祯皇帝和吴三桂父吴襄,时吴襄已被攻入京城的李自成军所杀。

[8] 田、窦:西汉外戚田蚡、窦婴。这里借指崇祯帝的外戚。据陆次云《圆圆传》、无名氏《鹿樵纪闻》,指崇祯妃田氏之父田弘遇。据钮琇《觚剩》,谓嘉定伯周奎(周后外家)。

[9] 许:同意,应许。戚里:汉代长安城中帝王外戚居住之处。箜篌伎:弹箜篌的歌伎,指陈圆圆。箜篌:古代弹拨乐器,体长而曲,二十三弦。

[10] 等取:等待,期待。取:语助词,相当于"得""着"。将军:指吴三桂。油壁车:妇女所乘之车,因车壁以油涂饰而名。《玉台新咏·钱塘苏小歌》:"妾乘油壁车,郎骑青骢马。"

[11] 夫差:春秋末吴国国君。战胜越国后,越王勾践赠越女西施,以消磨其志。夫差官苑在苏州。

[12] 前身:前生。合是:应是。采莲人:指西施。横塘:在今苏州西南。

[13] 豪家:指外戚豪门,即上文所谓田、窦家。

[14] 永巷:宫中长巷,宫女居住之地。良家:指外戚家。此处谓圆圆被送入宫中,但崇祯帝不纳,自宫中遣返后,成为外戚家的歌伎。

[15] 白晳(xī):面色白净。通侯:汉代爵位名,为列侯中的最高一等,常用作武将的美称,这里指吴三桂。

[16] 后约:后会之约。指吴三桂得到圆圆后,因军情紧急,匆匆离去,而不能与圆圆团聚。

[17] 蚁贼:对李自成农民起义军的污称。长安:借指明代都城北京。崇祯十七年(1644)三月,李自成起义军进入北京。

[18] 绿珠:西晋石崇家妓。绛树:汉末著名舞妓。这里皆指陈圆圆。起义军攻陷北京后,圆圆为李自成部将所得。

[19] 专征:古代帝王授予将帅掌握军旅的特权,不必等待朝廷的命令,可以自专征伐。秦川:陕西关中一代。

[20] 金牛道:从陕西沔县(今勉县)入四川的古栈道。

[21] 斜谷:在今陕西眉县西南。散(sǎn)关:大散关,在今陕西省宝鸡市西南大散岭上。

[22] 乌桕(jiù):树名,深秋时叶变红。温庭筠《西洲词》:"门前乌桕树,惨淡天将曙。"描写男女离别时的景色。十度霜:十年。

[23] 有人:指陈圆圆。擅:居。

[24] 竞延致:争相招请。延致:招致。

[25] 一斛(hú)明珠:本指十斗珍珠,极言其多。《梅妃传》载,唐玄宗曾"命封珍珠一斛密赐(梅)妃",妃作诗,玄宗命乐工度曲,称《一斛珠》。一斛珠量,形容身价之高。

[26] 周郎:三国时东吴名将周瑜,字公瑾,其妻小乔为著名美女。杜牧《赤壁》诗:"东风不与周郎便,铜雀春深锁二乔。"苏轼《念奴娇·赤壁怀古》:"遥想公瑾当年,小乔初嫁了。"都以其妻小乔之美来衬托周郎之雄姿英发。这里借指吴三桂因陈圆圆而得重名。

[27] 照汗青:照耀史册。汗青:古人在竹简上书写,先用火炙竹青使出汗(水),以便书写和防蛀,后因以指代史书。吴三桂为女色而不顾军国大计,全家亦被农民起义军所杀,徒然使得一代美女陈圆圆留名史书。这里用为反语,谓吴三桂因此而遗臭史册。

[28] 馆娃:即馆娃宫,吴王夫差为西施所建,遗址在今江苏吴县灵岩山上。

[29] 屟(xiè)廊:即响屟廊,传说是吴王夫差为西施所建造。屟,古代鞋子的木底。

[30] 换羽移宫:此处语含双关,喻指朝代改换。羽、宫:五音中的两种乐声。

[31] 古梁州:汉中南郑为古梁州城所在地。吴三桂时开藩陕西南郑,故称。

[32] 别唱:另唱。吴宫曲:吴王夫差时的宫曲。《述异记》:"夫差时童谣:'梧宫秋,吴王愁。'"此处指咏叹吴宫盛衰之曲。

[33] 汉水:源出陕西省西南部宁强县,东南流入长江。李白《江上吟》:"功名富贵若长在,汉水亦因西北流。"

新 河 夜 泊

[解题]

　　这首诗是作者顺治十年(1653)赴京途中渡黄河时所作。诗中通过对荒凉萧瑟的环境气氛的渲染,表达了战乱频仍、人生难料的深沉忧伤。新河,指黄河新道。由明万历初年至清咸丰五年,黄河东出徐州,由泗夺淮,从桃源县(在今江苏泗阳南)南流过,注入东海(参见冯其庸、叶君远编《吴梅村年谱》第254页)。

　　百尺荒岗十里津[1],夜寒微雨湿荆榛。非关城郭炊烟少[2],自是河山战鼓频。倦客似归因望树[3],远天如梦不逢人。扁舟萧瑟知无计[4],独倚篷窗暗怆神。

　　　　　　　　　　李学颖集评标校《吴梅村全集》卷十五,上海古籍出版社1990年版

[注释]

　　[1] 津:渡口。
　　[2] 关:关乎,由于。
　　[3] 望树:表示岁月虚度的感慨。《世说新语·言语》:"桓公北征,经金城,见前为琅邪时种柳皆已十围,慨然曰:'木犹如此,人何以堪!'攀枝执条,泫然流泪。"
　　[4] 扁(piān)舟:本义是小船,此指泛舟江湖,即隐遁。此处表达作者被迫赴京仕清,欲全节保身而不得的痛苦。

※ 楚两生行 并序

　　蔡州苏昆生,维扬柳敬亭,其地皆楚分也,而又客于楚。左宁南驻武昌,柳以谈、苏以歌为幸舍重客。宁南没于九江舟中,百万众皆奔溃。柳已先期东下。苏生痛哭,削发入九华山。久之出从武林汪然明;然明亡,之吴中。吴中以善歌名海内,然不过啴缓柔曼为新声。苏生则于阴阳抗坠,分刌比度,如昆刀之切玉,叩之栗然,非时世所为工也。尝遇虎丘广场大集,生睨其旁,笑曰:某郎以某字不合律。有识之者曰:彼伧楚乃窃言是非!思有以挫之,间请一发声,不觉屈服。顾少年耳剽日久,终不肯轻自贬下,就苏生问所长。生亦落落难合,到海滨,寓吾里。萧寺风雪中,以余与柳生有雅故,为立小传,援之以请曰:吾浪迹三十年,为通侯所知。今失路憔悴而来过此,惟愿公一言,与柳生并传足矣。柳生近客于云间帅,识其必败,苦无以自脱,浮湛敖弄,在军政一无所关,其祸也幸以免。苏生将渡江,余作《楚两生行》送之,以之寓柳生,俾知余与苏生游,且为柳生危之也。

黄鹄矶头楚两生，征南上客擅纵横。将军已没时世换，绝调空随流水声。一生拄颊高谈妙，君卿唇舌淳于笑。痛哭长因感旧恩，诙嘲尚足陪年少。途穷重走伏波军，短衣缚袴非吾好。抵掌聊分幕府金，褰裳自把江村钓。一生嚼徵与含商，笑杀江南古调亡。洗出元音倾老辈，叠成妍唱待君王。一丝紫曳珠盘转，半黍分明玉尺量。最是大堤西去曲，累人肠断杜当阳。忆昔将军正全盛，江楼高会夸名胜。生来索酒便长歌，中天明月军声静。将军听罢据胡床，抚髀百战今衰病。一朝身死竖降幡，貔貅散尽无横阵。祁连高冢泣西风，射堂宾客嗟蓬鬓。羁栖孤馆伴斜曛，野哭天边几处闻。草满独寻江令宅，花开闲吊杜秋坟。鹍弦屡换尊前舞，鼍鼓谁开江上军。楚客只怜归未得，吴儿肯道不如君。我念邗江头白叟，滑稽幸免君知否？失路徒贻妻子忧，脱身莫落诸侯手！坎壈由来为盛名，见君寥落思君友。老去年来消息稀，寄尔新诗同一首。隐语藏名代客嘲，姑苏台畔东风柳。

李学颖集评标校《吴梅村全集》卷十，上海古籍出版社1990年版

※听女道士卞玉京弹琴歌

驾鹅逢天风，北向惊飞鸣。飞鸣入夜急，侧听弹琴声。借问弹者谁？云是当年卞玉京。玉京与我南中遇，家住大功坊底路。小院青楼大道边，对门却是中山住。中山有女娇无双，清眸皓齿垂明珰。曾因内宴直歌舞，坐中瞥见涂鸦黄。问年十六尚未嫁，知音识曲弹清商。归来女伴洗红妆，枉将绝技矜平康，如此才足当侯王！万事仓皇在南渡，大家几日能枝梧。诏书忽下选蛾眉，细马轻车不知数。中山好女光徘徊，一时粉黛无人顾。艳色知为天下传，高门愁被旁人妒。尽道当年黄屋尊，谁知转盼红颜误。南内方看起桂宫，北兵早报临瓜步。闻道君王走玉骢，犊车不用聘昭容。幸迟身入陈宫里，却早名填代籍中。依稀记得祁与阮，同时亦中三宫选。可怜俱未识君王，军府抄名被驱遣。漫咏临春琼树篇，玉颜零落委花钿。当时错怨韩擒虎，张孔承恩已十年。但教一日见天子，玉儿甘为东昏死。羊车望幸阿谁知？青冢凄凉竟如此！我向花间拂素琴，一弹三叹为伤心。暗将别鹄离鸾引，写入悲风怨雨吟。昨夜城头吹筚篥，教坊也被传呼急。碧玉班中怕点留，乐营门外卢家泣。私更装束出江边，恰遇丹阳下渚船。剪就黄绒贪入道，携来绿绮诉婵娟。此地由来盛歌舞，子弟三班十番鼓。月明弦索更无声，山塘寂寞遭兵苦。十年同伴两三人，沙董朱颜尽黄土。贵戚深闺陌上尘，吾辈飘零何足数！坐客闻言起叹嗟，江山萧瑟隐悲笳。莫将蔡女边头曲，落尽吴王苑里花。

李学颖集评标校《吴梅村全集》卷三，上海古籍出版社1990年版

[参考文献]

1. 冯其庸、叶君远编:《吴梅村年谱》,江苏古籍出版社1990年版。
2. 叶君远著:《吴伟业评传》,首都师范大学出版社1999年版。

顾 炎 武

顾炎武(1613—1682),原名绛,字忠清,明亡后,改名炎武,字宁人,号亭林,昆山(今属江苏)人。顾炎武的嗣祖顾绍芾(fú)留意史事,关心现实,经常告诫他要致力于实学。在嗣祖的教诲督课下,顾炎武很早就刻苦攻读经史,留心经世之学。崇祯十二年(1639)乡试落第后,他"退而读书,感四国之多虞,耻经生之寡术"(《亭林文集》卷六,《天下郡国利病书序》),毅然放弃了科举的束缚,倾心着力于探寻救国治民的道路。清人入关,明朝灭亡。南明弘光政权在南京建立,顾炎武被荐授兵部司务。然未及到职,弘光政权即告覆灭。他应昆山知县杨永言号召,组织义兵守城抗清,最终失败。他的后半生是在积极抗清和遍游大江南北、长城内外及深研经史与实地考察相结合的奔波中度过的。顾炎武是著名的遗民诗人,识高学富,所作诗歌质实沉郁,与吴嘉纪齐名。著有《日知录》等。

又酬傅处士山次韵二首(其二)

[解题]

这是顾炎武酬答其友人傅山所赠《晤言宁人先生还村途中叹息有诗》的和韵诗,作于康熙二年(1663)。诗中慨叹南明诸王相继败亡,然遗民坚持抗清之志未衰,犹存恢复旧朝之望。用典深稳工切,沉郁感人。

愁听关塞遍吹笳,不见中原有战车。三户已亡熊绎国[1],一成犹启少康家[2]。苍龙日暮还行雨,老树春深更著花。待得汉庭明诏近,五湖同觅钓鱼槎[3]。

王冀民撰《顾亭林诗笺释》卷四,中华书局1998年版

[注释]

[1]"三户"句:《史记·项羽本纪》:"楚南公曰:'楚虽三户,亡秦必楚也。'"熊绎国:指楚国。周成王封熊绎以子男之田,居丹杨(杨亦作阳,今湖北秭归东),为楚立国之始。

[2]启:开启,开拓。少康:夏代中兴之主。夏后相失国,其子少康有田一成(方十里为成),有众一旅(五百人),卒复夏国。

[3]"五湖"句 此用严光与汉光武帝故事。严光字子陵,少与光武同学。及光武中兴,屡下诏征严光,不赴;遣使聘之,至而不受官。退隐于富春江,后人名其钓处为"严陵濑"或"严陵钓台"。

五十初度时在昌平

[解题]

此诗作于康熙元年(1662)。初度,谓生日。此年春,顾炎武自山东北上,至昌平谒天寿山明思陵,经密云出古北口,五月回昌平,适逢五十初度。诗人念光阴荏苒而功业未成,颇感悲凉;然自勉自励,渴望钟鼎扬名,有"烈士暮年,壮心不已"之慨。

居然蘧落念无成[1],隙驷流萍度此生[2]。远路不须愁日暮,老年终自望河清[3]。常随黄鹄翔山影,惯听青骢别塞声[4]。举目陵京犹旧国,可能钟鼎一扬名[5]?

王冀民撰《顾亭林诗笺释》卷三,中华书局 1998 年版

[注释]

[1]蘧(huò)落:同"瓠落"、"廓落",大而无用的意思。杜甫《自京赴奉先县咏怀五百字》:"居然成蘧落,白首甘契阔。"
[2]隙驷:良马驰过壁之缝隙,谓光阴流转迅疾。流萍:犹浮萍,谓生涯飘泊无着。
[3]河清:黄河水浊,难得清时,古人因以"河清"为太平之象。《左传·襄公八年》郑子驷引周诗:"俟河之清,人寿几何!"
[4]青骢(cōng):青白杂毛之良马。
[5]钟鼎:指青史留名。《墨子》:"琢之盘盂,铭于钟鼎,传于后世。"

※悼亡五首(其四)

贞姑马鬣在江村,送汝黄泉六岁孙。地下相烦告公姥,遗民犹有一人存。

王冀民撰《顾亭林诗笺释》卷五,中华书局 1998 年版

※酬王处士九日见怀之作

是日惊秋老,相望各一涯。离怀销浊酒,愁眼见黄花。天地存肝胆,江山阅

鬓华。多蒙千里讯,逐客已无家。

王冀民撰《顾亭林诗笺释》卷二,中华书局1998年版

黄 宗 羲

  黄宗羲(1610—1695),字太冲,号南雷,一号梨洲。浙江余姚人。其父黄尊素,为明末东林名士,天启间,官至御史,因弹劾阉党魏忠贤,冤死狱中。崇祯即位,惩治阉党,黄宗羲赴京为父鸣冤,事白而力挫诸逆,一时声震朝野,由是名显。南归后,他遵父遗命,师从著名学者刘宗周,并肆力于学,经史百家,于书无所不窥。崇祯末年,南京太学诸生陈贞慧、吴应箕等出《南都防乱揭》,抨击魏党余孽阮大铖,黄宗羲列名揭首。明亡,南京福王政权继起,阮大铖穷究防乱揭事,兴起大狱,黄宗羲几遭其害。清兵南下,福王政权崩溃,浙中鲁王监国。黄宗羲召募义勇,抗击清兵,鲁王授予他监察御史兼职方郎的官职。兵败后,入四明山结寨自守。后以母病间道归里。晚年毕力著述。清廷屡次征召,皆坚辞不就。亦遣儿子黄百家入京参与《明史》修撰。康熙三十四年卒,年八十六。

  黄宗羲是明清之际著名的思想家和历史学家,治学范围极广,博大通达,著述众多,其重要者如《明夷待访录》、《明儒学案》等,皆为中国古代思想史和学术史上开风气之作。其治学立足于"天崩地解"的社会现实,主张合学问与事功为一,以期"救国家之急难"。黄宗羲主张诗歌要表现个性,提倡宋诗,所作诗歌追求幽折峭拔之美。其文章宏伟浑朴,纵横恣肆,论辩深刻犀利,擅长叙事,对明清之际文风有很大影响。

山居杂咏六首(其一)

[解题]

  作者是气节坚卓的遗民思想家,身处险恶艰难的环境而毫无畏惧之色,不肯向清朝统治者屈服。诗歌直抒胸臆,硬语盘空,劲峭兀傲,音调铿锵,有鲜明的宋诗特色。

  锋镝牢囚取次过[1],依然不废我弦歌。死犹未肯输心去,贫亦其能奈我何!廿两棉花装破被,三根松木煮空锅。一冬也是堂堂地[2],岂信人间胜著多[3]。

《南雷诗历》卷一,四部备要本

[注释]

　　[1] 取次:随便,任意。杜甫《送元二适江左》:"经过自爱惜,取次莫论兵。"
　　[2] 堂堂:光明正大的样子。
　　[3] 胜著(zhāo):高明的手段。

冯　班

　　冯班(1602—1671),字定远,号钝吟。江苏常熟人。明诸生,入清不仕,闭户著书。为人狂放落拓,动不谐俗。论诗反对江西派,尤不满严羽诗说,其论诗著作以《严氏纠谬》最为有名,是虞山诗派的代表作家之一。著有《钝吟全集》等。

※有　赠

　　隔岸吹唇日沸天,羽书惟道欲投鞭。八公山色还苍翠,虚对围棋忆谢玄。

《钝吟集·上》,纷欣阁丛书本

吴　嘉　纪

　　吴嘉纪(1618—1684),字宾贤,号野人,泰州(今属江苏)人。明末诸生,入清后,放弃举业,绝意仕进,以布衣终。吴嘉纪长年生活在海滨盐场,蓬蒿土室,贫病交加,对下层劳苦大众的生活有深切的了解,并在诗中有真实的反映。所作初不为人知,后经周亮工、王士禛等推许誉扬,诗名大振,然不久即去世。其风格清新冷峻,刻画逼真。吴嘉纪的诗与顾炎武齐名。著有《陋轩诗集》。

绝　句

[解题]

　　这首诗截取了滨海灶户煮盐的一个场面,形象地展示了他们的痛苦生活。诗人采用比较反衬的手法,写煎盐的极度炎热,却用烈日来衬托,纯用白描,语言简洁而形象鲜明。

　　白头灶户低草房[1],六月煎盐烈火傍。走出门前炎日里,偷闲一刻是乘凉[2]。

杨积庆笺校《吴嘉纪诗笺校》卷一，上海古籍出版社 1980 年版

[注释]

[1] 灶户：以海水煮盐为生的工人。低草房：灶户煮盐的工场。

[2] 乘凉：相对于烈火煎熬、高温湿热的低矮草房中，在炎日露天下站立，可算乘凉。

傅　　山

傅山(1606—1684)，字青主，号啬庐，一号朱衣道人，山西阳曲(今太原)人。明诸生。精通经史诸子之学，工书画、医术。诗文信笔挥洒，自然天成。有《霜红龛集》、《荀子评注》等。

※青羊庵三首(其一)

芝苍凿翠一庵经，不为瞿昙作客星。既是为山平不得，我来添尔一峰青。

《霜红龛集》卷一三，山西人民出版社 1985 年影印本

屈　大　均

屈大均(1630—1696)，字翁山，原名绍隆，字泠君，一字介子，又字骚余。广东番(pān)禺(今属广东)人。他自幼好学，曾受业于顺德举人陈邦彦。明亡后，参加了陈邦彦、陈子壮等人发动的反清起义。顺治六年(1649)，屈大均赴肇庆永历帝行在，将官以中秘书，因父病归里。次年广州复陷，他逃到番禺县雷峰海云寺削发为僧，法号今种，字一灵，至顺治十八年(1661)始蓄发归儒。此间，曾逾岭北游，走京师，出榆关，慨然有复仇行刺之事。又东至会稽，与魏耕、祁班孙同预通海之谋，为郑成功通声息。康熙十八年(1679)后，隐居不出，以著述终，卒年六十七。其诗慷慨有奇气，寄托深远，五律最为人称道，与陈恭尹、梁佩兰并称为"岭南三大家"。有《翁山诗外》、《翁山文外》、《广东新语》等。

秣 陵

[解题]

　　这首诗以秣陵(今南京)作为寄寓历史沧桑巨变的中心,抒发了亡国之恨。诗中将现实与历史交织起来,表层意象是游历南京风景名胜时的所见所感,深层意象则是对朝代更迭、盛衰兴废的反思叩问。用典精当而语言凝练,结尾尤其警辟有力,发人深思。

　　牛首开天阙[1],龙冈抱帝宫[2]。六朝春草里,万井落花中[3]。访旧乌衣少[4],听歌玉树空[5]。如何亡国恨,尽在大江东?

《翁山诗外》卷五,上海国学扶轮社铅印本

[注释]

　　[1] 牛首:又名牛头山,在南京市南,双峰东西对峙,状如皇宫前两旁的阙楼,又称天阙。

　　[2] 龙冈,指钟山。《太平御览》卷一五六"叙帝都"下引晋张勃《吴录》记汉末诸葛亮赞秣陵山阜曰:"钟山龙盘,石城虎踞,此帝王之宅。"

　　[3] 万井:指千家万户。陈子昂《谢赐冬衣表》:"三军叶庆,万井相欢。"

　　[4] 乌衣:指南京乌衣巷,东晋以及南朝时期王、谢诸名门大族聚居于此。

　　[5] 玉树:指陈后主的《玉树后庭花》诗。《隋书·五行志》:"祯明初,后主作新歌,辞甚哀怨,令后宫美人习而歌之,其辞曰:'玉树后庭花,花开不复久。'"

塞 上 感 怀

[解题]

　　诗人于明亡后北上游历,过京师,出塞外,慨然有所图。然时机不利,壮志难酬,面对荒沙大漠,感慨岁月流逝,鬓角染霜,只能怅然兴叹。

　　未有英雄羽化期[1],茫茫一剑报恩迟。天寒射猎龙沙苦[2],日暮笙歌塞女悲。太白秋高空入月,黄河春暖又流澌。鬓边一片天山雪[3],莫遣高楼少妇知。

《翁山诗外》卷十,上海国学扶轮社铅印本

[注释]

[1] 羽化：道教传说成仙的人能够飞升。《抱朴子·对俗》："古之得仙者，或身生羽翼，变化飞行。"

[2] 龙沙：今河北喜峰口外卢龙山后的大漠。《资治通鉴·后汉高祖天福十二年》："赵延寿恨契丹主负约，谓人曰：'我不复入龙沙矣。'"胡三省注："卢龙山后即大漠，故谓之龙沙。"

[3] 鬓雪：形容鬓发斑白如雪，谓岁月流逝而功业难就。陆游《诉衷情》："胡未灭，鬓先秋，泪空流。此生谁料，心在天山，身老沧州！"

申　涵　光

申涵光(1619—1677)，字和孟，又作孚孟，号凫盟，又号聪山。直隶永年(今河北永年)人。明诸生。作诗学杜，与殷岳、张盖及刘逢源等同开"河朔诗派"。著有《聪山集》。

※泛舟明湖六首(其三)

女墙倒影下寒空，树杪飞桥渡远虹。历下人家十万户，秋来俱在雁声中。

《聪山集·诗集》卷八，康熙刻本

钱　秉　镫

钱秉镫(1612—1693)，一名澄之，字幼光，一作饮光，号田间，桐城(今属安徽)人。明末诸生。南明桂王时授礼部仪制司主事。博学多才，诗文颇负重名。著有《田间诗集》等。

※遇曾庭闻芜阴市上

自著方袍万恨平，穷途遇尔转伤情。我从岭外经年至，君向江南何处行？瓢笠喜无乡里识，须眉犹使故人惊。相持莫便当街哭，为到郊原一放声。

诸伟奇校点《田间诗集》卷一，黄山书社1998年版

施 闰 章

施闰章(1618—1683)字尚白,号愚山,又号蠖斋,晚号矩斋,江南宣城(今属安徽宣州)人。顺治六年(1649)进士,由刑部主事官江西布政司参议,分守湖西道。康熙十八年(1679)举博学鸿词,授侍讲,转侍读,与修《明史》。论诗主张德、政、言三者的统一,强调"诗如其人",崇尚含蓄温丽,一唱三叹的风格。作诗气体高妙,格律深稳,其五言尤工,与宋琬被诗界推为"南施北宋"。有《学馀堂诗文集》等。

※钱 塘 观 潮

海色雨中开,涛飞江上台。声驱千骑疾,气卷万山来。绝岸愁倾覆,轻舟故溯洄。鸥夷有遗恨,终古使人哀。

何庆善、杨应芹点校《施愚山集·诗集》卷二八,黄山书社1993年版

宋 琬

宋琬(1614—1673),字玉叔,号荔裳,山东莱阳人。顺治四年(1647)进士,后官浙江按察使。两次被诬入狱,曾流寓江南多年,放废颇久。晚年补四川按察使。康熙十二年(1673)进京述职,适值吴三桂叛清,成都失守,他的家属都陷在城中,为此终日忧惧,不久便以疾卒。论诗早年推崇盛唐,中年后兼取宋调。坎壈的遭遇和激荡不平的心态使他的诗歌于雄健磊落中时寓凄清怨愤之气。与施闰章齐名,称"南施北宋"。有《安雅堂集》。

舟中见猎犬有感

[解题]

这首诗借舟中猎犬的形象,揭示了清初处于严酷的统治和羁缚之下的知识分子的困境和他们空度岁月、功名难成的苦闷心情。

秋水芦花一片明,难同鹰隼共功名[1]。樯边饱饭垂头睡,也似英雄髀

肉生[2]。

《安雅堂未刻稿》卷五,四部备要本

[注释]

[1] 隼(sǔn):猛禽,是一种飞行速度最快的鸟,性锐敏,善袭击,猎人多饲之,使助捕鸟兔。

[2] 髀(bì)肉:大腿肉。《三国志·蜀书·先主传》裴松之注引晋司马彪《九州春秋》曰:"(刘)备住荆州数年,尝于(刘)表坐起至厕,见髀里肉生,慨然流涕。还坐,表怪问备,备曰:'吾常身不离鞍,髀肉皆消。今不复骑,髀里肉生。日月若驰,老将至矣,而功业不建,是以悲耳。'"

※江上阻风

睡起无聊倚舵楼,瞿塘西望路悠悠。长江巨浪征人泪,一夜西风共白头。

《安雅堂未刻稿·入蜀集》,四部备要本

王 士 禛

王士禛(1634—1711),字子真,一字贻上,号阮亭,又号渔洋山人。新城(今山东桓台)人。顺治十五年(1658)进士,谒选得扬州推官。康熙四年(1665)升礼部主事,旋迁礼部员外郎。十七年(1678),以诗文兼优,康熙帝召对懋勤殿,特例擢翰林侍读学士,入直南书房。十九年,迁国子监祭酒。二十三年,迁左副都御史,刑部尚书。康熙四十三年(1704),罢官回乡。又7年,卒于家,年78。王士禛早年即有诗名,受知于当时诗坛领袖钱谦益。论诗标榜"神韵",推崇盛唐,提倡清远含蓄的审美境界。诗歌创作五七言绝句最有特色,蕴藉冲淡,清丽自然,亦有苍茫雄健之作。主盟康熙诗坛近50年,被称为"一代正宗"。有《渔洋山人精华录》、《唐贤三昧集》、《池北偶谈》等。

秋柳四首(其一)

[解题]

《秋柳》诗作于顺治十四年(1657)秋,是王士禛青年时代的成名作。当时名士云集济南大明湖,一日会饮水面亭,王士禛见亭下杨柳披拂水际,有摇落之态,怅然有感,赋诗四章。诗成后和者甚众,流传颇广。诗中流露出浓厚的惆怅感伤情调,意象凄迷悠远,音韵和谐流畅,是王士禛的代表作之一。

秋来何处最销魂?残照西风白下门[1]。他日差池春燕影[2],只今憔悴晚烟痕。愁生陌上黄骢曲[3],梦远江南乌夜村[4]。莫听临风三弄笛[5],玉关哀怨总难论[6]。

李毓芙、牟通、李茂肃整理《渔洋精华录集释》卷一,
上海古籍出版社 1999 年版

[注释]

[1] 残照西风:李白《忆秦娥》词:"西风残照,汉家陵阙。"白下:白下城,故址在南京市西北。

[2] 他日:写秋柳而此处言春燕,为想象之景,故曰他日。差(cī)池:参差不齐。

[3] 黄骢曲:《乐府杂录》:"黄骢叠,(唐)太宗定中原所乘马,征辽马毙,上叹息,命乐工撰此曲。"

[4] 乌夜村:屈复《秋柳》诗注:"乌夜啼,临川王义庆所作也。"古乐府《杨叛儿》:"杨柳可藏乌。"

[5] 弄笛:唐王之涣《凉州词》:"羌笛何须怨杨柳,春风不度玉门关。"乐府横吹曲有《折杨柳》。

[6] 玉关:玉门关,在今甘肃敦煌西南,阳关在其南。论:读平声。

再过露筋祠

[解题]

此诗作于顺治十七年(1660)。诗人要表达对贞女的赞颂,通篇却无一字直接涉及,全从景物环境渲染烘托,含蓄空灵。露筋祠,庙名,在扬州以北,高邮以南。相传古代有女同嫂夜行过此,天阴蚊盛,嫂投耕夫田舍以避之,而女恐失节,不肯止宿,竟为丛蚊叮咬而死。后遂在此建庙以祀之。

翠羽明珰尚俨然[1],湖云祠树碧于烟。行人系缆月初堕,门外野风开白莲[2]。

李毓芙、牟通、李茂肃整理《渔洋精华录集释》卷一,
上海古籍出版社 1999 年版

[注释]

[1] 翠羽明珰:古代女子的首饰,这里代指祠中塑像。俨然:宛如,好像真的。

[2] 白莲:古代常用白莲来称颂清高气节。这里借此表示对贞女的颂扬。

真州绝句五首(其五)

[解题]

《真州绝句》是王士禛在康熙元年(1662)所作的一组诗。这首诗凭吊柳永的坎坷遭际,却将此意完全融入对景物的感受和描写之中,一唱三叹,情韵悠长。真州,今江苏仪征。

江乡春事最堪怜[1],寒食清明欲禁烟[2]。残月晓风仙掌路,何人为吊柳屯田[3]?

李毓芙、牟通、李茂肃整理《渔洋精华录集释》卷二,
上海古籍出版社1999年版

[注释]

[1] 江乡:指真州。堪怜:可爱,爱怜。

[2] 寒食:清明前一日为寒食节。相传晋文公为悼念介之推于是日抱树烧死,故禁烟寒食。

[3] "残月"二句:自注:"柳耆卿墓在城西仙人掌。"柳永,字耆卿,北宋著名词人,潦倒不得志,后官屯田员外郎。其词《雨霖铃》中"今宵酒醒何处?杨柳岸晓风残月"句颇为人所传诵。

寄陈伯玑金陵

[解题]

这是一首怀念友人的诗。此诗的巧妙之处在于作者把怀友的深情寄寓在含蕴丰富的意象之中,刻画景物虚实结合,化用典故不露痕迹,整首诗于惆怅迷茫中透露出缥缈高远的意境。

东风作意吹杨柳,绿到芜城第几桥[1]。欲折一枝寄相忆,隔江残笛雨潇潇[2]。

李毓芙、牟通、李茂肃整理《渔洋精华录集释》卷二，
上海古籍出版社1999年版

[注释]

[1] 芜城：指扬州。南北朝诗人鲍照《芜城赋》，为登广陵故城所作。
[2] 残笛：断断续续的笛声。五代皇甫松《梦江南》："夜船吹笛雨潇潇。"

※江　　上

吴头楚尾路如何？烟雨秋深暗白波。晚趁寒潮渡江去，满林黄叶雁声多。

李毓芙、牟通、李茂肃整理《渔洋精华录集释》卷一，
上海古籍出版社1999年版

※夜雨题寒山寺寄西樵礼吉二首（其一）

日暮东塘正落潮，孤篷泊处雨潇潇。疏钟夜火寒山寺，记过吴枫第几桥？

李毓芙、牟通、李茂肃整理《渔洋精华录集释》卷二，
上海古籍出版社1999年版

[参考文献]

蒋寅：《王渔洋与康熙诗坛》，中国社会科学出版社2001年版。

赵　执　信

赵执信（1662—1744），字伸符，号秋谷，又号饴山。益都（今属山东）人。康熙十八年（1679）进士，授翰林院编修。曾主持山西乡试，后迁右春坊右赞善，并任《明史》纂修官。康熙二十八年（1689），因在"国丧"期间观演《长生殿》传奇，与洪昇、查嗣琏等俱被革去功名。此后一蹶不起，终老田园。后人因有"可怜一曲《长生殿》，断送宫坊到白头"（金埴《不下带编》卷一）之叹。论诗主张写实求真，批评王士禛的"神韵"说。为诗思路巉刻，风格峭拔，多抒写其忧愤穷愁之情怀与磊落不平之气概。著有《饴山堂集》、《谈龙录》、《声调谱》等。

道 傍 碑

[解题]

　　赵执信于康熙二十三年(1684)任山西乡试正考官,途经太行山区,看到道旁有很多为卸职的地方官歌功颂德的"去思碑"。诗人对此举的虚伪欺骗及对民众的祸害予以尖锐的揭露与讽刺。

　　道傍碑石何累累,十里五里行相追。细观文字未磨灭,其词如出一手为。盛称长吏有惠政,遗爱想像千秋垂[1]。就中行事极琐细,龃龉不顾识者嗤[2]。征输早毕盗终获,黉宫既葺城堞随[3]。先圣且为要名具[4],下此黎庶吁可悲。居人遇者聊借问[5],姓名恍惚云不知。住时于我本无恩,去后遗我如何思?去者不思来者怒,后车恐蹈前车危。深山凿石秋雨滑,耕时牛力劳挽推。里社合钱乞作记,兔园老叟颐指挥[6]。请看碑石俱砖甃[7],身及妻子无完衣。但愿太行山上石,化为滹沱水中泥。不然道傍隙地正无限,那免年年常立碑!

赵蔚芝、刘聿鑫校点《赵执信全集》卷一,齐鲁书社1993年版

[注释]

　　[1] 遗爱:指官吏留下的"德政"。
　　[2] 龃龉(jǔyǔ):上下牙齿不合,比喻意见不一致,引申为自相矛盾。
　　[3] 黉(hóng)宫:学官,封建时代的学校。葺(qì):修建。
　　[4] 先圣:指孔子。要:同"邀"。意谓供奉在学宫中的孔子也成了官吏追名逐利的工具。
　　[5] 居人:当地居民。
　　[6] 兔园老叟:指浅陋迂腐的乡间塾师。颐指挥:用面颊示意,指挥干活。
　　[7] 砖甃(zhòu):用砖砌成的碑亭。此言石碑上还盖着碑亭。

查 慎 行

　　查(zhā)慎行(1650—1727),字悔余,号初白,初名嗣琏,字夏重,号他山。海宁(今属浙江)人。康熙二十八年(1689)因在国丧期间观演《长生殿》,被革去太学生籍。康熙四十一年(1702),康熙帝东巡,查慎行因荐试入直南书房,次年赐进士,授翰林院编修。后乞休归田。雍正五年(1727),因弟嗣庭以诽谤成狱,

坐失教罪缇系入京,幸得赦免放归田里。论诗主张兼取唐宋,不以门户自锢。于宋诗潜研尤深,"得宋人之长而不染其弊",才气开展,功力纯熟,是康熙后期诗坛最负盛名的诗人。著有《敬业堂集》等。

三闾祠

[解题]

　　这首诗是查慎行随军入黔途经湖南凭吊屈原祠时所作。屈原曾官三闾大夫,祠在今湖南汨罗。诗人以其对屈原悲剧性命运的深刻理解和高超的艺术功力,写出了独特新鲜的感受,揭示出深刻的社会哲理。

　　平远江山极目回[1],古祠漠漠背城开。莫嫌举世无知己,未有庸人不忌才[2]。放逐肯消亡国恨?岁时犹动楚人哀[3]!湘兰沅芷年年绿,想见吟魂自往来[4]。

《敬业堂诗集》卷二,四部备要本

[注释]

　　[1] 极目回:由远到近,收回眼光。
　　[2] "莫嫌"句:屈原《离骚》:"国无人莫我知兮,又何怀乎故都!"君子不为世人所理解、庸人妒忌贤才是古今普遍的现象。
　　[3] 岁时:指逢年过节。哀:对屈原的崇祀和哀思。
　　[4] 吟魂:诗人的灵魂。

汴梁杂诗八首(其一)

[解题]

　　这首诗是作者康熙三十四年(1695)游汴梁(今河南开封)时所作。诗人已46岁,而多次应试皆不中,遭遇坎坷而家境凄凉,充满了愤懑感慨之气。诗人于历史与现实的交错对照中体味着人生,以功名的无常和空幻来自嘲自慰。

　　土岗起伏向平芜,乔麦花开似雪铺。旧日楼台埋井底[1],秋来风雨暗城隅。邹枚作客虚词笔[2],高李论文剩酒垆[3]。莫怪游梁无一事,已将姓名混屠沽[4]。

《敬业堂诗集》卷二十,四部备要本

[注释]

　　[1] 埋井底:开封地势低洼,历史上因黄河决口曾多次被淹没。明末大水

后,淤泥将许多建筑都埋没,以致开封文庙只露出屋脊上的鸱吻。

〔2〕邹枚:指汉代的邹阳与枚乘。二人皆为梁孝王宾客,并以文笔辩才知名于时。虚词笔:空有文才而无济世之用。

〔3〕高李:唐代诗人高适与李白。自注:"少陵与李供奉、高常侍同时客游梁、宋间,故其《昔游》诗有'往与高李辈,论交入酒垆'之句。今城东有三贤祠。"

〔4〕屠沽:屠夫和卖酒者。

※即事二首(其二)

万古一棋局,言平最不平。獭窥鱼穴静,鸠伺鹊巢成。物性论强弱,天机近斗争。但教风作质,有触自忘情。

《敬业堂诗集》卷二八,四部备要本

毛 奇 龄

毛奇龄(1623—1716),字大可,号秋晴,又号初晴。以郡望学者称西河先生。萧山(今属浙江)人。康熙十八年(1679)举博学鸿词,授翰林院检讨,与修《明史》。后引疾归里。有《西河合集》。

※赠 柳 生

扶病来看柳敬亭,秋花开满石榴屏。江南多少前朝事,说与人间不忍听。

《西河合集·七言绝句三》,康熙间书留草堂刻本

郑 燮

郑燮(1693—1765),字克柔,号板桥居士。兴化(今属江苏)人。乾隆元年(1736)进士,任山东范、潍两县知县先后十二年,关心民间疾苦,有政声。个性落拓不羁,睥睨一世,高歌放谈,因得狂名。归里后,往还于扬州、兴化间,与人诗酒唱和,以鬻书画为生,被称为"扬州八怪"之一。画以兰、竹、石最为精妙,书法自成一体,其诗、词、道情、书札文皆有独特风格。作诗不拘体格,兴到诗成,挥洒自如。有《郑板桥集》。

道情十首(其五)

[解题]

郑板桥序中说:"谱得《道情》十首,无非唤醒痴聋,销除烦恼。每到山青水绿之处,聊以自遣自歌。"末曰:"是曲作于雍正七年(1729),屡抹屡更。至乾隆八年(1743),乃付诸梓。"道情,曲艺的一种,渊源于唐代的《九真》、《承天》等道曲。用渔鼓和简板伴奏,也叫渔鼓。原为道士演唱的道教故事的曲子,后来用一般民间故事做题材。

老书生,白屋中[1],说黄虞[2],道古风。许多后辈高科中,门前仆从雄如虎,陌上旌旗去似龙。一朝势落成春梦,倒不如蓬门僻巷,教几个小小蒙童。

影印真迹《郑板桥全集·小唱》,中州古籍出版社1992年版

[注释]

[1]白屋:以白茅覆盖的房屋,为古代平民寒士所居。
[2]黄虞:上古的黄帝、虞舜。

其 六

[解题]

风流本是对高人雅士的称颂,而小乞丐同样得此美誉,就在于他们共同具有的自由自在、无拘无束的境界。

尽风流,小乞儿,数莲花[1],唱竹枝[2],千门打鼓沿街市。桥边日出犹酣睡,山外斜阳已早归。残杯冷炙饶滋味,醉倒在回廊古庙,一凭他雨打风吹。

影印真迹《郑板桥全集·小唱》,中州古籍出版社1992年版

[注释]

[1]莲花:即"莲花落(lào)",曲艺的一种,也叫"莲花乐"、"落子"。宋时已很流行,为乞丐行乞时演唱,内容多宣扬佛教思想。
[2]竹枝:即"竹枝词",本巴渝(今重庆)一带民歌。后代诗人所作《竹枝词》多咏当地风俗和男女爱情,语言通俗,音调明快。

其 七

[解题]

　　隐居的作家独掩柴扉,离群索居。作者寥寥几笔,渲染出浓重的出世情调,凄清萧条。而度曲缀词,交与歌者演唱,又见其未能完全忘世。

　　掩柴扉,怕出头,剪西风,菊径秋,看看又是重阳后。几行衰草迷山郭,一片斜阳下酒楼,栖鸦点上萧萧柳。撮几句盲辞瞎话[1],交还他铁板歌喉[2]。

影印真迹《郑板桥全集·小唱》,中州古籍出版社1992年版

[注释]

　　[1] 撮:撮弄,聚合。盲辞瞎话:指编撰的曲艺歌词。
　　[2] 交还:交给。铁板歌喉:指说唱艺人。

其 十

[解题]

　　这首写艺人的感慨。唤醒庸愚,警诫懦顽,弦索上的哀怨,都透露出作者积极用世而志不获伸的苦闷。

　　拨琵琶,续续弹[1],唤庸愚,警懦顽,四条弦上多哀怨。黄沙白草无人迹,古戍寒云乱鸟还,虞罗惯打孤飞雁[2]。收拾起渔樵事业[3],任从他风雪关山。

影印真迹《郑板桥全集·小唱》,中州古籍出版社1992年版

[注释]

　　[1] 续续:连续不绝。白居易《琵琶行》:"低眉信手续续弹,说尽心中无限事。"
　　[2] 虞罗:原指掌山泽之虞人所张设的网罗。此泛指渔猎者设置的网罗。
　　[3] 收拾:整理,整顿。渔樵:打鱼,砍柴。

※潍县署中画竹呈年伯包大中丞括

　　衙斋卧听萧萧竹,疑是民间疾苦声。些小吾曹州县吏,一枝一叶总关情。

影印真迹《郑板桥全集·题画》,中州古籍出版社1992年版

※予告归里画竹别潍县绅士民

乌纱掷去不为官,橐橐萧萧两袖寒。写取一枝清瘦竹,秋风江上作渔竿。

影印真迹《郑板桥全集·题画》,中州古籍出版社1992年版

※竹　石

咬定青山不放松,立根原在破岩中。千磨万击还坚劲,任尔东西南北风。

影印真迹《郑板桥全集·题画》,中州古籍出版社1992年版

沈　德　潜

沈德潜(1673—1769),字确士,号归愚,长洲(今江苏苏州)人。乾隆四年(1739)进士,时年已67岁,始以文学受知于高宗。授编修,擢中允,迁内阁学士,官至礼部侍郎。卒,赠太子太师,谥文悫(què)。论诗尚格调,崇盛唐,蔚为流派。有《古诗源》、《唐诗别裁集》、《明诗别裁集》、《国朝诗别裁集》等。

雨泊话旧

[解题]

诗人在一个雨夜泊船江上,与朋友相聚话旧,雨打船篷的声响和倏忽闪烁的灯光,把契阔存亡的人生感慨渲染得格外浓重。

寒雨萧萧夜打篷[1],篷窗相对一灯红[2]。十年无限存亡感,并入空江话雨中。

《归愚诗钞》卷二十,乾隆刻本

[注释]

[1] 萧萧:象声词。
[2] 篷窗:船窗。

※梅　花

残雪初消欲暝天，几枝冷艳破春妍。山边村落涧边路，篱外幽香竹外烟。自我相思经一载，与君偕隐已多年。惜花兼怕催人老，扶杖更深看不眠。

《归愚诗钞》卷一五，乾隆刻本

袁　枚

　　袁枚(1716—1797)，字子才，号简斋，晚号随园老人，又号小仓山居士。浙江钱塘(今杭州)人。乾隆四年(1739)进士，授翰林院庶吉士。出知江宁(今属南京)等县。年四十，即辞官，居江宁小仓山之随园，以诗酒自娱，游历四方，广交朋友，名高一世。与赵翼、蒋士铨并称"乾隆三大家"。论诗继承钟嵘、皎然、司空图、严羽等要求诗歌"吟咏情性"和表达自然流畅的主张，强调抒写性灵，崇尚自然人性，要求把个性化的生命感性显现作为表现的根本，以使诗歌创作呈现生机活力。"赋诗作文，都是自写胸襟。人心不同，各如其面。故好丑虽殊，而不同则一也。"(《寄奇方伯》)为诗自然率真，善于白描，凸现自我，其"性灵说"广为流行，影响很大。有《小仓山房诗文集》、《随园诗话》等。

同金十一沛恩游栖霞寺望桂林诸山

[解题]

　　这首诗是乾隆元年(1736)袁枚二十一岁时游历广西桂林所作。作者采用形式自由的歌行体抒写奔放的情感，以丰富的想象描写桂林诸峰的奇姿异态，赋予桂林群山神奇动荡的灵性，构思巧妙而气势飞动。金十一，排行第十一的金沛恩。栖霞，山名，在广西桂林城外。山腰有寺，寺后为洞，均以栖霞名。

　　奇山不入中原界，走入穷边才逞怪[1]。桂林天小青山大，山山都立青天外。我来六月游栖霞，天风拂面吹霜花。一轮白日忽不见，高空都被芙蓉遮[2]。山腰有洞五里许，秉火直入冲乌鸦。怪石成形千百种，见人欲动争谽谺[3]。万古不知风雨色，一群仙鼠依为家[4]。出穴登高望众山，茫茫云海坠眼前：疑是盘古死后不肯化[5]，头手足骨节相钩连。又疑女娲氏[6]，一日七十有二变，青红隐现随云烟。蚩尤喷妖雾[7]，尸罗袒右肩[8]，猛士植竿发[9]，鬼母戏青莲[10]。我知混沌以前乾坤毁,水沙激荡风轮颠[11]。山川人物熔在一炉内,精灵腾踔有万千[12],彼此游戏相爱怜。忽然刚风一吹化为石,清气既散浊气坚。至今欲活不得,欲去不能,只得奇形诡状蹲人间。不然造化纵有千手眼,亦难一一施雕镌。而况唐突真宰岂无罪[13],何以耿耿群飞欲刺天?金台公子酌我酒,听我狂言呼否否。更指奇峰印证之,出入白云乱招手。几阵南风吹落日,骑马同归醉兀兀[14]。我本天涯万里人,愁心忽挂西斜月[15]。

王英志主编《袁枚全集·小仓山房诗集》卷一,
江苏古籍出版社1993年版

[注释]

　　[1] 穷边:极远的边界。穷:极。

　　[2] 芙蓉:莲花,形容栖霞山峰如莲花。

　　[3] 谽谺(hānxiā):山谷张开的样子。

　　[4] 仙鼠:蝙蝠。《方言》:"蝙蝠,自关而东或谓之仙鼠。"

　　[5] 盘古:盘古氏,神话中开天辟地的人物。《述异记》:"盘古氏之死也,头为四岳,目为日月,脂膏为江海,毛发为草木。"

　　[6] 女娲氏:古代神话人物,传说她曾炼石补天。《楚辞·天问》王逸注:"女娲人头蛇身,一日七十化。"

　　[7] 蚩尤:传说中的九黎族首领,曾与黄帝战于涿鹿(在今河北省境内)之野,蚩尤作大雾,黄帝作指南车破之。见虞喜《志林》。

　　[8] 尸罗:传说沐胥国有术士名尸罗,"善眩惑之术,喷水为氛雾,暗数里间"。见《拾遗记》。

　　[9] 猛士:汉张衡《西京赋》谓古代传说中的勇士夏育、乌获"植发如竿"。

　　[10] 鬼母:《述异记》:"南海小虞山中有鬼母,能产天地鬼,一产十鬼,朝产之,暮食之。"

　　[11] 风轮:佛教名词。《楼炭经》:"地深九亿万里,第四是地轮,第五水轮,第六风轮。"

　　[12] 腾踔(chuō):跳荡。

　　[13] 真宰:宇宙的主宰,此指天。

　　[14] 兀兀:形容喝醉酒昏昏沉沉的样子。

　　[15] 愁心:李白《闻王昌龄左迁龙标遥有此寄》:"我寄愁心与明月,随风直到夜郎西。"《金乡送韦八之西京》:"狂风吹我心,西挂咸阳树。"

马嵬四首(其二)

[解题]

　　此诗作于乾隆十七年(1752)袁枚赴陕西候补任官途中。马嵬,即马嵬坡,在今陕西省兴平县西,唐代天宝十四载(755)发生安史之乱,唐玄宗自京都长安逃往四川经过马嵬坡时,禁军哗变,杀死宰相杨国忠,并迫使玄宗命杨贵妃自缢。帝王的爱情故事传唱已久,而诗人认为民间夫妻生离死别的悲惨远超过帝王。此意本是普遍的事实,可一经作者点出,顿觉警精动人,显示出作者超越世俗的胆识和关注平民的人道精神。

　　莫唱当年《长恨歌》[1],人间亦自有银河。石壕村里夫妻别[2],泪比长生殿上多[3]。

王英志主编《袁枚全集·小仓山房诗集》卷八,
江苏古籍出版社1993年版

[注释]

　　[1]《长恨歌》:白居易所作,是吟咏唐明皇与杨贵妃故事最有名的诗篇。
　　[2]石壕村:唐杜甫有《石壕吏》,写安史之乱中百姓生离死别的悲惨情景。
　　[3]长生殿:旧址陕西骊山华清宫内。《长恨歌》:"七月七日长生殿,夜半无人私语时。在天愿作比翼鸟,在地愿为连理枝。"陈鸿《长恨歌传》:"言毕,执手各呜咽。"

夜过借园见主人坐月下吹笛二首(其一)

[解题]

　　借园是袁枚好友李晴江的寓所,在通州(今江苏南通)。此诗借听笛表现作者与李晴江作为知音的深挚友谊,以及超群脱俗的清旷胸襟。但通篇无一语直露,纯是写景渲染,于谛听无言中表现心灵的交流与理解。

　　秋夜访秋士[1],先闻水上音。半天凉月色,一笛酒人心[2]。响遏碧云近[3],香传红藕深。相逢清露下,流影湿衣襟。

王英志主编《袁枚全集·小仓山房诗集》卷一一,
江苏古籍出版社1993年版

[注释]

　　[1]秋士:指迟暮不遇,悲秋自伤之士。《淮南子·缪称训》:"春女思,秋士

悲,而知物化矣。"

[2] 一笛:一曲笛声。酒人:指微醉的借园主人。

[3] 响遏碧云:形容声音高昂激越。《列子·汤问》记载薛谭向秦青学习唱歌,自以为已学到真功夫,遂辞归。秦青送别时"抚节悲歌,声振林木,响遏行云。薛谭乃谢求反,终身不敢言归。"

※山行杂咏六首(其一)

十里崎岖半里平,一峰才送一峰迎。青山似茧将人裹,不信前头有路行。

王英志主编《袁枚全集·小仓山房诗集》卷二八,
江苏古籍出版社1993年版

※秦中杂感八首(其三)

天府长城势壮哉! 秋风落叶满章台。一关开闭随王气,绝顶河山感霸才。安石本为江左出,贾生偏过洛阳来。汉朝宣室知何处? 金马门前月更哀。

王英志主编《袁枚全集·小仓山房诗集》卷八,
江苏古籍出版社1993年版

※推　　窗

连宵风雨恶,蓬户不轻开。山似相思久,推窗扑面来。

王英志主编《袁枚全集·小仓山房诗集》卷一四,
江苏古籍出版社1993年版

[参考文献]

1. 王英志:《袁枚》:春风文艺出版社1999年版。
2. 宋致新:《袁枚的思想与人生》,南京出版社1998年版。

赵　　翼

赵翼(1727—1814),字云松,一字耘松,号瓯北,晚年自署瓯北老人。阳湖(今江苏常州)人。乾隆二十六年(1761)一甲三名进士,授翰林院编修,充顺天乡

试主考官、会试同考官。出任广西镇安府、广东广州府知府,官贵西兵备道。三十八年(1773)辞官归里,曾主讲扬州安定书院。有经世之略,所作《廿二史札记》《陔余丛考》于史学、考据学多有发见。为诗主张推陈出新、自抒性灵,与袁枚、蒋士铨并称"乾隆三大家"。有《瓯北集》《瓯北诗话》等。

后园居诗十首(其五)

[解题]

这首诗坦诚地说出自己为人撰写的墓志大多虚美不实,并以此证彼,以今证古,得出"乃知青史上,大半亦属诬"的结论,表达了作者对史的清醒认识。

有客忽叩门,来送润笔需[1]。乞我作墓志[2],要我工为谀。言政必龚黄[3],言学必程朱[4]。吾聊以为戏,如其意所须[5]。补缀成一篇,居然君子徒。核诸其素行,十钧无一铢[6]。此文倘传后,谁复知贤愚?或且引为据,竟入史册摹[7]。乃知青史上[8],大半亦属诬。

李学颖、曹光甫校点《瓯北集》卷十,上海古籍出版社1997年版

[注释]

[1] 润笔需:即润笔费,此指作墓志的稿酬。润笔:请人作书画、诗文的酬金。

[2] 墓志:文体的一种,刻于石上,放在墓中,记载死者的姓名、籍贯、生平事迹。

[3] 龚黄:龚遂、黄霸,汉宣帝时名臣,政绩卓著。

[4] 程朱:宋代理学家程颢、程颐兄弟和朱熹。

[5] 所须:所求。

[6] 素行:平时的行为。钧、铢:都是古代的重量单位,三十斤为一钧、二十四铢为一两。

[7] 摹:描写。

[8] 青史:古代在竹简上记事,竹简色青,故称史书为青史。

野 步

[解题]

这首诗的主旨是传统的悲秋叹老,但作者以拟人化的戏谑口气来表现,便使

得诗中贯注了一种灵性,丰富了诗歌的感情含量。《瓯北集》中题作"野步"的诗有五首,诗体不同,分别作于不同的时期。这首诗作于乾隆五十四年(1789),诗人当时六十三岁,已退居在家。

峭寒催换木棉裘[1],倚杖郊原作近游。最是秋风管闲事,红他枫叶白人头[2]。

李学颖、曹光甫校点《瓯北集》卷三二,上海古籍出版社1997年版

[注释]

[1] 峭寒:料峭的寒意,因风而致,形容突然变冷而产生的感觉。
[2] 红、白:这里都作动词用,染红、染白的意思。

※西湖杂诗六首(其三)

一抔总为断肠留,芳草年年碧似油。苏小坟连岳王墓,英雄儿女各千秋。

李学颖、曹光甫校点《瓯北集》卷三二,上海古籍出版社1997年版

蒋 士 铨

蒋士铨(1725—1785),字心馀,号苕生,铅山(今属江西)人。乾隆二十二年(1757)进士,授翰林院编修,充武英殿纂修官。后主讲绍兴蕺(jí)山书院。卒于南昌藏园。为清中叶著名戏曲家,有《冬青树》等十六种曲传世。其诗抒发怀抱,描摹景物,表彰忠义,皆有真情贯注,铮然别开生面,与袁枚、赵翼齐名,称"乾隆三大家"。有《忠雅堂集》。

岁暮到家五首(其二)

[解题]

这首诗作于乾隆十一年(1746),作者于春天出游且应童子试,直到年末才赶回居地鄱阳(今江西波阳)。此前作者从未离开过母亲。诗人以饱含感情的笔触描写了母子相见时的惊喜和相互的关切,是歌颂母爱的名篇。

爱子心无尽,归家喜及辰[1]。寒衣针线密[2],家信墨痕新。见面怜清瘦,呼

儿问苦辛。低回愧人子[3],不敢叹风尘。

邵海清校,李梦生笺《忠雅堂集校笺》卷一,上海古籍出版社1993年版

[注释]

　　[1] 及辰:及时,指于年底前全家团圆的时刻赶到。
　　[2] 寒衣:唐孟郊《游子吟》:"慈母手中线,游子身上衣。临行密密缝,意恐迟迟归。谁言寸草心,报得三春晖?"
　　[3] 低回:徘徊。

黄 景 仁

　　黄景仁(1749—1783),字仲则,一字汉镛,自号鹿菲子,江苏武进人。乾隆二十九年应童子试,被拔置第一。四十年冬,北上至京师。次年因进献赋诗,授武英殿书签官,即移家来京。四十五年,三应顺天试未售,终以家室生活艰难而移家南归。四十八年,欲至西安依陕西巡抚毕沅,因疾作卒于山西盐运使沈业富署中,年仅35岁。黄景仁一生坎坷,怀才不遇,长年往来于馆幕之中,其诗多抒写穷愁郁愤的情怀,描摹自然山水,表现人生抱负。为诗继承汉魏唐宋的传统,广采博收,撷其精华,尤能得李白、李商隐之精神,"能诣前人所未造之地,凌厉奇矫,不主故常"(翁方纲《悔存诗钞序》)。有《两当轩集》。

都门秋思四首(其三)

[解题]

　　这首诗作于乾隆四十二年(1777),此时作者二十九岁。都门,指北京。诗中抒写了欣赏秋色的高雅情致与轻蔑权贵的态度,但着重点却在反映旅居京华的贫困和忧愁。颔联用拟人手法见出作者对夕阳秋色的赏爱,尾联纯用白描,诉说穷愁潦倒的困境,有语浅而情深之效。

　　五剧车声隐若雷[1],北邙惟见冢千堆[2]。夕阳劝客登楼去,山色将秋绕郭来[3]。寒甚更无修竹倚[4],愁多思买白杨栽[5]。全家都在风声里,九月衣裳未剪裁。

李国章校点《两当轩集》卷一三,上海古籍出版社1983年版

[注释]

[1] 五剧:四通八达的道路。唐卢照邻《长安古意》:"南陌北堂连北里,五剧三条控三市。"剧:岔路多。隐:隐隐,形容隆隆的车声。

[2] 北邙(máng):本为洛阳东北的山名,王侯公卿多以此为墓地。这里指京郊的墓地。

[3] 将:引,带领。

[4] 修竹句:化用杜甫诗意。杜甫《佳人》:"天寒翠袖薄,日暮修竹倚。"

[5] 白杨:《古诗十九首》:"白杨多悲风,萧萧愁杀人。"

※癸巳除夕偶成

千家笑语漏迟迟,忧患潜从物外知。悄立市桥人不识,一星如月看多时。

李国章校点《两当轩集》卷九,上海古籍出版社1983年版

张 问 陶

张问陶(1764—1814),字仲冶,号船山。遂宁(今属四川)人。乾隆五十三年(1788)中举人,五十五年成进士,改翰林院庶吉士,散馆授检讨。部选山东莱州府知府,因违忤上官,借病乞归。侨居苏州虎丘山塘陆龟蒙祠屋之左,名其居为"乐天天随邻屋"。卒于苏州寓所。精通古文辞,尤工于诗,并能书画。其诗空灵沉郁,独辟奇境。有《船山诗草》。

芦 沟

[解题]

本诗是作者乾隆四十九年(1784)初入北京时所作。年轻的诗人放眼秋色,思接古今,既有人生短暂的感慨和怀才不遇的忧伤,也表达了不肯碌碌无为、渴望用世的心愿。

芦沟南望尽尘埃[1],木脱霜寒大漠开。天海诗情驴背得[2],关山秋色雨中来。茫茫阅世无成局[3],碌碌因人是废才[4]。往日英雄呼不起,放歌空吊古金台[5]。

《船山诗草》卷二,中华书局1986年版

[注释]

   [1] 芦沟：即永定河，由北京西北山区流往东南并入北运河至天津出海。上有建于金代的石桥芦沟桥，位于北京西南（今北京丰台区）。"芦"或作"卢"。

   [2] 驴背：唐郑綮（qǐ）善为诗，曰"吾诗思在灞桥风雪中驴背上"。见《全唐诗话》。

   [3] 无成局：没有定局。局：棋局。

   [4] 碌碌：平凡。因人：依靠别人。《史记·平原君列传》："毛遂招十九人曰：'公等碌碌，所谓因人成事者也。'"

   [5] 金台：战国时燕昭王筑黄金台以招纳贤才，其后遂为燕京八景之一。传说今北京东城朝阳门外即其遗址。

舒　　位

舒位（1765—1815），字立人，号铁云，小字犀禅，直隶大兴（今属北京）人。乾隆五十三年（1788）举人，会试落第。家境贫穷，以馆幕为生。闻母丧，自真州星夜奔归，以哀毁过度而卒。工书，又能吹笛、鼓琴、度曲。其诗多羁旅、行役及咏史之作，才力舒展，奇气横逸。法式善作《三君咏》以其与王昙、孙原湘并称。著有《瓶水斋诗集》等。

※卧闻蟋蟀偶成

夜梦既阑人语绝，一个秋虫初切切。须臾同声一虫应，墙北墙南相吊舌。两虫各据一墙根，若断若续无休歇。我虽不辨虫所云，在虫自听当有说。譬如尔我竞谈论，虫若闻之亦不决。又思方言人人殊，中原伧父南蛮鴂。何此虫声清且幽，如是世间了无别。十年枉自注虫鱼，反复寻维愧格物。参军聊解蛮府嘲，诗人最忆豳风节。为渠一一记称名，更仆数之颇琐屑。或为莎鸡或促织，曰蛩曰蜇又蜻蛚。络纬啼来懒妇惊，鸳鸯飞去王孙别。不知谁造此等名，今昔相传互罗列。亦如吾侪名字外，山人居士纷标揭。此时虫声渐近阶，自牖而帏而枕彻。静思凡物有本性，蚁爱趋膻蝇好热。兹虫独结清净缘，每向秋宵自鸣咽。传去三生玉女言，记来四句金刚偈。初听彼此似呼应，再听往还似相诘。千听万听逼耳根，但觉有声皆蟋蟀。忽然远唱一声鸡，四角悄然若乐阕。忆得此时青粉墙，霜花一寸开如雪。

《瓶水斋诗集》卷七，畿辅丛书本

二、词

陈维崧

陈维崧(1625—1682)字其年,号迦陵,江南宜兴(今属江苏)人。父陈贞慧,明末以气节著称。维崧于康熙十八年(1679)举鸿学博儒,授翰林院检讨,与修《明史》,年已五十四,越四年而卒于官。维崧才华横溢,幼承家教,广交名流。尝与朱彝尊合刻《朱陈村词》,名声大振。具有多方面的创作才能,诗词文兼工。文以骈文见长,导源于庾信,根底深厚而流丽秾艳,扬名于清初文坛,与吴绮、章藻功称"骈体三家"。而于词致力尤深,篇什宏富精工,现存一千六百二十九阕,计有四百一十六调,为古今词家所未有。少作以风华绮丽见称,中晚年作品渐趋深婉豪宕,苍凉沉郁。多抒写身世之慨和感时怀古之情。维崧为阳羡词派领袖,风格以豪放为主。陈廷焯谓"国初词家,断以迦陵为巨擘"(《白雨斋词话》卷三)。有《湖海楼诗集》、《湖海楼词集》、《迦陵文集》等。

醉落魄

咏 鹰

[解题]

咏物之作贵在借物喻志,以形传神。全词名为咏鹰,却不作正面刻画,而是以苍凉肃杀的环境渲染气氛,寒山萧瑟,秋空万里,风扫旷野,以衬托出猎鹰威猛雄鸷的气势。全词处处见出作者的身影,结句点出主旨,由打猎场面推想到社会人间,作者渴望飞扬轩举、搏击邪恶势力的冲天意气被抒发得淋漓尽致。

寒山几堵[1],风低削碎中原路[2],秋空一碧无今古。醉袒貂裘,略记寻呼处[3]。　　男儿身手和谁赌?老来猛气还轩举。人间多少闲狐兔[4],月黑沙黄,此际偏思汝[5]！

《湖海楼词集》卷三，浩然堂本

[注释]

[1] 堵：量词，一般用于墙。几堵：几座。
[2] 削碎：形容疾风狂猛，凌厉无比。
[3] 寻呼：鹰根据猎人的呼声和指示的手势，搜寻追击猎物。
[4] 闲：闲逸。这里指未受到处置的。
[5] 汝：指鹰。

虞 美 人

[解题]

诗人无聊捻花，笑对春光，貌似调侃，语实沉痛。对"好花""好风"的期盼，正是对兵荒马乱的厌倦和对安定和平生活的向往。全词用对比的手法，将象征和平安宁的鲜花楼台与充满腥风血雨的秦关蜀栈相对照，造成惊心动魄的效果，令人警醒。

无聊笑捻花枝说，处处鹃啼血[1]。好花须映好楼台，休傍秦关蜀栈战场开[2]。　　倚楼极目添愁绪，更对东风语。好风休簸战旗红，早送鲥鱼如雪过江东[3]。

《湖海楼词集》卷三，浩然堂本

[注释]

[1] 鹃啼血：杜鹃鸟鸣声凄厉，会引人伤感。陆佃《埤雅·释鸟》："杜鹃，一名子规，苦啼啼血不止。一名怨鸟，夜啼达旦，血渍草木。凡始鸣皆北向啼，苦则倒悬于树。"
[2] "好花"句：秦韬玉《牡丹》诗："倚风含笑向楼台。"岑参《行军九日思长安故国》诗："遥怜故园菊，应傍战场开。"为句意所本。关、栈：古代的关隘和栈道多为战争修设。
[3] 鲥鱼：产自江东，春天上市。腹部银白色，背部黑绿色，肉鲜嫩，味道肥美，为珍贵的食用鱼。

※贺 新 郎

赠苏昆生

吴苑春如绣,笑野老、花颠酒恼,百无不有。沦落半生知己少,除却吹箫屠狗,算此外,谁欤吾友!忽听一声《何满子》,也非关、雨湿青衫透。是鹃血,凝罗袖。　　武昌万叠戈船吼,记当日、征帆一片,乱遮樊口。隐隐柁楼歌吹响,月下六军搔首,正乌鹊、南飞时候。今日华清风景换,剩凄凉、鹤发开元叟。我亦是,中年后。

《湖海楼词集》卷一八,浩然堂本

※醉 蓬 莱

虎丘月夜见有贵官呵止行人者戏填此词

正歌场匝地,舞榭临风,碧天如昼。官自何来,拖麟衫艾绶。从事喧歊,郎君贵倨,禁游童趋走。千载吴山,一场秋兴,月僝花僽!　　黄鹤飞仙,玉清谪吏,偶趁风光,闲来林薮。见此尘容,展轩渠笑口。七贵貂蝉,五湖烟水,问谁堪长久?且掣青萍,化为铁笛,作狂龙吼。

《湖海楼词集》卷九,浩然堂本

顾 贞 观

顾贞观(1637—1714),字华峰,号梁汾,江南无锡(今属江苏)人。康熙初入京师,以诗受赏于胜流,名遂大起。康熙五年(1666)中举,拔擢秘书院典籍。后落职归里。康熙十五年(1676)复入京,馆相国明珠家,与其子纳兰性德交好。康熙二十三年(1684)回乡,读书著述其间三十年。卒年七十八。生性豪爽,重友谊。文兼众体,能诗,尤工词。与陈维崧、朱彝尊称词家三绝。有《弹指词》。

金缕曲二首

寄吴汉槎宁古塔,以词代书。丙辰冬寓京师千佛寺冰雪中作。

二、词

[解题]

吴兆骞(字汉槎)与作者为挚友,早年以才华齐名。顺治十五年(1658),汉槎因科场案牵连流放宁古塔(今黑龙江宁安)。康熙丙辰(1676)冬,作者作《金缕曲》寄汉槎。这两首词以词代书,表达对朋友悲惨遭遇的同情和关切,诉说朋友之间的生死交谊,字字从肺腑流出,婉转反复,淋漓尽致。纳兰性德见到词后,深受感动,设法营救,吴兆骞最终得以生还入关。

　　季子平安否[1]?便归来,平生万事,那堪回首?行路悠悠谁慰藉,母老家贫子幼。记不起从前杯酒。魑魅择人应见惯[2],总输他、覆雨翻云手[3]。冰与雪,周旋久[4]。　　泪痕莫滴牛衣透[5],数天涯、依然骨肉,几家能够?比似红颜多命薄,更不如今还有。只绝塞、苦寒难受[6]。廿载包胥承一诺[7],盼乌头马角终相救[8],置此札,兄怀袖。

　　我亦飘零久。十年来,深恩负尽,死生师友。宿昔齐名非忝窃[9],只看杜陵穷瘦[10],曾不减、夜郎僝僽[11]。薄命长辞知己别,问人生、到此凄凉否?千万恨,为兄剖。　　兄生辛未吾丁丑[12],共些时冰霜摧折,早衰蒲柳[13]。辞赋从今须少作,留取心魂相守,但愿得河清人寿[14]。归日急繙行戍稿[15],把空名料理传身后。言不尽,观顿首[16]。

《弹指词》卷下,四部备要本

[注释]

　　[1] 季子:春秋时期吴国的季札,号延陵季子,为著名的贤人。兆骞姓吴,且在兄弟中最幼,故以"季子"称之。

　　[2] 魑魅(chīmèi):传说中害人的怪物。择人:杜甫《天末怀李白》:"文章憎命达,魑魅喜人过。"

　　[3] 覆雨翻云:形容人情反复无常。杜甫《贫交行》:"翻手作云覆手雨,纷纷轻薄何须数。"

　　[4] 冰与雪:喻纯洁的友情。周旋:打交道。

　　[5] 牛衣:给牛保暖的覆盖物,一般用草或麻编成。《汉书·王章传》:"初,章为诸生,学长安,独与妻居。章疾病,无被,卧牛衣中,与妻诀,涕泣。"

　　[6] 绝塞:极远的边疆。

　　[7] 廿(niàn)载:从顺治十五年(1658)吴兆骞流放到康熙十五年(1676)顾贞观写此词近二十年。包胥:申包胥,春秋时期楚国人,曾立誓要恢复被灭亡的楚国,最终果然实现了诺言。

　　[8] 乌头马角:《史记·刺客列传》司马贞索隐:"燕丹求归,秦王曰:乌头白,马生

角,乃许耳。"后以此比喻不可能实现的事。这里反用其意,表示要变不可能为可能。

[9] 宿昔:从前。忝(tiǎn)窃:谦言辱居其位,此指名不副实。

[10] 杜陵:唐代杜甫自称杜陵野老,生活清苦困顿。故称其"穷瘦"。此处作者自喻。

[11] 夜郎:在今贵州省西部,李白曾被判决流放夜郎地区。僝僽(chánzhòu):烦恼苦闷。此处借以喻吴兆骞。

[12] "兄生"句:吴兆骞生于辛未(明崇祯四年,1631),作者生于丁丑(明崇祯十年,1637)。

[13] 蒲柳:蒲和柳都是早凋植物,一般用以比喻衰弱的体质。《晋书·顾悦之传》:"蒲柳常质,望秋先零。"

[14] 河清人寿:《左传·襄公八年》:"周诗有之曰:'俟河之清,人寿几何!'"古代传说黄河水千年一清,故以河清喻人寿难俟。这里祝愿吴兆骞活着回来。

[15] 繙,翻。行戍稿:指吴兆骞在宁古塔的诗稿。

[16] 顿首,磕头行礼。常用于书信的起头或末尾,是同辈或下对上的敬词。

纳 兰 性 德

纳兰性德(1655—1685),原名成德,以避讳而改性德,字容若,号楞伽山人,满洲正黄旗人。大学士明珠长子。康熙十一年(1672)中顺天乡试举人,十五年(1676)进士,深得康熙帝隆遇,官至一等侍卫。然厌倦随驾扈从的生涯,鄙视宦海倾轧,颇多忧惧苦闷之情。性德生性聪敏,娴于骑射,笃重友情,其应顾贞观之请救助吴兆骞入关之事,成为盛称于世的文坛佳话。与徐乾学、姜宸英、严绳孙、陈维崧、秦松龄等交游契厚。深受汉族传统文化熏陶,工于诗词,论诗主张以抒写性情为根本,重视才与学的作用。尤喜为词,长于小令,其爱情词低回悠渺,婉丽清凄,边塞词寥廓苍远,绘景如画。善用白描,不事雕琢,情真意挚,自然超逸。况周颐《蕙风词话》推性德为"国初第一词人"。著有《通志堂集》、《饮水词》等,曾汇刻《通志堂经解》等。

长 相 思

[解题]

这首词写的是作者随大军出关时的所见所感,是一首边塞题材的小令。作者敏锐地把握住行军生活的特征,寥寥几笔,便勾勒出一幅雪夜大军宿营图,并流露出深切的思乡之情。

山一程,水一程,身向榆关那畔行[1],夜深千帐灯[2]。风一更,雪一更,聒碎乡心梦不成[3],故园无此声。

张草纫笺注《纳兰词笺注》卷一,上海古籍出版社1995年版

[注释]

[1] 榆关:即山海关,在今河北省秦皇岛市东北,万里长城的东端。那畔:那边。指关外。

[2] 帐:行军的帐篷。

[3] 聒(guō):声音嘈杂。这里指风雪声。

金 缕 曲

赠 梁 汾

[解题]

这是作者赠给好友顾贞观(号梁汾)的词。一般填写体制较长的词调,大都以绘景写物、铺陈渲染为主。作者却纯粹以情语入词,直抒胸臆,别成一境。

德也狂生耳!偶然间、缁尘京国[1],乌衣门第[2]。有酒惟浇赵州土[3],谁会成生此意[4]?不信道、竟逢知己。青眼高歌俱未老[5],向樽前、拭尽英雄泪。君不见,月如水。　　共君此夜须沉醉。且由他、蛾眉谣诼[6],古今同忌。身世悠悠何足问,冷笑置之而已。寻思起、从头翻悔。一日心期千劫在[7],后身缘、恐结他生里。然诺重[8],君须记。

张草纫笺注《纳兰词笺注》卷四,上海古籍出版社1995年版

[注释]

[1] 缁(zī)尘:黑色灰尘,比喻世俗污垢。

[2] 乌衣门第:在乌衣巷的宅邸。南京乌衣巷是东晋以来权贵之家居住之地,后多用来代指豪门世族。

[3] 有酒惟浇赵州土:李贺《浩歌》:"买丝绣作平原君,有酒惟浇赵州土。"平原君,即战国时代赵国的公子胜,平生喜欢结纳宾客。以酒浇土,是表示敬慕、祭奠的意思。

[4] 会:领会,理解。

[5] 青眼:重视。眼珠青色,其旁白色。正视则见青处,斜视则见白处。《晋书·阮籍传》载阮籍能为青白眼,见到凡俗之士,便翻白眼看着;见到喜欢的人,则露出眼珠正视。

[6]蛾眉谣诼(zhuó)：好人遭到谗言诽谤。屈原《离骚》："众女嫉余之蛾眉兮,谣诼谓余以善淫。"

[7]心期：心许。劫：梵语kalpa的音译,"劫波"的略称,意为极为久远的时间。佛教谓一劫指世界灭而又生的一个周期。

[8]然诺：许诺。《史记·张耳陈余列传》："上贤贯高为人能立然诺,使泄公具告之,曰：'张王已出。'因赦贯高。"

南 乡 子

[解题]

　　这首词写凭吊古战场时的人生感慨。当年金戈铁马、群雄逐鹿的战场,如今已被荒草废丘所掩蔽,英雄何在？功业何物？词中弥漫着浓重的人生空幻感,否定传统的功业观念,表达了对青春年华的珍惜。

　　何处淬吴钩[1]？一片城荒枕碧流。曾是当年龙战地[2],飕飕,塞草霜风满地秋。　　霸业等闲休[3],跃马横戈总白头。莫把韶华轻换了,封侯。多少英雄只废丘。

张草纫笺注《纳兰词笺注》卷五,上海古籍出版社1995年版

[注释]

　　[1]淬(cuì)：淬火。铸刀剑时,把铁烧热,浸在水中,以增加其强度和柔韧性,叫淬火。吴钩：古代吴地制造的一种弯形的刀。后泛指锋利的刀剑。

　　[2]龙战：群雄争夺天下的战争。《易·坤》："龙战于野,其血玄黄。"

　　[3]等闲休：轻易地休止。

※ 蝶恋花八首(其二)

　　眼底风光留不住。和暖和香,又上雕鞍去。欲倩烟丝遮别路,垂杨那是相思树？　　惆怅玉颜成间阻,何事东风,不作繁华主？断带依然留乞句,斑骓一系无寻处。

※ 其 六

　　今古河山无定数,画角声中,牧马频来去。满目荒凉谁可语,西风吹老丹枫

树。　　幽怨从前何处诉,铁马金戈,青冢黄昏路。一往情深深几许,深山夕照深秋雨。

张草纫笺注《纳兰词笺注》卷三,上海古籍出版社1995年版

※菊　花　新

送张见阳令江华

愁绝行人天易暮,行向鹧鸪声里住。渺渺洞庭波,木叶下楚天何处?　折残杨柳应无数,趁离亭笛声催度。有几个征鸿相伴也,送君南去!

张草纫笺注《纳兰词笺注》卷二,上海古籍出版社1995年版

※鹧　鸪　天

送梁汾南还,时方为题小影

握手西风泪不干,年来多在别离间。遥知独听灯前雨,转忆同看雪后山。凭寄语,劝加餐,桂花时节约重还。分明小像沉香缕,一片伤心欲画难。

张草纫笺注《纳兰词笺注》卷三,上海古籍出版社1995年版

[参考文献]

黄天骥:《纳兰性德和他的词》,广东人民出版社1983年版。

朱　彝　尊

朱彝尊(1629—1709),字锡鬯(chàng),号竹垞(chá),晚号小长芦钓鱼师,又号金风亭长。秀水(今浙江嘉兴)人。早年曾秘密参与抗清复明活动,事败出走,游幕四方。康熙十八年(1679)举博学鸿词,除翰林院检讨,充《明史》纂修官。二十年充日讲官,知起居注,典江南乡试。二十二年入值南书房。不久罢官。著述以终。锡鬯为清代著名文学家、学者,一生著述颇丰,诗、词、文皆卓然有成。其词尊奉南宋姜夔、张炎,讲求醇雅,开浙西词派。有《曝书亭集》八十卷、《腾笑集》八卷、《明诗综》一百卷及《经义考》、《词综》等。

卖 花 声

雨 花 台

[解题]

　　雨花台在今江苏南京市南,古代为佛教胜地。南京是六朝故都,又是明朝的陪都,是繁华的大都市,清兵南下时遭到严重破坏。作者抚今思昔,感慨万端,惆怅凄楚之情溢于言表。

　　衰柳白门湾[1],潮打城还[2],小长干接大长干[3],歌板酒旗零落尽,剩有渔竿。　　秋草六朝寒,花雨空坛[4],更无人处一凭栏。燕子斜阳来又去[5],如此江山!

屈兴国、袁李来点校《朱彝尊词集·江湖载酒集》,
浙江古籍出版社1994年版

[注释]

　　[1] 白门:南京古代的别名。
　　[2] 潮打城还:唐刘禹锡《石头城》:"山围故国周遭在,潮打空城寂寞回。"
　　[3] 长干(gān):长干里,在南京秦淮河之南,是古代商业繁华、吏民杂居之处。据记载有大长干里和小长干里二处,乐府诗题也有《长干》和《小长干》的分别。
　　[4] 花雨:相传梁武帝(502—549年在位)时云光法师在此设坛讲经,感动诸天雨(yù)花,花坠为石。故名雨花台。
　　[5] 燕子:唐刘禹锡《乌衣巷》:"旧时王谢堂前燕,飞入寻常百姓家。"

酷 相 思

阻 风 湖 口

[解题]

　　湖口指江西省鄱阳湖通向长江的地方。作者乘船经过,遇到大风雨,只好停泊在此。词人用拟人化的手法把湖口附近的大孤山、小孤山比作好客的女主人殷勤留客,构思巧妙,而风雨交加的天气又使作者归程受阻的惆怅心情愈加强化。

社鼓神鸦天外树[1],见渺沙、江流去。向晚来、石尤君莫渡[2]。大姑也[3]、留人住,小姑也、留人住。　　杜宇催归朝复暮[4],转把归期误。尽灯火、孤蓬愁几许。风急也,声声雨,风定也,声声雨。

屈兴国、袁李来点校《朱彝尊词集·江湖载酒集》,
浙江古籍出版社1994年版

[注释]

[1] 社鼓:古代祭土神时所敲的鼓乐。神鸦:祭神时在陈列祭品的地方觅食的乌鸦。

[2] 石尤:即石尤风。传说古代有商人尤某娶石氏女,情好甚笃。尤远行不归,石思念成疾,临死叹曰:"吾恨不能阻其行,以至于此。今凡有商旅远行,吾当作大风为天下妇人阻之。"见元伊世珍《琅嬛记》引《江湖纪闻》。后因称逆风、顶头风为"石尤风"。

[3] 大姑:大孤山,又叫鞋山,在江西湖口县西南鄱阳湖口。小姑:小孤山,在湖口县东北长江中。

[4] 杜宇:杜鹃鸟,啼声凄怨动人,听去好像说"不如归去"。

※ 高阳台 并序

吴江叶元礼,少日过流虹桥,有女子在楼上见而慕之,竟至病死。气方绝,适元礼复过其门,女之母以女临终之言告叶,叶入哭,女目始瞑。友人为作传,余记以词。

桥影流虹,湖光映雪,翠帘不卷春深,一寸横波,断肠人在楼阴。游丝不系羊车住,倩何人,传语青禽。最难禁,倚遍雕阑,梦遍罗衾。　　重来已是朝云散,怅明珠佩冷,紫玉烟沉。前度桃花,依然开遍江浔。钟情怕到相思路,盼长堤,草尽红心。动愁吟、碧落黄泉,两处难寻。

屈兴国、袁李来点校《朱彝尊词集·江湖载酒集》,
浙江古籍出版社1994年版

※ 解　珮　令

自题词集

十年磨剑,五陵结客,把平生、涕泪都飘尽。老去填词,一半是、空中传恨,几曾围、燕钗蝉鬓。　　不师秦七,不师黄九,倚新声、玉田差近。落拓江湖,且盼

咐、歌筵红粉。料封侯、白头无分。

屈兴国、袁李来点校《朱彝尊词集·江湖载酒集》，
浙江古籍出版社1994年版

厉 鹗

厉鹗(1692—1752)，字太鸿，号樊榭，钱塘(今浙江杭州)人。康熙五十九年(1720)举人，乾隆元年(1736)被推荐参加博学鸿词科考试，未中。少贫，性孤峭。工诗词，作品多表现山水情致，搜讨精博，蹊径幽微。论词推崇周邦彦、姜夔，为浙西词派的重要作家。有《樊榭山房集》、《宋诗纪事》等。

忆 旧 游

[解题]

这首词作于康熙六十年(1721)，词人当时三十岁。词中抒写萧瑟幽婉的秋愁，俊逸清丽，曲折幽深，是体现浙西词派艺术旨趣的代表作之一。

辛丑九月既望，风日清霁。唤艇自西堰桥，沿秦亭、法华湾泂，以达于河渚。时秋芦作花，远近缟目；回望诸峰，苍然如出晴雪之上。庵以"秋雪"为名，不虚也。乃假僧榻，偃仰终日。唯闻棹声掠波往来，使人绝去世俗营竞所在。向晚宿西溪田舍，以长短句纪之。

溯溪流云去[1]，树约风来，山剪秋眉[2]，一片寻秋意，是凉花载雪，人在芦漪[3]。楚天旧愁多少，飘作鬓边丝。正浦溆苍茫[4]，闲随野色，行到禅扉[5]。

忘机[6]。悄无语，坐雁底焚香[7]，蛩外弦诗[8]。又送萧萧响，尽平沙霜信[9]，吹上僧衣。凭高一声弹指，天地入斜晖。已隔断尘喧，门前弄月渔艇归。

《樊榭山房全集·词甲集》，光绪振绮堂刻本

[注释]

[1] 云去：飘然如云而去。

[2] 山剪秋眉：秋山如修剪过的白眉毛。唐李贺《浩歌》：看见秋眉换新绿，二十男儿那刺促。"清曹寅《真州述怀奉答徐道秋编修》诗："遥望江南山，已换秋眉色。"

[3] 芦漪：芦苇荡的岸边。汉赵晔《吴越春秋·王僚使公子光传》："渔父欲渡之，适会旁有人窥之，因而歌曰：'日明昭昭乎侵已驰，与子期乎芦之漪。'子胥即止芦之漪。"

[4] 浦溆:水边。王维《三月三日曲江侍宴应制》:"画旗摇浦溆,春服满汀洲。"

[5] 禅扉:禅寺的大门。这里指来到秋雪庵。

[6] 机:机心,权变机巧的心思。《庄子·天地》:"有机械者必有机事,有机事者必有机心。机心存于胸中则纯白不备。纯白不备则神生不定,神生不定者,道之所不载也。"

[7] 雁底:雁堂,指佛堂。

[8] 蛩(qióng):蟋蟀。弦:弦歌。

[9] 霜信:降霜前的信息。明毛晋《毛诗草木鸟兽虫鱼疏广要》"弋凫与雁":"今北方有白雁,似鸿而小,色白。秋深乃来,来则霜降。河北谓之霜信。"

※满 江 红

题《桃花扇传奇》

千古南朝,剩满眼、钟山废绿。问谁记、渡江五马,玉楼金屋。复社尚兴风影祸,教坊偏占烟花福。笑无愁,帝子莫愁湖,欢娱速。　　醉舞散,灰绯烛。宫骑走,降旛矗。看湘东已了,枯棋残局。桃叶渡边飞燕语,桃花扇底铜仙哭。算付将,此曲雪儿歌,难终曲。

《樊榭山房全集·秋林琴雅二》,光绪振绮堂刻本

张 惠 言

张惠言(1761—1802),原名一鸣,字皋文,江苏武进人。嘉庆四年(1799)进士,改庶吉士,授翰林院编修。精通《周易》,工词赋散文,为阳湖派古文代表作家之一。论词强调比兴,所为词沉郁而意旨隐晦。为常州词派的开创人,所编《词选》影响深远。有《茗柯文编》及《茗柯词》。

木 兰 花 慢

杨 花

[解题]

这是一首咏物词。词人以深刻的同情赋予杨花人格化的特征,描摹了杨花

的飘零无助之情状,借物咏怀,寄慨遥深,很能体现常州词派强调比兴寄托的论词宗旨。

尽飘零尽了[1],何人解[2]、当花看?正风避重帘,雨回深幕,云护轻幡[3]。寻他一春伴侣,只断红相识夕阳间[4]。未忍无声委地,将低重又飞还。　　疏狂情性,算凄凉耐得到春阑[5]。便月地和梅,花天伴雪,合称清寒。收得十分春恨,做一天愁影绕云山。看取青青池畔,泪痕点点凝斑[6]。

黄立新校点《茗柯文编·茗柯词》,上海古籍出版社1984年版

[注释]

[1] 尽:前一个"尽"义为任凭,读 jǐn;后一个"尽"义为竭尽、完,读 jìn。

[2] 解:理解,懂得。苏轼《水龙吟·次韵章质夫杨花词》:"似花还似非花,也无人惜从教坠。"

[3] 轻幡(fān):护花幡,旧时传说一种保护花木的旗帜。《博异志》载,唐人崔玄微在花苑中遇数美人,自谓苦恶风,求玄微道:"但处士每岁岁日,与作一朱幡,上图日月五星之文,于苑东立之,则免难矣。"崔依其言,于某日立幡,果然起东风折树飞沙,而苑中繁花无恙。

[4] 断红:落花。

[5] 春阑:春残,春尽。

[6] 泪痕:苏轼《水龙吟·次韵章质夫杨花词》:"细看来,不是杨花,点点是离人泪。"

※玉　楼　春

一夜长放秋千静,风雨和愁都未醒。裙边余翠掩重帘,钗上落红伤晚镜。
朝云卷尽雕阑暝,明月还来照孤凭。东风飞过悄无踪,却被杨花送微影。

黄立新校点《茗柯文编·茗柯词》,上海古籍出版社1984年版

三、文

黄 宗 羲

作者介绍见前"诗"部分。

原　臣

[解题]

在这篇文章中,黄宗羲对君臣关系的本原意义作了探讨,提出了一种新的君臣观。他认为,天下之所以有臣,乃是出于"天下之大"须"分治之以群工"的需要,不是为了君王一姓,而是为了天下百姓。判断天下的治乱,不在一姓的兴亡,而在万民的忧乐,百姓的利益高于一切,这是为臣之道的根本。君臣关系应是一种平等的关系,臣不是"君之仆妾",而是"君之师友",君王必须以礼相待。黄宗羲对君臣关系的深刻剖析,是对中国封建社会以宗法血缘关系为联系纽带的传统政治观念的一个重大突破。

有人焉,视于无形,听于无声[1],以事其君,可谓之臣乎?曰:否。杀其身以事其君[2],可谓之臣乎?曰:否。夫视于无形,听于无声,资于事父也;杀其身者,无私之极则也,而犹不足以当之,则臣道如何而后可?曰:缘夫天下之大,非一人之所能治,而分治之以群工。故我之出而仕也,为天下,非为君也;为万民,非为一姓也。吾以天下万民起见,非其道[3],即君以形声强我,未之敢从也,况于无形无声乎?非其道,即立身于其朝,未之敢许也,况于杀其身乎?不然,而以君之一身一姓起见,君有无形无声之嗜欲,吾从而视之听之,此宦官、宫妾之心也。君为己死而为己亡,吾从而死之亡之,此其私昵者之事也[4],是乃臣不臣之辨也。

世之为臣者,昧于此义,以为臣为君而设者也;君分吾以天下,而后治之,君授吾以人民,而后牧之[5],视天下人民,为人君橐中之私物[6]。今以四方之劳扰,民生之憔悴,足以危吾君也,不得不讲治之牧之之术;苟无系于社稷之存亡,则四方之劳扰,民生之憔悴,虽有诚臣[7],亦以为纤芥之疾也。夫古之为臣者,于此乎?于彼乎[8]?

盖天下之治乱,不在一姓之兴亡,而在万民之忧乐。是故桀纣之亡,乃所以为治也;秦政、蒙古之兴,乃所以为乱也;晋、宋、齐、梁之兴亡,无与于治乱者也。为臣者轻视斯民之水火,即能辅君而兴,从君而亡,其于臣道固未尝不背也。夫治天下犹曳大木然,前者唱"邪",后者唱"许"[9],君与臣共曳木之人也。若手不执绋[10],足不履地,曳木者唯娱笑于曳木者之前[11],从曳木者以为良[12],而曳木之职荒矣。

嗟乎!后世骄君自恣,不以天下万民为事,其所求乎草野者,不过欲得奔走服役之人;乃使草野之应于上者,亦不出夫奔走服役,一时免于寒饿,遂感在上之知遇,不复计其礼之备与不备,跻之仆妾之间[13],而以为当然。万历初,神宗之待张居正,其礼稍优[14],此于古之师傅未能百一,当时论者骇然居正之受无人臣礼。夫居正之罪,正坐不能以师傅自待[15],听指使于仆妾,而责之反是,何也?是则耳目浸淫于流俗之所谓臣者以为鹄矣[16],又岂知臣之与君,名异而实同耶。

或曰:臣不与子并称乎?曰:非也。父子一气,子分父之身而为身,故孝子虽异身,而能日近其气,久之无不通矣。不孝之子,分身而后,日远日疏,久之而气不相似矣。君臣之名,从天下而有之者也。吾无天下之责,则吾在君为路人;出而仕于君也,不以天下为事,则君之仆妾也;以天下为事,则君之师友也。夫然,谓之臣。其名屡变,夫父子固不可变者也。

《明夷待访录》,四部备要本

[注释]

[1] 视于无形,听于无声:《礼记·曲礼上》:"为人子者,居不主奥,坐不中席,行不中道,立不中门;食飨不为概,祭祀不为尸;听于无声,视于无形;不登高,不临深;不苟訾,不苟笑。"

[2] 杀其身:即杀身成仁。《论语·卫灵公》:"有杀身以成仁。"为了成全或完成最高的道德准则,不惜牺牲自己的性命。

[3] 非其道:不合为君之道。

[4] 私昵(nì)者:亲信、宠爱的人。

[5] 牧:统治。《汉书·元帝纪》:"失牧民之术。"

[6] 橐(tuó):一种口袋。《战国策·秦策一》:"负书担橐。"

[7] 诚臣:忠臣。北齐颜之推《颜氏家训·归心》:"诚臣徇主而弃亲,孝子安家而忘国,各有行也。"王利器集解:"诚臣即忠臣,避隋讳改。"

[8] 此:指天下百姓。彼,指君王。

　　[9] 邪(yé)、许(hǔ):象声词,劳动时众人一齐用力发出的呼声,即劳动号子。

　　[10] 执绋(fú):拉绳子。绋:大绳。

　　[11] 曳木者:拖木头的人。前一个曳木者指君,后一个曳木者指臣。

　　[12] 从(zòng):通"纵"。即使。

　　[13] 跻(jī):登,上升。

　　[14] 万历:明神宗朱翊(yì)钧年号(1573—1620)。万历初,神宗年幼,大学士张居正为首辅,致力改革。《明史》卷二一三:"时帝顾居正益重,常赐居正札,称元辅张少师先生,待以师礼。"

　　[15] 坐:因,由于。

　　[16] 鹄(gǔ):箭靶的中心,也叫箭靶子,此引申指目标、目的。《礼记·射义》:"射者各射己之鹄。"

※柳敬亭传

　　余读《东京梦华录》、《武林旧事记》,当时演史小说者数十人。自此以来,其姓名不可得闻。乃近年共称柳敬亭之说书。

　　柳敬亭者,扬之泰州人,本姓曹。年十五,犷悍无赖,犯法当死,变姓柳,之盱眙市中为人说书,已能倾动其市人。久之,过江,云间有儒生莫后光见之,曰:"此子机变,可使以其技鸣。"于是谓之曰:"说书虽小技,然必句性情,习方俗,如优孟摇头而歌,而后可以得志。"敬亭退而凝神定气,简练揣摩,期月而诣莫生。生曰:"子之说,能使人欢咍嗢噱矣。"又期月,生曰:"子之说,能使人慷慨涕泣矣。"又期月,生喟然曰:"子言未发而哀乐具乎其前,使人之性情不能自主,盖进乎技矣。"由是之扬,之杭,之金陵,名达于缙绅间。华堂旅会,闲亭独坐,争延之使奏其技,无不当于心称善也。

　　宁南南下,皖帅欲结欢宁南,致敬亭于幕府。宁南以为相见之晚,使参机密。军中亦不敢以说书目敬亭。宁南不知书,所有文檄,幕下儒生设意修词,援古证今,极力为之,宁南皆不悦。而敬亭耳剽口熟,从委巷活套中来者,无不与宁南意合。尝奉命至金陵,是时朝中皆畏宁南,闻其使人来,莫不倾动加礼,宰执以下俱使之南面上坐,称柳将军,敬亭亦无所不安也。其市井小人昔与敬亭尔汝者,从道旁私语:"此故吾侪同说书者也,今富贵若此!"

　　亡何国变,宁南死。敬亭丧失其资略尽,贫困如故时,始复上街头理其故业。敬亭既在军中久,其豪猾大侠、杀人亡命、流离遇合、破家失国之事,无不身亲见之,且五方土音,乡俗好尚,习见习闻,每发一声,使人闻之,或如刀剑铁骑,飒然浮空,或如风号雨泣,鸟悲兽骇,亡国之恨顿生,檀板之声无色,有非莫生之言可尽者矣。

马帅镇松时,敬亭亦出入其门下,然不过以倡优遇之。钱牧斋尝谓人曰:"柳敬亭何所优长?"人曰:"说书。"牧斋曰:"非也,其长在尺牍耳。"盖敬亭极喜写书调文,别字满纸,故牧斋以此谑之。嗟乎!宁南身为大将而以倡优为腹心,其所授摄官皆市井若己者,不亡何待乎?

偶见《梅村集》中张南垣、柳敬亭二传,张言其艺而合于道,柳言其参宁南军事,比之鲁仲连之排难解纷,此等处皆失轻重。亦如拿州志刻工章文与伯虎征明比拟不伦,皆是倒却文章家架子。余因改二传,其人本琐琐不足道,使后生知文章体式耳。

《南雷文定前集》卷十,四部备要本

顾 炎 武

作者介绍见前"诗"部分。

与友人论学书

[解题]

本文是顾炎武写给友人的一封信,内容讲的是为学之道。为学包括学和用两个方面,学是研究什么学问,用是怎样立身处世。顾炎武针对宋明理学空谈心性的弊端和当时士大夫寡廉鲜耻的劣行,鲜明地提出了"博学于文"和"行己有耻"的治学做人的主张,强调为学要切实有用,做人要明辨是非廉耻,是反映作者人生观的重要文章。

比往来南北[1],颇承友朋推一日之长[2],问道于盲[3]。窃叹夫百余年以来之为学者,往往言心言性,而茫乎不得其解也。

命与仁,夫子之所罕言也[4]。性与天道,子贡之所未得闻也[5]。性命之理,著之《易传》,未尝数以语人[6]。其答问士也[7],则曰"行己有耻"[8];其为学,则曰"好古敏求"[9];其与门弟子言,举尧、舜相传所谓"危微精一"之说[10],一切不道,而但曰:"允执其中,四海困穷,天禄永终。"[11]呜呼!圣人之所以为学者,何其平易而可循也!故曰:"下学而上达。"[12]颜子之几乎圣也[13],犹曰:"博我以文。"[14]其告哀公也,明善之功,先之以博学[15]。自曾子而下[16],笃实无若子夏[17];而其言仁也,则曰:"博学而笃志,切问而近思。"[18]

今之君子则不然。聚宾客门人之学者数十百人,譬诸草木,区以别矣[19],而一皆与之言"心"言"性",舍多学而识[20],以求一贯之方[21];置四海之困穷不言,而终日讲"危微精一"之说。是必其道之高于夫子,而其门弟子之贤于子贡,祧东鲁而直接二帝之心传者也[22]。我弗敢知也。

《孟子》一书,言心言性,亦谆谆矣。乃至万章、公孙丑、陈代、陈臻、周霄、彭更之所问[23],与孟子之所答者,常在乎出处、去就、辞受、取与之间[24]。以伊尹之元圣[25],尧舜其君其民之盛德大功[26],而其本乃在乎千驷一介之不视不取[27]。伯夷、伊尹之不同于孔子也[28],而其同者,则以行一不义、杀一不辜,而得天下不为。是故性也、命也、天也,夫子之所罕言,而今之君子之所恒言也;出处、去就、辞受、取与之辨,孔子、孟子之所恒言,而今之君子所罕言也。谓忠与清之未至于仁[29],而不知不忠与清而可以言仁者,未之有也。谓不忮不求之不足以尽道[30],而不知终身于忮且求而可以言道者,未之有也。我弗敢知也。

愚所谓圣人之道者如之何?曰:"博学于文。"曰:"行己有耻。"自一身以至于天下国家,皆学之事也;自子臣弟友以至出入、往来、辞受、取与之间,皆有耻之事也。耻之于人大矣!不耻恶衣恶食,而耻匹夫匹妇之不被其泽。故曰:"万物皆备于我矣,反身而诚[31]。"呜呼!士而不先言耻,则为无本之人;非好古而多闻,则为空虚之学;以无本之人,而讲空虚之学;吾见其日从事于圣人而去之弥远也。虽然,非愚之所敢言也。且以区区之见,私诸同志,而求起予[32]。

《亭林文集》卷三,四部备要本

[注释]

[1] 比:近来。

[2] 推一日之长(zhǎng):被推举为长者。长:年龄稍大一点。《论语·先进》:"以吾一日长乎尔。"

[3] 问道于盲:向盲人问路。比喻向无知少识的人求教。

[4] 夫子:孔子。罕言:很少谈论。《论语·子罕》:"子罕言利与命与仁。"

[5] 子贡:即端木赐,孔子的得意弟子。《论语·公冶长》:"子贡曰:'夫子之文章,可得而闻也;夫子之言性与天道,不可得而闻也。'"

[6] 数(shuò):屡次。

[7] 答问士:回答提问"士"的问题。

[8] 行己有耻:自己做事情要知道廉耻。《论语·子路》:"子贡问曰:'何如斯可谓之士矣?'子曰:'行己有耻,使于四方,不辱君命,可谓士矣。'"邢昺疏:"言

行己之道,若有不善,耻而不为。"

[9] 好古敏求:热爱古代的东西,勤勉地去追求。

[10] "危微精一"之说:有关"危微精一"的学说。《尚书·大禹谟》:"人心惟危,道心惟微,惟精惟一,允执厥中。"注:"人心易私而难公,故危;道心难明而易昧,故微。惟能精以察之,而不杂形气之私;一以守之,自无过不及之差,而信能执其中。"据传这十六字"心诀"是尧传位于舜,舜让位于禹时说的话。

[11] "允执其中"三句:见《论语·尧曰》。大意是说,为政之道,在于信守不偏不倚的准则,如果天下百姓都困苦贫穷,上天赐予执政者的禄命也就终结了。天禄,上天赐给的禄位。

[12] 下学而上达:见《论语·宪问》:"子曰:'不怨天,不尤人,下学而上达,知我者其天乎?'"皇侃《义疏》云:"下学,学人事;上达,达天命。我既学人事,人事有否有泰,故不尤人。上达天命,天命有穷有通,故我不怨天也。"

[13] 颜子:即颜回,字渊,孔子弟子中最受推崇者。几(jī)乎:近乎,接近于。

[14] 博我以文:用各种文献来丰富我的知识。

[15] 明善之功,先之以博学:辨别善恶的功夫,首先在于博学。鲁哀公曾向孔子问政,谈到如何明善。孔子说:"博学之,审问之,慎思之,明辨之,笃行之。"见《礼记·中庸》。

[16] 曾子:即曾参(shēn),孔子弟子,以孝著称。

[17] 笃实无若子夏:踏实没有比得上子夏的。

[18] "博学"二句:广泛地学习并且志向专一,恳切地发问并且多思考当前的问题。见《论语·子张》。

[19] "譬诸草木"二句:如同草木一样,是有区别的。见《论语·子张》,意谓教导学生要因人而异,因材施教。

[20] 识(zhì):记住。

[21] 一贯:本末融会贯通。

[22] 祧(tiāo)东鲁而直接二帝之心传者也:越过孔子而直接得到尧舜二帝心法的传授。祧:远祖之庙,此处作超越解。心传:心法的传授,指"人心惟危"十六字。

[23] 万章、公孙丑、陈代、陈臻、周霄、彭更:都是孟子的弟子。

[24] 出处(chǔ):出仕和隐居。去就:去职和就官。辞受:辞让与接受。取与:获取与给予。这里都指人生处世的行为与态度。

[25] 伊尹:商汤的大臣,曾助商汤攻灭夏桀。元:大。

[26] 尧舜其君其民:能使其国君百姓如同尧舜时代一样。

[27] 千驷一介之不视不取:无论是"千驷"的大利或"一介"的小利,非其道

则不看不取。驷:一车四马。一介:同"一芥",细微之物。

[28] 伯夷:商代末年孤竹君的长子,武王灭殷商后,与弟叔齐逃到首阳山,不食周粟而死。

[29] 忠与清之未至于仁:忠与清还够不上仁的标准。忠(忠诚)、清(洁身自好)、仁,是程度有别的品德,而以仁为最高境界。

[30] 不忮(zhì)不求之不足以尽道:不嫉妒不贪求还不足以完全达到道。忮:忌恨。求:贪求。

[31] "万物"二句:一切人伦物理,都完备地存在于自己身上,应该在自我反省的时候一切都是诚实的。见《孟子·尽心上》。

[32] "私诸同志"二句:只想私下告诉志同道合的朋友,希望能对我有所启发。

※吴同初行状

自余所及见,里中二三十年号为文人者,无不以浮名苟得为务,而余与同邑归生独喜为古文辞,砥行立节,落落不苟于世,人以为狂。已而又得吴生。吴生少余两人七岁,以贫客嘉定。于书自《左氏》下至《南北史》,无不纤悉强记。其所为诗多怨声,近《西州》、《子夜》诸歌曲。而炎武有叔兰服,少两人二岁;姊子徐履忱少吴生九岁,五人各能饮三四斗。五月之朔,四人者持觥至余舍为母寿。退而饮,至夜半,抵掌而谈,乐甚。旦日别去。余遂出赴杨公之辟,未旬日而北兵渡江,余从军于苏,归而昆山起义兵,归生与焉。寻亦竟得脱,而吴生死矣。余母亦不食卒。其九月,余始过吴生之居而问焉,则其母方茕茕独坐,告余曰:"吴氏五世单传,未亡人惟一子一女。女被俘,子死矣!有孙,二岁,亦死矣。"余既痛吴生之交,又念四人者持觥以寿吾母,而余以衰绖见吴生之母于悲哀其子之时,于是不知涕泪之横集也。

生名其沆,字同初,嘉定县学生员。世本儒家,生尤凤惠,下笔数千言,试辄第一。风流自喜,其天性也。每言及君父之际及交友然诺,则断然不渝。北京之变,作大行皇帝、大行皇后二诔,见称于时。与余三人每一文出,更相写录。北兵至后,遗余书及纪事一篇,又从余叔处得诗二首,皆激烈悲切,有古人之遗风。然后知闺情诸作,其寄兴之文,而生之可重者不在此也。生居昆山,当抗敌时,守城不出以死,死者四万人,莫知尸处。以生平日忧国不忘君,义形于文若此,其死岂顾问哉?生事母孝,每夜归,必为母言所与往来者为谁,某某最厚。死后,炎武尝三过其居,无已,则遣仆夫视焉。母见之,未尝不涕泣,又几其子之不死而复还也。然生实死矣!生所为文最多,在其妇翁处,不肯传;传其写录在余二人处者,凡二卷。

《亭林文集》卷五,四部备要本

王 夫 之

王夫之(1619—1692),字而农,号姜斋,学者称船山先生,湖南衡阳人。少负俊才,读书十行俱下。崇祯十五年(1642),与兄介之同举乡试。因兵乱道阻,未赴会试。明亡,于顺治五年(1648)与夏汝弼、管嗣裘等在衡山举兵抗清,失败后南走桂林,依瞿式耜,被荐授永历政权行人司行人。清兵破桂林,瞿式耜殉难,永历政权由梧州迁至南宁。此后,避居山野,变易姓名,备历艰险。筑土室于衡阳之石船山,名曰观生居,败叶庐,又曰湘西草堂。杜门著书四十余年,潜心著述以终。其《自题墓石》曰:"抱刘越石之孤忠,而命无从致;希张横渠之正学,而力不能企。"(《姜斋文集补遗》)王夫之治学博大精深,著述宏富,对天文、历法、数学、地理都有研究,尤精于经学、史学、文学。后人整理其著作为《船山遗书》。

读通鉴论(叙论一)

[解题]

王夫之对传统的"正统"观念进行了清理和辨析。他认为考察中国数千年的历史,治乱离合,并不存在一成不变的"统";而正不正,则取决于是否以天下为公,提出了"公天下"的主张:"以天下论者,必循天下之公",体现了一种进步的历史观。

论之不及正统者[1],何也?曰:正统之说,不知其所自昉也[2]。自汉之亡,曹氏、司马氏乘之以窃天下,而为之名曰禅[3]。于是为之说曰:"必有所承以为统,而后可以为天子。"义不相授受,而强相缀系以掩篡夺之迹;抑假邹衍五德之邪说与刘歆历家之绪论[4],文其诐辞[5];要岂事理之实然哉?

统之为言,合而并之之谓也,因而续之之谓也,而天下之不合与不续也多矣!盖尝上推数千年中国之治乱以迄于今,凡三变矣。当其未变,固不知其变也奚若[6],虽圣人弗能知也。商、周以上,有不可考者。而据三代以言之,其时万国各有其君,而天子特为之长,王畿之外[7],刑赏不听命,赋税不上供,天下虽合而固未合也。王者以义正名而合之,此一变也。而汤之代夏[8],武之代殷[9],未尝一日无共主焉。及乎春秋之世,齐、晋、秦、楚各据所属之从诸侯以分裂天下;至战国而强秦六国交相为从衡,赧王朝秦[10],而天下并无共主之号,岂复有所谓统哉?此一合一离之始也。汉亡而蜀汉、魏、吴三分,晋东渡而十六国与拓拔、高氏、宇文裂土以自帝,唐亡而汴、晋、江南、吴越、蜀、粤、楚、闽、荆南、河东各帝制以自崇。土其土,民其民,或迹示臣属而终不相维系也,无所统也。六国离,而秦苟合以及汉;三国离,而晋乍合之,非固合也。五胡起,南北离,而隋苟合之以及唐;五代离,而宋乃合之。此一合一离之局一变也。至于宋亡以迄于今,则当其治也,则中国有共主;当其乱也,中国并无一隅分据之主。盖所谓统者绝而不续,此又一变也。夫统者,合而不离,续而不绝之谓也。离矣,而恶乎统之?绝矣,而固不相承以为统。崛起以一中夏者,奚用承彼不连之系乎?

天下之生,一治一乱。当其治,无不正者以相干,而何有于正?当其乱,既不正矣,而又孰为正?有离,有绝,固无统也,而又何正不正邪?以天下论者,必徇天下之公。天下非夷狄盗贼之所可尸[11],而抑非一姓之私也。惟为其臣子者,必私其君父,则宗社已亡,而必不忍戴异姓异族以为君。若夫立乎百世以后,持百世以上大公之论,则五帝、三王之大德,天命已改,不能强系之以存。故杞不足以延夏[12],宋不足以延商[13]。夫岂忘禹汤之大泽哉?非五子不能为夏而歌洛汭[14],非箕子不能为商而吟麦秀也[15]。故昭烈亦自君其国于蜀[16],可为汉之馀裔;而拟诸光武[17],为九州兆姓之大君,不亦诬乎?充其义类,将欲使汉至今存而后快,则又何以处三王之明德,降苗裔于编氓邪[18]?

蜀汉正矣,已亡而统在晋;晋自篡魏,岂承汉而兴者?唐承隋,而隋抑何承?承之陈,则隋不因灭陈而始为君;承之宇文氏,则天下之大防已乱,何统之足云乎?无所承,无所统,正不正存乎其人而已矣。正不正,人也;一治一乱,天也;犹日之有昼夜,月之有朔、弦、望、晦也。非其臣子以德之顺逆定天命之去留;而詹詹然为已亡无道之国延消谢之运[19],何为者邪?宋亡而天下无统,又奚说焉?

近世有李盘者,以宇文氏所臣属之萧岿,为篡弑之萧衍延苟全之祀,而使之统陈。沙陀夷族之朱邪存勖,不知所出之徐知诰,冒李唐之宗而使之统分据之天下。父子君臣之伦大紊,而自矜为义,有识者一哂而已[20]。若邹衍五德之说,尤妖妄而不经,君子辟之,断断如也[21]。

《读通鉴论》,中华书局1975年版

[注释]

[1] 正统:旧称一系相承、统一全国的王朝为正统。反之则称为僭窃、偏安。《文选》汉班固《典引》:"膺当天之正统,受克让之归运。"

[2] 昉(fǎng):起始。

[3] 禅(shàn):禅让,帝王把帝位让给别人。

［4］邹(驺)衍：战国末齐国临淄人，阴阳家代表人物，曾游学稷下，提出"五德终始"说，以金、木、水、火、土五行相生相克的道理来附会王朝的命运，认为朝代的更替是五行之德转移循环。刘歆：字子骏，西汉末古文经学派的开创者，撰有《七略》、《三统历谱》等。绪论：绪余之论，绪余，残余。

［5］文：文饰，粉饰。诐(bì)辞：偏颇不正的言论。《孟子·公孙丑上》"诐辞知其所蔽"，朱熹注："诐，偏陂也。"

［6］奚若：若何，如何。

［7］王畿(jī)：国都及其附近的地方。

［8］汤：商汤，商朝开国君王。

［9］武：周武王姬发，灭殷商，建立周朝。

［10］赧(nǎn)王：东周最后一个君王。公元前256年，秦攻周，赧王入秦，顿首受罪，尽献其邑。周灭。

［11］尸：神像。古代祭祀时，代死者受祭、象征死者神灵的人。后世逐渐改为神主、画像。此处谓主，主持。

［12］杞：古国名。据《史记·周本纪》及《史记·六国年表》，周武王封夏禹后人东楼公于杞。后为楚所灭。地在今河南杞县。

［13］宋：古国名。据《史记·殷本纪》及《史记·宋微子世家》，周武王灭商，封商王纣子武庚于旧都(今河南商丘)。成王时，武庚叛乱被杀，又以其地封与纣之庶兄微子，号宋公，为宋国。至战国时，为齐所灭。

［14］五子之歌：《尚书·夏书》篇名。按《书序》："太康失邦，昆弟五人，须于洛汭，作五子之歌。"

［15］箕子：商纣诸父，封国于箕，故称箕子。《史记·宋微子世家》载，箕子朝周，过故殷墟，感宫室毁坏，生禾黍，心伤之，因作《麦秀》之诗歌之。

［16］昭烈：刘备(161—223)，字玄德，祖上是西汉景帝子中山靖王刘胜，为三国时蜀汉国建立者，谥号昭烈皇帝。

［17］光武：刘秀(前6—57)，字文叔，汉高祖刘邦九世孙。以反对新莽伪朝、恢复汉室天下相号召，逐步统一天下，公元25年称帝，建立东汉王朝。谥号光武。

［18］编氓(méng)：编入户籍的普通人民。宋陆游《渭南文集》卷十二《除直华文阁谢丞相启》："幼生京洛，尚为全盛之编氓；长缀班联，曾是中兴之朝士。"

［19］詹(zhān)詹：喋喋不休的样子。《庄子·齐物论》："大言炎炎，小言詹詹。"

［20］吷(xuè)：以口吹物发出的小声。《庄子·则阳》："吹剑首者，吷而已矣。"

[21] 断断：确实，决然无疑。宋苏轼《经进东坡文集事略》卷五六《凫绎先生集叙》："凿凿乎如五谷必可以疗饥，断断乎如药石必可以伐病。"

侯 方 域

侯方域(1618—1655)，字朝宗，号雪苑，河南商丘人。明末参加复社，与陈贞慧、吴应箕等人一起，对权奸魏忠贤及其依附者阮大铖之流展开过斗争。清兵入关后，应河南乡试，中榜。不久病逝。能诗文，尤擅散文，提倡学习韩愈、欧阳修，推崇唐宋八大家，构思严整，语多深婉，文风奇肆，与魏禧、汪琬齐名，称"清初三大家"。有《壮悔堂文集》十卷，《四忆堂诗集》六卷。

马 伶 传[1]

[解题]

艺人马伶扮演奸相严嵩，但在一次技艺较量中输给了李伶。他远去京师隐名埋姓作了当朝相国顾秉谦的门卒，于观察模仿中提高技艺，三年后在第二次技艺较量中终获成功。作者一方面赞颂了马伶刻苦磨炼、精益求精的从艺精神，另一方面则通过马伶观察、模仿顾秉谦却使扮演的严嵩形象获得成功的记述，暗示顾秉谦与严嵩是一路货色，从而巧妙地达到了讽刺现实的目的。

马伶者，金陵梨园部也[2]。金陵为明之留都[3]，社稷百官皆在[4]，而又当太平盛时，人易为乐。其士女之问桃叶渡、游雨花台者[5]，趾相错也[6]。梨园以技鸣者[7]，无论数十辈，而其最著者二，曰兴化部，曰华林部。

一日，新安贾合两部为大会[8]，遍征金陵之贵客文人，与夫妖姬静女[9]，莫不毕集。列兴化于东肆[10]，华林于西肆。两肆皆奏《鸣凤》，所谓椒山先生者[11]迨半奏[12]，引商刻羽[13]，抗坠疾徐，并称善也。当两相国论河套[14]，而西肆之为严嵩相国者曰李伶[15]，东肆则马伶。坐客乃西顾而叹，或大呼命酒，或移坐更近之，首不复东。未几更进[16]，则东肆不复能终曲，询其故，盖马伶耻出李伶下，已易衣遁矣[17]。马伶者，金陵之善歌者也，既去，而兴化部又不肯辄以易之，乃竟辍其技不奏，而华林部独著。

去后且三年而马伶归，遍告其故侣[18]，请于新安贾曰："今日幸为开宴[19]，招前日宾客，愿与华林部更奏《鸣凤》，奉一日欢。"既奏，已而论河套，马伶复为严嵩相国以出。李伶忽失声[20]，匍匐前称弟子。兴化部是日遂凌出华林部远甚[21]。

其夜，华林部过马伶曰[22]："子，天下之善技也，然无以易李伶，李伶之为严相国至矣，子又安从授之而掩其上哉[23]？"马伶曰："固然，天下无以易李伶，李伶即又不肯授我。我闻今相国昆山顾秉谦者[24]，严相国俦也[25]。我走京师，求为其门卒三年，日侍昆山相国于朝房[26]，察其举止，聆其语言，久乃得之，此吾之所为师也。"华林部相与罗拜而去。

马伶，名锦，字云将，其先西域人，当时犹称马回回云。

侯方域曰："异哉，马伶之自得师也。夫其以李伶为绝技，无所干求，乃走事昆山，见昆山犹之见分宜也[27]，以分宜教分宜，安得不工哉？呜乎！耻其技之不若，而去数千里，为卒三年，倘三年犹不得，即犹不归尔[28]。其志如此，技之工又须问耶？"

《壮悔堂文集》卷五，四部备要本

[注释]

[1] 伶：伶人，戏曲演员。

[2] 金陵：今江苏省南京市。梨园部：戏班，剧团。梨园，本是唐玄宗命乐工教授宫女乐曲的地方，后世因称戏班为梨园。部：行业的组织。

[3] 留都：明初以南京为国都，明成祖朱棣迁都北京，南京仍保存京城的建制，称留都。

[4] 社稷：土神和谷神，也指祭祀土神和谷神的地方。古代以社稷代指国家。

[5] 桃叶渡：南京名胜之一，是秦淮河的古渡口，相传东晋王献之送其妾桃叶在此渡江，因而得名。　雨花台：在南京中华门外。相传梁武帝时云光法师在此讲经，落花如雨，故名。

[6] 趾相错：脚趾互相交错，形容人多。

[7] 以技鸣：因技艺高而出名。

[8] 贾(gǔ)：商人。会：堂会，旧时家中有喜庆事邀请艺人来举行的演出会。

[9] 妖姬：艳丽的女子。静女：娴淑的女子。

[10] 肆：店铺。这里指演戏的场所。

[11] 《鸣凤》：指传奇《鸣凤记》，明代王世贞作，写明嘉靖年间杨继盛等人弹劾奸相严嵩的事，最后以严嵩父子的罪行被揭发并受到制裁而结束。椒山先生：即杨继盛(1516—1555)，字仲芳，号椒山。官至南京兵部右侍郎，因弹劾严嵩下狱受酷刑，被害。

[12] 迨(dài)：及，等到。

[13] 引商刻羽：演唱符合节拍，讲究声律。商、羽，都是我国音乐五声之一。

[14] 两相国论河套:《鸣凤记》第六出的情节,明世宗时大学士夏言和严嵩争论是否收复河套事。夏言赞成,严嵩反对。明以大学士行宰相职权,故称相国。河套:陕西省长城以外、黄河以内的地区,当时为俺答(明鞑靼部首领,元室之后)占领。

[15] 严嵩(1480—1567):字惟中,分宜(今属江西)人,弘治进士。嘉靖间任武英殿大学士,官至太子太师。他招权纳贿,结党营私,陷害忠良,是著名的奸臣。

[16] 未几:没有多久。更进:(演出)继续进行。

[17] 易衣:指脱下戏装,换上便装。遁(dùn):逃走。

[18] 故侣:旧日的伴侣,这里指同戏班的人。

[19] 幸:敬词,希望。

[20] 失声:控制不住自己,不觉出声。

[21] 凌出:高出,超出。

[22] 过:往访。

[23] 安从授之:从哪里得到传授。

[24] 顾秉谦:昆山(今属江苏)人,万历进士,曾依附魏忠贤,残害过左光斗等忠臣。

[25] 俦(chóu):同类。

[26] 朝房:百官上朝前休息的地方。

[27] 犹之见:好像见到。

[28] 尔:语助词,相当于"耳"。

魏　　禧

魏禧(1624—1681),字冰叔,号叔子、裕斋,又号勺庭,江西宁都人。明末诸生,与兄魏祥、弟魏礼,号"宁都三魏",而禧最知名。明亡,兄弟隐居讲学论文,与李腾蛟等号"易堂九子"。有《魏叔子文集》等。

※大 铁 椎 传

庚戌十一月,予自广陵归,与陈子灿同舟。子灿年二十八,好武事,予授以左氏兵谋兵法,因问数游南北,逢异人乎?子灿为述大铁椎,作大铁椎传。

大铁椎,不知何许人,北平陈子灿省兄河南,与遇宋将军家。宋,怀庆青华镇人,工技击,七省好事者皆来学。人以其雄健,呼宋将军云。宋弟子高信之,亦怀庆人,多力善射,长子灿七岁,少同学,故尝与过宋将军。时座上有健啖客,貌甚寝,右胁夹大铁椎,重四五十斤,饮食拱揖不暂去。柄铁折叠环复如锁上练,引之,长丈许。与人罕言语,语类楚声。扣其乡及姓字,皆不答。既同寝,夜半,客曰:"吾去矣。"言讫不见。子灿见窗户皆闭,惊问信之。信之曰:"客初至,不冠不袜,以蓝手巾裹头,足缠白布,大铁椎外,一物无所持,而腰多白金。吾与将军俱不敢问也。"子灿寐而醒,客则鼾睡炕上矣。一日,辞宋将军曰:"吾始闻汝名,以为豪,然皆不足用。吾去矣。"将军强留之,乃曰:"我尝夺取诸响马物,不顺者辄击杀之。众魁请长其群,吾又不许,是以仇我。久居此,祸必及汝。今夜半,方期我决斗某所。"宋将军欣然曰:"吾骑马挟矢以助战。"客曰:"止!贼能且众,吾欲护汝,则不快吾意。"宋将军故自负,且欲观客所为,力请客。客不得已,与偕行。将至斗处,送将军登空堡上,曰:"但观之,慎弗声,令贼知汝也。"时鸡鸣月落,星光照旷野,百步见人。客驰下,吹觱篥数声。顷之,贼二十余骑四面集,步行负弓矢从者百许人。一贼提刀纵马奔客曰:"奈何杀我兄?"言未毕,客呼曰:"椎!"贼应声落马,马首尽裂。众贼环而进,客从容挥椎,人马四面仆地下,杀三十许人。宋将军屏息观之,股栗欲堕。忽闻客大呼曰:"吾去矣!"地尘且起,黑烟滚滚东向驰。去,后遂不复至。

魏禧论曰:子房得力士,椎秦皇帝博浪沙中,大铁椎其人与?天生异人,必有所用之。予读陈同甫中兴遗传,豪俊侠烈魁奇之士,泯泯然不见功名于世者,又何多也。岂天之生才不必为人用与?抑用之自有时与?子灿遇大铁椎为壬寅岁,视其貌当年三十,然则大铁椎今四十耳。子灿又尝见其写市物帖子,甚工,楷书也。

《魏叔子文集》卷一七,易堂刻本

汪 琬

汪琬(1624—1691),字苕文,号钝庵,晚年隐居太湖尧峰山,学者称尧峰先生。长洲(今江苏吴县)人。顺治十二年(1655)进士,曾任刑部郎中、户部主事等。康熙十八年(1679)举博学鸿词,授编修,与修《明史》。性狷急,好论人过。敏于为文,论文主张节制才气,合乎经义。与侯方域、魏禧合称清初散文三大家。有《尧峰文钞》等。

※江天一传

　　江天一，字文石，徽州歙县人。少丧父，事其母，及抚弟天表，具有至性。尝语人曰："士不立品者，必无文章。"前明崇祯间，县令傅岩奇其才，每试辄拔置第一。年三十六，始得补诸生。家贫屋败，躬畚土筑垣以居，覆瓦不完，盛暑则暴酷日中，雨至淋漓蛇伏。或张敝盖自蔽，家人且怨且叹，而天一挟书吟诵自若也。

　　天一虽以文士知名，而深沉多智，尤为同郡金金事公声所知。当是时，徽人多盗，天一方佐金事公，用军法团结乡人子弟，为守御计。而会张献忠破武昌，总兵官左良玉东遁，麾下狼兵哗于途，所过焚掠，将抵徽。徽人震恐。金事公某往拒之，以委天一。天一腰刀帓首，黑夜跨马，率壮士驰数十里，与狼兵鏖战祁门，斩馘大半，悉夺其马牛器械。徽赖以安。

　　顺治二年夏五月，江南大乱，州县望风内附，而徽人犹为明拒守。六月，唐藩自立于福州，闻天一名，授监纪推官。先是，天一言于金事公曰："徽为形胜之地，诸县皆有阻隘可恃，而绩溪一面当孔道，其地独平迤。是宜筑关于此，多用兵据之，以与他县相掎角。"遂筑丛山关。已而清师攻绩溪，天一日夜援兵登陴不少怠。间出逆战，所杀伤略相当。于是清师以少骑缀天一于绩溪，而别从新岭入。守岭者先溃，城遂陷。大帅购天一甚急。天一知事不可为，遽归属其母于天表。出门大呼："我江天一也！"遂被执。有知天一者，欲释之。天一曰："若以我畏死耶？我不死，祸且族矣。"遇金事公于营门，公目之曰："文石，汝有老母在，不可死。"笑谢曰："焉有与人共事而逃其难者乎？公幸勿为我母虑也。"至江宁，总督者欲不问。天一昂首曰："我为若计，若不如杀我；我不死，必复起兵。"遂牵诣通济门。既至，大呼高皇帝者三。南向再拜讫，坐而受刑。观者无不叹息泣下。越数日，天表往收其尸瘗之。而金事公亦于是日死矣。

　　当狼兵之被杀也，凤阳督马士英怒，疏劾徽人杀官军状。将致金事公于死。天一为赍辨疏诣阙上之。复作《吁天说》，流涕诉诸贵人，其事始得白。自兵兴以来，先后治乡兵三年，皆在金事公幕。是时幕中诸侠客，号知兵者以百数。而公独推重天一。凡内外机事，悉取决焉。其后竟与公同死。虽古义烈之士，无以尚也。予得其始末于翁君汉津，遂为之传。

　　汪琬曰：方胜国之末，新安士大夫死忠者有汪公伟，凌公駉，与金事公三人。而天一独以诸生殉国。予闻天一游淮安，淮安民妇冯氏者，刲肝活其姑。天一征诸名士作诗文表彰之，欲疏于朝，不果。盖其人好奇尚气类如此。天一本名景，别自号石嫁樵夫。翁君汉津云。

《尧峰文钞》卷三四，上海涵芬楼影印林佶写刊本

戴 名 世

戴名世(1653—1713),字田有,一字褐夫,号南山,又号药身、忧庵、意园,江南桐城(今属安徽)人。康熙四十八年(1709)中进士,授翰林院编修。五十年,《南山集》案起,下狱。五十二年被杀。幼聪颖,饱读经史百家之书,留心明代史事,散文长于史传,为桐城派早期作家。有《南山集》。

※一壶先生传

一壶先生者,不知其姓名,亦不知何许人。衣破衣,戴角巾,佯狂自放。尝往来登、莱之间,爱劳山山水,辄居数载。去,久之复来,其踪迹皆不可得而知也。好饮酒,每行,以酒一壶自随,故人称之曰"一壶先生"。知之者饮以酒,即留宿其家。间一读书,欷歔流涕而罢,往往不能竟读也。与即墨黄生、莱阳李生者善,两生知其非常人,皆敬事之,或就先生宿,或延先生至其家,然先生对此两生每瞠目无语,辄曰:"行酒来!余为生痛饮。"两生度其胸中有不平之思而外自放于酒,尝从容叩之,不答。一日,李生乘马山行,望见桃花数十株盛开,临深溪,一人独行树下,心度之曰,其一壶先生乎?比至,果先生也,方提壶饮酒,下马与先生同饮,醉而别去。先生踪迹既无定,或留久之乃去,去不知所之,已而又来。康熙二十一年,去即墨久矣,忽又来,居一僧舍。其素所与往来者视之,见其容貌憔悴,神气惝恍,问其所自来,不答。每夜半,放声哭,哭竟夜。阅数日,竟自缢死。

赞曰:一壶先生,其补锅匠、云庵和尚之流亚欤?吾闻其虽行遁,而酒酣大呼,俯仰天地,其气犹壮也。久之,忽悲愤死,一瞑而万世不视,其故何哉?李生曰,先生卒时,年已垂七十。

王树民编校《戴名世集》卷六,中华书局 1986 年版

方 苞

方苞(1668—1749),字凤九,一字灵皋,晚号望溪,安徽桐城人。清康熙三十八年(1699)乡试第一,康熙四十五年(1706)进士,因母疾未出仕。康熙五十年(1711)因戴名世《南山集》案牵连入狱,两年后得赦出狱,隶籍汉军旗。康熙知其学问,允其入值南书房,后为武英殿总裁。雍正元年(1723)赦归汉籍。乾隆时历

官侍讲学士,内阁学士,礼部右侍郎等。方苞主张文章要讲"义法",开创"桐城派",是清代著名的古文学家。有《方望溪先生全集》。

游 雁 荡 记

[解题]

雁荡山简称雁山,位于浙江乐清东北,历来是文人游客吟咏的名胜之一。作者本来是写游记,却先从不可记写起,拈出众多名山作陪,然后写出自己游雁荡山的独特感受,跌宕拗折,翻空出奇,突出了雁荡山未经人工剥凿的原始自然风光和净化心灵的神奇力量。

癸亥仲秋望前一日[1],入雁山,越二日而反。古迹多榛芜不可登探,而山容壁色,则前此目见者,所未有也。鲍甥孔巡曰:"盍记之[2]?"余曰:"兹山不可记也。永、柳诸山,乃荒陬中一丘一壑[3],子厚谪居[4],幽寻以送日月,故曲尽其形容。若兹山则浙东西山海所蟠结,幽奇险峭,殊形诡状者,实大且多。欲雕绘而求其肖似,则山容壁色,乃号为名山者之所同,无以别其为兹山之岩壑也。而余之独得于兹山者,则有二焉。前此所见,如皖桐之浮山[5],金陵之摄山[6],临安之飞来峰[7],其崖洞非不秀美也,而愚僧多凿为仙佛之貌相,俗士自镌名字,及其诗词,如疮痏蹶然而入人目[8]。而兹山独完其太古之容色以至于今。盖壁立千仞,不可攀援,又所处僻远,富贵有力者,无因而至。既至,亦不能久留,构架鸠工以自标揭。所以终不辱于愚僧俗士之剥凿也。又凡山川之明媚者,能使游者欣然而乐,而兹山岩深壁削,仰而观,俯而视者,严恭静正之心,不觉其自动。盖至此则万感绝,百虑冥,而吾之本心,乃与天地之精神,一相接焉。察于此二者,则修士守身涉世之学[9],圣贤成己成物之道[10],俱可得而见矣。"

《方望溪全集》卷一四,中国书店1991年排印本

[注释]

[1]癸亥仲秋望前一日:乾隆八年(1743)八月十四日。望,望日:即月亮圆的那一天,通常指农历每月十五日。

[2]盍(hé):副词,表示反问,犹"何不"。

[3]陬(zōu):角落,山脚。

[4]子厚:柳宗元(773—819),字子厚。有《永州八记》等山水游记。

[5]皖桐:今安徽桐城。

[6]金陵:今江苏南京。

[7] 临安：今浙江杭州。

[8] 疮痏（wěi）：疮疡，伤痕。蹶（jué）然：突然。

[9] 修士：操行纯洁的人。《韩非子·孤愤》："人臣之欲得官者，其修士且以精絜固身，其智士且以治辩进业。"陈奇猷集释："旧注：修士，谓修身之士。"

[10] 成己成物：谓由己及物，自身有所成就，也要使自身以外的一切有所成就。《礼记·中庸》："诚者，非自成己而已也，所以成物也。成己，仁也；成物，知也。性之德也，合内外之道也。"

※孙征君传

孙奇逢，字启泰，号钟元，北直容城人也。少倜傥好奇节，而内行笃修，负经世之略，常欲赫然著功烈，而不可强以仕。年十七，举万历二十八年顺天乡试。先是高攀龙、顾宪成讲学东林，海内士大夫，立名义者多附焉。及天启初，逆奄魏忠贤得政，叨秽者争出其门，而目东林诸君子为党。由是杨涟、左光斗、魏大中、周顺昌、缪昌期，次第死厂狱，祸及亲党。而奇逢独与定兴鹿正张果中，倾身为之，诸公卒赖以归骨，世所传范阳三烈士也。方是时，孙承宗以大学士兼兵部尚书，经略蓟辽，奇逢之友归安茅元仪，及鹿正之子善继，皆在幕府。奇逢密上书承宗，承宗以军事疏请入见。忠贤大惧，绕御床而泣，以严旨遏承宗于中途。而世以此益高奇逢之义。台垣及巡抚交荐，屡征不起。承宗欲疏请，以职方起赞军事，使元仪先之，奇逢亦不应也。其后畿内盗贼数骇，容城危困，乃携家入易州五公山，门生亲故，从而相保者数百家。奇逢为教条，部署守御，而弦歌不辍。入国朝，以国子祭酒征，有司敦趣，卒固辞。移居新安，既而渡河止苏门。百泉水部郎马光裕，奉以夏峰田庐，遂率子弟躬耕，四方来学，愿留者，亦授田使耕，所居遂成聚。

奇逢始与鹿善继讲学，以象山、阳明为宗。及晚年，乃更和通朱子之说。其治身务自刻砥，执亲之丧，率兄弟庐墓侧，凡六年。人无贤愚，苟问学，必开以性之所近，使自力于庸行。其与人无町畦，虽武夫悍卒，工商隶圉，野夫牧竖，必以诚意接之，用此名在天下，而人无忌嫉者。方杨、左在难，众皆为奇逢危，而忠贤左右，皆近畿人，夙重奇逢质行，无不阴为之地者。鼎革后，诸公必欲强起奇逢，平凉胡廷佐曰："人各有志。彼自乐处隐就闲，何故必令与吾侪一辙乎？"居夏峰二十有五年，卒年九十有二。河南北学者，岁时奉祀百泉书院，而容城与刘因、杨继盛，同祀保定，与孙文正承宗、鹿忠节善继，并祀学宫。天下无知与不知，皆称曰夏峰先生。

赞曰：先兄百川闻之夏峰之学者。征君尝语人曰："吾始自分与杨、左诸贤同命,及涉乱离,可以犯死者数矣,而终无恙,是以学贵知命而不惑也。"征君论学之书甚具,其质行学者谱焉,兹故不论,而独著其荦荦大者。方高阳孙少师以军事相属,先生力辞不就,众皆惜之。而少师再用再绌,讫无成功,《易》所谓介于石,不终日者,其殆庶几邪。

《方望溪全集》卷八,中国书店1991年排印本

全 祖 望

　　全祖望(1705—1755),字绍衣,一字谢山,鄞(yín)县(今属浙江)人。乾隆元年(1736)进士,选庶吉士,以知县候选,辞归里,不复出仕。后曾在绍兴作蕺(jí)山书院院长,广东端溪书院院长,从学之人甚众。一生致力经史,《水经注》一书先后校订过七次之多,亦多方网罗文献,表彰忠义。著有《鲒埼(jiéqí)亭集》。

阳曲傅先生事略

[解题]

　　阳曲,今属山西。这是一篇传记性文章,记叙了傅山(1607—1684)一生的主要事迹。文章抓住人物的个性特点加以刻画,突出了傅山的坚持气节、任侠重谊、不尚空言、勤学博闻。作者善于通过细节表现人物性格,叙事行文精炼而灵活,选材、剪裁颇见功力。

　　朱衣道人者,阳曲傅山先生也。初字青竹,寻改字青主[1],或别署公之它,亦曰石道人。又字啬庐。家世以学行师表晋中[2]。先生六岁,啖黄精[3],不乐谷食,强之,乃复饭。少读书,上口数过,即成诵。顾任侠[4],见天下且丧乱,诸号为荐绅先生者[5],多腐恶不足道,愤之,乃坚苦持气节,不肯少与时媕婀[6]。提学袁公继咸[7],为巡按张孙振所诬,孙振故奄党也[8],先生约其同学曹公良直等,诣阙讼之[9],不得达,乃伏阙陈情[10]。时抚军吴公甡亦直袁[11],竟得雪,而先生以是名闻天下。马文忠公世奇为作传,以为裴瑜、魏劭复出[12]。已而曹公任在兵科[13],贻之书曰:"谏官当言天下第一等事,以不负故人之期。"曹公瞿然,即疏劾首辅宜兴及骆锦衣养性[14],直声大震。

　　先生少长晋中,得其山川雄深之气,思以济世自见,而不屑为空言。于是蔡忠襄公抚晋[15],时寇已亟,讲学于三立书院,亦及军政、军器之属。先生往听之,曰:"迂哉,蔡公之言,非可以起而行者也。"甲申[16],梦天帝赐之黄冠[17],乃衣朱

衣，居土穴以养母。次年，袁公自九江羁于燕邸[18]，以难中诗贻先生曰："晋士，惟门下知我最深，盖棺不远，断不敢负知己，使异日羞称友生也[19]。"先生得书痛哭说："公乎，吾亦安敢负公哉。"甲午，以连染遭刑戮[20]，抗词不屈，绝粒九日，几死。门人有以奇计救之者，得免。然先生深自诧恨，以为不如速死之为愈。而其仰视天、俯画地者并未尝一日止[21]。凡如是者二十年，天下大定，自是始以黄冠自放，稍稍出土穴与客接。然间有问学者，则告之曰："老夫学庄、列者也，于此间诸仁义事实羞道之，即强言之亦不工。"又雅不喜欧公以后之文[22]，曰："是所谓江南之文也。"平定张际者，亦遗民也，以不谨得疾死。先生抚其尸哭之曰："今世之醇酒妇人[23]，以求必死者有几人哉。呜呼，张生！是与沙场之痛等也。"又自叹曰："弯强跃骏之骨，而以占毕朽之[24]，是则埋吾血千年而碧不可灭者矣[25]。"或强以宋诸儒之学问，则曰："必不得已，吾取同甫[26]。"

先生工书，自大小篆隶以下，无不精。兼工画。尝自论其书曰："弱冠学晋唐人楷法，皆不能肖，及得松雪香山墨迹[27]，爱其圆转流丽，稍临之，则遂乱真矣，已而乃愧之曰：是如学正人君子者，每觉其觚棱难近[28]，降与匪人游，不觉其日亲者。松雪曷尝不学右军[29]，而结果浅俗至类驹王之无骨[30]，心术坏而手随之也。于是复学颜太师[31]。"因语人学书之法：宁拙毋巧，宁丑毋媚，宁支离，毋轻滑，宁真率，毋安排。君子以为先生非止言书也。

先生既绝世事，而家传故有禁方，乃资以自活。其子曰眉，字寿髦，能养志，每日樵于山中，置书担上，休担则取书读之。中州有吏部郎者，故名士。访先生，既见，问曰："郎君安往？"先生答曰："少需之，且至矣。"俄而有负薪而归者，先生呼曰："孺子前来肃客。"吏部颇惊。抵暮，先生令伴客寝，则与叙中州之文献，滔滔不置，吏部或不能尽答也。诘朝，谢先生曰："吾甚惭于郎君。"先生故喜苦酒，自称老蘖禅[32]，眉乃称曰小蘖禅。或出游，眉与子共辀车，暮宿逆旅，仍篝灯课读经、史、骚、选诸书，诘旦，必成诵始行，否则予杖。故先生之家学，大河以北，莫能窥其藩者[33]。尝批欧公《集古录》曰："吾今乃知此老真不读书也。"

戊午，天子有大科之命[34]，给事中李宗孔、刘沛先以先生荐。时先生年七十有四，而眉以病先卒，固辞。有司[35]不可。先生称疾，有司乃令役夫舁[36]其床以行，二孙侍。既至京师三十里，以死拒，不入城。于是，益都冯公首过之[37]，公卿毕至。先生卧床，不具迎送礼。蔚州魏公乃以其老病上闻[38]，诏免试，许放还山。时，征士中报罢而年老者恩赐以官[39]。益都密请以先生与杜征君紫峰[40]，虽皆未豫试，然人望也[41]。于是亦特加中书舍人以宠之。益都乃诣先生曰："恩命出自格外，虽病，其为我强入一谢。"先生不可。益都令其宾客百辈说之，遂称疾笃，乃使人舁以入。望见午门[42]，泪涔涔下。益都强掖之使谢，则仆于地。蔚州进曰："止、止，是即谢矣。"次日遽归。大学士以下，皆出城送之。先生叹曰：

"自今以还,其脱然无累哉。"既而又曰:"使后世或妄以刘因辈贤我[43],且死不瞑目矣。"闻者乍舌。及卒,以朱衣黄冠殓。著述之仅传者,曰《霜红龛集》十二卷,眉之诗亦附焉。眉诗名《我诗集》。同邑人张君刻之宜兴。

先生尝走平定山中,为人视疾,失足堕崩崖,仆夫惊哭曰:"死矣。"先生旁皇四顾,见有风峪甚深,中通天光,一百二十六石柱林立,则高齐所书佛经也[44]。摩挲视之,终日而出,欣然忘食。盖其嗜奇如此。惟顾亭林之称先生曰:"萧然物外,自得天机[45]。"予则以为是特先生晚年之踪迹,而尚非其真性所在。卓尔堪曰[46]:"青主盖时时怀翟义之志者[47]。"可谓知先生者矣。

吾友周君景柱守太原,以先生之行述请,乃作事略一篇致之,使上之史馆。予固知先生之不以静修自屈者[48]。其文当不为先生之所唾,但所愧者,未免为江南之文尔。

《鲒埼亭集》卷二六,姚江借树山房藏板同治刊本

[注释]

[1] 寻:不久。

[2] 学行:学问品行。师表:学习的榜样。晋:今山西省。

[3] 啖(dàn):吃。黄精:多年生草本植物,夏季开花,根茎可入药,古人认为久食可延年益寿。

[4] 顾:但是。

[5] 荐绅:同"搢绅"、"缙绅"。搢义为插,古代官员把笏板插于绅(大带子)之中,故旧时称仕宦者为"缙绅"。

[6] 媕婀(ān ē):曲意顺从。

[7] 提学:掌管地方学政的官。明朝提刑按察司有提学,巡察各省学政。袁继咸:字积通,号临侯,江西宜春人。天启进士。崇祯七年(1634)任山西提学佥事。

[8] 奄党:指明天启年间以宦官魏忠贤为首的集团。奄:通"阉"。

[9] 匦(guǐ)使:官名。掌管四方所呈章奏。始设于唐,明代属通政司。匦:匣子,小箱子。

[10] 伏阙:拜伏于宫殿之下。这里指直接上诉朝廷。

[11] 抚军:巡抚的别称。吴甡(shēn):字鹿友,明万历进士,累官至礼部尚书,东阁大学士。崇祯七年(1634)以金都御史巡抚山西。 直袁:认为袁继咸有理。

[12] 裴瑜,魏劭:都是东汉时期的人,以友情节义为世所称。据《后汉书·史弼传》,史弼迁河东太守,奉诏书举孝廉。中常侍侯览遣诸生赍书请托,被史弼

伏狱拷杀。侯览大怒,诬陷史弼诽谤,史弼被逮,以槛车押送京师。吏人莫敢近,唯有孝廉裴瑜送行,且豪语劝慰,史弼以刎颈之交视之。下狱后,又有前孝廉魏劭毁变形服,诈为家僮加以保护。后又变卖家产多方救助,使弼终免一死。

[13] 曹公:指曹良直。兵科:明代官制,设吏、户、礼、兵、刑、工六科给事中,掌侍从规谏、补阙拾遗,稽查六部百司之事,有弹劾官吏之权。

[14] 首辅宜兴:指周延儒。延儒字玉绳,江苏宜兴人,崇祯初拜大学士,起为首辅。明代首席大学士称首辅,行宰相之职。　骆养性:湖北嘉鱼人,曾掌锦衣卫事。

[15] 蔡忠襄:名懋德,字维立,江苏昆山人。官至右佥都御史,巡抚山西。明末李自成起义军攻占太原,懋德自缢死,谥忠襄。

[16] 甲申:农历甲申年,即崇祯十七年(1644),是年明亡。

[17] 黄冠:道士所戴之冠,其色尚黄。亦以称道士。

[18] 袁公自九江羁于燕邸:崇祯末,袁继咸总督江西、湖广等处军务,驻扎于九江。宁南侯左良玉邀继咸往谈。清顺治二年(1645),左良玉病逝,其子左梦庚继为帅,随即降清。袁继咸为清兵所执押送北京,不屈被杀。

[19] 友生:旧时师长对门生自称的谦词。

[20] 连染:牵连。此指傅山被告与南明朝廷通声息,遭清廷逮捕入狱。

[21] 仰视天、俯画地:谓有所策划。《史记·魏其武安侯列传》:"(田)蚡所爱倡优巧匠之属,不如魏其、灌夫日夜招聚天下豪杰壮士与议论,腹诽而心谤,不仰视天而俯画地,辟倪两宫间,幸天下有变,而欲有大功。"

[22] 欧公:指欧阳修。

[23] 醇酒妇人:意指沉迷于酒色。《史记·魏公子列传》:"公子自知再以毁废,乃谢病不朝,与宾客为长夜饮,饮醇酒,多近妇女,日夜为乐饮者四岁,竟病酒而卒。"

[24] 占(zhàn)毕:指读书吟诵。《礼记·学记》:"今之教者,呻其占毕"郑玄注:"呻,吟也。占,视也。简谓之毕……言今之师自不晓经之义,但吟诵其所视简之文。"

[25] 碧不可灭,见《庄子·外物》:"苌弘死于蜀,藏其血,三年而化为碧。"成玄英疏:"苌弘遭谮,被放归蜀。自恨忠而遭谮,遂刳肠而死。蜀人感之,以匮藏其血,三年而化为碧玉,乃精诚之致也。"

[26] 同甫:南宋陈亮,字同甫,婺洲永康(今浙江永乐)人。他力主抗金,注重功利,反对空谈,有《龙川文集》。

[27] 松雪:元赵孟頫,号松雪道人。香山:应为"香光"之误。明董其昌,号香光。二人皆工书法绘画。此段自论见傅山《霜红龛集》卷四《作字示儿孙》诗

自注。

[28] 觚(gū)棱：亦作"觚楞"，谓为人有棱角，言行严正。宫阙上转角处的瓦脊成方角棱瓣之形，故谓之觚棱。

[29] 右军：晋王羲之，字逸少，官至右军将军，世称"王右军"，为著名书法家。

[30] 驹王：周穆王时徐偃王的僭号。相传偃王为徐国国君，生而有筋无骨。见梁任昉《述异记》卷下。

[31] 颜太师：唐颜真卿，字清臣，官至太子太师，著名书法家。

[32] 蘖禅(bò chán)：意指吃苦修行的和尚。蘖同"檗"，又称黄檗，一种落叶乔木，树皮有苦味，可入药。

[33] 藩：藩篱，竹或木的篱笆，指门径。

[34] 大科：古代由皇帝决定的特别考试称大科。此处指康熙十七年戊午(1678)下诏开博学鸿词科，征召学行兼优、文词卓越之人到京师应试。

[35] 有司：主管的官吏。

[36] 舁(yú)：抬。

[37] 益都冯公：冯溥，字孔博，益都(今山东青州)人。官至文华殿大学士兼吏部尚书。

[38] 蔚(yù)州魏公：魏象枢，字环极，蔚州(今河北蔚县)人，官至刑部尚书。

[39] 报罢：未录取。

[40] 杜征君紫峰：杜越，字君异，号紫峰，容城(今河北容城)人。

[41] 人望：众人所仰望，素有声望。

[42] 午门：北京紫禁城的正门。

[43] 刘因：字梦吉，号静修，容城(今河北容城)人。由宋入元，元世祖至元年间被征召入朝，授右赞善大夫，不久即辞官归家。

[44] 高齐：即北齐(561—565)。

[45] "萧然"句：见顾炎武《亭林文集·广师》。

[46] 卓尔堪：字子立，自号宝香山人，清江都(今江苏江都)人，以选刻《明遗民诗》著名。

[47] 翟义：字文仲，汉汝南上蔡(今河南上蔡)人。汉平帝时官东郡太守。王莽称帝，起兵讨伐，兵败而死。此句乃卓尔堪《明遗民诗》中"傅青主小传"中语。

[48] 不以静修自屈：不肯像元代刘因那样应召出仕。

刘 大 櫆

刘大櫆(kuí)(1698—1779),字才甫,又字耕南,号海峰,安徽桐城人。屡试不第,年逾六十,乃得黟(yī)县教谕。长于古文,为"桐城派"代表作家之一。有《海峰文集》等。

※焚 书 辨

六经之亡,非秦亡之,汉亡之也。后之学者见秦有焚书之令,则曰:诗书至秦一炬而扫地无余。此与耳食何异!夫书,秦固未尝尽焚也。太史公曰:"武帝招延文学儒者数百人,而公孙弘以《春秋》白衣为天子三公。天下之士,靡然向风。"论者谓汉以禄利诱进天下之士,故求经而经亡,而不知经之亡盖在楚汉之兴,沛公与项羽相继入关之时也。夫小人之为不善,未必其一出而祸天下,惟坐视其坏而莫为之所,其终乃一坏而不可救。是故书之焚不在于李斯,而在于项籍;及其亡也,不由于始皇帝,而由于萧何。

何则?博士淳于越进谏始皇,谓宜封子弟功臣,自为枝辅。下其议李斯,李斯恐天下学者道古以非今,于是禁天下私藏《诗》、《书》百家之语,其法至于偶语《诗》、《书》者弃市,而吏见知不举则与之同罪。噫,亦烈矣!然其所以若此者,将以愚民而固不欲以之自愚也。故曰:"非博士官所职,悉诣守尉杂烧之。"然则博士之所藏具在,未尝烧也。迨项羽入关,杀秦降王子婴,收其货宝妇女,烧秦宫室,火三月不灭,而后唐虞三代之法制,古先圣人之微言,乃始荡为灰烬,澌灭无余。当项籍之未至于秦,咸阳之未屠,李斯虽烧之而未尽也。吾故曰:书之焚非李斯之罪,而项籍之罪也。

昔高祖既定天下,论群臣之功,以萧何为第一。吾尝观楚汉相距数岁,高祖败而遁逃,亡军失众,而萧何悉发关中老弱补其空乏。高祖与项籍相守荥阳。而萧何转漕关中,输给军粮不匮。高祖数亡山东,而萧何常全关中以待之。此其于汉取天下之功为不少矣!虽然,吾以为萧何汉之功臣,而六经之罪人也。何则?沛公至咸阳,诸将皆争取金帛财物,而萧何独先入收秦丞相御史律令图书,汉以故具知天下之阨塞,及户口之多少,强弱所在。然萧何于秦博士所藏之书,所以传先王之道不绝如线者,独不闻其爱而惜之,收而宝之,彼固以圣人之经无关于得失存亡,所以取天下之筹策也,故熟视之若无睹耳。今夫富民遗其子孙以室庐,至其后之不肖,不因之涂塈,惟增其残毁,以至转而售之他人;彼鬻而有者,又取其瓦甓以去,而遗其梁栋,风雨之所漂摇,虫蚁之所剥蚀;其邻里之居民因窃取之以为薪炊,而向之室庐乃始尺寸无复留者矣。彼不肖而残毁之诚无足怪,独奈何鬻而有之,顾遗其梁栋而不知惜也。昔者尝怪汉兴大反秦之所为,而礼乐法度则一遵秦故,而未尝稍变。由今观之,然后知萧何之所以相汉者,惟知有秦之律令,而圣人之经则弃而烧之已久矣,此唐虞三代之治所以不复见与。

呜呼!方沛公之入关,盖六经绝续存亡之顷也。天下之诗书皆已亡,而惟博士官所职尚无恙,当是时,固举九鼎之重而系之一发哉!且夫圣人之经,其与秦之律令图书,其为轻重大小何如也?设使萧何能与其律令图书并收而藏之,则项羽不能烧;项羽不烧,则圣人之全经犹在也。呜呼!彼萧何者,真所谓刀笔之吏矣!

《海峰文集》卷一,敦本堂藏版乾隆刻本

姚　　鼐

姚鼐(1732—1815),字姬传,又字梦川,室名惜抱轩,人称惜抱先生,安徽桐城人。乾隆二十八年(1763)进士。擢刑部郎中,后选入四库全书馆。乞病告归,后掌教扬州"梅花"、安庆"敬敷"、歙县"紫阳"、江宁"钟山"诸书院,凡四十年。论学主张义理、考据、文章并重,不拘汉宋门户。古文推崇司马迁、韩愈、欧阳修、归有光等大家,选《古文辞类纂》为学者范本。为文以"醇正严谨"著称,净洁而精微。继方苞、刘大櫆后为桐城三祖之一。有《惜抱轩诗文集》。

袁随园君墓志铭 并序

[解题]

作者抓住袁枚仕宦虽不显,却"极山林之乐,获文章之名"的生平特点,以简洁而生动的笔触,称颂了袁枚的出众才学和潇洒旷达的人生情趣。墓志铭,一种文体,包括志和铭两部分。志多用散文撰写,叙死者姓氏、生平等;铭则用韵文来统括全篇,是对死者的赞扬、悼念或安慰之词。

君钱塘袁氏[1],讳枚,字子才。其仕在官,有名绩矣[2]。解官后,作园江宁西城居之[3],曰随园[4],世称随园先生,乃尤著云。祖讳锜,考讳滨[5],叔父鸿,皆以贫游幕四方。君之少也,为学自成。年二十一,自钱塘至广西,省叔父于巡抚幕中。巡抚金公鉷一见异之[6],试以铜鼓赋,立就,甚瑰丽。会开博学鸿词科[7],

即举君。时举二百余人,惟君最少。及试报罢[8],中乾隆戊午科顺天乡试[9],次年成进士[10],改庶吉士[11]。散馆[12],又改发江南为知县,最后调江宁知县。江宁故巨邑,难治。时尹文端公为总督[13],最知君才;君亦遇事尽其能,无所回避,事无不举矣。既而去职家居,再起,发陕西;甫及陕,遭父丧归,终居江宁。

君本以文章入翰林有声,而忽摈外[14];及为知县,著才矣,而仕卒不进。自陕归,年甫四十,遂绝意仕宦,尽其才以为文辞歌诗。足迹造东南山水佳处皆遍。其瑰奇幽邈,一发于文章,以自喜其意。四方士至江南,必造随园投诗文[15],几无虚日。君园馆花竹水石,幽深静丽,至桮檻器具[16],皆精好,所以待宾客者甚盛。与人留连不倦,见人善,称之不容口。后进少年诗文一言之美,君必能举其词,为人诵焉。

君古文、四六体[17],皆能自发其思,通乎古法。于为诗,尤纵才力所至,世人心所欲出不能达者,悉为达之,士多仿其体。故《随园诗文集》,上自朝廷公卿,下至市井负贩,皆知贵重之。海外琉球[18],有来求其书者。君仕虽不显,而世谓百余年来,极山林之乐,获文章之名,盖未有及君也。

君始出,试为溧水令[19],其考自远来县治。疑子年少,无吏能,试匿名访诸野。皆曰:"吾邑有少年袁知县,乃大好官也。"考乃喜,入官舍。在江宁尝朝治事,夜召士饮酒赋诗,而尤多名蹟。江宁市中,以所判事作歌曲,刻行四方,君以为不足道,后绝不欲人述其吏治云。

君卒于嘉庆二年十一月十七日,年八十二。夫人王氏,无子,抚从父弟树子通为子。既而侧室钟氏又生子迟。孙二:曰初,曰禧。始君葬父母于所居小仓山北,遗命以己祔[20]。嘉庆三年十二月乙卯,祔葬小仓山墓左。桐城姚鼐以君与先世有交,而鼐居江宁,从君游最久。君殁,遂为之铭曰:

粤有耆庞[21],才博以丰。出不可穷,匪雕而工。文士是宗,名越海邦。蔼如其冲,其产越中。载官倚江,以老以终,两世阡同,铭是幽宫[22]。

《惜抱轩全集》卷一三,四部丛刊本

[注释]

[1] 钱塘:今浙江省杭州市。

[2] 名绩:名声和政绩。

[3] 江宁:今江苏省南京市。

[4] 随园:位于南京市清凉山东小仓山下。本康熙时一隋姓官员所造之园,因姓得名,后废置;袁枚购得后,随其地形之高下加以修葺,就势取景,始改名随园。

[5] 考:旧时称已故的父亲。

[6] 金公铣(hóng)：金铣，字震方，一字得山。辽阳(今辽宁辽阳)人。累官至广西巡抚。

[7] 博学鸿词科：古代科举考试的一种科目，不定期举行，以选拔博学能文之士。唐、宋时即开设，清代于康熙十八年(1679)、乾隆二年(1737)、乾隆三年(1738)先后三次开科。

[8] 报罢：科举考试落第。

[9] 乾隆戊午：清乾隆三年(1738)。顺天，清代府名，治所在今北京市。乡试：科举考试的一种，清制每三年各省举行乡试，由生员应试，考中者为举人，得应会试。

[10] 进士：科举取士科目。明清时，举人会试考中者称贡士，得应殿试；及第者一甲三名，赐进士及第，二甲赐进士出身，三甲赐同进士出身，通称进士。

[11] 庶吉士：官名。清代于翰林院中设庶常馆，新中进士名次靠前者，入馆学习，称为翰林院庶吉士。

[12] 散(sǎn)馆：清制，翰林院庶吉士学习期满称为散馆。散馆时举行考试，按等第而分别授职。仍留翰林院，授编修等职者，称为留馆。不入选者，内用六部主事、内阁中书，外用知县。

[13] 尹文端：名继善，字元长。满洲镶黄旗人。雍正进士，累官至两江总督。

[14] 摈(bìn)：排斥。

[15] 造：访问。

[16] 棂槛(líng jiàn)：栏杆。

[17] 四六体：即骈文。因多以四字、六字为对偶，故称。

[18] 琉球：古国名，位于今日本冲绳县。

[19] 溧水：今江苏省溧水县。

[20] 祔(fù)：合葬。子孙与长辈合葬称祔，亦称祔葬。

[21] 粤：发语词。耆庞：年高而有德望之人。

[22] 幽宫：坟墓。

汪　　中

汪中(1745—1794)，字容甫，江苏江都人。少孤贫好学，曾助书贾贩书，因遍读经史百家之书，于诸子之学尤有深研。三十四岁为拔贡，后即不再应举，一生过着游幕和卖文的清苦生活。为人恃才傲物，多有忤时骇俗之论。能诗善文，尤工骈文,为清代骈文的代表作家,风格凄丽哀婉。著有《广陵通典》、《述学》内外篇、《汪容甫遗诗》等。

哀盐船文(附序)

[解题]

本文记述了乾隆时期发生在扬州的一场巨大火灾。作者以悲天悯人的情怀,细致地刻画和渲染了扬州盐船大火灾的始末和惨境,突出了巨大的自然灾难给人带来的惊愕和震撼,表达了对不幸者的深切同情,是一篇别具一格的哀祭文。杭世骏的序文,其实正是这篇文章的解题。

哀盐船文者,江都汪中之所作也。中早学六义[1],又好深湛之思,故指事类情,申其雅志。采遗制于《大招》[2],激哀音于变徵[3],可谓惊心动魄,一字千金者矣。或疑中方学古之道,其言必期于有用,若此文将何用邪?答曰:中目击异灾,迫于其所不忍,而饰之以文藻。当人心肃然震动之时,为之发其哀矜痛苦[4],而不忘天之降罚,且闵死者之无辜,而吁嗟噫歆[5],散其冤抑之气,使人无逢其灾害,是《小雅》之旨也,君子故有取焉。若夫污为故楮[6],识李华之精思[7];传之都下,写左思之赋本[8]。文章遇合之事,又末而无足数也。仁和杭世骏序[9]。

乾隆三十五年十二月乙卯[10],仪征盐船火[11],坏船百有三十,焚及溺死者千有四百。是时盐纲皆直达[12],东自泰州,西极于汉阳,转运半天下焉。惟仪征绾其口[13]。列樯蔽空,束江而立,望之隐若城郭。一夕并命[14],郁为枯腊[15],烈烈厄运,可不悲邪?

于时玄冥告成[16],万物休息,穷阴涸凝,寒威凛慄,黑眚拔来[17],阳光西匿。群饱方嬉,歌咢宴食[18],死气交缠,视面惟墨。夜漏始下[19],惊飙勃发,万窍怒号,地脉荡决[20],大声发于空廓,而水波山立。于斯时也,有火作焉。摩木自生,星星如血。炎光一灼,百舫皆赤。青烟睒睒[21],熛若沃雪[22]。蒸云气以为霞,炙阴崖而焦爇[23]。始连樯以下碇[24],乃焚如以俱没。跳踯火中,明见毛发。痛嘑田田[25],狂呼气竭。转侧张皇,生途未绝。俟阳焰之腾高,鼓腥风而一映[26]。洎埃雾之重开,遂声销而形灭。齐千命于一瞬,指人世以长诀。发冤气之蒿[27],合游氛而障日。行当午而迷方,扬沙砾之嫖疾。衣缯败絮,墨查炭屑,浮江而下,至于海不绝。

亦有没者善游[28],操舟若神,死丧之威,从井有仁[29]。旋入雷渊,并为波臣。又或择音无门[30],投身急濑,知蹈水之必濡,犹入险而思济。挟惊浪以雷奔,势若跻而终坠[31],逃灼烂之须臾,乃同归乎死地。积哀怨于灵台[32],乘精爽而为厉。出寒流以浃辰,目眳眳而犹视[33]。知天属之来抚,憝流血以盈眦[34]。诉强死之悲心，口不言而以意。

若其焚剥支离，漫漶莫别[35]，圜者如圈，破者如玦。积埃填窍，攞指失节。嗟狸首之残形，聚谁何而同穴。收然灰之一抔[36]，辨焚余之白骨。呜呼，哀哉！

且夫众生乘化，是云天常[37]。妻孥环之，绝气寝床。以死卫上，用登明堂[38]。离而不惩[39]，祀为国殇。兹也无名，又非其命，天乎何辜，罹此冤横！游魂不归，居人心绝。麦饭壶浆，临江呜咽。日堕天昏，凄凄鬼语。守哭迍邅[40]，心期冥遇。惟血嗣之相依，尚腾哀而属路。或举族之沈波，终狐祥而无主[41]。

悲夫！丛冢有坎[42]，泰厉有祀[43]，强饮强食，冯其气类[44]。尚群游之乐，而无为妖祟！人逢其凶也邪？天降其酷也邪？夫何为而至于此极哉！

《述学·补遗》，四部丛刊本

[注释]

[1] 六义：指《诗经》。据《诗·大序》，诗有六义，即风、赋、比、兴、雅、颂。

[2]《大招》：《楚辞》篇名。王逸序："屈原放流九年，忧思烦乱，精神越散，与形离别。恐命将终，所行不遂，故愤然大招其魂。"

[3] 变徵(zhǐ)：古代七音之一，比徵声略低，常用以表达悲愤激切的情感。

[4] 哀矜(jīn)：哀怜。

[5] 噫歆(xīn)：噫为感叹词，歆：歆享，指鬼神享用祭品。

[6] 故楮(chǔ)：故纸。楮：一种树，树皮可以造纸，故用作纸的代称。

[7] 识李华之精思：《新唐书·李华传》记载，李华精心撰《吊古战场文》，故意弄旧如故纸，把它与古书放在一起，著名文士萧颖士见到称赞不已。李华问，当今谁能写出这样的文章？颖士回答，如果你能多用心思，就能达到。李华深为叹服。

[8] 写左思之赋本：《晋书·左思传》记载，左思作《三都赋》，"豪贵之家竞相传写，洛阳为之纸贵"。

[9] 仁和：地名，今浙江省杭州市。杭世骏(1695—1772)，字大宗，乾嘉时期著名学者，曾受命校勘《十三经》、《二十四史》。晚年主讲粤东、扬州书院。

[10] 乾隆三十五年：公元1770年。按，《嘉庆扬州府志》及《重修仪征县志》记载此次大火均作乾隆三十六年。十二月乙卯，农历十二月十九日。

[11] 仪征：地名，今江苏省仪征市，清属扬州府。

[12] 盐纲：谓盐运。古代凡转运大批货物，分批启行，每批计其车辆船只，编立字号，名为一纲，如花石纲、茶纲、盐纲，皆是。

[13] 绾(wǎn)：控扼，联结。口：指水路枢纽要冲。

[14] 并命：同命，同时死亡。

[15] 郁:积聚。枯腊(xī):指干尸。《汉书·杨王孙传》:"其尸块然独处……肢体络束,口含玉石,欲化不得,郁为枯腊。"腊:干肉。

[16] 玄冥告成:谓冬季将终。玄冥:主管冬令的神。

[17] 黑眚(shěng):指黑色的云雾。目上生翳曰眚。拔来:突然而来。

[18] 咢(è):徒手击鼓。

[19] 夜漏:夜间记时的漏壶。古人记时用铜壶滴水,看壶中箭上度数,以计算时辰。

[20] 地脉:大地的脉络,指江水。

[21] 睒(shǎn)睒:光焰闪烁的样子。

[22] 熛(biāo)若沃雪:谓以沸水浇雪,瞬息融化。

[23] 焦爇(ruò):烧干,烧焦。

[24] 下碇(dìng):犹言抛锚。碇:系船的石墩。

[25] 痛嚛(pó):因痛楚而呼喊。田田:形容痛苦的声音。

[26] 呎(xuè):微小的声音。

[27] 焄(xūn)蒿:气蒸发。焄:气。蒿:蒸发的样子。

[28] 没(mò)者:善于潜水的人。

[29] 从井有仁:指有仁爱之心的人冒险救人。《论语·雍也》:"仁者,虽告之曰:'井有仁焉,其从之也?'"孔颖达注:"仁者必济人于患难,故问有仁者堕井,将自投下从而出之不乎?欲极观仁者忧乐之所至。"

[30] 择音:选择荫蔽之所。音,通"荫"。《左传·文公十七年》:"鹿死不择音。"

[31] 隮(jī),同"跻",上升。

[32] 灵台:指内心。

[33] 睊(juàn)睊:侧目而视的样子。此指死不瞑目。

[34] 慭(yìn):忧伤。眦(zì):眼眶。

[35] 漫漶(huàn):模糊。

[36] 一抔(póu):一把。

[37] 天常:自然的常理。

[38] 明堂:古代策功序德的地方。

[39] 不惩:不悔。《楚辞·九歌·国殇》:"首身离兮心不惩。"

[40] 迍邅(zhūn zhān):徘徊。

[41] 狐祥:同"孤伤",指无子无孙。《战国策·秦策四》:"鬼狐祥无所食。"《史记·春申君传》作"孤伤。"无主:无人主祭。

[42] 坎:墓穴。

[43] 泰厉：祭祀死而无后者的祠宇。

[44] 冯：同"凭"，欺凌。气类：同类。

洪 亮 吉

洪亮吉(1746—1809)，字君直，一字稚存，号北江，江苏阳湖(治今常州)人。乾隆五十五年(1790)进士，官编修。嘉庆时因直谏被遣戍新疆伊犁，不久赦还，改号更生居士。通经史及音韵训诂之学，思想通达，著《意言》二十篇，论天地、鬼神、寿夭、人口等问题，都有独到见解。工诗文，骈文颇负时誉。著有《洪北江诗全集》。

出关与毕侍郎笺

[解题]

洪亮吉与黄景仁相知颇深，景仁客死于山西运城，作者从西安赶去料理后事，并将棺柩送回常州安葬。这篇文章就是作者向当时陕西巡抚毕沅报告经过情况的一封信。作者以简洁生动的文笔表达了对朋友的深情，用典精切，措辞得体，显示出深厚的艺术功力。毕侍郎，即毕沅(1730—1797)，字秋帆，江南镇洋(今江苏太仓)人，历官陕西、河南、山东巡抚、湖广总督。笺，一种上行的书牍。

自渡风陵[1]，易车而骑，朝发蒲坂[2]，夕宿盐池[3]。阴云蔽亏，时雨凌厉。自河以东，与关内稍异[4]，土逼若衕[5]，涂危入栈[6]。原林黯惨[7]，疑披谷口之雾；衢歌哀怨，恍聆山阳之笛[8]。

日在西隅，始展黄君仲则殡于运城西寺[9]。见其遗棺七尺，枕书满箧。抚其吟案，则阿婆之遗笺尚存[10]；披其缞帷[11]，则城东之小史既去[12]。盖相如病肺[13]，经月而难痊；昌谷呕心[14]，临终而始悔者也。犹复丹铅狼藉，几案纷披，手不能书，画之以指。此则杜鹃欲化，犹振哀音，鸷鸟将亡，冀留劲羽；遗弃一世之务，留连身后之名者焉。

伏念明公[15]，生则为营薄宦，死则为恤衰亲，复发德音，欲梓遗集[16]。一士之身，玉成终始，闻之者动容，受之者沦髓[17]。冀其游岱之魂，感恩而西顾；返洛之旐[18]，衔酸而东指。又况龚生竟夭[19]，尚有故人；元伯虽亡，不无死友[20]。他日传公风义，勉其遗孤，风兹来祀，亦盛事也。

今谨上其诗及乐府共四大册。此君生平与亮吉雅故[21],惟持论不同,尝戏谓亮吉曰:"予不幸早死,集经君订定,必乖余之指趣矣。"省其遗言,为之堕泪。今不敢辄加朱墨,皆封送阁下,暨与述庵廉使[22]、东有侍读[23],共删定之。即其所就,已有足传,方乎古人,无愧作者。惟稿草皆其手写,别无副本,梓后尚望付其遗孤,以为手泽耳[24]。

亮吉十九日已抵潼关,马上率启,不宣。

《卷施阁文乙集》卷六,越缦堂藏乾隆刻本

[注释]

[1] 风陵:风陵渡,黄河渡口,在今山西省芮城县西南,与潼关隔河相望。

[2] 蒲坂:古地名,在今山西永济市城区东南。

[3] 盐池:在今山西省运城市南。

[4] 关内:潼关之内,指陕西。

[5] 逼:逼仄,(地方)狭窄。衖:同"巷"。

[6] 涂:同"途"。

[7] 黯(àn)惨:暗淡。

[8] 山阳之笛:《文选·思旧赋序》记载,向秀与嵇康交好,康被杀,向秀曾过山阳,经其旧居,听到邻人有吹笛者,追思往昔游宴之好,感音而叹,遂作《思旧赋》。

[9] 展:省(xǐng)视。殡:殡舍,停放棺柩之处。运城:清时河东道盐运使驻此,今属山西。黄景仁于乾隆四十八年死于此地。

[10] 媝(mí):母亲。《玉篇·女部》:"媝,齐人呼母。"

[11] 繐(suì)帷:用细而疏的麻布制成的灵帐。繐:细而稀疏的麻布。

[12] 城东:运城城东,黄景仁的故居所在。小史:侍僮。

[13] 相如病肺:《史记·司马相如列传》谓司马相如有消渴疾。患者身体羸瘠,又多口渴,旧时误以为肺病,实则为糖尿病。

[14] 昌谷:指李贺。呕心:《新唐书·李贺传》载李贺作诗极为勤苦,其母甚痛惜,怒曰:"是儿要呕出心乃已耳。"

[15] 明公:古时对尊贵者的称呼,这里指毕沅。

[16] 梓(zǐ):上梓,付梓,指刻印出版。

[17] 沦髓:感恩戴德,深入骨髓。

[18] 旐(zhào):魂幡,出丧时为棺柩引路的旗。《礼记·檀弓上》:"孔子之丧……绸练设旐,夏也。"

[19] 龚生竟夭:《汉书·龚胜传》谓龚胜死后,有老父来吊,哭甚哀,"趋而

出,莫知其谁"。

[20]"元伯"二句:《后汉书·范式传》载,范式字巨卿,与汝南张劭友善。劭字元伯,临死叹曰:"恨不见吾死友。"寻卒,丧发而柩不肯进。范式于梦中得知,素车白马,号哭而来,执绋而引,柩于是乃前。

[21]雅故:平素有交情。

[22]述庵廉使:王昶,字德甫,号兰泉,一号述庵,江苏青浦(今属上海)人,乾隆十九年(1754)进士,时为陕西按察使。廉使:即按察使,其官职权限与元朝的肃政廉访使相当,故称。

[23]东有侍读:严长明,字冬友,一作东有,号道甫,江宁(今江苏南京)人,乾隆二十七年赐内阁中书,官至侍读。

[24]手泽:本义为手汗。《礼记·玉藻》:"父没而不能读父之书,手泽存焉尔。"后来多指先人或前辈的遗墨、遗物等。

梅　曾　亮

梅曾亮(1786—1856),字伯言,江苏上元(今南京)人。道光二年(1822)进士,官户部郎中。年轻时喜作骈文,后师事姚鼐,专力为古文,与管同齐名,成为桐城派后期的重要作家。有《柏枧(jiǎn)山房集》。

※《阮小咸诗集》序

江宁郡城,其西北包十余山,林壑深远,而秦淮、清溪之水萦带其下,其迹虽或存或湮,而清淑之气犹足以沾溉人物。其士生其里,多跌宕自标异,或真朴无文饰,有六朝人余习,其衣冠言动,与南城人风气固殊也。以余相知,若严君小秋,汪君邺楼,车君秋舲,陆君香筠,汪君平甫,方君慎之及小咸,所居相去率不过一二里。而诸君皆多文酒之会,时相与携榼访胜,极乎山砠水涯,欢吟醉呼,穷日夜,披林莽,逐星月而归,以为常。小咸虽与诸君倡和相得,而终岁授徒,于文酒之乐不多与也。

及余自京师归,北城诸君凋逝殆尽,慎之亦久客不能归,独君年已七十,尚授徒如故。余因自叹年未甚耄老,而自里居后,山城孤寺,往往多独游,少与偕者。见少年游从意气之盛,追念昔时同辈,邈焉难求,而寂寞自守,得臻乎老寿如君者,为可幸也。

乃未几而君亦旋卒,君之子肇星以诗稿属序。余读之,清婉恬适,如君其人,不以其不得志于有司也而有怨词,有矜气,真德人之音也。昔与君及邺楼、香筠同肄业于尊经书院,夜归,市户皆静闭,独吾三四人履声满街。读君诗,忽忽不觉为数十年事也。

咸丰二年九月序。

《柏枧山房文集》卷七,咸丰刻本

四、小　　说

李　　渔

　　李渔(1610—1680)，清初戏曲家、小说家。初名仙侣，后改名渔，字谪凡，号笠翁。浙江兰溪人，生于雉皋(今江苏如皋)。崇祯十年入金华府庠，屡试不第。入清以后，不再以功名为意。大约在顺治八年离家去杭州，顺治十七年前后移居金陵，晚年又从金陵移家杭州。优游山水，交往名士，攀附达官贵人，主要靠卖文刻书、家班卖艺和打抽丰谋生。一生著述甚丰，传世作品有戏曲《十种曲》，短篇小说集《无声戏》(别名《连城璧》)、《十二楼》，诗文杂著《笠翁一家言全集》(包括《笠翁文集》、《笠翁别集》、《笠翁诗集》与《闲情偶寄》等)。长篇小说《肉蒲团》、《合锦回文传》，或认为也出自他的手笔。其《闲情偶寄》集元明以来戏曲理论之大成，是我国第一部把戏曲作为综合艺术研究的理论著作。论曲重视舞台表演，认为"填词之设，专为登场"；提出"结构第一"的命题和"立主脑"、"密针线"、"减头绪"的原则；强调宾白要重个性，"说一人肖一人"；主张题材"脱窠臼"，务求新颖别致。李渔还将他的戏曲理论付诸小说创作，认为所有小说都是"无声戏"，因而着意在情节编排的戏剧化上下工夫。他的语言较明拟话本更为文人化。从而成为继冯梦龙、凌濛初之后最富创作个性和影响最大的白话短篇小说家。

合　影　楼

[解题]

　　本篇是李渔短篇小说集《十二楼》的第一篇。作品叙述的本为寻常才子佳人故事，但借助巧妙的构思，产生了不落窠臼的效果。小说围绕男女主人公之间那垛象征道学家"男女授受不亲"的高墙设置情节，从高墙筑起，到形同虚设，再到高墙垮掉，演绎了一出在传统婚姻形式包裹下反抗传统婚姻观念的人生戏剧，赞美了合于自然和人性的爱情以及以此为基础的婚姻，对道学家和传统礼法的有悖人性,给予了幽默的讽刺。

第一回　防奸盗刻意藏形
　　　　起情氛无心露影

词云:

世间欲断钟情路,男女分开住。掘条深堑在中间,使他终身不度是非关。　　堑深又怕能生事,水满情偏炽。绿波惯会做红娘,不见御沟流出墨痕香[1]?

右调《虞美人》

这首词是说天地间越礼犯分之事,件件可以消除,独有男女相慕之情,枕席交欢之谊,只除非禁于未发之先,若到那男子妇人动了念头之后,莫道家法无所施,官威不能慑,就使玉皇大帝下了诛夷之诏,阎罗天子出了缉获的牌,山川草木尽作刀兵,日月星辰皆为矢石,他总是拼了一死,定要去遂心了愿,觉得此愿不了,就活上几千岁然后飞升,究竟是个鳏寡神仙;此心一遂,就死上一万年不得转世,也还是个风流鬼魅。到了这怨生慕死的地步,你说还有甚么法则可以防御得他?所以惩奸遏欲之事,定要行在未发之先。未发之先又没别样禁法,只是严分内外,重别嫌疑,使男女不相亲近而已。儒书云:"男女授受不亲";道书云:"不见可欲,使心不乱。"这两句话极讲得周密。男子与妇人亲手递一件东西,或是相见一面,他自他,我自我,有何关碍,这等防得森严?要晓得古圣先贤,也是有情有欲的人,都曾经历过来,知道一见了面,一沾了手,就要把无意之事认作有心,不容你自家作主,要颠倒错乱起来。譬如妇人取一件东西,递与男子,过手的时节,或高或下,或重或轻,总是出于无意。当不得那接手的人,常要画蛇添足,轻的说他故示温柔,重的说他有心戏谑;高的说他提心在手,何异举案齐眉,下的说他借物丢情,不啻抛球掷果。想到此处,就不好辜其来意,也要弄些手势答他。焉知那位妇人不肯将错就错?这本风流戏文就从这件东西上做起了。至于男女相见,那种眉眼招灾、声音起祸的利害也是如此,所以只是不见不亲的为妙。不信,但引两对古人做个证验。李药师所得的红拂妓[2],当初关在杨越公府中,何曾知道男子面黄面白?崔千牛所盗的红绡女[3],立在郭令公身畔,何曾对着男子说短论长?只为家主公要卖弄豪华,把两个得意侍儿与男子见得一面,不想他五个指头、一双眼孔就会说起话来。及至机心一动,任你铜墙铁壁,也禁他不住,私奔的私奔出去,窃负的窃负将来。若还守了这两句格言,使他"授受不亲","不见可欲",那有这般不幸之事!

我今日这回小说，总是要使齐家之人知道防微杜渐，非但不可露形，亦且不可露影，不是单阐风情，又替才子佳人辟出一条相思路也。

元朝至正年间，广东韶州府曲江县有两个闲住的缙绅：一姓屠，一姓管。姓屠的由黄甲起家[4]，官至观察之职；姓管的由乡贡起家，官至提举之职。他两个是一门之婿，只因内族无子[5]，先后赘在家中，才情学术都是一般，只有心性各别。管提举古板执拘，是个道学先生；屠观察跌荡豪华，是个风流才子。两位夫人的性格起先原是一般，只因各适所夫，受了刑于之化[6]，也渐渐的相背起来。听过道学的，就怕讲风情；说惯风情的，又厌闻道学。这一对连襟，两个姊妹，虽是嫡亲瓜葛，只因好尚不同，互相贬驳，日复一日，就弄做仇家敌国一般。起先还是同居，到了岳丈岳母死后，就把一宅分为两院，凡是界限之处都筑了高墙，使彼此不能相见。独是后园之中有两座水阁，一座面西的，是屠观察所得；一座面东的，是管提举所得。中间隔着池水，正合着唐诗二句：

遥知杨柳是门处，似隔芙蓉无路通。

陆地上的界限，都好设立墙垣，独有这深水之中，下不得石脚，还是上连下隔的。论起理来，盈盈一水也当得过黄河天堑，当不得管提举多心，还怕这位姨夫要在隔水间花之处，窥视他的姬妾，就不惜工费，在水底下立了石柱，水面上架了石板，也砌起一带墙垣，分了彼此，使他眼光不能相射。从此以后，这两分人家，莫说男子与妇人，终年不得谋面，就是男子与男子，一年之内也会不上一两遭。

却说屠观察生有一子，名曰珍生；管提举生有一女，名曰玉娟。玉娟长珍生半岁。两人的面貌竟像一副印板印下来的，只因两位母亲原是同胞妹妹，面容骨格相去不远，又且娇媚异常。这两个孩子又能各肖其母，在襁褓的时节还是同居，辨不出谁珍谁玉。有时屠夫人把玉娟认做儿子，抱在怀中饲奶；有时管夫人把珍生认做女儿，搂在身边睡觉。后来竟习以为常，两母两儿互相乳育。有《诗经》二句道得好："螟蛉有子，式谷似之。"[7]从来孩子的面貌多肖乳娘，总是血脉相荫的原故。

同居之际，两个都是孩子，没有知识，面貌像与不像，他也不得而知。直到分居析产之后，垂髫总角之时，听见人说，才有些疑心，要把两副面容合来印证一印证，以验人言之确否，却又咫尺之间分了天南地北，这两副面貌印证不成了。再过几年，他两人的心事就不谋而合，时常对着镜子赏鉴自家的面容，只管啧啧赞美道："我这样人物，只说是天下无双，人间少二的了，难道还有第二个人赶得我上不成？"他们这番念头还是一片相忌之心，并不曾有相怜之意；只说九分相合，毕竟有一分相歧，好不到这般地步，要让他独擅其美。那里知道相忌之中，就埋伏了相怜之隙，想到后面做出一本风流戏来？

玉娟是个女儿，虽有其心，不好过门求见。珍生是个男子，心上思量道："大人不相合,与我们孩子无关,便时常过去走走,也不失亲亲之义。姨娘可见,表姐独不可见乎?"就忽然破起格来,竟走过去拜谒。那里知道那位姨翁预先立了禁约,却象知道的一般,竟写几行大字贴在厅后道:

凡系内亲勿进内室。本衙止别男妇,不问亲疏。各宜体谅。

珍生见了,就立住脚跟,不敢进去。只好对了管公,请姨娘表妹出来拜见。管公单请夫人见了一面,连小姐二字绝不提起。及至珍生再请,他又假示龙钟,茫然不答。珍生默喻其意,就不敢固请,坐了一会,即便告辞。

既去之后,管夫人问道:"两姨姊妹,分属表亲,原有可见之理,为甚么该拒绝他?"管公道:"夫人有所不知,'男女授受不亲'这句话头,单为至亲而设。若还是陌路之人,他何由进我的门,何由入我的室?既不进门入室,又何须分别嫌疑?单为碍了亲情不便拒绝,所以有穿房入户之事。这分别嫌疑的礼数,就由此而起。别样的瓜葛,亲者则亲,疏者则疏,皆有一定之理。独是两姨之子,姑舅之儿,这种亲情,最难分别:说他不是兄妹,又系一人所出,似有共体之情;说他竟是兄妹,又属两姓之人,并无同胞之义。因在似亲似疏之间,古人委决不下,不曾注有定仪,所以泾渭难分,彼此互见,以致有不清不白之事做将出来。历观野史传奇,儿女私情大半出于中表,皆因做父母的没有真知灼见,竟把他当了兄妹,穿房入户难以提防,所以混乱至此。我乃主持风教的人,岂可不加辨别,仍蹈世俗之陋规乎?"夫人听了,点头不已,说他讲得极是。

从此以后,珍生断了痴想,玉娟绝了妄念,知道家人的言语印证不来,随他象也得,不象也得,丑似我也得,好似我也得,一总不去计论他。偶然有一日,也是机缘凑巧,该当遇合,岸上不能相会,竟把两个影子放在碧波里面印证起来。有一首现成绝句,就是当年的情景,其诗云:

绿树阴浓夏日长,楼台倒影入池塘。
水晶帘动微风起,并作南来一味凉。

时当中夏,暑气困人,这一男一女,不谋而合,都到水阁上纳凉。只见清风徐来,水波不兴,把两座楼台的影子明明白白倒竖在水中。玉娟小姐定睛一看,忽然惊讶起来道:"为甚么我的影子倒去在他家?形影相离,大是不祥之兆。"疑惑一会,方才转了念头,知道这个影子就是平时想念的人,"只因科头而坐[8],头上没有方巾,与我辈妇人一样,又且面貌相同,故此疑他作我。"想到此处,方才要印证起来,果然一线不差,竟是自己的模样。既不能够独擅其美,就未免要同病相怜,渐渐有个怨怅爷娘不该拒绝亲人之意。

却说珍生倚栏而坐,忽然看见对岸的影子,不觉惊喜跳跃,凝眸细认一番,才知道人言不谬。风流才子的公郎,比不得道学先生的令爱,意气多而涵养少,那些童年习之的学问,等不到第二次就要试验出来,对着影子,轻轻的唤道:"你就是玉娟姐姐么？好一副面容！果然与我一样。为甚么不合在一处做了夫妻？"说话的时节，又把一双玉臂对着水中，却象要捞起影子拿来受用的一般。玉娟听了此言，看了此状，那点亲爱之心，愈加欸动起来，也想要答他一句，回他一手，当不得家法森严，逾规越检的话从来不曾讲过，背礼犯分之事从来不曾做过，未免有些碍手碍口，只好把满腹衷情付之一笑而已。

从此以后，这一男一女，日日思想纳凉，时时要来避暑，又不许丫环伏侍，作伴追随，总是孤凭画阁，独倚栏杆，好对着影子说话。大约珍生的话多，玉娟的话少，只把手语传情，使他不言而喻。恐怕说出话来被爷娘听见，不但受鞭笞之苦，亦且有性命之忧。

这是第一回。单说他两个影子相会之初，虚空摹拟的情节。但不知见形之后，实事何如，且看下回分解。

第二回　受骂翁代图好事
　　　　被弃女错害相思

却说珍生与玉娟自从相遇之后，终日在影里盘桓，只可恨隔了危墙，不能够见面。偶然有一日，玉娟因睡魔缠扰，起得稍迟，盥栉起来已是巳牌时候，走到水阁上面，不见珍生的影子，只说他等我不来，又到别处去了；谁想回头一看，那个影子忽然变了真形，立在他玉体之后，张开两手，竟要来搂抱他。这是甚么缘故？只为珍生蓄了偷香之念，乘他未至，预先赴水过来，藏在隐僻之处，等他一到，就钻出来下手。

玉娟是个胆小的人，要说句私情话儿尚且怕人听见，岂有青天白日对了男子做那不尴不尬的事，没有人捉奸之理？就大叫一声"呵呀"，如飞避了进去，一连三五日不敢到水阁上来。看官，要晓得这番举动还是提举公家法森严，闺门谨饬的效验，不然，就有真赃实犯的事做将出来，这段奸情不但在影似之间而已了。

珍生见他喊避，也吃了一大惊，翻身跳入水中，踉跄而去。

玉娟那番光景，一来出于仓皇，二来迫于畏惧，原不是有心拒绝他；过了几时，未免有些懊悔，就草下一幅诗笺，藏在花瓣之内，又取一张荷叶，做了邮筒，使他下水不濡；张见珍生的影子，就丢下水去道："那边的人儿，好生接了花瓣。"珍生听见，惊喜欲狂，连忙走下楼去，拾起来一看，却是一首七言绝句。其诗云：

　　绿波摇漾最关情，何事虚无变有形？
　　非是避花偏就影，只愁花动上金铃。

珍生见了，喜出望外，也和他一首，放在碧筒之上寄过去，道：
　　惜春虽爱影横斜，到底如看梦里花。

但得冰肌亲玉骨,莫将修短问韶华。

玉娟看了此诗,知道他色胆如天,不顾生死,少不得还要过来,终有一场奇祸。又取一幅花笺,写了几行小字,去禁止他道:

初到止于惊避,再来未卜存亡。
吾翁不类若翁,吾死同于汝死。
戒之!慎之!

珍生见他回得决裂,不敢也为挑达之词,但写几句恳切话儿,以订婚姻之约。其字云:

家范固严,杞忧亦甚。既杜桑间之约[9],当从冰上之言[10]。所虑吴越相衔[11],朱陈难合[12],尚俟徐觇动静,巧觅机缘。但求一字之贞,便矢终身之义。

玉娟得此,不但放了愁肠,又且合他本念,就把婚姻之事,一口应承,复他几句道:

既删《郑》、《卫》[13],当续《周南》[14]。愿深寤寐之求,勿惜参差之采[15]。
此身有属,之死靡他。倘背厥天,有如皎日!

珍生览毕,欣慰异常。从此以后,终日在影中问答,形外追随,没有一日不做几首情诗。做诗的题目总不离一个"影"字。未及半年,珍生竟把唱和的诗稿汇成一帙,题曰"合影编",放在案头。被父母看见,知道这位公郎是个肖子,不惟善读父书,亦且能成母志。倒欢喜不过,要替他成就姻缘,只是逆料那个迂儒断不肯成人之美。

管提举有个乡贡同年,姓路,字子由,做了几任有司,此时亦在林下。他的心体绝无一毫沾滞,既不喜风流,又不讲道学,听了迂腐的话也不见攒眉,闻了鄙亵之言也未尝洗耳,正合着古语一句:"在不夷不惠之间"[16]。故此与屠、管二人都相契厚。屠观察与夫人商议,只有此老可以做得冰人,就亲自上门求他作伐,说:"敝连襟与小弟素不相爱,望仁兄以和羹妙手调剂其间,使冰炭化为水乳,方能有济。"路公道:"既属至亲,原该缔好,当效犬马之力。"一日,会了提举,问他令爱芳年,曾否许配,等他回了几句,就把观察所托的话婉婉转转说去与他。管提举笑而不答,因有笔在手头,就写几行大字在几案之上,道:

素性不谐,矛盾已久。方著绝交之论,难道缔好之言。欲求亲上加亲,何啻梦中说梦!

路公见了,知道他不可再强。从此以后,就绝口不提,走去回复观察,只说他坚执不允,把书台回复的话隐而不传。

观察夫妇就断了念头,要替儿子别娶。又闻得人说路公有个螟蛉之女,小字锦云,才貌不在玉娟之下,另央一位冰人走去说合。路公道:"婚姻大事,不好单凭己意,也要把两个八字合一合婚,没有刑伤损克,方才好许。"观察就把儿子的年庚封与媒人送去。路公拆开一看,惊诧不已。原来珍生的年庚就是锦云的八字。这一男一女竟是同年同月同日同时的。路公道:"这等看来,分明是天作之合,不由人不许了,还有甚么狐疑。"媒人照他的话过来回复。观察夫妇欢喜不了,就瞒了儿子定下这头亲事。

珍生是个伶俐之人,岂有父母定下婚姻全不知道的理?要晓得这位郎君自从遇了玉娟,把三魂七魄倒附在影子上去,影子便活泼不过,那副形骸肢体竟象个死人一般。有时叫他也不应,问他也不答。除了水阁不坐,除了画栏不倚。只在那几尺地方走来走去,又不许一人近身。所以家务事情无由入耳,连自己婚姻定了多时,还不知道。倒是玉娟听得人说,只道他背却前盟,切齿不已,写字过来怨恨他,他才有些知觉。走去盘问爷娘,知道委曲,就号呼痛哭起来,竟象小孩子撒赖一般,倒在爷娘怀里要死要活,硬逼他去退亲;又且痛恨路公,呼其名而辱骂,说:"姨丈不肯许亲,都是他的鬼话!明明要我做女婿,不肯让与别人,所以借端推托。若央别个做媒,此时成了好事也未见得!"千乌龟,万老贼,骂个不了。观察要把大义责他,只因娇纵在前,整顿不起;又知道儿子的风流,原是看我的样子,我不能自断情欲,如何禁止得他?所以一昧优容,只劝他:"暂缓愁肠,待我替你画策。"珍生限了时日,要他一面退亲,一面图谋好事;不然,就要自寻短计,关系他的宗祧。

观察无可奈何,只得负荆上门,预先请过了罪,然后把儿子不愿的话直告路公。路公变起色来,道:"我与你是何等人家,岂有结定婚姻又行反复之理!亲友闻之,岂不唾骂?令郎的意思既不肯与舍下联姻,毕竟心有所属。请问要聘那一家?"观察道:"他的意思,注定在管门。知其必不可得,决要希图万一,以候将来。"路公听了,不觉掩口而笑,方才把那日说亲,书台回复的狠话直念出来。观察听了,不觉泪如雨下,叹口气道:"这等说来,豚儿的性命决不能留,小弟他日必为若敖之鬼矣![17]"路公道:"为何至此?莫非令郎与管小姐有了甚么勾当,故此分拆不开乎?"观察道:"虽无实事,颇有虚情。两副形骸虽不曾会合,那一对影子已做了半载夫妻。如今情真意切,实在分拆不开。老亲翁何以教我?"说过之后,又把"合影编"的诗稿递送与他,说是一本风流孽帐。

路公看过之后,怒了一回,又笑起来道:"这桩事情虽然可恼,却是一种佳话。对影钟情,从来未有其事,将来必传。只是为父母的不该使他至此。既已至此,那得不成就他?也罢,在我身上替他生出法来成就这桩好事。宁可做小女不着,冒了被弃之名,替他别寻配偶罢。"观察道:"若得如此,感恩不尽。"

观察别了路公,把这番说话报与儿子知道。珍生转忧作喜,不但不骂,又且歌功颂德起来,终日催促爷娘去求他早筹良计,又亲自上门,哀告不已。路公道:

"这桩好事不是一年半载做得来的,且去准备寒窗再守几年孤寡。"

路公从此以后,一面替女儿别寻佳婿,一面替珍生巧觅机缘,把悔亲的来历在家人面前绝不提起。一来虑人笑耻;二来恐怕女儿也道学了人家的样子,也要不尴不尬起来,倒说女婿不中意,恐怕误了终身,自家要悔亲别许。那里知道儿女心多,倒从假话里面弄出真事故来。

却说锦云小姐未经悔议之先,知道才郎的八字与自己相同,又闻得那副面容俊俏不过,方且自庆得人,巴不得早完亲事,忽然听见悔亲,不觉手忙脚乱。那些丫鬟侍妾又替他抱怨主人,说:"好好一头亲事,已结成了,又替他拆开! 使女婿上门哀告,只是不许。既然不许,就该断绝了他,为甚么又应承作伐,把个如花似玉的女婿送与别人!"锦云听了,痛恨不已,说:"我是他螟蛉之女,自然痛痒不关;若还是亲生自养,岂有这等不情之事!"恨了几日,不觉生起病来。俗话讲得好:"说不出的才是真苦,挠不着的才是真痒。"他这番心事,说又说不出,只好郁在胸中,所以结成大块,攻治不好。男子要离绝妇人,妇人反思念男子,这种相思自开辟以来不曾有人害得。看官们看到此处,也要略停慧眼,稍掬慧眉,替他存想存想。

且看这番孽障,后来如何结果。

第三回　堕巧计爱女嫁媒人
　　　　凑奇缘媒人赔爱女

却说管提举的家范原自严谨,又因路公来说亲,增了许多疑虑,就把墙垣之下,池水之中,填以瓦砾,覆以泥土,筑起一带长堤;又时常着人伴守,不容女儿独坐。从此以后,不但形骸隔绝,连一对虚空影子,也分为两处,不得相亲。珍生与玉娟,又不约而同做了几首别影诗,附在原稿之后。

玉娟只晓得珍生别娶,却不知道他悔亲,深恨男儿薄幸,背了盟言,误得自己不上不下;又恨路公怀了私念,把别人的女婿攘为己有,媒人不做,倒反做起岳丈来,可见说亲的话并非忠言,不过是勉强塞责,所以父亲不许。一连恨了几日,也渐渐的不茶不饭,生起病来。路小姐的相思叫做"错害",管小姐的相思叫做"错怪"。害与怪虽然不同,其错一也。

更有一种奇怪的相思,害在屠珍生身上,一半象路,一半象管,恰好在"错害"、"错怪"之间。这是甚么原故? 他见水中墙下筑了长堤,心上思量道:"他父亲若要如此,何不行在筑墙立柱之先? 还省许多工料。为甚么到了此际忽然多起事来? 毕竟是他自己的意思,知道我聘了别家,竟要断恩绝义,倒在爷娘面前讨好,假装个贞节妇人,故此教他筑堤,以示决绝之意,也未见得。我为他做了义夫,把说成的亲事都回绝了,依旧要想娶他,万一此念果真,我这段痴情向何处着落？闻得路小姐娇艳异常,他的年庚又与我相合,也不叫做无缘。如今年庚相合的既回了去,面貌相似的又娶不来,竟做了一事无成,两相担误,好没来由!"只因这两条错念横在胸中,所以他的相思更比二位佳人害得诧异。想到玉娟身上,就把锦云当了仇人,说他是起祸的根由,时常在梦中咒骂;想到锦云身上,又把玉娟当了仇人,说他是误人的种子,不住在暗里唠叨。弄得父母说张不是,说李不是,只好听其自然。

却说锦云小姐的病体越重,路公择婿之念愈坚;路公择婿之念愈坚,锦云小姐的病体越重。路公不解其意,只说他年大当婚,恐有失时之欢。故此忧郁成病,只要选中才郎,成了亲事,他自然勿药有喜[18]。所以分付媒婆引了男子上门,终朝选择。谁想引来的男子都是些魑魅魍魉。丫鬟见了一个,走进去形容体态,定要惊个半死。惊上几十次,那里还有魂灵,止剩得几茎残骨,一副枯骸,倒在床褥之间,恹恹待毙。

路公见了,方才有些着忙。细问丫鬟,知道他得病的来历,就翻然自悔道:"妇人'从一而终',原不外悔亲别议。他这场大病倒害得不差,都是我做爷的不是。当初屠家来退亲,原不该就许。如今即许出口,又不好再去强他。况且那桩好事,我已任在身上。大丈夫千金一诺,岂可自食其言?只除非把两头亲事合做一头,三个病人串通一路,只瞒着老管一个,等他自做恶人。直等好事做成,方才使他知道。到那时节,生米煮成熟饭,要强也强不去了。只是大小之间有些难处。"仔细想了一回,又悟转来道:"当初娥皇、女英,同是帝尧之女,难道配了大舜,也分个妻妾不成?不过是姊妹相称而已。"主意定了,一面叫丫鬟安慰女儿,一面请屠观察过来商议,说:"有个两便之方,既不令小女二夫,又不使管门失节。只是令郎有福,忒煞讨了便宜,也是他命该如此。"观察喜之不胜,问他计将安出。路公道:"贵连襟心性执拗,不便强之以情,只好欺之以理。小弟中年无子,他时常劝我立嗣,我如今只说立了一人,要聘他女儿为媳。他念相与之情,自然应许。等他许定之后,我又说小女尚未嫁人,要召令郎为婿,屈他做个四门亲家,以终夙昔之好。他就要断绝你,也却不得我的情面。许出了口,料想不好再许别人。待我选了吉日,只说一面娶亲,一面赘婿,把二女一男并在一处,使他各畅怀来,岂不是桩美事?"屠观察听了,笑得一声,不觉拜倒在地,说他不但有回天之力,亦且有再造之恩,感颂不已。就把异常的喜信报与儿子知道。

珍生正在两忧之际,得了双喜之音,如何跳跃得住!他那种诧异相思,不是这种诧异的方术也医他不好。锦云听了丫鬟的话,知道改邪归正,不消医治,早已没去病根,只等那一男一女过来,他就好做女英之姊,大舜之妻。此时三个病人好了两位,只苦得玉娟一个,有了喜情,究竟不得而知。

路公会着提举,就把做成的圈套去笼络他。管提举见女儿病危,原有早定婚姻之意,又因他是契厚同年,巴不得联姻缔好,就满口应承,不作一毫难色。路公怕他食言,过不上一两日,就送聘礼过门。纳聘之后,又把招赘珍生的话吐露出来。管提举口虽不言,心上未免不快,笑他明于求婚,暗于择婿,前门进人,后门入鬼,所得不偿所失。只因成事不说,也不去规谏他。

玉娟小姐见说自己的情郎赘了路公之女,自己又要嫁入路门,与他同在一处,真是羞上加羞,辱中添辱,如何气愤得了。要写一封密札寄与珍生,说明自家的心事,然后去赴水悬梁,寻个自尽。当不得丫鬟厮守,父母提防,不但没有寄书之人,亦且没有写书之地。一日,丫鬟进来传话说:"路家小姐闻得嫂嫂有病,要亲自过来问安。"玉娟得了此言,一发焦躁不已,只说他占了我的情人,夺了我的好事,一味心高气傲,故意把喜事骄人,等不得我到他家,预先上门来羞辱,这番歹意如何依允得他?就催母亲叫人过去回复。那里知道这位姑娘并无歹意,要做个瞒人的喜鹊,飞入耳朵来报信的。只因路公要完好事,知道这位小姐是道学先生的女儿,决不肯做失节之妇,听见许了别人,不知就里,一定要寻短计,若央别个寄信,当不得他门禁森严,三姑六婆无由而入,只得把女儿权做红娘,过去传消递息。玉娟见说回复不住,只得随他上门。未到之先,打点一副吃亏的面孔,先忍一顿羞惭,等他得志过了,然后把报愤雪耻的话去回复他。不想走到面前,见过了礼,就伸出一双嫩手在他玉臂之上捏了一把,却象别有衷情,不好对人说得,两下心照的一般。玉娟惊诧不已,一茶之后,就引入房中,问他捏臂之故。锦云道:"小妹今日之来,不是问安,实来报喜。'合影编'的诗稿,已做了一部传奇,目下就要团圆快了。只是正旦之外又添了一脚小旦,你却不要多心。"玉娟惊问其故。锦云把父亲作合的始末细述一番。玉娟喜个不了。只消一剂妙药,医好了三个病人。大家设定机关,单骗着提举一个。

路公选了好日,一面抬珍生进门,一面娶玉娟入室,再把女儿请出洞房,凑成三美,一齐拜起堂来。真个好看!只见:

男同叔宝[19],女类夷光[20]。评品姿容,却似两朵琼花,倚着一根玉树,形容态度,又象一轮皎月,分开两片轻云。那一边年庚相合,牵来比并,辨不清孰妹孰兄;这一对面貌相同,卸去冠裳。认不出谁男谁女。把男子推班出色,遇红遇绿,到处成牌;用妇人接羽移宫,鼓瑟鼓琴,皆能合调。允矣,无双乐事;诚哉,对半神仙!

成亲过了三日,路公就准备簇席,请屠、管二人会亲。又怕管提举不来,另写一幅单笺,夹在请帖之内,道:

亲上加亲,昔闻戒矣;梦中说梦,姑妄听之。今为说梦主人,屈作加亲创举。勿以小嫌介意,致令大礼不成。再订。

管提举看了前面几句,还不介怀,直到末后一联,有"大礼"二字,就未免为礼法所拘,不好借端推托。到了那一日,只得过去会亲。走到的时节,屠观察早已在座。路公铺下毡单,把二位亲翁请在上首,自家立在下首,一同拜了四拜;又把屠观察请过一边,自家对了提举,深深叩过四首,道:"起先四拜是会亲,如今四拜是请罪。从前以后,凡有不是之处,俱望老亲翁海涵。"管提举道:"老亲翁是个简略的人,为何到了今日,忽然多起礼数来?莫非因人而施,因小弟是个拘儒,故此也作拘儒之套么?"路公道:"怎敢如此。小弟自议亲以来,负罪多端,擢发莫数[21]。只求念'至亲'二字,多方原宥。俗话道得好,儿子得罪父亲,也不过是负荆而已,何况儿女亲家。小弟拜过之后,大事已完,老亲翁要施责备,也责备不成了。"管提举不解其意,还只说是谦逊之词。只是说过之后,阶下两边鼓乐一齐吹打起来,竟象轰雷震耳,莫说两人对语绝不闻声,就是自己说话也听不出一字。正在喧闹之际,又有许多侍妾,拥了对半新人,早已步出画堂,立在毡单之上,俯首躬身,只等下拜。管提举定睛细看,只见女儿一个立在左手,其余都是外人,并不见自家的女婿。就对着女儿,高声大喊道:"你是何人,竟立在姑夫左手?不惟礼数欠周,亦且浑乱不雅。还不快走开去!"他便喊叫得慌,并没有一人听见。这一男二女低头竟拜。管提举掉转身来正要回避,不想二位亲翁走到,每人拉住一边,不但不放他走,亦且不容回拜,竟象两块夹板夹住身子的一般,端端正正受了一十二拜。直到拜完之后,两位新人一齐走了进去,方才分付乐工,住了吹打。听管提举变色而道,说:"小女拜堂,令郎为何不见?令婿与令爱与小弟并非至亲,岂有受拜之礼?这番仪节,小弟不解,老亲翁请道其故。"路公道:"不瞒老亲翁说,这位令姨侄,就是小弟的螟蛉;小弟的螟蛉,就是亲翁的令婿;亲翁的令婿,又是小弟的东床。他一身充了三役,所以方才行礼,拜了三四一十二拜。老亲翁是个至明至聪的人,难道还懂不着?"管提举想了一会,再辨不清,又对路公道:"这些说话,小弟一字不解,缠来缠去,不得明白。难道今日之来,不是会亲,竟在这边做梦不成?"路公道:"小柬上面已曾讲过,'今为说梦主人',就是为此。要晓得'说梦'二字,原不是小弟创起;当初替他说亲,蒙老亲翁书台回复,那个时节早已种下梦根了。人生一梦耳,何必十分认真?劝你将错就错,完了这场春梦罢。"

　　提举听了这些话,方才省悟,就问他道:"老亲翁是个正人,为何行此瞒昧之事?就要做媒,也只该明讲。怎么设定圈套,弄起我来?"路公道:"何尝不来明讲?老亲翁并不回言,只把两句话儿示之以意,却象要我说梦的一般。所以不复明言,只得便宜行事。若还自家弄巧,单骗令爱一位,使亲翁做了愚人,这重罪案就逃不去了。如今舍得自己,赢得他人,方才拜堂的时节,还把令爱立在左首,小女甘就下风,这样公道拐子,折本媒人,世间没有第二个!求你把责人之念稍宽一分,全了忠恕之道罢。"提举听到此处,颜色稍和。想了一会,又问他道:"敝连襟舍了小女怕没有别处求亲?老亲翁除了此子也另有高门纳彩。为甚么二女配了一夫,定要陷人以不义?"路公道:"其中就里只好付之不言。若还根究起来,只怕方才那四拜,老亲翁该赔还小弟,倒要认起不是来。"提举听到此处,又从新变起色来,道:"小弟有何不是,快请说来!"路公道:"只因府上的家范过于严谨,使男子妇人不得见面,所以郁出病来。别样的病只害得自己一个。不想令爱的尊恙,与时灾疫症一般,一家过到一家,蔓延不已。起先过与他,后来又过与小女,几乎把三条性命断送一时!小弟要救小女,只得预先救他;既要救他,又只得先救令爱。所以把三个病人,合来住在一处,才好用药调理。这就是联姻缔好的原故。老亲翁不问,也不好直说出来。"提举听了,一发惊诧不已,就把自家坐的交椅,一步一步挪近前来,就着路公,好等他说明就里。路公怕他不服,索性说个尽情,就把对影钟情、不肯别就的始末,一原二故,就说出来。气得他面如土色,不住的咒骂女儿。路公道:"姻缘所在,非人力之所能为。究竟令爱守贞不肯失节,也还是家教使然。如今业已成亲,也算做'既往不咎'了,还要怪他做甚么?"提举道:"这等看来,都是小弟治家不严,以致如此?空讲一生道学,不曾做得个完人!快取酒来,先罚我三杯,然后上席。"路公道:"这也怪不得亲翁。从来的家法,只能锢形,不能锢影。这两个影子做出事来,与身体无涉,那里管得许多?从今以后,也使治家的人知道,这番公案,连影子也要提防,决没有露形之事了。"又对观察道:"你两个的是非曲直,毕竟要归重一边;若还府上的家教也与贵连襟一般,使令公郎有所畏惧,不敢胡行,这桩诧事就断然没有了。究竟是你害他,非是他累你。不可因令公郎得了便宜,倒说风流的是,道学的不是,把是非曲直颠倒过来,使人喜风流而恶道学,坏先辈之典型。取酒过来,罚你三巨觥,以服贵连襟之心,然后坐席。"观察道:"讲得有理。受罚无辞。"一连饮了三杯,就作揖赔个不是,方才就席饮酒,尽欢而散。

从此以后,两家释了芥蒂,相好如初。过到后来,依旧把两院并为一宅,就将两座水阁做了金屋,以贮两位阿娇,题曰"合影楼",以成其志。不但拆去墙垣,掘开泥土,等两位佳人互相盼望;又架起一座飞桥,以便珍生之来往,使牛郎织女无天河银汉之隔。后来珍生联登二榜,入了词林,位到侍讲之职。

这段逸事,出在胡氏《笔谈》[22],但系抄本,不曾刊板行世,所以见者甚少。如今编做小说,还不能取信于人。只说这一十二座亭台[23],都是空中楼阁也。

据于文藻点校《李笠翁小说十五种》,浙江人民出版社1983年版

[注释]

[1] 御沟流出墨痕香:用唐韩氏、于佑红叶题诗故事。僖宗时儒士于佑,于御沟中得一红叶,上有题诗,于佑遂作二句答之,置于御沟上流水中;叶入宫中,复为题诗宫女韩氏所得。后韩氏出宫,依韩冰家,于佑适为韩冰门客,遂结为夫

妻。

[2] 红拂妓:名张出尘,唐末杜光庭传奇小说《虬髯客传》人物。故事叙李靖(李药师)以布衣谒见越国公杨素,张出尘执红拂在旁。至夜,张奔至李所,自称红拂妓,愿结为夫妇,遂同投李渊。

[3] 红绡女:唐裴铏小说《传奇·昆仑奴》人物。故事叙大历时崔生任千牛卫,在某勋臣(一般认为即郭子仪)府中见一穿红绡美女,悦之。昆仑奴于夜间负崔生入勋臣府,与红绡女相会,并负红绡女出府,使两个结为夫妻。

[4] 黄甲:甲科进士及第者的名单用黄纸书写,故称高第者为黄甲。

[5] 内族:指妻族,即丈人家。

[6] 刑于之化:语出《诗·大雅·思齐》:"刑于寡妻,至于兄弟。"喻丈夫言行使妻子受其影响。刑:同"型"。寡妻:寡有之妻,即贤妻。

[7] "螟蛉有子,式谷似之":语出《诗·小雅·小宛》:"螟蛉有子,蜾蠃负之。教诲尔子,式谷似之。"蜾蠃(土蜂)常捕螟蛉喂养幼虫,古人误认为蜾蠃养螟蛉为子。此以蜾蠃养螟蛉为子,喻屠、管二夫人都把对方的孩子认作自己的孩子。式:用。谷:善。"式谷似之",意为用善道教子,才能使之为善。此处袭用"似之"两字,用以指孩子的面貌多肖乳娘。

[8] 科头:结发而不戴冠。

[9] 桑间之约:指男女私会。《汉书·地理志下》:"卫地有桑间濮上之阻,男女亦亟聚会,声色生焉,故俗称郑卫之音。"

[10] 冰上之言:喻指请媒人说合婚事。《晋书·艺术传·索紞》:"孝廉令狐策梦立冰上,与冰下人语。紞曰:'冰上为阳,冰下为阴⋯⋯君在冰上与冰下语,为阳语阴,媒介事也。君当为人作媒,冰泮而婚成。'"后因称媒人为"冰人",媒妁之言为"冰上之言"。

[11] 吴越:春秋时吴越两国为世仇,后因以吴越喻敌对关系。

[12] 朱陈:喻姻家。白居易《朱陈村》诗:"徐州古丰县,有村曰朱陈⋯⋯一村唯两姓,世世为婚姻。"

[13] 《郑》、《卫》:喻指男女私会。详注[9]。

[14] 《周南》:喻指正式成婚。《周南》为《诗·国风》的第一部分,其首篇为《关雎》,赞美一个贵族青年爱上一位美丽的姑娘,最后和她正式成婚。

[15] 参差之采:语出《诗·国风·关雎》。诗云:"参差荇菜,左右流之。窈窕淑女,寤寐求之⋯⋯参差荇菜,左右采之。窈窕淑女,琴瑟友之。""勿惜参差之采",与上句"愿深寤寐之求"对应,意为希望男方也能同自己一起积极努力,以期终偿所愿。

[16] 在不夷不惠之间:取意于《孟子·公孙丑上》所谓:"伯夷隘,柳下惠不

恭。隘与不恭,君子不由也。"意谓君子处事不应当像伯夷、柳下惠那样偏激。

[17] 为若敖之鬼:喻绝嗣。事见《左传·宣公四年》:子文担忧其侄儿越椒将使若敖氏灭宗,故言:"鬼犹求食,若敖氏之鬼,不其馁而!"若敖:楚国令尹子文之祖。馁而:饿肚子。后越椒果率若敖氏之族叛,楚遂灭若敖氏。

[18] 勿药有喜:不吃药即可病愈。语见《易·无妄》:"无妄之疾,勿药有喜。"

[19] 叔宝:晋卫玠,字叔宝,风神俊秀,有玉人之称,仕为太子洗马。后避乱移居建业,京都人闻其姿容,围观者如堵,玠忙于应付,遂劳瘁成疾而死,时人谓"看杀卫玠"。事见《世说新语·容止》。

[20] 夷光:即西施。王嘉《拾遗记》:"越又有美女二人,一名夷光,一名修明,以贡于吴。"注:"夷光、修明盖即西施、郑旦而两其名。"

[21] 擢(zhuó)发莫数:喻罪行多到不可计算。事见《史记·范雎蔡泽列传》:"范雎曰:'汝罪有几?'(须贾)曰:'擢贾之发,以续贾之罪,尚未足。'"擢:拔。

[22] 《胡氏笔谈》:作者随意杜撰的书名,意为本故事纯属虚构。

[23] 一十二座亭台:指《十二楼》所辑的十二篇小说。

[参考文献]

1. 徐保卫:《李渔传》,百花文艺出版社2003年版。
2. 于文藻点校:《李笠翁小说十五种》,浙江人民出版社1983年版。

蒲 松 龄

蒲松龄(1640—1715),清代小说家。字留仙,一字剑臣,别号柳泉居士。室名聊斋,世称聊斋先生。山东淄川(今属淄博)人。世为当地望族,至其父而家道中落。少有文名,十九岁时补博士弟子员,此后屡试不第。直到康熙四十九年七十一岁高龄,才援例成为贡生。长期在家乡做塾师,一度当过幕客。终身郁郁不得志,遂将才情与郁愤倾注于《聊斋志异》。二十余岁即着手创作,康熙十八年(1679)初步结集,此后不断续写,直到暮年才最后成书。是书计有文言短篇小说近五百篇,以传奇手法志怪,使妖魅多具人情,出幻域而入人间,把文言小说创作和话本小说的精神熔于一炉,给唐人以来的文言小说以新的美学气象,堪称中国短篇小说的光辉总结,是一部借谈狐说鬼寄托愤世嫉俗之情的不朽之作。除《聊斋志异》外,著作尚有诗、词、赋、俚曲、杂著等,大都收录于路大荒整理的《蒲松龄集》(中华书局1962年版)中;此外,蒲松龄纪念馆编著的《聊斋佚文辑注》以及日本庆应义塾大学所藏蒲松龄著作多种,亦存有以上二书未辑录者。

婴　　宁

[解题]

　　这是一篇人狐相恋的故事。主人公婴宁是一位美丽的狐女,娇憨、天真、无邪、奔放;在她心目中,完全没有礼教约束下的男女之分、尊卑之别,只有发自深心未被扭曲的人的天性。婴宁爱笑,笑是她的天性,是她的生命。她告别远离尘世的山野来到人间,经历西邻子好色所引起的邻人讼生事件以及婆母的劝责,从此"矢不复笑",深刻揭示了封建礼教和世俗观念对女性人格的压抑和窒息。小说情节并不曲折,但人物个性鲜明、独特,感人至深。作品借助富于典型特征的言行,如爱笑、爱花、口无遮拦等,将其个性描绘得栩栩如生。

　　王子服,莒之罗店人。早孤。绝慧,十四入泮[1]。母最爱之,寻常不令游郊野。聘萧氏,未嫁而夭,故求凰未就也。

　　会上元,有舅氏子吴生,邀同眺瞩[2]。方至村外,舅家仆来,招吴去。生见游女如云,乘兴独游。有女郎携婢,拈梅花一枝,容华绝代,笑容可掬。生注目不移,竟忘顾忌。女过去数武[3],顾婢子笑曰:"个儿郎目灼灼似贼!"遗花地上,笑语自去。生拾花怅然,神魂丧失,怏怏遂返。

　　至家,藏花枕底,垂头而睡,不语亦不食。母忧之。醮禳益剧[4],肌革锐减。医师诊视、投剂发表,忽忽若迷。母抚问所由,默然不答。适吴生来,嘱秘诘之。吴至榻前,生见之泪下。吴就榻慰解,渐致研诘。生具吐其实,且求谋画。吴笑曰:"君意亦痴!此愿有何难遂?当代访之。徒步于野,必非世家。如其未字,事固谐矣;不然,拼以重赂,计必允遂。但得痊瘳,成事在我。"生闻之,不觉解颐。吴出告母,物色女子居里,而探访既穷,并无踪迹。母大忧,无所为计。然自吴去后,颜顿开,食亦略进。

　　数日,吴复来。生问所谋。吴绐之曰:"已得之矣。我以为谁何人,乃我姑之女,即君姨妹,今尚待聘。虽内戚有婚姻之嫌,实告之,无不谐者。"生喜溢眉宇,问:"居何里?"吴诡曰:"西南山中,去此可三十余里。"生又嘱再四,吴锐身自任而去。生由是饮食渐加,日就平复。探视枕底,花虽枯,未便雕落。凝思把玩,如见其人。怪吴不至,折柬招之。吴支托不肯赴招。生忿怒,悒悒不欢。母虑其复病,急为议姻;略与商榷,辄摇首不愿,惟日盼吴。

　　吴迄无耗,益怨恨之。转思三十里非遥,何必仰息他人?怀梅袖中,负气自往,而家人不知也。伶仃独步,无可问程,但望南山行去。约三十余里,乱山合沓,空翠爽肌,寂无人行,止有鸟道。遥望谷底,丛花乱树中,隐隐有小里落。下山入村,见舍宇无多,皆茅屋,而意甚修雅。北向一家,门前皆丝柳,墙内桃杏尤繁,间以修竹;野鸟格磔其中[5]。意其园亭,不敢遽入。回顾对户,有巨石滑洁,因坐少憩。

俄闻墙内有女子,长呼"小荣",其声娇细。方伫听间,一女郎由东而西,执杏花一朵,俯首自簪。举头见生,遂不复簪,含笑拈花而入。审视之,即上元途中所遇也。心骤喜,但念无以阶进。欲呼姨氏,顾从无还往,惧有讹误。门内无人可问。坐卧徘徊,自朝至于日昃,盈盈望断,并忘饥渴。时见女子露半面来窥,似讶其不去者。忽一老媪扶杖出,顾生曰:"何处郎君,闻自辰刻来,以至于今。意将何为?得勿饥也?"生急起揖之,答云:"将以盼亲。"媪聋聩不闻。又大言之。乃问:"贵戚何姓?"生不能答。媪笑曰:"奇哉!姓名自不知,何亲可探?我视郎君,亦书痴耳。不如从我来,啖以粗粝,家有短榻可卧。待明朝归,询知姓氏,再来探访。"生方腹馁思啖,又从此渐近丽人,大喜。从媪入,见门内白石砌路,夹道红花,片片坠阶上;曲折而西,又启一关,豆棚花架满庭中。肃客入舍,粉壁光如明镜;窗外海棠枝朵,探入室中;裀藉几榻,罔不洁泽。甫坐,即有人自窗外隐约相窥。媪唤:"小荣!可速作黍。"外有婢子嘤声而应。坐次,具展宗阀。媪曰:"郎君外祖,莫姓吴否?"曰:"然。"媪惊曰:"是吾甥也!尊堂,我妹子。年来以家窭贫,又无三尺之男,遂至音问梗塞。甥长成如许,尚不相识"。生曰:"此来即为姨也,匆遽遂忘姓氏。"媪曰:"老身秦姓,并无诞育;弱息亦为庶产[6]。渠母改醮[7],遗我鞠养。颇亦不钝,但少教训,嬉不知愁。少顷,使来拜识。"未几,婢子具饭,雏尾盈握。媪劝餐已,婢来敛具。媪曰:"唤宁姑来。"婢应去。良久,闻户外隐有笑声。媪又唤曰:"婴宁,汝姨兄在此。"户外嗤嗤笑不已。婢推之以入,犹掩其口,笑不可遏。媪嗔目曰:"有客在,咤咤叱叱,景象何堪?"女忍笑而立,生揖之。媪曰:"此王郎,汝姨子。一家尚不相识,可笑人也。"问:"妹子年几何矣?"媪未能解。生又言之。女复笑,不可仰视。媪谓生曰:"我言少教诲,此可见矣。年已十六,呆痴如婴儿。"生曰:"小甥一岁。"曰:"阿甥已十七矣,得非庚午属马者耶?"生首应之。又问:"甥妇阿谁?"答曰:"无之。"曰:"如甥才貌,何十七岁犹未聘?婴宁亦无姑家,极相匹敌。惜有内亲之嫌。"生无语,目注婴宁,不遑他瞬。婢向女小语云:"目灼灼,贼腔未改!"女又大笑,顾婢曰:"视碧桃开未?"遽起,以袖掩口,细碎连步而出。至门外,笑声始纵。媪亦起,唤婢襆被,为生安置。曰:"阿甥来不易,宜留三五日,迟迟送汝归。如嫌幽闷,舍后有小园,可供消遣;有书可读。"

次日,至舍后,果有园半亩,细草铺毡,杨花糁径;有草舍三楹,花木四合其所。穿花小步,闻树头苏苏有声,仰视,则婴宁在上。见生来,狂笑欲堕。生曰:"勿尔,堕矣!"女且下且笑,不能自止。方将及地,失手而堕,笑乃止。生扶之,阴捘其腕[8]。女笑又作,倚树不能行,良久乃罢。生俟其笑歇,乃出袖中花示之。

女接之,曰:"枯矣。何留之?"曰:"此上元妹子所遗,故存之。"问:"存之何益?"曰:"以示相爱不忘。自上元相遇,凝思成病,自分化为异物;不图得见颜色,幸垂怜悯。"女曰:"此大细事。至戚何所靳惜[9]?待郎行时,园中花,当唤老奴来,折一巨捆负送之。"生曰:"妹子痴耶?"女曰:"何便是痴?"生曰:"我非爱花,爱拈花之人耳。"女曰:"葭莩之情[10],爱何待言。"生曰:"我所为爱,非瓜葛之爱,乃夫妻之爱。"女曰:"有以异乎?"曰:"夜共枕席耳。"女俯首思良久,曰:"我不惯与生人睡。"语未已,婢潜至,生惶恐遁去。

少时,会母所。母问:"何往?"女答以园中共话。媪曰:"饭熟已久,有何长言,哝嗻乃尔[11]。"女曰:"大哥欲我共寝。"言未已,生大窘,急目瞪之。女微笑而止。幸媪不闻,犹絮絮究诘。生急以他词掩之,因小语责女。女曰:"适此语不应说耶?"生曰:"此背人语。"女曰:"背他人,岂得背老母。且寝处亦常事,何讳之?"生恨其痴,无术可悟之。食方竟,家人捉双卫来寻生[12]。先是,母待生久不归,始疑;村中搜觅已遍,竟无踪兆。因往寻吴。吴忆曩言,因教于西南山村行觅。凡历数村,始至于此。生出门,适相值,便入告媪,且请偕女同归。媪喜曰:"我有志;匪伊朝夕。但残躯不能远涉,得甥携妹子去,识认阿姨,大好!"呼婴宁。宁笑至。媪曰:"大哥欲同汝去,可装束。"又饷家人酒食,始送之出曰:"姨家田产丰裕,能养冗人。到被且勿归,小学诗礼,亦好事翁姑。即烦阿姨,择一良匹与汝。"二人遂发。至山坳,回顾,犹依稀见媪倚门北望也。

抵家,母睹妹丽,惊问为谁。生以姨妹对。母曰:"前吴郎与儿言者,诈也。我未有姊,何以得甥?"问女,女曰:"我非母出。父为秦氏,没时,儿在襁中,不能记忆。"母曰:"我一姊适秦氏,良确;然殂谢已久,那得复存?"因审诘面庞、志赘,一一符合。又疑曰:"是矣。然亡已多年。"疑虑间,吴生至,女避入室。吴询得故,悯然久之。忽曰:"此女名婴宁耶?"生然之。吴极称怪事。问所自知,吴曰:"秦家姑去后,姑丈鳏居,祟于狐,病瘵死。狐生女名婴宁,绷卧床上,家人皆见之。姑丈没,狐犹时来;后求天师符粘壁上,狐遂携女去。将勿此耶?"彼此疑参。但闻室中嗤嗤皆婴宁笑声。母曰:"此女亦太憨。"吴生请面之。母入室,女犹浓笑不顾。母促令出,始极力忍笑,又面壁移时,方出。才一展拜,翻然遽入,放声大笑。满室妇女,为之粲然。吴请往觇其异,就便执柯。寻至村所,庐舍全无,山花零落而已。吴忆葬处,仿佛不远;然坟垄湮没,莫可辨识,诧叹而返。母疑其为鬼。入告吴言,女略无骇意;又吊其无家,亦殊无悲意,孜孜憨笑而已。众莫之测。母令与少女同寝止。昧爽即来省问,操女红精巧绝伦。但善笑,禁之亦不可止;然笑处嫣然,狂而不损其媚,人皆乐之。邻女少妇,争承迎之。母择吉为之合卺,而终恐为鬼物。窃于日中窥之,形影殊无少异。至日,使华装行新妇礼;女笑极不能俯仰,遂罢。生以憨痴,恐泄漏房中隐事;而女殊密秘,不肯道一语。每值母忧怒,女至,一笑即解。奴婢小过,恐遭鞭楚,辄求诣母共话;罪婢投见,恒得免。而爱花成癖,物色遍戚党;窃典金钗,购佳种,数月,阶砌藩溷[13],无非花者。

庭后有木香一架,故邻西家。女每攀登其上,摘供簪玩。母时遇见,辄诃之。女卒不改。一日,西人子见之,凝注倾倒。女不避而笑。西人子谓女意属己,心益荡。女指墙底笑而下,西人子谓示约处,大悦。及昏而往,女果在焉。就而淫之,则阴如锥刺;痛彻于心,大号而踣[14]。细视非女,则一枯木卧墙边,所接乃水淋窍也。邻父闻声,急奔研问,呻而不言。妻来,始以实告。爇火烛窥,见中有巨蝎,如小蟹然。翁碎木捉杀之。负子至家,半夜寻卒。邻人讼生,讦发婴宁妖异[15]。邑宰素仰生才,稔知其笃行士,谓邻翁讼诬,将杖责之。生为乞免,遂释而出。母谓女曰:"憨狂尔尔,早知过喜而伏忧也。邑令神明,幸不牵累;设鹘突官宰,必逮妇女质公堂,我儿何颜见戚里?"女正色,矢不复笑[16]。母曰:"人罔不笑,但须有时。"而女由是竟不复笑,虽故逗之,亦终不笑;然竟日未尝有戚容。一夕,对生零涕。异之。女哽咽曰:"曩以相从日浅,言之恐致骇怪。今日察姑及郎,皆过爱无有异心,直告或无妨乎?妾本狐产。母临去,以妾托鬼母,相依十余年,始有今日。妾又无兄弟,所恃者惟君。老母岑寂山阿,无人怜而合厝之[17],九泉辄为悼恨。君倘不惜烦费,使地下人消此怨恫,庶养女者不忍溺弃。"生诺之,然虑坟冢迷于荒草。女言无虑。刻日,夫妇舆榇而往[18]。女于荒烟错楚中,指示墓处,果得媪尸,肤革犹存。女抚哭哀痛。舁归[19],寻秦氏墓合葬焉。是夜,生梦媪来称谢,寤而述之。女曰:"妾夜见之,嘱勿惊郎君耳。"生恨不邀留。女曰:"彼鬼也。生人多,阳气胜,何能久居?"生问小荣,曰:"是亦狐,最黠。狐母留以视妾,每摄饵相哺,故德之常不去心。昨问母,云已嫁之。"由是岁值寒食,夫妇登秦墓,拜扫无缺。女逾年,生一子。在怀抱中,不畏生人,见人辄笑,亦大有母风云。

异史氏曰:"观其孜孜憨笑,似全无心肝者;而墙下恶作剧,其黠孰甚焉。至凄恋鬼母,反笑为哭,我婴宁何常憨耶。窃闻山中有草,名'笑矣乎'。嗅之,则笑不可止。房中植此一种,则合欢、忘忧,并无颜色矣。若解语花,正嫌其作态耳。"

据上海古籍出版社1979年排印本《铸雪斋抄本聊斋志异》校录

[注释]

  [1] 入泮(pàn):生员入学,即考取秀才。泮:古代学宫。
  [2] 眺瞩:登高望远,此为外出游览之意。
  [3] 数武:相距不远。古以六尺为步,半步为武。
  [4] 醮禳(jiàoráng):设坛祈祷,驱邪除恶。剧:加重。
  [5] 格磔(gēzhé):鸟叫声。

[6] 弱息：古代对别人称自己的子女为弱息，此指婴宁。庶产：小妾所生。

[7] 渠：他，他的。改醮(jiào)：改嫁。

[8] 阴挼(zùn)：暗中捏。

[9] 靳惜：吝惜。

[10] 葭莩：芦苇中的薄膜，喻亲戚关系疏远淡薄，此处用来作为亲戚关系的代称。

[11] 啁嗻(zhāozhē)：声音杂乱细碎，形容话多。

[12] 捉双卫：牵着两只驴子。捉：牵。卫：驴的别名。

[13] 藩溷(hùn)：篱笆和厕所。

[14] 踣(bó)：跌倒。

[15] 讦(jié)发：告发。讦：揭发别人的隐私。

[16] 矢：发誓。

[17] 合厝(cuò)：合葬。

[18] 舆梓(chèn)：用车运送棺材。梓：棺材。

[19] 舁(yú)：抬。

胭　　脂

[解题]

本篇是《聊斋志异》公案类故事的代表作。作品描写胭脂之父被害一案冤情迭出的审理过程，寄托"听讼之不可不慎"的期望。情节曲折迂回，合乎情理，构思精巧，别具匠心。人物个性鲜明，既推动情节发展，又通过其发展得以展现。故事流传甚广，清末李文翰《胭脂舄(xì)》传奇、许善长《胭脂狱》传奇以及子弟书《胭脂传》、单弦牌子曲《胭脂判》，均据以改编，现代改编拍为电影。

东昌卞氏，业牛医者，有女小字胭脂，才姿惠丽。父宝爱之，欲占卜清门，而世族鄙其寒贱，不屑缔盟，所以及笄未字。

对户庞姓之妻王氏，佻脱善谑，女闺中谈友也。一日，送至门，见一少年过，白服裙帽，丰采甚都。女意动，秋波萦转之。少年俯首趋去。去既远，女犹凝眺。王窥其意，戏谓曰："以娘子才貌，得配若人，庶可无憾。"女晕红上颊，脉脉不作一语。王问："识此郎否？"女曰："不识。"曰："此南巷鄂秀才秋隼，故孝廉之子。妾向与同里，故识之。近以妻服未阕[1]，故衣素。娘子如有意，当寄语使委冰焉[2]。"女无语，王笑而去。

数日无耗，女疑王氏未往，又疑宦裔不肯俯就。邑邑徘徊，渐废饮食；萦念颇苦,寝疾惙顿[3]。王氏适来省视,研诘病由。女曰:"自亦不知。但尔日别后,渐觉不快,延命假息,朝暮人也。"王小语曰:"我家男子,负贩未归,尚无人致声鄂郎。芳体违和,莫非为此?"女赪颜良久。王戏曰:"果为此,病已至是,尚何顾忌?先令其夜来一聚,彼宁不肯可?"女叹气曰:"事至此,已不能羞。若渠不嫌寒贱,即遣冰来,病当愈;若私约,则断断不可!"王领之而去。

王幼时与邻生宿介通,既嫁,宿侦夫他出,辄寻旧好。是夜宿适来,因述女言为笑,戏嘱致意鄂生。宿久知女美,闻之窃喜其有机可乘。欲与妇谋,又恐其妒,乃假无心之词,问女家闺闼甚悉。次夜,逾垣入,直达女所,以指叩窗。女问:"谁何?"答曰:"鄂生。"女曰"妾所以念君者,为百年,不为一夕。郎果爱妾,但当速遣冰人;若言私合,不敢从命。"宿姑诺之,苦求一握玉腕为信。女不忍过拒,力疾启扉。宿遽入,抱求欢。女无力撑拒,仆地上,气息不续。宿急曳之。女曰:"何来恶少,必非鄂郎;果是鄂郎,其人温驯,知妾病由,当相怜恤,何遂狂暴若此!若复尔尔,便当鸣呼,品行亏损,两无所益!"宿恐假迹败露,不敢复强,但请后会。女以亲迎为期。宿以为远,又请。女厌纠缠,约待病愈。宿求信物,女不许。宿捉足解绣履而出。女呼之返,曰:"身已许君,复何吝惜?但恐'画虎成狗',致贻污谤。今亵物已入君手,料不可反。君如负心,但有一死!"

宿既出,又投宿王所。既卧,心不忘履,阴摸衣袂,竟已乌有。急起篝灯,振衣冥索。诘王,不应。疑其藏匿,王又故笑以疑之。宿不能隐,实以情告。言已,遍烛门外,竟不可得。懊恨归寝,犹意深夜无人,遗落当犹在途也。早起寻,亦复杳然。

先是,巷中有毛大者,游手无籍[4]。尝挑王氏不得,知宿与洽,思掩执以胁之。是夜,过其门,推之未扃[5],潜入。方至窗下,踏一物,软若絮绵,拾视,则巾裹女舄。伏听之,闻宿自述甚悉,喜极,抽息而出。逾数夕,越墙入女家,门户不悉,误诣翁舍。翁窥窗,见男子,察其音迹,知为女来。大怒,操刀直出。毛大骇,反走。方欲攀垣,而卞追已近,急无所逃,反身夺刀;媪起大呼,毛不得脱,因而杀翁。女稍痊,闻喧始起。共烛之,翁脑裂不能言,俄顷已绝。于墙下得绣履,媪视之,胭脂物也。逼女,女哭而实告之;不忍贻累王氏,言鄂生之自至而已。

天明,讼于邑。官拘鄂。鄂为人谨讷,年十九岁,见人羞涩如处子。被执,骇绝。上堂不能置词,惟有战栗。宰益信其情实,横加梏械。生不堪痛楚,遂诬服。及解郡,敲扑如邑。生冤气填塞,每欲与女面质;及相见,女辄诟骂,遂结舌不能自伸,由是论死。经数官复讯无异。

后委济南府复审。时吴公南岱守济南,一见鄂生,疑其不类杀人者,阴使人从容私问之,俾尽得其词。公以是益知鄂生冤。筹思数日,始鞫之。先问胭脂:"订约后,有知者否?"曰:"无之。"遇鄂生时,别有人否?"亦曰:"无之。"乃唤生上,温语慰问。生曰:"曾过其门,但见旧邻妇王氏同一少女出,某即趋避,过此并无一言。"吴公叱女曰:"适言侧无他人,何以有邻妇也?"欲刑之。女惧曰:"虽有王氏,与彼实无关涉。"公罢质,命拘王氏。拘到,禁不与女通,立刻出审,便问王:"杀人者谁?"王曰:"不知。"公诈之曰:"胭脂供,杀卞某汝悉知之,何得不招?"妇呼曰:"冤哉!淫婢自思男子,我虽有媒合之言,特戏之耳。彼自引奸夫入院,我何知焉!"公细诘之,始述其前后相戏之词。公呼女上,怒曰:"汝言彼不知情,今何以自供撮合哉?"女流涕曰:"自己不肖,致父惨死,讼结不知何年,又累他人,诚不忍耳。"公问王氏:"既戏后,曾语何人?"王供:"无之。"公怒曰:"夫妻在床,应无不言者,何得云无?"王曰:"丈夫久客未归。"公曰:"虽然,凡戏人者,皆笑人之愚,以炫己之慧,更不向一人言,将谁欺?"命梏十指。妇不得已实供:"曾与宿言。"公于是释鄂拘宿。宿至,自供:"不知。"公曰:"宿妓者必非良士!"严械之。宿供曰:"赚女是真。自失履后,未敢复往,杀人实不知情。"公曰:"逾墙者何所不至!"又械之。宿不任凌藉,遂亦诬承。招成报上,咸称吴公之神。铁案如山,宿遂延颈以待秋决矣。

然宿虽放纵无行,实亦东国名士。闻学使施公愚山贤能称最,且又怜才恤士,宿因以一词控其冤枉,语言怆恻。公乃讨其招供,反复凝思之,拍案曰:"此生冤也!"遂请于院、司,移案再鞫。问宿生:"鞋遗何所?"供曰:"忘之。但叩妇门时,犹在袖中。"转诘王氏:"宿介之外,奸夫有几?"供曰:"无之。"公曰:"淫妇岂得专私一人?"又供曰:"身与宿介,稚齿交合,故未能谢绝;后非无见挑者,身实未敢相从。"因使指其挑者,供云:"同里毛大,屡挑屡拒之矣。"公曰:"何忽贞白如此?"命榜之。妇顿首出血,力辨无有,乃释之。又诘:"汝夫远出,宁无有托故而来者?"曰:"有之。某甲、某乙皆以借贷馈赠,曾一二次入小人家。"盖甲、乙皆巷中游荡之子,有心于妇而未发者也。公悉籍其名,并拘之。既齐,公赴城隍庙,使尽伏案前。讯曰:"曩梦神告,杀人者不出汝等四五人中。今对神明,不得有妄言。如肯自首,尚可原宥;虚者,廉得无赦!"同声言无杀人之事;公以三木置地,将并夹之;括发裸身,齐鸣冤苦。公命释之,谓曰:"既不自招,当使鬼神指之。"使人以毡褥悉障殿窗,令无少隙;袒诸囚背,驱入暗中,始投盆水,一一命自盥讫;系诸壁下,戒令"面壁勿动,杀人者,当有神书其背"。少间,唤出验视,指毛曰:"此真杀人贼也!"盖公先使人以灰涂壁,又以烟煤濯其手;杀人者恐神来书,故匿背于壁而有灰色;临出,以手护背,而有烟色也。公固疑是毛,至此益信。施以毒刑,尽吐其实。

判曰:"宿介:蹈盆成括杀身之道[6],成登徒子好色之名。只缘两小无猜,遂野鹜如家鸡之恋;为因一言有漏,致得陇兴望蜀之心。将仲子而逾园墙[7],便如鸟堕;冒刘郎而至洞口[8],竟赚门开。感帨惊尨[9],鼠有皮胡若此[10]?攀花折树,士无行其谓何! 幸而听病燕之娇啼,犹为玉惜;怜弱柳之憔悴,未似莺狂。而释幺凤于罗中[11],尚有文人之意;乃劫香盟于袜底[12],宁非无赖之尤。蝴蝶过墙[13],隔窗有耳;莲花瓣卸[14],堕地无踪。假中之假以生,冤外之冤谁信? 天降祸起,酷械至于垂亡;自作孽盈,断头几于不续。彼逾墙钻隙,固有玷夫儒冠;而僵李代桃[15],诚难消其冤气。是宜稍宽笞扑,折其已受之惨;姑降青衣,开其自新之路。若毛大者:刁猾无籍,市井凶徒。被邻女之投梭[16],淫心不死;伺狂童之入巷[17],贼智忽生。开户迎风,喜得履张生之迹;求浆值酒[18],妄思偷韩掾之香[19]。何意魄夺自天,魂摄于鬼。浪乘搓木[20],直入广寒之宫[21];径泛渔舟,错认桃源之路[22]。遂使情火息焰,欲海生波。刀横直前,投鼠无他顾之意[23];寇穷安往,急兔起反噬之心;越壁入人家,止期张有冠而李借[24];夺兵遗绣履,遂教鱼脱网而鸿罹。风流道乃生此恶魔,温柔乡何有此鬼蜮哉! 即断首领,以快人心。胭脂:身犹未字,岁已及笄。以月殿之仙人,自应有郎似玉;原霓裳之旧队,何愁贮屋无金[25]? 而乃感关雎而念好逑,竟绕春婆之梦;怨摽梅而思吉士[26],遂离倩女之魂[27]。为因一线缠萦,致使群魔交至。争妇女之颜色,恐失'胭脂'[28];惹鸳鸯之纷飞[29],并托'秋隼'[30]。莲钩摘去,难保一瓣之香;铁限敲来,几破连城之玉。嵌红豆于骰子,相思骨竟作厉阶[31];丧乔木于斧斤,可憎才真成祸水[32]! 葳蕤自守[33],幸白璧之无暇;缥缃苦争,喜锦衾之可覆[34]。嘉其入门之拒,犹洁白之情人;遂其掷果之心[35],亦风流之雅事。仰彼邑令,作尔冰人。"案既结,遐迩传颂焉。

自吴公鞫后,女始知鄂生冤。堂下相遇,颇然含涕,似有痛惜之词,而未可言也。生感其眷恋之情,爱慕殊切;而又念其出身微贱,日登公堂,为千人所窥指,恐娶之为人姗笑,日夜萦回,无以自主。判牒既下,意始安帖。邑宰为之委禽[36],送鼓吹焉。

异史氏曰:"甚哉! 听讼之不可以不慎也! 纵能知李代为冤,谁复思桃僵亦屈? 然事虽暗昧,必有其间,要非审思研察,不能得也。呜呼! 人皆服哲人之折狱明,而不知良工之用心苦矣。世之居民上者,棋局消日,绸被放衙,下情民艰,更不肯一劳方寸。至鼓动衙开,巍然坐堂上,彼嚣嚣者直以桎梏靖之[37],何怪覆盆之下多沉冤哉!"[38]

据上海古籍出版社1979年排印本《铸雪斋抄本聊斋志异》校录

[注释]

[1] 妻服未阕:为妻子服丧没有期满。

[2] 委冰:委托媒人说亲。冰:冰人,即媒人。

[3] 惙(chuò)顿:困顿、疲乏。

〔4〕无籍：没有固定职业和住所。

〔5〕未扃(jiōng)：没有上闩关门。

〔6〕盆成括：人名，复姓盆成，名括。《孟子·尽心下》载："盆成括仕于齐，孟子曰：'死矣盆成括！'盆成括见杀，门人问曰：'夫子何以知其将见杀？'曰：'其为人也小有才，未闻君子之大道也，则足以杀其躯而已矣。'"

〔7〕将(qiāng)仲子而逾园墙：化用《诗经》成句。《诗·郑风·将仲子》写一女子劝告她的恋人，不要夜里跳墙来和她相会，第二章有"将仲子兮，无逾我墙"的句子。将：请。仲：兄弟排行第二的称仲。

〔8〕冒刘郎而至洞口：相传东汉永平年间，刘晨、阮肇到天台山采药迷路，遇到两个仙女，被邀至洞中住了半年，归来后时已入晋，子孙已过七代。后复入天台山寻访，旧踪渺然。事见刘义庆《幽明录》。

〔9〕感帨(hànshuì)惊尨(máng)：化用《诗经》成句。《诗·召南·野有死麕》写一打猎男子和漂亮姑娘相爱，姑娘引男子到家中相会，第三章云："舒而脱脱兮，无感我帨兮，无使尨也吠。"感：通撼，触动。帨：栓在腰带上的佩巾，有小刀、玉佩等栓在一起，碰着就会发出声响。尨：长毛狗。

〔10〕鼠有皮：语见《诗·鄘风·相鼠》："相鼠有皮，人而无仪；人而无仪，不死何为？"此喻宿介不要脸皮，连老鼠都不如。

〔11〕释幺凤于罗中：从罗网中放走羽毛美丽的幺凤鸟。幺凤，羽毛五色的小鸟，因其形状像传说中的凤鸟而体型较小，故名。此喻胭脂。

〔12〕劫香盟于袜底：喻指宿介强夺胭脂的鞋作为信物。劫盟：强迫别人硬性订盟。典出《左传·哀公十六年》："大子使五人舆豭从己，劫公而强盟之，且请杀良夫。"

〔13〕蝴蝶过墙：喻指毛大到王氏家在窗下偷听。

〔14〕莲花瓣卸：喻指宿介丢了绣鞋。莲瓣为弓鞋之喻。

〔15〕僵李代桃：喻指代人受过。《乐府诗集·相和歌辞三·鸡鸣》有云："桃生露井上，李树生桃旁；虫来啮桃根，李树代桃僵。"

〔16〕被邻女之投梭：喻指毛大遭王氏拒绝。邻女投梭：典出《晋书·谢鲲传》："邻家高氏女有美色，鲲尝挑之，女投梭，折其两齿。"

〔17〕伺狂童之入巷：喻指毛大趁宿介到王氏家，在窗外偷听。

〔18〕求浆值酒：想要喝汤，却得到了酒。比喻所获过望。

〔19〕韩掾(yuàn)：韩寿，晋代贾充的属官。掾：属官。贾充女深爱韩寿，把皇帝赐给她父亲的外国异香送给他，贾充得知，成全了他们的婚姻。事见《世说新语·惑溺》。

〔20〕浪乘槎(chá)木：乘木筏到天河。晋张华《博物志》卷十："旧说云：天河

与海通。近世有人居海滨者,年年八月有浮槎去来,不失期。"

[21] 广寒之宫:月中仙宫。喻指胭脂家。

[22] 错认桃源之路:借陶渊明《桃花源记》中渔民误入桃花源故事,比喻毛大误闯到卞翁窗前。

[23] 投鼠无他顾之意:此用成语"投鼠忌器"之反意,意为毫无顾忌。

[24] 张有冠而李借:化用成语"张冠李戴",借指毛大冒充鄂生,企图达到奸骗胭脂的目的。

[25] 何愁贮屋无金:何愁嫁不到富贵人家。此句化用《汉武故事》金屋贮娇的典故。汉武帝为胶东王时,长公主欲以女配帝,问曰:"阿娇好不?"帝曰:"好!若得阿娇作妇,当作金屋贮之也。"金屋:极言屋之华丽。

[26] 怨摽(biào)梅而思吉士:化用《诗经》成句,借指胭脂希望成婚嫁个好男子。《诗·召南·摽有梅》:"摽有梅,其实七兮。求我庶士;迨其吉兮。"

[27] 遂离倩女之魂:化用倩女离魂故事,喻指胭脂一心爱慕鄂生。唐人传奇《离魂记》写张倩娘因思念王宙,其魂追随王宙而去,共同生活了5年。

[28] 恐失"胭脂":化用乐府诗句,借指宿介、毛大争夺胭脂。《乐府诗集·匈奴歌》云:"失我胭脂山,令我妇女无颜色。失我祁连山,使我六畜不蕃息。"

[29] 鸷(zhì)鸟:凶猛的鸟。喻指宿介、毛大。

[30] 并托"秋隼(sǔn)":双关语,指宿介、毛大都冒充鄂生。隼:鸷鸟。秋隼:鄂生名秋隼。

[31] 厉阶:祸端。《诗·大雅·桑柔》:"谁生厉阶,至今为梗。"

[32] 乔木:喻指胭脂之父卞翁。古代以乔梓喻父子。可憎才:爱极的反语,指胭脂。

[33] 葳蕤(wēiruí):草名,喻指胭脂。任昉《述异记》卷下:"葳蕤草,一名丽草,又呼为女草,江浙中呼娃草。美女曰娃,故以为名。"

[34] 缧绁(léixiè)苦争:指胭脂在囚禁审讯时据理力争。缧绁,捆绑犯人用的绳索。锦衾之可覆:化用俗语"锦被遮盖"一语,意为以往的错误可用好事遮盖弥补。

[35] 掷果之心:指爱慕鄂生之心。《晋书·潘岳传》载,潘岳貌美,外出时妇女看见他,便向他抛果子表示爱慕。

[36] 委禽:致送聘定的礼物。

[37] 哓(xiāo)哓者:伸冤的百姓。哓哓:争辩声。靖:止息。

[38] "异史氏曰"后,原有附录一段,云:"施愚山先生校士山左,爱才如命,奖励后进,非止衡文无屈士也。尝有名士入场,作'宝藏兴焉'文,误认作'水';录毕而始悟之,料无不黜之理。因作词文后云:'宝藏在山间,误认却在水边。山头

盖起水晶殿。瑚长峰尖,珠结树颠。这一回崖中跌死撑船汉!告苍天:留点蒂儿,好与朋友看。'先生阅而和之曰:'宝藏将山夸,忽然见在水涯。樵夫漫说渔翁话。题目虽差,文字却佳,怎肯放在他人下。尝见他,登高怕险;那曾见,会水淹杀?'此亦怜才一事也。"

※叶　生

　　淮阳叶生者,失其名字。文章词赋,冠绝当时;而所遇不偶,困于名场。会关东丁乘鹤来令是邑,见其文,奇之;召与语,大悦。使即官署,受灯火;时赐钱谷恤其家。值科试,公游扬于学使,遂领冠军。公期望綦切,闱后,索文读之,击节称叹。不意时数限人,文章憎命,及放榜时,依然铩羽。生嗒丧而归,愧负知己,形销骨立,痴若木偶。公闻,召之来,面慰之。生零涕不已。公怜之,相期考满入都,携与俱北。生甚感佩。辞而归,杜门不出。无何,寝疾。公遗问不绝;而服药百裹,殊罔所效。公适以忤上官免,将解任去。函致之,其略云:"仆东归有日;所以迟迟者,待足下耳。足下朝至,则仆夕发矣。"传之卧榻。生持书嗖泣。寄语来使:"疾革难遽瘥,请先发。"使人返白,公不忍去,徐待之。逾数日,门者忽通叶生至。公喜,迎而问之。生曰:"以犬马病,劳夫子久待,万虑不宁。今幸可从杖履。"公乃束装戒旦。抵里,命师事生,凤夜与俱。公子名再昌,时年十六,尚不能文。然绝慧,凡文艺三两过,辄无遗忘。居之期岁,便能落笔成文。益之公力,遂入邑庠。生以生平所拟举业,悉录授读。闱中七题,并无脱漏,中亚魁。公一日谓生曰:"君出余绪,遂使孺子成名。然黄钟长弃若何!"生曰:"是殆有命。借福泽为文章吐气,使天下人知半生沦落,非战之罪也,愿亦足矣。且士得一人知己,可无憾,何必抛却白纻,乃谓之利市哉。"公以其久客,恐误岁试,劝令归省。生惨然不乐。公不忍强,瞩公子至都,为之纳粟。公子又捷南宫,授部中主政。携生赴监,与共晨夕。逾岁,生入北闱,竟领乡荐。会公子差南河典务,因谓生曰:"此去离贵乡不远。先生奋迹云霄,锦还为快。"生亦喜。择吉就道,抵淮阳界,命仆马送生归。见门户萧条,意甚悲恻。逡巡至庭中,妻携簸具以出,见生,掷具骇走。生凄然曰:"今我贵矣。三四年不觏,何遂顿不相识?"妻遥谓曰:"君死已久,何复言贵?所以久淹君柩者,以家贫子幼耳。今阿大亦已成立,将卜窀穸。勿作怪异吓生人。"生闻之,怃然惆怅。逡巡入室,见灵柩俨然,扑地而灭。妻惊视之,衣冠履舄如脱委焉。大恸,抱衣悲哭。子自塾中归,见结驷于门,审所自来,骇奔告母。母挥涕告诉。又细询从者,始得颠末。

　　从者返,公子闻之,涕堕垂膺。即命驾哭诸其室;出橐为营丧,葬以孝廉礼。又厚遗其子,为延师教读。言于学使,逾年游泮。

异史氏曰:"魂从知己,竟忘死耶?闻者疑之,余深信焉。同心倩女,至离枕上之魂;千里良朋,犹识梦中之路。而况茧丝绳迹,吐学士之心肝;流水高山,通我曹之性命者哉!嗟乎!遇合难期,遭逢不偶。行踪落落,对影长愁;傲骨嶙嶙,搔头自爱。叹面目之酸涩,来鬼物之揶揄。频居康了之中,则须发之条条可丑;一落孙山之外,则文章之处处皆疵。古今痛哭之人,卞和惟尔;颠倒逸群之物,伯乐伊谁?抱刺于怀,三年灭字;侧身以望,四海无家。人生世上,只须合眼放步,以听造物之低昂而已。天下之昂藏沦落如叶生者,亦复不少,顾安得令威复来,而生死从之也哉?噫!"

据上海古籍出版社1979年排印本《铸雪斋抄本聊斋志异》校录

※司 文 郎

平阳王平子,赴试北闱,赁居报国寺。寺中有余杭生先在,王以比屋居,投刺焉。生不之答。朝夕遇之,多无状。王怒其狂悖,交往遂绝。一日,有少年游寺中,白服裙帽,望之傀然。近与接谈,言语谐妙,心爱敬之。展问邦族,云:"登州宋姓。"因命苍头设座,相对噱谈。余杭生适过,共起逊坐。生居然上座,更不摄抳。卒然问宋:"亦入闱者耶?"答曰:"非也。驽骀之才,无志腾骧久矣。"又问:"何省?"宋告之。生曰:"竟不进取,足知高明。山左、右并无一字通者。"宋曰:"北人固少通者,而不通者未必是小生;南人固多通者,然通者亦未必是足下。"言已,鼓掌。王和之,因而哄堂。生渐忿,轩眉攘腕而大言曰:"敢当前命题,一校文艺乎?"宋他顾而哂曰:"有何不敢!"便趋寓所,出经授王。王随手一翻,指曰:"'阙党童子将命。'"生起,求笔札。宋曳之曰:"口占可也。我破已成:'于宾客往来之地,而见一无所知之人焉。'"王捧腹大笑。生怒曰:"全不能文,徒事漫骂,何以为人!"王力为排难,请另命佳题。又翻曰:"'殷有三仁焉。'"宋立应曰:"三子者不同道,其趋一也。夫一者何也?曰:仁也。君子亦仁而已矣,何必同?"生遂不作,起曰:"其为人也小有才。"遂去。

王以此益重宋。邀入寓室,款言移晷,尽出所作质宋。宋流览绝疾,逾刻已尽百首,曰:"君亦沉深于此道者,然命笔时无求必得之念,而尚有冀幸得之心,即此已落下乘。"遂取阅过者一一诠说。王大悦,师事之;使庖人以蔗糖作水角。宋啖而甘之,曰:"生平未解此味,烦异日更一作也。"从此相得甚欢。宋三五日辄一至,王必为之设水角焉。余杭生时一遇之,虽不甚倾谈,而傲睨之气顿减。一日,以窗艺示宋。宋见诸友圈赞已浓,目一过,推置案头,不作一语。生疑其未阅,复请之;答已览竟。生又疑其不解。宋曰:"有何难解?但不佳耳!"生曰:"一览丹黄,何知不佳?"宋便诵其文,如夙读者,且诵且訾。生踢踏汗流,不言而去。移时,宋去;生入,坚请王作。王拒之。生强搜得,见文多圈点,笑曰:"此大似水角子!"王故朴讷,觍然而已。次日,宋至,王具以告。宋怒曰:"我谓'南人不复反矣',伧楚何敢乃尔!必当有以报之!"王力陈轻薄之戒以劝之,宋深感佩。

既而场后,以文示宋,宋颇相许。偶与涉历殿阁,见一瞽僧坐廊下,设药卖医。宋讶曰:"此奇人也!最能知文,不可不一请教。"因命归寓取文。遇余杭生,遂与俱来。王呼师而参之。僧疑其问医者,便诘症候。王具白请教之意。僧笑曰:"是谁多口?无目何以论文?"王请以耳代目。僧曰:"三作两千余言,谁耐久听?不如焚之,我视以鼻可也。"王从之。每焚一作,僧嗅而颔之曰:"君初法大家,虽未逼真,亦近似矣。我适受之以脾。"问:"可中否?"曰:"亦中得。"余杭生未深信,先以古大家文烧试之。僧再嗅曰:"妙哉!此文我心受之矣,非归、胡何解办此!"生大骇,始焚己作。僧曰:"适领一艺,未窥全豹,何忽另易一人来也?"生托言:"朋友之作,止此一首;此乃小生作也。"僧嗅其余灰,咳逆数声,曰:"勿再投矣!格格而不能下,强受之以膈;再焚,则作恶矣。"生惭而退。

数日榜放,生竟领荐;王下第。生与王走告僧。僧叹曰:"仆虽盲于目,而不盲于鼻;帘中人并鼻盲矣。"俄余杭生至,意气发舒,曰:"盲和尚,汝亦啖人水角耶?今竟何如?"僧曰:"我所论者文耳,不谋与君论命。君试寻诸试官之文,各取一首焚之;我便知孰为尔师。"生与王并搜之,止得八九人。生曰:"如有舛错,以何为罚?"僧愤曰:"剜我盲瞳去!"生焚之,每一首,都言非是;至第六篇,忽向壁大呕,下气如雷。众皆粲然。僧拭目向生曰:"此真汝师也!初不知而骤嗅之,刺于鼻,棘于腹,膀胱所不能容,直自下部出矣!"生大怒,去,曰:"明日自见,勿悔,勿悔!"越二三日,竟不至;视之,已移去矣。乃知即某门生也。宋慰王曰:"凡吾辈读书人,不当尤人,但当克己:不尤人则德益弘,能克己则学益进。当前踬落,固是数之不偶;平心而论,文亦未便登峰,其由此砥砺,天下自有不盲之人。"王肃然起敬。

又闻次年再行乡试,遂不归,止而受教。宋曰:"都中薪桂米珠,勿忧资斧;舍后有窖镪,可以发用。"即示之处。王谢曰:"昔窦、范贫而能廉,今某幸能自给,敢自污乎?"王一日醉眠,仆及庖人窃发之。王忽觉,闻舍后有声;窃出,则金堆地上。情见事露,并相慑伏。方诃责间,见有金爵,类多镌款,审视,皆大父字讳。盖王祖曾为南部郎,入都寓此,暴病而卒,金其所遗也。王乃喜,秤得金八百余两。明日告宋,且示之爵,欲与瓜分,固辞乃已。以百金往赠瞽僧,僧已去。

积数月,敦习益苦。及试,宋曰:"此战不捷,始真是命矣!"俄以犯规被黜。王尚无言;宋大哭,不能止。王反慰解之。宋曰:"仆为造物所忌,困顿至于终身,今又累及良友。其命也夫!其命也夫!"王曰:"万事固有数在。如先生乃无志进取,非命也。"宋拭泪曰:"久欲有言,恐相惊怪:某非生人,乃飘泊之游魂。少负才名，不得志于场屋。佯狂至都，冀得知我者，传诸著作。甲申之年，竟罹于难，岁岁飘蓬。幸相知爱，故极力为'他山'之攻，生平未酬之愿，实欲借良朋一快之耳。今文字之厄若此，谁复能漠然哉！"王亦感泣，问："何淹滞？"曰："去年上帝有命，委宣圣及阎罗王核查劫鬼，上者备诸曹任用，余者即俾转轮。贱名已录，所未投到者，欲一见飞黄之快耳。今请别矣！"王问："所考何职？"曰："梓潼府中缺一司文郎，暂令聋僮署篆，文运所以颠倒。万一幸得此秩，当使圣教昌明。"明日，忻忻而至，曰："愿遂矣！宣圣命作'性道论'，视之色喜，谓可司文。阎罗稽簿，欲以'口孽'见弃。宣圣争之，乃得就。某伏谢已，又呼近案下，嘱云：'今以怜才，拔充清要；宜洗心供职，勿蹈前愆。'此可知冥中重德行更甚于文学也。君必修行未至，但积善勿懈可耳。"王曰："果尔，余杭其德行何在？"曰："不知。要冥司赏罚，皆无少爽。即前日瞽僧，亦一鬼也，是前朝名家。以生前抛弃字纸过多，罚作瞽。彼自欲医人疾苦，以赎前愆，放托游廛肆耳。"王命置酒。宋曰："无须。终岁之扰，尽此一刻，再为我设水角足矣。"王悲怆不食，坐令自啖。顷刻，已过三盛，捧腹曰："此餐可饱三日，吾以志君德耳。向所食，都在舍后，已成菌矣。藏作药饵，可益儿慧。"王问后会，曰："既有官责，当引嫌也。"又问："梓潼祠中，一相酹祝，可能达否？"曰："此都无益。九天甚远，但洁身力行，自有地司牒报，则某必与知之。"言已，作别而没。王视舍后，果生紫菌，采而藏之。旁有新土坟起，则水角宛然在焉。王归，弥自刻厉。一夜，梦宋舆盖而至，曰："君向以小忿，误杀一婢，削去禄籍；今笃行已折除矣。然命薄不足任仕进也。"是年，捷于乡；明年，春闱又捷。遂不复仕。生二子，其一绝钝，啖以菌，遂大慧。后以故诣金陵，遇余杭生于旅次，极道契阔，深自降抑，然鬓毛斑矣。

异史氏曰："余杭生公然自诩，意其为文，未必尽无可观；而骄诈之意态颜色，遂使人顷刻不可复忍。天人之厌弃已久，故鬼神皆玩弄之。脱能增修厥德，则帘内之'刺鼻棘心'者，遇之正易，何所遭之仅也。"

据上海古籍出版社1979年排印本《铸雪斋抄本聊斋志异》校录

※ 恒　　娘

　　都中洪大业，妻朱氏，姿致颇佳，两相爱悦。后洪纳婢宝带为妾，貌远逊朱，而洪嬖之。朱不平，遂致反目。洪虽不敢公然宿妾所，然益嬖妾，疏朱。后徙居，与帛商狄姓为邻。狄妻恒娘，先过院谒朱。恒娘三十许，姿仅中人，言词轻倩。朱悦之。次日，答拜，见其室亦有小妾，年二十许，甚娟好。邻居几半年，并不闻其诟谇一语；而狄独钟爱恒娘，副室则虚位而已。朱一日问恒娘曰："予向谓良人之爱妾，为其为妾也，每欲易妻之名呼作妾。今乃知不然。夫人何术？如可授，愿北面为弟子。"恒娘曰:"嘻!子则自疏,而尤男子乎?朝夕而絮聒之,是为丛驱雀,其离滋甚耳!其归益纵之,即男子自来,勿纳也。一月后,当再为子谋之。"朱从其谋,益饰宝带,使从丈夫寝。洪一饮食,亦使宝带共之。洪时以周旋朱,朱拒之益力,于是共称朱氏贤。如是月余,朱往见恒娘。恒娘喜曰:"得之矣:子归毁若妆,勿华服,勿脂泽,垢面敝履,杂家人操作。一月后,可复来。"朱从之:衣敝补衣,故为不洁清,而纺绩外无他问。洪怜之,使宝带分其劳;朱不受,辄叱去之。如是者一月,又往见恒娘。恒娘曰:"孺子真可教也!后日为上巳节,欲招子踏春园。子当尽去敝衣,袍裤袜履,崭然一新,早过我。"朱曰:"诺。"至日,揽镜细匀铅黄,一如恒娘教。妆竟,过恒娘。恒娘喜曰:"可矣!"又代挽凤髻,光可鉴影。袍袖不合时制,拆其线,更作之;谓其履样拙,更于笥中出业履,共成之,讫,即令易着。临别,饮以酒,嘱曰:"归去一见男子,即早闭户寝,渠来叩关,勿听也。三度呼,可一度纳。口索舌,手索足,皆吝之。半月后,当复来。"朱归,炫妆见洪。洪上下凝睇之,欢笑异于平时。朱少话游览,便支颐作惰态;日未昏,即起入房,阖扉眠矣。未几,洪果来款关,朱坚卧不起,洪始去。次夕复然。明日,洪让之。朱曰:"独眠习惯,不堪复扰。"日既西,洪入闺坐守之。灭烛登床,如调新妇,绸缪甚欢。更为次夜之约;朱不可长,与洪约,以三日为率。半月许,复诣恒娘。恒娘阖门与语曰:"从此可以擅专房矣。然子虽美,不媚也。子之姿,一媚可夺西施之宠,况下者乎!"于是试使眄,曰:"非也!病在外眦。"试使笑,又曰:"非也!病在左颐。"乃以秋波送娇,又鞳然瓠犀微露,使朱效之。凡数十作,始略得其仿佛。恒娘曰:"子归矣,揽镜而娴习之,术无余矣。至于床笫之间,随机而动之,因所好而投之,此非可以言传者也。"朱归,一如恒娘教。洪大悦,形神俱惑,惟恐见拒。日将暮,则相对调笑,跬步不离闺阃,日以为常,竟不能推之使去。朱益善遇宝带,每房中之宴,辄呼与共榻坐;而洪视宝带益丑,不终席,遣去之。朱赚夫入宝带房,扃闭之,洪终夜无所沾染。于是宝带恨洪,对人辄怨谤。洪益厌怒之,渐施鞭楚。宝带忿,不自修,拖敝垢履,头类蓬葆,更不复可言人矣。恒娘一日谓朱曰:"我之术何如?"朱曰:"道则至妙;然弟子能由之,而终不能知之也。纵之,何也?"曰:"子不闻乎:人情厌故而喜新,重难而轻易?丈夫之爱妾,非必其美也,甘其所乍获,而幸其所难遘也。纵而饱之,则珍错亦厌,况藜羹乎!""毁之而复炫之,何也?"曰:"置不留目,则似久别;忽睹艳妆,则如新至:譬贫人骤得粱肉,则视脱粟非味矣。而又不易与之,则彼故而我新,彼易而我难,此即子易妻为妾之法也。"朱大悦,遂为闺中密友。积数年,忽谓朱曰:"我两人情若一体,自当不昧生平。向欲言而恐疑之也;行相别,敢以实告:妾乃狐也。幼遭继母之变,鬻妾都中。良人遇我厚,故不忍遽绝,恋恋以至于今。明日老父尸解,妾往省觐,不复还矣。"朱把手唏嘘。早旦往视,则举家惶骇,恒娘已杳。

异史氏曰:"买珠者不贵珠而贵椟:新旧易难之情,千古不能破其惑;而变憎为爱之术,遂得以行乎其间矣。古佞臣事君,勿令人见,勿使窥书。乃知容身固宠,皆有心传也。"

据上海古籍出版社1979年排印本《铸雪斋抄本聊斋志异》校录

[**参考文献**]

1. 马瑞芳:《神鬼狐妖的世界——聊斋人物论》,中华书局2002年版。
2. 何满子、李时人:《中国古代短篇小说杰作评注》(上册),安徽文艺出版社1988年版。

五、戏　　曲

李　　玉

　　李玉,字玄玉,一作元玉,号苏门啸侣,又号一笠庵主人,吴县(今属江苏)人。生卒年不详,约生于明万历年间,卒于清康熙年间。关于李玉生平的记载不多,据吴伟业《北词广正谱序》载,他乃"好奇学古之士也,其才足以上下千载,其学足以囊括艺林",明末曾中乡试副榜,入清后绝意仕进。另据清焦循《剧说》载,他曾做过申时行的家人。申时行原为明万历年间的内阁首辅,后罢官归乡,其家蓄戏班,这可能对李玉的戏曲创作产生过影响。李玉是明末清初戏曲创作大家,与活跃于苏州一带的其他剧作家朱㿟、朱佐朝、毕魏、叶时章、张大复相友善,时常切磋,乃至相互合作,如《清忠谱》的写作就有毕魏、叶时章、朱㿟等参加。他们的创作均注意舞台性,风格比较接近,后人称之为苏州派。李玉著有传奇约四十种,今存《一捧雪》、《人兽关》、《永团圆》、《占花魁》(合称《一人永占》)、《两须眉》、《双龙配》、《五高风》、《千钟禄》、又名《千钟录》、《千忠戮》、《万里圆》、《眉山秀》、《意中人》、《风云会》、《麒麟阁》、《清忠谱》等十余种。他精通音律,曾以徐于室《北九宫谱》为基础编订《北词广正谱》。

清忠谱(闹诏)

[解题]

　　《清忠谱》演明熹宗天启六年(1626)发生在苏州的一个真实故事,剧中主要人物如周顺昌、颜佩韦等均确有其人。李玉在《清忠谱》的《谱概》中自称"《清忠谱》,词场正史",吴伟业在《清忠谱序》中也说,该剧"事俱按实","虽云填词,目之信史可也"。《清忠谱》的确可以称得上是一出描写明末政治斗争的历史剧。吏部员外郎周顺昌被削籍居家,因历数魏忠贤之罪而遭捕。苏州市民颜佩韦、杨念如、周文元、马杰、沈扬等五人伸张正义,率众请愿,要求释放周顺昌,与官府发生冲突，捣毁察院，打死校尉。周顺昌被解往京城死在狱中，颜佩韦等五人也被杀害。此剧深刻地暴露了明末政治的极端腐朽，多侧面地反映了种种社会矛盾。《闹诏》为剧中第11折，即演颜佩韦等五位义士冒死阻挡阉党缉捕周顺昌的情景，场面轰轰烈烈，格调异常悲壮，较成功地把市民群众斗争搬上了舞台。已往一些剧作以写清官拯救黎民为其能事，而此剧一反旧格，描写百姓主持正义拯救官员，很有特色。

　　　　（贴，青衣、小帽上）苦差合县有，惟我独充当。自家吴县青带便是[1]。北京校尉来捉周乡官[2]，该应吴县承值[3]。校尉坐在西察院[4]，本县老爷要拨人去听差，这些大阿哥，都叮嘱了书房里[5]，不开名字进去。竟拿我新着役、苦恼子公人[6]，点去承值，关在西察院内。那些校尉动不动叫差人。叫差人要长要短，偶然迟了，轻则靴尖乱踢，重则皮鞭乱打。一个钱也没处去赚，倒受了无数的打骂！方才攥了一肚子烧酒[7]，如今在里边吆吆喝喝，又走出来了。不免躲在厢房，听他说些什么。（暗下）（付扮差官，丑、小生扮二校，喝上）

[梨花儿]（付）驾上差来天也塌[8]。推托穷官没钱刮，恼得咱家心性发，嗟！拿到京中活打杀。

　　李老爷呢[9]？（小生）李老爷睡在那里。（付）快请出来。（校向内介）张老爷请李老爷。（净内应介）来了！（净扮差官上）

[前腔]（净）久惯拿人手段滑，这番差使差了瞎[10]。自家干儿不设法[11]，嗟！一把松香便决撒[12]。

　　（付）李老爷，咱们奉了驾帖，差千差万，到处拿人，不知赚了多少银子。如今差到苏州，又拿一个吏部。自古道：上说天堂，下说苏、杭。岂不晓得苏州是个富饶的所在？况且吏部是个美官，值不得拿万把银子，送与咱们？开口说是个穷官，一个钱也没有，你道恼也不恼！难道咱们三千七百里路来到这里，白白回去了不成？（净）可笑那毛一鹭，做了咱家的官儿，咱们到来，他也该竭力设法，怎么丢咱们住在冷屋里边，自己来也不来？哥啊！若是周顺昌弄不出，咱们定要倒毛一鹭的包哩！（付）李老爷说的是！差人那里？（连叫介）（丑）差人！差人！（贴走出跪介）老爷有何分付？（付）差你在这里伺候，脸面子也不见，不知躲在那里？（净）连连叫唤，才走出来，要你这里做什么！（付）李老爷不要与他说，只是打便了。（净）拿皮鞭来！（贴磕头介）小的在这里伺候，求老爷饶打。（付）你快去与毛一鹭说：俺老爷们，奉了皇爷的圣旨，厂爷的钧旨，到此拿人，你做那一家的官儿，不值得在犯官身上弄万把银子送俺们！若有银子，快快抬来，若没有银子，咱们也不要周顺昌了。咱们自上去,教他自己送周顺昌到京便了。快去说!就来回复。(贴)小的是个县差,怎敢去见都老爷?怎敢把许多言语去禀?(净、付大怒介)哎!你这狗头不走么?(贴拜介)小的委实不敢说。(付)要你这狗头何用?(将皮鞭乱打介)(净乱踢介)(贴在地乱滚,叫痛哀求介)(付)这样狗攮的,不中用。(贴爬下)(付向丑介)你照方才的言语,快去与毛一鹭说!俺们立等回话。(内众声喧喊介)(丑望介)呀!门外人山人海,想是来看开读的[13]。这般挨挤,如何走得!(付又与小生说介)你把皮鞭打开了路,送他出去便了。(向净介)咱家到里边喝杯凉酒。少不得毛一鹭定然自来回复。(净)有理。(付)只等飞廉传信去[14],(净)管教贯索就擒来[15]。(同下)(小生)咄!百姓们闪开,闪开!咱家奉旨来拿犯官,什么好看!什么好看!(丑)闪开,闪开!让咱走路!(将皮鞭乱打下)(旦、贴扮二皂喝上)(外,黑三髯、冠带,扮寇太守上[16])

[西地锦] (外)民愤雷呼辕下[17],泪飞血洒尘沙。(内众乱喊介)周吏部第一清廉乡宦,地方仰赖,众百姓专候太老爷做主,鼎言救援哩[18]!(大哭介)(末,短胡髯、冠带,扮陈知县急上[19])(向内摇手介)众百姓休得啼哭!休得啼哭!上司自有公平话。且从容,莫用喧哗。

(内众又喊介)陈老爷是周乡宦第一门生,益发坐视不得的呢!爷爷嗄!(又哭介)(末见外介)老大人,众百姓执香号泣者,塞巷填街,哀声震地,这却怎么处?(外)足见周老先生平日深得人心,所以致此。贵县且去吩咐士民中一二老成的上前讲话。(末)是!(向内介)众百姓听着!寇太爷吩咐,士民中老成的,止唤一二人上前讲话。(小生、老旦,扮生员上)(作仓惶状介)(小生)生……生……生员王节[20]。(老旦)生……生员刘羽仪[21]。(小生、老旦)老……老……老公祖,老……老……老父母在上。周……周……周诠部居官侃侃[22],居乡表表[23]。如此品行,卓然千古。蔓雁奇冤,实实万姓怨恫[24]。老公祖,老父母,在地方亲炙高风[25],若无一言主持公道,何以安慰民心?(净急上跪介)青天爷爷阿!周乡宦若果得罪朝廷,小的们情愿入京代死。(丑喊上)不是这样讲,不是这样讲!让我来说。青天爷爷阿!今日若是真正圣旨来拿周乡宦,就冤枉了周乡宦,小的们也不敢说了。今日是魏太监假传圣旨[26],杀害忠良,众百姓其实不服。就杀尽了满城百姓,再不放周乡宦去的。(大哭介)(内齐声号哭介)(外)众百姓听着!这桩事非府县所能主张。少刻都老爷到了,你们百姓齐声叩求,本府与吴县自然极力周旋。(内齐声应介)太爷是真正青天了。(内敲锣、喝道声介)(净、丑)都老爷来了!列位,大家上前号哭去!(喊介)(小生、老旦)全赖老公祖、老父母鼎力挽回。(外、末)自然,自然!(小生、老下)(外、末在场角伺候,打躬迎接介)

（内喊介）（付，胡髯、冠带，扮毛抚台，歪带纱帽，脱带撒袍，众百姓乱拥上）（众喊介）求宪天爷爷做主[27]，出疏保留周乡宦呢！（外、末喝退众下介）（付作大怒，乱喘乱喘大叫介）反了，反了！有这等事！皇上拿人，百姓抗拒，地方大变了，大变了！罢了，罢了！做官不成了！（外、末跪介）老大人请息怒。周宦深得民心，也是平日正气所感。或者有一线可生之路，还望老大人挽回。（付大怒介）咳！逆党聚众，抗提钦犯，叛逆显然了。有什么挽回？有什么挽回？（作怒状，冷笑介）

[风入松]　呼群鼓噪闹官衙，圣旨公然不怕。你府县有地方干系，可晓得官旗是那一家差来的？天家缇骑魂惊唬[28]，（作手势介）若抗拒，一齐搭哒[29]。（外、末拱介）是！（付低说介）且住了！逆了朝廷，还好弥缝。今日逆了厂公，（皱眉介）咦！比着抗圣旨，题目倍加。头颅上，怎好戴乌纱！

　　（内众又乱喊介）宪天爷爷，若不题疏力救周乡宦，众百姓情愿一个个死在宪天台下[30]。（外、末又跪介）老大人，卑职不敢多言。民情汹汹如此，还求老大人一言抚慰才是。（付）抚慰些什么来？抚慰些什么来？拿几个进来打罢了！（外、末又跪介）老大人息怒。众百姓呵，

[前腔]　（外、末）哭声震地惨嗟呀！卑职呵，不敢施威喝打。倘一言激变难禁架，定弄出祸来天大。（末又跪介）老大人若无一言抚慰，就是周宦在外，卑职也不敢解进辕门。（付）为何？（末）人儿拥，纷乱如麻，就有几皂隶，也难拿。

　　（付沉思介）嘎！也罢！既如此，快去传谕百姓且散。若要保留周宦，且具一公呈进来，或者另有商量。（外、末起介）是！领命！（即下）（付）哈哈哈！好个呆官儿[31]。苦苦要本院保留，这本儿怎么样写？怎么样写？且待犯官进来，再作道理。（向内叫介）张爷那里？李爷那里？（叫下）（小生扮校尉上，扯住付立定介）毛老爷，不要乱叫。我们的心事，怎么样了？到京去，还要咱们在厂爷面前讲些好话的哩！（付）知道了！知道了！自然从厚。（携手下）（生青衣、小帽，旦、贴扮皂押上）（生）平生尽忠孝，今日任风波。（净、丑、末拥上）周老爷且慢。我们众百姓已禀过都爷，出疏保留了。（生拱谢介）列位素昧平生，多蒙过爱。我周顺昌自矢无他[32]，料到京师，决不殒命。列位请回。（净、丑、末）当今魏太监弄权，有天无日，决不放周爷去的。（哭，唱）

[前腔]　（净、丑、末）权珰势焰把人挃[33]，到口便成肉鲊[34]。周老爷呵，死生交界应非耍，怎容向鬼门占卦[35]？（老旦、小生急上）周老先生，好了！好了！晚生辈三学朋友[36]，已具公呈保留，台驾且回尊府。晚生辈静候抚公批允便了。（生）多谢诸兄盛情。咳！诸兄，小弟与兄俱读圣书，君命召，驾且不俟[37]。今日

奉旨来提,敢不趋赴。顺昌此去,有日还苏,再与诸兄相聚,万分有幸了。(小生、老旦)老先生说出此言,晚生辈愈觉心痛了。(大哭介)(净、丑、末各抱生哭介)(小生、老旦)老先生,你看被逮诸君,那一个保全的?还是不去的是。投坑阱都成浪花,见那个得还家。

(生)列位休得悲哀,我周顺昌呵,

[前腔] (生)打成草稿在唇牙,指佞庭前拼骂[38]。叠成满腹东林话[39],苦挣着正人声价。诸兄日后将我周顺昌呵,姑苏志休教谬夸[40]。我只是完臣节,死非差。

(外扮中军上)都老爷吩咐开读且缓,传请周爷快进商议。(净、丑、小生、老旦、末)有何商量?(外)列位且具公呈,自然要议妥出本的。(众)出本保留,是士民公事,何消周爷自议?不要听他!(生)列位还是放学生进去的是。(众)不妨,料没后门走了。(外扶生入介)(内)分付掩门。(内付掩门介)(众)奇怪!为何掩起门来?列位,大家守定大门,听着里边声息便了。(作互相窥听介)(内念诏介)跪听开读。(众惊介)列位,不是了!为何开读起来?(又听介)(内高声喊介)犯官上刑具。(众怒介)益发不是了!列位,拼着性命,大家打进去!(打门介)(付扮差官执械上)咄!砍头的,皇帝也不怕;敢来抢犯人么?叫手下拿几个来,一并解京去砍头!

[前腔] (付)妖民结党起波查[41],倡乱苏城独霸。抢咱钦犯恩逆驾,擒将去千刀万剐。(众)咳!你传假旨,思量吓咱!(拍胸介)我众好汉,怎饶他!

(付)嘎!你这般狗头,这等放肆,都拿来砍!都拿来砍!(作拔刀介)(净)你这狗头,不知死活!可晓得苏州第一个好汉颜佩韦么[42]?(末)可晓得真正杨家将杨念如么?(丑、旦、贴)可晓得十三太保周老男、马杰、沈扬么?(付)真正是一班强盗!杀!杀!杀!(将刀砍介)(净)众兄弟,大家动手!(打倒付介)(付奔进介)(众赶入打介)天花板上还有一个。(众打进打出三次介)(二旦扛一死尸上)打得好快活!这样不经打的,把尸骸抛在城脚下喂狗便了。(下)(外扮寇太守扶生上)(生)老公祖,此番大闹,我周顺昌倒无生路了。怎么处?怎么处?(外)老先生休虑。且到本府衙内,再有商量。(扶生下)(末扮陈知县扶付上)(付)这等放肆。快走!快走!各执事不知那里了,怎么处?(末)执事都在前面。只得步行前去。知县护送老大人。(付)走,走,走!(同末下)(净、丑、旦、贴内大喊。众复上)还有几个狗头,再去打!再去打!(作赶入介)(即出介)一个人也不见了,官府也去了,连周乡宦也不知那里去了。怎么处?快寻,快寻!(各奔介)

[前腔] (合)凶徒打得尽成担[43],倒地翻天无那[44]。遁逃没影真奇诧,空察院止堪养马。周乡宦,深藏那家?细详察,觅根芽。(共奔下)

王季思主编《中国十大古典悲剧集》下册,上海文艺出版社 1982 年版

[注释]

[1] 青带:低级衙役。

[2] 校(jiào)尉:卫士,此指锦衣卫校尉。周乡宦:即周顺昌,字景文,号蓼(liǎo)洲,苏州人,万历中进士,曾任吏部员外郎,因涉嫌东林党事而被革职。乡宦:闲居在乡里的官宦。

[3] 承值:奉差值勤。

[4] 西察院:御史的衙署。

[5] 书房:衙署的书办。

[6] 苦恼子:可怜。

[7] 攮(nǎng):常与贬义词合成詈辞,此指灌,大口大口地喝,含贬义。

[8] 驾:本指皇帝乘坐的舆辇,后以驾或驾上作为皇帝的代称。

[9] 李老爷:太监李实,魏忠贤的爪牙。

[10] 差了瞎:意谓白干,没捞到油水。瞎:损失,空,此指应得到的钱没得到。

[11] 自家干儿:指魏忠贤的义子毛一鹭,时为巡抚兼副都御史,故下文称其为"都老爷"。

[12] 一把松香便决撒:概指(敲诈钱财的事)很快即被戳穿。语源不详,或以为戏曲中演明场火烧的场面时,有用"撒火彩"作为效果的;另外神鬼出场时有采用"喷火"特技的,其燃料之一是松香末,因松香末燃烧极快,故以"一把松香"比喻时间短暂。决撒:败露,戳穿。

[13] 开读:宣读圣旨。

[14] 飞廉:风神。

[15] 贯索:钱串。

[16] 寇太守:寇慎,字礼亭,苏州知府。明代无太守官名,此为知府的别称。

[17] 辕下:衙署门外。

[18] 鼎言:犹言"一言九鼎",意谓说话有分量。九鼎,相传为夏禹所铸。

[19] 陈知县:陈文瑞,字应萃,天启中进士,吴县县令。

[20] 王节:字贞明,吴县人,诸生。

[21] 刘羽仪:字渐子,吴县人,诸生。

[22] 侃侃:刚直貌。

[23] 表表:行为出众。

[24] 怨恫(tōng):怨恨悲痛。

[25] 亲炙:切身受到教育和熏陶。高风:高尚的德行。

[26] 魏太监：即魏忠贤，明熹宗泰昌元年(1620)任司礼秉笔太监，后兼掌东厂，天启五年(1625)兴大狱，杀东林党人，直至崇祯帝即位，失势自尽。

[27] 宪天：对御史官的尊称。

[28] 天家：皇家。缇(tí)骑：穿红黄色军衣的骑士，此指锦衣卫校尉。

[29] 搭哒：杀头声，此指杀头。

[30] 宪天台：察院。

[31] 騃(ái)：痴呆。

[32] 自矢无他：发誓不变节。自矢：犹自誓。无他：无二心。

[33] 权珰：有权势的宦官。挝(zhuā)：抓。

[34] 肉鲊(zhǎ)：肉酱。

[35] 鬼门：迷信传说以为由阳间通往阴间有一关卡，称"鬼门"。

[36] 三学：此指经本省各级考试入州、府、县学习的生员，即秀才。

[37] 君命召，驾且不俟：出自《论语·乡党》"君命召，不俟驾行矣"句，意谓国君有召命，不等车马备好便立即动身。

[38] 指佞：传说中能识别奸伪的草。晋张华《博物志》卷四："尧时有屈轶草，生于庭。佞人入朝，则屈而指之。一名指佞草。"后以"指佞"谓指摘奸佞。

[39] 东林：明万历间，吏部郎中顾宪成革职还乡，与高攀龙等在无锡东林书院讲学，并评议朝政，因被目为"东林党"。天启间，宦官魏忠贤专权，东林人与之相抗而遭到迫害。

[40] 姑苏志：即苏州吴县的地方志。姑苏：苏州吴县的别称。

[41] 波查(zhā)：危害，磨难。

[42] 颜佩韦：与下文的杨念如、周老男、马杰、沈扬，均为苏州普通市民，因拯救周顺昌而遭魏忠贤一党的杀害。阉党失势后，苏州人在魏忠贤的废祠址为五人立墓碑，明张溥写有《五人墓碑记》。

[43] 柤(zhā)：渣滓。

[44] 无那：非常，无限。

※ 千钟录（惨睹）

(小生上，生挑各色蒲团上)(小白生)徒弟，走吓。(生)大师请。(合)
[倾杯玉芙蓉] 收拾起大地山河一担装，四大皆空相。历尽了渺渺程途，漠漠平林，叠叠高山，滚滚长江。(小生)我自吴江，别了诸徒出门，师徒两人一路登山涉水，夜宿晓行。一天心事，都付浮云；七尺形骸，甘为行脚。身作闲云野鹤，心同

槁木死灰。(合)但见那寒云惨雾和愁织,受不尽苦雨凄风带怨长。(小生)徒弟,这里是什么所在了?(生)是襄阳了。(小生)是襄阳了么?(唱)这雄城壮,看江山无恙。谁识我,一瓢一笠到襄阳。

(内嚷介)走吓。(生)后面许多车辆兵马来了,且闪过一边。(二生暂立下)

(外、末执刀枪)(杂推车,车上堆人头插旗号)(净扮将官上)(众)

[刷子带芙蓉] 颈血溅干将,尸骸零落,暴露堪伤。又首级纷纷,驱驰枭示他方。(末、外白)今早行了多少路,水也没处吃一碗,弄些火儿吃烟。(作吃介)好烟,好烟。(净)皇帝杀了多少大臣,就在京城号令罢了,又听那都察院陈御史之言,说凡系那一处的人,把首级发在本处号令,把头儿装了数十车辆,差咱每各处分解。这样苦差,好不耐烦!(合)凄凉,叹魂魄空飘天际,叹骸骨谁埋土壤。(净望介)哟!你每这些车快趱上来,打伙儿行,不要落在后面了。(内应介)(净)咳!这些众公卿,做什么官!今日呵,(同唱)堆车辆,看忠臣榜样,枉铮铮,自夸鸣凤在朝阳。

(众车下)(小生、生暗上)(小生白)我好痛心也!(二生)

[锦芙蓉] 裂肝肠!痛诛夷盈朝丧亡。郊外血汤汤。好头颅,如山车载奔忙。(生)大师走罢,不要睬他事体了。(合)又不是逆朱温清流被祸,早做了暴嬴秦儒类遭殃。(小生)都为我一人,以致连累万万命,是我害及他每了。(泪介)(唱)添悲怏!泣忠魂飘扬。羞杀我,犹存一息泣斜阳。

(内喊介)苦吓。(生望介)又有许多兵马,解着囚妇来了。闪过一边。(暂下)(外、末执棍,三旦囚妇,付差官上)(三旦)

[雁衔芙蓉] 苍苍!呼冤震响,流血泪千行万行,(付)唯!这是做官的带累你每的,哭也枉然。(三旦唱)家抄命丧,资倾荡,害妻孥徙他乡,(付)京城中不知多少夫人小姐,砍的砍,绞的绞,还要发教坊司。也有赏边军的,赏象奴的,那希罕你每这几个?啼啼哭哭,还不快走么?(三旦)大哥吓,(唱)叹匹妇沟渠抛丧。(付)难道扶了你每走不成?(三旦)阿呀!皇天吓!(唱)真悲怆,纵偷生肮脏,倒不如,钢刀骈首丧云阳。

(付)吩咐打伙儿走吓。(众应赶旦下)(生、小生暗上)阿呀!可恼,可恼!纵然要杀忠臣,与这些妇女何干!

[桃红芙蓉] 惨听着哀号莽,惨睹着俘囚状。(生)大路上来往人多,不要讲了,走罢。(行介)(合)裙钗何罪遭一网,连抄十族新刑创。(生)当初刘文成说,尚有三十年杀运未除,这也是天数了。(小生合)纵然是天灾降,也消不得诛屠恁广。咳!恨少个,裸衣挝鼓骂渔阳。

(内喊介)哟,走吓。(生)又有兵将押着无数犯人来了。且闪过一边。(旁立介)(外、末、付犯人,旦、占押、丑差官上)

［普天芙蓉］　为邦家，输忠说。尽臣职成强项。（丑）为因你每要做忠臣，故此特来请你每。（外、末、付）我每久不为官，又来拿解，岂不冤枉！（唱）山林隐甘学佯狂，俘囚往誓死翱翔。（丑）快走！快走！有话万岁爷面前去讲，与我无干。打伙儿走。（外、付、末）讲什么！要砍就砍便了。（外）列位老先生，总是我每不是，当初不能御敌，直至纵虎入山，悔无及矣。（合）空悲壮，负君恩浩荡。罢罢，拼得个，死为厉鬼学睢阳。

（丑众赶下）（小生白）咳！一发罢了！我只道独诛戮朝中臣宰，不想又捉捕弃职官员。正人君子定然无噍类矣！（二生）

［朱奴芙蓉］　眼见得普天受枉，眼见得忠良尽丧。（生）大师走罢，天色已暮，快行到前边，寻一寺院歇宿才是。（小生）是。（合）弥天怨气冲千丈，张毒焰古来无两。（小生）做了忠臣，到这个地位！那些读书的，还要做什么官，（合）言非憨，劝冠裳罢想，倒不如，躬耕陇亩卧南阳。

（生）大师，此处湖广要道，京中往来公干人多，恐有识认，祸生不测。（小生）如此便怎么？（生）且到前面过了今夜，明日从小路，急急趱到武岗州，速往贵州，直入云南深山居住，才可安身。（小生）有理。（合）

［尾］　路迢迢，心怏怏。何处得隐宿碧梧枝上。（内钟声介）（小生）景阳钟鸣了。（生）大师，这是野寺晚钟，非景阳钟也。（小生）咳！（唱）错听了，野寺钟鸣误景阳。

（小生）两两芒鞋逐远游，（生）此身轻似一浮沤。微尘眼底三千丈，柱杖头边四百州。（同下）

周妙中点校《千忠录》，中华书局1989年版

朱　㿖

朱㿖(hé)，字素臣，号笙庵，江苏吴县人。生卒年不详，约生于明天启初年，卒于清康熙四十年(1701)以后。一生未曾做官。喜度曲，善吹笙。独立作有传奇二十种左右，统名《笙庵传奇》，今存《十五贯》、《秦月楼》、《翡翠园》、《未央天》、《文星现》、《聚宝盆》、《锦衣归》、《万年觞》等八种。并作杂剧三种，均佚。同时与人合作多种传奇，如与朱佐朝等合编《四奇观》，与丘园等合编《四大庆》，与过孟起等合编《定蟾宫》，协助李玉编写《清忠谱》。朱㿖通戏曲音韵，协助李玉编纂《北词广正谱》，与李书云合编《音韵须知》等。他的戏曲活动非常活跃，与其他吴门作家形成苏州派，并为重要成员。

十五贯(廉访)

[解题]

  《十五贯》又称《双熊梦》。演况钟为熊友兰、熊友蕙兄弟二人两宗冤案昭雪的故事,属于公案戏。其中况钟的实事求是与过于执着主观武断的两种思想方法和审案作风,构成全剧的主要矛盾冲突,作品肯定的是前者。《廉访》是该剧的第十八出,即演况钟坚持实事求是的作风,在无锡微服查访命案的真相。剧中的况钟、陶复朱与娄阿鼠三个人物,因其身份、处境不同,各有各的心思,而况钟则充分利用心理战术,使娄阿鼠不得不自己道出杀人的罪行,充分表现出况钟的智略和谋术。《十五贯》剧中的命案关天,涉及到熊友蕙、侯三姑、熊友兰和苏戌娟四人的生与死,微服私访又是破案的关键之所在,而《廉访》一出则以喜剧手法加以表现,不仅不破坏全剧的整体格调,且使全剧的场面"冷热"均衡,足见出剧作家的创作功力。历史上确有况钟其人,明宣德五年(1430)始任苏州知府,《明史》卷一百六十一有其传,传称"钟刚正廉洁,孜孜爱民,前后守苏者莫能及"。况钟可能审理过类似熊氏兄弟的案件,但视该剧情节,作者似更多地取材于宋话本《错斩崔宁》和冯梦龙据此改编的《醒世恒言·十五贯戏言成巧祸》,或亦参考了《艺文类聚》卷八十四引谢承《后汉书》关于汉代李敬得鼠穴珠玑的记载以及《史记·酷吏列传·张汤传》关于鼠衔肉的故事。不过《廉访》所演述的情节,盖为剧作家所独创。

[步步入园林] (末上)浪逐蝇头江湖上[1],挣不破英雄网[2]。老夫陶复朱。自从在枫江买货下船,指望到河南脱卸,不想遇着熊友兰之事,老夫怜恤奇冤,助钱十五贯,教他回家。谁想同舟客伴,尽道出门吉日,遇此蹭蹬之事[3],改舟南往,老夫只得随众到了闽南。一路且喜货物俱有利息,又买了些南货,依旧到苏发卖。讨完账目,赶回家中,不觉又是仲冬了。叹劳生空自忙,喜得故国云山,归来无恙。今日乃是望日,特来城隍庙去进香。办炷心香瞻仰[4],愿客况履嘉祥[5],祈晚景获安康。(下)

  (外扮术士、臂悬招牌上写:"天目山人观枚拆字神数泄天机[6]",小旦门子扮道童、背包裹随上)

[园林过江儿] 海中针寻来渺茫,糊涂事没些主张。下官淮安事竣,返棹南回。打发各役先回浒墅关伺候[7];自己换过微服,假扮一个拆字先生,唤个小船,到这里无锡地方,停泊上崖,探访游二致死根由。一路行走,只听得那些人纷纷传说,本府即日按临本地,搜缉凶身。只是我想这宗公案,不比前边的事体,有些墙壁,

五、戏　　曲

可据踏勘得;如今无影无踪,怎生是了?前面是城隍庙,不免到彼闲坐片时,再作道理。(向小旦)过来。我在庙中闲坐,你可远远伺候,不必前来。(小旦应下)(外)岂大案终无影响,那镜影犀光[8],照不出山魈伎俩[9]?(下)

(丑上)日间不作亏心事,半夜敲门不吃惊。我娄阿鼠,一生好赌,半世贪财。只因一时动了贪心,杀了游葫芦,把他十五贯铜钱偷回。凑巧得极,正撞着倒运的强遭瘟[10],恰好也背了十五贯铜钱,同了丫头走路,竟被地方追着,捉到当官,替我打,替我夹,替我坐监铺,替我问斩罪,真正是十足替死鬼!这一掷倒盆[11],十分得意。咳,只道打发过了铁,再无人来发觉了。不道前日监斩官,竟委着了苏州府大爷况青天,竟要正一掷起来[12],你道可是玩得的?万一献了底,怎么处?因此这两日心惶胆碎,肉跳心惊。躲在家里;坐不安,睡不稳,竟象掉了魂的一般,心上狐疑不定。今日是月半,到城隍庙求一条签[13],看吉凶如何?莫若远去高飞,免得嗨气[14]。一路行来,呀,来的是陶太公!(末上)慈悲胜念千声佛,造恶徒烧万炷香。原来娄鼠哥!(丑)陶太公,久违,久违!几时归来的?(末)昨日打从姑苏回来。鼠哥,近日赌钱得采么?(丑)不要说起,竟到了六部衙门——尚书[15]。(末)你每赌场上朋友输赢常事,为何慌慌张张?(丑)你不晓得,我那敝邻,有这场官司:(低声介)恐防带累乡邻,所以有点着急;特来求一条签,看看吉凶如何。(末)你地方上有何事体?老夫一些也不知晓得,就请你讲讲。(丑)说起话长。就是我隔壁游二家的事。

[江儿犯]　奸杀奇闻事,乡间到处扬。(末)甚么奸杀事?(丑)就是那游葫芦死入糊涂账。(末)那游二被人杀死了?(丑)是。(末)为甚事?(丑)游二有个拖油瓶女儿[16]。那日游二替他姐姐借了些钱回来做生意,为了这两个牢钱,倒送了性命。(末)多少钱钞就送了性命?(丑)十五贯青蚨将身丧[17],(末)是那个杀的?(丑)女孩儿认罪谁称枉。(末)不信是他的女儿杀死的!(丑)当夜杀了人,明朝地方晓得,追上去,正在高桥地方。只见女儿呵,和着孤男相傍,俨做出私情勾当。(末)私约汉子同走,有何证见?(丑)囊中十五贯是真赃,招成奸杀罪双双。

(外一面暗上)欲求明乌语[18],不惮听狐冰[19]。看门首有人讲话,隐隐听得"十五贯"三字,且走去听他。(上前拱手介)二位要起数[20]?作成作成。(末)用不着。(丑)起数?住了,替我起一数。(末)既如此,你且站一站,我每讲完了话,就总成你。(外)当得奉候。(末)你且说那汉子甚么样人?是何名姓?(丑)那人不是本地方人,叫甚么熊友兰。(末)熊友兰?(背介)呀!前日那船上当梢那人叫做熊友兰。(外暗听介)他是那里人氏?(丑)听得说是淮安人。(末)淮安人?这是几时的事体?(丑)个是旧年秋里个事体[21]。

（末）呀吓，这是那说起！（丑）奇奇！为甚么跳将起来？（末）这熊友兰，乃是淮安胯下桥人。这十五贯钱，是老夫助他回去救兄弟熊友蕙的，怎么是游二家的起来？（顿足）哎，世上有这等样屈事！（丑惊背介）不信有这样！（转介）你且将助钱一事，说与我知道。（末）我旧年在苏州呵！

[五供养交枝]　片帆北上，客伴闲谈，话出端详。（丑）也就说这件事了。（末）我每同舟朋友，偶然晓得淮安熊友蕙被屈遭刑，不想舟尾有个当梢之人，就是这个熊友兰了，他偶倾窗外耳[22]，此际好惊惶。（丑）听得兄弟有事，着急了？（末）便是。听兄弟问成大辟[23]，在狱追比十五贯宝钞[24]，痛哭几亡。彼时老夫心怀恻隐，一力赠钱十五贯，教他回去代纳宝钞，以免追比。临歧遣归慰雁行[25]，早难道救冤反把奇冤酿！（外暗点头介）（丑）就是你的钱，也无证据。（末）怎么没有证据？现有客伴船家看见的。也罢，老夫竟到苏州府况太爷处，与他辩明这宗冤狱去。（拜介）神明在上：弟子今日进香，为因急往苏州辩人冤枉，不能从容瞻礼，改日再来了愿罢。为辩人冤，不辞路忙。（丑）你要到那里去？（末）向黄堂申冤理枉。

（丑作急状，拦末介）呀吓！

[玉交海棠]　伊休莽撞，怎出头撩锋拨铓[26]？（末）我为人曝白明冤[27]，也不算甚么撩拨。（丑）你还不晓得，我每地方上为出这件事来，见上司，解六院[28]，拖上拖下，不知吃了多少辛苦；况且，况太守有些兜搭[29]，笑你负薪救火招无妄[30]，岂不虑林木贻殃[31]？（末怒）咳，此言差矣！当日指望救他的兄弟，不想反害了哥哥，我陶复朱的罪过也不小。若将他穷骨冤埋，枉却我侠肠雄壮[32]！（欲下）（丑扯住介）住了住了，熊友兰又不是你的亲故，甚么要紧，无事寻事做。常言道："是非只为多开口，烦恼皆因强出头。"倘然况太爷倒来你个身上要起凶身[33]，怎么处？依我说，不要去！（末）咳，我怎肯良心丧？拚做救人从井[34]，同溺何妨！（下）

（丑）不好了！不好了！这件事竟要做出来了[35]。（急乱走介）（外）有这等事？

[海棠姐姐]　我自忖量，（看丑介）看他情词窘迫难堪状。为何那人欲去出首，他却如此着忙？其中情弊，却有蹊跷。看他心虚胆怯，露出乖张[36]。（向丑介）老兄！你方才说要起数，就请说来。（丑）我是来求签的。也罢，就起数罢。怎么样起法？（外指招牌介）请看：观枚拆字，声名播四方。（丑）怎么叫观枚拆字？（外）要问甚么心事，随手写一字来，就可判吉凶了。（丑）区区不识字的，写不出来。（外）随口说一个也罢。（丑）就是学生贱名罢，老鼠的"鼠"字。（外）尊名叫"鼠"字么？（丑）不敢，贱名叫娄阿鼠，赌钱场上有名的。（外背介）呀，且住，"野人衔鼠"[37]，已应其一；他名唤阿鼠，莫非正是此人么？我私追想，葫芦已有前番

样[38],哑谜须教此际详。

(丑背介)他自言自语,想是拆不来?(外)你这个"鼠"字,是那里用的么?(丑)官司。(外作手写介)一十四画,数遇成双,乃属阴爻[39]。况鼠又属阴,阴中之阴,乃幽晦之象,若占官司,急切不能明白哩!(丑)明白是不曾明白,看可有缠扰累及?(外)自己用,还是代占?(丑支吾介)代占。(外)依数看起来,只怕不是代占。这桩事体,是为祸之首。(丑)何以见得?(外)"鼠"为十二生肖之首,岂非你是造祸之端!(丑惊呆介)(外)况且竟像在里头窃取了东西,构起这桩事的。(丑)有些古怪,偷东西你那里看得出来?(外)鼠性善于偷窃,所以如此断。(丑呆介)(外)还有一说:这个人家可是姓"游"么?(丑)你是那里晓得?(外)老鼠最喜偷油,故尔晓得。(丑背介)这不是拆字的先生,竟是仙人了!(外点头介)(丑向外介)已先不要管他,只看目下,可有是非口舌连累得着?(外)怎么连累不着?如今正是败露之时了。(丑)怎见得?(外)你是"鼠"字,目下正交子月[40],当令之时[41],自然要明白了。(丑)先生,意欲躲避,外面度度,可避得过?(外)你只要实对我说,果然是代占,还是自家占?说得明白,我好指引你。(丑)实不相瞒,其实是自家用的。(外)这个好,避得脱的。(丑)避得脱!何以见得?(外)你若自占,本身不落空了。"空"字头,着一个"鼠"字,岂不是个"窜"字?就是逃窜之"窜"。(又思介)咦,逃窜是逃窜得的,只是那老鼠多畏多疑,怕做了"首鼠两端"[42],不能出去。(丑)先生妙数,效验非常,其实我疑惑不定,所以起数。今承指点,竟依了先生,外面躲躲避避何如?(外)若能走避,万无一失的。只是今日就走好,若到明日,就走不脱了。(丑)今日天色渐晚,有些不便。(外)又来了。鼠乃昼伏夜动之物,连夜逃最妙的。(丑)有理。还要请教,走到那一方去便好?(外)鼠属巽[43],巽属东,东南方去最好!(丑)还是水路走,旱路走?(外)鼠属子,子属水[44],是水路去好。(丑)水路东南方去,只是一时那有便船?(外)你若要去,老夫倒有便船在此,正要今晚下船,到苏杭一路去赶趁新年。若不嫌弃,同舟如何?(丑)如此极妙。若能逃脱,先生是小子大恩人了。请上,容小子一拜!

[姐姐拨棹]　仗伊姑容漏网[45],那怕他泼天风浪。(外)管前途稳步康庄,管前途稳步康庄,向天涯高飞远翔。(丑)你的船在那里?(外)就在河下。(丑)如此说,待我去拿了行李来。些些薄意相送。(外)这也罢了。快去快来。(丑)我欲归家,胆又慌;待离家,意转忙。(急下)

(外)门子快来!(小旦上)老爷怎么说?(外)少停那人下船,只可称我师父,不可泄露风声。(丑背包裹上)

[尾声]　逃灾陌路权依傍[46]。(外)来了么?(丑)这是甚么人?(外)是小徒。

（丑）好个标致小官,江湖上人,专会受用此道。(外)就此下船去罢。匆匆行色送斜阳,(合)远望吴山路正长[47]。(下)

张燕瑾、弥松颐《十五贯校注》,上海古籍出版社1983年版

[注释]

[1] 蝇头:以苍蝇头之小比喻微薄的名利。

[2] 英雄网:网罩英雄的罗网,此指名、利。

[3] 蹭蹬(cèngdèng):倒霉,倒运。

[4] 心香:佛教语,本义是指中心虔诚,如同焚香供佛,此指怀以虔诚的心供佛焚香。

[5] 客况:客旅的景况,此指商情。履嘉祥:谓走好运。

[6] 观枚拆字:两种江湖占卜术。观枚:即相面,靠观察面貌来推测吉凶祸福。拆字:以求问者提供的字来推测吉凶祸福。

[7] 浒(xǔ)墅关:在今江苏苏州西南。

[8] 镜影犀光:比喻敏锐的眼睛。镜影:据《西京杂记》卷三载:秦始皇有一方镜,宽四尺,高五尺九寸,能照出人的疾病和善恶之心。犀光:《晋书·温峤传》:"(峤)至牛渚矶,水深不可测,世云其下多怪物,峤遂毁犀角而照之。须臾,见水族覆火,奇形异状,或乘马车着赤衣者。"

[9] 山魈(xiāo):灵长类动物,与狒狒同类,因面目怪异,被传说为妖怪。

[10] 强(qiǎng)遭瘟:意谓该死的,詈辞。

[11] 一掷倒盆:赌博时掷毕一次骰子即定输赢,此喻事情已成定局。

[12] 正一掷:意谓认真做。

[13] 签:放在神案上竹筒中的若干竹片,每签上面有吉凶标志,求签者抽出其中之一,以测吉凶。

[14] 淘气:招惹闲气。

[15] 到了六部衙门——尚书:歇后语,尚书衙门为六部的最高机构,此取尚书与"尚输"两者谐音,表"还是输"之义。

[16] 拖油瓶:指妻子带来的前夫的儿女。

[17] 青蚨(fú):传说中的虫,《搜神记》卷十三:"(南方有虫)名青蚨……取其子,母即飞来,不以远近。虽潜取其子,母必知处。以母血涂钱八十一文,以子血涂钱八十一文;每市物,或先用母钱,或先用子钱,皆复飞归,轮转无已。"后因以称钱为"青蚨"。

[18] 明鸟语:传说孔子的弟子公冶长能通鸟语。

[19] 惮:怕,畏惧。听狐冰:北齐颜之推《颜氏家训·书证》:"狐之为兽,又

多猜疑,故听河冰无流水声,然后敢渡。"

[20] 起数(shù):算卦。

[21] 旧年:去年。事体:事情。

[22] 倾窗外耳:在窗外倾耳听到。

[23] 大辟(bì),死刑。

[24] 追比:旧时官府限期交纳钱物、交代问题,过期给以杖刑或监禁,称作"追比"。宝钞:元、明、清发行的纸币。

[25] 雁行(xíng):《礼记·王制》:"父之齿随行,兄之齿雁行,朋友不相逾。"雁行本指兄弟间相处要像大雁飞行那样排列有序,后来用以喻兄弟。

[26] 撩锋拨铓:即撩拨锋芒,意谓自惹祸灾。撩拨:招惹,引逗。

[27] 曝(pù)白:剖白,辨明真相。

[28] 六院:宋官署名,即登闻检院、登闻鼓院、官告院、都进奏院、审计院、诸军司粮料院,此泛指各级衙门。

[29] 兜搭:难对付,不好说话。

[30] 负薪救火:意谓引火烧身。负薪:背着柴草。无妄:无故得咎。

[31] 林木贻殃:使林木遭殃,比喻无端遭受牵连。北齐杜弼《为东魏檄梁文》:"但恐楚国亡猿,祸延林木;城门失火,殃及池鱼。"

[32] 枉却:白白丢弃,犹言枉负,空负。侠肠:恃侠仗义的心肠。

[33] 到来你个身上:倒赖在你的身上。

[34] 救人从井:为救落井人,紧随其后跳进井中。此比喻冒着极大的危险去拯救别人。从:跟随。

[35] 要做出来:要出事,要暴露。

[36] 乖张:失当,失常。

[37] 野人衔鼠:指第十三出《梦警》况钟梦见"两个野人各衔一鼠,在案前长跪,似有哀泣之状"事。野人:指熊,暗喻熊友兰、熊友蕙兄弟。二鼠:暗喻衔去剧中侯三姑金环、宝钞的老鼠和娄阿鼠。

[38] 葫芦:比喻糊涂事。俗有"葫芦提"一语,意谓糊涂。俗语又有"不知葫芦里装的是什么药"句,比喻弄不清真实情况。

[39] 阴爻(yáo):《周易》中每卦都有六爻,爻分阴阳,阴爻符号为"——",偶数。

[40] 子月:古代以"寅"为正月,"子"为十一月,故称之。十二生肖与十二地支相配,其中鼠与子相配。

[41] 当令:正遇到时令。

[42] 首鼠两端:进退两难,踌躇不决。首鼠,有两种讲法,一种认为是"一前

一却"的意思,一种认为是"踌躇"的叠韵转变词。况钟拆字乃故意与"鼠"相联系。

[43] 巽(xùn):八卦之一,《易·说卦》:"巽,东南也。"

[44] 子属水:按五行说,木与春相配,火与夏相配,金与秋相配,水与冬相配。又子为冬十一月,故属水。

[45] 姑容:姑且宽容,此指不告发并帮助避祸的意思。

[46] 陌路:陌路人的缩略语,指偶遇的素不相识之人。

[47] 吴山:又名城隍山,在今浙江杭州西湖东南。因况钟假让娄阿鼠逃往东南,故有"遥望吴山"句。

李　　渔

　　李渔,生平见前面小说部分。清顺治年间,李渔迁居杭州,开始了其戏曲创作的第一个高潮期,《风筝误》等即问世于此期间。数年后迁于南京,开芥子园,经营书肆,并以家姬组成戏班,自编自导,游荡江湖,到北京、陕西、甘肃、山西等地巡回演出。这是他戏曲创作的第二个高潮期。李渔善于结交名流,与吴伟业、尤侗、王士祯、周亮工有唱和,并请钱谦益为其戏曲、诗文作序。康熙十六年(1677),再迁杭州,直至去世。李渔一生著述甚丰,其中传奇有十六种,今存《怜香伴》、《风筝误》、《意中缘》、《蜃中楼》、《奈何天》、《玉搔头》、《比目鱼》、《凤求凰》、《巧团圆》、《慎鸾交》,合称《笠翁十种曲》。李渔《一家言·闲情偶寄》是关于戏曲、饮食、养生、园林的理论著书,其中《词曲部》、《演习部》、《声容部》诸章,堪称为古代最为完整的戏曲理论著述。戏曲创作方面,十分重视剧本结构,提出"立主脑"、"脱窠臼"、"减头绪"、"密针线"等结构方法;语言方面,特别提出"贵浅显"、"重机趣"、"求肖似"、"贵洁净"等要求;题材方面反对一味模仿,主张求"奇",亦即"新"。他认为"填词之设,专为登场",比起同时期曲论家更重视戏曲的舞台性。

风筝误(诧美)

[解题]

　　《风筝误》演才子韩世勋父母早亡,寄居于其父好友戚天衮家中。戚天衮的同年好友詹武承有梅、柳二妾,梅生长女爱娟,貌丑性劣,柳生次女淑娟,才貌双全。清明时节,韩生为戚子的风筝题诗一首,不巧风筝线断为淑娟所得,遂和诗一首。风筝被索回,韩生见有小姐的和诗,遂别作一风筝,再题一诗表达情愫,不想风筝为爱娟所获。爱娟设计约风筝主人私会,韩生见爱娟的丑相,惊而逃归。后韩生状元及第,戚天衮作主,让韩生入赘詹府与淑娟成亲。韩生误以为淑娟即丑女爱娟,入洞房后誓不与新娘同床,待见新娘乃是绝代佳人时,大喜过望。该剧共三十出,《诧美》为第二十九出,即演韩生入赘詹府、洞房花烛的场面,为全剧的高潮。该剧的特点是成功地运用了"误会法"。由风筝而引起的误会不仅一直锁定到《诧美》一出,而且又生出新的误会,即因韩生的误会而引起了柳氏对女儿的误会。对于已往发生的事情,自以为"知情"的韩生其实并不知情,而本不知情的淑娟更为大惑不解,包括戚、詹二老在内的所有剧中人,几乎都被蒙在鼓里。正是通过对"误会"的不断"蓄势",遂将全剧推向了高潮,同时强化了全剧的喜剧性。该剧在昆曲舞台久演不衰,《诧美》一出因新人全着红装,故有"满堂红"之谓,故多在喜庆的日子上演。京剧有多种改编本,其中以《凤还巢》影响最大,至今仍有演出。

[传言玉女前] （小旦带副净上）儿女温柔,佳婿少年衣绣[1],问邻家娘儿妒否?
　　妾身柳氏。前日老爷寄书回来,教我赘韩状元为婿。我想梅夫人与我各生一女,他的女婿是个白衣白丁[2],我的女婿是个状元才子;我往常不理他,今日成亲,偏要请过来同拜,活活气死那个老东西！叫梅香去请二夫人过来,好等状元拜见。（副净应下）

[传言玉女后] （生冠带,末随上）姻缘强就,这恶况怎生经受?冤家未见,已先眉皱！
　　（见介）（副净上）夫人,二夫人说,他晓得你的女婿是个状元,他命轻福薄,受不得起拜,他不过来。（生）既是二夫人不来,今日免了拜堂罢。（小旦）说的甚么话?小女原不是他所生,尽他一声不来就罢[3]。叫傧相赞礼[4]。（净扮掌礼上,请介）（副净、老旦扶旦上,照常行礼毕,共坐饮酒介）

[画眉序] （生闷坐不开口,众唱）配鸾俦[5],新妇新郎共含羞。喜两心相照,各自低头。合卺酒未易沾唇[6],合卺杯常思放手。状元相度[7],该如此端庄,不轻开口。

[滴溜子] 笙歌沸,笙歌沸欢情似酒,看银烛,看银烛花开似斗。冬冬鼓声传漏[8],早些撤华筵,停玉盏,好待他一双双归房聚首。

　　（小旦）掌灯送入洞房。（行介）

[双声子] 新人幼,新人幼,看一捻腰肢瘦[9]。才郎秀,才郎秀,看雅称宫袍绣。神祜祐[10],神祜祐;天辐辏[11],天辐辏。问仙郎仙女,几世同修?

[隔尾] 这夫妻岂是人间偶?是一对蓬莱小友[12],谪向人间作好逑。

（众下）（生、旦对坐，旦用扇遮面介）（内发擂毕，打一更介）（生背介）他今日一般也良心发动，无颜见我，把扇子遮住了脸。（叹介）你这把小小扇子，怎遮得那许多恶状来！

[园林好]（生）我笑你背银灯，难遮昨羞，隔纨扇，怎藏旧丑？他当初露出那些轻狂举止，见我厌恶他，故此今日假装这个端庄模样。（叹介）你就端庄起来也迟了！任你把娇涩态，千般装扭，怎当我愁见怪，闭双眸！愁见怪，闭双眸！

我若再一会不动，他就要手舞足蹈起来了。趁此时拿灯去睡。双炬台留孤独影，合欢人睡独眠床。（持灯下）（旦静坐介）（内打三更介）（旦觑生不见介）呸！我只说他坐在那边，只管遮住了脸；方才打从扇骨里面张了一张，才晓得是空空的一把椅子！（向内偷觑，大惊介）呀！他独自一个竟去睡了，这是甚么缘故？

[嘉庆子] 莫不是醉似泥，多饮了几杯堂上酒？莫不是善病的相如体态柔[13]？莫不是昨夜酣眠花柳[14]，因此上神倦怠，气休囚[15]；神倦怠，气休囚？

他如今把我丢在这边，不偢不睬，难道我好自己去睡不成？独自个冷冷清清，又坐不过这一夜，不免拿灯到母亲房里去睡。檀郎不屑松金钏[16]，阿母还堪卸翠翘[17]。（敲门介）母亲开门。（小旦持灯上）眼前增快婿，脚后失娇儿。（开门见旦，惊介）呀！我儿，你们良时吉日，正好成亲，要甚么东西，只该叫丫鬟来取，为甚么自己走出来？（旦）孩儿不要甚么东西，来与母亲同睡。（小旦大惊介）怎么不与女婿成亲，反来与我同睡？

[尹令] 你缘何黛痕浅皱？缘何擅离佳偶？缘何把母阃重叩[18]？莫不是娇痴怕羞，因此上抱泣含愁把阿母投？

（旦）他不知为甚么缘故，进房之后，身也不动，口也不开，独自一个竟去睡了。孩儿独坐不过，故此来与母亲同睡。（小旦呆介）怎么有这等诧异的事？我看他一进门来，满脸都是怨气，后来拜堂饮酒，总是勉强支持。这等看起来，毕竟有甚么不慊意处？我儿，你且坐一坐，待我去问个明白，再来唤你。叫梅香掌灯。（旦下）（副净上，持灯行介）（小旦）只道欢娱嫌夜短，谁知寂寞恨更长。来此已是。梅香，请他起来。（副净向内介）韩老爷，请起来，夫人在这里看你。（生上）令爱不堪偕伉俪[19]，老堂空自费调停[20]。夫人到此何干？（小旦）贤婿请坐了，有话要求教。（坐介）贤婿，舍下虽则家寒，小女纵然丑陋，既蒙贤婿不弃，结了朱陈之好[21]，就该俯就姻盟。为甚的愁眉怨气，全没些燕尔之容[22]？独宿孤眠，成甚么新婚之体？贤婿自有缘故，毕竟为着何来？（生）下官不与令爱同床，自然有些缘故。明人不须细说，岳母请自参详。（小旦）莫非为寒家门户不对么？（生）都是仕宦人家，门户有甚么不对？（小旦）这等，为小女容貌不佳？（生）容貌还是小事。（小旦）哦，我知道了。是怪舍下妆奁不齐整？老身曾与咸年伯说过，家主不在家，无人料理，待老爷回来，从头办起未迟。难道这句话，贤婿不曾听见？（生微笑介）妆奁甚么大事，也拿来讲起？

〔品令〕　便是荆钗布裙[23]，只要德配也相投[24]。况如今珠围翠绕，还堪度春秋。（小旦）这等为甚么？（生）只为伊家令爱有声扬中冓[25]。我笑你府上呵，妆奁都备，只少个扫茨除墙的佳帚[26]。我只怕荆棘牵衣[27]，因此上刻刻堤防不举头。

（小旦大惊介）照贤婿这等说起来，我家有甚么闺门不谨的事了[28]？自古道："眼见是实，耳闻是虚。"贤婿所闻的话，焉知不出于仇口？（生）别人的话，那里信得？是我亲眼所见的。（小旦大惊介）我家闺阃的事[29]，贤婿怎么看见？是何年、何月，那一桩事？快请讲来。（生）事到如今，我也不得不说了。去年清明，咸公子拿个风筝，来央我画。我题一首诗在上面，不想他放断了线，落在贵府之中。（小旦）这是真的。老身与小女同拾到的。（生）后来着人来取去，令爱和一首诗在后面。（小旦）这也是真的，是老身叫他和的。（生）后来我自家也放风筝，不想也落在府上；及至着小价来取[30]，谁知令爱教个老妪，约我说起话来。（小旦惊介）这就是他瞒我做的事了。或者是他怜才的意思，也不可知。这等贤婿来了不曾？（生）我当晚进来，只说面订婚姻之约，待央媒说合过了，然后明婚正娶的。不想走进来的时节，我手还不曾动，口还不曾开，多蒙令爱的盛情，不待仰攀[31]，竟来俯就[32]。如今在夫人面前，不便细述，只好言其大概而已。我心上思量，妇人家所重在德，所戒在淫；况且是个处子[33]，怎么"廉耻"二字全然不顾？彼时被我洒脱袖子，跑了出去，方才保得自己的名节，不曾敢污令爱的尊躯。

〔豆叶黄〕　亏得我把衣衫洒脱，才得干休[34]。险些做了个轻薄儿郎，险些做了个轻薄儿郎，到如今，这个清规也难守。（小旦）既然如此，贤婿就该别选高门，另偕伉俪了，为甚么又来聘这个不肖的东西？（生）我在京中那里知道，是咸老伯背后聘的。如今悔又悔不得，只得勉强应承。不敢瞒夫人说，这一世与令爱只好做个名色夫妻[35]，若要同床共枕，只怕不能够了。名为夫妇，实为寇仇，若要做实在夫妻，若要做实在夫妻，纵掘到黄泉[36]，也相见还羞。

（小旦）这等说起来，是我家的孽障不是了[37]，怪不得贤婿见绝[38]。贤婿请便，待老身去拷问他。（生）慈母尚难含忍[39]，怎教夫婿相容？（下）（小旦）他方才说来的话，字字顶真[40]，一毫也不假。后面的那一段事，他瞒了我做，我那里知道？千不是、万不是，是我自家的不是！当初教他做甚么诗，既做了诗，怎么该把外人拿去？我不但治家不严，又且诱人犯法了。日后老爷回来知道，怎么了得！（行到介）不争气的东西在那里！（闷坐气介）（内打四更介）

[玉交枝]（旦上）呼声何骤？好教人惊疑费筹[41]。（见小旦介）母亲为何这等恼？（小旦）你瞒了我做得好事！（旦惊介）孩儿不曾瞒母亲做甚么事。（小旦）去年风筝的事，你忘了？（旦背想介）是了，去年风筝上的诗，拿了出去，或者韩郎看见，说我与戚公子唱和，疑我有什么私情，方才对母亲说了。（对小旦介）去年风筝上的诗，是母亲叫孩儿做的；后来戚家来取，又是母亲把还他的，干孩儿甚么事？（小旦）我把他拿去，难道教你约他来相会的？（旦大惊介）怎么，我几时把人约黄昏后？向母亲求个分剖[42]。（小旦）你还要赖！起先戚家风筝上的诗是韩郎做的；后来韩郎也放一个风筝进来，你教人约他相会，做出许多丑态，被他看破，他如今怎么肯要你！（旦大惊，呆视介）这些话是那里来的？莫非是他见了鬼？（高声哭介）天那！我和他有甚么冤仇，平空造这样的谤言来玷污我！今生与伊无甚仇，为甚的擅开含血喷人口！（小旦掩旦口介）你还要高声，不怕隔壁娘儿两个听见？今日喜得那老东西不曾过来，若过来看见，我今晚就要吊死！我细思量，如何盖羞！细思量，如何盖羞！

（内打五更介）料想今晚做不成亲了，你且去睡，待明日再做道理。粪缸越搂越臭，（旦）奇冤不雪不明。（下）（小旦）这桩事好不明白。照女婿说来，千真万真；照他说来，一些影响也没有。就是真的，他自己怎么肯承认？我有道理，只拷问是那个丫鬟约他进来的就是了。（对副净介）是你引进来的么？（副净）阿弥陀佛！我若引他进来，教我明日嫁个男子，也象这样不肯成亲。（小旦）掌灯！我再去问。（行介）（副净请介）（生上）说明分散去，何事又来缠？（小旦）方才的事，据贤婿说，确然不假；据小女说，影响全无[43]。这"莫须有"三字也难定案[44]。请问贤婿去年进来，可曾看见小女么？（生）怎么不曾见？（小旦）这等还记得小女的面貌么？（生）怎么不记得？世上那里还有第二个象令爱的尊容？（小旦）这等方才进房的时节，可曾看看小女不曾？（生）也不消看得，看了倒要难过起来。（小旦）这等待我教小女出来，请贤婿认一认，若果然是他，莫说贤婿不要他为妻，连老身也不要他为女了。恐怕事有差讹，也不见得。（生）这等就教出来认一认。（小旦）叫丫鬟，多点几支蜡烛，去照小姐出来。（丑应下）（生）只怕认也是这样，不认也是这样。（小旦背介）天那！保祐他眼睛花一花，认不出也好。（老旦、副净持灯，照旦上）请将见鬼疑神眼，来认冰清玉洁人。（小旦）小女出来了，贤婿请认。（老旦、副净擎灯高照；生遥认，惊背介）呀！怎么竟变做一个绝世佳人？难道是我眼睛花了？（拭目介）

[六幺令]　把双睛重揉。（近身细认，又惊，背介）逼真是一个绝世佳人！那里是幻影空花[45]，眩我昏眸。谁知今日醉温柔[46]？真娇艳，果风流！不枉我铁鞋踏破寻佳偶，铁鞋踏破寻佳偶！

（小旦）贤婿，可是去年那一个么？（生摇手介）不是，不是，一些也不是！（小旦）这等看起来，与我小女无干，是贤婿认错了人了。（生）岂但认错了人，竟是活见了鬼！小婿该死一千年了。（小旦）这等老身且去，你们成了亲罢。（生）岳母快请回。小婿暂且告罪，明日还要负荆[47]。（小旦笑介）不是一番疑彻骨[48]，怎得千重喜上眉？（老旦、副净随下）（生急闭门，向旦温存介）小姐，夜深了，请安置罢。（旦不理介）（生）下官认错了人，冒犯小姐，告罪了。（长揖介[49]）（旦背立，不理介）

[江儿水]（生）虽则是长揖难辞谴[50]，须念我低头便识羞。我劝你层层展却眉间皱，盈盈拭却腮边溜[51]，纤纤松却胸前扣[52]。请听耳边更漏，已是丑末寅初[53]，休猜做半夜三更时候。

（内做鸡鸣介）（生慌介）小姐，鸡都鸣了，还不快睡！下官没奈何，只得下全礼了。（跪介）（旦扶起介）

[川拨棹]（生）蒙慈宥[54]，把前情一笔勾，霁红颜[55]，渐展眉头；霁红颜，渐展眉头。也亏我屈黄金[56]，先陪膝头。请宽衣，莫怕羞，急吹灯，休逗留。

[尾声] 良宵空把长更守，那晓得佳人非旧，被一个作孽的风筝误到头！

鸳鸯对面不相亲，好事从来磨杀人。
临到手时犹费口，最伤情处忽迷神。

王季思主编《中国十大古典喜剧集》，上海文艺出版社1982年版

[注释]

[1] 衣(yì)绣：穿锦绣衣裳。《史记·项羽本纪》："富贵不归故乡，如衣绣夜行，谁知之者。"因以喻富贵荣耀。

[2] 白衣：古代平民服，因以代指平民。白丁：无功名的人，平民。

[3] 尽(jǐn)：询问，此指客套。

[4] 傧相：婚礼时主持赞礼的人。赞礼：典礼时司唱仪节。

[5] 鸾俦：以雄鸾雌鸾相伴喻夫妻。

[6] 合卺(jǐn)：旧时结婚仪式之一，新夫妻各持一瓢饮酒。卺：将一瓢剖成两瓢。

[7] 相度：相貌风度。

[8] 传漏：报时。漏：漏壶，古代计时器，铜制，分若干层，上层底部有小孔，用于滴水，水层层下注，以底层蓄水多少计算时间。

[9] 一捻：可捻在手指间，形容纤细。

[10] 神祜(hù)祐：意谓神的保佑，降福。祜：福。

[11] 天辐辏：意谓天凑的良缘。辐辏：谓车辐凑集于车毂，比喻聚集。

[12] 蓬莱：传说中的仙山。

[13] 相如：即汉代司马相如。

[14] 花柳：妓院。

[15] 休囚：萎靡。

[16] 檀郎：晋潘岳，小字檀奴，以貌美著称，后作为美男子的代称。

[17] 翠翘：妇女的一种头饰，形如翠鸟的长尾。

[18] 阍（hūn）：宫门，此指房门。

[19] 伉俪：配偶。

[20] 老堂：对别人母亲的尊称。

[21] 朱陈之好：白居易《朱陈村》诗："徐州古丰县，有村曰朱陈……一村唯两姓，世世为婚姻。"后因以"朱陈之好"喻两姓联姻。

[22] 燕尔：又作"宴尔"。《诗·邶风·谷风》："宴尔新昏，如兄如弟。"宴尔：欢乐，后亦专指新婚快乐。昏：同"婚"。

[23] 荆钗布裙：贫妇的装束，代指贫妇。荆钗：以荆条为髻钗。

[24] 德配：德行堪于匹配。

[25] 中冓（gòu）：本指内室，后借指闺门秽乱。参见下注。

[26] 扫茨（cí）除墙：意谓把长在墙上的蒺藜扫下来，比喻端正门风。《诗·鄘风·墙有茨》："墙有茨，不可扫也。中冓之言，不可道也。所可道也，言之丑也。"茨：蒺藜，一种有刺的草本植物。

[27] 荆棘：泛指丛生多刺的灌木。

[28] 不谨：不检点。

[29] 闺阃（kǔn）：闺房。

[30] 小价（jiè），小厮，奴仆。对自己仆人的谦称，亦作"小介"。

[31] 仰攀：高攀，本指与比自己地位高的人结交或联姻，此为韩世勋的谦语，意思是求爱。

[32] 俯就："仰攀"的反义词，本指与比自己地位低的人结交或联姻，此为韩世勋对詹爱娟求欢行为的讽刺语。

[33] 处子：处女。

[34] 干（gān）休：罢休。

[35] 名色：名义。

[36] 掘地黄泉：《左传·隐公元年》：郑庄公曾把其母姜氏置于城颍，发誓说："不及黄泉，无相见也。"事后有悔，于是采用颍考叔的提议，掘地见母。黄泉：地下的泉水，指地下深处，葬身之处。

[37] 孽障：罪恶，此谓坏东西，詈辞。

〔38〕见绝：被……拒绝。

〔39〕含忍：容忍。

〔40〕顶真：认真，此指对得上。

〔41〕费筹：难估量，费解。

〔42〕分剖：辩白。

〔43〕影响：谓迹象，痕迹。

〔44〕莫须有：或许有，恐怕有。《宋史·岳飞传》：秦桧陷害岳飞，韩世忠不平，责问秦桧，秦桧曰："飞子云与张宪书虽不明，其事体莫须有。"韩曰："'莫须有'三字，何以服天下？"

〔45〕幻影：虚幻的影像。空花：佛教语，指病眼中所看到的繁花景象，后代指假象。

〔46〕温柔：即温柔乡，美色迷人之境。

〔47〕负荆：背负荆条，请求鞭杖，因以代指谢罪、请罚。

〔48〕疑彻骨：很深的怀疑。彻骨：透入骨内，形容程度极深。

〔49〕长揖(yī)，极恭敬的拱手礼，须拱手高举，深度弯腰。

〔50〕辞谴：免受责备。

〔51〕盈盈：晶莹貌，此形容泪水。溜：淌着的泪水。

〔52〕纤纤：形容女子的手纤细美丽，此用作名词，即纤细白净的手。《古诗十九首·青青河畔草》："娥娥红粉妆，纤纤出素手。"

〔53〕丑末寅初：丑时为凌晨一点至三点，寅时为凌晨三点至五点，丑末寅初为三点左右。

〔54〕慈宥：爱怜宽恕。

〔55〕霁：云消雾散，比喻怒气消除、表情缓和。

〔56〕黄金："黄金之躯"的略语。

洪　昇

洪昇(1645—1704)，字昉(fǎng)思，号稗畦、稗村、南屏樵者。钱塘(今浙江杭州)人。康熙七年(1674)为国子监生。父起鲛清初为官，后被诬遣戍。其母为清康熙间文华殿大学士兼吏部尚书黄机之女，其妻为黄机之孙女。曾因与父母不和，离家出走，自康熙十三年(1674)始旅居北京17年，卖文为生。康熙十二年(1673)作传奇《沉香亭》，十八年(1679)复改写为《舞霓裳》，二十七年(1688)经再易其稿而成《长生殿》。翌年八月，因在佟皇后丧期演出《长生殿》，得罪系狱，旋革国子生籍,其好友赵执信等也因观剧获谴。三十年(1671)归乡,与父母和解,但无谋生之路。四十三年(1704)六月出游,道经乌镇,因酒后失足堕水而死。洪昇先后师学陆繁诏、毛先舒、王士禛和施国璋等,与袁于令、毛奇龄、朱彝尊和陈维崧等有交往。与山东籍剧作家孔尚任并称"南洪北孔"。所作传奇有《长生殿》、《回文锦》、《回龙院》、《锦绣图》、《闹高唐》、《长虹桥》等,除《长生殿》外,皆不存;杂剧有《四婵娟》、《天涯泪》、《青衫湿》等,今仅存《四婵娟》。今存诗集《啸月楼集》、《稗畦集》和《稗畦续集》,并存韵书《诗骚韵注》残稿。

长生殿(惊变)

[解题]

　　全剧共50出,分上下两卷。在上卷故事分两条线索展开。一条线演唐明皇与杨玉环的爱情故事,另一线演安禄山因与杨国忠争势,被遣任范阳节度使,后与史思明等以讨伐杨国忠之名反叛,即安史之乱经过。而二线绾合处则在马嵬坡杨贵妃赐死一段。下卷极写杨妃魂和明皇互相苦念之情,在天神的帮助下于月宫团圆,并居忉利天宫永为夫妻。《长生殿》是作者根据白居易《长恨歌》诗、陈鸿《长恨歌传》小说以及其他同题材其他剧作和文学作品而改编的。作者较充分地描写了李杨的爱情以及围绕着帝妃爱情而发生的重大家国事件。据《长生殿·自序》云,该剧是借天宝遗事,以寓"乐极哀来,垂戒来世"之意。第24出《惊变》始写帝妃在御园宴乐,继写明皇闻报事变而惊;其乐而无度,其惊而无策。这场戏是由"乐"至"哀"的转折点,紧扣作者关于"乐极哀来,垂戒来世"的剧旨。

　　(丑上)"玉楼天半起笙歌,风送宫嫔笑语和。月殿影开闻夜漏,水晶帘卷近秋河。"咱家高力士,奉万岁爷之命,着咱在御花园中安排小宴,要与贵妃娘娘同来游赏,只得在此伺候。(生、旦乘辇,老旦、贴随后,二内侍引,行上)

[北中吕粉蝶儿]　天淡云闲,列长空数行新雁。御园中秋色斓斑:柳添黄,蘋减绿,红莲脱瓣。一抹雕阑,喷清香桂花初绽。

　　(到介)(丑)请万岁爷、娘娘下辇。(生、旦下辇介)(丑同内侍暗下)(生)妃子,朕与你散步一回者。(旦)陛下请。(生携旦手介)(旦)

[南泣颜回]　携手向花间,暂把幽怀同散。凉生亭下,风荷映水翩翻。爱桐阴静悄,碧沉沉并绕回廊看。恋香巢秋燕依人,睡银塘鸳鸯蘸眼[1]。

　　(生)高力士,将酒过来,朕与娘娘小饮数杯。(丑)宴已排在亭上,请万岁爷、娘娘上宴。(旦作把盏,生止住介)妃子坐了。

[北石榴花] 不劳你玉纤纤高捧礼仪烦,子待借小饮对眉山[2]。俺与你浅斟低唱互更番,三杯两盏,遣兴消闲。妃子,今日虽是小宴,倒也清雅。回避了御厨中,回避了御厨中烹龙炰凤堆盘案,咿咿哑哑乐声催趲。只几味脆生生,只几味脆生生蔬和果清肴馔,雅称你仙肌玉骨美人餐。

妃子,朕与你清游小饮,那些梨园旧曲[3],都不耐烦听他。记得那年在沉香亭上赏牡丹,召翰林李白草《清平调》三章,令李龟年度成新谱[4],其词甚佳。不知妃子还记得么?(旦)妾还记得。(生)妃子可为朕歌之,朕当亲倚玉笛以和。(旦)领旨。(老旦进玉笛,生吹介)(旦按板介)

[南泣颜回] 花繁、秾艳想容颜。云想衣裳光璨[5],新妆谁似,可怜飞燕娇懒[6]。名花国色,笑微微常得君王看。向春风解释春愁,沉香亭同倚栏干[7]。

(生)妙哉,李白锦心,妃子绣口,真双绝矣。宫娥,取巨觞来,朕与妃子对饮。(老旦、贴送酒介)(生)

[北斗鹌鹑] 畅好是喜孜孜驻拍停歌[8],喜孜孜驻拍停歌,笑吟吟传杯送盏。妃子干一杯,(作照干介)不须他絮烦烦射覆藏钩[9],闹纷纷弹丝弄板。(又作照杯介)妃子,再干一杯。(旦)妾不能饮了。(生)宫娥每,跪劝。(老旦、贴)领旨。(跪旦介)娘娘,请上这一杯。(旦勉饮介)(老旦、贴作连劝介)(生)我这里无语持筯仔细看,早子见花一朵上腮间[10]。(旦作醉介)妾真醉矣。(生)一会价软哈哈柳軃花欹[11],软哈哈柳軃花欹,困腾腾莺娇燕懒。

妃子醉了,宫娥每,扶娘娘上辇进宫去者。(老旦、贴)领旨。(作扶旦起介)(旦作醉态呼介)万岁!(老旦、贴扶旦行)(旦作醉态介)

[南扑灯蛾] 态恹恹轻云软四肢[12],影漾漾空花乱双眼,娇怯怯柳腰扶难起,困沉沉强抬娇腕,软设设金莲倒褪[13],乱松松香肩軃云鬟,美甘甘思寻凤枕,步迟迟倩宫娥搀入绣帏间[14]。

(老旦、贴扶旦下)(丑同内侍暗上)(内击鼓介)(生惊介)何处鼓声骤发?(副净急上[15])"渔阳鼙鼓动地来,惊破霓裳羽衣曲[16]。"(问丑介)万岁爷在那里?(丑)在御花园内。(副净)军情紧急,不免径入。(进见介)陛下,不好了。安禄山起兵造反,杀过潼关[17],不日就到长安了。(生大惊介)守关将士何在?(副净)哥舒翰兵败[18],已降贼了。(生)

[北上小楼] 呀,你道失机的哥舒翰……称兵的安禄山,赤紧的离了渔阳[19],陷了东京[20],破了潼关。唬得人胆战心摇,唬得人胆战心摇,肠慌腹热,魂飞魄散,早惊破月明花粲。

卿有何策,可退贼兵?(副净)当日臣曾再三启奏,禄山必反,陛下不听,今日果应臣言。事起仓卒,怎生抵敌?不若权时幸蜀[21],以待天下勤王[22]。

（生）依卿所奏。快传旨，诸王百官，即时随驾幸蜀便了。（副净）领旨。（急下）（生）高力士，快些整备军马。传旨令右龙武将军陈元礼，统领羽林军士三千扈驾前行[23]。（丑）领旨。（下）（内侍）请万岁爷回宫。（生转行叹介）唉，正尔欢娱，不想忽有此变，怎生是了也！

[南扑灯蛾]　稳稳的宫庭宴安，扰扰的边廷造反。冬冬的鼙鼓喧，腾腾的烽火颤[24]。的溜扑碌臣民儿逃散[25]，黑漫漫乾坤覆翻，碜磕磕社稷摧残[26]，碜磕磕社稷摧残。当不得萧萧飒飒西风送晚，黯黯的一轮落日冷长安。

（向内问介）宫娥每，杨娘娘可曾安寝？（老旦、贴内应介）已睡熟了。（生）不要惊他，且待明早五鼓同行。（泣介）天那，寡人不幸，遭此播迁[27]，累他玉貌花容，驱驰道路，好不痛心也！

[南尾声]　在深宫兀自娇慵惯，怎样支吾蜀道难！（哭介）我那妃子呵，愁杀你玉软花柔，要将途路趱。

宫殿参差落照间[28]，卢　纶　　渔阳烽火照函关[29]。吴　融
遏云声绝悲风起[30]，胡　曾　　何处黄云是陇山[31]。武元衡

徐朔方校注《长生殿》，人民文学出版社1958年版

[注释]

　　[1] 蘸眼：耀眼。

　　[2] 子待：只待，只要。眉山：《西京杂记》卷二："（卓）文君姣好，眉色如远望山。"后以眉山形容女子秀丽的眉毛。

　　[3] 梨园：唐玄宗时教练宫廷歌舞艺人的地方。

　　[4] 李龟年：唐代宫廷乐师。

　　[5] "花繁"二句：由李白《清平调词三首》其一"云想衣裳花想容"句化来，以花喻容貌，以云喻衣裳。秾艳：花木繁盛艳丽。

　　[6] "新妆谁似"二句：由李白《清平调词三首》其二"借问汉宫谁得似，可怜飞燕倚新妆"句化来。飞燕，即汉成帝赵皇后，《汉书·外戚传下·孝成赵皇后》："孝成赵皇后，本长安宫人……学歌舞，号曰飞燕。"

　　[7] "名花国色"四句：由李白《清平调词三首》其三化来，词曰："名花倾国两相欢，长得君王带笑看。解释春风无限恨，沉香亭北倚阑干。"

　　[8] 畅好是：恰好是。

　　[9] 射覆：一种破字谜酒令。藏钩：一种游戏，拳中藏物，令人猜。

　　[10] 早子见：确只见。

　　[11] 软咍咍（hāi）：软绵绵。軃（duǒ）：下垂。攲（qī）：歪斜。

　　[12] 态恹恹（yān）：如同有病的样子。

　　[13] 软设设：软绵绵。

[14] 倩(qiàn):请。

[15] 副净:元杂剧和清传奇中居于次要地位的净角,这里扮杨国忠。杨国忠,本名钊,为杨贵妃之堂兄,得明皇之宠,赐名国忠。官至右相,结党营私,权倾内外。在随明皇往蜀的路上,被士兵杀死。

[16] "渔阳鼙鼓"二句:出自白居易《长恨歌》。渔阳,今天津市蓟县,唐蓟州的治所。霓裳羽衣曲,唐代宫廷乐舞曲,传说由唐明皇参与创作,杨贵妃主歌舞,其舞乐、服装均着力表现缥渺的仙境和仙女形象。

[17] 潼关:在今陕西省潼关县境,古代为陕、晋、豫之要冲。

[18] 哥舒翰:突厥族哥舒部人,唐天宝间任陇右节度使兼河西节度使,封西平郡王,安禄山叛变,为兵马副元帅,后战败被俘。

[19] 赤紧的:当真的,实在的。

[20] 东京:今河南省洛阳市。汉光武帝由长安迁都洛阳,自此有东京、西京称谓,唐时沿用此称。

[21] 幸蜀:皇帝亲临四川。

[22] 勤王:朝廷有难,起兵救助,叫勤王。

[23] 扈驾:随从保驾。

[24] 黫(yān):黑色。

[25] 的溜扑碌:快乱而无秩序的样子。

[26] 磣(chěn)磕磕:极凄惨的样子。磣:此处用同"惨"。

[27] 播迁:流离迁徙。

[28] 宫殿参差落照间:出自唐诗人卢纶《长安宫望》诗。殿:又作"阙"。

[29] 渔阳烽火照函关:出自唐诗人吴融《华清宫四首》之二。

[30] 遏云声绝悲风起:出自唐诗人胡曾《铜雀台》诗。

[31] 何处黄云是陇山:出自唐诗人武元衡《摩诃池送李侍御之凤翔》诗。山:当作"间"。

※ 进　　果

[过曲·柳穿鱼] (末扮使臣持竿、挑荔枝篮,作鞭马急上)一身万里跨征鞍,为进荔支受艰难。上命遣差不由己,算来名利怎如闲!巴得个、到长安,只图贵妃看一看。

自家西州道使臣,为因贵妃杨娘娘,爱吃鲜荔枝,奉敕涪州,年年进贡。天气又热,路途又远,只得不惮辛勤,飞马前去。(作鞭马重唱"巴得个"三句跑下)

〔撼动山〕（副净扮使臣持荔枝篮、鞭马急上）海南荔子味尤甘,杨娘娘偏喜啖。採时连叶包,缄封贮小竹篮。献来晓夜不停骖,一路里怕躭,望一站也么奔一站!

自家海南道使臣。只为杨娘娘爱吃鲜荔枝,俺海南所产,胜似涪州,因此敕与涪州并进。但是俺海南的路儿更远,这荔枝过了七日,香味便减,只得飞驰赶去。（鞭马重唱"一路里"二句跑下）

〔十棒鼓〕（外扮老田夫上）田家耕种多辛苦,愁旱又愁雨。一年靠这几茎苗,收来半要偿官赋,可怜能得几粒到肚! 每日盼成熟,求天拜神助。

老汉是金城县东乡一个庄家。一家八口,单靠着这几亩薄田过活。早间听说进鲜荔枝的使臣,一路上捎着径道行走,不知踏坏了人家多少禾苗! 因此,老汉特到田中看守。（望介）那边两个算命的来了。

（小生扮算命瞎子手持竹板,净扮女瞎子弹弦子,同行上）

〔蛾郎儿〕 住褒城,走咸京,细看流年与五星。生和死,断分明,一张铁口尽闻名。瞎先生,真灵圣,叫一声赛神仙,来算命。

（净）老的,我走了几程,今日脚疼,委实走不动。不是算命,倒在这里挣命了。（小生）妈妈,那边有人说话,待我问他。（叫介）借问前面客官,这里是什么地方了? （外）这是金城东乡,与渭城西乡交界。（小生斜揖介）多谢客官指引。（内铃响,外望介）呀! 一队骑马的来了。（叫介）马上长官,往大路上走,不要踏了田苗! （小生一面对净语介）妈妈,且喜到京不远,我每叫向前去,雇个毛驴子与你骑。（重唱"瞎先生"三句走介）（末鞭马重唱前"巴得个"三句急上,冲倒小生、净下）（副净鞭马重唱前"一路里"二句急上,踏死小生下）（外跌脚向鬼门哭介）天啊! 你看一片田禾,都被那厮踏烂,眼见的没用了。休说一家性命难存,现今官粮紧急,将何办纳! 好苦也! （净一面作爬介）哎呀,踏坏人了,老的啊,你在那里? （作摸着小生介）呀,这是老的。怎么不做声,敢是踏昏了? （又摸介）哎呀,头上湿渌渌的。（又摸闻手介）不好了,踏出脑浆来了! （哭叫介）我那天呵,地方救命。（外转身作看介）原来一个算命先生,踏死在此。（净起斜揖介）只求地方,叫那跑马的人来偿命。（外）哎,那跑马的呵,乃是进贡鲜荔枝与杨娘娘的。一路上来,不知踏坏了多少人,不敢要他偿命。何况你这一个瞎子! （净）如此怎了! （哭介）我那老的呵,我原算你的命,是要倒路死的。只这个尸首,如今怎么断送! （外）也罢,你那里去叫地方,就是老汉同你抬去埋了罢。（净）如此多谢,我就跟着你做一家儿,可不是好! （同抬小生）（哭,诨下）（丑扮驿卒上）

〔小引〕 驿官逃,驿官逃,马死单单剩马膫。驿子有一人,钱粮没半分。拚受打和骂,将身去招架,将身去招架!

自家渭城驿中,一个驿子便是。只为杨娘娘爱吃鲜荔枝,六月初一是娘娘的生日,涪州、海南两处进贡使臣,俱要赶到。路由本驿经过,怎奈驿中钱粮没有分文,瘦马刚存一匹。本官怕打,不知逃往那里去了,区区就便权知此驿。只是使臣到来,如何应付?且自由他!(末飞马上)

〔急急令〕 黄尘影内日衔山,赶赶赶,近长安。(下马介)驿子,快换马来。(丑接马,末放果篮、整衣介)(副净飞马上)一身汗雨四肢瘫,趱趱趱,换行鞍。

(下马介)驿子,快换马来。(丑接马,副净放果篮,与末见介)请了,长官也是进荔枝的?(末)正是。(副净)驿子,下程酒饭在那里?(丑)不曾备得。(末)也罢,我每不吃饭了,快带马来。(丑)两位爷在上,本驿只剩有一匹马,但凭那一位爷骑去就是。(副净)咦,偌大一个渭城驿,怎么只有一匹马!快唤你那狗官来,问他驿马那里去了?(丑)若说起驿马,连年都被进荔枝的爷每骑死了。驿官没法,如今走了。(副净)既是驿官走了,只问你要。(丑指介)这棚内不是一匹马么?(末)驿子,我先到,且与我先骑了去。(副净)我海南的来路更远,还让我先骑。(末作向内介)

〔恁麻郎〕 我只先换马,不和你斗口。(副净扯介)休恃强,惹着我动手。(末取荔枝在手介)你敢把我这荔枝乱丢!(副净取荔枝向末介)你敢把我这竹笼碎扭!(丑劝介)请罢休,免气吼,不如把这匹瘦马同骑一路走!

(副净放荔枝打丑介)咦,胡说!

〔前腔〕 我只打你这泼腌臜死囚!(末放荔枝打丑介)我也打你这放刁顽贼头!(副净)克官马,嘴儿太油。(末)误上用,胆儿似斗。(同打介)(合)鞭乱抽,拳痛殴,打得你难捱,那马自有!

〔前腔〕 (丑叩头介)向地上连连叩头,望台下轻轻放手。(末、副净)若要饶你,快换马来。(丑)马一匹驿中现有,(末、副净)再要一匹。(丑)第二匹实难补凑。(末、副净)没有只是打!(丑)且慢扭,请听剖,我只得脱下衣裳与你权当酒!

(脱衣介)(末)谁要你这衣裳!(副净作看衣、披在身上介)也罢,赶路要紧。我原骑了那马,前站换去。(取果上马,重唱前"一路里"二句跑下)(末)快换马来我骑。(丑)马在此。(末取果上马,重唱前"巴得个"三句跑下)(丑吊场)咳!杨娘娘,杨娘娘,只为这几个荔枝呵!

铁关金锁彻明开,崔液　黄纸初飞敕字回。元稹
驿骑鞭声砉流电,李郢　无人知是荔枝来。杜牧

徐朔方校注《长生殿》,人民文学出版社1958年版

〔参考文献〕

1. 徐朔方:《〈长生殿〉前言》,《长生殿》,人民文学出版社1958年版。
2. 董每戡:《长生殿论》,《五大名剧论》,人民文学出版社1984年版。

孔尚任

孔尚任（1648—1718），字聘之，一字季重，号东塘，别号岸堂、云亭山人。曲阜（今属山东）人。孔子六十四代孙。青年时期，在曲阜东北结庐读书。其时从族兄孔方训处了解到不少关于南明兴亡的遗事，又阅读了相关笔记，开始构思《桃花扇》传奇。康熙二十三年（1684）圣祖玄烨南巡，回京途中到曲阜祭祀孔子，孔尚任被荐举在御前讲经，得圣祖赏识，特授国子监博士。康熙二十五年（1686）随工部侍郎孙在丰往淮扬疏浚河口，在江南结识了南明遗老冒辟疆、邓孝威、杜于皇、僧石涛等人，拜谒了明故宫和明孝陵，凭吊了史可法的衣冠冢，并拜访了道士张瑶星，对南明史有了进一步了解。康熙三十三年（1694）与顾彩合编传奇《小忽雷》脱稿并上演。翌年迁户部主事。康熙三十八年（1699）《桃花扇》经几易其稿而问世。当时孔尚任对曲律还不甚精通，有关曲韵事多靠顾氏之助。

桃花扇（却奁）

[解题]

《桃花扇》借复社文人侯方域和秦淮名妓李香君的离合之情，写南明兴亡之感。该剧摆脱了一般传奇剧演述"才子佳人"的俗套，将爱情纠葛与复社文人与阉党残余的尖锐斗争、李自成攻占北京、明崇祯帝自杀、南明小朝廷建立、宫内政治角逐、清兵先后攻破两京等一系列重大的事件串合起来，这就使一段本来十分普通的姻缘显得极不寻常。这无疑是吸收了《浣纱记》的创作经验。《桃花扇小引》云："《桃花扇》一剧，皆南朝新事，父老犹有存者。场上歌舞，局外指点，知三百年之基业，隳于何人，败于何事，消于何年，歇于何地。不独令观者感慨涕零，亦可惩创人心，为末世之一救矣。"相当明确地道出了其总结明亡之因、惩人警世的剧旨。该剧极力抨击了阉党残余马士英、阮大铖的私欲卑鄙的嘴脸，以及福王朱由崧的荒淫腐败，对东林党之流派复社名士给予了一定的同情，并高歌了李香君深明大义、坚贞不渝的节操。《却奁》是该剧的第七出。当得知妆奁的真实来历以及阮大铖送妆奁的目的时，李香君的一席话既是对侯方域的谆谆告诫，又是对马、阮之流的猛烈抨击，而拔簪脱裙的"却奁"之举，更充分体现了她出淤泥而不染、嫉恶如仇的崇高品格，其形象光彩四射。

癸未三月[1]

(杂扮保儿掇马桶上[2])龟尿龟尿[3],撒出小龟;鳖鱼鳖血,变成小鳖。龟尿鳖血,看不分别;鳖血龟尿,说不清白。看不分别,混了亲爹;说不清白,混了亲伯。(笑介)胡闹,胡闹!昨日香姐上头[4],乱了半夜;今日早起,又要刷马桶,倒溺壶,忙个不了。那些孤老、表子,还不知搂到几时哩[5]。(刷马桶介)

[夜行船] (末)人宿平康深柳巷[6],惊好梦门外花郎[7]。绣户未开,帘钩才响,春阴十层纱帐。

下官杨文骢[8],早来与侯兄道喜[9]。你看院门深闭,侍婢无声,想是高眠未起。(唤介)保儿,你到新人窗外,说我早来道喜。(杂)昨夜睡迟了,今日未必起来哩。老爷请回,明日再来罢。(末笑介)胡说!快快去问。(小旦内问介)保儿!来的是那一个?(杂)是杨老爷道喜来了。(小旦忙上)倚枕春宵短,敲门好事多。(见介)多谢老爷,成了孩儿一世姻缘。(末)好说。(问介)新人起来不曾?(小旦)昨晚睡迟,都还未起哩。(让坐介)老爷请坐,待我去催他。(末)不必,不必。(小旦下)

[步步娇] (末)儿女浓情如花酿,美满无他想,黑甜共一乡[10]。可也亏了俺帮衬,珠翠辉煌,罗绮飘荡,件件助新妆,悬出风流榜。

(小旦上)好笑,好笑!两个在那里交扣丁香[11],并照菱花,梳洗才完,穿戴未毕。请老爷同到洞房,唤他出来,好饮扶头卯酒[12]。(末)惊却好梦,得罪不浅。(同下)(生、旦艳妆上)

[沉醉东风] (生、旦)这云情接着雨况,刚搔了心窝奇痒,谁搅起睡鸳鸯。被翻红浪,喜匆匆满怀欢畅。枕上余香,帕上余香,消魂滋味,才从梦里尝。

(末、小旦上)(末)果然起来了,恭喜,恭喜!(一揖,坐介)(末)昨晚催妆拙句[13],可还说的入情么。(生揖介)多谢!(笑介)妙是妙极了,只有一件。(末)那一件?(生)香君虽小,还该藏之金屋[14]。(看袖介)小生衫袖,如何着得下?(俱笑介)(末)夜来定情,必有佳作。(生)草草塞责,不敢请教。(末)诗在那里?(旦)诗在扇头。(旦向袖中取出扇介)(末接看介)是一柄白纱宫扇。(嗅介)香的有趣。(吟诗介)妙,妙!只有香君不愧此诗。(付旦介)还收好了。(旦收扇介)

[园林好] (末)正芬芳桃香李香,都题在宫纱扇上;怕遇着狂风吹荡,须紧紧袖中藏,须紧紧袖中藏。

(末看旦介)你看香君上头之后,更觉艳丽了。(向生介)世兄有福,消此尤物[15]。(生)香君天姿国色,今日插了几朵珠翠,穿了一套绮罗,十分花貌,又添二分,果然可爱。(小旦)这都亏了杨老爷帮衬哩。

[江儿水] 送到缠头锦[16],百宝箱,珠围翠绕流苏帐[17],银烛笼纱通宵亮,金杯劝酒合席唱。今日又早早来看,恰似亲生自养,赔了妆奁,又早敲门来望。
(旦)俺看杨老爷,虽是马督抚至亲[18],却也拮据作客,为何轻掷金钱,来填烟花之窟?在奴家受之有愧,在老爷施之无名;今日问个明白,以便图报。(生)香君问得有理,小弟与杨兄萍水相交,昨日承情太厚,也觉不安。(末)既蒙问及,小弟只得实告了。这些妆奁酒席,约费二百余金,皆出怀宁之手[19]。(生)那个怀宁?(末)曾做过光禄的阮圆海[20]。(生)是那皖人阮大铖么?(末)正是。(生)他为何这样周旋?(末)不过欲纳交足下之意。
[五供养] (末)羡你风流雅望,东洛才名[21],西汉文章[22]。逢迎随处有,争看坐车郎[23]。秦淮妙处[24],暂寻个佳人相傍,也要些鸳鸯被、芙蓉妆;你道是谁的,是那南邻大阮[25],嫁衣全忙。
(生)阮圆老原是敝年伯,小弟鄙其为人,绝之已久。他今日无故用情,令人不解。(末)圆老有一段苦衷,欲见白于足下。(生)请教。(末)圆老当日曾游赵梦白之门[26],原是吾辈。后来结交魏党[27],只为救护东林,不料魏党一败,东林反与之水火[28]。近日复社诸生[29],倡论攻击,大肆殴辱,岂非操同室之戈乎?圆老故交虽多,因其形迹可疑,亦无人代为分辨。每日向天大哭,说道:"同类相残,伤心惨目,非河南侯君,不能救我。"所以今日谆谆纳交。(生)原来如此,俺看圆海情辞迫切,亦觉可怜。就便真是魏党,悔过来归,亦不可绝之太甚,况罪有可原乎。定生、次尾[30],皆我至交,明日相见,即为分解。(末)果然如此,吾党之幸也。(旦怒介)官人是何说话,阮大铖趋附权奸,廉耻丧尽;妇人女子,无不唾骂。他人攻之,官人救之,官人自处于何等也?

[川拨棹] 不思想,把话儿轻易讲。要与他消释灾殃,要与他消释灾殃,也提防旁人短长[31]。官人之意,不过因他助俺妆奁,便要徇私废公;那知道这几件钗钏衣裙,原放不到我香君眼里。(拔簪脱衣介)脱裙衫,穷不妨;布荆人,名自香。
(末)阿呀!香君气性,忒也刚烈。(小旦)把好好东西,都丢一地,可惜,可惜!(拾介)(生)好,好,好!这等见识,我倒不如,真乃侯生畏友也[32]。(向末介)老兄休怪,弟非不领教,但恐为女子所笑耳。
[前腔] (生)平康巷,他能将名节讲;偏是咱学校朝堂[33],偏是咱学校朝堂,混奸贤不问青黄。那些社友平日重俺侯生者,也只为这点义气;我若依附奸邪,那时群起来攻,自救不暇,焉能救人乎。节和名,非泛常[34];重和轻,须审详。
(末)圆老一段好意,也还不可激烈。(生)我虽至愚,亦不肯从井救人。(末)既然如此,小弟告辞了。(生)这些箱笼,原是阮家之物,香君不用,留之无益,还求取去罢。(末)正是"多情反被无情恼[35],乘兴而来兴尽还。"

(下)(旦恼介)(生看旦介)俺看香君天姿国色,摘了几朵珠翠,脱去一套绮罗,十分容貌,又添十分,更觉可爱。(小旦)虽如此说,舍了许多东西,倒底可惜。

[尾声]　金珠到手轻轻放,惯成了娇痴模样,辜负俺辛勤做老娘。

(生)些须东西,何足挂念,小生照样赔来。(小旦)这等才好。

(小旦)花钱粉钞费商量,　　(旦)裙布钗荆也不妨,

(生)　只有湘君能解佩[36],　(旦)风标不学世时妆[37]。

王季思等校注《桃花扇》,人民文学出版社1959年版

[注释]

[1] 癸未:即明崇祯十六年(1643),明亡前一年。《桃花扇》每出正文之前,均标示故事发生的年月。

[2] 保儿:妓院中的男仆。

[3] "龟尿龟尿"以下十二句:是保儿的一段插科打诨,意谓妓院生活中,妓女所生之子,难辨其父是谁。

[4] 香姐:即李香君。上头:娼家处女第一次接客。

[5] 孤老:此指嫖客。表子:妓女。

[6] 平康:《开元遗事》:"长安有平康坊,妓女所居之地。"后泛指妓院集中地,或径指妓院。柳巷:指妓院。

[7] 花郎:卖花人。

[8] 杨文骢:杨龙友,字文骢,贵阳人,画家。崇祯时官江宁知县,被罢官;南明福王立,官兵备副使;唐王立,官兵部右侍郎,抗清而败,不屈而死。

[9] 侯兄:侯方域,字朝宗,河南商丘人。与方以智、冒襄、陈贞慧合称"四公子",为复社成员。清顺治时中乡试副榜。

[10] 黑甜:黑甜乡的略语,熟睡中的境界。

[11] 丁香:指形如丁香花的纽扣。

[12] 扶头卯酒:指振奋精神的晨酒。扶头:清醒头脑。卯酒:卯时喝的酒。卯时:清晨五点至七点。

[13] 催妆拙句:杨龙友称自己作的催妆诗。催妆诗:成婚之前,催新妇梳妆所赋的诗,概为古代抢婚的遗响,后为结婚的助兴诗。杨诗全文为:"生小倾城是李香,怀中婀娜袖中藏;缘何十二巫峰女,梦里偏来见楚王。"

[14] 藏之金屋:《汉武故事》:"(胶东王刘彻)数岁,长公主嫖(biāo)抱置膝上,问曰:'儿欲得妇不?'胶东王曰:'欲得妇。'长主……指其女问曰:'阿娇好不?'于是乃笑对曰:'好!若得阿娇作妇,当作金屋贮之也。'"

〔15〕尤物：指出色的美女。

〔16〕缠头锦：旧时艺伎演出结束时，宾客赏以罗锦，置于头上，称作"锦缠头"，此泛指赠给妓女的物品。

〔17〕流苏帐：用流苏装饰的帏帐。流苏：以羽毛或丝线制作的穗状垂饰。

〔18〕马督抚：马士英，号瑶草，贵州贵阳人，明万历进士，崇祯末任凤阳督抚。李自成入京后，拥福王立于南京，任东阁大学士、太保，起用阮大铖，迫害东林党和复社诸人。南京沦陷后，被清人所杀。

〔19〕怀宁：阮大铖，字集之，号园海、石巢、百子山樵，怀宁（今属安徽）人。明末时依附魏忠贤，后被废斥；南明福王时，得马士英重用，任兵部尚书，迫害东林党和复社诸人，后降清。

〔20〕光禄：即光禄卿，官名，掌管宫廷祭品、膳食、酒宴等职。

〔21〕东洛才名：与洛阳的才子齐名。东洛：即洛阳，自东汉始与西京长安对称"东京"，故有此称。

〔22〕西汉文章：文如西汉文章家，此与上句"东洛才名"互文。

〔23〕争看坐车郎：《晋书·潘岳传》："（岳）美姿仪……少时常挟弹，出洛阳道。妇人遇之者，皆连手萦绕，投之以果，遂满载以归。"此以潘岳"美姿仪"比喻侯方域之貌美。

〔24〕秦淮：当时南京秦淮河两岸为妓院积聚地。

〔25〕南邻大阮：即晋阮籍。据《世说新语·任诞》载：阮籍、阮咸居道南，诸阮居道北；道北富，道南贫。时有大小阮之称谓，大阮指阮籍，小阮指阮咸。此代指阮大铖。

〔26〕赵梦白：赵南星，字梦白，号侪鹤，高邑（今河北元氏）人，明万历进士，熹宗天启间任吏部尚书，因得罪魏忠贤而充军代州。为东林党中坚人物。

〔27〕魏党：以魏忠贤为首的阉党。

〔28〕水火：水火不容之略语。

〔29〕复社：明末由张溥等人发起，联合多种文人组织成立的一个政治色彩很浓的团体，为东林党的余脉。反对魏忠贤阉党，企图挽救明代，清顺治间被取缔。

〔30〕定生：陈贞慧，字定生，宜兴（今属江苏）人，复社重要成员。次尾：吴应箕，字次尾，贵池（今属安徽）人，复社重要成员。陈贞慧与吴应箕曾草写《留都防乱檄》，声讨阮大铖。

〔31〕短长：说短道长，议论。

〔32〕畏友：为人刚正，严于律己，敢说敢言，令朋友敬畏的人。

[33] 朝(cháo)堂：汉代正朝左右官议政的场所。

[34] 泛常：平常。

[35] 多情反被无情恼：语出苏轼《蝶恋花》词。

[36] 湘君：《楚辞·九歌·湘君》及《湘夫人》中的湘水神，因与"香君"谐音，故有此喻。解佩：把佩玉解下，此指却奁。《楚辞·九歌·湘君》中有"遗余佩兮醴浦"句。佩：玉制的饰物，此代指妆奁。

[37] 风标：风姿仪态。

※骂　　筵

乙酉正月

[缕缕金]（副净扮阮大铖吉服上）风流代，又遭逢，六朝金粉样，我偏通。管领烟花，衔名供奉。簇新新帽乌衬袍红，皂皮靴绿缝，皂皮靴绿缝。

（笑介）我阮大铖，亏了贵阳相公破格提掣，又取在内庭供奉；今日到任回来，好不荣耀。且喜今上性喜文墨，把王铎补了内阁大学士，钱谦益补了礼部尚书。区区不才，同在文学侍从之班；天颜日近，知无不言。前日进了四种传奇，圣心大悦；立刻传旨，命礼部采选宫人，要将《燕子笺》被之声歌，为中兴一代之乐。我想这本传奇，精深奥妙，倘被俗手教坏，岂不损我文名。因而乘机启奏："生口不如熟口，清客强似教手。"圣上从谏如流，就命广搜旧院，大罗秦淮，拿了清客妓女数十余人，交与礼部拣选。前日验他色艺，都只平常；还有几个有名的，都是杨龙友旧交，求情免选，下官只得勾去。昨见贵阳相公说道："教演新戏是圣上心事，难道不选好的，倒选坏的不成。"只得又去传他，尚未到来。今乃乙酉新年人日佳节，下官约同龙友，移樽赏心亭；邀俺贵阳师相，饮酒看雪。早已吩咐把新选的妓女，带到席前验看。正是：花柳笙歌隋事业，谈谐裙屐晋风流。（下）

[黄莺儿]（老旦扮卞玉京道妆背包急上）家住蕊珠宫，恨无端业海风，把人轻向烟花送。喉尖唱肿，裙腰舞松，一生魂在巫山洞。俺卞玉京，今日为何这般打扮，只因朝廷搜拿歌妓，逼俺断了尘心。昨夜别过姊妹，换上道妆，飘然出院，但不知那里好去投师。望城东云山满眼，仙界路无穷。

（飘飘下）（副净、外、净扮丁继之、沈公宪、张燕筑三清客上）

[皂罗袍]（副净）正把秦淮箫弄，看名花好月，乱上帘栊。凤纸签名唤乐工，南朝天子春心动。我丁继之年过六旬，歌板久抛；前日托过杨老爷，免我前往，怎的今日又传起来了。（外净）俺两个也都是免过的，不知又传，有何话说。（副净拱介）两位老弟，大家商量，我们一班清客，感动皇爷，召去教歌，也不是容易的。

（外净）正是。（副净）二位青年上进，该去走走，我老汉多病年衰，也不望甚么际遇了。今日我要躲过，求二位遮盖一二。（外）这有何妨，太公钓鱼，愿者上钩。（净）是是！难道你犯了王法，定要拿去审问不成。（副净）既然如此，我老汉就回去了。（回行介）急忙回首，青青远峰；逍遥寻路，森森乱松。（顿足介）若不离了尘埃，怎能免得牵绊。（袖出道巾、黄绦换介）（转头呼介）二位看俺打扮罢，道人醒了扬州梦。

　　（摇摆下）（外）咦！他竟出家去了，好狠心也。（净）我们且坐廊下晒暖，待他姊妹到来，同去礼部过堂。（坐地介）（小旦扮寇白门，丑扮郑妥娘，杂扮差役跟上）（小旦）桃片随风不结子。（丑）柳绵浮水又成萍。（望介）你看老沈老张不约俺一声儿，先到廊下向暖，我们走去，打他个耳刮子。（相见，诨介）（外问杂介）又传我们到那里去？（杂）传你们到礼部过堂，送入内庭教戏。（外）前日免过俺们了。（杂）内阁大老爷不依，定要借重你几个老清客哩。（净）是那几个？（杂）待我瞧瞧票子。（取票看介）丁继之、沈公宪、张燕筑。（问介）那姓丁的如何不见？（外）他出家去了。（杂）既出了家，没处寻他，待我回官罢！（向净、外介）你们到了的，竟往礼部过堂去。（净）等他姊妹到齐着。（杂）今日老爷们秦淮赏雪，吩咐带着女客，席上验看哩。（外、净）既是这等，我们先去了。正是：传歌留乐府，屦笛傍宫墙。（下）（杂看票问小旦介）你是寇白门么？（小旦）是。（杂问丑介）你是卞玉京么？（丑）不是，我是老妥。（杂）是郑妥娘了。（问介）那卞玉京呢？（丑）他出家去了。（杂）咦！怎么出家的都配成对儿。（问介）后边还有一个脚小走不上来的，想是李贞丽了？（小旦）不是，李贞丽从良去了！（杂）我方才拉他下楼，他说是李贞丽，怎的又不是？（丑）想是他女儿顶名替来的。（杂）母子总是一般，只少不了数儿就好了。（望介）他早赶上来也。

〔忒忒令〕（旦）下红楼残腊雪浓，过紫陌早春泥冻；不惯行走，脚儿十分痛。传凤诏，选蛾眉，把丝鞭，骑骄马；催花使乱拥。

　　奴家香君，被捉下楼，叫去学歌，是俺烟花本等，只有这点志气，就死不磨。（杂喊介）快些走动！（旦到介）（小旦）你也下楼了，屈尊，屈尊。（丑）我们造化，就得服侍皇帝了。（旦）情愿奉让罢。（同行介）（杂）前面是赏心亭了，内阁马老爷，光禄阮老爷，兵部杨老爷，少刻即到。你们各人整理伺候。（杂同小旦、丑下）（旦私语介）难得他们凑来一处，正好吐俺胸中之气。

〔前腔〕　赵文华陪着严嵩，抹粉脸席前趋奉；丑腔恶态，演出真鸣凤。俺做个女祢衡，挝渔阳，声声骂；看他懂不懂。

　　（净扮马士英，副净扮阮大铖，末扮杨文骢，外、小生扮从人喝道上）（旦避下）（副净）琼瑶楼阁朱微抹。（末）金碧峰峦粉细勾。（净）好一派雪景也。（副净)这座赏心亭,原是看雪之所。(净)怎么原是看雪之所?(副净)宋真宗曾出周昉雪图,赐与丁谓。说道:"卿到金陵,可选一绝景处张之。"因建此亭。(净看壁介)这壁上单条,想是周昉雪图了。(末)非也。这是画友蓝瑛新来见赠的。(净)妙妙!你看雪压钟山,正对图画,赏心胜地,无过此亭矣。(末吩咐介)就把炉、槛、游具,摆设起来。(外、小生设席坐介)(副净向净介)荒亭草具,忤爱高攀,着实得罪了。(净)说那里话。可笑一班小人,奉承权贵,费千金盛设,十分丑态,一无所取,徒传笑柄。(副净)晚生今日扫雪烹茶,清谈攀教,显得老师相高怀雅量,晚生辈也免了几笔粉抹。(净)呵呀!那戏场粉笔,最是利害,一抹上脸,再洗不掉;虽有孝子慈孙,都不肯认做祖父的。(末)虽然利害,却也公道,原以儆戒无忌惮之小人,非为我辈而设。(净)据学生看来,都吃了奉承的亏。(末)为何?(净)你看前辈分宜相公严嵩,何尝不是一个文人,现今《鸣凤记》里抹了花脸,着实丑看。岂非赵文华辈奉承坏了。(副净打恭介)是是!老师相是不喜奉承的,晚生惟有心悦诚服而已。(末)请酒!(同举杯介)(副净问外介)选的妓女,可曾叫到了么?(外禀介)叫到了。(杂领众妓叩头介)(净细看介)(吩咐介)今日雅集,用不着他们,叫他礼部过堂去罢。(副净)特令到此伺候酒席的。(净)留下那个年小的罢。(从下)(净问介)他唤什么名字?(杂禀介)李贞丽。(净笑介)丽而未必贞也。(笑问副净介)我们扮过陶学士了,再扮一折党太尉何如?(副净)妙妙!(唤介)贞丽过来斟酒唱曲。(旦摇头介)(净)为何摇头?(旦)不会。(净)呵呀!样样不会,怎称名妓。(旦)原非名妓。(掩泪介)(净)你有甚心事,容你说来。

[江儿水] (旦)妾的心中事,乱似蓬,几番要向君王控。拆散夫妻惊魂迸,割开母子鲜血涌,比那流贼还猛。做哑装聋,骂着不知惶恐。

(净)原来有这些心事。(副净)这个女子却也苦了。(末)今日老爷们在此行乐,不必只是诉冤了。(旦)杨老爷知道的,奴家的冤苦,也值当不的一诉。

[五供养] 堂堂列公,半边南朝,望你峥嵘。出身希贵宠,创业选声容,后庭花又添几种。把俺胡撮弄,对寒风雪海冰山,苦陪觞咏。

(净怒介)咦!这妮子胡言乱道,该打嘴了。(副净)闻得李贞丽,原是张天如、夏彝仲辈品题之妓,自然是放肆的。该打该打!(末)看他年纪甚小,未必是那个李贞丽。(旦恨介)便是他待怠的!

[玉交枝] 东林伯仲,俺青楼皆知敬重。干儿义子从新用,绝不了魏家种。(副净)好大胆,骂的是那个,快快采去丢在雪中。(外采旦推倒介)(旦)冰肌雪肠原自同,铁心石腹何愁冻。(副净)这奴才,当着内阁大老爷,这般放肆,叫我们都开罪了。可恨可恨!(下席踢旦介)(末起拉介)(净)罢罢!这样奴才,何难处死,只

怕妨了俺宰相之度。(末)是是！丞相之尊，娼女之贱，天地悬绝，何足介意。(副净)也罢！启过老师相，送入内庭，拣着极苦的脚色，叫他去当。(净)这也该的。(末)着人拉去罢！(杂拉旦介)(旦)奴家已拼一死。吐不尽鹃血满胸，吐不尽鹃血满胸。

(拉旦下)(净)好好一个雅集，被这奴才搅乱坏了。可笑，可笑！(副净、末连三揖介)得罪，得罪！望乞海涵，另日竭诚罢。(净)兴尽宜回春雪棹。(副净)客羞应斩美人头。(净、副净从人喝道下)(末吊场介)可笑香君才下楼来，偏撞两个冤对，这场是非免不了的；若无下官遮盖，香君性命也有些不妥哩。罢罢！选入内庭，倒也省了几日悬挂；只是媚香楼无人看守，如何是好？(想介)有了，画友蓝瑛托俺寻寓，就接他暂住楼上；待香君出来，再作商量。

赏心亭上雪初融，煮鹤焚琴宴巨公，

恼杀秦淮歌舞伴，不同西子入吴宫。

王季思等校注《桃花扇》，人民文学出版社1959年版

[参考文献]

1. 王季思：《〈桃花扇〉前言》，《桃花扇》，人民文学出版社1959年版。
2. 董每戡：《桃花扇论》，《五大名剧论》，人民文学出版社1984年版。

唐　英

唐英(1682—约1755)，字隽公，一字叔子，号蜗寄居士，又号陶人，雅号古柏先生。奉天(今辽宁沈阳)人。隶汉军正白旗。曾官内务府员外郎，直养心殿。雍正六年(1728)监督江西景德镇窑务。乾隆初，调九江关复监督窑务，并奉敕编陶冶图。其监造之瓷器，世称"唐窑"。作戏曲作品19种，今存杂剧《笳骚》、《芦花絮》、《女弹词》、《长生殿补阙》、《英雄报》、《十字坡》、《梅龙镇》、《面缸笑》等12种，传奇《转天心》、《巧换缘》、《天缘债》、《双钉案》、《梁上眼》5种，合称《古柏堂传奇》。其中半数以上是以地方戏改编而成的昆曲剧本。

面缸笑(打缸)

[解题]

《面缸笑》演河南阌(wén)乡妓女周腊梅到县衙请求从良，县官判她嫁吏役张才。书吏忌妒，怂恿县官派张才到山东办差。因新婚燕尔，张才未立即出发。

县府诸人以为张才已去,分别以贺喜为名前来纠缠周腊梅。张才沽酒回来,书吏、典史、县官被堵在其家,三人出尽其丑,只好以所谓遮羞钱"赎身"。全剧共4折,《打缸》为其第4折。这是一出闹剧,活脱脱地把一群好色之徒展现在读者和观众面前。该剧是由梆子腔改编而来的昆曲戏,第4出仍保留了一点梆子腔曲子。作者在改编中,保留了原作通俗质朴、幽默风趣的风格。唯个别插科打诨的语言显得过于庸俗。

（小生张才上）

[窣地锦裆]　无心折得老梅梢,纸帐梅花云雨巢。梅花别酒灞陵桥[1],空望梅枝渴怎消[2]？

（白）我张才,蒙县主将周氏腊梅批准为妻,又赏马房居住,领回今晚成亲。岂料山东贼案限满,当日我是原差,本县大爷发出公文一角[3],刻不容缓,着我今晚起程前去。妻子来家,虽未成亲,也要回去别他一别。只是新婚燕尔,这到口的淡菜,也要尝他点滋味才好。待我慢慢想个主意。来此已是马房了。开门。（旦上）嘶马漫惊窗内梦,落梅不作浪中花。你回来了？方才大爷传你去做什么？（小生）咳！官身人由不得自己。我与你今日百年好事,尚未成亲,偏偏遇着山东一宗盗案,当日我是原差,今日县主着我立刻往山东去关照缉捕。我再三禀告,只是不准。我只得阳奉阴违,今晚藏在家中,到底与你成就了好事,明早起身前去便了。只是你千万不可泄漏,告诉人说我在家里。（旦）晓得了。（小生）你且闭上门,待我去取壶酒来,与你吃三杯,大家高高兴兴,好偷干正经。（取壶介）咳！原是公堂真配偶,权为被底哑鸳鸯。（各下）（净、副、丑、小丑扮皂、马、厨、轿四人上,合唱）

[前腔]　马房无水浪生高,今夜鸿沟通鹊桥。公差梢棒捣窝巢,捣得声声慢不饶。

（净白）我们乃本县皂、厨、马、轿四行是也。妓女周腊梅告准从良[4],本官断与张才为妻。你我与张才同是衙门中伙伴,今日约齐,到马房中贺喜他一番。借闹帐为名[5],大家拿着周腊梅燥个空心脾顽顽,也是好的。（众）说得有理。你看天色已晚,就此前去。（皂）红带青衣帽子光。（厨）珍馐美味得先尝。（轿）四抬八座难离我。（马）出息吃穿马粪香。来此已是了。开门！（旦）是那个？（众）我们是同衙门伙伴,来与张才哥贺喜的。（旦在门内介）他奉公差往山东去了,不在家。（众私喜介）（净）唯,众位,张才既不在家,我们只说来送礼物的,骗他开了门,大家进去燥他一场脾。就是张才日后晓得了,也不好把你我怎样的。（众）说得有理。（又叫门介）开门。（旦）方才说了,他不在家,又叫门怎的？（众）我们送了许多礼物在此,他虽不在家,你也该开门收进去。(旦)既如此,待我来开门。(作开门,众进介)(众)腊梅姐,作揖恭喜!你从良是件好事,嫁得张才这样丈夫也不错。(旦)前生注定,大爷的恩典。(众)他今日果然去了么?(旦)果然去了。(众)论起理来,成了亲再去才是。这样的促急,只是苦了你了。(旦)上命差遣,概不由己。(净皂)腊梅姐,我无甚东西贺你,赊了壶酒在此,大家吃杯喜酒。(副马夫)我没有什么贺你,有碗滚热的料豆在此,倒是补肾养筋骨的东西,就拿他来下酒甚妙。(丑轿)我带了三个大吊桶底馂馂在此,是前日抬老爷下乡,在路上打中火剩下的[6],拿来送你当点心吃。(小丑厨)你们都不如我的好。(众)是什么东西?(小丑)我的是荤腥,两个大肉圆子,一箍鲁子肥灌肠。(旦)多谢!列位既来,请坐,吃杯酒。(净)腊梅姐!(众)咚!今日来贺喜,该叫张嫂子了。(净)是的。张嫂子,今日张才哥不在家,你唱支曲儿,我们听听。今后再不敢请教了。(旦)我近日学了两支昆腔,只怕不中听。(众)昆腔好!务必要请教。(旦)如此,不要笑话嗄!(众)好说,好说!请唱,请唱!(旦唱)

[皂罗袍]　只说新郎来到,原来是一班儿粗蠢囚牢。我寒梅不伍柳枝条[7],狂风痴雨蛮吹搅。脱不过站堂喝道,压肩挺腰;执鞭坠镫,调油炒椒。恼人心欲呕翻成笑!

(末上)马厩夜深书吏立,张才去淡腊梅眉。我,王书吏是也。周腊梅从良,本官断嫁张才。气他不过,是我变了个调虎离山的法儿,把张才差出。不免来同腊梅姐叙叙旧情,有何不可?来此已是。嗄!为何里面这等吵闹喧哗?敢是唱梆子腔么?待我在门缝里张张看。咦?原来是厨房、皂隶、轿夫、马牌子在这里作耗[8]。待我吓他们一吓。(叩门介)开门!开门!(旦对众白)外边何人叫门?待我去看看。(众白)想必也是衙门中朋友来贺喜的。去看看,放他进来,大家热闹热闹。(旦开门介)呀!原来是王先生到了。(末大声介)了不得,了不得!老爷即刻要出门拜客,晚间还要治酒请人。在那里传唤,众役都误了差。好几个不到,特着我四处找寻。不知他们都钻到那里去了?(众慌介,白)王先生,我们方才来这里,与张才哥贺喜的。如今误了差使,怎么好?王先生方便方便。(末)你们这起人都要死了,还不快跑!(众)是是是!贪燥他人脾,苦杀自己腿。(同奔下)(末)腊梅姐,请见礼。(旦还礼介)不敢。(末)腊梅姐,你今番改邪归正了。张才为人能干,我将来还要帮衬他。(旦)全仗王先生。(末)你这样大喜,我无物奉敬,带来几本历年的通书,与些笔、墨、银、朱[9],是我本房的出息,请收下。(旦)这几年的旧通书用不得了,这笔墨银朱,我要他何用?(末)怎么没用处?这通书补窗夹线,这笔墨抹鬓画眉,樱唇桃脸要胭脂,现成的银朱代替。(旦)多谢王先生。

（末）趁着张才哥不在家，唱个曲儿，咱们顽顽。往后各分了内外，怕就有些不便了。（旦）唱支梆子腔罢[10]？（末）好极好极！我最爱的是梆子腔。（旦唱）

[梆子腔排律]　院司道府县州堂，吏礼兵刑工户房。作弊蒙官奸似鬼，嚼民吞利狠如狼。捉生替死寻常事，改短为长竟不妨。婆惜老公真好汉[11]，暗龟明贼黑三郎[12]！

（末）唱的倒也好听，只是骂得太苦了些。（旦）打是疼，骂是爱。王先生，原来风月场中的情趣，你竟不晓得么？如此看来，你竟不如张三郎了[13]。（末）果然我不知情趣，该骂该骂！（副四衙上）查监捕盗官非小，窃玉偷香老更骚。我乃阌乡县典史[14]是也。周腊梅从良，堂翁断嫁张才[15]。今日新婚之夜，张才未得成亲，奉差远出。从来新人不空房，趁此更深人静，不免悄悄摸到他家，做个替身老新郎，有何不可？来此已是。开门！（旦）是谁？（副）是我，四老爷。（旦向末介）不好了，四老爷来了！你在那里躲一躲才好？（末）四老爷这个时候来做什么？待我去看来。（末捏鼻作女声介）外面何人叫门？（副）是你四老爷在此，快快开门！（末作吓跌向旦介）这怎么好？我在那里躲一躲才好？腊梅姐，你又开裤子裆，让我躲在里面罢！（旦）使不得。也罢，你在灶膛里躲躲罢。（末）也罢，也罢！千万不可烧火，一动火，我就要死了！（末作入灶下。旦开门介）（副作揖介）腊梅姐，恭喜！你嫁了张才，我并不知道。我若知道，我就娶了你。（旦）四老爷老了。（副）你四老爷那里算得老？过了明年，才九十岁。比起彭祖来[16]，我还是个粉嫩的娃娃哩！没有什么东西送你，带了一个时兴梳蓬头的篦子，一双镂空檀香木的高底儿[17]。从你头上，打扮到你脚底下。好不好？（旦）多谢四老爷！（副）腊梅姐，此时四顾无人，又是你个大喜的日子，你唱个钻心钻肺的曲儿，与你四老爷听听。再你家有酒，拿一壶来，咱们吃一杯何如？（旦）嗳！新立的人家，连酒钟、酒壶也没一件，那里讨酒去？（副作帽中取钟、裤中取出壶介）我先已想到这里，都带来了。（旦笑白）四老爷真正老在行！待奴斟起酒来，四老爷慢饮。奴唱支《清江引》你听听。（副）妙极！妙极！（旦唱）

[清江引]　怜伊官比芝麻小，宦况真苦恼。俸薪缺养廉[18]，堂上无批稿。还怕那大计时填"年老"[19]。

（副）多时不见，越发唱的好了！（净县官上）牙床谎假托私访，马圈潜行拜故人。腊梅从良，是我断配张才，那张才又是我差往山东公干，故此黑夜前来，要与腊梅叙叙旧情儿。来此已是。开门。（旦）是那个？（净）是我，堂上大爷。（旦）四老爷，堂上大爷来了，躲一躲方好。（副慌介）罢了，罢了，这怎么处？（上椅介）我上天罢？（又下钻介）要不，我入地罢！腊梅姐，你们家又没多余的房子,叫我在那里躲?(旦)也罢,躲在面缸里罢。(副)也罢,也罢!就躲在面缸里罢!(下)(旦开门介)嗄!大老爷来了!请进去坐。(净)腊梅姐,恭喜你,贺喜你!今早在堂上,原要请你坐谈坐谈。两旁衙役只管说"堂规"、"堂规",倒把我拘住了。得罪,得罪!(拜叩介)请见一礼,再磕上个头儿。(旦)阿呀!老爷是贵人,腊梅是贱人。蒙赏准从良,就感恩不尽了,那里还禁受得老爷的礼!岂不折杀了人?(净)从来说"人情大如王法",我老爷是个有礼多情再不忘旧的,所以今日特特来看你。张才这小厮,他年少能干,腰眼子上又有力量,所以我才把你配了他。看你面上,将来少不得还要照顾他几件好差使。(旦)多谢大老爷!(净)我大爷没有甚东西送你,有一条红绸裤儿,是奶奶的,才穿了一两遭儿;又一个罐罐儿,一根棒棒儿,都是有用的东西,特特拿来送你。(旦)裤儿好穿,这罐罐儿、棒棒儿要他如何?(净)这罐儿可以盛醋,又可以作蒜臼儿,就用这棒棒儿在里头捣蒜擂椒,若那张才在你跟前有些发懒,不出力的时节,就拿这棒棒儿打那驴球肏的!(旦)多谢大老爷!(净)我既来了,张才又不在家,你唱个曲儿,我听听。(旦)我有个《怕老婆》的曲儿,唱与大老爷听听。只是不要怪。(净)你唱你唱,我不怪你。(旦唱)

[清江引] 老爷堂上的威风大,回宅担惊怕。犹如淮鼓儿[20],又像秋千架。每日里受推敲吊着打。

(净)好嗄!这曲儿风骚的有趣,倒是官场中的通行时样。我老爷非但不怪,句句都唱在心眼儿里去了。(小生上)时人不识予心苦,将谓偷闲学误差。来此已是。开门!(旦向净介)不好了,张才回来了!大老爷躲一躲才好。(净慌介)这、这、这却如何是好?你叫我躲在那里去?我藏在你被窝里罢?(旦)不好。躲在床底下罢!(净)床底下腌臜得狠。(旦)将就些儿罢!(净躲介)(旦开门,小生进介)(旦)你回来了?(小生)回来了。取得一壶冷酒在此。(旦)冷酒不好吃,待我去灶上烫热了,咱们吃。(小生)你且在里面去,待我自去烫。(旦下)(小生作取火烧酒介)(末作被烧形走出介)(小生)呀!不好了!敢是灶王出现了?嗄!不是!嗄,你是王书吏呀?到我灶中藏着,是什么意思?(末作吓怔,不语介)(小生)你若不说,我就打了!(末低唱)

[耍孩儿] 张哥息怒休烦恼,我与你同门是旧交,竭诚贺喜今来到。你公差火动梅花棒,我书吏柴干灶底烧。莫道俺灞桥野兴无同调,还有个全身入瓮,面缸中踏雪寒郊。

(小生)如此说,面缸里还有人?待我取杠子打来!(作打介)(副出面缸介)(小生看,副作转身丑态介)(小生白)嗄!你是四老爷呀!到我家来做什么?(副)我、我、我来查夜的。(低唱)

[五煞] 做官的不惮劳,防匪窃到处瞧,地方干系要严查照。愁得我银须鹤发通身白,好一似古干梅花雪压梢,夜巡不用人抬轿。此一来恰如公会,集齐了吏役同僚。

(小生)四老爷既是查夜,怎么查到我家面缸里来了?这还有什么说处?(副)张才,你四老爷是年高有德,极是爱体面的人。你不要胡说乱道,待我四老爷与你判断这场官司罢!(小生)就请四老爷判断,看你怎么讲?(副)不要忙,不要忙,四爷叫张才,堂翁把你差,山东去公干,你黉夜跑回来。灶膛里烧出个胡书吏。(小生)他是王书吏,怎么又姓起胡来了?(副)原是姓王,如今被你烧胡了,只得要改姓了。面缸里打出个财神来。(小生)你是四老爷,怎么说是财神?(副)你看我浑身雪白,好像个大元宝,可不是个财神?清官难断家务事,请出床公床母来!(小生)那里又跑出"床公床母"来了?(副)腊梅算了床母,那床底下还有块人儿,岂不是床公?(小生)嗄!床底下还有一个?待我拉出来看。(作拉腿,随出随缩进,三次始出,纱帽胡须带草,坐,发怔不语介)(小生)嗄!你是堂上大老爷!也来到这里做什么?(净低唱)

[四煞] 谕张才莫声高,差你往山东把旧案销。你迟延规避将官藐。思量短笛把梅花弄,险被你搬折了梅枝压我的腰!得妻不想把恩官报,莫待我梅根潦草,快把那喜酒来浇。

(小生)我的妻子是你当堂断配的,并不是瞒人做事。你是官,我是役。我既有妻子,就分了内外了。你到我家来做什么?你是做官的人,就请你断一断。(净)待我老爷断与你听。唯,四寅翁[21],你这偌大的年纪,好没涵养!你来这里做什么?体面何在?官体何在?(副)卑职来查夜,是遵堂翁的功令来的。(净)既来查夜,为什么走到人家面缸里去了?岂有此理!(副)卑职原要到床底下去,恐怕占了堂翁的地方儿,故此在面缸里哝哝罢[22]!(净)如此说,承让承让!王书办,你这奴才尤其可笑,你来的已经不是了,怎么又钻到灶膛里去弄起火烛来?县衙乃监库重地,大有干系!万一烧把起来,怎么处?(末)书办从此经过,进来讨火吃烟。不想他家灶门小,进去就出不来了。(净)哇!胡说!听断!(唱)

[三煞] 王书吏秉笔刀,捕衙公县佐曹,二人嘴脸真堪笑!一个儿烟熏太岁须眉短,一个儿粉傅的何郎年纪高[23],其中皂白难分晓。向张才双双致礼,我劝他罢手开交。

(小生)怎么叫做致礼?(净)我叫四老爷、王书吏作你个揖儿,陪个不是儿就是了。(小生)我不要什么致礼,我要遮羞钱!(净)你要几个钱?(小生)听我道!(唱)

［二煞］　问刑房律有条，亶夜打死不饶。欲求松放须钱钞。王书吏十两松纹锭，典史须将廿两交。堂堂县主难轻少，五十两细丝八扣，称齐了一笔勾销。

（末）你要我十两银子，我身边没有，明日送来。（小生）明日这样的钱不好要。今日只要现成的。（末）讨个保人与你何如？（小生）使得，你去讨来。（末）四老爷，张才要我十两银子，我没现成的，求四老爷保一保。（副）要我保？王书办，这是体面钱，又有我个官府在内，明早绝早就要送来，是失不得信的。（末）明日务必送来。（副）罢了！张才，王书吏的十两银子，我四老爷保着，明早送来。（小生）既是四老爷保，放你去罢！（推末出介）（下）（小生）如今到四老爷的二十两了，快快拿来！（副）有、有、有！但我来查夜，不曾带得，明早与你送来。（小生）明早怕你翻脸发赖，今夜现要。（副）我今夜没有现成的，你又一定要，怎么处？也罢！也寻一保人何如？（小生）有结实保人，也使得。你去寻。（副）嗳！这时候门生、乡宦、当店、盐旗[24]，一个也不在跟前，教我去寻谁？也罢！不免寻堂翁保一保罢！（作欲前又退丑态介，打恭介）嗄！堂翁！（净）你如今要怎么？（副）张才要卑职二十两银子遮羞钱，卑职没有带来，请堂翁保一保，明日送来。（净）你要我保？这倒容易。但预先说过，只可保这一次，下次再做出这样没廉耻的事来，不但我不保你，我还要在各上司处通详你呢[25]！（副）是是是！领教，领教！（净）张才，四老爷的二十两银子我保着，明日送来。（小生）堂上大老爷保了，去罢。（推副出介）（下）（小生）如今到大老爷的四十两了。（净）四十两？不多，不多。只算我赏你做亲的。明日宅门上领。（小生）老爷是本官，小人是衙役，到了明日，就不敢要了，如今只要现成的。（净）我也寻个保人何如？（小生）那个保你？（旦暗上）（净）腊梅姐，看我准你从良的分上，你保一保罢！我这里作揖了。（旦）大老爷差矣！（唱）

［一煞］　我寒香已入罗浮梦[26]，不向东风斗丽娇。你探梅人错走了桃源道。我空山伴月甘清冷，你柳絮春风乱摆摇。自颠狂莫怪人奚落，速留下头尖纱帽，还脱却麟楦青袍[27]！

（白）大爷没银子，只须把纱帽圆领脱下，做个当头，明早银物两交就是了。（小生）老婆说得有理！就请脱下来！（净）张才，脱是脱，明日黎明就要送进内宅里来，老爷还要坐早堂呢！（小生）晓得。只要银物两交。（脱净衣帽，推出介）（小生同旦下）（净）咳！这是那里说起！（唱）

［清江引］　好笑好笑真好笑，梆子腔改昆调。床底下坐晚堂，查夜在面缸里炒，把一个王书吏活活的烧胡了。（下）

周育德点校《古柏堂戏曲集》，上海古籍出版社1987年版

[注释]

　　[1] 灞陵桥:也称灞桥,在今陕西省西安市城区东十公里灞水上。汉时为木制,隋时改用石建。汉、唐时长安人送客东行,多到此处折柳赠别。

　　[2] 空望梅枝渴怎消:此用曹操骗士卒"望梅止渴"的典故,见《世说新语·假谲》。

　　[3] 角:封。

　　[4] 从良:古代妓女归为乐籍,脱离乐籍嫁人叫"从良"。

　　[5] 闹帐:即闹洞房。

　　[6] 打中火:途中吃午饭。

　　[7] 不伍:不相与为伍。

　　[8] 作耗:胡作非为。

　　[9] 通书:历书。银朱:红色颜料。

　　[10] 梆子腔:流行于北方的戏曲声腔,其音乐特点是以硬木梆子作打击乐器以按节拍。最初形成的是陕甘一带的秦腔,后向东流布,而形成若干剧种,如山西梆子、河北梆子、河南梆子、山东梆子等。

　　[11] 婆惜:即《水浒传》中的阎婆惜,明传奇《水浒记》中叫阎婆息,京剧《乌龙院》中叫阎惜姣。宋江在郓城县做押司时,包养阎婆惜,而阎婆惜与另一押司张文远私通,并以宋江暗与梁山结交为由,逼宋江写休书,写后仍欲告官,宋江忍无可忍而杀之。

　　[12] 暗龟明贼黑三郎:即宋江。因阎婆惜暗地与人私通,故称宋江为"龟";因宋江与梁山相交,故称"贼";宋江在兄弟中排行第三,面黑身矮,于家大孝,于人仗义疏财,有"孝义黑三郎"的绰号。

　　[13] 张三郎:即张文远。

　　[14] 阌(wén)乡县:今属河南灵宝市。典史:古代县级以下掌管缉捕、监狱的属官。

　　[15] 堂翁:此对县官的尊称。

　　[16] 彭祖:传说中人物,尧帝封他于彭,善养生,有导引之术,活到八百岁。

　　[17] 高底儿:厚木鞋底。

　　[18] 养廉:即养廉银。清代俸禄制度规定,官吏除正俸外,还按职务等级另给银两,后部分所得即养廉银。

　　[19] 大计:明清时考核外官的制度。清代规定每三年进行一次,对州、县、府、道、司的官员层层考核,再汇总由督、抚最后考核,呈报吏部。

　　[20] 淮鼓儿:又称点鼓,厚木边,中高,四围渐低,用牛皮蒙面。某些剧种或民间乐曲用以击节。

[21] 寅翁：旧时对同僚的尊称。

[22] 哝哝：将就。

[23] 粉傅的何郎：三国魏何晏，字平叔。《世说新语·容止》："何平叔美姿仪，面至白，魏明帝疑其傅粉。"梁刘孝引《魏略》曰，何晏"粉白（一作帛）不去手，行步顾影"。故有"傅粉何郎"的绰号。

[24] 当店：当铺。盐旗：盐行。

[25] 通详：旧时下级向上级反映情况的文书。

[26] 罗浮梦：唐人小说《龙城录》：隋朝赵师雄迁罗浮，醉卧梅花树下，与梅花神幽会，醒后方知是梦境。

[27] 麟楦（xuàn）：即麒麟楦。唐代百戏演麒麟时，将制成的麒麟形覆在驴上，以驴代麒麟，人们把扮演麒麟的驴称作"麒麟楦"。后以"麒麟楦"讽刺徒有外表而无其实的人。

杨 潮 观

杨潮观（1712—1791），字宏度，号笠湖，金匮（今江苏无锡）人。少有神童之称，清雍正三年（1725）以七郡一州之士课试，见赏于江苏布政使鄂尔泰，时年十六。乾隆元年（1736）中恩科举人。先后在晋、豫、滇南、四川等地任知县、知州。性倜傥，嗜禅学，善诗文，喜词曲。做邛州知府时得卓文君妆台旧址，建吟风阁，唱诗顾曲其中。所作杂剧32种，合称《吟风阁杂剧》，《寇莱公思亲罢宴》即为其一种。另著有《左鉴》、《周礼指掌》、《心经指月》、《易象举隅》等，均已散佚。

※寇莱公思亲罢宴

罢宴，思罔极也。长言不足而嗟叹之，不自知其泪痕渍纸，哀丝急管，风木增声，恐听者与蓼莪俱废尔。

〔北中吕〕〔粉蝶儿〕（老旦扮刘婆扶杖上）白发青裙，画堂前尚蒙恩养。想当初独伴孤孀，今日个受黄封、膺紫诰，偌大风光！怎知道孟母先亡，倒是咱贱残生，趁着他暮年安享。

梅花雪压深难见，谁道春来香已遍？绕树还依画栋飞，旧时王谢堂前燕。自家寇丞相府中一个老婢子刘婆便是。我家相爷，官居一品，禄享千钟，才辞了军国平章，又拜了相州节度，出将入相，荫子封妻。你们只见他富贵当前，岂知他幼年孤露。当日太夫人青年守节，零丁孤苦，把他教养成名，不想今日荣华，太夫人早已辞世。如今府中，只有老婢子还是当初服侍太夫人的，因此上，相爷夫人念其旧日，留养府中，多蒙另眼相看，倒也十分自在。只是咱酒星照命，最是贪杯，虽则相府存身，实乃醉乡度日，终日醺醺，不省人事，因此府中上下，都叫我是个女刘伶，这也不在话下。明日是相爷千秋大庆，文武官僚，齐来上寿。听得今番的酒筵歌舞，比前异样丰华。你看笙歌醉饱僮奴队，罗绮光华婢妾身。眼见得咱又有一番侥幸了也！

［上小楼］ 清闲一向，幸衰鬓依然无恙。看到他贵子贤孙，兰桂齐芳，春满华堂。只笑我靠糟床，闻酒响，便喉咙搔痒。这是俺女刘伶，半边也那风样。

（副净扮院子跑上）宰相家人七品官。官不算，还要短一段。宰相肚里好撑船。船不软，还要转一转。（老旦）院子，为何这样慌张？（副净）老妈妈，你还不知道我的慌张，其实郎当。只因相爷庆寿，比前异样铺张，色色翻新换旧，差我前往苏扬。广征水陆千品，妙选妓乐成行。舞女珠围翠绕，歌童玉琢金装。不是贵人夸耀，怎得奴辈猖狂。领了雪花一万，嫖赌去了半方。谁知干事停当，小伙恨未分赃。撺掇相爷火发，带怒下了教场。回来就要发放，险些性命存亡。妈妈，烦你通个内信，夫人解劝从旁。但肯周旋则个，谢你手帕一方。（老旦）你是说些什么？我已醉的糊涂，听不明白，等我醒过来，你再说罢。（副净）好话！你的酒也难醒，我的事也难等。（下）（老旦）你看那院子，仓皇而去。我想起来，相爷福禄齐天，如此豪华，怎生还不知足？虽则贵人性大，也不该十分忘怀了。不免从回廊走将过去，看是如何？你看潭潭府第，画栋珠帘，列幕张灯，如同白昼。别院笙歌乍起，满阶珠翠齐迎，想是相爷教场回来了。（作跌介）阿呀！是什么将吾滑倒？一连跌了几交。

［幺篇］ 稳不住齐眉拄杖，猛将咱玉山颓放。原来是歌舞连宵，蜡泪千行，堆遍回廊。滑溜溜扒的忙，跌的慌，几乎把老身停当。咱正要借因由，去把那旧情来讲。

听得相爷夫人同在后堂，正好上前厮见。只怕的酒逢知己千钟少，话不投机半句多。（下）（外扮寇莱公戎装拥众上）赤手擎天一着高，生平从此显英豪。澶州事业相州节，不觉蝉冠已二毛。下官莱国公寇准。现在节度相州。今日，教场合营大操，事毕回来，不觉已是上灯时候。退下！（众下）（更衣介）不如意事，十常八九。只因下官初度，文武官僚，合当加礼酬答，欢宴军门，筵宴所需，都令翻新换旧，不料为采办家奴所误，以致不能成礼，因此心中十分不快，已曾吩咐将那厮绑出辕门，定当一顿处死。请夫人出堂！（旦扮寇夫人上）夫君镇大藩，象服称河山。治国难而易，齐家易却难。相公，当此千秋大庆,百福俱全,正该燕喜开怀,缘何却生烦恼?就是家奴无礼,处治何难。今当家庆之辰,且请停刑造福。(外)夫人有所不知,下官入参朝政,出总兵权,无令不行,无人不服,今乃家奴贱才,玩纵如此,家之不齐,岂能治国乎?(内老旦哭介)(外)你听是何人啼哭?唤他过来。(老旦上)(旦)原来是这风婆子。你是风了?醉了?怎到此啼哭起来?(老旦)老迈龙钟,在回廊走过,被几堆蜡烛滑倒,一连跌上两交。只为老婢子,是从不曾经过跌踏的,大意了些。(旦)想是跌痛了?(老旦)痛是不曾很痛。因此一跌,想起太夫人,不觉掉下泪来,失声一哭,刚被相爷夫人听见,合该万死。(外)你是怎地想起太夫人来也?(老旦)相爷,你自然忘了。老婢子还记得你幼年时节,自从先太爷亡后,并无遗下田园,太夫人百般哀苦,把你教养成名,那时节灯火寒窗,停针课读,就是你读书的灯油,都是太夫人十指上做出来供应你的,你如今功成名遂,富贵荣华,每夜府中辉煌灿烂,四壁厢高烧绛烛,遍地里是蜡泪成堆,真那彼一时此一时,可怜当日太夫人的苦楚,竟不曾受享你一日!

〔满庭芳〕 想当初辛勤教养,他挑灯伴读落叶寒窗,那有余辉东壁分光亮。单仗着十指缝裳,继膏油叫你读书朗朗,拈针线见他珠泪双双。真凄怆,到如今,怎金莲银炬照不见你憔悴老萱堂?

想到其间,老婢子不觉的老泪交流,不能自止了。你休怪我!

〔快活三〕 不由人遇繁华更惨伤,不由人提往事独凄凉,也只为小来看觑感恩长,剩今日头白还相傍。

(外背立挥泪介)(旦)既是你为太夫人吊泪,也不怪你。只是今朝欢庆,你休说得相公伤感起来。你且到后厢自在罢!(外)夫人且住。下官闻言悲感,烦恼顿消,倒要他把旧时甘苦,细细说一番也。左右,可将绑出那厮,暂且押回,听候另行发放者!(内应介)(外)老婆子你且说来,下官不嫌絮烦也。(老旦)当日太夫人守着孤孀,千辛万苦,如今已日久年深,连老婢子也渐渐相忘了。

〔朝天子〕 则记得太夫人呵,抚孤儿暗伤,代先人义方,为延师尽把钗梳当。只要你成名不负十年窗,倚定门闾望。怎知他独自支当,背地糟糠。要你男儿志四方,又怕你在那厢,他在这厢,眼巴巴,巴到你学成一举登金榜。

(旦)那年太夫人泥金报信,可也欢喜?(老旦)他就此开颜一笑。争奈他筋力已枯,淹淹一病,空费了无限勤劬,你后来的富贵,都不及见了。

〔四边静〕 今日呵,他身先黄壤,博得你富贵夫妻同受享。你如今纵玉碗瑶觞,热腾腾亲捧着三牲养,恁羹香酒香,也滴不到泉台上。

老婢子语言颠倒,冲撞贵人,望乞恕罪。(外)呀,你说那里话!(老旦)老婢子还想起一事来,当日太夫人曾有一个遗念,留在老婢子处。(外)快去取来!(老旦下)(末、生扮院子上)(末)禀相爷,朝内王侯卿相,各路节将监司,抬送寿山福海等物,礼单一一呈上。(生)禀相爷,合属文武官员,率领将吏耆民,称觞制锦,预祝千秋,明早都在辕门伺候。(外)正要吩咐中军,明日罢宴。一应贺仪贺客,俱免传宣。寿乐寿筵,概停伺候。(末、生应下)(老旦取画上)(旦)这画如何说?(老旦)挂起来看。你看这画中,母子二人,孤灯一盏,是那个来?可不太夫人音容如在!当初你在京新科及第,太夫人已得病在家,不起的了。记得他临危之际,特叫老婢子到眼前,(外挥泪介)那时有何说话来?(老旦)那时他也没多说话,就把这轴画儿交付于我,也不知什么意思,他只说道:你的小官人,将来前程自然远大,只是没爹的孩儿,从小任性,我又失教,怕他一朝得志起来,就这一件,我做娘的放心不下。话犹未了,只见他几声呜咽,两泪分流,竟是回首了。我的太夫人呵!你好苦也!

[耍孩儿] 你眼穿但把孩儿望,怎知道临去也莫话衷肠。只这一幅旧形相,费他无限思量。则为你小来心性无拘检,反着我秃尾乌鸦教凤凰。(指画介)你开图像,看这仪容萧瑟,怎禁仔细端详!

(外哭倒,众救介)感念亡亲慈训,画中之意,何敢刻忘!(旦)可将此像悬挂中堂,我夫妇好朝夕展拜。(外)正该如此。可奈下官忘亲纵欲,刘婆,怎生把我尽尽数说一番,只当我自家怨艾也!(老旦)老婢子怎敢。

[五煞] 则是你受君恩,恩可酬;受亲恩,亲已亡,故园攀柏真堪怆。早知道鼎钟不逮团圆日,反不如菽水亲供田舍郎。你休回想,今日个朱门酒肉,(指画介)当日个白发糟糠。

(旦)先姑如此恩勤,怎生这般命苦?(外)树欲静而风不宁,子欲养而亲不逮。真是古今同此一恨也!(老旦)相爷,你富贵当身,原该享用,因此罢宴,足见你夫妇的孝思。

[四煞] 一霎时喜宴开,一霎时怒气张,欢娱烦恼都劳攘。他那里亡亲骨冷荒郊草,你这里贵子笙歌昼锦堂。怎不成悲怆!亲在日,受不起你莱衣半彩,亲亡后,消不尽那介酒千觞。

(外)听你说来,令人不堪回首。下官真乃忠孝两亏也。(老旦)话到其间,教你如何不要痛苦。但似你的显亲扬名也就够了。

[三煞] 他做慈亲愿已酬,他抚弧儿名已扬,一重重紫泥封诰来天上。虽则你含悲捧土情难塞,早知他含笑归泉恨已忘。人长往,毕竟是显扬为大,更何如忠孝成双。

(外)生前缺养,死后邀荣,瞻仰丰碑,令人徒增悲痛耳!(旦)每念先姑早亡,今得刘婆话旧,相公既不胜哀感,贱妾亦无限伤情。只是欲报无从,空悲何益,依妾愚见,既是明日寿辰,停筵罢宴,何不广延僧众,设醮修斋,且慰孝思，庶资冥福。相公意下如何？（外）言之有理，就请过遗容，供在明日斋坛之上。（收画介）（旦）明日太夫人灵位前，换水添香，须得刘婆去也。（老旦）这个当得。

［二煞］　净瓶儿佛座前，绣幡儿慈位旁，看源头一滴杨枝上。早知他尘根净处无磨劫，只怕你钟磬声中带惨伤。空悲仰，千钟粟盛来斋钵，一品衣披在灵床。

夫人，明日修斋设醮，自然合府中断酒除荤，但老婢子是一天断不得酒的，合先禀告。（旦）风婆子，你不比别人，不来管你。（外）能有几个旧人！诸凡由他适意便了。（老旦）感谢不尽。

［一煞］　你则为念微劳注意深，感慈亲遗爱长，恩波似酒俱无量。不嫌我趋承不入时人队，不嫌我老朽无知醉后狂。还只是含悲向，他抛我，似遗簪充舄，你怜我，知物在人亡。

（外、旦同哭介）（老旦）相爷夫人，请且宽怀，凭仗佛筵，太夫人自当早生天界。老婢子唠叨了一会，口渴难熬，要到厨房下，讨三杯去也。

［煞尾］　看家鸡，还绕廊。看飞雏，便远扬。问人生谁没有娘亲想，怎到头来，偏是有禄的人儿不逮养？

（老旦下）（外挥泪不止介）（旦）刘婆婆这番说话，听者都要伤心，只是子孝无穷，亲年有尽，相公若哀感伤和，反不是仰体先人的意儿了。（外）咳！教我心中如何过得也！夫人，我孤苦娘亲骨已寒，如今纵荣华富贵也徒然。（旦）相公，我在家不敢常提起，也只怕你孺慕终朝泪不干。

胡士莹校注《吟风阁杂剧》，上海古籍出版社 1983 年版

近代部分

一、诗

龚自珍

龚自珍（1792—1841），又名巩祚，字璱（sè）人，号定盦（ān），浙江仁和（治今杭州）人。道光九年（1829）进士。做过宗人府主事、礼部主事等地位不高的京官。道光十九年（1839）辞官南归，1841年暴卒于丹阳。龚自珍是才情过人而又得风气之先的思想家、文学家，是近代文学的开山。他有很高的自我期许，却一生困厄下僚；饱经忧患，敏感多情，哀乐过人，最为深切地感受着时代所给予的精神上心灵上的震颤和痛苦；将深刻而个性化的情思一一熔铸于其诗作中，成为那个时代士人情思的杰出表现者。所为诗奇情壮采，幻变绮丽，怨愤中夹杂豪迈，感伤中包容热情，颓唐而执着，抑郁而憧憬着理想，极为动人。有自刻《定盦文集》等。其诗今存600余首，收入《龚自珍全集》。

夜坐二首（其一）

[解题]

道光三年（1823），诗人于5年中第四次参加会试，落第。本诗写诗人这一年春夜独坐所生之感慨，以隐喻手法表露对上层势力高压专制造成贤才遭受压抑、万籁无声局面的不满和忧愤。

春夜伤心坐画屏，不如放眼入青冥[1]。一山突起丘陵妒，万籁无言帝坐灵[2]。塞上似腾奇女气[3]，江东久陨少微星[4]。平生不蓄湘累问[5]，唤出姮娥诗与听[6]。

刘逸生、周锡䪖注《龚自珍编年诗注》，浙江古籍出版社1995年版

[注释]

　　[1] 青冥:天空。

　　[2] 帝坐:即帝座,亦称帝星,指北极第二星,星象学中的帝王之星。

　　[3] 奇女气:《汉书·外戚传》:赵婕仔"家在河间。武帝巡狩过河间,望气者言此有奇女,天子亟使使召之。"

　　[4] 少微星:星名,古星象家看作象征士大夫的星。

　　[5] 湘累(léi)问:指屈原的《天问》。湘累,指屈原。扬雄《反离骚》:"钦吊楚之湘累。"《汉书·扬雄传上》颜师古注引李奇曰:"诸不以罪死曰累……屈原赴湘死,故曰湘累也。"

　　[6] 姮(héng)娥:即嫦娥。姮,本作"恒",俗作"姮"。汉代因避文帝刘恒讳,改称常娥,通作嫦娥。

漫　　感

[解题]

　　写于道光三年(1823)。抒发作者狂傲性格和雄才伟略遭受挫折而寄托于诗的抑郁而悲愤的心情。剑、箫,剑气、箫心,是龚自珍诗词中常常对举的两个意象,如同年《丑奴儿令》词:"沉思十五年中事,才也纵横,泪也纵横,双负箫心与剑名。"《秋心三首》诗:"气寒西北何人剑,声满东南几处箫"等,意蕴丰赡,引人遐思。

　　绝域从军计惘然[1],东南幽恨满词笺[2]。一箫一剑平生意[3],负尽狂名十五年[4]。

刘逸生、周锡馥注《龚自珍编年诗注》,浙江古籍出版社1995年版

[注释]

　　[1] 绝域:遥远之边地。计:计划,打算。作者于嘉庆二十五年作有《西域置行省议》。

　　[2] 东南:指作者家乡之江浙一带,或谓指东南沿海一带。作者在嘉庆二十五年又作有《东南罢番舶议》。

　　[3] 箫:指忧患与幽恨之情。剑:指雄心与壮志。

　　[4] 十五年:约指作者成年与倚声填词至今。

咏　　史

[解题]

　　写于道光五年（1825）冬。诗借咏史而讽今，揭露清王朝的政治文化高压造成士气低迷，清浊不辨。结末二句，通过对汉代五百义士归宿的诘问，警示士人应坚守节操，未可因惑于功名利禄而受其笼络，寓意深刻，发人警醒。

　　金粉东南十五州[1]，万重恩怨属名流[2]。牢盆狎客操全算[3]，团扇才人踞上游[4]。避席畏闻文字狱[5]，著书都为稻粱谋[6]。田横五百人安在[7]？难道归来尽列侯[8]？

刘逸生、周锡䪖注《龚自珍编年诗注》，浙江古籍出版社1995年版

[注释]

　　[1] 金粉：原指女性化妆所用铅粉，后多用为繁华绮丽之义。吴伟业《残画》："六朝金粉地。"十五州：据季镇淮考，实有所指（参《资治通鉴》卷二三一）。此泛指江南一带相当于六朝之繁华富庶区域。

　　[2] 名流：指受到宠幸、声名显赫之辈。

　　[3] 牢盆：煮盐的器具。见《史记·平准书》、《本草纲目·金石五·食盐》，此指掌管盐务的官吏。狎客：指权贵们的清客。全算：全盘谋算，犹全权。

　　[4] 团扇：即宫扇。才人：宫中女官。团扇才人：此指轻薄无行又取幸于皇帝之辈。

　　[5] 避席：敬而远之之意。古人席地而坐，有所敬，则离席而起，谓之"避席"，亦作"辟席"。《礼记·哀公问》："孔子蹴然辟席而对。"

　　[6] 稻粱谋：犹言谋生活。杜甫《同诸公登慈恩寺塔》："君看随阳雁，各有稻粱谋。"

　　[7] 田横：秦末汉初人，自立为齐王，汉朝建立后，率其徒五百人逃至海岛。刘邦招降称："田横来，大者王，小者乃侯耳。不来，且举兵加诛焉。"田横耻事于汉，自刎；居岛中之五百门客，闻横死，亦皆自杀。事见《史记·田儋列传》。

　　[8] 列侯：汉代制度，异姓群臣以功封侯者，称为列侯。此为封侯之意。

西郊落花歌

[解题]

　　作于道光七年(1827)春末。作者想象奇特丰富,用一连串比喻,描述春之落花。龚自珍诗词多以落花、落红自比。此诗中既以花落喻平生之忧患,更以落花作无数奇才之写照,颂其奇丽壮观,寄予新生之希望。作品笔墨酣畅,情怀洋溢。

　　出丰宜门一里[1],海棠大十围者八九十本。花时车马太盛,未尝过也。三月二十六日,大风;明日风少定,则偕金礼部(应城)、汪孝廉(潭)、朱上舍(祖毂)、家弟(自穀)[2],出城饮而有此作。

　　西郊落花天下奇,古来但赋伤春诗。西郊车马一朝尽,定盦先生沽酒来赏之。先生探春人不觉,先生送春人又嗤[3]。呼朋亦得三四子,出城失色神皆痴。如钱唐潮夜澎湃[4],如昆阳战晨披靡[5],如八万四千天女洗脸罢[6],齐向此地倾胭脂。奇龙怪凤爱漂泊[7],琴高之鲤何反欲上天为[8]?玉皇宫中空若洗,三十六界无一青蛾眉[9]。又如先生平生之忧患,恍惚怪诞百出难穷期。先生读书尽三藏[10],最喜维摩卷里多清词[11]。又闻净土落花深四寸[12],冥目观想尤神驰。西方净国未可到,下笔绮语何漓漓[13]!安得树有不尽之花更雨新好者[14],三百六十日长是落花时。

　　　　　　　　　　刘逸生、周锡䪖注《龚自珍编年诗注》,浙江古籍出版社1995年版

[注释]

　　[1]丰宜门:金代京城(中都)南面三门之一,旧址约在北京右安门外西南,即今右安门与丰台间。

　　[2]金礼部应城:礼部官员金应城。孝廉:清代举人的别称。上舍:清代称监生。家弟自穀:指作者族弟龚自穀。

　　[3]嗤:讥笑。

　　[4]唐:通"塘"。

　　[5]昆阳:地名,故址在今河南叶县境内。公元23年,刘秀于此以少胜多,战败王莽。披靡:草木随风而倒,喻兵士四散溃败,此喻花落于地。

　　[6]八万四千:佛家语,佛典中言物之众多,皆举八万四千之数。

　　[7]奇龙怪凤:此喻落花。

[8] 琴高:神话人物。《清一统志》:"汉琴高居泾北山岩,修炼得道,乘赤鲤上升。"梅尧臣《宣州杂诗》云:"古有琴高者,骑鱼上碧天。"

[9] 三十六界:据道教,指玉皇宫和人世之间的三十六层天,见《云笈七籤》。青蛾眉:以青黛画眉的美女,此指仙女。

[10] 三藏(zàng):三藏,佛家语,指佛教的经藏、律藏、论藏三类佛典,包含了佛教的全部教义。

[11] 维摩:即《维摩经》,全名为《维摩诘所说经》。《维摩经·问疾品》中有天女散花故事。

[12] 净土:即佛国,亦即下文的"西方净国"。落花深四寸:《无量寿经》:"又风吹散花,遍满佛土,随色次第,而不杂乱,柔软光泽,馨香芬烈。足履其上,陷下四寸,随举足矣,原复如故。"

[13] 绮语:本佛家语,指杂秽不正的言辞。《大乘义章》七:"邪言不正,其犹绮色,从喻立称,故名绮语。"文人的华美之辞,亦皆称绮语。滴滴:水流貌,此喻文辞滔滔不绝。

[14] 更雨(yù)新好者:落下更多新的好的花来。雨:此用为动词,引申为落。《妙法莲花经·化城喻品》:"香风吹萎华,更雨新好者。"

己亥杂诗(其五)

[解题]

己亥,为道光十九年(1839)。是年四月二十三,自珍辞官南归,七月初九抵家,九月十五又北上接眷属,腊月二十六安家于海西羽山馆,旅途"往返九千里"。其间,写有315首七言绝句,合成此一大型组诗。涉及诗人前半生的生活、著述、交游,以及对社会问题的观察,思想和情感内涵十分丰富。此篇写作者离别京师时的复杂心绪。

浩荡离愁白日斜[1],吟鞭东指即天涯[2]。落红不是无情物[3],化作春泥更护花。

刘逸生、周锡䪖注《龚自珍编年诗注》,浙江古籍出版社1995年版

[注释]

[1] 浩荡:广阔无边,弥漫无际。杜甫《秦州杂诗》:"浩荡及关愁。"

[2] 吟鞭:相伴吟诗的马鞭。

[3] 落红:落花。诗人常以落花自比,如"莫怪怜他,身世依然是落花"(《减

兰·人天无据》),"终是落花心绪好,平生默感玉皇恩"(《己亥杂诗》),及《西郊落花歌》之"落花"。

其 八 三

[解题]

此诗后自注云:"五月十二日抵淮浦作。"漕运为清朝一项大政,时东南各省漕粮均由运河北运至京。诗人途经淮浦,看到运河中北上粮船,深夜听闻纤夫号子,对生民疾苦表达了深挚的情感。

只筹一缆十夫多[1],细算千艘渡此河!我亦曾縻太仓粟[2],夜闻邪许泪滂沱[3]。

刘逸生、周锡𩱛注《龚自珍编年诗注》,浙江古籍出版社1995年版

[注释]

[1] 筹:计数的竹牌,这里用为动词,计算之意。缆:此指拉纤用的缆绳。十夫多,十人之多。清人邹在衡《观船艘过闸》诗:"漕船造作异,高大过屋脊。一船万斛重,百夫不得拽……头工与水手,十人有定额。"

[2] 縻:消耗、浪费。太仓:京师设置的粮仓。

[3] 邪许(yéhǔ):纤夫低沉的号子声。《淮南子·道应训》:"今夫举大木者,前呼邪许,后亦应之,此举重劝力之歌也。"邹在衡《观船艘过闸》诗:"短绳齐挽臂,绕向缴轮密。邪许万口呼,共拽一绳直。死力各挣前,前起或后跌……可怜此民苦,力尽骨复折。"

※又忏心一首

佛言劫火遇皆销,何物千年怒若潮?经济文章磨白昼,幽光狂慧复中宵。来何汹涌须挥剑,去尚缠绵可付箫。心药心灵总心病,寓言决欲就火烧。

刘逸生、周锡𩱛注《龚自珍编年诗注》,浙江古籍出版社1995年版

※秋心三首(其一)

秋心如海复如潮,但有秋魂不可招。漠漠郁金香在臂,亭亭古玉佩当腰。气寒西北何人剑?声满东南几处箫。斗大明星烂无数,长天一月坠林梢。

刘逸生、周锡𩱛注《龚自珍编年诗注》,浙江古籍出版社1995年版

[参考文献]

1. 孙文光、王世芸编:《龚自珍研究论文集》,上海书店 1992 年版。
2. 陈铭:《龚自珍评传》,南京大学出版社 1998 年版。
3. 王镇远:《剑气箫心:细说龚自珍诗》,江苏古籍出版社 1991 年版。

张 维 屏

张维屏(1780—1859),字子树,号南山,别号松心子,广东番禺(今属广州市)人。道光二年(1822)进士。曾四任县令,官南康知府。嘉庆间已成名。鸦片战争爆发时正辞官隐居广州,"目击英夷之变",诗风一变为慷慨雄健,多有名篇,如《三将军歌》、《越台》、《江海》、《书愤》等。其中《三元里》为人熟知。三元里抗英显示了民众同仇敌忾保家卫国的力量,其时咏其事者不下百首,尤以南山此作场面壮阔,声情激越,传播至今。小诗《新雷》反映期待新变的社会心理,亦颇脍炙人口。著有《听松庐诗钞》、《松心诗集》、《张南山全集》等。

※三 元 里

三元里前声若雷,千众万众同时来。因义生愤愤生勇,乡民合力强徒摧。家室田庐须保卫,不待鼓声群作气。妇女齐心亦健儿,犁锄在手皆兵器。乡分远近旗斑斓,什队百队沿溪山。众夷相视忽变色:黑旗死仗难生还。夷兵所恃惟枪炮,人心合处天心到,晴空骤雨忽倾盆,凶夷无所施其暴。岂特火器无所施,夷足不惯行滑泥。下者田塍苦踯躅,高者岗阜愁颠挤。中有夷酋貌尤丑,象皮作甲裹身厚。一戈已椿长狄喉,十日犹悬郅支首。纷然欲遁无双翅,歼厥渠魁真易事。不解何由巨网开,枯鱼竟得攸然逝。魏绛和戎且解忧,风人慷慨赋同仇。如何全盛金瓯日,却赖金缯岁币谋!

《张南山全集》,广东高等教育出版社 1993 年版

※新 雷

造物无言却有情,每于寒尽觉春生。千红万紫安排著,只待新雷第一声。

《张南山全集》,广东高等教育出版社 1993 年版

林 则 徐

林则徐（1785—1850），字元抚，一字少穆，福建侯官（今福州）人。嘉庆十六年（1811）进士，官至湖广总督、两广总督、云贵总督。道光十八年（1818），以钦差大臣赴广东查禁鸦片，抗击英军。战后，被诬革职，谪戍伊犁，后放还。其作品诗格雄伟苍幽，在诗坛占有特殊地位。著有《云左山房诗钞》。

赴戍登程，口占示家人二首（其二）

[解题]

作于道光二十二年（1842）。是年夏历七月，作者自西安启程赴伊犁。本诗颔联久已为人传诵。作品既表现了林则徐以国事为重、不计个人利害得失的"浩荡襟怀"，也不无正话反说、对无端蒙屈的不满和嘲弄。

力微任重久神疲，再竭衰庸定不支[1]。苟利国家生死以[2]，岂因祸福避趋之。谪居正是君恩厚[3]，养拙刚于戍卒宜[4]。戏与山妻谈故事，试吟断送老头皮[5]。

郑丽生校笺《林则徐诗集》，海峡文艺出版社1987年版

[注释]

[1] 衰庸：犹言衰朽，衰老而无能，自谦之词。

[2] 苟利国家生死以：本《左传·昭公四年》记郑国大夫子产改革军赋制度受时人诽谤时所言："何害！苟利社稷，死生以之。"以：动词，用，做，从事。

[3] 谪居：因罪被遣戍边远地方。

[4] 养拙：犹言藏拙。刚：正好。戍卒宜：做一戍卒为适当。

[5] 作者自注："宋真宗闻隐者杨朴能诗，召对，问：'此来有人作诗送卿否？'对曰：'臣妻有一首云："更休落魄耽杯酒，且莫猖狂爱咏诗。今日捉将官里去，这回断送老头皮。"'上大笑，放还山。东坡赴诏狱，妻子送出门，皆哭，坡顾谓曰：'子独不能如杨处士妻作一首诗送我乎？'妻子失笑，坡乃出。"

出嘉峪关感赋四首(其一)

[解题]

写于道光二十二年(1842),时林则徐谪戍路经嘉峪关。该关有"天下第一雄关"之称。诗写嘉峪关的险峻形势,气魄雄伟,格调壮阔,缜密工整,是林诗的代表作。

严关百尺界天西[1],万里征人驻马蹄。飞阁遥连秦树直[2],缭垣斜压陇云低[3]。天山巉削摩肩立[4],瀚海苍茫入望迷[5]。谁道崤函千古险[6]?回看只见一丸泥[7]。

郑丽生校笺《林则徐诗集》,海峡文艺出版社1987年版

[注释]

[1] 严关:险峻的关隘。清方正瑗《嘉峪关登筹边楼时宁远查大将军入觐》诗:"金锁严关绝塞开。"界:处于。

[2] 飞阁:高耸的楼阁,指嘉峪关城上建筑。秦树直:杜甫《送张二十参军赴蜀州因呈杨吾侍御》:"两行秦树直。"秦:古秦地,今陕西一带。

[3] 缭垣:回旋的城墙,此指长城。陇:甘肃,因古代为陇西郡地而得名。

[4] 巉削:状山势险峻。摩肩立:言天山与嘉峪关并肩而立。

[5] 瀚海:指沙漠。入望迷:望之无际,为之目迷。

[6] 崤函:这里指函谷关。函谷关东自河南崤山,西至潼津,号称天险;为战国时秦的故关,关城在谷中,险深如函,故名。

[7] 一丸泥:函谷关处于山谷狭道之中,形势险要,易于扼守,《后汉书·隗嚣传》有"以一丸泥为大王东封函谷关"之说。

魏　　源

魏源(1794—1857),字默深,湖南邵阳人。道光二十四年(1844)进士,官内阁中书、高邮知州,参两江总督裕谦幕。主张通经致用,学习西方,"师夷"变革。与龚自珍齐名,时并称"龚魏"。其诗一为写时事风俗的"关系诗","梦中疏草苍生泪,诗里莺花稗史情"(见《寰海后》诗,"莺花"指鸦片)为其基本主题;一为山水诗,致力最多,所谓"十诗九山水"(《戏自题诗集》),气象壮阔,意境雄伟。魏源诗

遒劲雄浑,气势奔放,律诗用事妥帖,但时有僻典。有《古微堂诗集》等。

寰海十一首(其十)

[解题]

组诗写于道光二十年和二十一年(1840、1841)。本首为组诗之第十首,写三元里抗英中军士同仇敌忾、官员纵容敌寇之亲痛仇快事,激情与义愤交织。颈联曾传诵一时。

同仇敌忾士心齐,呼市俄闻十万师。几获雄狐来庆郑[1],谁开柙兕祸周遗[2]。前时但说民通寇,此日翻看吏纵夷。早用《秦风》修甲戟[3],条支海上哭鲸鲕[4]。

中华书局编辑部编《魏源集》,中华书局1983年版

[注释]

[1]雄狐:此喻理应被捕获的英军首领义律。庆郑:贻误战机的晋大夫,此喻放跑义律的投降派官员奕山和广州知府余保纯。《左传·僖公十五年》载,秦穆公伐晋前得四字卦词"获其雄狐",卜官判为"必获晋君"之兆;后晋军败于秦军,晋惠公求救于大夫庆郑,庆郑不发救兵,而派大夫韩简子去救;时韩简子正截住秦穆公,却为救晋惠公而坐失擒获秦穆公之机。

[2]柙(xiá):关猛兽的木笼。兕(sì):古指雄犀牛,此指野兽。《论语·季氏》:"虎兕出于柙……是谁之过欤?"周遗:周朝遗民,此指中国民众。《诗·大雅·云汉》:"周余黎民,靡有孑遗。"

[3]秦风:指《诗经·秦风》。修甲戟:《诗·秦风·无衣》云:"修我戈矛,与子同仇";"修我矛戟,与子偕作";"修我甲兵,与子偕行"。

[4]条支海:指波斯湾。条支:古西域国名,《魏书·西域传》称波斯为古条支国。鲸鲕(ér):此指英军。鲕:鱼名。

寰海后十首(其九)

[解题]

此组诗写于鸦片战争后。《南京条约》既已签订,清王朝屈辱求和,朝野犹惊恐未安。本诗表达了作者忧心于国事民瘼,为无力改变当朝者政策而愤慨和无奈的复杂心情。

曾闻兵革话承平,几见承平话战争。鹤尽羽书风尽檄[1],儿谈海国婢谈兵。梦中疏草苍生泪[2],诗里莺花稗史情[3]。官匪拾遗休学杜[4],徒惊绛灌汉公卿[5]。

中华书局编辑部编《魏源集》,中华书局1983年版

[注释]

[1]鹤:用《晋书·谢玄传》事而稍作变化:东晋谢玄与前秦苻坚战于淝水,苻坚兵败而逃,闻"风声鹤唳",均以为晋国追兵赶到。羽书:即羽檄,紧急军事文书,上插鸟羽,提示须飞速传递。

[2]疏草:起草上疏。苍生:《汉书·贾谊传》载西汉贾谊忧国忧民,上治安策,文帝召而但问鬼神之本,不及苍生之事。李商隐《贾生》诗:"宣室求贤访逐臣,贾生才调更无伦。可怜夜半虚前席,不问苍生问鬼神。"

[3]莺花:即莺粟花,罂粟花之别称。稗史:正史以外载记民间逸事传闻的史书。

[4]匪(fěi):非。拾遗:唐谏官名。杜:指杜甫,唐肃宗时曾任左拾遗。

[5]绛:绛侯周勃。灌:灌婴。周勃、灌婴均为西汉开国功臣,后汉文帝因贾谊少年有才,对国事多有建言,欲"以谊任公卿之位,绛、灌、东阳侯、冯敬之属尽害之"。事见《汉书·贾谊传》。

※ 钱塘观潮行

世间瑰绝岂有此,江逆飞,海立起。天风刮海见海底,涌作银涛劈天驶。病者睹之气皆生,勇者睹之神皆死。如何十万貔貅夹江峙,但有死气无生气。腐儒生不治熙前,掌故撑胸二百年。王师往渡钱塘日,撇烈万骑不用船。呼风径渡倏东岸,明兵十万垒无坚。得无开国乘朝气,亦如进潮及锋锐。排兵倒海驱天地,那用天吴鼓其势。潮如行军有进止,进时强弩射不靡,退时怒鼍鼓不起;潮如阳乌有朝暮,朝气羲鞭拦不住,暮气鲁戈挥不复;潮如百物有壮老,少壮春雷草怒芽,老后秋风弩穿缟。越潮方怒吴潮逸,海王莫强天朝昏。子胥枚乘裂肝胆,何如范蠡叱咤生风云。功成拂袖五湖去,怕见越江潮落痕。荡桂楫,鼓兰桡,越女唱,吴儿讴。倒驱江海回暮涛,海风萧屑江天高。传语万古观潮客,莫观老潮观壮潮。

中华书局编辑部编《魏源集》,中华书局1983年版

※天台石梁雨后观瀑歌

雁湫之瀑烟苍苍,中条之瀑雷硠硠,匡庐之瀑浩浩如河江。惟有天台之瀑不奇在瀑奇石梁,如人侧卧一肱张。力能撑开八万四千丈,放出青霄九道银河霜。我来正值连朝雨,两厓偪束风逾怒。松涛一涌千万重,奔泉冲夺游人路。重冈四合如重城,震电万车争殷辚。山头草木思他徙,但有虎啸苍龙吟。须臾雨尽月华湿,月瀑更较雨瀑谧。千山万山惟一音,耳畔众响皆休息。静中疑是曲江涛,此则云垂彼海立。我曾观潮更观瀑,浩气胸中两仪塞。不以目视以耳听,斋心三日钧天瑟。造物贶我良不悭,所至江山纵奇特。山僧掉头笑休道,雨瀑月瀑那如冰瀑妙。破玉裂琼凝不流,黑光中线空明窍。层冰积压忽一摧,天崩地坼空晴昊,前冰已裂后冰乘,一日玉山百颓倒。是时樵牧无声游屐绝,老僧扶杖穷幽讨。山中胜不传山外,武陵难向渔郎道。语罢月落山茫茫,但觉石梁之下烟苍苍,雷硠硠,挟以风雨,浩浩如河江。

中华书局编辑部编《魏源集》,中华书局 1983 年版

[参考文献]

李瑚:《魏源研究》,朝华出版社 2002 年版。

陆　　嵩

陆嵩(1791—1860),字希孙,江苏元和(今吴县)人。出身耕读之家。道光五年(1825)拔贡,曾任镇江府学教谕。鸦片战事中亦有多篇感愤时事之作,如《闻和议有成夷船将出江去有感而作》,写《南京条约》签订后清官员的丑态,讽刺妙绝。《青州兵叹》敬憎分明,激切慷慨。陆嵩诗大多质朴晓畅,不事雕琢。有《意苕山馆诗稿》。

※青　州　兵　叹

青州驻防兵,尔胡不防青州城,来此乃隶京口营。京口驻防二千甲,自谓骁劲无与衡。朝从都护耀戈戟,暮从都护鸣鼓钲。胡然贼众逾城入,奋勇独尔锋争婴。大呼杀贼贼几却,痛无继者悲填膺。洞胸穿臆尚不已,须臾白骨堆纵横。呜呼青州驻防兵,尔何不驻青州城,尔岂独无父母妻子与弟兄,尔独愿死不愿生!

来时四百归几人,乃甘一死隶此京口营。君不见,京口驻防弃城走,贼退家室还重迎! 悲莫悲,青州兵。

《意苕山馆诗稿》光绪十八年刻本

鲁 一 同

鲁一同(1805—1863)字通甫,江苏山阳(今淮安市楚州区)人。道光十五年(1835)举人。战时写有《读史有感》、《辛丑重有感》、《烽戍四十韵》、《杂感十二首》等感事抒怀之作,悲壮苍凉;《三公篇》刻画为国捐躯的两江总督裕谦等英烈,笔力遒劲,是当时的名篇。战前诗则多咏民生疾苦之作,如《荒年谣》五首,选择几个典型场景,真切表现了民不聊生的惨景。有《通甫诗存》等。

※荒年谣五首(其一 卖耕牛)

卖耕牛,耕牛鸣何哀!原头草尽不得食,牵牛踟蹰屠门来。牛不能言但呜咽,屠人磨刀向牛说:有田可耕汝当活,农夫死尽汝命绝。旁观老子方幅巾,戒人食牛人怒嗔:不见前村人食人!

《通甫诗存》咸丰九年刊本

姚 燮

姚燮(1805—1864),字梅伯,晚号复庄,又号大梅山民等,浙江镇海人。道光十四年(1834)举人,三应会试不第。多才多艺,著述繁多。诗、词、曲、骈文、绘画俱工,尤长于诗。在写鸦片战争的诗潮中,其创作别有特色。镇海沦陷时,身经兵祸,艰辛备尝,纪事感时,世称诗史。其诗以具体真切的细节描写取胜,《速速去去五解》、《惊风行》、《冒雨行》、《闻定海城陷》,特别是《捉夫谣》、《太守门》、《兵巡街》等一组新乐府,组成一幅幅战乱流民血泪图,对英军的残暴横蛮有形象深刻的揭露。另有长篇叙事诗《双鸠篇》,论者认为堪与《孔雀东南飞》媲美。著有诗集《复庄诗问》等。

谁家七岁儿

[解题]

写连年疫荒下的农村残破和民生惨苦,对人生之不平等发出质问。哀伤凄恻之氛围令人泪下。

谁家七岁儿,弃置墟墓旁。昨见好白皙,一夕肌肤黄。干号若蛩咽[1],血色围两眶。伏地啮枯草,根劲牙不强。野犬过频嗅,跳跃求其僵。蠕蠕尔何活[2],早死还匪伤。连村十百户,迭岁遭疫荒。东邻颇安饱,尚忧三日粮。收鬻往尤易[3],自顾今不遑。行人问乡里,南北指渺茫。爷死弃崖谷,有娘非我娘。昨从丐人去,流落知何方?咄哉朱门儿,绣裸金辉煌。得饵更索乳,娇泣怀中藏。赤子何良诈,天壤分眚祥[4]。乱木郁昏惨,斜日风头抢[5]。雏鸟抱枝泣,今夕多严霜。

周劭标点《复庄诗问》,上海古籍出版社 1988 年版

[注释]

[1] 蛩(qióng):蟋蟀。
[2] 蠕蠕:虫子爬动貌。
[3] 收鬻:收养。
[4] 眚:灾祸。
[5] 抢(qiāng):同"戗",风倒灌。

※双鸠篇

郎心爱妾千黄金,妾身事郎无二心。郎年十七妾十六,圆转朱轮得华毂。与郎生小闾门里,与郎结褵在燕市。阿耶爱妾娘爱郎,但看郎欢为妾喜。与郎为水同一池,与郎为木同一枝。与郎为带同一结,与郎为茧同一丝。郎命妾所依,妾命郎所与。不愿与郎分,但愿与郎聚。郎为飞雁妾作云,郎作垂杨妾为雨。妾身金缕衣,比郎光与辉。妾腕玉条脱,比郎颜与色。妾佩明月珰,比郎不断宛转肠。妾妆郎共肩,芙蓉出渌摇晚妍。妾眠郎共枕,鸳鸯回波落春影。东邻窈窕女,对郎盈盈眉欲语。西邻轻薄儿,对妾依依神为驰。郎但知有妾,妾但知有郎。明镜不掩帏灯光,牡丹不夺兰草香。郎心与妾相始终,妾心与郎相终始。不必同日生,但愿同日死。不必同日死,但愿郎生妾先死,不愿郎死遗妾生。妾为影,郎为

形,妾如珠,郎手擎,妾为郎妇身分明。妾为郎妇天鉴之,为郎之妇千人知。郎饱妾共饱,郎饥妾共饥。一饥一饱与郎共,山崩川竭无更移。阿耶日久嫌郎贫,日日要郎离妾门。阿娘恨郎不赚钱,要郎远客三城边。三城何崷崒,三城何岩嶤,三城溪水深,水毒溪无桥。三城黑沙黑,黑沙同鸣髇。三城多劫贼,劫贼凶咆哮;劫贼杀人如杀獒,白骨堆积城门高。三城多白杨,白杨风萧萧。萧萧飒飒啼怪鸦,其下有穴狐狸嗥。老客停马不敢过,年轻出门郎奈何!摘妾胸前玑,为郎换棉衣。脱妾足下履,为郎易食米。典妾金缠臂,为郎市鞍辔。卖妾珊瑚翘,为郎置宝刀。思郎光与辉,妾身尚有金缕衣。念郎颜与色,妾腕尚有玉条脱。忆郎不断宛转肠,妾佩尚有明月珰。出门七月期,初六是良吉,置得一杯酒,与郎作离别。杯中一滴酒,心中一滴血。不饮愁郎饥,饮之恐郎咽。秋烟在镜芙蓉凋,秋风在衾鸳鸯影,秋云不行雁影独,秋雨不雨杨枝憔。阿耶向郎訾,不得千金弗还里。阿娘从郎嗤,千金不得毋来归。妾手掩面啼声低,妾手不敢牵郎衣。向郎不语心依依,欲语又恐耶娘疑。见郎屈一指,似郎为妾经年期。十月开梅花,二月开桃李,六月菱荷香,青青出蒲苇。但愿郎得千金归,先向耶娘买欢喜。卸妾玉条脱,何有颜色强。何有辉与光,解妾明月珰。脱妾金缕衣,为郎折叠空竹箱。譬如生小不嫁郎,见之徒令心悲伤。视妾双眉娥,归来记取青不多。记妾领中扣,归来与郎验肥瘦。为郎不下堂,为郎不出房,为郎安慰耶,为郎安慰娘,为郎日焚香,焚香祝告天苍苍。正月梅花残,三月桃李红,七月落菱荷,蒲苇青茸茸。日高听铃马,铃马辚辚过。楼下日落闻行车,行车却向东南驰。半年得一信,一年不得郎边书。有客三城来,闻之欲语还嗫嚅。三城多白杨,三城多劫贼,三城溪水深,三城黑沙黑。老客停马不敢过,年轻出门那归得?阿耶从妾言,负汝青春年。阿娘向妾语,是汝命生苦。怜汝命生苦,为汝重剪红罗襦,紫为绣凤青天吴。复帐六尺八,菡萏四角垂流苏。画筲六尺三,缘以鸾锦椒泥涂。东家郎,好光辉,劝汝弗爱金缕衣。劝汝弗爱玉条脱,西家郎,好颜色。东家西家郎,手中累累千金黄。心中不断宛转肠,汝还弗爱明月珰。稽首耶娘前,耶娘听妾语。耶娘之爱何敢逾,妾心区区当鉴取。妾心区区天可盟,妾为郎妇身分明。不能郎生妾先死,忍因郎死偷妾生。与郎不终始,妾身何有俟。不得郎骨归,妾心犹狐疑。沉沉白日鶺鵊啼,暗暗夜色蝙蝠飞。梦郎向妾笑,如郎同居时。梦郎向妾哭,如忧出门无还期。梦郎三城归,黄金百笏青骢骊。梦郎流落不得归,面目黧黑无完衣。阿耶逼妾嫁,朝呵暮骂相摧靡。阿娘逼妾嫁,长荆短棘来鞭笞。耶呵骂,岂不恫。娘鞭笞,岂不痛。思郎生死犹未明,妾不轻生为郎重。前门鸣乌鸦,后门鹊声喜,乌鸦何悲鹊何喜。十月开梅花,二月开桃李,今年六月无荷菱,蒲苇凋残北风起。见郎入门来,见郎如梦里。视囊不得米,视衣衣无襟。马死弃鞍辔,茧足徒步如炮烰。顾彼腰下刀,霁无光彩生愁雾。郎归不止黄金千,那愿郎得千黄金,记妾领中扣,与郎量肥瘦。记妾双眉娥,为郎憔悴青不多。为郎憔悴青不多,郎真死矣还如何。望郎减光辉,光辉不如金缕衣。望郎苦颜色,颜色不如玉条脱。幸郎不断宛转肠,佩之还似明月珰。耶娘怨郎身手穷,囚妾不使郎衾同。生不同衾死同穴,妾虽无言妾已决。含笑语耶娘,妾有玉条脱,亦有明月珰。簇新金缕衣,折叠空竹箱。为郎市卖赎郎罪,抵郎归有千金装。阿耶笑语妾,还尔鸳鸯飞。阿娘笑语妾,看尔连理芙蓉枝。鸳鸯遭网罗,安能到头白。芙蓉经狂飙,飙狂摧之易狼藉。朱绳三尺垂,不得高挂梧桐枝。下有千丈池,可惜池水多汙泥。为郎置鸩酒,鸩酒甘如饴。但得生死常追随,此酒不减同心杯。妾饮琉璃杯,郎饮白玉盏。以斧斧木木不离,以刀断水水不断。同茧之丝不可剪,同结之带两头绾。稽首谢阿耶,阿耶不必悲咨嗟。稽首辞阿娘,阿娘不必中心伤。有婿常贫贱,有女不遂耶娘愿,但愿耶娘寿考同百年。郎死不值千黄金,妾死不值黄金千。西邻来看妾,密纫条条罗袴褶。东邻来看郎,仪容皎皎明月光。东邻西邻长叹息,虾蟆抱桂光彩蚀,朽绠龙渊黝谁测。东邻西邻语我前,要我制作《双鸩篇》。天缺不得女娲补,海缺不得精卫填,闻我歌者当涕涟。郎年二十妾十九,郎姓黄,妾姓柳。郎捐畚,妾箕帚。双芙蓉,何恻恻。双鸳鸯,地下守。朝打孔雀夜逐狗,孔雀雌雄狗牝牡,天上所无陌路有,陌路何能避梃枏。闻我歌者泪一斗,不谱吴筝谱燕缶。

周劭标点《复庄诗问》,上海古籍出版社1988年版

[参考文献]

洪克夷:《姚燮评传》,浙江古籍出版社1987年版。

郑　　珍

郑珍(1806—1864),字子尹,晚号柴翁,贵州遵义人。道光十七年(1837)举人。先后任古州厅学训导荔波县学教谕。以程恩泽为师,在创作上自辟门户,淳博峭丽,生涩奥衍,俨然成一派别。长期局促边地,备经穷困,写有不少揭露官府压榨下农民处境悲惨的作品,如《经死哀》、《抽厘哀》、《南乡哀》、《禹门哀》、《江边老叟诗》等,风格平易洗练,而表现遒劲有力。写景之作以奇峭之笔表现贵州未经人道的奇异山川景物。有《巢经巢全集》行世。

经　死　哀

[解题]

作于咸丰十一年(1861)。写官府横征暴敛、逼捐逼税造成此伏彼起之悲剧,

一层深似一层,收惊心动魄之效。

　　虎卒未去虎隶来,催纳捐欠声如雷。雷声不住哭声起,走报其翁已经死[1]。长官切齿目怒瞋:"吾不要命只要银。若图作鬼即宽减,恐此一县无生人。"促呼捉子来[2],且与杖一百。"陷父不义罪何极?欲解父悬速足陌[3]。"呜呼北城卖屋虫出户[4],南城又报缢三五。

白敦仁《巢经巢诗钞笺注》,巴蜀书社1996年版

[注释]

　　[1] 经死:吊死。《公羊传·昭公十三年》:"灵王经而死。"徐彦疏:"经者,谓悬缢而死也。"

　　[2] 促呼:急促呼喊。

　　[3] 足陌(mò):古代制钱以每贯十足为一百枚,谓之"足陌"钱。陌,通"佰"。语见《梁书·武帝纪下》。

　　[4] 虫出户:指人死未葬,尸体腐烂,蛆虫爬出户外。《管子·小称》:齐桓公死,多日未葬,"虫出于户"。《说苑·权谋》:"桓公死六十日,虫出于户而不收。"

※江边老叟诗

　　甲午骑骡宿公安,老荄缚壁芦作橼。今来不复一家在,城门出入唯乌鸢。戊戌驰传经屠陵,鱼虾为谷罟网耕。今来驿徙李家口,旧道断没无人行。下马荒塍问田叟:"此邦当年翁记否?道光丙戌八月秋,我渡江陵赴鼎州。公安南北二百里,平地若席人烟稠。红菱双冠稻两熟,枣赤梨甘随事足。路旁偶憩忆当时,主人馈我不受赀。鞠躬但道客难得,室后呱呱方洗儿。一变萧条遂如此。羡翁稼好为翁喜。"太息言"从辛卯来,长江无年不为灾。前潦未收后已溢,天意不许人力回。君不见壬寅松滋决七口,间弹为江大波吼。北风三日更不休,十室登船九翻覆。老夫无船上树末,稚子衰妻复何有。可怜四日饥眼黑,幸有来舟能活得。他方难去守坏基,田土虽多歉人力。无牛代耕还自锄,无钱买种多植蔬。今春宿麦固云好,未省收前堤决无。纵得丰成利能几,官吏又索连年租。租去老夫复不饱,坐看此地成荒芜。君自贵州入湖北,贵州多山诚福国。任尔长江涨上天,不似吾人生理窄。官家岁岁程堤功,而今江身与河同。外高内下溃尤易,善防或未稽《考工》。君看壁立两丈土,可敌万雷朝暮舂?洪波为患尚未已,老骨究恐埋鲛宫。"听翁此语良太苦,请翁遂止莫复语。太平不假腐儒术,吾亦盱衡奈何许。细

雨苍茫生远悲,廿年欢悴同一时。谁欤职恤此方者,试听《江边老叟诗》。

白敦仁《巢经巢诗钞笺注》,巴蜀书社1996年版

[参考文献]

1. 黄万机:《郑珍评传》,巴蜀书社1989年版。
2. 白敦仁:《〈巢经巢诗钞笺注〉前言》,见《巢经巢诗钞笺注》,巴蜀书社1996年版。

金　　和

金和(1818—1885),号亚匏,江苏上元(治今南京)人。诸生。吴敬梓之外曾孙。诗大部分作于太平天国时期。因其展转于江南各地,颠沛流离中目睹清军暴行,所作真切而辛辣。叙事诗最有影响,除《断指生歌》外,《烈女行纪黄婉梨事》写天京陷落后一少女奋起反抗清军暴行的真实事迹。一千五百余言的长篇歌行《兰陵女儿行》尤为著名,它以传奇性情节和戏剧化结构写一奇女子故事,人物性格鲜明,描画笔力深刻。金和长于叙事,擅以文为诗,甚至以小说为诗,而语言明白如话,已有诗歌革新之相。有《秋蟪吟馆诗钞》。

断　指　生　歌

[解题]

作于同治六年(1867)以后。写一草书圣手拒不为都督献字,被官府残忍断指,而此书生誓不媚人、书艺益奇的传奇故事。诗章充满凛然正气,将士人气节渲染得淋漓尽致。

生何来,断其指。指则断,气如矢。老拳贯竹臂能使[1],一日犹书一千纸。生滁州人独行儒,圣草善作黄门书[2]。当世贵重等萍绿,换羊求判何时无[3]?十年鼙鼓江上头,都督者谁踞此州。诸将岂但绛灌耻[4],出身大抵巢芝流[5]。生于尔日困乡井,如抱荆棘为牢囚。一骑飞来花底宅,非分诛求到烟墨。倪迂之画戴逵琴[6],誓不媚人请谢客。彼哉闻之勃然怒,大索捉生官里去。门外驺驺牛马走[7],堂上吽吽虎狼吼:金在前,刀在后,书者得吾金,不书戮女手。生上堂叱叱且詈:盗泉之酒我宁醉?女今杀我意中事!语未及罢指堕地。左右百辈战色酡,生出门笑笑且呵。笔锋不畏刀锋多,刀乎刀乎笔奈何!乃知世有铁男子,一字从

来泰山比。古今恶札常纷纷,痛惜生平指头耳。死灰既死不复吹,生虽断指书益奇,墨花带血光陆离。从生乞取半丈幅,张之草堂白日惊夔魖[8]。

《秋蟪吟馆诗钞》1914年刻本

[注释]

[1] 老拳贯竹:指以掌握为拳攥住毛笔。

[2] 黄门书:指黄庭坚之书法,黄善草书。

[3] 换羊:宋人韩宗儒每得苏轼书即与人换为羊肉。求判:请求赏评鉴定。

[4] 绛灌:西汉武将绛侯周勃与颍阴侯灌婴。《晋书·刘元海载记》:"绛灌无文。"

[5] 巢芝:唐末农民起义首领黄巢、王仙芝。

[6] 倪迂:元末画家倪瓒,性迂直,人称"倪迂";品节有亏者持币向其求画,倪裂绢却币拒绝之。戴逵:东晋艺人,善鼓琴,太宰使人召之,戴破琴拒之。

[7] 驲驲:昂昂,形容牛马走态。

[8] 夔魖:传说中之鬼怪。

※兰陵女儿行

将军既解宣州围,铙歌一路行如飞。行行东至濑水上,乃营金屋安玉扉。步障十重列纨绮,流苏百结垂珠玑。天吴紫凤贴地满,珊瑚玉树灯相辉。灵蠵之桮大蠡珧,椒花酿熟羊羔肥。坐中貂锦半时贵,眼下繁华当世稀。道是将军毕婚礼,姬姜旧聘今于归。兰陵道远骞修往,春水吴船凭指挥。良辰风日最明媚,雪消沙暖晴波翠。双桥儿女竞欢声,新年梅柳酣春意。卓午遥闻鼓吹喧,前津已报夫人至。将军含笑下阶行,众客无声环堵侍。彩船刚舣将军门,船中之女隼入而猱奔。结束雅素谢雕饰,神光绰约天人尊。若非瑶池陪辇之贵主,定是璇宫宵织之帝孙。顾身屹以立,玉貌惨不温。敛袖向众客,来此堂者皆高轩。我亦非化外,从头听我分明言。我是兰陵宦家女,世乱人情多险阻。一母而两兄,村舍聊僻处。前者冰畦自灌蔬,将军过之屡延伫。提瓮还家急闭门,曾无一字相尔汝。昨来两材官,金币溢筐筥。谓有赤绳系,我母昔口许。兹用打浆迎,期近慎勿拒。我兄稍谁何,大声震柱础。露刃数十辈,狼虎纷伴侣。一呼邌垒集,户外骇行旅。其势殊讧讧,奋飞难远举。我如不偕来,尽室惊魂无死所。我今已偕来,要问将军此何语。女言缕缕中肠焚,突前一手搛将军。一手有剑欲出且未出,我言是真是假汝耳闻不闻?我唯捉汝姑苏去,中丞台下陈诉所云云。请为庶人上达尧舜君,古来多少名将钟鼎留奇芬,一切封侯食邑赐钱赐绢种种国恩外,是否听其劫掠良闺弱息为策勋?诏书咫尺下五云,万一我嫁汝,汝意岂不欣?不有天子命,断断不能解此纷。汝如怒我则杀我,譬诸么么细琐扑落粪土一蚤蟊。不则我以我剑夺汝命,五步之内颈血立溅青绁裙。门外长堤无数野棠树,树下余地明日与筑好色将军坟。一生一死速作计,奚用俯首不语局促同斯文?将军平日叱咤雷车殷,两臂发石无虑千百斤。此时面目灰死纹,赪如中酒颜熏熏。帐下健儿腾恶氛,握拳透爪齿咬龈。将军在人手,仓猝不得分。投鼠斯忌器,无计施戈鋋。将军左右摇手挥其群,目视众客似乞片语通殷勤。众客惊甫定,前揖女公子。聆女公子言,怒发各上指。要之将军心,始愿不到此。求婚固有之,篡取敢非理。卤莽不解事,罪在使人耳。若两材官者,矫命必重箠。如今无他言,仍送还乡里。将军亲造门,肉袒谢万死。敬奉不腆仪,堂上佐甘旨。事过如烟云,太空本无滓。请即回舟行,食言如白水。女视众客笑且譬,诸君视我黄口侲。彼今大失望,野性讵肯驯?山魈寻仇雠,蓄念愈不仁。慨从军兴来,处处兵杀民。杀民当杀贼,流毒滋垓垠。兰陵官道上,若辈来往频。不在霜之夕,则在雨之晨。我家数间屋,猎猎原上薪。我家数口命,惨惨釜内鳞。弹指起风波,转眼成灰尘。与其种后祸,终作衔哀磷。阎罗知有无,夜台冤谁伸?何如叫九重,天必无私纶。或竟辣手作,公论自有真。明知我此来,螳斧当巨轮。宁犹计瓦全,惜此区区身。诸君调停词,蔓甚我弗遵。众客更前揖,请勿变色瞋。将军负贤名,毛羽凤所珍。壹意希儒风,裘带殊恂恂。此举大不韪,一旦传闻新。万口鸣不平,可知詈申申。恶声来有由,欲辨难鼓唇。白璧自污之,罔值钱一缗。悔过方不遑,恨无障面巾。江东诸父老,相见惭相亲。况敢犯众怒,兴戎自婚姻。得罪名教尽,不复能为人。斯人非寻常,四方战贼多苦辛。大才虽非管乐匹,英风犹是奢颇伦。女公子既世家裔,幸为朝廷宽假熊罴臣。他日之事愿以百口保,某也官府某也乡缙绅。翕然长跪代请命,惟女公子为仙为佛为天神。女知众客意难拂,乃曰我为诸君屈。诸君前说姑置之,我与诸君借一物。我闻彼有善马名白鱼,日行千里犹徐徐。我之发兰陵,辞家计已四百余。老母痛哭常倚闾,两兄中庭握手空唏嘘。若乘此马归到家,可及今日日落初。自今我亦弃敝庐,卜邻别有秦人墟。桃花林中奉板舆,从兄去读黄石书,武陵隔绝痴儿渔。三日五日间,我既迁所居。秣陵蒋尉祠,归马其何如?将军此马不数驭,至此惟恐女不去。急呼从者牵马前,四足霏霜耳披絮。信是吴门布不虚,由来列子风能御。女一顾此马,眉宇色差豫。撒手始释将军衣,身未及腾鞍已据。一身长谢破空行,电掣星流不知处。女行数日军无骚,将军振旅胆气豪。钟山之旁营周遭,宾僚迎拜将军劳。斗酒劝酾新蒲萄,钲笳杂奏声欢呶。云中匹马尘甚嚣,清光无恙来滔滔。千金一诺券果操,将军迎絷归其槽。马汗如血长嘶号,背上有物臃肿拳曲纵横束缚三尺高,乃是材官当日将去之聘礼,封还不失分厘毫。聘礼脱尽处,薤叶多一刀,刀光摇摇其锋能吹毛,将军坐此几日夜睡睡不牢。

《秋蟪吟馆诗钞》1914年刻本

[参考文献]

胡适:《五十年来中国之文学》,见《胡适全集》第2卷,安徽教育出版社2003年版。

江 湜

江湜(shí)(1818—1866),字弢叔,江苏长洲(今吴县)人。诸生。多次应乡试不第,作过幕僚、低级官员,亦曾以教书为生,身世坎坷。其诗多写于动乱之中并书写动乱之景,所谓"自写亲身新乱离","如此遭逢如此诗"(《录近诗因题四绝》),道出此一特点。战事之中的生死离别、民凋物敝、饥驱谋食、局促委巷,被他以白描手段表现得真切而清通。有《伏敔堂诗录》、《续录》。

寓斋即事

[解题]

刻画地方官吏逼租造成之惨剧。纯用白描,感人至深。

客居华亭县[1],舍联决囚厅[2]。夜来响鞭扑,侧耳难为听。是月大寒节,雪霰飞冥冥[3]。冻囚仅不死,出狱颠于庭[4]。小人营十亩[5],六口双男丁。歉收食易耗,粒米无留零。前月田主来,根括愁空瓶[6]。田主一何怒,送县施鞭刑。念家有乳妇,啼饿依竹屏。那更惜顽骸[7],鞭血飞红腥。我闻觉心恻,欲睡眼不瞑。东南赋虽重,官运有常经。胡为借帮费[8],浮收诳朝廷。因之粮户蹙[9],催租虐伶仃。惟农生九谷,曷且释拘囹[10]。奈彼儒作吏[11],忍酷心惺惺[12]。我生昧时务,怜此犹生灵。遐思三代上,画田为井形[13]。

《伏敔堂诗录》同治元年刊本

[注释]

[1] 华亭县:清代在江苏松江府,今属上海市松江区。

[2] 决囚厅:审决犯人的厅房。

[3] 冥冥:遥远的天空。扬雄《法言·问明》:"鸿飞冥冥。"

[4] 颠:仆倒。

[5] 营:经营(田地)。

[6] 根括:彻底查找。《宋史·仁宗纪》:"根括编户。"

[7] 顽骽(tuǐ)：即顽腿，犹言顽躯、贱体。骽，"腿"的本字。
[8] 帮：帮船，即数十条船结为一队。
[9] 蹙(cù)：紧蹙、吃紧。
[10] 释拘囹：从牢狱中放出来。
[11] 儒作吏：读书人出身而为官吏。
[12] 心惺惺：惺惺相惜。
[13] 画田为井形：指古代实行的井田制。

※杂书绝句六首(其一)

早岁耽吟兴不孤，惟愁门外吏催租。只今身作催租吏，败尽人诗我亦无。

《伏敔堂诗录》同治元年刊本

王 闿 运

王闿(kǎi)运(1833—1916)，字壬秋，号湘绮，湖南湘潭人。咸丰三年(1853)举人。早年自负奇才，而游幕四方，多傲言异行。曾入曾国藩幕，著有《湘军志》。后主讲于各地书院。湘绮诗名甚盛，为湖湘派首领。其论诗首尊"八代"，明言复古；其所作，亦多刻意模仿，各种"拟"作层出不穷，但亦不乏关涉现实之内容。《圆明园词》为名篇，仿元稹《连昌宫词》之体，写圆明园之修建及其咸丰十年(1860)为英法联军焚掠事，抒发对肇事者残虐和宫园兴废的感慨，讥侈示戒，百感交集。多种手法交错使用，铺陈排比，甚见功力。有《湘绮楼诗集》。

※圆 明 园 词

宜春苑中萤火飞，建章、长乐柳十围。离宫从来奉游豫，皇居那复在郊圻。旧池澄绿流燕、蓟，洗马、高粱游牧地。北藩本镇故元都，西山自拥兴王气。九衢尘起暗连天，辰极星移北斗边。沟洫填淤成斥卤，宫廷映带觅泉原。淳泓稍见丹棱沜，陂陀先起畅春园。畅春风光秀南苑，霓旌凤盖长游宴。地灵不惜瓮山湖，天题更创圆明殿。圆明拜赐本潜龙，因回邸第作郊宫。十八篱门随曲涧，七楹正殿倚乔松。斋堂四十皆依水，山石参差尽亚风。甘泉避暑因留跸，长杨扈从已弢弓。纯皇缵业当全盛，江海无波待游幸。行所留连赏四园，画师写仿开双境。谁道江南风景佳，移天缩地在君怀。当时只拟成灵囿，小费何曾数露台。殷勤无逸箴骄念,岂意元皇失恭俭。秋狝俄闻罢木兰,妖氛暗已传离坎。吏治陵迟民困痛,长鲸跋浪海波枯。始闻计吏忧财赋,欲卖行宫助转输。沉吟五十年前事,厝火薪边然已至。揭竿敢欲犯阿房,探丸早见诛文吏。此时先帝见忧危,诏选三臣出视师。宣室无人侍前席,郊坛有恨哭遗黎。年年辇路看春草,处处伤心对花鸟。玉女投壶强笑歌,金杯掷酒连昏晓。四时景物爱郊居,玄冬入内望春初。裒裒四春随凤辇,沉沉五夜递铜鱼。内装颇学崔家髻,讽谏初除姜后珥。玉路旋惊车毂鸣,金銮莫问残灯事。鼎湖弓剑恨空还,郊垒风烟一炬间。玉泉悲咽昆明塞,惟有铜犀守荆棘。青芝岫里狐夜啼,绣漪桥下鱼空泣。何人老监福园门,曾缀朝班奉至尊。昔日喧阗厌朝贵,于今寂寞喜游人。游人朝贵殊喧寂,偶来无复金闺客。贤良门闭有残砖,光明殿毁寻颓壁。文宗新构清辉堂,为近前湖纳晓光。妖梦林神辞二品,佛城舍卫散诸方。湖中蒲稗依依长,阶前蒿艾萧萧响。枯树重抽盗作薪,游鳞暂跃惊逢网。别有开云镂月台,太平三圣昔同来。宁知乱竹侵苔出,不见春花泣露开。平湖西去轩亭在,题壁银钩连到薤,金梯步步度莲花,绿窗处处留螺黛。当时仓卒动铃驼,守宫上直余嫔娥。芦笳短吹随秋月,豆粥长饥望热河。东门旦开胡雏过,正有王公趋道左。敌兵未爇雍门荻,牧童已见骊山火。应怜蓬岛一孤臣,欲持高洁比灵均。丞相迎兵只握节,徒人拒寇死当门。即今福海冤如海,谁信神洲尚有神?百年成毁何匆促,四海荒残如在目。丹城紫禁犹可归,岂闻江燕巢林木。废宇倾基君好看,艰危始识中兴难。已惩御史言修复,休遣中官织锦纨。锦帆枉竭江南赋,鹭文龙爪新还故。总饶结彩大宫门,何如旧日西湖路?西湖地薄比郇瑕,武清暂住已倾家。惟应鱼稻资民利,莫教鹦柳斗宫花。词臣讵解论都赋,挽辂难回幸雒车。相如徒有上林颂,不遇良时空自嗟。

马积高主编《湘绮楼诗文集》,岳麓书社2000年版

樊　增　祥

樊增祥(1846—1931),号云门,别号樊山,湖北恩施人。光绪三年(1877)进士。官至布政使。生平以诗为茶饭,无日不作,无地不作,号称写诗三万首。甲午战争后,《有感》、《重有感》、《马关》、《书愤》等七律,感时而作,语气激愤,如《陆沉》中讥刺李鸿章句:"君家世世修降表,始自南唐直到今。"戊戌、庚子后,诗益趋雕琢。《闻都门消息》写庚子事变,感慨很深,属对更精工典丽。《彩云曲》、《后彩云曲》,演傅彩云(即名妓赛金花)事迹,享有盛名。有《樊山集》、《樊山续集》。

闻都门消息

[解题]

　　光绪二十六年庚子(1900)作者在陕西听闻京城(都门)沦于八国联军之手,惨遭蹂躏,遂作此诗。诗将战乱带来的文明浩劫,京城及城中无论贵胄还是百姓遭遇兵燹(xiǎn)的惨景,以精工巧对和恰切事典将其披露得淋漓尽致而惊人心魄,感情沉痛,风骨凛然。

　　上林秋雁忽西翔[1],凝碧池头孰举觞[2]?市有醉人称异瑞[3],巢无完卵亦奇殃。犬衔朱邸焚余骨,乌啄黄骢战后疮[4]。满目蓬蒿人迹少,向来都是管弦场。京师赫赫陷鲸牙,十国纵横万户嗟[5]。旧宅不归王谢燕,新亭分守楚梁瓜[6]。蛾眉身世惟青冢[7],貂珥门庭但落花[8]。龙虎诸军谁宿卫[9],孤儿一一委虫沙[10]。百年乔木委秋风[11],三月铜街火尚红[12]。崇恺珊瑚兵子手[13],宋元书画冷摊中。金华学士羁僧寺[14],玉雪儿郎杂酒佣[15]。闻得圆明双鹤语[16],庚申庚子再相逢[17]。岛人列檄罪诸王[18],玉牒瑶潢绝可伤[19]。待取血胔觞福鹿[20],谁将眼箸谜贪狼[21]。伯霜仲雪俱危苦[22],宋劭殷辛僭比方[23]。公法每宽亲贵议,可须函首越重洋[24]。繁华非复凤城春[25],玉辂于今隔陇秦[26]。金雀瓶棱虚御仗[27],铜驼荆棘泣孤臣[28]。朱门白屋多新鬼[29],卜肆僧寮几故人[30]。莫问北池旧烟月[31],雨霖铃夜一沾巾[32]。

涂晓马、陈宇俊校点《樊樊山诗集》,上海古籍出版社2004年版

[注释]

　　[1]上林:上林苑,秦汉著名宫苑。雁:代指信使。详《汉书·苏武传》。西翔:(消息)由北京至陕西。

　　[2]凝碧池:唐朝宫苑中池,天宝十五载安禄山兵入长安,宴于此。

　　[3]市有醉人称异瑞:此指义和团及其神教巫术。曾慥《类说》引《邺侯家传》:唐"德宗播迁,人多乏食,无酿酒者。后京师稍宁,有一醉人,聚观以为祥瑞。"

　　[4]黄骢:唐时马名。唐太宗平窦建德后,制《黄骢曲》。

　　[5]十国:指当时侵略中国的各国联军。

[6] 此句原注:"诸国各有疆界。"新亭:故址在今江苏江宁县南。东晋初北方官吏被迫流亡到江南时,常至新亭饮宴。楚梁:均为战国时国名。

[7] 蛾眉:指美女。《诗·卫风·硕人》:"螓首蛾眉。"青冢:坟墓。汉王昭君墓上生青草,因以代指。

[8] 貂珥:汉代贵官冠上所插貂尾、悬珥等头饰,代指显贵。

[9] 龙武:京城禁卫军。唐代禁卫军最初称龙武军。

[10] 虫沙:战死的士兵,亦泛指死者。《抱朴子》:"周穆王南征,一军尽化,君子为猿为鹤,小人为虫为沙。"

[11] 委:弃、委弃。乔木:《孟子·梁惠王》:"所谓故国者,非谓有乔木之谓也,有世臣之谓也。"

[12] 三月:自义和团五月进北京,至八国联军七月攻陷,共三个月。铜街:代指京城。古洛阳有铜驼街,也称铜街。

[13] 崇:指石崇,恺:指王恺,二人均为晋富豪。珊瑚:石、王以珊瑚树斗富,后用珊瑚喻指宝物。事见《世说新语·汰侈》。

[14] 金华:指金华殿。学士:官名,有多种品级。

[15] 玉雪儿郎:肌肤雪白洁净,喻指幼龄处子。韩愈《殿中少监马君墓志》:"姆抱幼子立侧,眉眼如画,发漆黑,肌肉玉雪可念,殿中君也。"

[16] 圆明:指圆明园。双鹤:圆明园中有双鹤亭。

[17] 庚申:咸丰十年(1860)。当年圆明园被英法联军焚毁。

[18] 岛人:指联军。列檄罪诸王:联军要求清政府交出事变"罪魁"端郡王载漪、庄亲王载勋等。

[19] 玉牒:帝王谱系。瑶潢:即天潢、帝王族系。二者合指皇族。

[20] 血膋(liáo):血和脂膏。《诗·小雅·信南山》:"以启其毛,取其血膋。"福鹿:指福鹿(禄)酒。《明季北略》记李自成杀福王朱常洵,以其肉酱混合鹿肉食之,号"福鹿(禄)酒"。

[21] 眼箸:张良曾借筷子(箸)为汉王筹划计策,此指借箸定筹时以眼色示意。贪狼:贪狠的狼。

[22] "伯霜"句原注:"谓庄邸及濂、滢贝勒。"伯、仲:指载漪辈诸兄弟,均遭革爵去职处分。霜雪:古指系狱和动乱,此喻指载漪辈兄弟所受处罚。

[23] "宋劭"句原注:"敦邸服中生子即端邸也。"宋劭:即刘宋时刘劭,弑君(文帝)篡位。殷辛:即商纣王帝辛。僭(jiàn):超越本分、僭越等级。比方:比拟。

[24] 函首:装首级于盒中。《宋史·韩侂胄传》记宋开棺取出韩侂胄首级装于盒中送予金人。

[25] 凤城：京都旧称。

[26] 玉辂(lù)：天子之车。陇秦：甘陕一带，此指北京城破后慈禧、光绪"西狩"之西安。

[27] 金雀舸(gū)棱：指宫阙。班固《西都赋》："设璧门之凤阙，上舸棱而栖金爵。"御仗：皇帝所用仪仗。

[28] 铜驼荆棘：象征国乱残破之景。《晋书·索靖传》记索靖指洛阳宫门铜驼预言："会见汝在荆棘中耳！"

[29] 朱门：指贵族。白屋：指平民。新鬼：新死者的鬼魂。《左传·文公二年》："吾见新鬼大，故鬼小。"

[30] 卜肆：卖卜的铺子。僧寮：僧房。

[31] 北池：唐长安池名，此处喻指昆明湖。

[32] 雨霖铃：唐玄宗为悼念杨贵妃，根据出逃途中所见霖雨所闻铃声作《雨霖铃》曲以寄恨。

※八月六日过灞桥口占

柳色黄于陌上尘，秋来长是翠眉颦。一弯月更黄于柳，愁煞桥南系马人。

《樊山集》光绪十九年刻本

※彩　云　曲

傅彩云者，苏州名妓也。年十三，依姊居沪上，艳名噪一时。某学士衔恤归，一见悦之，以重金置为簉室，待年于外。祥琴始调，金屋斯启，携至都下，宠以专房。会学士持节使英，万里鲸天，鸳鸯并载。既至英，六珈象服，俨然敌体。英故女主年垂八十，雄长欧洲，尊无与并。彩出入椒闱，独与抗礼。尝偕英皇并坐照象，时论奇之。学士代归，从居京邸。与小奴阿福奸，生一女，学士逐福留彩，寖与疏隔。俄而文园消渴，竟天天年。彩故与他仆私，至是遂为夫妇。居无何，私蓄略尽，所欢亦殂，仍返沪为卖笑计，改名曰赛金花。苏人公檄逐之，转至津门，虽年逾三十，而艳名不减畴昔。己亥长夏，与客谈此事，因记以诗。先是，学士未第时，为人司书记，居烟台，与妓爱珠有啮臂盟。比再至，已魁天下，遽与珠绝。珠冤痛累月，竟不知所终。今学士已矣，若敖鬼馁，燕子楼空。唱金缕者，出节度之家，过市门者，指状元之第，得非霍小玉冥报李十郎乎？余为此曲，亦如元相所云，甚愿知之者不为，而为之者不惑耳。

姑苏男子多美人,姑苏女子如琼英。水上桃花知性格,湖中秋藕比聪明。自从西子湖船住,女贞尽化垂杨树。可怜宰相尚吴绵,何论红红兼素素。山塘女伴访春申,名字偷来五色云。楼上玉人吹玉管,渡头桃叶倚桃根。约略鸦鬓十三四,未遣金刀破瓜字。歌舞常先菊部头,钗梳早入妆楼记。北门学士素衣人,暂踏毬场访玉真。直为丽华轻故剑,况兼苏小是乡亲。海棠聘后寒梅喜,待年居外明诗礼。两见泷冈墓草青,鸳鸯弦上春风起。画鹢东乘海上潮,凤凰城里并吹箫。安排银鹿娱迟暮,打叠金貂护早朝。深宫欲得皇华使,才地容斋最清异。梦入天骄帐殿游,阏氏含笑听和议。博望仙槎万里通,霓旌难得彩鸾同。词赋环球知绣虎,钗钿横海照惊鸿。女君维亚乔松寿,夫人城阙花如绣。河上蛟龙尽外孙,房中鹦鹉称天后。使节西来屡奉春,锦车冯嫽亦倾城。冕旒七珧瞻繁露,槃敦双龙赠宝星。双成雅得西王意,出入椒庭整环佩。妃主青禽时往来,初三下九同游戏。妆束潜随夷俗更,语言总爱吴娃媚。侍食偏能餍海鲜,报书亦解缮英字。凤纸宣来镜殿寒,玻璃取影御床宽。谁知坤媪山河貌,只与杨枝一例看。三年海外双飞俊,还朝未几相如病。香息常教韩寿闻,花头每与秦宫并。春光漏泄柳条轻,郎主空嗔梁玉清。只许大夫驱便了,不教琴客别宜城。从此罗帷怨离索,云蓝小袖知谁托。红闺何日放金鸡,玉貌一春锁铜雀。云雨巫山枉见猜,楚襄无意近阳台。拥衾总怨金龟婿,连臂犹歌赤凤来。玉棺昼下新宫启,转盼王郎长已矣。春风肯坠绿珠楼,香径还思苎萝水。一点奴星照玉台,樵青婉娈渔僮美。缌帷尚挂郁金堂,飞去珉梁双燕子。那知薄命不犹人,御叔子南后先死。蓬巷难栽北里花,明珠忍换长安米。身是轻云再出山,琼枝又落平康里。绮罗丛里脱青衣,翡翠巢边梦朱邸。章台依旧柳𣞶𣞶,琴操禅心未许参。杏子衫痕学宫样,枇杷门牓换冰衔。吁嗟乎!情天从古多缘业,旧事烟台那可说。微时菅蒯得恩怜,贵后萱芳成弃捐。怨曲争传紫玉钗,春游未遇黄衫客。君既负人人负君,散灰扃户知何益。歌曲休歌金缕衣,买花休买马塍枝。彩云易散琉璃脆,此是香山悟道诗。

《樊山续集》光绪十九年刻本

※后彩云曲

　　光绪己亥,居京师,制《彩云曲》,为时传诵。癸卯入觐,适彩云虐一婢死,婢故秀才女也。事发到刑部,门官皆其相识,从轻递籍而已。同人多请补记以诗。余谓其前随使节,俨然敌体,鱼轩出入,参佐皆屏息鹄立。陆军大臣某,时为舌人,亦在行列。后乃沦为淫鸨,流配南归,何足更污笔墨。顷居沪上,有人于夷场见之,盖不知偃蹇几夫矣。因思庚子拳、董之乱,彩侍德帅瓦尔德西居仪鸾殿。尔时联军驻京,惟德军最酷,留守王大臣,皆森目结舌,赖彩言于所欢,稍止淫掠。止一事足述也。仪鸾殿灾,瓦抱之穿窗而出。当其秽乱宫禁,招摇市廛,昼入歌楼,夜侍夷寝,视从某侍郎使英、德时,尤极烜赫。今老矣,流落沪滨,仍与厮养同归,视师师白发青裙就檐溜濯足,抑又不逮。而瓦酋归国,德皇察其秽行,卒被谴褫。此一泓祸水,害及中外文武大臣。究其实,一寻常荡妇而已。祸水何足溺人,人自溺之。出入青楼者,可以鉴矣。此诗着意庚子之变,其他琐琐,盖从略焉。

纳兰昔御仪鸾殿,曾以宰官三召见。画栋珠帘谒御香,金床玉几开宫扇。明年西幸万人哀,桂观茧廉委劫灰。房骑乱穿驿道走,汉宫重见柏梁灾。白头宫监逢人说,庚子灾年秋七月。六龙一去万马来,柏灵旧帅称魁杰。红巾蚁附端郡王,擅杀德使董福祥。愤兵入城恣淫掠,董逃不获池鱼殃。瓦酋入据仪鸾座,凤城十家九家破。武夫好色胜贪财,桂殿清秋少眠卧。闻道平康有丽人,能操德语工德文。状元紫诰曾相假,英后殊施并写真。柏灵当日人争看,依稀记得芙蓉面。隔越蓬山十二年,琼华岛畔邀相见。隔水疑通银汉槎,催妆还用天山箭。彩云此际泥秋衾,云雨巫山何处寻。忽报将军亲折简,自来花下问青禽。徐娘虽老犹风致,巧换西装称人意。百环螺髻满簪花,全匹鲛绡长拂地。鸦娘催上七香车,豹尾银枪两行侍。细马遥遵辇路来,袜罗果踏金莲至。历乱宫帏飞野鸡,荒唐御座拥狐狸。将军携手瑶阶下,未上迷楼心已迷。骂贼翻嗤毛惜惜,入宫自诩李师师。言和言战纷纭久,乱杀平人及鸡狗。彩云一点菩提心,操纵夷獠在纤手。肱篋休探赤侧钱,操刀莫逼红颜妇。始信倾城哲妇言,强于辩士仪秦口。后来虐婢如虺蜴,此日能言赛鹦鹉。较量功罪相折除,侥幸他年免缧首。将军七十虬髯白,四十秋娘盛钗泽。普法战罢又今年,枕席行师老无力。女闾中有女登徒,笑捋虎须亲虎额。不随槃瓠卧花单,那得驯狐集金阙。谁知九庙神灵怒,夜半瑶台生紫雾。火马飞驰过凤楼,金蛇餤舚燔鸡树。此时锦帐双鸳鸯,皓躯惊起无襦裤。小家女记入抱时,夜度娘寻凿坏处。撞破烟楼闪电窗,釜鱼笼鸟求生路。一霎秦灰楚炬空,依然别馆离宫住。朝云暮雨秋复春,坐见珠槃和议成。一闻红海班师诏,可有青楼惜别情。从此茫茫隔云海,将军也有连波悔。君王神武不可欺,遥识军中妇人在。有罪无功损国威,金符铁券趣销毁。太息联邦虎将才,终为旧院蛾眉累。蛾眉重落教坊司,已是琵琶弹破时。白门沦落归乡里,绿草依稀具狱词。世人有情多不达,明明祸水蹇裳涉。玉堂鹓鹭忿羽仪,碧海鲸鱼丧鳞甲。何限人间将相家,墙茨不扫伤门阀。乐府休歌杨柳枝,星家最忌桃花煞。今者株林一老妇,青裙来往春申浦。北门学士最关渠,西幸丛谈亦及汝。古人诗贵达事情,事有阙遗须拾补。不然落溷退红花,白发摩登何足数。

《樊山续集》光绪十九年刻本

易顺鼎

易顺鼎(1858—1920),字实甫,中年后自号哭盫(亦作哭庵、哭厂)。湖北龙阳(今汉寿)人。光绪元年(1875)举人,为候补道员。自述其前半生身世性情:"初为神童,为才子,继为酒人,为游侠,少年为名士,为经生,为学人,为贵官,为隐士。""其操行无定","为文章亦然"(《哭庵传》)。早期诗多咏山水之作,游庐山诗尤为有名,一组咏瀑七言古诗与《万杉寺五爪樟歌》,均以自我性情移入自然景物,抒发其狂放不羁之气。甲午战后,参与政事,屡遇挫,作《四魂集》,写见闻,抒愤懑,刺权臣,激烈沉恸,如《书事》《书愤》诸作。清末实授广西右江道等。晚年居沪、京,潦倒以终。作诗极多,散逸亦多,后人辑为《琴志楼全书》。

※卢沟桥

书剑征途伴寂寥,长安日近楚天遥。南云北雪三千里,第一销魂是此桥。

王飚校点《琴志楼诗集》上海古籍出版社2004年版

※天童山中月夜独坐六首(其一)

青山无一尘,青天无一云。天上惟一月,山中惟一人。

其四

此时闻松声,此时闻钟声,此时闻涧声,此时闻虫声。

王飚校点《琴志楼诗集》上海古籍出版社2004年版

※万杉寺五爪樟

万杉化去无一杉,惟有寺前老樟在。樟分五体同一本,身历百龄更千载。旁达涧壑根已深,直干霄空气不馁。云垂太阴逗雷霆,风翻白日动光彩。危柯半入烟冥冥,细叶还铺雪皑皑。化人伟奇丈六身,猛士雄健尺八胲。全张数爪鳞之而,俯视众木身傀儡。古来贤豪谁抚摩,其人已往死不相待。惟有五老之奇峰,共对青天无倦怠。虽言乾坤要支拄,未免得罪庸与狶。下穿已愁伤地媪,上拏又恐妨真宰。独立无友大哉謷,众人皆忌甚矣殆。自恃刀斧莫能入,皮坚有类披铁铠。大材讵肯腐山林,神物犹思避菹醢。吾闻豫章生七年,便可与龙斗沧海。何况此树世希有,寿过凡樟逾百倍。愿为楼船击西夷,知君九死终不悔!

王飚校点《琴志楼诗集》上海古籍出版社 2004 年版

沈 曾 植

沈曾植(1851—1922),字子培,号乙庵,晚号寐叟,浙江嘉兴人。光绪六年(1880)进士。官刑部主事,署布政使,护理巡抚,曾主两湖书院史席。为官而兼治学,精通多种学问。为同光体之魁杰、浙派代表作家。其诗最见"学人之诗"的特点:融学问和学术词语以入诗,形成沉博奥僻、奇伟盘硬之风格,时或聱牙钩棘,诗意难解。有《海日楼诗集》。

野 哭 五 首

[解题]

写于戊戌年(1898)八月二十二日,为"情不能已,溢而为词"(《戊戌旅湘日记》),悼刑部同僚、戊戌六君子之一刘光第而作。用典精准,感情沉痛悲愤,具催人泪下之力。

野哭荒荒月,灵归黯黯魂。薰莸宁共器[1],玉石惨同焚。世界归依报[2],衣冠及祸门。嵇琴与夏色[3],消息断知闻。

烈士宁忘死,难甘此日名。信犹迟蜀道,命岂堕长平[4]?精爽虹应贯,虚无狱会明[5]。信知全物理[6],乱世直难争。

交已非刘柳[7],官宁到贾王[8]。诗书敦雅德,刀剑剧锋芒[9]。披发天何叫,缄衣血不亡[10]。《辨奸》遗论在,青史与评量。

草草投东市,冥冥望北辰。并无书牍语[11],虚望解环人[12]。天地微生苦,山河未劫真。一哀终断绝,千古为酸辛。

悔祸宁无日,招魂已隔生。难穷瓜蔓迹[13],翻恨刬章名[14]。孰与收遗草,他年托志铭。遥知梁庑下,涕泪并纵横。

钱仲联校注《沈曾植集校注》,中华书局2001年版

[注释]

[1] 薰:香草。莸:臭草。《孔子家语·致思》:"薰莸不同器而藏,尧桀不同国而治,以其类异也。"

[2] 世界、依报:均佛家语。《翻译名义集》:"世界有二种,一众生世界,是正报;二器世界,是依报。"

[3] 嵇:嵇康。夏:夏侯玄。《魏书·嵇康传》注:"《魏氏春秋》曰:'康临刑自若,援琴而鼓,既而叹曰:"雅音于是绝矣。"'"《魏书·夏侯玄传》:"玄格量弘济,临斩东市,颜色不变,举动自若。"

[4] 命岂堕长平:《史记·廉颇蔺相如列传》记赵括与秦军大战,兵败,数十万降众被坑杀于长平(在今山西高平西北)。

[5] 虚无:犹言莫须有。

[6] 自注:"杜甫诗:'乱世轻全物。'"

[7] 刘柳:指唐代贞元年间刘禹锡和柳宗元,二人同因参与革新被贬谪。

[8] 贾王:指汉贾谊和唐王伾、王叔文,均因改革朝政遭贬。

[9] 刀剑:喻谗言。刘勰《新论》:"昔人兴谗言于青蝇,譬利口于刀剑者,以其点素成缁,刃劲伤物。"

[10] "披发"二句:《晋书·嵇绍传》记嵇绍于晋败绩时以身护卫惠帝,被害,血溅御服;后惠帝制止左右浣衣,称:"此嵇侍中衣,勿去。"

[11] "并无"句:指清廷未加审讯、并无判词,即行将光第等处斩。

[12] 解环:即"解连环",比喻解决难题。

[13] 瓜蔓:指"瓜蔓抄",株连祸结如瓜蔓蔓延。《明史·景清传》:景清刺杀明成祖朱棣未遂,"成祖怒,磔死,族之。籍其乡,转相攀染,谓之瓜蔓抄"。

[14] 刬(yǎn)章:本指削牍写成奏章,此泛指写奏章。刬:削。

陈 三 立

陈三立(1852—1937),字伯严,号散原,江西义宁(今修水)人。光绪十五年(1889)进士,官吏部主事。戊戌时助其父湖南巡抚陈宝箴创新政、倡新学,与谭嗣同并称"两公子"。政变后被革职,隐居不出。1937年北平沦陷后,绝粒而亡。

为同光体代表诗人,成就亦大。其诗恶俗恶熟,造句炼字力求新警,有凝炼奥衍之致,但其真情实意,又未尝不在文从字顺之中。散原最有名的一联诗为梁启超所录残句:"凭栏一片风云气,来做神州袖手人。"其民元之前诗确存有风云之气,如写庚子国难、日俄战争诸篇。其寄情于景之作,对自然之感觉,新鲜锐利,颇具近代感。著有《散原精舍诗集》。

十一月十四夜发南昌月江舟行

[解题]

光绪二十九年(1903)十一月作者自南昌西山回南京散原别墅,江行途中所作。散原诗力避俗熟,追求奥衍蕴藉而又天机自然。本诗写自然景色,以主观移情方法造成陌生化效果,确有独到处。

晨席张大谈,夜城曳微醉。负手江茫茫,一片鸥凫地。
露气如微虫,波势如卧牛。明月如茧素,裹我江上舟。
子安乘兴处[1],牧之怀旧情[2]。西山压梦破,微怜篙橹声。
一笑对千涡,细鳞衔月去。指点白沙湾,梦痕所挂树。

李开军点校《散原精舍诗文集》,上海古籍出版社2003年版

[注释]

[1] 子安:指王勃,字子安,作有《滕王阁序》,全称为《秋日登洪府滕王阁饯别序》。滕王阁,故址在今南昌赣江边。

[2] 牧之:指杜牧,曾入江西观察使沈传师幕。

园居看微雪

[解题]

作于光绪三十年(1904)。该篇写雪景,突出了诗人为客观环境所窒息的主观感受。这种感受及其表达方法,颇有新鲜感在。

初岁仍微雪,园亭意飒然。高枝嗫鹊语,欹石活蜗涎[1]。冻压千街静,愁明万象前。飘窗接梅蕊,零乱不成妍。

李开军点校《散原精舍诗文集》,上海古籍出版社2003年版

[注释]

[1] 攲(qī):倾斜。蜗涎:蜗牛分泌的黏液。

※晓抵九江作

藏舟夜半负之去,摇兀江湖便可怜。合眼风涛移枕上,抚膺家国逼灯前。鼾声邻榻添雷吼,曙色孤篷漏日妍。咫尺琵琶亭畔客,起看啼雁万峰颠。

李开军点校《散原精舍诗文集》,上海古籍出版社2003年版

※卧　病

卧病依疏雨,秋高意自悲。对床斟药裹,切膊暗藤丝。虫语从移世,蝉声欲老谁。微呻赦灯烬,残梦亦何为。

李开军点校《散原精舍诗文集》,上海古籍出版社2003年版

[参考文献]

1. [日]吉川幸次郎著,贺圣遂译:《清末的诗——读〈散原精舍诗〉》,见《中国诗史》,章培恒等译,复旦大学出版社,2001年版。

2. 刘纳编著:《陈三立评传》,中国文史出版社1998年版。

3. 郭延礼:《陈三立的诗文浅论》,《散原精舍诗文集》,上海古籍出版社2003年版。

陈　衍

陈衍(1856—1937),字叔伊,号石遗。福建侯官(今福州)人。光绪八年(1882)举人,曾官学部主事,又讲授于京师大学堂等校。为同光体诗论家,民国后发表《石遗室诗话》,编印《近代诗钞》等,影响很大。诗多写文人生活和日常景物,风格清峻奇峭。有《石遗室诗集》。

※秋夜读杜工部孟襄阳诗

豺虎冤魂滞北方,东南魑魅亦猖狂。一家转徙空皮骨,百折乖张有肺肠。岂敢妄为杜工部,只堪归作孟襄阳。尚疑疏雨微云外,松月虚窗梦未凉。

陈步编《陈石遗集》,福建人民出版社2001年版

郑孝胥

郑孝胥(1860—1938),号苏堪,又号海藏。福建闽侯人。光绪八年(1882)举人。官至布政使。为晚清同光体中闽派魁首,功力深厚,诗名甚著。陈衍评其风格为"清苍幽峭"。实不拘一体,风格多变,重九诗尤有名。早年诗多有关时事。有《海藏楼诗集》。

※泰安道中

陇上清晨得纵眸,停车聊自释幽忧。乱峰出没争初日,残雪高低带数州。回首会成沉陆叹,收身行作入山谋。渡河登岱增萧瑟,莫信时人说壮游。

杨晓波、黄坤校点《海藏楼诗集》,上海古籍出版社2003年版

※重九雨中作

风雨重阳秋愈深,却因对雨废登临。楼居每觉诗为祟,腹疾翻愁酒见侵。东海可堪孤士蹈,神州遂付百年沉。等闲难遣黄昏后,起望残阳奈暮阴。

杨晓波、黄坤校点《海藏楼诗集》,上海古籍出版社2003年版

黄遵宪

黄遵宪(1848—1905),字公度,别署人境庐主人,广东嘉应(今梅州市)人。光绪二年(1876)举人,光绪三年(1877)成为近代中国第一批外交官,从此先后出使日本、美国旧金山、英国伦敦、新加坡计十余年。甲午战争时回国,官至湖南按察使,积极参与变法维新,戊戌后被免职。黄氏于诗,认为应表现"古人未有之物、未辟之境",将己作命名为"新派诗"。最能显示其"新派"特色之一为善写海外新事物。五古《锡兰岛卧佛》长二千余言,被称为"空前之奇构",另有《登巴黎铁塔》、《樱花歌》、《伦敦大雾行》等,多国风光、文化,齐集笔下。另一特点是"多纪时事",从第二次鸦片战争至庚子之变,均诗以纪之,故有"诗史"之誉;特别是写中日甲午战争的一系列作品:《悲平壤》、《哀旅顺》、《哭威海》、《东沟行》、《台湾行》、《降将军歌》等,尤为人称道。黄诗"熔铸新理想以入旧风格",活用口语、新

名词,形成独特成就:沉博弘丽,雄健多变,奇才大句,洵为作手。其五古议论纵横,歌行铺比翻腾,"以单行之神运排偶之体","用古文家伸缩离合之法以入诗";从《渡辽将军歌》、《聂将军歌》、《逐客篇》、《番客篇》和被胡适认为《人境庐诗草》中"最好的诗"《拜曾祖母李太夫人墓》等作品中,均可见其抑扬变化而条理清晰的叙事技法。句式上,杂言丛出、参差变化而神气贯注,突破古体,尝试大胆。黄遵宪是近代"诗界革命"的先行者,在咸同时期一派拟古诗风中,人境庐诗独立中流,拓展了诗的疆界。其诗作集为《人境庐诗草》、《日本杂事诗》等。

冯 将 军 歌

[解题]

约作于光绪十一年(1885)。赞颂中法战争中的民族英雄冯子材,选择典型情境刻画人物,又仿《史记·魏公子传》手法,连用"将军"一语十六次,造句有力,情感饱满,气势不凡。

冯将军[1],英名天下闻。将军少小能杀贼,一出旌旗云变色。江南十载战功高,黄褂色映花翎飘[2]。中原荡清更无事,每日摩挲腰下刀。何物岛夷横割地[3],更索黄金要岁币[4]。北门管钥赖将军[5],虎节重臣亲拜疏[6]。将军剑光方出匣,将军谤书忽盈箧。将军卤莽不好谋,小敌虽勇大敌怯。将军气涌高于山,看我长驱出玉关。平生蓄养敢死士,不斩楼兰今不还。手执蛇矛长丈八,谈笑欲吸匈奴血。左右横排断后刀,有进无退退则杀。奋梃大呼从如云,同拼一死随将军。将军报国期死君,我辈忍孤将军恩[7]。将军威严若天神,将军有令敢不遵,负将军者诛及身。将军一叱人马惊。从而往者五千人。五千人马排墙进,绵绵延延相击应。轰雷巨炮欲发声,既戟交胸刀在颈。敌军披靡鼓声死,万头窜窜纷如蚁。十荡十决无当前[8],一日横驰三百里。吁嗟乎!马江一败军心懾[9],龙州拓地贼氛压[10]。闪闪龙旗天上翻,道咸以来无此捷。得如将军十数人,制梃能挞虎狼秦[11]。能兴灭国柔强邻,呜呼安得如将军!

《人境庐诗草》,吴振清、徐勇、王家祥编校整理《黄遵宪集》,
天津人民出版社2003年版

[注释]

[1]冯将军:冯子材,广东钦州(今广西钦州市)人,同治年官至提督。1883—1885年,法军接连犯我边境。已退休的古稀老将冯子材受命为前敌主帅,率兵奋勇作战,取得镇南关大捷。

[2] 黄褂:清代官服,亦用于赏赐给有功官员。花翎:清代官员帽饰,以孔雀翎做成,用于赏赐给有功及蒙特恩的官员。

[3] 岛夷:此指法国。

[4] 岁币:为求和而每年输纳钱币。

[5] 北门管钥:喻执掌战略要地的守御之任。此指冯子材扼守镇南关。《左传·僖公三十二年》记杞子掌管郑国都城"北门之管",因有此喻。

[6] 虎节重臣:指两广总督张之洞。虎节:古代君主交给掌兵在外大臣的信符。拜疏:臣僚上书给皇帝言事。此指张之洞保举冯子材领兵抗敌。

[7] 孤:辜负。

[8] 十荡十决:语出晋代歌谣《陇上歌》,以水为喻,谓水到处堤岸即决。

[9] 马江:即马尾港,军港,在福州东南闽江口。1884年8月,法军舰突然袭击该港,福建水师全军覆没。

[10] 龙州:清有龙州厅,即今广西龙州。拓地:指法军不断北进。

[11] 制:通掣,擎。《孟子·梁惠王上》:"可使制梃以挞秦、楚之坚甲利兵矣。"虎狼秦:《战国策·楚策一》:"夫秦,虎狼之国也。"

今别离四首

[解题]

作于伦敦。四首分咏轮船火车、电报、照相与东西半球昼夜相反之事。诗题仍为传统乐府诗题,诗旨仍为男女相思,甚至取意亦有古人渊源,如第一首之于孟郊《车遥遥》;而其表达感情的介质却是全新的事物,即梁启超所谓"纯以欧洲意境行之",在当时称得上别开生面。此诗被陈三立推为"千古绝作",又得梁启超揄扬,传诵一时,颇多仿作。

别肠转如轮,一刻既万周。眼见双轮驰,益增中心忧。古亦有山川,古亦有车舟,车舟载离别,行止犹自由。今日舟与车,并力生离愁。明知须臾景,不许稍绸缪,钟声一及时,顷刻不少留。虽有万钧柁,动如绕指柔;岂无打头风,亦不畏石尤[1]。送者未及返,君在天尽头,望影倏不见,烟波杳悠悠。去矣一何速,归定留滞不?所愿君归时,快乘轻气球。

朝寄平安语,暮寄相思字,驰书迅已极,云是君所寄。既非君手书,又无君默记,虽署花字名,知谁箝缗尾[2]?寻常并坐语,未遽悉心事,况经三四译,岂能达人意,只有班班墨,颇似临行泪。门前两行树,离离到天际,中央亦有丝,有丝两头系。如何君寄书,断续不时至?每日百须臾,书到时有几?一息不相闻,使我容颜悴。安得如电光,一闪至君旁。

开函喜动色,分明是君容,自君镜奁来,入妾怀袖中。临行剪中衣,是妾亲手缝,肥瘦妾自思,今昔得毋同？自别思见君,情如春酒浓,今日见君面,仍觉心忡忡。揽镜妾自照,颜色桃花红。开箧持赠君,如与君相逢。妾有钗插鬓,君有襟当胸,双悬可怜影,汝我长相从。虽则长相从,别恨终无穷。对面不解语,若隔山万重。自非梦来往,密意何由通。

汝魂将何之？欲与君追随,飘然渡沧海,不畏风波危。昨夕入君室,举手褰君帷,披帷不见人,想君就枕迟。君魂倘寻我,会面亦难期。恐君魂来日,是妾不寐时。妾睡君或醒,君睡妾岂知,彼此不相闻,安怪常参差。举头见明月,明月方入扉,此时想君身,侵晓刚披衣。君在海之角,妾在天之涯,相去三万里,昼夜相背驰,眠起不同时,魂梦难相依。地长不能缩,翼短不能飞,只有恋君心,海枯终不移。海水深复深,难以量相思。

《人境庐诗草》,吴振清、徐勇、王家祥编校整理《黄遵宪集》,
天津人民出版社2003年版

[注释]

[1] 石尤:意犹打头风。《古乐府·丁都护歌》：" 愿作石尤风,四面断旅行。"洪迈《容斋随笔》："石尤风,不知其意,意其为打头风也。"又可参《江湖纪闻》。

[2] 箝缗(mín)尾:约为封缄。缗,其他诸本均作"纸"。

※ 雁

汝亦惊弦者,来归过我庐。可能沧海外,代寄故人书？四面犹张网,孤飞未定居。匆匆还不暇,他莫问何如。

《人境庐诗草》,吴振清、徐勇、王家祥编校整理《黄遵宪集》,
天津人民出版社2003年版

※ 拜曾祖母李太夫人墓

郁郁山上松,呀呀林中乌,松有荫孙枝,乌非反哺雏。我生堕地时,太婆七十五。明年阿弟生,弟兄日争乳。太婆向母怀,伸手抱儿去,从此不离开,一日百摩抚。亲手裁绫罗,为儿制衣裳。糖霜和面雪,为儿作饦馉。发乱为梳头,脚膩为暖汤。东市买脂粉,靧面日生香。头上盘云髻,耳后明月珰。红裙绛罗襦,事事

女儿妆。牙牙初学语,教诵《月光光》。一读一背诵,清如新炙簧。三岁甫学步,送儿上学堂。知儿故畏怯,戒师莫严庄。将出牵衣送,未归踦闾望,问讯日百回,赤足足奔忙。春秋多佳日,亲戚尽团聚,双手擎掌珠,百口百称誉。我家七十人,诸子爱渠祖,诸妇爱渠娘,诸孙爱渠父。因裙便惜带,将缣难比素。老人性偏爱,不顾人笑侮。邻里向我笑:老人爱不差,果然好相貌,艳艳如莲花。诸母背我骂:健犊行破车,上树不停脚,偷芋信手爬。昨日探鹊巢,一跌败两牙,嚏血喷满壁,盘礴画龙蛇。兄妹昵我言:向婆乞金钱。直倾紫荷囊,滚地金铃圆。爷娘附我耳:劝婆要加餐。金盘脍鲤鱼,果为儿下咽。伯叔牵我手,心知不相干,故故摩儿顶,要图老人欢。儿年九岁时,阿爷报登科,剑儿大父傍,一语三摩挲。此儿生属猴,聪时较猴多。雏鸡比老鸡,异时知如何?我病又老耄,情知不坚牢,风吹儿不长,那见儿扶摇。待儿胜冠时,看儿能夺标。他年上我墓,相携著宫袍。前行张罗伞,后行鸣鼓箫。猪鸡与花果,一一分肩挑。爆竹响墓背,墓前纸钱烧。手捧紫泥封,云是夫人诰。子孙共罗拜,焚香向神告:儿今幸胜贵,颇如母所料。世言鬼无知,我定开口笑。大父回顾儿:此言儿熟记。一年记一年,儿齿加长矣。儿是孩提心,那知太婆事,但就儿所见,依稀记一二。太婆每出入,笼东拄一杖,后来杖挂壁,时见垂帷帐。夜夜携儿眠,呼娘搔背蚌。展转千摇腰,殷殷春雷响。佛前灯尚明,窗隙见月上。大父搴帘来,欢笑时鼓掌。琐屑及乡邻,讥诃到官长,每将野人语,眩作鬼魅状。太婆悄不应,便知婆欲睡,户枢徐徐关,移踵车轮曳。明朝阿娘来,奉匜为盥洗,欲饭爷捧盘,欲羹娘进匕。大父出迎医,觌缕讲脉理。咀嚼分尝药,斟酌共量水。自儿有知识,日日见此事。

几年举场忙,几年绝域使。忽忽三十年,光阴迅弹指。今日来拜墓,儿既须满嘴。儿今年四十,大父七十九,所喜颇聪强,容颜类如旧。周山看松柏,不要携杖走。跪拜不须扶,未觉躬伛偻。挂珠碧霞犀,犹是母所授。绣补炫锦鸡,新自粤西购。一手搴颔髭,一手振袍袖,打鼓唱迎神,红毡齐泥首。上头爇红香,中间酌黄酒。青箬苞黍粽,紫丝络莲藕。大父在前跪,诸孙跪在后。森森排竹笋,依依伏杨柳。新妇外曾孙,是婆定昏媾,阿端年始冠,昨年已取妇。随兄擎腰扇,阿和亦十五,长樛次当孙,此皆我儿女。青青秀才衣,两弟名谁某。少者新簪花,捧筋前拜手。次第别后先,提抱集贱幼,一家尽偕来,只恨不见母。母在婆最怜,刻不离左右。今日母魂灵,得依太婆否?树静风不停,草长春不留。世人尽痴心,乞年拜北斗。百年那可求,所愿得中寿。谓儿报婆恩,此事难开口。求母如婆年,儿亦奉养久。儿今便有孙,不得母爱怜。爱怜尚不得,那论贤不贤。上羡大父福,下伤吾母年。吁嗟无母人,悠悠者苍天!

《人境庐诗草》,吴振清、徐勇、王家祥编校整理《黄遵宪集》,天津人民出版社2003年版

[参考文献]

1. 胡适:《五十年来中国之文学》,《胡适全集》第 2 卷,安徽教育出版社 2003 年版。

2. 钱钟书:《谈艺录》,生活·读书·新知三联书店 2001 年版。

3. 王飚:《诗歌改革先行者黄遵宪及其新派诗》,载《中华文学通史·近代文学》,华艺出版社 1997 年版。

康　有　为

康有为(1858—1927),字广厦,号长素,广东南海人。光绪二十一年(1895)进士。著名维新派领袖和理论家。前期诗有关山水游历者为多,但已气度不凡。戊戌前十年间所作足称维新诗史。流亡海外后,诗境更形壮阔,欧亚诸种奇观异景,尽入其诗,造为新声。康诗题材广泛,雄浑豪宕,沉博绝丽,元气淋漓。一生著作浩繁,诗作辑为《康南海先生诗集》等。

过昌平城望居庸关

[解题]

作于光绪十四年(1888)秋。作者是年夏季赴北京顺天乡试,不第。八月出京,过芦沟桥,游明十三陵、居庸关、万里长城等,作诗十余首。居庸关,位于昌平境内,又称蓟门关,长城重要关隘之一,气势巍峨,形态险要。本诗描写居庸关四周形势与塞上风光,气魄雄大,笔力矫健。

城堞逶迤万柳红,西山岧嶤霁明虹[1]。云垂大野鹰盘势,地展平原骏走风。永夜驼铃传塞上,极天树影递关东[2]。时平堡堠生青草[3],欲出军都吊鬼雄[4]。

上海市文物保管委员会文献研究部编《万木草堂诗集》,
上海人民出版社 1996 年版

[注释]

[1]西山:总指北京西郊群山。岧嶤(tiáodì):高远貌。霁:雨后或雪后放晴。

[2]递:传,传递,此处引申为延伸、延展。关东:此指居庸关以东之地。

[3]堡堠(hòu):堡垒。堠:了望敌情的土堡。生青草:隐指边防废弛。

[4]军都:居庸关古名军都关。鬼雄:鬼中雄杰,多用于称誉为国死难者。《楚辞·九歌·国殇》:"身既死兮神以灵,魂魄毅兮为鬼雄。"

出都留别诸公五首(其二)

[解题]

作于光绪十五年(1889)。作者于上一年上书清帝,请变法,遇阻,未得上达,今乃愤而出京。本诗发抒抱负,想象奇崛,激情浩荡,英气逼人。

天龙作骑万灵从[1],独立飞来缥缈峰。怀抱芳馨兰一握,纵横宙合雾千重[2]。眼中战国成争鹿[3],海内人才孰卧龙[4]。抚剑长号归去也,千山风雨啸青锋。

上海市文物保管委员会文献研究部编《万木草堂诗集》,
上海人民出版社1996年版

[注释]

[1]骑:坐骑。万灵:众神。

[2]宙:《淮南子·齐俗训》:"往古来今谓之宙。"宙合:《管子》篇名,此指宇宙、天下。

[3]争鹿:即逐鹿。《汉书·蒯通传》:"秦失其鹿,天下共逐之。"此指列强瓜分中国。

[4]卧龙:《三国志·蜀书·诸葛亮传》:"(徐庶)谓先主曰:'诸葛孔明者,卧龙也。'"此喻即将出世之豪杰。

※五度大西洋放歌

浩浩乎浮天渺无涯,洪波如山,蛟龙是家。翻压巨舰,樯折众哗。四海皆汪洋,西洋尤深鲸鼋拿。严冬无风不可渡,老鼋吹浪白日遮。东罗美洲,西限欧罗巴。北浮坤兰接冰海,时有雪山流出照霓霞。南通南极不可到,莽莽囊括非利加。迩来千百万亿载,岂经人迹一泛槎。美洲大陆十万里,朊朊原野莽烟花。落机母山安底斯,只有丫士惕人种之所家。岂有文明开新地,只循太平洋岸捕鱼虾。秘墨遗文久灭绝,但余破殿供摩挲。若无科仑布,岂睹电灯汽道照云霞。骤然辟新无限土,动植繁怪可惊呀。世久人多国土窄,资此移植民富加。南美巴西阿根廷,丰原万里蔽榛蛇。长流瀰瀰亚马孙,护溉神皋饶仙葩。架非烟蓝乃土

产,可移百谷种桑麻。吾国生繁养不足,殖民寻地吾久查。乐土乐国无如此,廿年纬缅久咨嗟。航海誓开新国土,移吾种族新中华。虽知此愿未易就,指图向若吾先夸。呜呼!天地无尽藏,冒险勇往鬼神诃。噫嘻!科仑布之功,酹酒赞叹岂有他。五度西洋如庭户,侧身望洋频叹嗟。

上海市文物保管委员会文献研究部编《万木草堂诗集》,
上海人民出版社1996年版

[参考文献]
1. 钱基博:《现代中国文学史》,岳麓书社1987年重印本。
2. 马洪林:《康有为大传》,辽宁人民出版社1988年版。

丘 逢 甲

　　丘逢甲(1864—1912),又名仓海、沧海。祖籍广东,生于台湾。光绪十五年(1889)进士。后讲学于多个书院。曾于甲午战争时在台组织义军抗日,事败后内渡。内渡初期,其诗多写故国之思,苍凉慷慨,如写于《马关条约》签订一年后的《春愁》,情思沉悲,极为有名。庚子后游历南洋,会见康梁,又为黄遵宪《人境庐诗草》作跋,同唱"诗界革命",诗境更为开阔,如《七洲洋看月放歌》写及登月、地球绕日等奇思新说;《海中观日出歌由汕头至香港作》将海外景、爱国情、新知识冶为一炉,英气雄健。梁启超称其为"诗界革命一巨子"。写作各体诗达数万首,存者有《岭云海日楼诗钞》《柏庄诗草》等。

※春　　愁

春愁难遣强看山,往事惊心泪欲潸。四百万人同一哭,去年今日割台湾!

广东丘逢甲研究会编《丘逢甲集》,岳麓书社2001年版

※去年秋初抵鲙江今仍客游至此思之怃然二首

琴剑萧然尚客游,海天容易又经秋。渡江人物消沉尽,谁识当时第一流?

沦落天涯气自豪,故山东望海云高。西风一掬哀时泪,洒向秋江作怒涛。

广东丘逢甲研究会编《丘逢甲集》,岳麓书社2001年版

夏　曾　佑

　　夏曾佑(1863—1924)，字穗卿，笔名别士，浙江钱塘(今杭州)人。光绪十六年(1890)进士。官知府，后从事新闻与教育。戊戌前两三年与谭嗣同、梁启超往来甚密，通释典，喜新学，成为"新学诗"的热心提倡者。这批积极投身维新变法的士人，出于接受、宣传新学和革新诗风的双重需要，在诗的创作中大胆尝试："穗卿自己的宇宙观、人生观，常喜欢用诗写出来。他前后作有几十首绝句，说的都是怪话。"(梁启超语)亦即加进一些表现新思想、新学理的新名词，富含哲理。时过境迁，多难于索解，于艺术上并不成功，但也新异可喜，在诗史上留存一页。夏氏也颇有意境深邃之作，如《送汪毅白出都》和写于戊戌次年元日之夜的《元夜》，均为含蓄而沉悲的作品。

无题二十六首(其二十)

[解题]

　　作者在戊戌前几年写作的数十首"新学诗"之一(下选赠梁启超的二首也是)。他当时与谭嗣同、梁启超等"相约以作诗非经典语不用。所谓经典者，普指佛、孔、耶三教之经。故《新约》字面，络绎笔端"。本诗即利用西方宗教传说为素材，表达一种在当时说来乃是全新的宇宙观。

　　冰期世界太清凉[1]，洪水茫茫下土方[2]。巴列塔前一挥手[3]，人天从此感参商[4]。

赵慎修整理《夏曾佑诗集校》，见《中国近代文学史料》，
中国社会科学出版社1985年版

[注释]

　　[1] 冰期：地质学名词，即冰河期，或称冰川期，在新生代第四纪，气候严寒。
　　[2] 洪水：宗教传说，上帝降雨四十昼夜，导致洪水泛滥百五十天，除载于诺亚方舟上的生物以外，余皆毁灭。另一本作"鸿水"。
　　[3] 巴列塔：宗教典故。《旧约·创世纪》记：洪水过后，诺亚子孙东迁至一平原，拟建一塔以达上天；上帝乃混乱其语言，使互不达意，塔未建成。此塔即"巴别塔"。一挥手：另本作"分种教"，应指诺亚子孙因语言混乱而分散于世界各

地,乃有种族、宗教之别。

[4] 参(shēn)商,均为星宿名,二者此现彼隐,互不相见。

※元　夜

春阴春雨太模糊,如水楼台望欲无。不信万家丝竹夜,有人挥泪读阴符!

赵慎修整理《夏曾佑诗集校》,见《中国近代文学史料》,
中国社会科学出版社1985年版

谭　嗣　同

　　谭嗣同(1865—1898),字复生,号壮飞,别署东海褰冥氏,湖南浏阳人。父亲为湖北巡抚。19岁以后遍游南北诸省,好剑任侠。30岁那年,尽弃旧学,创作《仁学》一书,呼吁冲决网罗。戊戌期间所表现的激进思想和仁勇精神,使其名垂千古。为戊戌政变前两三年间"新学诗"的积极作者。其新学之诗亦充满批判君主专制与伦理纲常的精神,虽多诡异生涩之辞,不易索解,但不失为一种革新尝试。总的来看,谭氏诗作不多,却风格鲜明,特别是"新学诗"之前之后所作,诗风恢阔豪迈、雄健遒劲,所谓"拔起千仞、高唱入云"者。有著作多种,后人集为《谭嗣同全集》。

潼　关

[解题]

　　18岁(光绪四年,1878)所作。时自浏阳至兰州途经潼关。潼关,在陕西潼关县北,关城雄踞山腰,俯视黄河。诗借助潼关周边壮阔背景的描写,激活了雄关形势。气势雄健、豪迈、奔放。末二句既是作者壮怀豪情之抒发,亦是其诗风之写照。

　　终古高云簇此城[1],秋风吹散马蹄声。河流大野犹嫌束[2],山入潼关不解平[3]。

蔡尚思、方行编《谭嗣同全集(增订本)》,中华书局1998年重印本

[注释]

[1] 终古:久远。《楚辞·九歌·礼魂》:"春兰兮秋菊,长无绝兮终古。"簇:簇拥。

[2] 河:黄河。

[3] 不解:不知。

有　　感

[解题]

作于光绪二十二年(1896)《马关条约》签订后。甲午战败,祖国面临列强蚕食瓜分危机,作者"及睹和议条款,竟忍以四百兆人民之身家性命,一举而弃之"。"经此创巨痛深,乃始屏弃一切",感怀不已,愁愤难抑,几欲痛哭失声。

世间无物抵春愁[1],合向苍冥一哭休[2]。四万万人齐下泪,天涯何处是神州。

蔡尚思、方行编《谭嗣同全集(增订本)》,中华书局1998年重印本

[注释]

[1] 抵:抵消。

[2] 合:应当。

赠梁卓如诗四首(其一)

[解题]

写此组诗时作者与梁启超往来密切,共商《仁学》之写作,又经梁介绍私淑于康有为,信服康之托古改制学说。诗谓按三世说观察,东西方的大治均止于教主受阻遏之时,新的教主且将诞生于亚洲,实以恢复孔教正义为己任。语句涩晦未明,用典奇僻,自成一格。

大成大辟大雄氏[1],据乱升平及太平[2]。五始当王讫麟获[3],三言不识乃鸡鸣[4]。人天帝网光中见[5],来去云孙脚下行[6]。漫共龙蛙争寸土[7],从知教主亚洲生[8]。

蔡尚思、方行编《谭嗣同全集(增订本)》,中华书局1998年重印本

[注释]

　　[1] 大成：本指高尚之道德，此处代指孔子。《孟子·万章下》："孔子之谓集大成。"大辟：亦作大卫，古犹太王，耶稣之祖先。大雄：佛主释迦牟尼的尊称。

　　[2] 据乱、升平、太平：均为公羊说所言之三个社会阶段。作者受康有为影响，以孔子出生时代、耶稣出生时代、佛教盛行时代，分别对应据乱世、升平世、太平世。

　　[3] 五始当王：指具备称王的条件。五始：《汉书》："春秋法五始之要。"其注云："元者气之始，春者四时之始，王者受命之始，正月政教之始，公即位者一国之始。"讫麟获：指因鲁哀公十四年春西狩获麟而天下未治、孔子停止作《春秋》事。讫：止。麟获：即获麟。古代获麟兆示明君出世、天下大治；如未实现即为不祥，孔子因而止笔于此。

　　[4] 三言不识乃鸡鸣：《新约全书·马可福音》记耶稣告其门徒彼得鸡叫前须三次说不认识我，彼得在第三次回答抓耶稣者询问时鸡已鸣叫，耶稣因而被杀。

　　[5] 人天帝网光中见：指上帝（神）创造光，发于天空、普照大地。详见《旧约全书》。

　　[6] 云孙：即天孙，星名，亦即织女星。

　　[7] 龙：指孔子。蛙：指孔子教徒。均为附会之辞。此据梁启超《饮冰室诗话》。

　　[8] 从知：当知。教主亚洲生，既指基督教主耶稣生于亚洲之耶路撒冷，又暗示新的（孔门）教主（当指康有为）亦将诞生于亚洲。

金陵听说法诗四首（其三）

[解题]

　　这是最著名的一首"新学诗"。此组诗的小序说，作者与其二位学佛导师"大会于金陵，说甚深微妙之义，得未曾有"。诗之主旨乃表达经由领悟佛法所达成之对三纲五常的抨击、对西方议会制的向往，以及献身觉民事业的决心，而"经史生涩语、佛典语、欧西语杂用，颇错落可喜"，对旧的词汇—意象系统形成冲击。虽杂而未融，失之艰涩，诗味不足，但对随即到来的"诗界革命"，类似的新学之诗仍具启发之功。

　　而为上首普观察，承佛威神说颂言[1]。一任血田卖人子[2]，独从性海救灵魂[3]。纲伦梏以喀私德[4],法会极于巴力门[5]。大地山河今领取,庵摩罗果掌中论[6]。

蔡尚思、方行编《谭嗣同全集(增订本)》,中华书局1998年重印本

[注释]

[1] 颂言:颂佛之偈(jì)语。别本作"偈言"。

[2] 血田:《新约全书·马太福音》述出卖耶稣的犹大称自己卖了无辜之人的血,用其所得的钱买的田地被叫作血田。别本作"法田"。人子:即人之子,指耶稣。

[3] 性海:佛家语,指佛法,真如法性,广大如海。《五灯会元》:"祖曰:'汝化性海得否?'曰:'山河大地,皆依建立;三昧六通,由兹发现。'"

[4] 纲伦:纲常伦理。梏(gù),别本作"惨"。喀私德:英语 caste 的音译,指印度种姓制度。

[5] 极:别本作"盛"或"格"。巴力门:英语 Parliament 的音译,指英国议院。

[6] 庵摩罗果:新疆的一种果名。《楞严经》:"见阎浮提,如观掌中菴摩罗果。"

狱 中 题 壁

[解题]

光绪二十四年(1898)八月戊戌政变前夜,作者拒绝出逃,称:"各国变法无不从流血而成,今日中国未闻有因变法而流血者,此国之所以不昌者。有之,请自嗣同始。"于是被捕。作者被害前在狱中写下此诗,其临终语且为:"有心杀敌,无力回天。死得其所,快哉快哉!"均表现了这位维新志士以身许国、慷慨赴义的献身精神,乃是充满大无畏豪情的人生绝唱,传诵至今,使后人生无限敬仰。

望门投止思张俭[1],忍死须臾待杜根[2]。我自横刀向天笑,去留肝胆两昆仑[3]。

蔡尚思、方行编《谭嗣同全集(增订本)》,中华书局1998年重印本

[注释]

[1] 望门投止:谓人于困厄窘迫之中,见人家门即往投宿。《后汉书·张俭传》记东汉人张俭,因弹劾宦官侯览,受诬结党谋反,被朝廷追捕,"困迫遁走,望门投止,莫不重其名行,破家相容"。

[2] 忍死:强自忍耐诈死。须臾:片刻。《后汉书·杜根传》载:东汉郎中杜

根,因上书得罪邓太后,被装入布袋,"于殿上击杀之。执法者以根知名,私语行事人,使不加力。既而载出城外,根得苏。太后使人检视,根遂诈死三日,目中生蛆,因得逃窜"。后邓氏被诛,杜根复官为御史。

[3] 两昆仑:指已"去"(出亡)者康有为与尚"留"者京城侠客大刀王五。肝胆:谓(去者留者)肝胆相照。此据梁启超《饮冰室诗话》,其他论者另有别解。昆仑:喻崇高。

※陇　山

古来形家者流谈山水,云皆源于西北委于东,三条飞舞趋大海,山筋水脉交相通。我谓水之流兮始分而终合,夫岂山之峙兮愈岐而愈弱。吁嗟乎!水则东入不极之沧溟,山则西出无边之沙漠,错互乾坤萃两隅,气象纵横浩寥霩。昔我持此言,密默不敢论,足迹遍陇右,了了识本原。陇右之山崛然起,号召峰峦俱至此。东南培塿小于拳,杂沓西行万余里,渐行渐巨化为一,恍若朝宗汇群水。其上宽广不可计,肉张骨大状殊异。欲断不断势相麿,谁信人间犹有地。譬如亡秦以上之文章,鼓荡寥天仗真气。不复矜言小波磔,横空一往茫无际。策我马,曳我裳,天风终古吹琅琅。何当直上昆仑巅,旷观天下名山万叠来苍茫。山苍茫,有终止。吁嗟乎!山之终兮水之始。

蔡尚思、方行编《谭嗣同全集(增订本)》,中华书局 1998 年重印本

[参考文献]

1. 池平:《谭嗣同诗歌风格略探》见《湖南社会科学》1990 年第 5 期。
2. 王飙:《诗歌改革尝试者谭嗣同、夏曾佑与新派诗》《中华文学通史·近代文学》,华艺出版社 1997 年版。

蒋　智　由

蒋智由(1866—1829),号观云,别署因明子,浙江诸暨人。出身寒素。后参与《新民丛报》编辑,发表诗作,被梁启超推为"近世诗界三杰"之一:"诗界革命谁与豪,因明巨子天所骄"(《广诗中八贤歌》)。《卢骚》一诗,词意俱新而明白晓畅,传诵一时;结末二句为邹容《革命军自序》所引用,更广为人知。此时期诗作散见于报刊。后期诗作集有《蒋智由诗钞》等数种。

※卢　　骚

世人皆欲杀，法国一卢骚。民约倡新义，君威扫旧骄。力填平等路，血灌自由苗。文字收功日，全球革命潮。

钱仲联主编《中国近代文学大系·诗词集二》，上海书店1991年版

※有　　感

落落何人报大仇？沉沉往事泪长流。凄凉读尽支那史，几个男儿非马牛！

钱仲联主编《中国近代文学大系·诗词集二》，上海书店1991年版

梁　启　超

梁启超(1873—1929)，字卓如，号任公，别署饮冰室主人。广东新会人。著名的政治活动家、舆论界领袖、学者和文学活动家。先后主持和创办《时务报》、《清议报》、《新民丛报》、《新小说》等报刊，发起清末"诗界革命"、"文界革命"、"小说界革命"等。写有大量各类作品。自称不善为诗，又仅以诗为余事，故虽为"诗界革命"首倡者，创作并不甚多，但其诗作及其风格颇具代表性。《自厉》为言志抒情之作，《壮别》写于"去二十世纪仅三日矣"，一千三百余言的《二十世纪太平洋歌》写于1899年除夕夜，均表现出新的时代意识，是实践其"诗界革命"精神的优秀篇章。前期诗天骨开张，蹈厉风发，奔放矫健。入民国后诗风又有变化。著有《饮冰室合集》。

※自厉（其二）

献身甘作万矢的，著论求为百世师。誓起民权移旧俗，更揅哲理牖新知。十年以后当思我，举国犹狂欲语谁。世界无穷愿无尽，海天寥廓立多时。

吴松、卢云昆、王文光、段炳昌点校《饮冰室文集点校》，云南教育出版社2001年版

※壮别二十六首(其二十五)

极目览八荒,淋漓几战场。虎皮蒙鬼域,龙血混玄黄。世纪开新幕,风潮集远洋。欲闲闲未得,横槊数兴亡。

吴松、卢云昆、王文光、段炳昌点校《饮冰室文集点校》,
云南教育出版社2001年版

[参考文献]

1. 丁文江,赵丰田:《梁启超年谱长编》,上海人民出版社1983年版。
2. 夏晓虹:《觉世与传世:梁启超的文学道路》,上海人民出版社1991年版。

王 国 维

王国维(1877—1927),字静安,晚号观堂,浙江海宁人。诸生。早岁从罗振玉游。光绪末年,执教于多所学堂。辛亥革命前后两度赴日本留学研究。后以讲学为业。民国16年,自沉于颐和园昆明湖。为著名学人,其建树广涉多个领域。文学方面,在词学、戏曲学、文学批评上均有开创性贡献。早期诗写个体生命的忧患感伤,其蕴意不同凡俗。后期所作,多为长篇,《颐和园词》最著名,虽不免遗老味,仍是"兴亡哀感动人思"。著作繁富,大部分收入《海宁王静安先生遗书》;诗分别收于早期的《静安文集》及后期的《观堂集林》。

※五月十五日夜坐雨赋此

积雨兼旬烟满湖,先生小疾未全苏。水声粗悍如骄将,天色凄凉似病夫。江上痴云犹易散,胸中妄念苦难除。何当直上千峰顶,看取金波涌太虚。

萧艾笺校《王国维诗词笺校》,岳麓书社1984年版

※六月二十七日宿硖石

新秋一夜蚊如市,唤起劳人使自思。试问何乡堪著我,欲求大道况多歧。人生过处惟存悔,知识增时只益疑。欲写此怀谁与共,鼾声四起斗离离。

萧艾笺校《王国维诗词笺校》,岳麓书社1984年版

※病中即事

滴残春雨住无期，开尽园花卧不知。因病废书增寂寞，强颜入世苦支离。拟随桑户游方外，未免杨朱泣路歧。闻道南山薇蕨美，膏车径去莫迟疑。

萧艾笺校《王国维诗词笺校》，岳麓书社1984年版

秋　　瑾

秋瑾（1875—1907），字璇卿，号竞雄，又号鉴湖女侠。浙江山阴（今绍兴）人。光绪三十年（1904）夏东渡日本留学，次年参加光复会和同盟会，同年年底回国，宣传革命并组织光复军起义。光绪三十三年（1907）六月六日（阳历7月15日）殉难。著名的反清革命烈士、巾帼英雄。后人揄扬甚力，其诗词亦享有盛名。早年即有《宝刀歌》、《宝剑歌》等雄豪之作，投身革命至就义前短短三年间，更以诗抒豪情、斥清廷、吁女权，悲歌慷慨，临刑有"秋风秋雨愁煞人"之句。作品辑为《秋瑾集》。

※日人石井君索和即用原韵

漫云女子不英雄，万里乘风独向东。诗思一帆海空阔，梦魂三岛月玲珑。铜驼已陷悲回首，汗马终惭未有功。如许伤心家国恨，那堪客里度春风？

郭长海、郭君兮辑注《秋瑾全集笺注》，吉林文史出版社2003年版

※题《江山万里图》应日人之索

万里乘风去复来，只身东海挟春雷。忍看图画移颜色，肯使江山付劫灰！浊酒不销忧国泪，救时应仗出群才。拼将十万头颅血，须把乾坤力挽回。

郭长海、郭君兮辑注《秋瑾全集笺注》，吉林文史出版社2003年版

[参考文献]

郭延礼：《秋瑾文学论稿》，陕西人民出版社1987年版。

陈 去 病

陈去病(1874—1933),字佩忍,号巢南,江苏吴江人。光绪二十九年(1903)赴日留学,归国后与柳亚子等发起成立南社,参加辛亥革命。其诗民族主义意识鲜明,多咏史抒情之作,鼓吹排满复汉、追怀宋末明末志士遗民,哭吊赞颂烈士等,是南社诗人创作倾向的典型代表。如《读郑所南心史》咏郑思肖,《四月二十五日偕刘三谒张苍水墓并吊永乐帝》咏张煌言,《江上哀》悼徐锡麟、秋瑾等,《哭遁初》悼宋教仁等。诗风质朴苍健,悲壮激越。有诗集《浩歌堂诗钞》。

中元节自黄浦出吴淞泛海

[解题]

作于光绪三十四年(1908)中元节(旧历七月十五日)。借景抒情,并用伍子胥之典慨叹祖国沦亡之将至,意境悲慨豪迈。

舵楼高唱大江东[1],万里苍茫一览空。海上波涛回荡极,眼前洲渚有无中[2]。云磨雨洗天如碧,日炙风翻水泛红。唯有胥涛若银练[3],素车白马战秋风。

《浩歌堂诗钞》,1925 年《百尺楼丛书》本

[注释]

[1] 大江东:用苏轼《念奴娇·赤壁怀古》首句:"大江东去,浪淘尽,千古风流人物。"

[2] 渚(zhǔ):水中间的小块陆地。

[3] 胥:指伍子胥。传说伍子胥被吴王夫差冤屈赐死后,乘素车白马立于钱塘江潮头之上。

马 君 武

马君武(1881—1940),君武为其字,以字行。广西桂林人。辛亥前先后在广

西、上海、日本、德国求学,参加同盟会、南社。著名教育家、政治活动家。诗界革命时即是活跃人物。其《诗稿·自序》所称"鼓吹新学思潮,标榜爱国主义",道出其创作大旨。翻译多种西洋诗作,享名于时。其"新学"知识渊博,自然融入诗中,表达新观念,另具一格。君武眼界开阔,诗多乐观情绪,惜作品较少。有《马君武诗稿》。

自　　由

[解题]

作于光绪二十九年(1903)。引事据典颇有新意。

西来黄帝胜蚩尤[1],莫向森林问自由[2]。圣地百年沦异族[3],夕阳独自吊神州。为奴岂是先民志,纪事终遗后史羞[4]。太息英雄浪淘尽[5],大江呜咽水东流。

谭行、刘志坚、邓小飞注《马君武诗注》,广西民族出版社1985年版

[注释]

[1] 西来:黄帝居昆仑山,故称。

[2] 向森林问自由:莎士比亚喜剧《皆大欢喜》中堂姊妹二人为反抗父亲和伯父的迫害,逃往亚登森林,行前说:我们现在是满心欢畅去寻找自由,不是流亡。问:寻访。

[3] 圣地:指中国。

[4] 后史:指清军入关以后的历史。

[5] 浪淘尽:用苏轼《念奴娇·赤壁怀古》句:"大江东去,浪淘尽,千古风流人物"。

宁　调　元

宁(níng)调元(1883—1913),字仙霞,又字太一,湖南醴陵人。光绪三十一年(1905)留学日本,加入同盟会,后回国从事革命活动。辛亥前后曾两次系狱,终牺牲于反袁斗争。南社重要成员。其诗多狱中所作,沉郁雄浑,悲凉苍劲,情怀壮烈,充满牺牲精神。写诗六百余首,作品集为《太一遗书》。

※感怀四首（其一）

十年前是一重囚，也逐欧风唱自由。复九世仇盟玉帛，提三尺剑奠金瓯。丈夫有志当如是，竖子诚难足与谋。愿播热潮高万丈，雨飞不住注神州。

杨天石等编《宁调元集》，湖南人民出版社 1988 年版

※七律次韵和同狱某

故垒荒凉劫后灰，可曾报国有涓埃。善哉地狱能先入，耻以歧途误后来。意土正然烧炭党，法皇卒上断头台。相看异日风云会，莫漫伤心赋大哀。

杨天石等编《宁调元集》，湖南人民出版社 1988 年版

柳　亚　子

柳亚子（1887—1958），原名慰高，字安如；更名人权，字亚卢；再改名弃疾，字亚子；终定名亚子，遂以亚子行。江苏吴江（今吴县）人，著名政治活动家。宣统元年（1909）与陈去病、高旭发起并长期主持南社，为其中最活跃、成就和影响最大者；又能与时俱进，故享名最著。对清末诸传统诗派批判最为严厉，诗中所表现的政治情绪也最为激进：斥责清廷，颂太平天国，力倡女权，悼念烈士等。论诗尚"唐音"，受龚自珍影响很大。诗多近体，尤以七绝七律为主，格律严整，善用事典而淋漓豪宕，慷慨雄迈。著有《磨剑室诗词集》、《磨剑室文集》等。

孤　愤

[解题]

作于 1915 年（民国 4 年）袁世凯阴谋称帝、筹安会劝进之时。"孤愤"原系《韩非子》中篇名，是诗以此为题，对袁世凯之倒行逆施表达义愤，也对劝进之举给予讥讽。作品义正词严，不啻一篇讨袁檄文，也显示作者不愧是将南社革命精神发扬最久的诗人。

孤愤真防决地维[1]，忍抬醒眼看群尸[2]。美新已见扬雄颂[3]，劝进还传阮籍

词[4]。岂有沐猴能作帝[5]？居然腐鼠亦乘时[6]。宵来忽作亡秦梦,北伐声中起誓师。

中国革命博物馆编《柳亚子文集·磨剑室诗词集》,上海人民出版社1985年版

[**注释**]

[1] 决:断裂。地维:维系大地的绳子,古人认为的地之四角。《列子·汤问》:"共工氏与颛顼争为帝,怒而触不周之山,折天柱,绝地维。"

[2] 尸:此为行尸走肉意。

[3] 新:王莽篡汉称帝所用国号。美新:指扬雄上《剧秦美新》,批判秦朝而颂王莽功德。

[4] 劝进:《晋书·阮籍传》载魏帝封司马昭为晋公,进相国,加九锡,众公卿向伪辞不受的司马昭劝进,阮籍被逼代撰劝进表。"美新"二句:乃借喻并讥刺杨度等人组织"筹安会"、梁士诒等组织全国请愿联合会,上书拥袁变更国体和称帝。

[5] 沐猴:猕猴。《汉书·项籍传》载项羽不肯都关中,韩生曰:"人谓楚人沐猴而冠耳,果然。"

[6] 腐鼠:腐烂的死鼠。典出《庄子·秋水》。此用作贱物之称。

※题张苍水集

北望中原涕泪多,胡尘惨淡汉山河。盲风晦雨凄其夜,起读先生《正气歌》!

中国革命博物馆编《柳亚子文集·磨剑室诗词集》,上海人民出版社1985年版

李 叔 同

李叔同(1880—1942),字弘一。叔同为其号,又号息霜。民国7年(1918)出家后名释演音,世称弘一大师。原籍浙江平湖,出生于天津。毕业于南洋公学,光绪三十年(1905)赴日学习美术,组创春柳剧社,入同盟会,辛亥后任教员,加入南社。为天才艺术家,于油画、钢琴、作曲、篆刻、书法、诗词,无不精通,多具开创之功。其诗天资超迈,造语绝俗。圆寂后遗作刊为《弘一大师文钞》。

※ 昨　夜

昨夜星辰人倚楼,中原咫尺山河浮。沉沉万绿寂不语,梨花一枝红小秋。

李芳远编选《弘一大师文钞》,上海北风书屋1946年版

※ 人　病

人病墨池干,南风六月寒。肺枯红叶落,身瘦白衣宽。入世儿侪笑,当门景色阑。昨宵梦王母,猛忆少年欢。

李芳远编选《弘一大师文钞》,上海北风书屋1946年版

周　树　人

周树人(1881—1936),原名樟寿,后改树人;字豫山,后改为豫才;"五四"前后开始以鲁迅享名于世。浙江绍兴人。先后在南京、日本东京、仙台求学;光绪三十二年(1906)回东京从事文艺活动和反清革命。宣统元年(1909)回国,长期从事教育、学术与写作。民元前后所写旧体诗,显其旧学根底和新锐思想。作品均收入《鲁迅全集》。

※ 自题小像

灵台无计逃神矢,风雨如磐闇故园。寄意寒星荃不察,我以我血荐轩辕。

《鲁迅全集》,人民文学出版社1981年版

※ 哀范君三章

风雨飘摇日,余怀范爱农。华颠萎寥落,白眼看鸡虫。世味秋荼苦,人间直道穷。奈何三月别,竟而失畸躬。

海草国门碧,多年老异乡。狐狸方去穴,桃偶尽登场。故里彤云恶,炎天凛夜长。独沉清洌水,能否洗愁肠?

把酒论当世,先生小酒人。大圜犹酩酊,微醉自沉沦。此别成终古,从兹绝绪言。故人云散尽,我亦轻等尘。

《鲁迅全集》,人民文学出版社1981年版

苏 曼 殊

苏曼殊(1884—1918),名玄瑛,曼殊为其法号。广东香山人,生于日本。辗转于上海、日本、南亚求学并参加革命活动。曾两度出家,有"革命和尚"之称。以三十五岁盛年病逝。奇才异禀,多艺多能,而又身世坎坷,敏感多愁。心仪龚定庵,所作多七言绝句,哀怆低回,情韵宛然。"用词很纤巧,择韵很清谐,使人读下去就能感到一种快味",蕴含"一脉清新的近代味"(郁达夫《杂评曼殊的作品》)。写情爱的诗很有名,韵味独特。有《为调筝人绘像》二首、《寄调筝人》三首、《本事诗》十首、《无题》八首等多篇,于禅心与情爱之矛盾反复吟咏,写尽"还卿一钵无情泪,恨不相逢未剃时"的缠绵凄绝。曼殊诗因其身世之奇,更因陈独秀、柳亚子等友人誉扬,也因其蕴涵易与后来青年产生共鸣,故传播颇广。有《燕子龛诗》、《曼殊全集》等行世。

以诗并画留别汤国顿二首

[解题]

作者现存最早的诗作,作于光绪二十九年(1903)离日归国之时。汤国(觉)顿,广东番禺人,诗人居留日本时相识,谊在师友之间。诗表达了忧心国事、献身英雄事业的情怀,苍凉激越,不同于作者大多数诗的格调。

蹈海鲁连不帝秦[1],茫茫烟水著浮身[2]。国民孤愤英雄泪,洒上鲛绡赠故人[3]。

海天龙战血玄黄[4],披发长歌览大荒[5]。易水萧萧人去也[6],一天明月白如霜。

马以君编注、柳无忌校订《苏曼殊文集》,花城出版社1991年版

[注释]

[1] 蹈海鲁连不帝秦:典出《史记·鲁仲连邹阳列传》:战国时齐人鲁仲连游

历赵国,遇秦兵围攻赵国都城邯郸,魏国一使者劝赵王尊秦为帝,鲁仲连坚决反对,称如秦国"肆然而为帝,则连有蹈海而死耳!吾不忍为之民也"。

[2] 著(zhuó):同"着",安置,留栖。

[3] 鲛绡:传说中鲛人所织的绡。《述异志》卷上:"南海出鲛绡纱,泉室(鲛人)潜织,一名龙纱,其价百余金。以为服,入水不濡。"此指绘有画作的生绢。

[4] 龙战血玄黄:《易·坤》:"龙战于野,其血玄黄。"

[5] 披发长歌览大荒:苏轼《潮州修韩文公庙记》:"公不少留我涕滂,翩然披发下大荒。"

[6] 易水萧萧人去也:荆轲至易水上,有歌曰:"风萧萧兮易水寒,壮士一去兮不复还!"

※ 本事诗十首(其九)

《春雨》楼头尺八箫,何时归看浙江潮?芒鞋破钵无人识,踏过樱花第几桥?

马以君编注、柳无忌校订《苏曼殊文集》,花城出版社1991年版

※ 过若松町有感示仲兄二首(其二)

契阔死生君莫问,行云流水一孤僧。无端狂笑无端哭,纵有欢肠已似冰。

马以君编注、柳无忌校订《苏曼殊文集》,花城出版社1991年版

※ 题《拜伦集》(原译《拜轮集》)

西班牙雪鸿女诗人过存病榻,亲持玉照一幅,《拜伦遗集》一卷,曼陀罗花共羞草一束见贻,且殷殷以归计。嗟夫,予早岁披剃,学道无成,思维身世,有难言之恫,爰扶病书二十八字于拜伦卷首。此意惟雪鸿大家能知之耳。

秋风海上已黄昏,独向遗篇吊拜伦。词客飘蓬君与我,可能异域为招魂。

马以君编注、柳无忌校订《苏曼殊文集》,花城出版社1991年版

二、词

龚自珍

龚自珍生平见"诗"部分。其词思维飞动,词藻奇丽,变化不拘一格,活力四张。作品集为《定庵词》,内含《无著词选》、《怀人馆词选》、《影事词选》、《小奢摩词选》、《庚子雅词》等,现存150余首,收入《龚自珍全集》。

湘 月

[解题]

壬申为嘉庆十七年(1812)。当年春,作者经苏州回故乡杭州。游于西湖,惹起无限愁怀:湖光山色,反衬托出泛舟人之孤寂无偶、壮志未酬;佳人难觅,狂怨无端,此生意难平!为诗人代表作之一。

壬申夏泛舟西湖,述怀有赋,时予别杭州盖十年矣。

天风吹我,堕湖山一角,果然清丽。曾是东华生小客[1],回首苍茫无际。屠狗功名[2],雕龙文卷[3],岂是平生意?乡亲苏小[4],定应笑我非计。　　才见一抹斜阳,半堤香草,顿惹清愁起。罗袜音尘何处觅[5]?渺渺予怀孤寄[6]。怨去吹箫,狂来说剑,两样消魂味。两般春梦,橹声荡入云水。

王佩诤校《龚自珍全集》,上海古籍出版社1975年新2版,
原中华书局上海编辑所版

[注释]

[1] 东华:清宫紫禁城东门名东华门,此代指京城。生小:小时、幼时。
[2] 屠狗:代指贱业。《史记·樊哙列传》:"舞阳侯樊哙者,沛人也,以屠狗

为事。"

[3] 雕龙：指精心结撰文章。刘向《别录》："驺奭修衍之文饰，若雕镂龙文，曰雕龙。"

[4] 苏小：苏小小，南齐（或谓南宋）钱塘名妓。韩翃《送王少府归杭州》："钱塘苏小是乡亲。"

[5] 罗袜音尘：美人轻盈之步履。曹植《洛神赋》："凌波微步，罗袜生尘。"

[6] 渺渺予怀：苏轼《前赤壁赋》："渺渺兮予怀，望美人兮天一方。"

※丑奴儿令

沉思十五年中事，才也纵横，泪也纵横。双负箫心与剑名。　春来没个关心梦，自忏飘零，不信飘零，请看床头金字经。

王佩诤校《龚自珍全集》，上海古籍出版社1975年新2版，原中华书局上海编辑所版

※台城路

赋秣陵卧钟，在城北鸡笼山之麓，其重万钧，不知何代物也。

山陬法物千年在，牧儿叩之声死。谁信当年，椎槌一发，吼彻山河大地？幽光灵气，肯伺候梳妆，景阳宫里？怕阅兴亡，何如移向草间置？　漫漫评尽今古，便汉家长乐，难寄身世。也称人间帝王宫殿，也称斜阳萧寺。鲸鱼逝矣！竟一卧东南，万牛难起。笑煞铜仙，泪痕辞灞水。

王佩诤校《龚自珍全集》，上海古籍出版社1975年新2版，原中华书局上海编辑所版

顾　春

顾春（1799—1877），字子春，号太清，又署太清春。满洲镶蓝旗人。西林觉罗氏，又署西林春。被顾姓人家收养，遂随顾姓。嫁乾隆曾孙奕绘贝勒为侧室。与京中闺阁密友唱和多年，写宗室才媛生活情状，清隽真淳，自然精工。在满族词人中，与纳兰齐名并称。亦能诗，有《天游阁诗集》。词集名《东海渔歌》。

江城梅花引

雨中接云姜信

[解题]

　　江城子、梅花引复合而成。云姜,许姓,大学士阮元儿媳,顾春好友,时患病回原籍疗养。词写刚刚接到挚友信时心情,既盼望甚殷,又担心安否,江南江北远隔,梦里梦外挂牵。情文相生,自然合拍。

　　故人千里寄书来。快些开,慢些开,不知书中安否费疑猜。别后炎凉时序改,江南北,动离愁,自徘徊。　　徘徊,徘徊,渺予怀[1]。天一涯,水一涯,梦也梦也,梦不见,当日裙钗。谁念西风翘首寸心灰[2]?明岁君归重见我,应不似,别离时,旧形骸。

张璋编校《顾太清奕绘诗词合集》,上海古籍出版社 1998 年版

[注释]

　　[1] 渺予怀:使我心怀渺茫。苏轼《前赤壁赋》:"渺渺兮余怀,望美人兮天一方。"

　　[2] 此句,它本均作"谁念碧云凝伫费肠回",为况周颐氏所改。碧云:范仲淹《苏幕遮》:"碧云天,黄叶地。"

沁　园　春

落　　花

[解题]

　　咏物之词。惜花伤春本寻常情事,但本词状物平实,抒情自然,意境幽雅,自是难得。

　　点点星星,零零落落,一片飞残。向东风影里,空劳蛱蝶[1],碧纱窗外,遮没阑干。柳线难牵,帘钩难挂,无赖封姨不见怜[2]。经行处,恰纷纷红雨,轻拍香肩。　　芳魂何处姗姗,待剪纸、招来月下看[3]。认朦胧不准,飘摇不定,烟消雨化,丰韵难传。惯为花愁,谁禁又落,空对长条不忍攀。从今后,剩绿苔庭院,吹

满榆钱[4]。

张璋编校《顾太清奕绘诗词合集》，上海古籍出版社1998年版

[注释]

[1] 蛱(jiá)蝶：蝴蝶别称。杜甫《曲江》诗："穿花蛱蝶深深见。"
[2] 封姨：传说中之风神。
[3] 剪纸招来：民间风俗，剪纸招魂。
[4] 榆钱：榆荚。《本草纲目》："榆未生叶时，枝条间先生榆荚，形状似钱而小，色白成串，俗称榆钱。"

※ 定 风 波

恶 梦

事事思量竟有因，半生尝尽苦酸辛。望断雁行无定处，日暮，鹡鸰原上泪沾巾。　　欲写愁怀心已醉，憔悴，昏昏不似少年身。恶梦醒来心更怕，窗下，花飞叶落总惊人。

张璋编校《顾太清奕绘诗词合集》，上海古籍出版社1998年版

※ 江 城 子

记 梦

烟笼寒水月笼沙，泛灵槎，访仙家。一路清溪双桨破烟划。才过小桥风景变，明月下，见梅花。　　梅花万树影交加，山之涯，水之涯。澹宕湖天韶秀总堪夸。我欲遍游香雪海，惊梦醒，怨啼鸦。

张璋编校《顾太清奕绘诗词合集》，上海古籍出版社1998年版

姚 燮

姚燮生平见"诗"部分，又号疏影词史，于词下过很深功夫，宗浙派，学厉鹗。前期词题材较窄。后期词作于壮岁之后，正逢鸦片战事，多及战乱之景，器局展开，独树一帜。《石州慢·残村》等一组二十四首，反映战后农村残破荒凉萧条景

象,为前所未有之作。有《疏影楼词》、《续疏影楼词》。

※浣 溪 沙

七 夕

不尽银河向北流,水精帘最高楼。铁箫如鹤唱凉州。　　千里关山千里月,几家欢乐几家愁?人间天上此时秋。

沈锡麟标点《疏影楼词》,浙江古籍出版社1986年版

※石 州 慢

残 村

四五人家,临水背山,荒草犹剩。斜阳多少颓垣,缭著沙墟芜井。炊烟几缕,恰带断叶零鸦,随风作弄空中暝。沽店已无帘,况墙头红杏。　　还省。东邻田舍,西泊渔庄,北湾樵艇。兵火遭残,散处何方谁定。霜更月晓,尚有犬独鸡单,萧寒点缀柴门景。奈杜老归来,正儿饥妻病。

沈锡麟标点《疏影楼词》,浙江古籍出版社1986年版

蒋 敦 复

蒋敦复(1808—1867),字剑人,初名金和,又字子文。江苏宝山(今属上海)人。早慧,出游南北各地。太平天国前后两次为僧,法名妙尘、昙隐大师。人称"怪虫"、"江南才子",然潦倒以终。词跌宕清奇,多写其异端心态和不平之气,颇具特点。存词不全,现有《芬陀利室词》五卷、《啸古堂诗文集》等。

※百 字 令

经阮嗣宗墓下作

一堆黄土,劝卿休白眼,我来浇酒。痛哭平生才子泪,此泪除卿安有?我亦

当年,最伤心者,肯落千秋后?风流尽矣,青山今日回首。　　多少典午衣冠,禅文九锡,人世何鸡狗。党籍遗风高士传,玉骨棱棱不朽。龙性难驯,鸿飞已冥,以酒全其寿。茫茫万古,醉魂知尚醒否?

《芬陀利室词六种》,开明书店 1937 年版

金　和

　　金和生平见"诗"部分。本以诗名于近代,但其词亦别具面目,写乱世士人之悲苦呻吟,于平易中见奇警。有《来云阁词钞》一卷。

※满　江　红

广 东 除 夕

　　借问天公,有多少、愁山愁水?安排与,书生行脚,教他愁死。到此果然愁死去,何曾不感青天意。甚东风吹定者吟魂,人间世。　　常欲哭,浑如醉;况多病,还无睡。滕半酸半苦,半生心事。一念尚非吾死日,谁教离乱留妻子。算经身万里觅愁来,新年起。

《来云阁词钞》,1914 年铅印本

蒋　春　霖

　　蒋春霖(1818—1868),字鹿潭,江苏江阴人。父官荆门州,随侍任所。父殁,奉母游京师。弃举业,就两淮盐官,权富安场大使。咸丰七年(1857)丁母忧去官,移家扬州之东台。同治七年(1868)冬,舟过吴江,一夕暴卒。专力于词,作品精致、峭拔。追慕纳兰性德《饮水集》和项鸿祚《忆云词》,因自属其书斋为水云楼,亦词人之词,与前二人鼎足而三。困于卑官,穷愁潦倒,孤介抑郁终身,其慷慨悲愤,一发于词。而咸丰兵事,天挺此才,于世乱多有表现。有《水云楼词》二卷、《补遗》一卷。

木兰花慢

江行晚过北固山

[解题]

咸丰二年(1852)前渡江北上时所作。北固山,在今江苏丹徒县北江滨,山形险要。词中"往事"盖指12年前中英战争之败。"更无铁锁"乃讥刺清王朝不知设防,使英军长驱直入长江,攻陷镇江、直指南京,即亡国之君孙皓亦不之若。将战后凄凉之景和抑郁悲哀之情融合无迹,凝重而婉曲。

泊秦淮雨霁,又灯火、送归船。正树拥云昏,星垂野阔,暝色浮天。芦边夜潮骤起,晕波心、月影荡江圆。梦醒谁歌楚些[1],泠泠霜激哀弦[2]。 婵娟,不语对愁眠,往事恨难捐。看莽莽南徐[3],苍苍北固,如此山川。钩连更无铁锁[4],任排空、樯橹自回旋。寂寞鱼龙睡稳[5],伤心付与秋烟。

周梦庄疏证《水云楼词疏证》,(台北)黎明文化事业公司1989年版

[注释]

[1] 楚些(suò):即楚歌、楚辞。些,楚歌常用之语尾助词。

[2] 泠(líng)泠:状声音激越。

[3] 南徐:古地名,治所在京口(今江苏镇江)。

[4] 铁锁:指以铁索横锁江面以拒敌。吴主孙皓即以之拒抗晋武帝,惟终被晋王浚所烧绝,敌舰进无所碍。刘禹锡《西塞山怀古》:"千寻铁索沉江底,一片降幡出石头。"

[5] 寂寞鱼龙:杜甫《秋兴》:"鱼龙寂寞秋江冷,故国平居有所思。"

※虞美人

水晶帘卷澂浓雾,夜静凉生树。病来身似瘦梧桐,觉道一枝一叶怕秋风。银潢何日销兵气,剑指寒星碎。遥凭南斗望京华,忘却满身清露在天涯。

周梦庄疏证《水云楼词疏证》,(台北)黎明文化事业公司1989年版

[参考文献]

1. 唐圭璋:《蒋春霖评传》,见《词学论丛》,上海古籍出版社1986年版。

2. 王飚:《社会动荡中的诗人词人》,《中华文学通史·近代文学》,华艺出版社1997年版。

谭　献

谭献(1832—1901),初名廷献,号复堂。浙江仁和(今余杭)人。同治六年(1867)举人。捐资为县令,历官安徽多个县邑,晚年主讲湖北经心书院。工骈体,于词致力尤深。辑选清词为《箧中词》,流传颇广。词作强调炼意而又能真切抒发个人感受,长调为优。有《复堂词》,又名《靡芜词》。

金　缕　曲

江　干　待　发

[解题]

写人生途中之过客旅人,面临不得已的再次远行,亟感年华老去,而壮心未已,生逢乱世,自伤怨艾,而未甘绝望之情。虚实相生,怨而不怒,真切感人。

又指离亭树。恁春来、消除愁病,鬓丝非故。草绿天涯浑未遍,谁道王孙迟暮[1]。肠断是、空楼微雨[2]。云水荒荒人草草[3],听林禽、只作伤心语。行不得,总难住。　　今朝滞我江头路。近篷窗、岸花自发,向人低舞。裙衩芙蓉零落尽[4],逝水流年轻负。渐惯了、单寒羁旅。信是穷途文字贱,悔才华、却受风尘误[5]。留不得,便须去。

[注释]

[1] 草绿、王孙:《楚辞·招隐士》:"王孙游兮不归,春草生兮萋萋。"王维《山中送别》:"春草明年绿,王孙归不归?"

[2] 微雨:晏几道《临江仙》:"落花人独立,微雨燕双飞。"

[3] 云水荒荒:杜甫《漫成》:"野日荒荒白,春流泯泯情。"人草草:《诗·小雅·巷伯》:"劳人草草。"杜甫《送长孙九侍御赴武威判官》:"问君适万里,取别何草草?"草草:匆促。

[4] 裙衩(chà)芙蓉:李商隐《无题》:"裙衩芙蓉小。"

[5] 风尘:喻指人生行旅艰辛。汉秦嘉《与妻书》:"当涉远路,趋走风尘。"

《玉台新咏》:"念君劬劳冒风尘,临路挥袂泪沾巾。"

※渡江云

大观亭同阳湖赵敬亭、江夏郑赞侯

大江流日夜,空亭浪卷,千里起悲心。问花花不语,几度轻寒,恁处好登临。春旛颤裹,怜旧时人面难寻。浑不似、故山颜色,莺燕共沉吟。　　消沉。六朝裙屐,百战旌旗,付渔樵高枕。何处有、藏鸦细柳,系马平林。钓矶我亦垂纶手,看断云、飞过荒浔。天未莫,帘前只是阴阴。

王鹏运

　　王鹏运(1849—1904),字幼霞,一字佑遐,号半塘老人,广西临桂(今桂林市)人,原籍浙江山阴(今绍兴)。同治九年(1870)举人,历官内阁侍读、监察御史、礼部给事中。关心国事,积极参予变法维新,因上疏指陈时事,几遭杀身之祸。辞官后主讲于扬州仪董学堂,后客死苏州。其词宗苏、辛,多涉时事,充溢家国之痛,气势宏阔,被推为晚清四大词人之首。晚年删定自作词为《半塘定稿》。

满江红

送安晓峰侍御谪戍军台

[解题]

　　作于光绪二十年(1894)。安晓峰,名维峻,甘肃秦安人,与王鹏运同官御史。甲午战败后上疏言李鸿章挟外洋以自重、抗旨主和,并言及慈禧太后辖制光绪,因此被革职发配张家口军台。此词即为其送行而作。抒发了正直士人忧心国事,含冤难诉,抑郁苦闷,激愤叹息之情。

　　荷到长戈[1],已御尽、九关魑魅[2]。尚记得、悲歌请剑[3],更阑相视[4]。惨淡烽烟边塞月,蹉跎冰雪孤臣泪[5]。算名成、终竟负初心[6],如何是?　　天难问、忧无已。真御史,奇男子。只我怀抑塞,愧君欲死。宠辱自关天下计,荣枯休论人间世。愿无忘、珍惜百年身[7]，君行矣。

《半塘定稿》，京华印书馆1948年版

[注释]

[1] 荷：扛起。长戈：长矛。杜甫《夏夜叹》："念彼荷戈士，穷年守边疆。"

[2] 御尽：完全抵挡住。九关魑魅：一说喻朝廷中奸邪党人，一说喻日寇。《楚辞·招魂》："虎豹九关，啄害下人些。"

[3] 请剑：《汉书·朱云传》载，汉成帝时，槐里令朱云上书请尚方剑以斩佞臣安昌侯张禹。

[4] 更阑：夜深。相视：《庄子·大宗师》："四人相视而笑，莫逆于心，遂相与为友。"

[5] 蹉跎冰雪孤臣泪：用苏武牧羊啮雪吞毡事。

[6] 名成：《清史稿·安维峻传》："维峻以言获罪，直声震中外，人多荣之。访问者萃于门，饯送者塞于道……抵戍所，都统以下皆敬客礼，聘主讲抡才书院。"负初心：未达初衷。

[7] 百年身：一生。鲍照《行药至城东桥》："争先万里途，各事百年身。"

八 声 甘 州

送伯愚都护之任乌里雅苏台

[解题]

作于光绪二十年（1894）甲午战争时。伯愚为志锐之号。《清史稿·志锐传》："中东事起，（锐）上疏画战守策，累万言。虑部都警，自请募勇设防。称旨。命赴热河练兵。未逾月，以其妹瑾、珍两妃贬贵人，降授乌里雅苏台参赞大臣，释兵权。"都护为汉唐官名，此借为副都统之称。乌里雅苏台为地名，其义为多杨柳。雍正时于外蒙古三音诺颜西境筑城，为定边左将军和乌里雅苏台参赞大臣驻所。其地今为蒙古国扎布汗省省会扎布哈朗特。好友蒙屈远戍，国事凋敝，作者沉郁愤懑之情自不待言，同时又以二人共望明月、情怀相通为激励。

是男儿，万里惯长征，临歧漫凄然[1]。只榆关东去[2]，沙虫猿鹤[3]，莽莽烽烟。试问今谁健者，慷慨着先鞭[4]？且袖平戎策[5]，乘传行边[6]。　　老去惊心鼙鼓[7]，叹无多忧乐[8]，换了华颠[9]。尽雄虺琐琐[10]，呵壁问苍天[11]。认参差、神京乔木[12],愿锋车、归及中兴年[13]。休回首、算中宵月,犹照居延[14]。

《半塘定稿》,京华印书馆1948年版

[注释]

[1]临歧:遇歧路,分道而行。高适《别韦参军》:"丈夫不作儿女别,临歧涕泪沾长襟。"漫:枉,徒然。

[2]榆关:山海关,此泛指边关。

[3]沙虫猿鹤:原指战死者化为异物,后用来指战死疆场的将士或战乱死难者。《艺文类聚》引《抱朴子》:"周穆王南征,一军尽化,君子为猿为鹤,小人为虫为沙。"

[4]健者:有才略者。《后汉书·袁绍传》:"绍勃然曰:'天下健者,岂惟董公?'"着先鞭:占先一着,先于他人而动。《晋书·刘琨传》:"刘琨与范阳祖逖为友,闻逖被用,与亲故书曰:'吾枕戈待旦,志枭逆虏,常恐祖先生吾着鞭。'"

[5]袖:收起、放于袖中。平戎策:辛弃疾受排斥冷遇,晚年闲居,作《鹧鸪天》云:"却将万字平戎策,换得东家种树书。"

[6]乘传:驿站所用四匹马拉的车。裴骃《集解》:"四马下足为乘传。"

[7]惊心鼙鼓:白居易《长恨歌》:"渔阳鼙鼓动地来,惊破霓裳羽衣曲。"鼙鼓:军中乐器,借指战争。

[8]忧乐:范仲淹《岳阳楼记》:"先天下之忧而忧,后天下之乐而乐。"

[9]华颠:白头。作者时45岁,但已白发。

[10]虺(huī):毒蛇。《楚辞·天问》:"雄虺九首,倏忽焉在?"琐琐:卑贱貌。《易·旅》:"旅琐琐,斯其所取灾。"一说为拟声词,状毒蛇穿行时尖利碎细令人恐惧的声音。

[11]呵壁问苍天:《楚辞·天问》王逸章句:"《天问》者,屈原之所作也。屈原放逐,忧心愁悴,彷徨山泽,"见楚有先王之庙及公卿祠堂,图画天地山川神灵,琦玮僑佹,及古贤圣怪物行事,周流罢倦,休息其下,仰见图画,因书其壁,呵而问之。"

[12]乔木:乡梓,故里。江淹《别赋》:"视乔木兮故里。"

[13]锋车:征召之车。《晋书·舆服志》:"追锋车驾二。追锋之名,盖取其迅速也。"中兴年:杜甫《喜达行在所》:"今朝汉社稷,新数中兴年。"中兴:复兴。

[14]居延:古边塞名。汉初时为匈奴南下凉州的要道,武帝太初三年(前102)于此筑塞防胡,遗址在今甘肃,南起合黎山麓,北抵居延故城。故城在今甘肃额济纳旗西北。此处借指乌里雅苏台。

※点绛唇

饯 春

抛尽榆钱,依然难买春光驻。饯春无语,肠断春归路。 春去能来,人去能来否？长亭暮,乱山无数,只有鹃声苦。

《半塘定稿》,京华印书馆1948年版

※玉楼春

好山不入时人眼,每向人家稀处见。浓青一桁拨云来,沉恨万端如雾散。山灵休笑缘终浅,作计避人今未晚。十年缁尽素衣尘,雪鬓霜髯尘不染。

《半塘定稿》,京华印书馆1948年版

[参考文献]
1. 张正吾等编:《王鹏运研究资料》,漓江出版社1996年版。
2. 谭志峰:《王鹏运及其词》,漓江出版社1991年版。

文 廷 式

文廷式(1856—1904),字道希,号芸阁,江西萍乡人。生于广东,幼年随父宦侨居广州。光绪十六年(1890)进士,授翰林院编修,光绪二十年(1894)大考第一,擢侍读学士。支持光绪新政,遇事敢言,为帝党中坚。光绪二十二年(1896)被慈禧革职,永不叙用。戊戌变法失败后匿居湘潭,后往日本。回国后又遭缉拿,晚年寄情诗酒,卒于故里。词作意境浑厚,笔力恣肆,意气飙发,于清浙西、常州两派之外独树一帜。著有词集《云起轩词钞》。

水 龙 吟

[解题]
在日本所作。词人挫折屡经,他乡漂零,复感国事蜩螗,愤懑抑郁之情,均借词作表达。上片写年华易逝,壮志难酬,下片想象飞腾,字字奇幻,神游天外。

全词隐约凄婉,悲慨万端。

　　落花飞絮茫茫,古来多少愁人意。游丝窗隙[1],惊飙树底[2],暗移人世。一梦醒来,起看明镜,二毛生矣[3]。有葡萄美酒[4],芙蓉宝剑[5],都未称,平生意。　我是长安倦客[6],二十年,软红尘里[7]。无言独对,青灯一点,神游天际。海水浮空,空中楼阁,万重苍翠。待骖鸾归去[8],层霄回首[9],又西风起。

钱仲联选编,陈铭校点《云起轩词》,《清八大名家词集》,
岳麓书社1992年版

[注释]

　　[1]游丝:飘动的蛛丝。

　　[2]惊飙:疾风。李白《古风》:"天荒驰惊飙,万物尽凋落。"

　　[3]二毛:黑发白发相间。潘岳《秋兴赋序》:"余春秋三十有二,始见二毛。"

　　[4]葡萄美酒:王翰《凉州曲》:"葡萄美酒夜光杯,欲饮琵琶马上催。醉卧沙场君莫笑,古来征战几人回。"

　　[5]芙蓉宝剑:古代名剑。袁康《越绝书·外传记宝剑》:"客有能相剑者,名薛烛。王取纯钧示之,薛烛手振拂扬,其华捽如芙蓉始出。"

　　[6]长安:指京城。

　　[7]软红尘:喻都会繁华之地。苏轼《次韵蒋颖叔钱穆父从驾景灵宫》:"软红犹恋属车尘。"

　　[8]骖(cān)鸾:驾乘鸾凤。骖:一驾三马,此指车驾。鸾:凤凰之类的鸟。江淹《别赋》:"驾鹤上汉,骖鸾腾天。"

　　[9]层霄:重霄,高远之天空。

忆　旧　游

秋　雁

[解题]

　　光绪二十八年庚子(1900)八月,先是唐才常自立军起义失败,接着八国联军攻陷北京,慈禧挟光绪仓皇西奔。词借秋日孤雁飘零避险,忆念已故戊戌六君子,感怀飘零身世,抒写对国难不已之如焚忧心,寄托满腔愤懑惆怅。

庚子八月作。

怅霜飞榆塞[1]，月冷枫江[2]，万里凄清。无限凭高意，便数声长笛[3]，难写深情。望极云罗缥缈[4]，孤影几回惊。见龙虎台荒[5]，凤凰楼迥[6]，还感飘零。　　梳翎自来去。叹市朝易改[7]，风雨多经。天远无消息，问谁裁尺帛，寄与青冥。遥想横汾箫鼓[8]，兰菊尚芳馨。又日落天寒，平沙列幕边马鸣[9]。

钱仲联选编，陈铭校点《云起轩词》，《清八大名家词集》，
岳麓书社1992年版

[注释]

[1] 榆塞：泛指边塞。《汉书》："累石为城，树榆为塞。"骆宾王《送郑少府入辽》："边烽警榆塞，侠客度桑干。"

[2] 枫江：有枫树的江滨。《楚辞·招魂》："湛湛江水兮上有枫。"骆宾王《夏初送宋少府之丰城序》："巴陵地道，枫江连白马之门。"

[3] 笛：向秀《思旧赋》："听鸣笛之慷慨兮……遂援翰而写心。"向秀过被杀之好友嵇康旧居，闻笛作赋以寄哀。

[4] 云罗：高入云端之罗网。南朝宋鲍照《舞鹤赋》："掩云罗而见羁。"《文选》吕延济注："云罗，言罗高及云也。"李商隐《春雨》："玉珰缄札何由达，万里云罗一雁飞。"

[5] 龙虎台：地名。顾炎武《昌平山水记》："龙虎台在居庸关南，地势高平如台……元时车驾巡幸上都，皆驻跸其上。"此非实指，殆京城宫禁之谓。

[6] 凤凰楼：在洛阳。此泛指宫中之楼。迥：远。

[7] 市朝(cháo)：《战国策》："臣闻争名者于朝，争利者于市，今三川、周室，天下之市朝也。"此指朝廷政局。

[8] 横汾箫鼓：《汉武故事》载，汉武帝巡幸河东郡，与群臣宴饮于汾水楼船，作《秋风辞》，云："秋风起兮白云飞，草木摇落兮雁南归。兰有秀兮菊有芳，怀佳人兮不能忘。泛楼船兮济汾河，横中流兮扬素波，箫鼓鸣兮发棹歌，欢乐极兮哀情多。"时光绪帝一行正途经汾河流经之太原。

[9] 平沙列幕：军营帐幕排列于平原之上。边马鸣：指边地战事又起。杜甫《后出塞》："落日照大旗，马鸣风萧萧。平沙列万幕，部伍各见招。"

※鹧鸪天

赠 友

万感中年不自由,角声吹彻古梁州。荒苔满地成秋苑,细雨轻寒闭小楼。诗漫与,酒新筥,醉来世事一浮沤。凭君莫过荆高市,潾水无情也解愁。

钱仲联选编,陈铭校点《云起轩词》,《清八大名家词集》,
岳麓书社1992年版

※卜算子

新 柳

雪意化春水,池水生新皱。一样眉痕两样描,月影初三瘦。　莫到短长亭,未是愁时候。惆怅黄昏抵死催,春思浓如酒。

钱仲联选编,陈铭校点《云起轩词》,《清八大名家词集》,
岳麓书社1992年版

※南乡子

病中戏笔

一室病维摩,且喜闲庭掩雀罗。煮药缚书浑有味,呵呵!老子无愁世则那。莽莽旧山河,谁问新亭泪点多。惟有鹧鸪声解道,哥哥!行不得时可奈何?

钱仲联选编,陈铭校点《云起轩词》,《清八大名家词集》,
岳麓书社1992年版

[参考文献]

1. 胡先骕:《评文芸阁〈云起轩词钞〉、王幼遐〈半塘定稿剩稿〉》,《学衡》第27期,1924年3月。
2. 赵伯陶:《文廷式及其〈云起轩词〉刍议》,《江淮论坛》1989年第1期。

郑 文 焯

郑文焯(zhuó)(1856—1918),字俊臣,号小坡,又号叔问。晚号大鹤山人。奉天(今辽宁)铁岭人。隶汉军旗,还籍后托为山东高密郑玄后裔。光绪元年(1875)举人,官内阁中书。后南行入巡抚幕四十余年。工尺牍、擅书画、精通音律。词以协律见称,情味萧疏。庚子前后所作为最佳。著有词集多种,后删存为《樵风乐府》。

月 下 笛

[解题]

戊戌光绪二十四年(1898)八月十三日,为戊戌政变后第八天,"六君子"遇害之日。作者为血案所震惊,词极写风云色变,开头三句,情、境全出,动人心魄。对维新党人"错认仙路"、导致事机不密而失败,表达了深重的惋惜,对党人无辜遇难寄以悲慨。情事结合,浑融无迹。

戊戌八月十三日宿王御史宅[1],夜雨,闻邻笛感音而作[2],和石帚[3]。

月满层城[4],秋声变了,乱山飞雨。哀鸿怨语。自书空、背人去[5]。危阑不为伤高倚[6],但肠断、衰杨几缕。怪玉梯雾冷,瑶台霜悄,错认仙路。　　延伫。销魂处。早漏泄幽盟,隔帘鹦鹉。残花过影,镜中情事如许。西风一夜惊庭绿,问天上、人间见否。漏谯断[7]、又梦闻孤管[8],暗向谁度。

《樵风乐府》,仁和吴氏双照楼1913年刻本

[注释]

[1] 王御史:即王鹏运。王曾官御史。

[2] 闻邻笛感音:用向秀闻笛思悼亡友嵇康、吕安被害事。向秀《思旧赋》序:"邻人有吹笛者,发声寥亮,追思曩昔游宴之好,感音而叹。"

[3] 石帚:此指南宋词人姜夔。姜夔有《月下笛》词,本词用其韵,故称"和石帚";而石帚实非姜夔号,此处作者承袭清人旧误。

[4] 层城:喻指京师。《水经注·河水一》:"昆仑之山三级……上曰层城,一名天庭,是谓天帝之居。"

[5] 书空：犹谓咄咄怪事。刘义庆《世说新语》："晋殷浩被黜，终日书空作'咄咄怪事'四字而已。"

[6] 危阑：高高的栏杆。辛弃疾《摸鱼儿》："休去倚危阑，斜阳正在，烟柳断肠处。"

[7] 漏谯：谯楼上的铜漏，此指鼓楼上报时更鼓。

[8] 管：笛。

※贺 新 郎

秋 恨 二 首

暗雨凄邻笛。感秋魂、吟边憔悴，过江词客。非雾非烟神洲渺，愁入一天冤碧。梦不到、青芜旧国。休洒西风新亭泪，障狂澜、犹有东南壁。空掩袂，望云北。　雕阑玉砌都陈迹。黯重扃、夷歌野哭，晦冥朝夕。十万横磨今安在，赢得胡尘千尺。问天地、榛荆谁辟。夜半有人持山去，蓦崩舟、坠壑蛟龙泣。还念此，断肠直。

日落羌笳烟。认一行、高鸿尽处，五云城阙。满眼惊尘还乡梦，重见昆池灰劫。更马上、琵琶催发。露冷横门移盘去，甚金仙、也怨关山别。愁寄与、汉家月。　故人抗议多风烈。漫销魂、题诗陇树，谁旌奇节。易水空成填恨海，西北终忧天缺。但目尽、平烟区脱。不信天心浑如醉，好江山、换了啼鹃血。长剑倚，向谁说。

《樵风乐府》，仁和吴氏双照楼1913年刻本

[参考文献]

1. 钱仲联：《近百年词坛点将录》，《梦苕庵清代文学论集》，齐鲁书社1983年版。

2. 王飙：《晚清四大词人》，《中国近代文学百题》，中国国际广播出版社1989年版。

朱 孝 臧

朱孝臧(1857—1931)，一名祖谋，字古微，号沤尹，又号彊村。浙江归安(今湖州)人。光绪九年(1883)进士，官至礼部右侍郎。光绪三十年(1904)出为广东学政，因与总督龃龉，辞官。往来于苏沪间，以著作吟咏自遣，卒于上海。临殁前

有"枉抛心力作词人"之叹。其结交王鹏运后,弃诗而专攻词,成一代宗匠。词作沉抑绵邈,苍劲沉著。庚辛(1900)、辛丑(1901)之际,多涵泳深厚之作。著有词集《彊村语业》。又校刻唐宋金元人词为《彊村丛书》等大型词集,甚有功于词坛。为词学之一大结穴。

乌 夜 啼

同瞻园登戒坛千佛阁

[解题]

　　作于光绪二十五年(1899)。瞻园,即张仲炘,字慕京,号次珊,湖北江夏(今武昌)人,光绪三年(1878)进士。戒坛,即戒坛寺,原名万寿寺,在北京西郊,寺中有一大戒坛,故名。千佛阁在寺中。词写登临戒坛寺千佛阁及远眺所见。晚夕时分,云锁坛阁,苍山残阳,远望桑乾河,绵延曲折,只成一线,反衬山、岩、坛、阁之超拔。境界雄浑,景色壮观。"吹不断。黄一线"一语,犹为精湛。

　　春云深宿虚坛[1]。磬初残[2]。步绕松阴,双引出朱阑[3]。　　吹不断。黄一线。是桑乾[4]。又是夕阳无语、下苍山。

白敦仁笺注《彊村语业笺注》,巴蜀书社2002年版

[注释]

　　[1] 虚坛:空坛。
　　[2] 磬初残:谓寺中磬声初止,僧人停止诵经。
　　[3] 双引:两旁有人引导。《宋朝实录类苑》:"故事,学士在内中,院吏朱衣双引。"
　　[4] 桑乾:即桑乾河,发源于山西北部,距戒坛寺二十里,其下游即永定河,流经北京西部。

洞 仙 歌

丁 未 九 日

[解题]

　　写于光绪三十三年丁未(1907)九月初九重阳节。写作者无预于国事,对当道彻底失望,不得已散淡"闲坐"之内心苦痛。"浮云"喻后党、权奸、宵小;"霜多"

喻国事多艰;"畅花秋光落谁家"之问寓意大好河山有落入外敌之手的危险。

无名秋病,已三年止酒,但买茱萸囊作重九[1]。亦知非吾土[2],强约登楼,闲坐到,淡淡斜阳时候。　浮云千万态,回指长安,却是江湖钓竿手[3]。衰鬓侧西风,故国霜多,怕明日、黄花开瘦[4]。问畅好、秋花落谁家。有独客徘徊,凭高双袖。

白敦仁笺注《彊村语业笺注》,巴蜀书社 2002 年版

[注释]

　　[1]茱萸囊:古人于重九作囊,内盛茱萸,系于臂,登高饮菊花酒以避灾。见《续齐谐记》。

　　[2]非吾土:作者浙江湖州人,故言所侨居之上海不是故土。王粲《登楼赋》:"虽信美而非吾土兮,曾何足以少留?"

　　[3]江湖钓竿手:指退隐于江湖。杜牧:"惆怅江湖钓竿手,却遮西日向长安。"

　　[4]黄花开瘦:苏轼《九日次韵王巩》:"明日黄花蝶也愁。"李清照《醉花阴》词:"莫道不消魂,帘卷西风,人比黄花瘦。"

鹧　鸪　天

庚　子　岁　除

[解题]

　　庚子为光绪二十六年(1900)。除夕之夜,困居沦陷之京城,倍感国运衰颓,老之相逼,酒入愁肠,反触痛满腹心事,书写吟咏,更无生花妙笔,岁除之际勉强成眠,而梦回青青山色之家乡。用典用词精当,笔力苍劲,感慨深邃。

似水清尊照鬓华,尊前人易老天涯。酒肠芒角森如戟[1],吟笔冰霜惨不花[2]。抛枕坐,卷书嗟。莫嫌啼煞后栖鸦[3]。烛花红换人间世,山色青回梦里家。

白敦仁笺注《彊村语业笺注》,巴蜀书社 2002 年版

[注释]

　　[1]酒肠芒角森如戟:化用苏轼《醉画竹石》:"空肠得酒芒角出,肝肺槎牙生竹石。"

　　[2]吟笔冰霜惨不花:反用《开元天宝遗事》记李白梦笔生花事。

　　[3]后栖鸦:衙后归栖之乌鸦。杜甫:"夜来归鸟尽,啼煞后栖鸦。"

※夜飞鹊

香港秋眺怀公度

沧波放愁地,有棹轻回。风叶乱点行杯。惊秋客枕,酒醒后,登临尘眼重开。蛮烟荡无霁,飐天香花木,海气楼台。冰夷漫舞,唤痴龙、直视蓬莱。　　多少红桑如拱,筹笔问何年,真割珠崖。不信秋江睡稳,掣鲸身手,终古徘徊。大旗落日,照千山、劫墨成灰。又西风鹤唳,惊筇夜引,百折涛来。

白敦仁笺注《彊村语业笺注》,巴蜀书社2002年版

[参考文献]

1. 唐圭璋:《朱祖谋治词经历及其影响》,《江海学刊》1982年第2期。
2. 彭靖:《"试画虞渊落照红"——论〈彊村语业〉》,《文学评论》1987年第1期。

况周颐

况周颐(1859—1926),原名周仪,字夔笙,号蕙风,广西临桂(今桂林)人。光绪五年(1879)举人,官内阁中书,后入两江总督张之洞、端方幕。晚年居沪上。著《蕙风词话》,论词主"重、拙、大"。致力于词达半个世纪,功力深湛。所作词情感真挚,寄兴渊深。有词集多种,后删定为《蕙风词》。

苏武慢

寒夜闻角

[解题]

作于光绪十五年(1889)秋。深秋寒夜听闻凄咽角声,为之肠断。词极写身世凄清,处境孤独,生命消逝凋零之悲凉无奈。下片尤为妙绝。是其名作之最,得意之篇。

愁入云遥,寒禁霜重[1],红烛泪深人倦。情高转抑,思往难回,凄咽不成清变[2]。风际断时[3],迢递天街,但闻更点。枉教人回首,少年丝竹,玉容歌管[4]。

恁作出、百绪凄凉,凄凉惟有,花冷月闲庭院。珠帘绣幕,可有人听,听也可曾肠断。除却塞鸿,遮莫城乌[5],替人惊惯[6]。料南枝明日,应减红香一半。

《蕙风词》,光绪三十三年刻本

[注释]

　　[1] 禁:遭遇。陆游《马上作》:"衰老更禁新卧病。"
　　[2] 清变:此指凄楚激越的曲调。
　　[3] 风际断时:于风声中时断时续。
　　[4] 玉容:女子姣好之貌。歌管:歌声与乐声。
　　[5] 塞鸿:边塞鸿雁。城乌:城中乌鸦。温庭筠《更漏子》:"惊塞鸿,起城乌,画屏金鹧鸪。"遮莫:不论。
　　[6] 替人惊惯:经常代人哀愁惊心。

水　龙　吟

[解题]

　　光绪十五年己丑(1889年),作《苏武慢·寒夜闻角》一词,词名大振。半塘老人王鹏运击节赞赏。清廷甲午战败,光绪二十一年乙未(1895)四月,正与日签订屈辱的《马关条约》。较之六年前,心情更为沉痛,词调也更为悲慨。

　　　　己丑秋夜赋角声《苏武慢》一阕,为半塘所击赏。乙未四月,移寓校场五条胡同,地偏,宵警呜呜达曙,凄彻心脾。漫拈此解,颇不逮前作,而词愈悲,亦天时人事为之也。

　　声声只在街前,夜深不管人憔悴。凄凉和并,更长漏短,彀人无寐[1]。灯灺花残[2],香消篆冷[3],悄然惊起。出帘栊试望[4],半珪残月[5],更堪在、烟林外。愁入阵云天末[6],费商音、无端凄戾[7]。鬓丝搔短[8],壮怀空付,龙沙万里[9]。莫谩伤心[10],家山更在,杜鹃声里。有啼乌见我,空阶独立,下青衫泪[11]。

《蕙风词》,光绪三十三年刻本

[注释]

　　[1] 彀:同"够"。
　　[2] 灺(xiè):灯烛熄灭。
　　[3] 篆:弯曲如篆文的香,又称篆香。
　　[4] 帘栊:帘幕。李煜《捣练子令》:"数声和月到帘栊。"

[5] 半珪：半圆。珪：同"圭"，即圭璧，圆形瑞玉。
[6] 阵云：云层厚积如兵阵。
[7] 商音：古五音之一，悲怆之声。
[8] 鬓丝搔短：杜甫《春望》："白头搔更短，浑欲不胜簪。"短：指稀少。
[9] 龙沙：地名。《后汉书·班超传赞》："咫尺龙沙。"唐李贤注："白龙堆，沙漠也。"以龙沙泛指塞外。
[10] 谩：空、徒。
[11] 青衫泪：泪湿衣衫。白居易《琵琶行》："座中泣下谁最多？江州司马青衫湿。"

※减字浣溪沙

听歌有感

惜起残红泪满衣。它生莫作有情痴。人天无地著相思。　花若再开非故树，云能暂驻亦哀丝。不成消遣只成悲。

《蕙风词》，光绪三十三年刻本

※鹧鸪天

如梦如烟忆旧游。听风听雨卧沧州。烛消香灺沈沈夜，春也须归何况秋。书咄咄，索休休。霜天容易白人头。秋归尚有黄花在，未必清尊不破愁。

《蕙风词》，光绪三十三年刻本

[参考文献]

叶易：《况周颐评传》，见《中国历代著名文学家评传》续编三，山东教育出版社1989年版。

秋　　瑾

秋瑾生平见"诗"部分，她并未专意为诗人词人，但其诗其词实为一代英豪之壮烈歌吟，更足为有清一代女性词人作一结束。集中有词作近四十阕。

※满 江 红

小住京华,早又是中秋佳节。为篱下黄花开遍,秋容如拭。四面歌残终破楚,八年风味徒思浙。苦将侬、强派作蛾眉,殊未屑! 身不得,男儿列;心却比,男儿烈。算平生肝胆,不因人热。俗子胸襟谁识我?英雄末路当磨折。莽红尘、何处觅知音?青衫湿!

郭长海、郭君兮辑注《秋瑾全集笺注》,吉林文史出版社2003年版

※鹧 鸪 天

祖国沉沦感不禁,闲来海外觅知音。金瓯已缺总须补,为国牺牲敢惜身。嗟险阻,叹飘零,关山万里作雄行。休言女子非英物,夜夜龙泉壁上鸣!

郭长海、郭君兮辑注《秋瑾全集笺注》,吉林文史出版社2003年版

王 国 维

王国维于词学有划时代性的研究,所著《人间词话》,集传统诗学词学境界说之大成,影响甚巨。词作则有《人间词》甲稿、乙稿,分别刊行于光绪三十二年、三十三年(1906、1907),又名《苕华词》、《观堂长短句》,入民国后即不复作。其词悲凉哀婉,往复幽咽,于"人间"二字反复致意,凡数十见,盖以述"人间苦"为其主旨。写尽人世扰攘,众生芸芸,红尘滚滚,社会转轨期读书人之解脱与纠缠,苦闷与孤寂等等诸般感慨。言近旨远,度越前人。专工小令短调。

※鹧 鸪 天

列炬归来酒未醒,六街人静马蹄轻。月中薄雾漫漫白,桥外渔灯点点青。从醉里,忆平生。可怜心事太峥嵘。更堪此夜西楼梦,摘得星辰满袖行。

陈鸿祥编著《人间词话人间词注评》,江苏古籍出版社2002年版

※蝶 恋 花

阅尽天涯离别苦,不道归来,零落花如许。花底相看无一语,绿窗春与天俱

莫。　　待把相思灯下诉，一缕新欢，旧恨千千缕。最是人间留不住，朱颜辞镜花辞树。

陈鸿祥编著《人间词话人间词注评》，江苏古籍出版社2002年版

※蝶 恋 花

百尺朱楼临大道。楼外轻雷，不问昏和晓，独倚阑干人窈窕，闲中数尽行人小。　　一霎车尘生树杪，陌上楼头，都向尘中老。薄晚西风吹雨到，明朝又是伤流潦。

陈鸿祥编著《人间词话人间词注评》，江苏古籍出版社2002年版

※浣 溪 沙

山寺微茫背夕曛，鸟飞不到半山昏。上方孤磬定行云。　　试向高峰窥皓月，偶开天眼觑红尘。可怜身是眼中人。

陈鸿祥编著《人间词话人间词注评》，江苏古籍出版社2002年版

三、文

龚自珍

龚自珍生平见"诗"部分,其文大体分两类。主要为政论与史论,多非正面阐发义理,而通过典型现象描绘,揭露与抨击社会败象;其行文一反成规,不避甚至喜用诡异之笔、险怪之辞,议论深曲,雄诡杂出。如《古史钩沉论》痛陈历代君主专制手段,借古讽今,锋芒犀利;《京师乐籍说》借"唐宋明"乐籍影射当代,揭露帝王险恶用心,愤然而言,雄辩奇论,振激人心。杂文为另一大类,含杂议、寓言、序跋、书信、赠言、碑状、记传等,更显其狂怪奇诡特色。记传文通过"才士"、"才民"遭监视、压制、陷害,落拓以终之悲剧命运记叙,暴露专制压迫和社会的弊害。如《杭大宗逸事状》,不动声色,表面写"狂生"自取祸殃,实暗寓讥刺"人主"偏狭残酷之旨。《病梅馆记》更是反抗压迫、束缚个性的名篇。龚文对晚清文坛影响甚巨。具见《龚自珍全集》。

明 良 论 二

[解题]

《明良论》共四篇,作于嘉庆十九年(1814)。主旨是论君臣关系、待士用人之道。"皆古方而中今病",充满借古喻今的批判锋芒。此篇就君上应礼贤尊士、臣下应知耻守节立论,不但刻画官场士林的奴颜婢膝、庸碌贪鄙之风,淋漓尽致,更暗指其因盖在于最高统治者对士气之摧抑。张扬士人之独立人格,此篇实为嚆(hāo)矢。

士皆知有耻,则国家永无耻矣;士不知耻,为国之大耻。历览近代之士,自其敷奏之日[1],始进之年[2],而耻己存者寡矣!官益久,则气愈偷[3];望愈崇,则谄愈固[4];地益近,则媚亦益工。至身为三公,为六卿[5],非不崇高也,而其于古者大臣巍然岸然师傅自处之风[6],匪但目未睹,耳未闻,梦寐亦未之及。臣节之盛,扫地尽矣。非由他,由于无以作朝廷之气故也[7]。

何以作之气?曰:以教之耻为先。《礼·中庸》篇曰:"敬大臣则不眩[8]。"郭隗说燕王曰[9]:"帝者与师处,王者与友处,伯者与臣处,亡者与役处[10]。凭几其杖[11],顾盼指使[12],则徒隶之人至[13]。恣睢奋击[14],呴籍叱咄[15],则厮役之人至[16]。"贾谊谏汉文帝曰[17]:"主上之遇大臣如遇犬马,彼将犬马自为也。如遇官徒,彼将官徒自为也。"[18]凡兹三训,炳若日星,皆圣哲之危言[19],古今之至诚也!尝见明初逸史,明太祖训臣之语曰:"汝曹辄称尧、舜主,主苟非圣,何敢谀为圣?主已圣矣,臣愿已遂矣,当加之以吁咈[20],自居皋、契之义[21]。朝见而尧舜之,夕见而尧舜之,为尧舜者,岂不亦厌于听闻乎?"又曰:"幸而朕非尧舜耳,朕为尧舜,乌有汝曹之皋、夔、稷、契哉[22]?其不为共工、驩兜[23],为尧、舜之所流放者几希!"此真英主之言也。坐而论道,谓之三公[24]。唐、宋盛时,大臣讲官[25],不辍赐坐、赐茶之举,从容乎便殿之下[26],因得讲论古道,儒硕兴起[27]。及据季也[28],朝见长跪、夕见长跪之余,无此事矣。不知此制何为而辍,而殿陛之仪,渐相悬以相绝也[29]?

农工之人,肩荷背负之子则无耻[30],则辱其身而已;富而无耻者,辱其家而已;士无耻,则名之曰辱国;卿大夫无耻,名之曰辱社稷。由庶人贵而为士,由士贵而为小官,为大官,则由始辱其身家,以延及于辱社稷也,厥灾下达上,象似火。大臣无耻,凡百士大夫法则之,以及士庶人法则之,则是有三数辱社稷者,而令合天下之人,举辱国以辱其家,辱其身,混混沄沄[31],而无所底[32],厥咎上达下,象似水!上若下胥水火之中也[33],则何以国?

窃窥今政要之官[34],知车马、服饰、言辞捷给而已[35],外此非所知也。清暇之官,知作书法、赓诗而已[36],外此非所问也。堂陛之言,探喜怒以为之节,蒙色笑[37],获燕闲之赏[38],则扬扬然以喜,出夸其门生、妻子。小不霁[39],则头抢地而出[40],别求夫可以受眷之法[41],彼其心岂真敬畏哉?问以大臣应如是乎?则其可耻之言曰:我辈只能如是而已。至其居心又可得而言,务车马、捷给者[42],不甚读书,曰:"我早晚直公所[43],已贤矣,已劳矣。"作书、赋诗者,稍读书,莫知大义,以为苟安其位一日,则一日荣;疾病归田里,又以科名长其子孙,志愿毕矣。且愿其子孙世世以退缩为老成[44],国事我家何知焉?嗟乎哉!如是而封疆万万之一有缓急[45],则纷纷鸠燕逝而已[46],伏栋下求俱压焉者尟矣[47]。

昨者,上谕至引卧薪尝胆事自况比[48],其闻之而肃然动于中欤?抑弗敢知!其竟憪然无所动于中欤?抑更弗敢知!然尝遍览人臣之家,有缓急之举,主人忧之,至戚忧之,仆妾之不可去者忧之;至其家求寄食焉之寓公[49],旅进而旅豢焉之仆[50]从,伺主人喜怒之狎客,试召而诘之,则岂有为主人分一夕之愁苦者哉?

故曰:厉之以礼出乎上[51],报之以节出乎下。非礼无以劝节,非礼非节无以全耻。古名世才起[52],不易吾言矣。

王佩诤校《龚自珍全集》,上海古籍出版社1975年新2版,
原中华书局上海编辑所版

[注释]

[1] 敷奏:上书陈言。《尚书·舜典》:"敷奏以言,明试以功,车服以庸。"

[2] 始进:初入仕途。

[3] 气:气节。偷:轻薄,苟且,怠惰。

[4] 固:深固。

[5] 三公:太师、太傅、太保,同周制。六卿:吏、户、礼、兵、刑、工六部尚书,周朝则指冢宰、司徒、示伯、司马、司寇、司空。

[6] 师傅:太师、太傅。

[7] 朝廷之气:朝廷官员应有的气节。

[8] 眩:执迷。

[9] 郭隗(wěi):战国燕人。燕昭王(前311—前279在位)报齐破国之仇,欲招贤士,郭隗以求千里马为喻,让燕昭王高价招贤,并先自荐。昭王以师事之。各国文武名士于是闻风而至。致燕国富强,终破齐。事及本文所引详见《战国策·燕策一》。

[10] 伯(bà):通"霸"。亡者:指亡国者。

[11] 凭几其仗:《战国策·燕策》作"凭几据杖",依着几案,拄着杖,养尊处优、自高位置之意。

[12] 顾盼:回视。《战国策·燕策》作"眄视"。皆指以目役人。

[13] 徒隶:囚徒服役之人。《战国策·燕策》作"厮役"。

[14] 恣睢:任意胡为。

[15] 呴籍:《战国策·燕策》作"呴藉",吴师道注:"下言叱咄,上有呴藉,见《韩策》,释为跳跃。此谓跳跃蹈藉也。"叱咄:大声呵斥。

[16] 厮役:服役供使役之人。《战国策·燕策》作"徒隶"。

[17] 贾谊语见其所著《新书·阶级》及《汉书·贾谊传》。

[18] 遇:对待。彼:指大臣。官徒:在官府服役之徒。此数句《新书·阶级》作"人主遇其大臣,如遇犬马,彼将犬马自为也;如遇官徒,徒将官徒自为也。"本《孟子·离娄下》:"孟子告齐宣王曰:'君子视臣如手足,则臣视君如腹心;君之视

臣如犬马,则臣视君如国人;君之视臣如土芥,则臣视君如寇雠。'"

[19] 危言:正言。《论语·宪问》:"邦有道,危言危行。"

[20] 吁咈:表否定之意。《尚书·尧典》:"帝曰:'吁,咈哉!'"伪孔传:"凡言吁者,皆非帝意。咈,戾也。"

[21] 皋:皋陶,舜时管刑狱大臣。契:舜时官司徒,佐禹治水有功,封于商,为商始祖。二人均为传说中的贤臣。见《尚书·舜典》。

[22] 夔:舜时乐官。稷:后稷,舜时农官,周始祖。均为贤臣,见《尚书·舜典》。

[23] 共工、骧兜:皆为尧臣,四凶之一,后被舜流放。见《尚书·尧典》。

[24] 三公:《周礼·考工记》:"坐而论道,谓之王公。"阮元校勘记:"近人或疑作'谓之三公',误。"伪古文《尚书·周官》:"立太师、太傅、太保,兹惟三公,论道经邦,燮理阴阳。"

[25] 讲官:为皇帝讲经之官。

[26] 便殿:别殿,皇帝休息之所。

[27] 儒硕:学识渊博的大儒。

[28] 据:旧校:"一本'据'作'其'。"季:末。此指末世。

[29] 殿陛之仪:君臣间礼节。殿:即堂。陛:堂阶。《新书·阶级》:"天子如堂,群臣如陛,众庶如地。"悬:隔离。

[30] 则:如果。

[31] 混混沄沄:水流汹涌貌。

[32] 底:止、滞。

[33] 若:及。胥:皆、都。

[34] 政要之官:执掌要政、身居显要势之官。

[35] 车马、服饰:皇帝所赐之不同品级车服,亦代指待遇、地位。《仪礼·觐礼》:"天子赐侯氏以车服。"《逸周书·谥法解》:"车服,位之章也。"

[36] 赓诗:以诗唱和。

[37] 色笑:指脸色笑颜。

[38] 燕闲:休闲。《福惠全书·庶政部·总论》:"私寝燕闲之居"。

[39] 不霁:未晴朗,此喻脸色阴沉。

[40] 头抢地:以头触地、撞地。《战国策·魏策四》:"布衣之怒,亦免冠徒跣,以头抢地耳。"

[41] 眷:眷顾、宠爱。

[42] 务:致力于。

[43] 直:同"值"。公所:官府。

[44] 老成：老练成熟持重。《诗·大雅·荡》："虽无老成人，尚有典刑。"

[45] 封疆：疆界、边疆。

[46] 鸠燕：安集的燕子。鸠：安集。见《左传·定公四年》"若鸠楚竟"杜预注。逝：离散。

[47] 尟(xiǎn)：同"鲜"，少。

[48] 上谕：《清实录·仁宗实录》卷二七五嘉庆十八年(1813)九月二十四日："谕诸王大臣：逆匪突入禁城，实非常之大变。今虽首逆伏诛，余党就戮，间阎安辑，城市如常，此正我君臣卧薪尝胆之日，永怀安不忘危之念，励精图治，夙夜在公，庶几补救前非，仰承天眷……"

[49] 至：至于。

[50] 旅：俱。

[51] 厉：同"励"，劝勉。

[52] 名世：名高于世。《孟子·公孙丑下》："五百年必有王者兴，其间必有名世者。"

尊　　隐

[解题]

约为早期之作（《己亥杂诗》其二四一："少年尊隐有高文"）。用一系列比喻、象征、拟人手法，以"蚤"、"午"、"晚"喻指王朝兴衰，预言有大音声起。绘声绘色，寓意深邃。此文神秘恍惚，奇谲瑰伟，极具引人魅力。为代表作。

将与汝枕高林[1]，藉丰草[2]，去沮洳[3]，即荦确[4]，第四时之荣木[5]，瞩九州之神皋[6]，而从我嬉其间，则可谓山中之傲民也已矣[7]。仁心为干，古义为根，九流为华实，百氏为柢藩[8]，枝叶昌洋[9]，不可殚论[10]，而从我嬉其间，则可谓山中之悴民也已矣[11]。

闻之古史氏矣[12]，君子所大者生也[13]，所大乎其生者时也。是故岁有三时[14]：一曰发时，二曰怒时[16]，三曰威时[17]；日有三时：一曰蚤时[18]，二曰午时，三曰昏时。夫日胎于溟涬[19]，浴于东海，徘徊于华林，轩辕于高闳[20]，照曜人之新沐濯[21]，沧沧凉凉[22]，不炎其光，吸引清气[23]，宜君宜王[24]，丁此也以有国[25]，而君子适生之[26]，入境而问之[27]，天下法宗礼族归心，鬼归祀，大川归道，百宝万货，人功精英[28]，不翼而飞，府于京师[29]，山林冥冥[30]，但有鄙夫、皂隶所家[31]，虎豹食之，曾不足悲。

日之亭午[32]，乃炎炎其光，五色文明[33]，吸饮和气，宜君宜王，丁此也以有国,而君子适生之,入境而问之,天下法宗礼族修心[34],鬼修祀,大川修道,百宝万货,奔命涌塞[35],喘车牛如京师[36],山林冥冥,但有窒士[37],天命不犹[38],与草木死。

日之将夕,悲风骤至,人思灯烛,惨惨目光,吸饮莫气[39],与梦为邻,未即于床[40],丁此也以有国,而君子适生之;不生王家,不生其元妃、嫔嫱之家[41],不生所世世冢之家[42],从山川来,止于郊[43]。而问之曰[44]:何哉?古先册书[45],圣智心肝[46],人功精英,百工魁杰所成,如京师,京师弗受也,非但不受,又裂而磔之[47]。丑类瘝㾮[48],诈伪不材,是辇是任[49],是以为生资[50],则百宝咸怨,怨则反其野矣[51]。贵人故家蒸尝之宗[52],不乐守先人之所予重器[53],不乐守先人之所予重器,则婪人子篡之[54],则京师之气泄,京师之气泄,则府于野矣。如是则京师贫;京师贫,则四山实矣[55]。古先册书,圣智心肝,不留京师,蒸尝之宗之子孙[56],见闻嫶娟[57],则京师贱;贱,则山中之民,有自公侯者矣。如是则豪杰轻量京师;轻量京师,则山中之势重矣。如是则京师如鼠壤[58];如鼠壤,则山中之壁垒坚矣。京师之日苦短,山中之日长矣。风恶,水泉恶,尘霾恶,山中泊然而和[59],洌然而清矣[60]。人攘臂失度[61],啾啾如蝇蚊[62],则山中戒而相与修娴靡矣[63]。朝士寡助失亲,则山中之民,一啸百吟,一呻百问疾矣。朝士僝焉偷息[64],简焉偷活[65],侧焉徨徨商去留[66],则山中之岁月定矣。多暴侯者[67],过山中者,生钟簴之思矣[68]。童孙叫呼[69],过山中者,祝寿耇之母遽死矣。其祖宗曰:我无余荣焉[70],我以汝为殿矣[71]。其山林之神曰:我无余荣焉,我以汝为殿矣。俄焉寂然[72],灯烛无光,不闻馀言,但闻鼾声,夜之漫漫,鹘旦不鸣[73],则山中之民,有大音声起,天地为之钟鼓[74],神人为之波涛矣[75]。

是故民之丑生[76],一纵一横。旦暮为纵,居处为横,百世为纵,一世为横,横收其实[77],纵收其名。之民也[78],鍪者欤?邱者欤?垤者欤[79]?避其实者欤?能大其生以察三时,以宠灵史氏[80],将不谓之横天地之隐欤[81]?闻之史氏矣,曰:百媚夫[82],不如一猖夫也[83];百酣民[84],不如一瘁民也[85];百瘁民,不如一之民也。则又问曰:之民也,有待者耶?无待者耶?应之曰:有待。孰待?待后史氏。孰为无待?应之曰:其声无声,其行无名,大忧无蹊辙[86],大患无畔涯[87],大傲若折[88],大瘁若息[89],居之无形,光景煜爚[90],捕之杳冥[91],后史氏欲求之,七反而无所睹也[92]。悲夫,悲夫!夫是以又谓之纵之隐[93]。

王佩诤校《龚自珍全集》,上海古籍出版社1975年新2版,
原中华书局上海编辑所版

[注释]

[1] 枕:依靠。

〔2〕藉:坐。

〔3〕去:离开。沮洳(jùrù):低洼潮湿之地。

〔4〕即:到。荦(luò)确:石头多而大的山。

〔5〕第:次第,此为依次观赏意,犹云历观。

〔6〕神皋:神明所聚之地。此引申为神圣的土地。

〔7〕山中:与下文"京师"对举,指山野。傲民:指傲视世俗而与自然为友,寻求自由自在之人。

〔8〕杝(lí)藩:藩篱。

〔9〕昌洋:茂盛。

〔10〕殚:尽。

〔11〕悴民:忧民,指博古通今、存仁心古义者。

〔12〕古史氏:记载历史的史官。

〔13〕大:重视。

〔14〕岁有三时:指春、夏、秋。《左传·桓公六年》:"谓其三时不害,而民和年丰也。"杜预注:"三时,春夏秋。"

〔15〕发时:指草木萌发的春季。

〔16〕怒时:指草木郁勃的夏季。怒:旺盛。

〔17〕威时:指草木凋落的秋季。威:肃杀。

〔18〕蚤:同早。

〔19〕胎:孕育。溟涬:云雾混茫状。《论衡·谈天》:"溟涬濛澒,气未分之貌也。"

〔20〕轩辕:车前驾马的地方,这里是驾车行进的意思。闬:巷门。

〔21〕曜:同耀。沐濯:沐浴。

〔22〕沧沧凉凉:清爽凉快。

〔23〕吸引:下文两处皆作"吸饮"。清气:清新之气。

〔24〕君:指诸侯。王:指天子。宜君宜王:宜为君,宜为王,指有利于君王统治。

〔25〕丁:当。有国:得国,统治天下。

〔26〕适生之:生得恰逢其时。

〔27〕入境:入朝为官。问之:参与政事。

〔28〕人功精英:人工制造出的珍贵之物。

〔29〕府:聚藏钱财之库,此为聚集意。

〔30〕冥冥:昏晦,黑暗。

〔31〕鄙夫:鄙陋贫贱之人。皂隶:从事贱役之人。所家:家居之处。

三、文

[32] 亭午:正午,当午。

[33] 文明:纷错鲜明。

[34] 修:修饬以维系。

[35] 奔命:奔赴成命,指应征用之命而奔赴。涌塞:多而流通不畅。

[36] 如:往。

[37] 窒士:困厄不得志的士人。

[38] 犹:同。《诗·召南·小星》:"寔命不犹。"

[39] 莫:同"暮"。

[40] 即:就。"与梦"二句:是说已困倦思睡,但尚未就床安歇。邻:近。

[41] 元妃:嫡妻。嫔嫱:宫内女侍,即正妃以外的众妃。《左传·哀公元年》:"(夫差)宿有妃嫱嫔御焉。"

[42] 世豢:世代为官靠朝廷秩禄供养者,犹云世宦。

[43] 止:居。《诗·商颂·玄鸟》:"邦几千里,维民所止。"郊:城邑之外。

[44] 而:如。

[45] 古先:古代先世。册书:文献典籍。

[46] 圣智心肝:圣贤智士心血的结晶。

[47] 裂:破毁。碟:劈碎。

[48] 窳惰:懒惰。本作"呰窳",《史记·货殖列传》:"楚、越之地,地势饶食,无饥馑之患,以故呰窳偷生,无积聚而多贫。"裴骃《集解》引徐广曰:"呰窳,苟且堕(同惰)懒之谓也。"

[49] 是辇是任:指得到礼遇和重用。辇:古代贵族所乘之车。

[50] 生资:生存的凭借。

[51] 反:同"返"。

[52] 故家:世代官僚之家,世代做官继统久远之家。烝:冬祭。尝:秋祭。《诗·小雅·天保》:"禴祠烝尝。"这里泛指祭祀。烝尝之宗:主持祭祀的嫡系宗族。

[53] 重器:宝器,指传世之鼎,藏于宗庙,为权力的象征。《孟子·梁惠王上》:"毁其宗庙,迁其重器。"

[54] 窭人子:贫陋之人。《汉书·霍光传》:"诸儒生多窭人子,远客饥寒,喜妄说狂言,不避忌讳。"

[55] 四山:周围山中。实:充实。

[56] 子:诸本无此字,王佩诤校本据《龚定盦集外文》稿本补。

[57] 婞婀:依违不决,没有主见。

[58] 鼠壤:鼠打洞掏出的土,喻指松散。

[59] 泊然:安静温和。

[60] 冽然:泉水清澈。

[61] 攘臂:挽袖裸臂。失度:失去礼度。

[62] 啾啾:蝇、虻的飞鸣之声。虻:野蝇。

[63] 戒:谨饬。娴靡:文雅美好。

[64] 僬:憔悴。

[65] 简:怠慢。

[66] 侧:偏斜,不安。

[67] 多:称赞。暴侯:指明朝忠臣暴昭和侯泰。

[68] 钟簴:礼器。生钟簴之思:生制礼作乐之念。

[69] 童孙叫呼:指儿孙满堂(的老者)。

[70] 荣:荣禄。

[71] 殿:最后的。

[72] 俄焉寂然:顷刻间寂静无声。

[73] 鹖旦:又名寒号鸟,哺乳类,蝙蝠的一种。古人以之为夜鸣求旦之鸟。《礼记·月令》:"鹖旦不鸣。"郑玄注:"鹖冠,求旦之鸟。"

[74] 钟鼓:用作动词,敲钟擂鼓。

[75] 波涛:用作动词,掀起波涛。

[76] 丑生:共同的生存特点。丑,同类。

[77] 收:得以。

[78] 之民:即山中之民。

[79] 壑:山谷。邱:同丘,小山。垤(dié):小土丘。

[80] 宠:受宠于。灵史氏:神明的史官。

[81] 将:此同"其"。

[82] 媚夫:阿谀谄媚之人。

[83] 猖夫:狂夫,即上文所谓傲民。

[84] 酣民:醉生梦死之人。

[85] 瘁民:即上文所谓悴民。瘁:同"悴"。

[86] 蹊辙:踪迹,迹象。

[87] 畔涯:边际。

[88] 折:屈。

[89] 息:安宁。

[90] 景:同影。煜熻:闪烁。

[91] 捕:捕捉。杳冥:渺茫、幽暗不明。

[92] 七反：多次回溯。

[93] 是以：因此。

与人笺二

[解题]

写致魏源。寥寥数笔，写尽各色士人的神貌，简练而犀利。

少习名家言，亦有用。居亭主犷犷嗜利[1]，论事则好为狠刻以取胜[2]，中实无主[3]。野火之发，无司燧者[4]，百里易灭也。某公端端，醉后见疏狂，殆真狂者。某君借疏狂以行其世故，某君效为骏䅲以行其老诈[5]。某一席之义前后不相属，能勦说而无线索贯之[6]，虑不寿[7]。朝士方贵，亦作牢骚言，政是酬应我曹耳[8]。善忌人者术最多，品最杂；最工者，乃借风劝忠厚[9]，以济耡而行伐，使受者伤心，而外不得直[10]。骛名之士如某君，孤进宜悯谅也。某童子妍黠万状[11]，志卖长者，奸而不雄，死而谥愍悼者哉[12]！

王佩诤校《龚自珍全集》，上海古籍出版社 1975 年新 2 版，
原中华书局上海编辑所版

[注释]

[1] 犷犷：粗野状。

[2] 狠刻：忍心刻薄。

[3] 中：心中。

[4] 司燧者：掌握引火之具者。

[5] 骏(ái)䅲：幼稚无知。䅲：同稚。

[6] 勦说：因系他人之说以为己见。《礼记·曲礼》："毋勦说。"

[7] 虑：大率。不寿：不能长久。

[8] 政：同正。

[9] 风：同讽。

[10] 直：伸（冤）。

[11] 妍黠：乖巧狡猾。

[12] 愍悼：忧伤。张守节《史记正义·谥法解》："在国遭忧曰愍"，"年中早夭曰悼"。

※京师乐籍说

昔者唐、宋、明之既宅京也,于其京师及其通都大邑,必有乐籍,论世者多忽而不察。是以龚自珍论之曰:自非二帝三王之醇备,国家不能无私举动,无阴谋。霸天下之统,其得天下与守天下皆然。

老子曰:"法令也者,将以愚民,非以明民。"孔子曰:"民可使由之,不可使知之。"齐民且然。士也者,又四民之聪明喜论议者也。身心闲暇,饱暖无为,则留心古今而好论议。留心古今而好论议,则于祖宗之立法,人主之举动措置,一代之所以为号令者,俱大不便。

凡帝王所居曰京师,以其人民众多,非一类一族也。是故募召女子千余户入乐籍。乐籍既棋布于京师,其中必有资质端丽,桀黠辨慧者出焉。目挑心招,捭阖以为术焉,则可以箝塞天下之游士。乌在其可以箝塞也?曰:使之耗其资财,则谋一身且不暇,无谋人国之心矣;使之耗其日力,则无暇日以谈二帝三王之书,又不读史而不知古今矣;使之缠绵歌泣于床笫之间,耗其壮年之雄材伟略,则思乱之志息,而议论国度,上指天下画地之态益息矣;使之春晨秋夜为夵体词赋、游戏不急之言,以耗其才华,则论议军国臧否政事之文章可以毋作矣。如此则民听壹,国事便,而士类之保全者亦众。

曰:如是则唐、宋、明岂无豪杰论国是、掣肘国是,而自取戮者乎?曰:有之。人主之术,或售或不售,人主有苦心奇术,足以牢笼千百中材,而不尽售于一二豪杰,此亦霸者之恨也。吁!

王佩诤校《龚自珍全集》,上海古籍出版社 1975 年新 2 版,
原中华书局上海编辑所版

※病 梅 馆 记

江宁之龙蟠,苏州之邓尉,杭州之西谿,皆产梅。或曰:梅以曲为美,直则无姿;以欹为美,正则无景;梅以疏为美,密则无态。固也。此文人画士,心知其意,未可明诏大号,以绳天下之梅也;又不可以使天下之民,斫直,删密,锄正,以夭梅、病梅为业以求钱也。梅之欹、之疏、之曲,又非蠢蠢求钱之民,能以其智力为也。

有以文人画士孤僻之隐,明告鬻梅者,斫其正,养其旁条,删其密,夭其稚枝,锄其直,遏其生气,以求重价,而江、浙之梅皆病。文人画士之祸之烈至此哉!

予购三百盆,皆病者,无一完者。既泣之三日,乃誓疗之、纵之、顺之,毁其

盆,悉埋于地,解其棕缚;以五年为期,必复之全之。予本非文人画士,甘受诟厉,辟病梅之馆以贮之。呜呼!安得使予多暇日,又多闲田,以广贮江宁、杭州、苏州之病梅,穷予生之光阴以疗梅也哉?

王佩诤校《龚自珍全集》,上海古籍出版社1975年新2版,
原中华书局上海编辑所版

[参考文献]

1. 陈新璋:《龚自珍研究》,人民文学出版社1984年版。
2. 郭预衡:《中国散文史(下)》,上海古籍出版社2000年版。

魏　　源

魏源生平见"诗"部分。其于近代文贡献颇多。道光七年(1827),受贺长龄之聘,主持编纂刊行《皇朝经世文编》,辑录自顾炎武至龚魏的实学文章两千余篇,风行海内,凡讲求经济者,无不奉此为圭臬,几于家置一编。此书首次确立"经世文"概念,对此后数十年文风影响深刻。"经世文"渐成晚清散文一大门类,整个近代散文创作都不脱"经世"精神之笼罩。有史书《圣武记》十四卷。又有《筹河篇》、《筹漕篇》、《筹盐篇》等,论古今成败利病,雄辩纵横。论理文代表作《默觚》(上下,包括《学编》十四、《治篇》十六)。行文条贯畅达,驰骋往复,论理切实,态度矜慎,时有精警之论,行文骈散相间,有气势又有节制。序跋文更蕴涵郁勃奋发之激情。文有《古微堂集》,后改名《魏默深文集》,收入今人编《魏源集》。

海国图志叙

[解题]

鸦片战争后,作者受林则徐委托,又在林所辑编《四洲志》基础上,编撰世界史地著作《海国图志》,六十卷本刊行于1847年,百卷本刊行于1852年,成为中国人开眼看世界的重要成果,影响很大。本叙明确提出"师夷长技以制夷",为中国人学习西方近代文明成果以抵御列强侵略的先声。

《海国图志》六十卷,何所据?一据前两广总督林尚书所译西夷之《四洲志》[1],再据历代史志及明以来岛志及近日夷图、夷语。钩稽贯串,创榛辟莽,前驱先路。大都东南洋、西南洋增于原书者十之八[2],大、小西洋、北洋、外大西洋

增于原书者十之六[3]。又图以经之,表以纬之,博参群议以发挥之。

何以异于昔人海图之书?曰:彼皆以中土人谭西洋,此则以西洋人谭西洋也。是书何以作?曰:为以夷攻夷而作,为以夷款夷而作[4],为师夷长技以制夷而作。

《易》曰:"爱恶相攻而吉凶生,远近相取而悔吝生,情伪相感而利害生。"[5]。故同一御敌,而知其形与不如其形,利害相百焉;同一款敌,而知其情与不知其情,利害相百焉。古之驭外夷者,诹以敌形[6],形同几席[7];诹以敌情,情同寝馈[8]。

然则执此书即可驭外夷乎?曰:唯唯,否否[9]!此兵机也,非兵本也;有形之兵也,非无形之兵也。明臣有言:"欲平海上之倭患[10],先平人心之积患。"人心之积患如何?非水,非火,非刃,非金,非沿海之奸民,非吸烟贩烟之莠民。故君子读《云汉》、《车攻》,先于《常武》、《江汉》[11],而知二《雅》诗人之所发愤;玩卦爻内外消息[12],而知大《易》作者之所忧患。愤与忧,天道所以倾否而之泰也[13],人心所以违寐而之觉也,人才所以革虚而之实也。

昔准噶尔跳踉于康熙、雍正之两朝[14],而电扫于乾隆之中叶。夷烟流毒,罪万准夷[15],吾皇仁勤,上符列祖,天时人事,倚伏相乘[16],何患攘剔之无期[17]?何患奋武之无会?此凡有血气者所宜愤悱,凡有耳目心知者所宜讲画也。去伪,去饰,去畏难,去养痈[18],去营窟[19],则人心之寐患祛[20]其一。以实事程实功,以实功程实事[21],艾三年而蓄之[22],网临渊而结之[23],毋冯河[24],毋画饼[25],则人材之虚患祛其二。寐患祛而天日昌,虚患祛而风雷行。传曰[26]:"孰荒于门,孰治于田?四海既均,越裳是臣[27]。"叙《海国图志》。

中华书局编辑部编《魏源集》,中华书局1983年版

[注释]

[1] 林尚书:即林则徐,清总督例加兵部尚书衔。

[2] 东南洋:指东、南太平洋沿岸及海岛各国。西南洋:指印度洋,包括印度、伊朗和阿拉伯半岛国家。

[3] 大、小西洋:大西洋指欧洲各国,小西洋指非洲各国。北洋:指俄国和北欧各国。外大西洋:指北美和拉丁美洲各国。

[4] 此句诸本或有或无。款:议和。

[5] 《易》:即《周易》,此处所引出自《易·系辞下》。悔吝:悔恨。

[6] 诹:询问。

[7] 形同几席:对于敌人的形势像对身边用具一样清楚。几席:指家具等。

[8] 情同寝馈:指对敌人的情况像吃饭睡觉一样熟习。馈:吃饭。

[9] 唯唯,否否:可以,又不可以。

[10] 倭:指日本。

[11]《云汉》、《车攻》,与下句的《常武》、《江汉》均为《诗经》中篇名,分别属于《大雅》、《小雅》(即"二《雅》")。

[12] 玩:玩味、研究。卦爻:《易经》中的符号,象征自然现象和人事变化。消息:指占卜时卦爻所表现的吉凶变化。

[13] 倾:反转。之:到达、成为。否、泰:《易经》中的两个卦名。

[14] 准噶尔:蒙古的一个部落名。跳踉:即跳梁,这里指挑衅,叛乱。

[15] 罪万准夷:罪恶超过准噶尔的叛乱万倍。

[16] 倚伏相乘:《老子》:"祸兮福所倚,福兮祸所伏。"代指祸福相互依存转化。

[17] 攘剔:抵御祛除。

[18] 养痈:喻指因循不决。痈:毒疮。

[19] 营窟:喻指营谋私利。窟:洞穴。

[20] 寐:蒙昧无知。祛:除去。

[21] 程:衡量。上一句中"程"字作实现解。

[22] 艾:治病用的一种草药,越陈越佳。

[23] 网临渊而结之:《汉书·董仲舒传》:"临渊羡鱼,不如退而结网。"

[24] 冯河:无舟渡河,喻指冒险之举。

[25] 画饼:即画饼充饥,喻指表面文章,中看不中用的举措。

[26] 传:指唐代诗人韩愈的诗《琴操十首·越裳操》。越裳:古南蛮国,相传周公当政时,曾来朝拜。

[27] 臣:臣服,服从。

※ 圣 武 记 叙

荆楚以南,有积感之民焉,距生于乾隆征楚苗之前一岁,中更嘉庆征教匪、征海寇之岁,迄十八载畿辅靖贼之岁始贡京师,又迄道光征回疆之岁,始筮仕京师。京师,掌故海也,得借观史馆秘阁官书及士大夫私家著述、故老传说,于是我生以后数大事及我生以前上迄国初数十大事,磊落乎耳目,旁薄乎胸臆。因以溯洄于民力物力之盛衰,人材风俗进退消息之本末。晚侨江、淮,海警飚忽,军问沓至,忾然触其中之所积,乃尽发其椟藏,排比经纬,驰骋往复,先取其涉兵事及所论议若干篇,为十有四卷,统四十余万言,告成于海夷就款江宁之月。

乃敬叙其端曰:天地以五行战阴阳,圣人饬五官则战胜于庙堂。战胜庙堂者如之何？曰圣清尚矣。请言圣清以前之世：今夫财用不足，国非贫，人材不竞之谓贫；令不行于海外，国非羸，令不行于境内之谓羸。故先王不患财用而惟亟人材，不忧不逞志于四夷，而忧不逞志于四境。官无不材，则国桢富；境无废令，则国柄强。桢富柄强，则以之诘奸，奸不处；以之治财，财不蠹；以之蒐器，器不窳；以之练士，士无虚伍。如是，何患于四夷，何忧乎御侮！斯之谓折冲于尊俎。

尝观周汉唐宋金元明之中叶矣，胆其阙，夫岂无悬令？询其廷，夫岂无充位？人见其令雷行于九服，而不知其令未出阶闼也；人见其材云布乎九列十二牧，而不知其槁伏于灌莽也。无一政能申军法，则佚民玩；无一材堪充军吏，则敖民狂；无一事非耗军实，则四民皆荒。佚民玩则画箠不能令一羊，敖民狂则蛰雷不能破一墙，四民皆荒。然且今日揖于堂，明日舫于隍，后日肤于藏，以节制轻桓、文，以富强归管、商，以火烈金肃议成汤，奚必更问其胜负于疆场矣。

记曰："物耻足以振之，国耻足以兴之。"故昔帝王处蒙业久安之世，当涣汗大号之日，必貌然以军令饰天下之人心，皇然以军食延天下之人材。人材进则军政修，人心肃则国威遒，一喜四海春，一怒四海秋。五官强，五兵昌，禁止令行，四夷来王，是之谓战胜于庙堂。是以后圣师前圣，后王师前王，师前圣前王，莫近于我烈祖神宗矣。书曰："其克诘尔戎兵以陟禹之绩，方行天下，至于海表，以觐文王之耿光，以扬武王之大烈。"用敢拜于稽首作《圣武记》。

中华书局编辑部编《魏源集》，中华书局 1983 年版

[参考文献]

1. 郭预衡：《中国散文史（下）》，上海古籍出版社 2000 年版。

2. 管林等主编，谢飘云撰：《中国近代文学发展史（上）》，中国文联出版公司 1991 年版。

姚　　莹

姚莹（1785—1853），字石甫，桐城人，姚鼐为其从祖。曾国藩以姚莹取代刘开推为"姚门四杰"之一。鸦片战争时任台湾道，因抗战受诬，入狱数月，后经贬官、再擢升，官至广西按察史。道光年间先与龚魏等结交，后又受林则徐影响。洞达世务，长于经济，好指陈时事利害。曾于乃祖所谓学问三事外加"经济"一项，见其为当时经世文风的同调。其论说、书牍、传状等文章，类皆慷慨深切。著有《中复堂全集》。

张亨甫传

[解题]

　　张亨甫名际亮,为嘉道朝名诗人,亦为有名的刚正不阿之士。他倡士节、重友情、笃行谊,负时望而不遇、而潦倒、而早逝。这些,均于此传中得到鲜明的表现。作者与亨甫为至交,写此传,他饱含感情,选取几个典型事例,如实写来,刻画有力,正气充沛,而感人至深。

　　张亨甫名际亮,建宁人[1]。少孤,继母抚之。父尝贾剑州[2],伯兄继业。亨甫幼颖异,里中老儒李古山才之其家,乃使之读。未冠为诸生,与族兄绅光、泽高、祖望、何长诏友善,肄业福州鳌峰书院[3]。同舍生多俗学,亨甫视之蔑如也[4]。陈恭甫编修为山长[5],器之。道光三年[6],余至福州,亨甫以诗来谒,余曰:"何、李之流也[7],子才可及空同[8],若去其粗豪,则大复矣[9]。"明年,沈廉甫侍郎视学闽中,试拔贡第一[10],乙酉入京师[11],朝考报罢[12],京贵人及名士言诗者,无不知亨甫矣。新城陈石士侍郎延寓其家[13]。

　　曾宾谷鹾使在京师闻亨甫名召饮,同坐皆知名士也。曾以名辈显宦,纵意言论,诸人赞服,亨甫心薄之。曾食瓜子粘须,一人起为掂去,亨甫大笑,众惭,曾不欢而罢。明日,亨甫投书,责曾不能教导后进,徒以财利奔走寒士门下,复不自知爱,廉耻俱丧,负天下望[14],累数百言。曾怒毁之于诸贵人,亨甫以是负狂名。慨当时诸公好士而无真识,曾不如其好色也,取一时名优为之传,著论一篇曰《金台残泪记》,笔力高古,识者知亨甫所志远矣。都中交深者,歙徐宝善[15]、龙溪郑开禧[16]、宜黄黄爵滋[17]、益阳汤鹏[18]、山阳潘德舆[19],唱和尤密。

　　六年[20],余至京师,从游者久之。亨甫既为朝贵所忌,试辄不利,自是历游天下山川,穷探奇胜,所交名贤几遍,以其穷愁慷慨、牢落古今之意[21],发为诗歌,益沉雄悲壮。至天才艳逸[22],情致绵邈[23],则其本色,而亨甫之诗乃大成矣。十八年乡试[24],主闽试者途中约,张际亮狂士,不可中。而亨甫已易名亨辅中式,拆卷见其名,疑欲去之,副考申解而止。及来谒,果际亮也,主试愕然,会试复报罢。

　　二十年[25],余在台湾召之[26],亨甫喜将渡海,及厦门畏险,使人写其貌,题诗寄余而返,闻鹿泽长为宁绍台道[27],往依之。至则宁波失守[28],狼狈走江西,将至山东不果,遂过桐城,视余家,访方植之、光律原、马元伯而至湖北,叶方伯敬昌厚礼之[29],复之吴中[30]。闻余为英夷谋诉[31],江南奏劾,有闽人附和其言,亨甫愤甚,见某公面责之。计余赴逮,必过吴中,栖迟以待。七月,余过淮上[32],乃从至京师。

　　先是,亨甫有妾蒋氏从在淮,及赴余难,留蒋于淮属其友。亨甫方痁疾[33],扶病从余,止之不可,自投方剂未已。余事白出狱,亨甫大喜,从余寓炸子桥杨椒山故宅中[34],延人治其病,而所患已深矣。京师诸公闻亨甫急余难,义之,过余者必问亨甫,而汤海秋及桂林朱濂甫琦、柳州王少鹤锡振、道州何子贞绍基[35]、晋江陈颂南庆镛、高要苏赓堂廷魁[36]、闽陈弼夫景亮,皆亨甫故人尤厚。疾革日,晨起自订诗稿,属余及濂甫执笔为之去取,其夕遂卒,年四十五。余及诸君经理其丧,一时识与不识争致赙焉[37]。余携柩至桐城,使人往闽召其子来以丧归。

　　亨甫诗已刻者《娄光堂稿》、《松寥山人集》、《南来录》,未刻诗文尚多,尝语余欲编为全集。卒后,余收遗稿于行笥,将成其志焉。其妾蒋氏在淮浦逾笄[38],闻亨甫殁大恸,誓死守,或劝之嫁,乃削发为尼,一小婢感焉,亦从削发。河漕二帅及善亨甫者咸重其才,高其义,又叹异蒋氏,皆怜而资之,一时歌咏其事者甚众。

　　论曰,自古名公卿无不爱才,近世则延纳才士以为己名,士利其财亦争趋焉。鄙者则面谀承奉,无所不至,此尚知有廉耻气节哉!亨甫力振颓风,可为矫矫矣[39]。乃受其书者,不愧谢而以为恨,时人复被以狂名,使亨甫达而在上,风节必有可观者,竟不一第,徒以诗名,是可悲也。亨甫内行甚笃,善事继母。生平好游,伯兄常资之纵览名胜,伯殁厚视诸侄有加,每言继母、伯兄,未尝不泫然也。里中前辈,阐扬不遗余力,所交海内贤士老不遇者,尤推扬之不绝[40]。年长于己者礼之必恭,少于己者,正言教诱恳至,其敦笃如此。尝负大志,余称其有经世才,人未之信,后见卢厚山、林少穆二帅亦称之[41],然后知余非私言也。

《中复堂全集》,同治六年刻本

[注释]

　　[1] 建宁:地名,即福建省建宁县。

　　[2] 鄮(mào)州:疑为鄞(mào)州,古县名,约在今宁波市一带。

　　[3] 肆(yì)业:修习学业。

　　[4] 蔑如:表轻蔑之意。

　　[5] 山长:主讲学院及署理院务的学官。

　　[6] 道光三年:公元1823年。

　　[7] 何、李:指明何景明、李梦阳,均为著名文人。

　　[8] 空同:指明人李梦阳,自号空同子。

　　[9] 大复:何景明字大复,与李梦阳齐名,并称何李。

　　[10] 拔贡:从府、州、县学生员中选拔出优异者,与督抚核定贡入京城,称拔

贡生。

　　[11] 乙酉:清道光五年,公元1825年。

　　[12] 朝考:新科进士由礼部以名册送翰林院,由皇帝于保和殿再行考试,称朝考。

　　[13] 新城:县名,属江西省。

　　[14] 望:期望。

　　[15] 歙(shè):指安徽省歙县。

　　[16] 龙溪:今福建省龙溪县。

　　[17] 宜黄:今江西省宜黄县。

　　[18] 益阳:今湖南省益阳市。

　　[19] 山阳:今江苏省淮安市。

　　[20] 六年:指道光六年,公元1826年。

　　[21] 牢落古今:意怀才不遇,无所寄托。

　　[22] 艳逸:意文辞华丽飘逸。

　　[23] 绵邈:悠远,绵长。

　　[24] 十八年:道光十八年,公元1838年。报罢:谓科举考试落第。

　　[25] 二十年:道光二十年,公元1840年。

　　[26] 余在台湾:时姚莹任台湾兵备道。

　　[27] 宁绍台道:包括宁波、绍兴、台州等府,治所在宁波。道的长官称道台。

　　[28] 宁波失守:1841年第一次中英鸦片战争中,英军攻陷定海后,又接连侵占镇海、宁波。

　　[29] 方伯:古用以称一方之长,明清时为布政使之尊称。

　　[30] 吴中:江苏省吴县市,古属吴国,故称。

　　[31] 为英夷谋诉:道光十八年(1838),姚莹任台湾兵备道,两次率兵抵抗进犯之英军,却于道光二十年(1843)被罪革职,下刑部狱。

　　[32] 淮上:即淮安府,今江苏省淮安县。

　　[33] 痁(shàn)疾:生疟疾。

　　[34] 杨椒山:即明人杨继盛,号椒山,因反严嵩遭杀害。

　　[35] 道州:今湖南省道县。

　　[36] 高要:今广东高要市。

　　[37] 赙:赠送丧家的钱物。

　　[38] 逾笄:谓已成年。笄:盘头用的簪子。古代女子成年后插笄。

　　[39] 矫矫:出众之貌。

　　[40] 推扬:推举、赞扬。

[41] 卢厚山:道光间任两广总督,主持禁烟。林少穆:连任两广、湖广、云贵总督,力主禁烟。

鲁 一 同

鲁一同生平见"诗"部分。一同忧伤时势艰危,于国家田赋、兵戎诸大政,与夫河道变迁、地形险要,以及中外大势,无不究其端委而得其机牙。其文切于世情,古茂峻厉,有阳刚之气。道光十一年(1831),东南水患大发,作《安东岁灾记》,以其亲所闻见写灾后惨况,动人心魄。其《复潘四农书》谓:"今天下多不激之气,积而为不化之习……士习萎苶不振,妪孺呫嗫,容容自安,海内升平晏熙,风烈不纪,独恐一旦猝有缓急,相顾莫敢当一冲,今之隐忧盖在于此。"议论激切,传诵一时。著有《通甫类稿》。

关忠节公家传

[解题]

记鸦片战争中抗英英雄关天培殉国事,叙事精当,褒贬分明,有廉顽立懦之功。

公名天培,字仲因,一字滋圃,姓关氏,山阳人也[1]。起家行伍[2],历淮安城守营守备[3],扬州中营守备。获私铸王国英等十八人,署溧阳营都司[4]。获逆严加烈等二十五人,移两江督标左营守备。历中军都司[5],外海水师奇营守备,奇营游击。道光二年[6],外洋获盗最,三年署吴淞营参将[7],旋即真。后二年,东南方议海运,海运自明以来,辍数百年,议者纷错,大府举公任其事[8]。六年二月,督米船千百四十五艘,米百二十四万一千余石,自吴淞抵天津,先期功最,署太湖营副将[9]。明年署苏淞镇总兵官[10],旋即真。十三年入朝[11],上御便殿召见,军机记名[12]。

明年,夷事萌芽。先是西南诸夷,暹罗、真腊、安南之属[13],皆龚顺受职贡[14],惟英吉利最远、强黠[15]。嘉庆间一入贡[16],严卫出海。至是,夷目律劳卑来不如约,兵船驶至黄埔河,两广总督卢坤,水师提督李增阶,坐疏防落职,而以公为广东水师提督。公至则亲历重洋,观厄塞[17],建台守[18],排铁索,军务肃然,东南倚以为重。公容貌如常人,悛悛畏谨[19],而洞识机要,口占应对悉中。暇则习弓马击技,技绝精。在广著《筹海集》,识者比之戚少保云[20]。

公居虎门六年[21]，而禁烟事起。当是时，洋烟流毒遍天下，前侍郎黄爵滋发其事[22]，上命内外大臣杂议，议定著为令，而英吉利趸船适至。趸船者，贩烟船也。公既习于海，而前钦差大臣林公则徐威略素著，与公尤协力。至则拘夷目，锢其船。船不得发，获烟土二万二百余箱，焚之。奏闻上大悦，叙功有差[23]。夷计不得逞，明年四月，骤师入浙江，据定海，分船溯大洋上天津，诡投书乞和。而前直隶总督琦善驰传赴广东[24]，林公以罪去，于是和议兴，海防撤矣。广东边海门户，曰香山、虎门。香山奥衍[25]、易盘踞，去省少纡远[26]。虎门险陿，海道曲折，去省近。虎门外列十台[27]，最外大角、砂角二台，屹为东南屏蔽。是年十二月，夷攻大角、砂角，坏师船。而大帅日以文书与夷往来，冀得少辽缓，夷不报命，而急战。战方交，则投书议和，书报复战，昼夜攻掠不已。时诸军集广府者，驻防满兵，督标、抚标兵[28]，兵不下万人。又调集客兵、团练、乡勇、民兵数万[29]，而大帅所遣，助守台者，抚标二百人驻东莞，提标兵二百人备策应[30]，由是二台日益孤危，相继陷没。

二十一年春正月[31]，夷进攻威远、靖远诸台，守者羸兵数百。公遣将恸哭请师，无应者。初公之以海运入都也，时从故人饮酒肆中，醉而言曰："日者谓吾禄命，生当扬威，死当血食[32]，今吾年四十余，安有是哉！"已而叹曰："丈夫受国恩，有急死耳，终不为妻子计。"公老母年八十余，长子奎龙，吴淞参将，前卒。幼子先遣归。及是乃缄一匣，寄家人，坚不可开。公死后启视，则堕齿数枚，旧衣数袭而已。公既自度众寡不敌而援绝，乃决自为计，住靖远台，昼夜督战。

已而，夷大艅奄至[33]，公率游击麦廷章奋勇登台大呼，督厉士卒，士卒呼声撼山，海水沸扬，杳冥昼晦[34]。自卯至未[35]，所杀伤过当，而身亦受数十创，血淋漓，衣甲尽湿。事急，呼其仆孙长庆使去，长庆哭曰："奴随主数十年矣，今有急义，不使主死而己独全。"手持公衣不可开。公怒拔刀筑之[36]，曰："吾上负皇上，下负老母，死犹晚。汝不去，今斩汝矣。"投之印，长庆号而走。比及山回顾，公陨绝于地，时二月六日也。

长庆既去，悬厂自缒下[37]。下负水多芦根，刺体如猬，卒负重创，送印大府所，而身复至台，求公尸。夷人严兵守台，则乞通事吴某[38]，以情告。吴某者，尝为汉奸，公得之宥弗杀，给事左右，恒思所以报公。至是，为长庆说夷，诚恳反复，夷人义许之入求尸。铍交于胸[39]，长庆膝行前，遍索不得，卒诣公所立处，举他尸数十乃得之，半体焦焉。

事闻，天子震惊，予骑都尉世职[40]，谥忠节，赐葬如礼。丧至之日，士大夫数百人，缟衣迎送道旁[41]，观者或痛哭失声。而长庆得公尸后，复求得麦廷章之半体，与公尸皆徒负以归[42]，水陆七千里。公葬后，恒郁郁不乐，言及公必泣下，未几卒。

论曰:甚矣,虎门之败也。悲夫!可为流涕者矣。方公之经营十台,累战皆捷。奏上,公卿相贺,主上为之前席[43],嘉叹至于再三。然而衅发于定海,诈成于天津,夷不为无谋,要岂夷人能死公哉?《诗》曰:"谁生厉阶,至今为梗。"[44]厉有阶矣。长庆义士,诚感犬羊,吴某奸耳,知感恩为一日之报,异哉!

《通甫类稿》,咸丰九年刊本

[注释]

[1] 山阳:今江苏省淮安市。

[2] 行伍:古代军队编制:五人为伍,二十五人为行,因代指军队。

[3] 守备:也称守府,清绿营兵军官,秩正五品,位于都司之下,千总之上。

[4] 溧阳:县名,属江苏省。署:摄官,即暂时代理官职。都司:清绿营兵军官,秩正四品。

[5] 游击:清绿营武职。秩从三品。

[6] 道光二年:公元1822年。

[7] 吴淞:镇名,位于上海宝山区。

[8] 大府:指上级官员,主管官。明清时称督抚。

[9] 副将:又称协镇、协台。清绿营兵军官,隶总兵之下,秩从二品。

[10] 总兵官:又称总镇。清绿营兵高级军官,位仅次于提督,秩正二品。

[11] 十三年:清道光十三年,公元1833年。

[12] 军机:即军机处,清官署名。职掌机要,负责处理奏折文书,撰拟皇帝谕旨,文武官员记名、引见、简放等。

[13] 暹(xiān)罗:古地名。即今泰国。真腊:古地名。即今柬埔寨。安南:古地名,唐调露初改交州都督府为安南都护府。地在今越南。

[14] 龚顺:恭敬顺从。龚:通"恭"。职贡:职方的贡品。清兵部下设职方清吏司,掌舆图、镇戍、征讨等。

[15] 强黠(xiá):强悍狡黠。

[16] 嘉庆:清仁宗颙琰(yóng yǎn)年号(1796—1820)。入贡:指中国以外国家或民族带礼物前来朝见。

[17] 厄塞:要塞。

[18] 台守:指用于守御的炮台。

[19] 恂(xún)恂:谨厚貌。

[20] 戚少保:明人戚继光,抗倭名将。万历间曾调镇广东。录功加少保,故称。

[21] 虎门:位于今广东省东莞县,为珠江主要出海口。清自康熙起修筑多

处炮台,并派副将、总兵、水师提督等镇守。

[22] 黄爵滋:字德成,号树斋,江西宜黄人。清道光进士,官至刑部右侍郎。于道光十八年(1838)上疏"请严塞漏卮以培国本",主张"重治吸食"为当时朝中禁烟派代表。

[23] 叙功:按等级次第奖励军功。

[24] 琦善:博尔济吉特氏,清满州正黄旗人。由荫生累官至直隶总督。鸦片战争时力主对英妥协。后被劾革职。晚年又署河南巡抚等。

[25] 奥衍:幽深曲折。

[26] 纡远:曲折遥远。

[27] 台:指炮台。

[28] 督标:清绿营兵之一种,各省总督亲辖。抚标:清绿营兵之一种,各省巡抚亲辖。

[29] 客兵:外地士兵。团练:清地方武装。

[30] 提标:清绿营兵之一种,各省提督亲辖。

[31] 二十一年:道光二十一年,1841年。

[32] 血食:古代杀牲取血以祭祀,故名。此指受人祭奠。

[33] 艅(zōng):船队。奄至:忽然到来。

[34] 杳冥昼晦:白日天色黑暗。

[35] 自卯至未:从卯时到未时,即从凌晨5点到下午3点间。

[36] 筑:敲击。

[37] 悬厂:悬吊于棚屋顶。缒(zhuì):用绳子拴着人或物从高处往下放。

[38] 通事:指翻译。

[39] 铍(pī):兵器,类双刃刀。

[40] 世职:可世袭的官职。

[41] 缟(gǎo):白色。

[42] 徒负:徒手背负。

[43] 前席:坐席前移,以表重视。

[44] 谁生厉阶,至今为梗:载《诗·大雅·桑柔》。厉阶:祸端。厉:恶鬼。阶:阶梯、途径。梗:阻碍。

※安东岁灾记叙

计然曰:岁在金穰,水毁、木饥、火旱、六岁穰、六岁旱,十二岁一大饥,天之行也。故有风雨不时,阴伏阳愆,螟螽所伤,鼠豸所噶,岁用不登,民乃告馑。然十室之邑,或有封家,万户之县,不皆宅草。故开一家之困,百夫救其馁:平百钱之价,一方享其利。何者？富者得钱,贫者得谷,中者厌粗粝,下者拾秕糠,救死而已,何赡之有。故民饥而不毙,盗燔而不横,疫行而不虐,比岁间登而生齿不耗,古所谓十二岁一大饥,盖谓此也。

昔在乾隆丙午之岁,天下大旱,赤地千里,斗谷千人相食。然其时,流户多死,而有产不贫。何者？近古民朴,家有盖藏,谷贵钱轻,农以不困。故失业者委沟壑,地著者获保全,其势然也。然且流亡憯酷,至今歌之。自时厥后,属有小饥,而无大祲,四十有六岁。而当今上御极之十一年,岁在辛卯,湖决于淮、扬,江涨于荆、襄,连饶豫、迫皖桐,东南无干土,而京师乃望雨泽。朝廷大发仓粟以赡江南,民乃其苏。而安东以区区县厕大河之北,江湖所不及,岁乃小稔,南人逃而归者,日千百为群,号哭震村堡,顾顿交道路。明年,麦半登,夏大雨水四十日,不绝如绳,晋、陕、荆、浙皆灾。而江南自大河以北抵胸赣,田尽没。其河南十馀县,承积困之后,湖复弥漫,而奸民陈端决河入湖,湖倒灌凤、泗。凤、泗受其累,自江以北,北抵齐,西距徐、凤,东尽海,延袤八九百里间,鞠为茂草矣。江南隶府八州,其五在江南,二在江、河之间。惟徐海跨河北,而淮属,濒河下流,河以南多产稻,利雨泽,自安东以北,北近海地,尤藜产麦菽秫,无水利,故涟胸之灾,常剧于他郡、县。自皇上登极之岁,岁在辛己,前一年灾,明年壬午又灾,乙酉、丙戌连灾,戊子则又灾,壬辰又大灾。十三年之间,灾居其六七,于是而极焉。

是年冬,水涸,种宿麦而盗起,千百为群,鸣铳佩大刀长铩,比户乌钞。居民好为备竞,卖牛种买刀,小村八九家,刀必浮其人数。日出陈刀于门,刀诡异百状,光霍霍,照耀薄暮。子妇藏密,壮者谨守望,连村相应有声。其被劫虽巨室大家,下至贫不举火,靡择也。盗之系于狱者,至不能容趾,则外系减其食,十日期必死,然狱中率不见减少。岁且尽,道路有死人,乡人醵钱为薶具。后益多,则径移之,卒乃不复移。天寒风壮,死者或坐或卧,倔强蹲蹲。墟里间,野犬聚而咋之甘,乃渐噬生人,有被其害者。民食尽则菜,菜尽则草,草立尽,遂有父子夫妇而甘心者矣,其卖生口,贵无过千钱,贱或不满百,而斗麦价七八百,米倍之,黍麻石万钱。大率卖一口充一夫十日食。而其后疠疫复大作,死者空村,野麦垂垂熟,鸟雀旦暮下,宛转哀号,苍蝇之飞蔽天日。父老以为丙午以来,五十年中所未见。而江南他州县及他省或至是或否,道路言者纷错,要以余所亲见,及闻之不妄,确而有征者,综其大略,著于篇,使后之人有以观览焉。

《通甫类稿》,咸丰九年刊本

曾 国 藩

曾国藩(1811—1872)字伯涵,号涤生,湖南湘乡白杨坪(今属双峰)人。道光十八年(1838)进士,入翰林院,历官礼部、吏部、兵部、刑部、工部侍郎。咸丰二年(1852),回籍为母守丧,次年奉命在湘兴办团练,后改编为湘军。此后屡蒙升迁,封一等侯爵,官至武英殿大学士,两江总督。谥文正。对桐城派加以改造,为桐城文派的中兴缔造者。其为文,很少义理空谈和写景怡情之作,多论说、序记、碑传、书札之体。着力显示其识见、学养、襟抱、事功。其文大体以学识宏通、持论坚劲、入情切理、骈散杂厕、声采炳焕、雄奇瑰伟为特色。编有《经史百家杂钞》。著有《曾文正公全集》,今人新编为《曾国藩全集》。

圣哲画像记

[解题]

作于咸丰九年(1859)。选古今圣哲三十二人,师礼之,赞颂之。不但为曾氏本人的学行记,亦示后学以读书和治学门径,再且隐然显露其全面继承道统文统,充任其时文学—学术坛坫(diàn)领袖之宏愿。文章于尺幅之中缕述数千年人物,气势包举,识量宏阔,见解精深,条理井然,呈阳刚之美。

国藩志学不早,中岁侧身朝列,窃窥陈编,稍涉先圣昔贤魁儒长者之绪。驽缓多病,百无一成;军旅驰驱,益以芜废。丧乱未平,而吾年将五十矣。往者,吾读班固《艺文志》及马氏《经籍考》,见其所列书目,丛杂猥多[1],作者姓氏,至于不可胜数,或昭昭于日月,或湮没而无闻。及为文渊阁直阁校理[2],每岁二月,侍从宣宗皇帝入阁,得观《四库全书》。其富过于前代所藏远甚,而存目之书数十万卷,尚不在此列。呜呼!何其多也!虽有生知之资,累世不能竟其业,况其下焉者乎!故书籍之浩浩,著述者之众,若江海然,非一人之腹所能尽欤也。要在慎择焉而已。余既自度其不逮,乃择古今圣哲三十余人,命儿子纪泽图其遗像,都为一卷,藏之家塾。后嗣有志读书取足于此,不必广心博骛,而斯文之传,莫大乎是矣。昔在汉世,若武梁祠、鲁灵光殿[3],皆图画伟人事迹,而《列女传》亦有画像,感发兴起,由来已旧。习其器矣,进而索其神,通其微,合其莫[4],心诚求之,仁远乎哉?国藩记。

尧舜禹汤,史臣记言而已。至文王拘幽,始立文字,演《周易》。周孔代兴,六经炳著,师道备矣。秦汉以来,孟子盖与庄、荀并称。至唐,韩氏独尊异之。而宋之贤者,以为可跻之尼山之次[5],崇其书以配《论语》。后之论者,莫之能易也。兹以亚于三圣人后云。

左氏传经,多述二周典礼,而好称引奇诞;文辞烂然,浮于质矣。太史公称庄子之书皆寓言。吾观子长所为《史记》,寓言亦居十之六七。班氏闳识孤怀,不逮子长远甚。然经世之典,六艺之旨,文字之源,幽明之情状[6],粲然大备。岂与夫斗筲者争得失于一先生之前[7],姝姝而自悦者哉!

诸葛公当扰攘之世,被服儒者,从容中道。陆敬舆事多疑之主,驭难驯之将,烛之以至明,将之以至诚,譬若御驽马登峻坂,纵横险阻,而不失其驰,何其神也!范希文、司马君实遭时差隆,然坚卓诚信,各有孤诣。其以道自持,蔚成风俗,意量亦远矣。昔刘向称董仲舒、王佐之才,伊、吕无以加;管、晏之属,殆不能及。而刘歆以为董子师友所渐,曾不能几乎游、夏。以予观四贤者虽未逮乎伊、吕,固将贤于董子。惜乎不得如刘向父子而论定耳。

自朱子表章周子、二程子、张子,以为上接孔孟之传。后世君相师儒,笃守其说,莫之或易。乾隆中,闳儒辈起,训诂博辨,度越昔贤;别立徽志,号曰汉学。摈有宋五子之术,以谓不得独尊。而笃信五子者,亦屏弃汉学,以为破碎害道,断断焉而未有已。吾观五子立言,其大者多合于洙泗[8],何可议也?其训释诸经,小有不当,固当取近世经说以辅翼之,又可屏弃群言以自隘乎?斯二者亦俱讥焉。

西汉文章,如子云、相如之雄伟,此天地遒劲之气,得于阳与刚之美者也。此天地之义气也。刘向、匡衡之渊懿,此天地温厚之气,得于明与柔之美者也。此天地之仁气也。东汉以还,淹雅无惭于古,而风骨少隤矣[9]。韩、柳有作,尽取扬、马之雄奇万变,而内之于薄物小篇之中,岂不诡哉!欧阳氏、曾氏皆法韩公,而体质于匡、刘为近。文章之变,莫可穷诘。要之,不出此二途,虽百世可知也。

余钞古今诗,自魏晋至国朝,得十九家,盖诗之为道广矣。嗜好趋向,各视其性之所近,犹庶羞百味[10],罗列鼎俎,但取适吾口者,哜之得饱而已。必穷尽天下之佳肴辨尝而后供一馔,是大惑也;必强天下之舌,尽效吾之所嗜,是大愚也。庄子有言:"大惑者,终身不解;大愚者,终身不灵。"余于十九家中,又笃守夫四人者焉。唐之李、杜,宋之苏、黄,好之者十而七八,非之者亦且二三。余惧蹈庄子不解不灵之讥,则取足于是终身焉已耳。

司马子长,网罗旧闻,贯串三古而八书,颇病其略;班氏《志》较详矣,而断代为书,无以观其会通;欲周览经世之大法,必自杜氏《通典》始矣。马端临《通考》,杜氏伯仲之间,郑《志》非其伦也。百年以来,学者讲求形声、故训,专治《说文》,多宗许、郑,少谈杜、马。吾以许、郑考先王制作之源,杜、马辨后世因革之要,其于实事求是一也。

先王之道,所谓修已治人、经纬万汇者,何归乎?亦曰礼而已矣。秦灭书籍,汉代诸儒之所掇拾,郑康成之所以卓绝,皆以礼也。杜君卿《通典》,言礼者十居其六,其识已跨越八代矣!有宋张子、朱子之所讨论,马贵与、王伯厚之所纂辑,莫不以礼为兢兢。我朝学者,以顾亭林为宗。国史《儒林传》裹然冠首[11]。吾读其书,言及礼俗教化,则毅然有守先待后,舍我其谁之志,何其壮也!厥后张蒿庵作《中庸论》,及江慎修、戴东原辈,尤以礼为先务。而秦尚书蕙田,遂纂《五礼通考》,举天下古今幽明万事,而一经之以礼,可谓体大而思精矣。吾图画国朝先正遗像[12],首顾先生,次秦文恭公,亦岂无微旨哉!桐城姚萧姬传,高邮王念孙怀祖,其学皆不纯于礼。然姚先生持论闳通,国藩之粗解文章,由姚先生启之也。王氏父子,集小学训诂之大成,复乎不可见已[13]。故以殿焉。

姚姬传氏,言学问之途有三:曰义理,曰词章,曰考据。戴东原氏亦以为言。如文、周、孔、孟之圣,左、庄、马、班之才,诚不可以一方体论矣。至若葛、陆、范、马,在圣门则以德行而兼政事也。周、程、张、朱,在圣门则德行之科也,皆义理也。韩、柳、欧、曾、李、杜、苏、黄,在圣门则言语之科也,所谓词章者也。许、郑、杜、马、顾、秦、姚、王,在圣门则文学之科也。顾、秦于杜、马为近,姚、王于许、郑为近,皆考据也。此三十二子者,师其一人,读其一书,终身用之,有不能尽。若又有陋于此,而求益于外,譬若掘井九仞而不及泉,则以一井为隘,而必广掘数十百井,身老力疲,而卒无见泉之一日。其庸有当乎?

自浮屠氏言因果祸福,而为善获报之说,深中于人心,牢固而不可破。士方其占毕呫哔[14],则期报于科第禄仕;或少读古书,窥著作之林,则责报于遐迩之誉,后世之名;纂述未及终编,辄冀得一二有力之口,腾播人人之耳,以偿吾劳也。朝耕而暮获,一施而十报,譬若沽酒市脯,喧詈以责之贷者,又取倍称之息焉[15]。禄利之不遂,则徼幸于没世不可知之名。甚者至谓孔子生不得位,没而俎豆之报[16],隆于尧舜。郁郁者以相证慰,何其陋欤!今夫三家之市,利析锱铢,或百钱逋负[17],怨及孙子;若通阛贸易[18],瑰货山积,动逾千金,则百钱之有无,有不暇计较者矣。商富大贾,黄金百万,公私流衍,则数十百缗之费[19],有不暇计较者矣。均是人也,所操者大,犹有不暇计其小者;况天之所操尤大,而于世人毫末之善,口耳分寸之学,而一一谋所以报之,不亦劳哉!商之货殖同、时同,而或赢或绌;射策者之所业同[20],而或中或罢;为学著书之深浅同,而或传或否,或名或不名,亦皆有命焉,非可强而几也。古之君子,盖无日不忧,无日不乐。道之不明,己之不免为乡人,一息之或懈,忧也;居易以俟命[21],下学而上达,仰不愧而俯不怍,乐也。自文王、周、孔三圣人以下,至于王氏,莫不忧以终身,乐以终身,无所于祈,何所为报?己则自晦,何有于名?惟庄周、司马迁、柳宗元三人者,伤悼不遇,怨悱形于简册,其于圣贤自得之乐,稍违异矣。然彼自惜不世之才,非夫无实而汲汲时名者比也。苟汲汲于名,则去三十二子也远矣。将适燕晋而南其辕,其于术不益疏哉?

文周孔孟,班马左庄,葛陆范马,周程朱张,韩柳欧曾,李杜苏黄,许郑杜马,顾秦姚王。三十二人,俎豆馨香[22]。临之在上[23],质之在旁[24]。

彭靖等整理《曾国藩全集·诗文》,岳麓书社 1986 年版

[注释]

[1] 猥:杂多。

[2] 校理:校刊整理。

[3] 武梁祠:建于东汉桓帝建和元年(147),在今山东济宁紫云山。鲁灵光殿:汉景帝子鲁恭王所建,故址在山东曲阜东。

[4] 莫:通"谟",谋划。

[5] 尼山:在山东曲阜东南,传说孔子父母于此山野合而生孔子,这里代指孔子。

[6] 幽明:天地。

[7] 斗筲(shāo):两种容量很小的容器,因用于比喻人之器量狭小、识见浅陋。

[8] 洙泗:孔子于洙水、泗水间讲学,后以洙泗代称儒家。

[9] 隤(tuí):衰败。

[10] 庶羞百味:多种佳肴。庶:众多。羞:同"馐"。

[11] 褎(yòu):出众貌。

[12] 先正:先贤。

[13] 夐(xiòng):遥远。

[14] 咿唔:拟声词,形容吟诵。

[15] 倍称:借一还二,即高利贷。

[16] 俎豆:祭祀。报:报德。

[17] 逋(bū)负:拖欠。

[18] 阛(huán):市场之围墙,此即指市场。

[19] 缗:穿钱成串,千文为一缗。

[20] 射策:汉代取士,应试者抽签选中试题,谓之射策。指参加科举考试。

[21] 居易:安于平易。

[22] 俎豆:祭祀。馨香:声名流播后世。

[23] 临:模仿。

[24]质:询问。

※谕纪泽纪鸿(同治九年六月初四日)

余即日前赴天津,查办殴毙洋人焚毁教堂一案。外国性情凶悍,津民习气浮器,俱难和叶,将来构怨兴兵,恐致激成大变。余此行反复筹思,殊无良策。余自咸丰三年募勇以来,即自誓效命疆场,今老年病躯,危难之际,断不肯吝于一死,以自负其初心。恐邂逅及难,而尔等诸事无所禀承,兹略示一二,以备不虞。

余若长逝,灵柩自以由运河搬回江南归湘为便。中间虽有临清至张秋一节须改陆路,较之全行陆路者差易。去年由海船送来之书籍、木器等过于繁重,断不可全行带回,须细心分别去留。可送者分送,可毁者焚毁,其必不可弃者,乃行带归,毋贪琐物而花途费。其在保定自制之木器全行分送。沿途谢绝一切,概不收礼,但水陆略求兵勇护送而已。

余历年奏摺,令夏吏择要抄录,今已抄一多半,自须全行择抄。抄毕后存之家中,留于子孙观览,不可发刻送人,以其间可存者绝少也。

余所作古文,黎莼斋抄录颇多,顷渠已照抄一分寄余处存稿。此外黎所未抄之文寥寥无几,尤不可发刻送人。不特篇帙太少,且少壮不克努力,志亢而才不足以副之,刻出适以彰其陋耳。如有知旧劝刻余集者,婉言谢之可也。切嘱切嘱。

余生平略涉儒先之书,见圣贤教人修身,千言万语,而要以不忮不求为重。忮者,嫉贤害能,妒功争宠,所谓怠者不能修,忌者畏人修之类也。求者,贪利贪名,怀土怀惠,所谓未得患得,既得患失之类也。忮不常见,每发露于名业相侔、势位相埒之人;求不常见,每发露于货财相接、仕进相妨之际。将欲造福,先去忮心,所谓人能充无欲害人之心,而仁不可胜用也。将欲立品,先去求心,所谓人能充无穿窬之心,而义不可胜用也。忮不去,满怀皆是荆棘;求不去,满腔日即卑污。余于此二者常加克治,恨尚未能扫除净尽。尔等欲心地干净,宜于此二者痛下工夫,并愿子孙世世戒之。附作忮求诗二首录右。

历览有国有家之兴,皆由克勤克俭所致。其衰也,则反是。余生平亦颇以勤字自励,而实不能勤。故读书无手抄之册,居官无可存之牍。生平亦好以俭字教人,而自问实不能俭。今署中内外服役之人,厨房日用之数,亦云奢矣。其故由于前在军营,规模宏阔,相沿未改,近因多病,医药之资漫无限制。由俭入奢易于下水,由奢反俭难于登天。在两江交卸时,尚存养廉二万金。在余初意,不料有此,然似此放手用去,转瞬即已立尽。尔辈以后居家,须学陆梭山之法,每月用银若干两,限一成数,另封秤出。本月用毕,只准赢馀,不准亏欠。衙门奢侈之习,不能不彻底痛改。余初带兵之时,立志不取军营之钱以自肥其私,今日差幸不负始愿,然亦不愿子孙过于贫困,低颜求人,惟在尔辈力崇俭德,善持其后而已。

孝友为家庭之祥瑞。凡所称因果报应,他事或不尽验,独孝友则立获吉庆,反是则立获殃祸,无不验者。

吾早岁久宦京师,于孝养之道多疏,后来展转兵间,多获诸弟之助,而吾毫无裨益于诸弟。余兄弟姊妹各家,均有田宅之安,大抵皆九弟扶助之力。我身殁之后,尔等事两叔如父,事叔母如母,视堂兄弟如手足。凡事皆从省啬,独待诸叔之家则处处从厚,待堂兄弟以德业相劝、过失相规,期于彼此有成,为第一要义。其次则亲之欲其贵,爱之欲其富,常常以吉祥善事代诸昆季默为祷祝,自当神人共钦。温甫、季洪两弟之死,余内省觉有惭德。澄侯、沅甫两弟渐老,余此生不审能否相见。尔辈若能从孝友二字切实讲求,亦足为我弥缝缺憾耳。

附忮求诗二首:(略)

彭靖等整理《曾国藩全集·家书》,岳麓书社1986年版

[参考文献]

1. 王镇远:《桐城派》,上海古籍出版社1990年版。
2. 郭预衡:《中国散文史(下)》,上海古籍出版社2000年版。

黎 庶 昌

黎庶昌(1837—1897),字莼斋。贵州遵义人。同治廪贡生。先为知县,再入曾国藩幕。后任驻英兼驻法、德、西班牙使馆参赞、驻日本使馆大使、川东兵备道等职。前期文多收入《拙尊园丛稿》,论经世之务,行文有坚强之气,如《上穆宗毅皇帝书》、《上穆宗毅皇帝第二书》等,均为披肝沥胆,倡言傥论之作。出使后写有域外游记多种,计《西洋杂志》75篇,《西洋游记》7篇,及《拙尊园丛稿》中若干篇。与前期文有别:意境新颖,文辞华美,委婉细腻。又辑有《续古文辞类纂》。与薛福成齐名并称。

卜 来 敦 记

[解题]

卜来敦,即英文 Brighton 之汉译,今译布赖顿。英国海滨城市。光绪三年(1877),黎庶昌游览于此。光绪六年(1880)七月,作此篇游记。文记海滨旅游胜

地风光,先写玻璃巨厦,入海长桥,浅草平沙,绿窗华屋,水光掩映之迤逦景色,再写游人风情,将一般人徒知其船坚炮巨、逐利若驰的英国"优游暇豫"之另一面写得令人神往。

卜来敦者,英国之海滨,欧洲胜境也。距伦敦南一百六十馀里,轮车可两点钟而至,为国人游息之所。后带冈岭,前则石岸崭然。好事者凿岸为巨厦,养鱼其间,注以源泉,涵以玻璃,四洲之物,奇奇怪怪,无不毕致。又架木为长桥,斗入海中数百丈[1],使游者得以攀援凭眺[2]。桥尽处有作乐亭,馀则浅草平沙,绿窗华屋,与水光掩映,迤逦一碧而已[3]。人民十万,栉比而居[4],衢市纵横,日辟益广。其地固无波涛汹涌之观,估客帆樯之集[5],无机匠厂师之兴作杂然而尘鄙也[6],盖独以静洁胜。每岁会堂散后,游人率休憩于此。方其风日晴和,天水相际,邦人士女联袂嬉游[7],衣裙杂袭[8],都丽如云[9],时或一二小艇掉漾于空碧之中。而豪华巨家,则又鲜车怒马[10],并辔争驰以相遨放[11]。迨夫暮色苍然,灯火灿列,音乐作于水上,与风潮相吞吐,夷犹要眇[12],飘飘乎有遗世之意矣。余至伦敦之次月,富绅阿什伯里导往游焉,即叹为绝特殊胜[13],自是屡游不厌。再逾年而之他邦,多涉名迹,而卜来敦未尝一日去诸怀,其移人若此[14]。英之为国,号为盛强杰大。议者徒知其船坚炮巨,逐利若驰[15],故尝得志海内,而不知其国中之优游暇豫[16]乃有如是之一境也。昔荀卿氏论立国惟坚凝之难[17],而晋栾鍼之对楚子重,则曰"好以众整。"又曰"好以暇"[18]。夫惟坚凝,斯能整暇。若卜来敦者,可以觇人国已[19]。

大清前驻英参赞黎庶昌记,光绪六年七月。

《拙尊园丛稿》,台北文海出版社"近代中国外交史资料汇刊三十种"本

[注释]

[1] 斗:通"陡",本义是峻峭,此指坡度很大。

[2] 冯:"凭"之古字,凭借、依靠。

[3] 迤逦:连绵曲折。

[4] 栉(zhì)比:排列紧密如梳齿。栉:梳子。

[5] 估客:贩货客商。

[6] 尘鄙:扬尘鄙陋之所。

[7] 联袂:携手。

[8] 杂袭:杂错。

[9] 都丽:美丽。都:优美貌。《诗·郑风·有女同车》:"彼美孟姜,洵美且都。"

［10］鲜车怒马：言车辆鲜丽，辕马健硕。《后汉书·第五伦传》："蜀地肥饶，人吏富实，掾史家资多至千万，皆鲜车怒马，以财货自达。"李贤注："怒马，谓马之肥壮，其气愤怒也。"

［11］遨放：遨游、放任。韩愈《许国公神道碑铭》："华靡遨放。"

［12］夷犹要眇：飘逸优美。夷犹：迟疑婉转。要眇：美好貌。《楚辞·九歌·湘君》："美要眇兮宜修。"王逸注："要眇，好貌。"

［13］绝特：极为出众。特：卓越、出众。殊胜：特异、极佳。

［14］移人：感化人。移：变易，引申为感染。

［15］逐利若驰：拼命追逐利益。

［16］优游：悠闲自在。暇豫：闲暇安适。

［17］荀卿氏：即荀子。坚凝：坚固、凝聚。《荀子·议兵》："兼并易能也，惟坚凝之难。"此为精诚团结意。

［18］好以众整：喜好齐整，按部就班。好以暇：喜欢从容余裕。为《左传·成公十六年》所载晋大夫栾鍼（qián）出使楚国，答楚令尹子重问晋国武勇表现于何处时所言。

［19］觇（chān）：窥视。

薛　福　成

薛福成（1838—1894），字叔耘，号庸庵，江苏无锡人。同治间副贡，先入曾国藩幕，后入李鸿章幕，官至按察使。前期文最能体现湘乡派文风。《筹洋刍议》等议论文恢宏雄劲，谨严有序，论理透彻。光绪间出使英、法、意、比等国，致力于域外游记写作，刊刻《出使奏议》、《出使公牍》之余，专门刊刻《出使日记》（即《出使英法义比日记》），称"述事之外，务恢新义，兼网旧闻"，还将其中一些篇章选辑编为《海外文编》。其中议论文字类于报章文体，新名词、新译名夹杂其中，洗练劲捷；其记叙文，写景物的同时融进主观感受，想象联翩。如《白雷登海口避暑记》，所写与黎庶昌《卜来敦记》本为一地，却不止于客观描述，而充溢着目睹奇境胜景所触发的感怀和想象，颇富感染力。著有《庸庵全集》。

书太监安得海伏法事

［解题］

此篇与《书剧寇石达开就擒事》、《书科尔沁忠亲王大沽之败》等均为作者前期记事文之代表作,叙事周密而有波澜,人物性格生动传神。

同治八年夏四月[1],福成自江南如保定,道出山东。时余弟福保在巡抚宫保平远丁公幕府[2],福成就谒公。公留之宿,与语天下事,逾二旬不倦。将别,公叹曰:"方今两宫垂帘[3],朝政清明,内外大臣各职其职,中兴之隆,轶唐迈宋,惟太监安得海稍视用事[4]。往岁恭亲王去议政权[5],颇为所中[6]。近日士大夫渐有凑其门者[7],当奈何?"有间,复言曰:"吾闻安得海将往广东,必过山东境。过则执而杀之,以其罪奏闻,何如?"福成与福保同对曰:"审如是[8],不世之业也[9]!其难如平一剧寇,功尤高。然布置欲豫[10],审几欲密欲断[11],否则不惟贾祸[12],亦恐转益其焰而贻天下患。"公颔之[13]。

其秋,安得海果出都,公即奏闻,奉上谕"丁宝桢奏太监安得海矫旨出都[14],舟过德州,僭拟无度[15],招摇煽惑,声势赫然。著直隶、山东、江苏总督巡抚迅遴干员[16],严密擒捕。捕得即就地正法,毋许轻纵。"而丁公初具疏时,闻安得海已南下,亟檄知东昌府程绳武追之[17]。绳武躬鞶屦[18],驰骑烈日中,踵其后三日[19],不敢动。复檄总兵王正起发兵追之[20]。及泰安,围而守之,送至济南。当是时,朝旨尚未到,而安得海大言:"我奉皇太后命,织龙衣广东,汝等自速戾耳[21]!"官吏詟焉[22]。丁公念朝旨未可知,欲先论杀之,虽获重谴[23],无憾。知泰安县何毓福长跪力谏,请少待之。会朝旨亦至。乃以八月丙午夜[24],弃安得海于市,支党死者二十余人。籍其辎重[25],得骏马三十余匹,黄金珠玉珍宝称是。皆输内务府[26]。

方丁公奏上朝廷也,皇太后问恭亲王及军机大臣[27]:"法当如何?"皆叩头言:"祖制太监不得出都门,擅出者死无赦。请令就地诛之。"醇亲王亦以为言[28]。命既下,天下交口称颂。伯相合肥李公阅邸钞[29],矍然起[30],传示幕客,字呼丁公曰:"稚璜成名矣!"曾文正公语福成曰[31]:"吾目疾已数月,闻是事,积翳为之一开[32]。稚璜,豪杰士也!"

呜呼!自古宦寺起细微[33],干朝政,忧时者或出死力与之角[34]。角而不胜,身撄其毒者[35],相随属也。或至罪盈恶积,神人交愤,仅而去之,而天下旋受其敝[36]。又或权力足以相胜,濡忍不断以酿大患[37],不旋踵而祸及其身[38]。丁公独摘巨慝于萌牙之时[39],易如反掌。其忠与智勇,可谓兼之矣!然向非列圣家法之严[40],皇太后之明圣,与诸王大臣之匡弼[41],其安能若是神速哉?福成故谨书之,以俟后世之安天下国家者取则焉。

《庸庵文续》,台北文海出版社"近代中国外交史资料汇刊三十种"本

[注释]

[1] 同治:清穆宗载淳年号,公元1862—1874年。

[2] 福保:即薛福保,同治间为丁宝桢幕僚。官至四川知府。巡抚:清地方长官。掌一省财政、民政、刑狱、吏治,地位略低于总督,秩从二品。宫保:此指太子少保。清专为大臣及有功者所加虚衔。平远丁公:即丁宝桢,字稚璜,贵州平远人,咸丰进士,官至四川总督,以在山东巡抚任内诛太监安得海有名于时。幕府:此指衙署。

[3] 两宫垂帘:指同治朝时东宫太后慈安与西宫太后慈禧共同垂帘听政。

[4] 安得海:清直隶南皮人,自幼入宫为宦官,同治初受慈禧太后宠信。后为丁宝桢捕杀于济南。用事:指其干预政事。

[5] 恭亲王:即奕䜣。清道光帝第六子,咸丰元年(1851)封恭亲王。同治初与慈禧一同发动祺祥政变,任议政王,掌管军机处和总理各国事务衙门,为清廷中枢之洋务派首领。

[6] 中(zhòng):中伤。

[7] 凑其门:指奔走其门下。凑:奔赴、聚合。

[8] 审:果真,的确。

[9] 不世:罕有,非世间常有。

[10] 欲:需要、应该。豫:预作准备。

[11] 几:苗头、先兆。

[12] 贾(gǔ)祸:谓自取祸害。

[13] 颔(hàn):点头表示赞同。

[14] 矫旨:假称圣旨。

[15] 僭(jiàn)拟:超越本身地位行事。

[16] 直隶:清直隶省,即今河北省。

[17] 亟(jí):赶快。檄(xí):即檄文。

[18] 簦(dēng):有长柄的笠,像今之伞。

[19] 踵:紧紧跟随。

[20] 总兵:清绿营兵高级将领,仅次于提督,秩二品。

[21] 戾:罪,此谓自取罪。

[22] 讋(zhé):恐惧。

[23] 重谴:重罪。

[24] 八月丙午:即农历八月初七日。

[25] 籍:籍没,登记财产予以没收。

[26] 内务府:官署名。清代总管宫廷事务的专门机构。

［27］军机大臣：清设军机处参决军国大事，下设军机大臣，分用满、汉重臣。

［28］醇亲王：即奕譞，清道光帝第七子。咸丰元年(1851)封为醇郡王，同治间进封醇亲王。

［29］伯相合肥李公：即李鸿章。安徽合肥人。同治三年(1864)以大学士身份封为肃毅伯，故称为伯相。邸钞：又称邸报，朝廷官报。

［30］矍(jué)然：惊惶四顾的样子。

［31］曾文正公：即曾国藩，卒谥文正。

［32］翳(yì)，眼睛角膜上长的障蔽视线的白斑。

［33］宦寺：宦官。宦官有宦人、寺人等，合称宦寺。

［34］角：斗争。

［35］撄：触犯。

［36］敝：害处。

［37］濡忍：容忍。

［38］旋踵：转动脚跟，转身。不旋踵形容时间极短。

［39］擿(tī)：除。巨慝(tè)：大奸大恶的人。

［40］列圣：指清代皇帝。家法：指封建君主治理内廷之法。

［41］匡弼：匡正辅佐。

观巴黎油画记

[解题]

晚清域外游记的著名作品。逼真再现《普法交战图》所绘战场景象，赞扬法人之"自绘败状"以激励民众精神。语言简练形象，描写真切传神，含义隽永。

光绪十六年春闰二月甲子[1]，余游巴黎蜡人馆。见所制蜡人，悉仿生人，形体态度发肤颜色长短丰瘠，无不毕肖。自王公卿相以至工艺杂流，凡有名者，往往留像于馆。或立或卧，或坐或俯，或笑或哭，或饮或博，骤视之，无不惊为生人者，余亟叹其技之奇妙[2]。

译者称："西人绝技，尤莫逾油画，盍驰往油画院[3]，一观普法交战图乎[4]？"其法为一大圜室[5]，以巨幅悬之四壁，由屋顶放光明入室。人在室中，极目四望，则见城堡、冈峦、溪涧树林，森然布列[6]。两军人马杂逐[7]，驰者、伏者、奔者、追者、开枪者、燃炮者、搴大旗者[8]、挽炮车者，络绎相属[9]。每一巨弹堕地，则火光迸裂，烟焰迷漫，其被轰击者，则断壁危楼，或黔其庐[10]，或赭其垣[11]。而军士之折臂断足,血流殷地[12],偃仰僵仆者,令人目不忍睹。仰视天,则明月斜挂,云霞掩映;俯视地,则绿草如茵,川原无际。几自疑身外即战场,而忘其在一室中者。迨以手扪之[13],始知其为壁也,画也,皆幻也。

余闻法人好胜,何以自绘败状,令人丧气若此?译者曰:"所以昭炯戒[14],激众愤,图报复也。"则其意深长矣。

夫普法之战,迄今虽为陈迹,而其事信而有征[15]。然则此画果真邪?幻邪?幻者而同于真邪?真者而托于幻邪?斯二者,盖皆有之[16]。

《庸庵文续》,台北文海出版社"近代中国外交史资料汇刊三十种"本

[注释]

[1] 光绪十六年:1890年。闰二月甲子,闰二月二十四日。
[2] 亟(qì):再三、屡次。
[3] 盍(hé):何不。
[4] 普法交战:指1870年发生的普鲁士与法国之战,法国大败,皇帝拿破仑三世被俘,次年,临时政府投降,割地赔款。
[5] 圜(yuán):同"圆",圆形。
[6] 森然:繁密貌。
[7] 杂遝(tà):纷乱貌。
[8] 搴(qiān):拔。引申为擎、举。
[9] 络绎相属(zhǔ):接连不断。
[10] 黔其庐:将房屋熏黑。黔:黑色,这里用如动词。
[11] 赭(zhě)其垣:将墙壁变成深褐色。赭:深褐色,这里用如动词。
[12] 殷(yān)地:将地染成黑红色。殷:黑红色。这里用如动词。
[13] 迨(dài):待到。扪(mén):触摸。
[14] 昭:昭示、显明。炯:鲜明、强烈。
[15] 信而有征:真实而有凭据。
[16] 盖:大概。

※白雷登海口避暑记

英伦四面环海,水气和而得中,无严寒亦无盛暑。然邦人士贵富者,咸以避寒暑远徙。一岁中恒四三月。而避暑必在新凉之后。当夫秋高日晶,天宇澄旷,去邑适野,舍业以游,西人名之曰换气。盖都会之中,人民稠密,居之久,则气浊神昏而百病生。必易一地以节宣之,则气清体健而百病却。此于养生要术,研之

颇精,意不专在避暑也。其避寒之用亦然。癸巳七月之杪,余从西俗避暑白雷登海口。海口为巨绅豪商必至之地,以海气养人躯体,尤善于郊坰清气也。白雷登在伦敦西南三百余里,乘火轮车,约熟五斗米倾,即至。邦人士营此胜区,罔惜财力,岁异月新。有穹林以翳炎阳,有幽园以栽名花,有陡入海中之新旧二堤,以待游者涵濡海气。岸高也,则有升车以省纡绕。波平也,则有小舟以恣荡漾。海上中下三层俱罗花木,可步可坐可纳凉焉。余初来此,神气洒然,如鸟脱樊笼而翔云霄之表。所居高楼,俯瞰海滣,夜卧人静,洪涛訇豗,震耳荡胸,涤我尘虑。少焉风止日出,波澜不惊。西望辽夐,想像亚墨利加大洲,如在云烟杳霭中,未尝不觉宇宙之奇宽也。于是携侣扶筇,任意所之。见有驶电气车者,夷然登之。风驰云迈,一瞬千步。制造之功,愈于火轮。数百年后,其将行之我中国乎?俄而下车,步往长堤,听西人奏乐,披襟以当海风。或遥睇水溢,而羡鸥鸟之忘机,或旁盼钓徒,而悯众鱼之贪饵。于斯之际,蠲烦涤嚣,心旷神愉。窃意世间所称神仙者之乐,不是过也。暑移意倦,浩歌以归。归而倚枕高卧,亦得佳趣。梦中如游邃古之世。既觉,偶睇窗外,海景奇丽,皓曜万里,恍睹金碧世界。盖日将西匿,倒景入海也。无何,暝色已至,秉烛朗诵杜子美诗十余首,以畅余气。如是者旬余始返。其诸所访名迹尚多,不尽记。余自春初期满未归,羁怀侘傺,悄焉寡欢。今而知天与人以自得之趣,随地可以领会,初无遐迩之别也。夫诚默体古君子素位而行之旨,将焉往而不乐哉!光绪十九年八月十三日记。

《庸庵文续》,台北文海出版社"近代中国外交史资料汇刊三十种"本

王　韬

王韬(1828—1897)原名利宾,后改名韬,字仲弢,别号天南遯叟、弢园老民。江苏长洲人,自少性情旷逸,不乐仕进,尤不喜帖括。道光二十九年(1849)入上海教会墨海书馆任编译,居沪十三年,曾先后为清政府和太平军献策,均未能行。为避缉捕,逃至香港。同治十三年(1874),在港创办《循环日报》并兼主编,十年间刊发大量"社说"和其他文章,成为中国首位报刊文章家。其文以胸中所有悲愤郁积,必吐之而后快,故其磅礴勃发,横决溢出,如急流迅湍,一泄而无余。好纵横辩论,留心当世之务,感情充溢,文笔奔放。光绪十年(1884)返沪,任《申报》编务,创办弢园书局,主讲格致书院。学贯中西,著译达数十种,其中文集有《弢园文录外编》、《弢园尺牍》、《弢园尺牍续钞》等。

※杞忧生《易言》跋

杞忧生，初不知其何许人也。继乃知其居铁城，氏荥阳，足迹遍南北，而旅处沪渎最久。其地为冠盖之往来，商贾所辐辏。杞忧生居其间，不仕不隐，亦吏亦儒，日交其贤豪长者而与之纵谈天下事，时或慷慨泣下，击碎唾壶。今湘乡郭筠仙侍郎、吴川陈荔秋司宪皆赏识之，屡欲加以拂拭，拟招佐星轺以备谘访，而杞忧生悉坚辞弗往，日惟寄情缃素，肆志林泉，慨慕黄、虞，读书自娱而已。

沪虽弹丸一隅，而金气熏灼，诡幻百出。花月之光迷十里，笙歌之声沸四时。而杞忧生萧然一无所好，以圣贤宅衷，以豪杰立命，睠怀大局，蒿目时艰，每欲以一得之效献之当事，久之成《易言》一书，然未敢出以示人也。

去年春杪，余将有东瀛之游，杞忧生之友忽以书抵余，谓"当今有杞忧生者，天下奇士也。胸怀磊落，身历艰辛；上下三千年，纵横九万里。每当酒酣耳热之际，往往举杯问天，拔剑斫地，心有所得，笔之于篇。此《易言》上下二卷，固其箧里秘书，枕中鸿宝也。非先生则不敢就正焉。"余乃受而读之。于当今积弊所在，抉其症结，实为痛彻无遗。而一切所以拯其弊者，悉行之以西法。若舍西法一途，天下无足与图治者。

呜呼！此我中国五帝三王之道将坠于地而不可收拾矣。古来圣贤所以垂法立制者将废而不复用，用夏变夷则有之矣，未闻变于夷者也。诚如杞忧生说，是将率天下而西国之也。此书出，天下必将以杞忧生为口实。

呜呼！是不知古圣贤之在当时，天下事犹未极其变也，而今则创三千年来未有之局。一切西法。西学皆为吾人目之所未睹，耳之所未闻。夫形而上者道也，形而下者器也。杞忧生之所欲变者器也，而非道也。同一航海也，昔以风帆，今以火轮，舟楫之制不同矣。同一行地也，昔以骡马驾车，今则火珀风轮，顷刻千里，是车制不同矣。同一行军也，昔以刀矛，今以枪炮，而枪炮之制又复日新月异而岁不同。同一邮递也，昔以传驿，今以电气通标，瞬息往还，恍如觌面。车以达同洲诸国，舟以通异洲诸国，电标以联五大洲而为一。此外如舆图、象纬、医学、算学、重学、化学、光学、格致、机器，皆昔之所无，而今之所有，彼之所有，而我之所无。试问此数者，使彼与我较，其为迟速利钝，固不可同日而语矣。顾使彼仍居西海，我独据东土，如风马牛之不相及，又复何害？无奈其日逼处此，日出其技而时与我絜长较短也。且恃其所能，从而凌侮我，挟持我，求无不应，索无不予，我于此时而尚不变法以自强，岂尚有人心血气者哉！故杞忧生之书，大抵发愤之所为作也。

杞忧生参内外之消息，了中西之形势，深悉天时人事，倚伏相乘，道不极则不变，物不极则不反，否极则泰至，思极则俳生。诚能如杞忧生之言，自强之道在是矣。而独奈何杞忧生言之谆谆，而听之藐藐也。况乎前事之不忘，后事之师也，前车之既覆，后车之鉴也。彼之厄我者非一次矣，在当时非不人人能烛外情，人人能明西务，未尝不思奋发有为，讲求孔亟，以图攘剔，以奋武卫，及一旦事平，则悉忘之矣。此杞忧生所以发上指而笔有泪也。诚使竭我之心思材力，尽我之智慧经营，以仿效其所长，安知不能出乎其上也。毋袭皮毛，毋甘苟且，毋域小就，毋惮艰难。内以治民，外以治兵，将相极天下之望，督抚极天下之选。储贤材，举牧令，裕财用，凡筑路、开矿、铸币、讲艺、制器、行军、防边、备海，一切悉加整顿，自然事变之来，从容应之而有余，安见天下事无所措其手也。

当今之世，非行西法则无以强兵富国。故西人在今日所挟以轻藐我中国者，即他日有圣王起，所藉以混同万国之法物也。孔子，圣之时者也，于四代之制，斟酌损益，各得其宜，曰：" 行夏之时，乘殷之辂，服周之冕，乐则韶舞。" 诚使孔子生于今日，其于西国舟车枪炮机器之制，亦必有所取焉。器则取诸西国，道则备自当躬。盖万世而不变者，孔子之道也，儒道也，亦人道也。道不自孔子始，而道赖孔子以明。昔者孟子距杨、墨，功不在禹下，昌黎辟释氏，功不在孟子下。今杞忧生《论教》一篇，功不在孟子、昌黎下。呜呼！窥杞忧生之意，尤在睦邻御侮。夫树国威，尊国体，必先由自强始。自强非可徒托之空言也。诚能采杞忧生所言而行之，则得其半矣。

我国家幅员之广，财用之富，人民之众，泰西诸国皆所不逮，苟能自强，何向而不济？若平时未能整作，斯临事不免张惶。议战议和，莫衷一是，盈廷聚讼，筑室道谋。或虞邻国之难以侥幸于万一。夫邻国之难不可虞也，或以多难兴，或以无难亡。今者强邻悍敌日从而环伺我，非我国之祸，正我国之福。我于此正可励精壹志，以自振兴，及时而黾勉焉，而淬厉焉。耻不若西国，尚可有为也。夫诚耻不若西国，则自能及西国而有余矣。否则，夸张纷饰，玩愒因循，蒙蔽模棱，拘墟胶固，于西国之情昏然如隔十重簾幕，又安望其言之入哉？

杞忧生此书盖救时之药石也。上之人苟欲恢张四境，绥辑四邻，就我范围，破其狡诡，师所长，夺所恃，消桀骜于无形，著振兴之有象，则当必采而行之焉。惟是言之匪艰，行之维艰，尤赖上有人焉以实行其言也。其行之要，则在乎实事程实功，实功程实事。去伪，去饰，去矜，去蒙，去苟安，去畏难，去养痈，去营窟，则天下事犹可挽回也。

时天南遯叟久病垂死，长夜无聊，于药炉火边，倾汁磨墨，伸笔作此，以抒愤懑，俾我杞忧生知天下尚有伤心人也。呜呼！一息犹存，尚思报国，十年徒长，深幸同时。苟此书出，而世尚不知杞忧生其人而行其所言者，则请杞忧生以后缄口卷舌，勿复谈天下事矣，且并以此书拉杂摧烧之可也。

朱维铮主编《弢园文新编》，生活·读书·新知三联书店1998年版

郑 观 应

郑观应(1842—1921),笔名杞忧生。广东香山(今中山)人。16岁赴沪学商,26岁起任洋行买办,后经营多种实业。是以经营实业为主的资本家,也是报章文重要作者,在《循环日报》等报刊上发表许多作品,结为《易言》,由王韬代为刊行,后又修订再版。至光绪十九年(1893),又将《易言》以后作品57篇集为《盛世危言》刊行。后几次增订新编重版,影响很大。其文为眷怀大局,矞目时艰之所得,于当时积弊所在,抉其症结,痛彻无遗。眼界开阔,论理切实,而又蕴含激情,善用对比,具鼓舞力量。生平著作多种,今人辑为《郑观应集》。

※日 报

古之时,谤有木,谏有鼓,善有旌,太史采风,行人问俗,所以求通民隐、达民情者,如是其亟亟也。自秦焚书坑儒以愚黔首,欲笼天下于智取术驭、刑驱势迫之中,酷烈熏烁,天下并起而亡之。汉、魏而还,人主喜秦法之便于一人也,明诋其非,暗袭其利,陵夷而肇中原陆沈之祸。唐宋代有贤君,乃始设给谏、侍御诸言官以防壅蔽,而清议始彰。然以云民隐悉通,民情悉达,则犹未也。欲通之达之,则莫如广设日报矣。

泰西各国上议院、下议院,各省、各府、各县议政局、商务局、各衙门大小案件,及分驻各国通使、领事,岁报新艺商务情形,凡献替之谟,兴革之事,其君相举动之是非,议员辨论之高下,内外工商之衰旺,悉听报馆照录登报。主笔者触类引伸,撰为论说,使知议员之优劣,政事之从违,故日报盛行,不胫而走。其名目有日报、月报、七日报、半月报之别。其体裁有新政异闻、近事告白之分。或一季一出,一年一出,迟速不一,种类攸分,如律家有律报,医家有医报,士农工商亦各有报。官绅士庶、军士工役之流莫不家置一编,以广见闻而资考证。甚至小儿亦有报纸,文义粗浅,取其易知。近年英国报馆二千一百八十余家,法国报馆一千二百三十余家,德国报馆二千三百五十余家,美国报馆一万四千一百五十余家,俄国报馆四百三十余家。总各国计之,每一国有三、四千种,每种一次少者数百本,多则数十万本。出报既多,阅报者亦广。官家以其有益于民,助其成者厥有三事:一、免纸税,二、助送报,三、出本以资之。故远近各国之事无不周知。其销路之广,尤在闻见多而议论正,得失著而褒贬严。论政者之有所刺讥,与柄政者之有所申辩,是非众著,隐暗胥彰,一切不法之徒,亦不敢肆行无忌矣。中国通商各口,如上海、天津、汉口、香港等处,开设报馆,主之者皆西人。每遇中外交涉,间有诋毁当轴,蛊惑民心者。近通商日久,华人主笔,议论持平。广州复有《广报》、《中西日报》之属,大抵皆西人为主,而华人之主笔者,亦几几乎摈诸四夷矣。(日本无郡不有日报馆。我各省当道亦宜妥订章程,设法保护,札饬有体面之绅士,倡办以开风气。如英国泰吾士日报馆主笔者,皆归田宰相名臣,自然无勒索人财,亦名驰中外矣)

今宜于沿海各省,次第仿行,概用华人秉笔,而西人报馆,止准用西字报章。无事之时,官吏设法保护,俾于劝善惩恶,兴利除弊;以及人才之盛衰,风俗之纯疵,制作之良窳,泰西各国政事有何更改,兵制有何变迁,商务制造有何新法,足以有益于人者,精心考核,列之报章。大、小官员苟有过失,必直言无讳,不准各官与报馆为难。如有无端诋毁勒诈财贿者,祗准其禀明上司,委员公断,以存三代之公。执笔者尤须毫无私曲,暗托者则婉谢之,纳贿者则峻拒之。胸中不染一尘,惟澄观天下之得失是非,自抒伟论。倘有徇私受贿,颠倒是非,逞坚白异同之辩,乱斯民之视听者,则援例告官惩治。如谓当道挟恨审断不公,准其登报以告天下,庶公论不稍宽假。有事之际,官吏立法稽查:于本国之兵机,不宜轻泄;于敌人之虚实,不厌详明。则常变经权,操纵在我。较今日之禁止华人而听西人开设者,其是非得失损益为何如也!

夫报馆之设其益甚多。约而举之,厥有数事:各省水旱灾区远隔,不免置之,膜视无动于衷。自报纸风传,而灾民流离困苦情形宛然心目。于是施衣捐赈,源源挹注,得保孑遗,此有功于救荒也。作奸犯科者明正典刑,报纸中历历详述,见之者胆落气沮,不敢恣意横行,而反侧渐平,闾阎安枕,此有功于除暴也。士君子读书立品,尤贵通达时务,卓为有用之才。自有日报,足不逾户庭而周知天下之事,一旦假我斧柯,不致毫无把握,此有功于学业也。其余有益于国计、民情、边防、商务者,更仆数之未易终也。而奈何掩聪塞明,箝口结舌,坐使敌国怀觊觎之志,外人操笔削之权,泰然自安,庞然自大,施施然甘受他人之陵侮也!

夏东元编《郑观应集》,上海人民出版社1982年版

康 有 为

康有为生平见"诗"部分,少年时习古文,并博览苦思,至27岁时,学问大成。光绪十三年(1888),以诸生身份赴京,写"万言书"即《上清帝第一书》,"极言时危,请及时变法"。虽未能上达,但康氏已闻名海内。此后十年间,授徒于万木草堂,著《新学伪经考》、《孔子改制考》等鼓吹变法的学术著作,起草进呈奏章。

1895年又呈《上清帝第二书》,即著名的"公车上书",全文一万八千余言,词严义切,于沪石印出版,海内轰传。后接连上呈至《第七书》,并自书或代各大臣撰写了大量变法奏章。组织各变法团体,写作政论,发表演讲。又携梁启超创办《万国公报》(后易名《中外纪闻》)、《强学报》、《时务报》、《知新报》等,大造维新舆论。其文眼界开阔,多放言高论,气魄宏伟;说理融会中外古今,切中时弊,抒情痛心疾首,辞气激越;行文骈散并用,排偶迭呈,善用比喻,多新名词,已具"新文体"雏形。

强 学 会 序

[解题]

作于光绪二十一年(1895),乃强学会之宣言。强学会又名强学书局、强学局、译书局,维新派和帝党官员联合创办,实为倡导变法的政治团体。序文揭开中国面临的危殆之局,历数他国丧邦失地惨状,反复阐发变法图强之道。开头一段振聋发聩。文章感情强烈,笔锋犀利,传诵一时。

俄北瞰[1],英西眈[2],法南瞵[3],日东眈,处四强邻之中而为中国,岌岌哉!况磨牙涎舌,思分其余者,尚十余国。辽、台茫茫[4],回变扰扰[5],人心皇皇,事势儳儳[6],不可终日。

昔印度,亚洲之名国也,而守旧不变,乾隆时英人以十二万金之公司,通商而墟五印矣[7]。昔土耳其,回部之大国也,疆土跨亚、欧、非三洲,而守旧不变,为六国执其政,剖其地,废其君矣[8]。其余若安南,若缅甸,若高丽,若琉球,若暹罗,若波斯,若阿富汗,若俾路芝[9],及国于太平洋群岛、非洲者,凡千数百计,今或削或亡。举地球守旧之国,盖已无一瓦全者矣。

我中国孱卧于群雄之间,鼾寝于火薪之上,政务防弊而不务兴利,吏知奉法而不知审时,士主考古而不主通今,民能守近而不能行远。孟子曰:"国必自伐,而后人伐之。"[10]蒙盟、奉吉、青海、新疆、卫藏土司圉徼之守[11],咸为异墟;燕、齐、闽、浙、江、淮、楚、粤、川、黔、滇、桂膏腴之地,悉成盗粮[12]。吾为突厥、黑人不远矣[13]。

西人最严种族,仇视非类。法之得越南也,绝越人科举富贵之路,昔之达宦,今作贸丝也;英之得印度百年矣,光绪十五年而始举一印人以充议员,自余土著,畜若牛马。若吾不早图,倏忽分裂,则桀黠之辈,王、谢沦为左衽[14];忠愤之徒,原、郤夷为皂隶[15]。伊川之发[16],骈阗于万方[17];钟仪之冠[18],萧条于千里。三州父子,分为异域之奴[19];杜陵弟妹,各衔乡关之感[20]。哭秦庭而无路[21],餐周粟而匪甘[22]。矢成梁之家丁[23],则螳臂易成沙虫[24];觅泉明之桃源[25],则寸埃更无净土。肝脑原野,衣冠涂炭。嗟吾神明之种族,岂可言哉!岂可言哉!

夫中国之在大地也,神圣绳绳[26],国最有名,义理制度文物,驾于四溟[27],其地之广于万国等在三,其人之众等在一,其纬度处温带,其民聪而秀,其土腴而厚,盖大地万国未有能比者也;徒以风气未开,人才乏绝,坐受陵侮。昔曾文正与倭文端诸贤[28],讲学于京师,与江忠烈、罗忠节诸公[29],讲练于湖湘,卒定拨乱之功。普鲁士有强国之会,遂报法仇[30]。日本有尊攘之徒[31],用成维新。盖学业以讲求而成,人才以摩厉而出,合众人之才力,则图书易庀[32];合众人之心思,则闻见易通。《易》曰:"君子以朋友讲习。"[33]《论语》曰:"百工居肆以成其事,君子学以致其道。"[34]

海水沸腾,耳中梦中,炮声隆隆。凡百君子,岂能无沦胥非类之悲乎[35]?图避谤乎?闭门之士哉!有能来言尊攘乎?岂惟圣清,二帝、三王、孔子之教[36],四万万之人将有托耶!

《康有为全集》,上海古籍出版社1990年版

[注释]

[1] 瞰:暗中探视。

[2] 睒(shǎn):窥视。

[3] 瞵(lín):窥看。

[4] 辽台:辽东半岛和台湾。中日甲午战争后,清政府与日本签订《马关条约》,将辽南和台湾割让于日本。

[5] 回变:指新疆回民地区发生的动乱。扰扰:纷乱的样子。

[6] 儳(chán)儳:杂乱、混乱。

[7] 墟:化为丘墟。五印:古印度之东、南、西、北、中五部,称五印。

[8] 1877年,俄军攻陷土耳其首都君士坦丁堡,强迫其签订丧权辱国条约,后又与英、法、意、德瓜分其领土,废其君主。

[9] 安南:越南,1885年成为法国殖民地。缅甸:1886年为英国吞并。高丽:即朝鲜,1895年汉城被日军占领,高丽建立亲日政府。琉球:原为中国属国,1879年被日本吞并,改为冲绳县。暹罗:即今泰国,1885年被英国胁迫签订不平等条约,沦为半殖民地。波斯:即今伊朗,19世纪后,为英、俄瓜分。阿富汗:1878年后成为英国附属国。俾路芝:即今巴基斯坦,1880年被英国侵占。

[10] "孟子曰"句语见《孟子·离娄上》。自伐:自戕,自我戕害。

[11] 蒙盟:喀尔喀蒙古和内蒙古地区。奉吉:奉天(辽宁)和吉林。卫藏:此指西藏地区。圉徼(yǔ jiào):边疆。

[12] 盗粮：强盗抢掠之物。《史记·范雎蔡泽列传》："齐所以大破者，以其伐楚而肥韩、魏也，此所谓'借贼兵，赍盗粮'者也。"

[13] 突厥：古代阿尔泰山一带的游牧民族。隋唐时占有漠北万里之地，分为东西二部，后为回纥所灭。留中国者多与回纥族同化。其转徙西方之部，势渐强大，先后建立伽色尼、花剌子模等国，后为蒙古吞并。

[14] 王、谢：六朝时两大望族。左衽，前襟左掩，古代某些少数民族的装束。

[15] 原、郤(xì)：原氏、郤氏，春秋时晋国大族。皂隶：古时贱役。

[16] 伊川之发：伊川，周代地名，在今河南洛阳南部。发：头发。《左传·僖公二十二年》载，周平王东迁洛邑(洛阳)后，大夫辛路经伊川，见当地居民像戎人一样披发野祭，遂感慨道："不及百年，此其戎乎？其礼先亡矣！"

[17] 骈阗(tián)：连翩、聚集貌。

[18] 钟仪之冠：楚冠，南冠，泛指囚犯。春秋楚人钟仪为郑所俘，献于晋。《左传·成公九年》："晋侯观于军府，见钟仪，问之曰：'南冠而絷者谁也？'有司对曰：'郑人所献楚囚也。'"

[19] 三州：指荆州、江州、郢州。庾信《哀江南赋》描述梁朝灭亡时惨况云："三州父子离别。"

[20] 杜陵：杜甫自称"杜陵布衣"、"杜陵野老"。其《乾元中寓居同谷县作歌七首》写安史乱中与弟妹失散云："有弟有弟在远方，三人各瘦何人强……有妹有妹在钟离，良人早殁诸孤痴。"

[21] 哭秦庭：《左传·定公四年》载，公元前505年吴攻楚。楚将灭，大夫申包胥求救于秦，在秦庭痛哭七日，秦王终感动发兵。

[22] 餐周粟：指伯夷、叔齐不食周粟，饿死于首阳山事。见《史记·伯夷列传》。

[23] 矢：施。成梁：李成梁，明辽东总兵，家丁亦骁勇善战。

[24] 沙虫：《抱朴子·释滞》："周穆王南征，一军尽化。君子为猿为鹤，小人为虫为沙。"后以化为沙虫指战死。

[25] 泉明：陶渊明。唐人避高祖李渊讳，改"渊"为"泉"。

[26] 绳绳：绵延不绝。

[27] 四溟：四海。

[28] 曾文正：即曾国藩，谥文正。倭文端：倭仁，蒙古正红旗人，官文渊阁大学士。讲理学，谥文端。

[29] 江忠烈：即江忠源，湖南新宁人，官安徽巡抚。于庐州三河镇与太平天国军战死，追谥忠烈。罗忠节：即罗泽南，湖南湘乡人，湘军首领之一。率湘军攻打武汉时战死，追谥忠节。

［30］强国之会：指由普鲁士各邦自由资产阶级组成的政治组织民族联盟和进步党。报法仇：指在1870年普法战争中战胜法国。

［31］尊攘：即"尊王攘夷"。日本明治维新前，改革派提出"尊王攘夷"主张，迫使江户幕府归政于天皇，实现了维新。

［32］庀（pǐ）：聚集、完备。

［33］"君子"句：见《易·兑》，谓君子与朋友切磋学问。孔颖达《正义》："同门曰朋，同志曰友。朋友聚居，讲习道义，相说之盛，莫过于此也。"

［34］"百工"二句：见《论语·子张》。意为各行业工匠集中在自己作坊里完成工作；君子则通过学习掌握至理。

［35］沦胥：沦陷、沦亡。《宋书·武帝纪》："曩者永嘉不纲，诸夏幅裂，终古帝居，沦胥戎虏。"

［36］二帝：指尧、舜。三王：指夏禹、殷汤、周文王（或谓并有周武王）。

孔子改制考序

[解题]

《孔子改制考》作于1892—1896年，以考证方法，广引群籍，分类纂次，再加按语说明解释，21卷，30余万字，以孔子之"布衣改制"为改革维新寻找依据。议论大胆新奇，惊世骇俗，被比为"大地震"、"火山喷火"，张之洞因作《劝学篇》与之对垒。叙文概述全书主旨和写作该书时的心理状态，称颂、神化孔子，指斥刘歆等古文经学的历史罪愆（qiān）。文章精于论辩，气势畅盛，震撼人心，有很强的感染力。

孔子卒后二千三百七十六年，康有为读其遗言，渊渊然思，凄凄然悲，曰：嗟矣！使我不得见太平之泽、被大同之乐者，何哉？使我中国二千年，方万里之地，四万万神明之裔，不得见太平之泽、被大同之乐者，何哉？使大地不早见太平之泽、逢大同之乐者，何哉？

天既哀大地生人之多艰，黑帝乃降精而救民患[1]，为神明，为圣王，为万世作师，为万民作保，为大地教主。生于乱世，乃据乱世而立三世之法，而垂精太平[2]；乃因其所生之国而立三世之义，而注意于大地远近大小若一之大一统；乃立元以统天，以天为仁，以神气流形而教庶物，以不忍心而为仁政。合鬼神山川、公侯庶人、昆虫草木一统于其教，而先爱其圆颅方趾之同类[3]，改除乱世勇乱战争角力之法，而立《春秋》新王行仁之制。其道本神明，配天地，育万物，泽万世，明本数，系末度，小大精粗，六通四辟，无乎不在。此制乎，不过于一元中立诸天，于一天中立地,于一地中立世,于一世中随时立法,务在行仁,忧民忧以除民患而已。《易》之言曰:"书不尽言,言不尽意。"《诗》、《书》、《礼》、《乐》、《易》、《春秋》为其书,口传七十子后学为其言。此制乎,不过其夏葛冬裘,随时救民之言而已。

若夫圣人之意,窈矣[4],深矣,博矣,大矣。世运既变,治道斯移,则始于粗粝,终于精微。教化大行,家给人足,无怨望忿怒之患,强弱之难,无残贼妒疾之人。民修德而美好,被发衔哺而游,毒蛇不蜇,猛兽不搏,抵虫不触[5],朱草生,醴泉出,凤凰麒麟游于郊陬[6],囹圄空虚[7],画衣裳而民不犯。则斯制也,利用发蒙,声色之以化民,末矣[8]。

夫两汉君臣、儒生,尊从《春秋》拨乱之制而杂以霸术,犹未尽行也。圣制萌圣,新歆遽出[9],伪《左》盛行,古文篡乱。于是削移孔子之经而为周公,降孔子之圣王而为先师,《公羊》之学废,改制之义湮,三世之说微;太平之治,大同之乐,暗而不明,郁而不发。我华我夏,杂以魏、晋、隋、唐佛老、词章之学,乱以氐、羌、突厥、契丹、蒙古之风,非惟不识太平,并求汉人拨乱之义亦乖剌而不可得[10],而中国之民遂二千年被暴主、夷狄之酷政。耗矣[11],哀哉!

朱子生于大统绝学之后[12],揭鼓扬旗而发明之,多言义而寡言仁,知省身寡过而少数民患,蔽于据乱之说而不知太平大同之义,杂以佛老,其道觳苦[13]。所以为治教者,亦仅如东周、刘蜀、萧詧之偏安而已[14]。

大昏也!博夜也[15]!冥冥汶汶[16],雾雾雰雰[17],重重锢昏,皎日坠渊。万百亿千缱掖俊民[18],跂跂脉脉而望[19],篝灯而求明[20],囊萤而自珍[21],然卒不闻孔子天地之全,太平之治,大同之乐,悲夫!

天哀生民,默牖其明[22],白日流光,焕炳莹晶。予小子梦执礼器而西行,乃睹此广乐钧天[23],复见宗庙百官之美富[24]。门户即得,乃扫荆榛而开涂径,拨云雾而览日月,非复人间世矣。不敢隐匿大道,乃与门人数辈朝夕钩撢[25],八年于兹,删除繁芜,就成简要,为《改制考》三十卷。同邑陈千秋礼吉、曹泰著伟,雅才好博,好学深思,编检尤劳,墓草已宿[26]。然使大地大同太平之治可见,其亦不负二三子铅椠之劳也夫[27]!

嗟夫!见大同太平之治也,犹孔子之生也。《孔子改制考》成书,去孔子之生二千四百四十九年。

光绪二十四年正月元日,南海康有为广厦记。

《康有为全集》,上海古籍出版社1990年版

[注释]

[1] 黑帝:古代谶纬传说中的五天帝之一,北方之神。

[2] 垂精:精神专注。

[3] 圆颅方趾：圆头方足，指人类。
[4] 窈：幽深。
[5] 觗虫：有角的兽类。觗：以角触物。
[6] 陬：薮泽。
[7] 囹圄：牢狱。
[8] 末矣：微不足道的意思。
[9] 新：王莽篡汉的国号。歆：指汉代古文经学家刘歆。
[10] 乖剌：乖离、抵触。
[11] 耗：完全灭绝。
[12] 朱子：指南宋哲学家朱熹。
[13] 觳(què)苦：犹言贫乏，穷尽。
[14] 萧詧(chá)：梁武帝之孙，叛梁，据江陵一州之地称帝，史称后梁。
[15] 博夜：长夜。
[16] 冥冥汶汶：昏暗不明。
[17] 雺(méng)雾：迷蒙的雾气。雾(fēn)雾：昏暗不明。
[18] 缝掖：宽大的衣袖，代指士人。
[19] 跂跂脉脉：形容虫爬行的样子。
[20] 籠灯：把灯放在笼中。
[21] 囊萤：将萤火放在袋子中，只有微光。
[22] 牖：通"诱"，诱导。
[23] 广乐钧天：《史记·赵世家》记：赵简子病，昏迷七日，醒后说曾到上帝之所，与百神游玩于钧天，听到了天上的广乐。
[24] 宗庙百官之美富：喻指孔子之道的美富，出自《论语·子张》。
[25] 钩撢(tàn)：推敲探索。
[26] 墓草已宿：指（陈、曹二人）已死去数年了。
[27] 铅椠(qiàn)：指编检书写。

[参考文献]

1. 钱基博：《现代中国文学史》，岳麓书社1987年重印本。
2. 连燕堂：《从古文到白话——近代文界革命与文体流变》，中央民族大学出版社2002年版。

谭嗣同

谭嗣同生平见"诗"部分,早年习桐城文,后转习骈文。其文沉博绝丽,骈散相间,文气充溢,如《报刘淞芙书一》、《刘云田传》、《远遗堂集外文初编自序》等,均为佳作。30岁后,尽弃旧学,创作《仁学》。同时力倡报章文体,所作现存20余篇,以论说为主,如《试行印花税条说》、《论湘粤铁路之益》、《论电灯之益》、《以太说》等。《仁学》及其他文章均见《谭嗣同全集》。

仁学自叙

[解题]

作于1897年。1899年开始刊载的《仁学》是谭嗣同最广为人知的作品。5万余字,分为二卷50篇。激烈抨击君主专制和传统伦理,呼吁冲决各种"网罗",在晚清思想界影响甚巨。其文则中外古今,形上形下,横通纵连,神思幽微,畅快淋漓,骈散并见,文辞奇丽;各类新旧词语纷然杂陈,气势磅礴,不仅是当时第一流思想家著作,亦为文章之翘楚。本叙为该书的重要部分,提纲挈领概述《仁学》主旨,披露作者追求新知之艰苦卓绝心路历程,是思想史和文学史的重要文献。

"仁"从二从人,相偶之义也。"元"从二从儿,"儿"古人字,是亦"仁"也。"无",许说通"元"为"无"[1],是"无"亦从二从人,亦"仁"也。故言仁者不可不知元,而其功用可极于无。能为仁之元而神于无者有三:曰佛,曰孔,曰耶[2]。佛能统孔、耶,而孔与耶仁同,所以仁不同。能调燮联融于孔与耶之间[3],则曰墨。周秦学者必曰孔、墨,孔、墨诚仁之一宗也。惟其尚俭非乐,似未足进于大同。然既标兼爱之旨,则其病亦自足相消,盖兼爱则人我如一,初非如世之专以尚俭非乐苦人也。故墨之尚俭非乐,自足与其兼爱相消,犹天元代数之以正负相消[4],无所于爱焉。墨有两派:一曰"任侠",吾所谓仁也,在汉有党锢[5],在宋有永嘉,略得其一体;一曰"格致",吾所谓学也,在秦有《吕览》,在汉有《淮南》,各识其偏端。仁而学,学而仁,今之士其勿为高远哉!盖即墨之两派,以近合孔、耶,远探佛法,亦云汰矣[6]。吾自少至壮,偏遭纲伦之厄,涵泳其苦,殆非生人所能任受,濒死累矣,而卒不死。由是益轻其生命,以为块然躯壳,除利人之外,复何足惜。深念高望,私怀墨子摩顶放踵之志矣[7]。二三豪俊,亦时切亡教之忧,吾则窃不谓然。何者?教无可亡也。教而亡,必其教之本不足存,亡亦何恨。教之至者,极其量不过亡其名耳,其实固莫能亡矣。名非圣人之所争。圣人亦名也,圣人之名若性皆名也。即吾之言仁言学,皆名也。名则无与于存亡。呼马,马应之可也;呼牛,牛应之可也;道在屎溺[8],佛法是干屎橛[9],无不可也。何者?皆名也,其实固莫能亡矣。惟有其实而不克既其实,使人反瞀于名实之为苦。以吾之遭,置之婆娑世界中[10],犹海之一涓滴耳,其苦何可胜道。窃揣历劫之下,度尽诸苦厄,或更语以今日此土之愚之弱之贫之一切苦,将笑为诳语而不复信,则何可不于一述之,为流涕哀号,强聒不舍[11],以速其冲决网罗,留作券剂耶[12]?网罗重重,与虚空而无极。初当冲决利禄之网罗,次冲决俗学若考据、若词章之网罗,次冲决全球群学之网罗,次冲决君主之网罗,次冲决伦常之网罗,次冲决天之网罗,次冲决全球群教之网罗,终将冲决佛法之网罗。然真能冲决,亦自无网罗;真无网罗,乃可言冲决。故冲决网罗者,即是未尝冲决网罗。循环无端,道通为一,凡诵吾书,皆可于斯二语领之矣。所惧智悲未圆[13],语多有漏。每思一义,理奥例赜[14],垒涌奔腾,际笔来会,急不暇择,修词易刺[15],止期直达所见,文词亦自不欲求工。况少有神悟,又决非此世间之语言文字所能曲达,乃至非此世间之脑气心思所能径至。此古之达人,悼夫词害意,意害志,所以宁终默尔也。庄不云乎,千世而一遇大圣人,知其解者犹旦暮也。[16]夫既已著为篇章,即堕粗迹,而知解不易,犹至如此。何哉?良以一切格致新理,悉未萌芽,益复无由悟入,是以若彼其难焉。今则新学竞兴,民智渐辟,吾知地球之运,自苦向甘。吾惭吾书未餍观听,则将来之知解为谁,或有无洞扶幽隐之人,非所敢患矣。成书凡五十篇,分为二卷,首界说二十七条。

华相众生自叙于虫虫虫天之微大弘弧精舍[17]。

蔡尚思、方行编《谭嗣同全集(增订本)》,中华书局1998年重印本

[注释]

[1] 许说:指东汉文字学家、《说文解字》作者许慎的学说。

[2] 耶:指耶稣。

[3] 调燮(xiè):调和。

[4] 天元代数:中国古代代数学,以"天"、"元"代表未知数。

[5] 东汉有党锢:东汉桓、灵帝时,一批士人反对专权宦官,被指为朋党,遭杀戮、禁锢,史称党锢之祸。

[6] 汰:此指广博。

[7] 摩顶放(fǎng)踵:从头顶到脚跟都磨伤了,形容不顾身体劳苦。放:至,到。语见《孟子·尽心上》。

[8] 道在屎溺(niào):指道无所不在,连大小便中也有道。溺,同"尿"。语

见《庄子·知北游》。

[9] 佛法是干屎橛：指佛法无所不在。干屎橛，即厕筹，拭粪的小竹木片。佛家比喻至秽至贱之物。语见《五灯会元》。

[10] 婆娑世界，佛教中所说忍受众苦的世界。

[11] 强聒（guō），硬说话给人听。

[12] 券剂：契据。

[13] 智悲未圆：智慧慈悲都未能圆满无缺。

[14] 理奥例赜（zé）：道理和例证深奥幽玄。

[15] 刺：乖谬。

[16] 旦暮：早晚，形容时间短暂。此句见于《庄子·齐物论》。

[17] 华相众生：谭嗣同别名，取意于佛经。虫虫虫天之微大弘孤精舍：谭嗣同书斋名，取意于《庄子·庚桑楚》"唯虫能虫，唯虫能天"句，谓虽微小如虫子，都有适应自然的天性。

※仁学（十九）

日新乌乎本？曰：以太之动机而已矣。独不见夫雷乎？虚空洞杳，都无一物，忽有云雨相值，则合两电，两则有正有负，正负则有异有同，异则相攻，同则相取，而奔崩轰磕发焉。宇宙为之掀鼓，山川为之战撼，居者愕眙，行者道仆，懦夫孺子，掩耳而良久不怡，夫亦可谓暴矣。然而继之以甘雨，扇之以和风，雾豁天醒，霾敛气苏，霄宇轩昭，大地澄涤，三辰晶英于上，百汇孚甲振奋于下，蝐飞蠕动，雍容任运而自得，因之而时和，因之而年丰，因之而品汇亨通，以生以成，夫孰非以太之一动，而由之以无极也。斯可谓仁之端也已！王船山邃于《易》，于有雷之卦，说必加精，明而益微。至"屯"之所以满盈也，"豫"之所以奋也，"大壮"之所以壮也，"无妄"之所以无妄也，"复"之所以见天心也，"震"之所以不丧匕鬯而再则泥也，罔不由于动。天行健，自动也。天鼓万物，鼓其动也。辅相裁成，奉天动也。君子之学，恒其动也。吉凶悔吝，贞夫动也。谓地不动，昧于历算者也。《易》抑阴而扶阳，则柔静之与刚动异也。夫善治天下者，亦岂不由斯道矣！夫鼎之革之，先之劳之，作之兴之，废者举之，敝者易之，饱食燠衣而逸居，则惧其沦于禽兽；乌知乎有李耳者出，言静而戒动，言柔而毁刚！乡曲之士，给饘粥，察鸡豚，而长养子孙，以之自遁而苟视息焉，固亦术之工者矣；乌知乎学子术焉，士大夫术焉，诸侯王术焉，浸淫而天子亦术焉，卒使数千年来成乎似忠信似廉洁、一无刺无非之乡愿天下。言学术则曰"宁静"，言治术则曰"安静"。处事不计是非，而首禁更张；躁妄喜事之名立，百端由是废弛矣。用人不问贤不肖，而多方遏抑，少年意气之论起,柄权则颓暮矣。陈言者则命之曰"希望恩泽",程功者则命之曰"露才扬己"。既为糊名以取之,而复隘其途;既为年资以用之,而复严其等。财则惮辟利源,兵则不贵朝气。统政府台谏六部九卿督抚司道之所朝夕孜孜不已者,不过力制四万万人之动,絷其手足,塗塞其耳目,尽驱以入契乎一定不移之乡愿格式。夫群四万万之乡愿以为国,教安得不亡,种类安得而可保也。呜呼,吾且为西人悲矣！西人以喜动而霸五大洲,驯至文士亦尚体操,妇女亦侈游历,此其崛兴为何如矣。顾哀中国之亡于静,辄曰此不痛不痒顽钝而无耻者也,为危词以怵之,为巽语以诱之,为大声疾呼以警之,为通商以招之,为传教以聒之,为报馆为译书以诲之,为学堂为医院以拯之,至不得已而为兵戈枪炮水雷铁舰以大创之,然而中国则冥然而罔觉,悍然而不顾,自初至终未尝一动也。夫掘冢中枯骨与数百年之陈死人而强之使动,乌可得乎哉！西人方拳拳焉不以自阻,可谓愚矣,故足为悲也。西人之喜动,其坚忍不挠,以救世为心之耶教使然也。又岂惟耶教,孔教固然矣;佛教尤甚。曰"威力",曰"奋迅",曰"勇猛",曰"大无畏",曰"大雄",括此数义,至取象于狮子。言密必济之以显,修止必偕之以观。以太之动机,以成乎日新之变化,夫固未有能遏之者也！论者阇于佛、老之辨,混而同之,以谓山林习静而已,此正佛所诋为顽空,为断灭,为九十六种外道,而佛岂其然哉！乃若佛之静也,则将以善其动,而遍度一切众生。更精而言之,动即静,静即动,尤不必有此对待之名,故夫善学佛者,未有不震动奋厉而雄强刚猛者也。

蔡尚思、方行编《谭嗣同全集(增订本)》,中华书局1998年重印本

※仁学(三十)

方孔之初立教也,黜古学,改今制,废君统,倡民主,变不平等为平等,亦汲汲然动矣。岂谓为荀学者,乃尽亡其精意,而泥其粗迹,反授君主以莫大无限之权,使得挟持一孔教以制天下！彼为荀学者,必以伦常二字,诬为孔教之精诣,不悟其为据乱世之法也。且即以据乱之世而论,言伦常而不临之以天,已为偏而不全,其积重之弊,将不可计矣;况又妄益之以三纲,明创不平等之法,轩轾凿枘,以苦父天母地之人。无惑乎西人辄诋中国君权太重,父权太重,而亟劝其称天以挽救之,至目孔教为偏畸不行之教也。由是二千年来君臣一伦,尤为黑暗否塞,无复人理,沿及今兹,方愈剧矣。夫彼君主犹是耳目手足,非有两头四目,而智力出于人也,亦果何所恃以虐四万万之众哉？则赖乎早有三纲五伦字样,能制人之身者,兼能制人之心,如庄所谓"窃钩者诛,窃国者侯",田成子窃齐国,举仁义礼智之法而并窃之也。窃之而同为中国之人,同为孔教之人,不可言而犹可言也;奈何使素不知中国,素不识孔教之奇渥温、爱新觉罗诸贱类异种,亦得凭陵乎蛮野

凶杀之性气以窃中国,及既窃之,即以所从窃之法还制其主人,亦得从容靦颜,挟持素所不识之孔教,以压制素所不知之中国矣,而中国犹奉之如天,而不知其罪!焚《诗》《书》以愚黔首,不如即以《诗》《书》愚黔首,嬴政犹钝汉矣乎!彼为荀学而授君主以权,而愚黔首于死,虽万被戮,岂能赎其卖孔之辜哉?孔为所卖,在天之灵,宜如何太息痛恨;凡为孔徒者,又宜如何太息痛恨,而憝不一扫荡廓清之耶!而耶教之初,亦犹是也,其立天国,即予人以自主之权,变去诸不平等者以归于平等,犹孔之称天而治也。教未及行,不意罗马教皇者出,即藉耶之说,而私天于己,以制其人。虽国王之尊,任其废立,至舐手吮足以媚之;因教而兴兵者数百,战死数千百万人;犹孔以后君主之祸也。迄路德之党盛,而教皇始蹶,人始睹耶教之真矣。故耶教之亡,教皇亡之也;其复之也,路德之力也。孔教之亡,君主及言君统之伪学亡之也;复之者尚无其人也,吾甚祝孔教之有路德也。

蔡尚思、方行编《谭嗣同全集(增订本)》,中华书局 1998 年重印本

[参考文献]

1. 张灏:《烈士精神与批判意识》,台湾联经出版事业公司 1988 年版。
2. 张啸虎:《文词发瑰怪,雷霆吼大声——谭嗣同政论文学的锋芒与文采》,《晚清民国文学研究集刊》第一辑,漓江出版社 1995 年版。

梁 启 超

  梁启超生平见"诗"部分。其散文创作比其提出"文界革命"口号影响更大。1896 年创办《时务报》,其文以议论时政为主,杂以西学术语,充分发挥了报章文体的特色,人称"时务文体"。1898 年末在日本创办《清议报》,渐受日本文体影响,逐步形成有个人特点的新型文体。至 1902 年《新民丛报》创刊,"新文体"成熟。其文务为平易畅达,时杂以俚语、韵语及外国语法,纵笔所至不检束;条理明晰,笔锋常带情感,对于读者别具魔力。语体上文、白夹杂,或介乎文白之间;是打破各种文体界限,将议论与叙述、抒情相结合,富于逻辑性,富于鼓动性之长篇新体散文;写法上打破各派文章家法,采用一切能用、有用的古文、骈文、辞赋、佛典、语录、八股文、西学译文、日本文的词汇、句式、体制,形成兼采众长又独具一格的写作方法。梁氏约自 1898 年末开始创作此类文章,滔滔汩汩,携雷挟电,每一文出,读者争相传诵,反响热烈;一纸风行,海内观听为之一耸。"新文体"是由古文向现代汉语文学过渡的重要中介。文收《饮冰室文集》。

※少年中国说

　　日本人之称我中国也,一则曰老大帝国,再则曰老大帝国。是语也,盖袭译欧西人之言也。呜呼! 我中国其果老大矣乎? 梁启超曰:恶,是何言,是何言,吾心目中有一少年中国在!

　　欲言国之老少,请先言人之老少。老年人常思既往,少年人常思将来。惟思既往也,故生留恋心;惟思将来也,故生希望心。惟留恋也,故保守;惟希望也,故进取。惟保守也,故永旧;惟进取也,故日新。惟思既往也,事事皆其所已经者,故惟知照例;惟思将来也,事事皆其所未经者,故常敢破格。老年人常多忧虑,少年人常好行乐。惟多忧也,故灰心;惟行乐也,故盛气。惟灰心也,故怯懦;惟盛气也,故豪壮。惟怯懦也,故苟且;惟豪壮也,故冒险。惟苟且也,故能灭世界;惟冒险也,故能造世界。老年人常厌事,少年人常喜事。惟厌事也,故常觉一切事无可为者;惟好事也,故常觉一切事无不可为者。老年人如夕照,少年人如朝阳;老年人如瘠牛,少年人如乳虎;老年人如僧,少年人如侠;老年人如字典,少年人如戏文;老年人如鸦片烟,少年人如泼兰地酒;老年人如别行星之陨石,少年人如大洋海之珊瑚岛;老年人如埃及沙漠之金字塔,少年人如西伯利亚之铁路;老年人如秋后之柳,少年人如春前之草;老年人如死海之潴为泽,少年人如长江之初发源。此老年与少年性格不同之大略也。梁启超曰:人固有之,国亦宜然。

　　梁启超曰:伤哉老大也! 浔阳江头琵琶妇,当明月绕船,枫叶瑟瑟,衾寒于铁,似梦非梦之时,追想洛阳尘中春花秋月之佳趣。西宫南内,白发宫娥,一灯如穗,三五对坐,谈开元、天宝间遗事,谱霓裳羽衣曲。青门种瓜人,左对孺人,顾弄孺子,忆侯门似海珠履杂遝之盛事。拿破仑之流于厄蔑,阿剌飞之幽于锡兰,与三两监守吏或过访之好事者,道当年短刀匹马,驰骋中原,席卷欧洲,血战海楼,一声叱咤,万国震恐之丰功伟烈,初而拍案,继而抚髀,终而揽镜。呜呼,面皱齿尽,白发盈把,颓然老矣! 若是者,舍幽郁之外无心事,舍悲惨之外无天地,舍颓唐之外无日月,舍叹息之外无音声,舍待死之外无事业。美人豪杰且然,而况于寻常碌碌者耶? 生平亲友,皆在墟墓,起食饮居,待命于人。今日且过,遑知他日;今年且过,遑恤明年。普天下灰心短气之事,未有甚于老大者。于此人也,而欲望以拿云之手段,回天之事功,挟山超海之意气,能乎不能?

　　呜呼! 我中国其果老大矣乎? 立乎今日,以指畴昔,唐虞三代,若何之郅治! 秦皇、汉武,若何之雄杰! 汉、唐来之文学,若何之隆盛! 康、乾间之武功,若何之炬赫! 历史家所铺叙,词章家所讴歌,何一非我国民少年时代良辰美景、赏心乐事之陈迹哉? 而今颓然老矣,昨日割五城,明日割十城;处处雀鼠尽,夜夜鸡犬惊;十八省之土地财产,已为人怀中之肉;四百兆之父兄子弟,已为人注籍之奴,岂所谓老大嫁作商人妇者耶?呜呼!凭君莫话当年事,憔悴韶光不忍看。楚囚相对,岌岌顾影;人命危浅,朝不虑夕。国为待死之国,一国之民为待死之民,万事付之奈何,一切凭人作弄,亦何足怪!

梁启超曰:我中国其果老大矣乎?是今日全地球之一大问题也。如其老大也,则是中国为过去之国,即地球上昔本有此国,而今渐渐灭,他日之命运殆将尽也;如其非老大也,则是中国为未来之国,即地球上昔未现此国,而今渐发达,他日之前程且方长也。欲断今日之中国为老大耶,为少年耶,则不可不先明"国"字之意义。夫国也者何物也?有土地,有人民,以居于其土地之人民,而治其所居土地之事,自制法律而自守之;有主权,有服从,人人皆主权者,人人皆服从者。夫如是;斯谓之完全成立之国。地球上之有完全成立之国也,自百年以来也。完全成立者,壮年之事也;未能完全成立而渐进于完全成立者,少年之事也。故吾得一言以断之曰:欧洲列邦在今日为壮年国,而我中国在今日为少年国。

夫古昔之中国者,虽有国之名,而未成国之形也:或为家族之国,或为酋长之国,或为诸侯封建之国,或为一王专制之国。虽种类不一,要之其于国家之体质也,有其一部而缺其一部,正如婴儿自胚胎以迄成童,其身体之一二官支,先行长成,此外则全体虽粗具,然未能得其用也。故唐虞以前为胚胎时代,殷商之际为乳哺时代,由孔子而来至于今为童子时代,逐渐发达,而今乃始将入成童以上少年之界焉。其长成所以若是之迟者,则历代之民贼有窒其生机者也。譬犹童年多病,转类老态,或且疑其死期之将至焉,而不知皆由未完全、未成立也。非过去之谓,而未来之谓也。

且我中国畴昔,岂尝有国家哉?不过有朝廷耳。我黄帝子孙,聚族而居,立于此地球之上者既数千年,而问其国之为何名,则无有也。夫所谓唐、虞、夏、商、秦、汉、魏、晋、宋、齐、梁、陈、隋、唐、宋、元、明、清者,则皆朝名耳。朝也者,一家之私产也;国也者,人民之公产也。朝有朝之老少,国有国之老少,朝与国既异物,则不能以朝之老少而指为国之老少明矣。文、武、成、康,周朝之少年时代也;幽、厉、桓、赧,则其老年时代也。高、文、景、武,汉朝之少年时代也;元、平、桓、灵,则其老年时代也。自余历朝,莫不有之。凡此者谓为一朝廷之老也则可,谓为一国之老也则不可。一朝廷之老且死,犹一人之老且死也,于吾所谓中国者何与焉?然则吾中国者,前此尚未出现于世界,而今乃始萌芽云尔。天地大矣,前途辽矣,美哉我少年中国乎!

玛志尼者,意大利三杰之魁也,以国事被罪,逃窜异邦。乃创立一会,名曰"少年意大利"。举国志士,云涌雾集以应之,卒乃光复旧物,使意大利为欧洲之一雄邦。夫意大利者,欧洲第一之老大国也。自罗马亡后,土地隶于教皇,政权归于奥国,殆所谓老而濒于死者矣,而得一玛志尼,且能举全国而少年之,况我中国之实为少年时代者耶！堂堂四百余州之国土,凛凛四百馀兆之国民,岂遂无一玛志尼其人者？

龚自珍氏之集有诗一章,题曰《能令公少年行》。吾尝爱读之,而有味乎其用意之所存。我国民而自谓其国之老大也,斯果老大矣；我国民而自知其国之少年也,斯乃少年矣。西谚有之曰:"有三岁之翁,有百岁之童。"然则,国之老少,又无定形,而实随国民之心力以为消长者也。吾见乎玛志尼之能令国少年也,吾又见乎我国之官吏士民能令国老大也,吾为此惧。夫以如此壮丽浓郁、翩翩绝世之少年中国,而使欧西、日本人谓我为老大者,何也？则以握国权者皆老朽之人也。非哦几十年八股,非写几十年白折,非当几十年差,非挨几十年俸,非递几十年手本,非唱几十年喏,非磕几十年头,非请几十年安,则必不能得一官,进一职。其内任卿贰以上、外任监司以上者,百人之中,其五官不备者,殆九十六七人也,非眼盲,则耳聋,非手颤,则足跛,否则半身不遂也。彼其一身饮食、步履、视听、言语,尚且不能自了,须三四人在左右扶之捉之,乃能度日,于此而乃欲责之以国事,是何异立无数木偶而使之治天下也！且彼辈者,自其少壮之时,既已不知亚细亚、欧罗为何处地方,汉祖、唐宗是那朝皇帝,犹嫌其顽钝腐败之未臻其极,又必搓磨之、陶冶之,待其脑髓已涸,血管已塞,气息奄奄,与鬼为邻之时,然后将我二万里山河,四万万人命,一举而畀于其手。呜呼！老大帝国,诚哉其老大也！而彼辈者,积其数十年之八股、白折、当差、挨俸、手本、唱喏、磕头、请安,千辛万苦,千苦万辛,乃始得此红顶花翎之服色,中堂大人之名号,乃出其全副精神,竭其毕生力量,以保持之。如彼乞儿,拾金一锭,虽轰雷盘旋其顶上,而两手犹紧抱其荷包,他事非所顾也,非所知也,非所闻也。于此而告之以亡国也,瓜分也,彼乌从而听之？乌从而信之？即使果亡矣,果分矣,而吾今年既七十矣八十矣,但求其一两年内,洋人不来,强盗不起,我已快活了一世矣。若不得已,则割三头两省之土地奉申贺敬,以换我几个衙门；卖三几百万之人民作仆为奴,以赎我一条老命,有何不可？有何难办？呜呼！今之所谓老后、老臣、老将、老吏者,其修身、齐家、治国、平天下之手段,皆具于是矣。西风一夜催人老,凋尽朱颜白尽头。使走无常当医生,携催命符以祝寿。嗟乎痛哉？以此为国,是安得不老且死？且吾恐其未及岁而殇也。

梁启超曰:造成今日之老大中国者,则中国老朽之冤业也；制出将来之少年中国者,则中国少年之责任也。彼老朽者何足道,彼与此世界作别之日不远矣,而我少年乃新来而与世界为缘。如僦屋者然,彼明日将迁居他方,而我今日始入此室处,将迁居者,不爱护其窗栊,不洁治其庭庑,俗人恒情,亦何足怪？若我少年者前程浩浩,后顾茫茫,中国而为牛、为马、为奴、为隶,则烹脔鞭箠之惨酷,惟我少年当之；中国如称霸宇内、主盟地球，则指挥顾盼之尊荣，惟我少年享之，于彼气息奄奄、与鬼为邻者何与焉？彼而漠然置之，犹可言也；我而漠然置之，不可言也。使举国之少年而果为少年也，则吾中国为未来之国，其进步未可量也；使举国之少年而亦为老大也，则吾中国为过去之国，其渐亡可翘足而待也。故今日之责任，不在他人，而全在我少年。少年智则国智，少年富则国富，少年强则国强，少年独立则国独立，少年自由则国自由，少年进步则国进步，少年胜于欧洲，则国胜于欧洲，少年雄于地球，则国雄于地球。红日初升，其道大光；河出伏流，一泻汪洋；潜龙腾渊，鳞爪飞扬；乳虎啸谷，百兽震惶；鹰隼试翼，风尘吸张；奇花初胎，矞矞皇皇；干将发硎，有作其芒；天戴其苍，地履其黄；纵有千古，横有八荒；前途似海，来日方长。美哉我少年中国，与天不老！壮哉我中国少年，与国无疆！

"三十功名尘与土，八千里路云和月。莫等闲，白了少年头，空悲切！"此岳武穆《满江红》词句也，作者自六岁时即口受记忆，至今喜诵之不衰。自今以往，弃"哀时客"之名，更自名曰"少年中国之少年"。作者附识。

吴松、卢云昆、王文光、段炳昌点校《饮冰室文集点校》，
云南教育出版社2001年版

※过渡时代论

一　过渡时代之定义

今日之中国，过渡时代之中国也。

过渡有广狭二义。就广义言之，则人间世无时无地而非过渡时代。人群进化，级级相嬗，譬如水流，前波后波，相续不断，故进步无止境，即过渡无已时，一日不过渡，则人类或几乎息矣。就狭义言之，则一群之中，常有停顿与过渡之二时代，互起互伏，波波相续体，是为过渡相；各波具足体，是为停顿相。于停顿时代，而膨胀力即涨力。之现象显焉；于过渡时代，而发生力之现象显焉。欧洲各国自二百年以来，皆过渡时代也，而今则其停顿时代也；中国自数千年以来，皆停顿时代也，而今则过渡时代也。

二　过渡时代之希望

过渡时代者，希望之涌泉也，人间世所最难遇而可贵者也。有进步则有过渡，无过渡亦无进步。其在过渡以前，止于此岸，动机未发，其永静性何时始改，所难料也；其在过渡以后，达于彼岸，踌躇满志，其有余勇可贾与否，亦难料也。惟当过渡时代，则如鲲鹏图南，九万里而一息；江汉赴海，百千折以朝宗；大风泱

泱,前途堂堂,生气郁苍,雄心裔皇。其现在之势力圈,矢贯七札,气吞万牛,谁能御之？其将来之目的地,黄金世界,荼锦生涯,谁能限之？故过渡时代者,实千古豪杰之大舞台也,多少民族由死而生,由剥而复,由奴而主,由瘠而肥,所必由之路也。美哉过渡时代乎！

三　过渡时代之危险

抑过渡时代,又恐怖时代也。青黄不接,则或受之饥；邰曲难行,则惟兹狼狈；风利不得泊,得毋灭顶灭鼻之惧；马逸不能止,实维蹪山蹪垤之忧。摩西之彷徨于广漠,阁龙之漂泛于泰洋,赌万死以博一生,断后路以临前敌,天下险象,宁复过之？且国民全体之过渡,以视个人身世之过渡,其利害之关系,有更重且剧者：所向之鹄若误,或投网以自戕；所导之路若差,或迷途而麋届。故过渡时代,又国民可生可死、可剥可复、可奴可主、可瘠可肥之界线,而所争间不容发者也。

四　各国过渡时代之经验

船头坎坎者,自由之鼓耶！船尾舒舒者,独立之旗耶！当十八、十九两世纪中,相衔相逐相提携,乘长风冲怒涛,以过渡于新世界者,非远西各国耶！顺流而渡者,其英吉利耶！乱流而渡者,其法兰西耶！方舟联队而渡者,其德意志、意大利、瑞士耶！攘臂冯河而渡者,其美利坚、匈牙利耶！借风附帆而渡者,其门的内哥、塞尔维亚、希腊耶！维也纳温和会议所不能遏,三帝国神圣同盟所不能禁,拿破仑席卷囊括之战略所不能挠,梅特涅饲狙豢虎之政术所不能防。或渡一次而达焉,或渡两三次而始达焉；或渡一关而止焉,或渡两三关而犹未止焉；或中途逢大敌,血战突围而径渡焉；或发端遇挫折,卷土重来而卒渡焉。吾读《水浒传》,宋公明何以破祝庄？吾读《西游记》,唐三藏何以到西域？吾以是知过渡之非易,吾以是知过渡之非难。我陟高丘,我瞻彼岸,乐土乐土,先鞭已属他人！归欤归欤,座位尚容卿辈！角声动地,提耳以唤魂兮；巾影漫天,招手而邀印涉。"河汉清且浅,相去复几许？盈盈一水间,脉脉不得语。"望门大嚼,我劳如何？

五　过渡时代之中国

今世界最可以有为之国,而现时在过渡中者有二：其一为俄罗斯。俄国自大彼得及亚历山大第二以来,几度厉行改革,输入西欧文明,其国民脑中渐有所谓世界公理者,日浸月润,愈播愈广,不可遏抑,而其重心力实在于各学校之学生。今世识微之士,谓俄罗斯将达于彼岸之时不远矣。其二则为我中国。中国自数千年来,常立于一定不易之域,寸地不进,跬步不移,未尝知过渡之为何状也。虽然,为五大洋惊涛骇浪之所冲激,为十九世纪狂飙飞沙之所驱突,于是穷古以来,祖宗遗传、深顽厚锢之根据地,遂渐渐摧落失陷,而全国民族,亦遂不得不经营惨澹,跋涉苦辛,相率而就于过渡之道。故今日中国之现状,实如驾一扁舟,初离海岸线,而放于中流,即俗语所谓两头不到岸之时也。语其大者,则人民既愤独夫民贼愚民专制之政,而未能组织新政体以代之,是政治上之过渡时代也;士子既鄙考据词章庸恶陋劣之学,而未能开辟新学界以代之,是学问上之过渡时代也;社会既厌三纲压抑虚文缛节之俗,而未能研究新道德以代之,是理想风俗上之过渡时代也。语其小者,则例案已烧矣,而无新法典;科举议变矣,而无新教育;元凶处刑矣,而无新人才;北京残破矣,而无新都城。数月以来,凡百举措,无论属于自动力者,属于他动力者,殆无一而非过渡时代也。故今日我全国人可分为两种:其一,老朽者流,死守故垒,为过渡之大敌,然被有形无形之逼迫,而不得不涕泣以就过渡之途者也;其二,青年者流,大张旗鼓,为过渡之先锋,然受外界内界之刺激,而未得实把握以开过渡之路者也。而要之中国自今以往,日益进入于过渡之界线,离故步日以远,冲盘涡日以急,望彼岸日以亲,是则事势所必至,而丝毫不容疑义者也。以第二节之现象言之,可爱哉,其今日之中国乎!以第三节之现象言之,可惧哉,其今日之中国乎!

六　过渡时代之人物与其必要之德性

时势造英雄耶?英雄造时势耶?时势英雄,递相为因,递相为果耶?吾辈虽非英雄,而日日思英雄,梦英雄,祷祀求英雄。英雄之种类不一,而惟以适于时代之用为贵。故吾不欲论旧世界之英雄,亦未敢语新世界之英雄,而惟望有崛起于新旧两界线之中心的过渡时代之英雄。窃以为此种英雄所不可缺之德性,有三端焉:

其一冒险性。是过渡时代之初期所不可缺者也。过渡者,改进之意义也。凡革新者不能保持其旧形,犹进步者必当掷弃其故步。欲上高楼,先离平地;欲适异国,先去故乡;此事势之最易明者也。虽然,保守恋旧者,人之恒性也。《传》曰:"凡民可以乐成,难与图始。"故欲开一堂堂过渡之局面,其事正自不易,盖凡过渡之利益,为将来耳。然当过去已去、将来未来之际,最为人生狼狈不堪之境遇。譬有千年老屋,非更新之,不可复居;然欲更新之,不可不先权弃其旧者。当旧者已破、新者未成之顷,往往瓦砾狼藉,器物播散,其现象之苍凉,有十倍于从前焉。寻常之人,观目前之小害,不察后此之大利,或出死力以尼其进行;即一二稍有识者,或胆力不足,长虑却顾,而不敢轻于一发。此前古各国,所以进步少而退步多也。故必有大刀阔斧之力,乃能收筚路蓝缕之功;必有雷霆万钧之能,乃能造鸿鹄千里之势。若是者,舍冒险末由。

其二忍耐性。是过渡时代之中期所不可缺者也。过渡者,可进而不可退者也,又难进而易退者也。摩西之率犹太人出埃及以迁于迦南也,飘流踯躅于沙漠间者四十年,与天气战,与猛兽战,与土蛮战,停辛仔苦,未尝宁居,同行伴类,睊睊怨谤,大业未成,鬓发已白。此豪杰之士,所最扼腕而短气者也。且夫所志愈大者,则其成就愈难;所行愈远者,则其归宿愈迟;事物之公例也。故倡率国民以经此过渡时代者,其间恒遇内界外界无量无数之阻力,一挫再挫三挫,经数十年百年,而及身不克见其成者,比比然也。非惟不见其成,或乃受唾受骂,虽有口舌而无以自解,故非有过人之忍耐性者,鲜有不半路而退转者也。语曰:"行百里者半九十。"掘井九仞,犹为弃井;山亏一篑,遂无成功;惟危惟微,间不容发。故忍耐性者,所以贯彻过渡之目的者也。

其三别择性。是过渡时代之末期所不可缺者也。凡国民所贵乎过渡者,不徒在能去所厌离之旧界而已,而更在能达所希望之新界焉。故冒万险忍万辱而不辞,为其将来所得之幸福,足以相偿而有余也。故倡率国民以就此途者,苟不为之择一最良合宜之归宿地,则其负国民也实甚。世界之政体有多途,国民之所宜亦有多途。天下事固有于理论上不可不行,而事实上万不可行者;亦有在他时他地可得极良之结果,而在此时此地反招不良之结果者。作始也简,将毕也巨。故坐于广厦细旃以谈名理,与身入于惊涛骇浪以应事变,其道不得不绝异。故过渡时代之人物,当以军人之魄,佐以政治家之魂。政治家以魂者何?别择性是已。

凡此三种德性,能以一人而具有之者,上也;一群中人,各备一德,组成团体,互相补助,抑其次也。嗟乎!英雄造时势耶?时势造英雄耶?时势时势,宁非今耶?英雄英雄,在何所耶?抑又闻之,凡一国之进步也,其主动者在多数之国民,而驱役一二之代表人以为助动者,则其事罔不成;其主动者在一二之代表人,而强求多数之国民以为助动者,则其事鲜不败!故吾所思所梦所祷祀者,不在轰轰独秀之英雄,而在芸芸平等之英雄!

吴松、卢云昆、王文光、段炳昌点校《饮冰室文集点校》,
云南教育出版社 2001 年版

[参考文献]

1. 谢飘云:《中国近代散文史》,中国文联出版公司 1997 年版。
2. 夏晓虹:《觉世与传世:梁启超的文学道路》,上海人民出版社 1991 年版。

严　复

　　严复(1854—1921)，字又陵，又字几道。福建侯官(今福州)人。1876年起赴英学海军期间自治西方学术，归国后主持天津北洋水师学堂。民国后任京师大学堂总监督，后又鼓吹帝制，为"筹安会"六君子之一。在甲午战后，主张维新变法，1895年在天津《直报》发表《论世变之亟》、《原强》、《辟韩》、《救亡决论》等重要政论文章，系统阐发其政治理论。1897年在津与夏曾佑等主编《国闻报》，发表《拟上皇帝书》等文20余篇。因深通西方逻辑学，其文逻辑严密，长于说理，议论宏肆，滔滔不已。如《论世变之亟》之言自由之义及比较中西之别。从1895至1908年，又先后翻译《天演论》、《原富》、《法意》、《名学》等八大名著，在中国思想界产生了持久深刻影响。这些著作原文本有较高的文学价值，而严译更精心撰述，形成渊雅的独特风格。虽认为翻译西方学理精深之书，须用先秦文体、汉以前字法句法，导致非多读古书之人，一翻殆难索解，但其译文乃是有一定自由度的文体，在古文学史上占重要地位，有其历史价值。著有《严几道诗文钞》等，译著编为《严译名著丛刊》。

辟　韩

[解题]

　　发表于1895年天津《直报》。为作者最出色、影响最大、最能显其风采的文字。韩愈为君主专制的有名辩护者。文章一方面驳斥韩愈，一方面借古讽今，抨击清廷统治。讽刺辛辣，击中要害。严复对西学理解空前深刻，故其文多有引据西方学理之处，借以抨击专制君主为窃国大盗，在鲜明对照中揭示公民自由权利的可贵，切中肯綮。文出，张之洞作《辨〈辟韩〉书》；梁启超一年后还予以转载，谭嗣同《仁学》亦受其影响。

　　往者吾读韩子《原道》之篇，未尝不恨其于道于治浅也。其言曰："古之时，人之害多矣。有圣人者立，然后教之以相生相养之道，为之君，为之师，驱其虫蛇禽兽而处之中土[1]。寒，然后为之衣；饥，然后为之食。木处而颠[2]，土处而病也，然后为之宫室。为之工以赡其器用，为之贾以通其有无，为之医药以济其夭死，为之葬埋、祭祀以长其恩爱[4]，为之礼以次其先后，为之乐以宣其湮郁[5]，为之政以率其怠倦[6]，为之刑以锄其强梗[7]。相欺也，为之符玺、斗斛、权衡以信之;相夺也,为之城郭、甲兵以守之。害至而为之备,患生而为之防。"如古无圣人,人之类灭久矣。何也?无羽毛、鳞介以居寒热也[8],无爪牙以争食也。如韩子之言,则彼圣人者,其身与其先祖父必皆非人焉而后可,必皆有羽毛、鳞介而后可,必皆有爪牙而后可。使圣人与先祖父而皆人也,则未及其生,未及成长,其被虫蛇、禽兽、寒饥、木土之害而夭死者,固已久矣,又乌能为之礼乐刑政,以为他人防备患害也哉?老之道,其胜孔子与否,抑无所异焉[9],吾不足以定之。至其明自然,则虽孔子无以易。韩子一概辞而辟之[10],则不思之过耳。

而韩子又曰:"君者,出令者也;臣者,行君之令而致之民者也;民者,出粟米麻丝、作器皿、通货财以事其上者也。君不出令,则失其所以为君;臣不行君之令,则失其所以为臣;民不出粟米麻丝、作器皿、通货财以事其上,则诛。"嗟乎!君民相资之事[11],固如是焉已哉?夫苟如是而已,则桀、纣、秦政之治,初何以异于尧、舜、三王?且使民与禽兽杂居,寒至而不知衣,饥至而不知食,凡所谓宫室、器用、医药、葬埋之事,举皆待教而后知为之,则人之类其灭久矣,彼圣人者,又乌得此民者出令而君之。

且韩子胡不云:民者,出粟米麻丝、作器皿、通货财以相为生养者也,有其相欺相夺而不能自治也,故出什一之赋[12],而置之君[13],使之作为刑政、甲兵,以锄其强梗,备其患害。然而君不能独治也,于是为之臣,使之行其令,事其事。是故民不出什一之赋,则莫能为之君;君不能为民锄其强梗、防其患害则废;臣不能行其锄强梗、防患害之令则诛乎?

孟子曰:"民为重,社稷次之,君为轻。"此古今之通义也。而韩子不尔云者,知有一人而不知有亿兆也。老之言曰:"窃钩者诛,窃国者侯。"[14]夫自秦以来,为中国之君者,皆其尤强梗者也,最能欺夺者也。窃尝闻"道之大原出于天"矣。今韩子务尊其尤强梗,最能欺夺之一人,使安坐而出其唯所欲为之令,而使天下无数之民,各出其苦筋力、劳神虑者,以供其欲,少不如是焉则诛,天之意固如是乎?道之原又如是乎?"呜乎!其亦幸出于三代之后,不见黜于禹、汤、文、武、周公、孔子也;其亦不幸不出于三代之前,不见正于禹、汤、文、武、周公、孔子也"[15]!

且韩子亦知君臣之伦之出于不得已乎?有其相欺,有其相夺,有其强梗,有其患害,而民既为是粟米麻丝、作器皿、通货财与凡相生相养之事矣,今又使之操其刑焉以锄,主其斗斛、权衡焉以信,造为城郭、申兵焉以守,则其势不能。于是通功易事[16],择其公且贤者,立而为之君。其意固曰,吾耕矣织矣,工矣贾矣,又使吾自卫其性命财产焉,则废吾事,何若使子专力于所以为卫者,而吾分其所得于耕织工贾者,以食子给子之为利广而事治乎?此天下立君之本旨也。是故君也臣也,刑也兵也,皆缘卫民之事而后有也;而民之有待于卫者,以其有强梗欺夺患害也。有其强梗欺夺患害也者,化未进而民未尽善也[17]。是故君也者,与天下之不喜而同存,不与天下之善而对待也。今使用仁义道德之说,而天下如韩子所谓"以之为己,则顺而祥;以之为人,则爱而公;以之为心,则和而平"。夫如是之民,则将莫不知其性分之所固有,职分之所当为矣,尚何有于强梗欺夺?尚何有于相为患害?又安用此高高在上者,朘我以生[18],出令令我,责所出而诛我[19],时而抚我为后,时而虐我为仇也哉[20]?故曰:君臣之伦,盖出于不得已也!唯其不得已,故不足以为道之原。彼佛之弃君臣是也,其所以弃君臣非也。而韩子将以谓是固与天壤相弊也者[21],又乌足以为知道者乎!

然则及今而弃吾君臣,可乎?曰:是大不可。何则?其时未至,其俗未成,其民不足以自治也。彼西洋之善国且不能,而况中国乎!今夫西洋者,一国之大公事,民之相与自为者居其七,由朝廷而为之者居其三,而其中之荦荦尤大者[22],则明刑、治兵两大事而已。何则?是二者,民之所仰于其国之最急者也。昔汉高入关,约法三章耳[23],而秦民大服。知民所求于上者,保其性命财产,不过如是而已。更骛其余,所谓"代大匠斲,未有不伤指"者也[24]。是故使今日而中国有圣人兴,彼将曰:"吾之以藐藐之身托于亿兆人之上者,不得已也,民弗能自治故也。民之弗能自治者,才未逮,力未长,德未和也。乃今将早夜以孳孳求所以进吾民之才、德、力者,去其所以困吾民之才、德、力者,使其无相欺、相夺而相患害也,吾将悉听其自由。民之自由,天之所畀也[25],吾又乌得而靳之[26]!如是,幸而民至于能自治也,吾将悉复而与之矣。唯一国之日进富强,余一人与吾子孙尚亦有利焉,吾曷贵私天下哉!"诚如是,三十年而民不大和,治不大进,六十年而中国有不克与欧洲各国方富而比强者[27],正吾莠言乱政之罪可也[28]。彼英、法、德、美诸邦之进于今治者,要不外百余年、数十年间耳。况夫彼为其难,吾为其易也。

嗟夫!有此无不有之国,无不能之民,用庸人之论,忌讳虚骄[29],至于贫且弱焉以亡,天下恨事孰过此者!是故考西洋各国,当知富强之甚难也,我何可以苟安?考西洋各国,又当知富强之易易也,我不可以自馁;道在去其害富害强,而日求其能与民共治而已。语有之曰:"曲士不可与语道者,束于教也。"[30]苟求自强,则六经且有不可用者[31],况夫秦以来之法制!如彼韩子,徒见秦以来之为君。秦以来之为君,正所谓大盗窃国者耳。国谁窃[32]?转相窃之于民而已。既已窃之矣,又惴惴然恐其主之或觉而复之也,于是其法与令蝟毛而起[33],质而论之,其什八九皆所以坏民之才,散民之力,漓民之德者也[34]。斯民也,固斯天下之真主也,必弱而愚之,使其常不觉,常不足以有为,而后吾可以长保所窃而永世。嗟乎!夫谁知患常出于所虑之外也哉?此庄周所以有胠箧之说也[35]。是故西洋之言治者曰:"国者,斯民之公产也,王侯将相者,通国之公仆隶也。"而中国之尊王者曰："天子富有四海,臣妾亿兆。"[36]臣妾者,其文之故训犹奴虏也[37]。夫如是则西洋之民,其尊且贵也,过于王侯将相,而我中国之民,其卑且贱,皆奴产子也。设有战斗之事,彼其民为公产公利自为斗也,而中国则奴为其主斗耳。夫驱奴虏以斗贵人[38],固何所往而不败?

王栻主编《严复集》,中华书局1986年版

[注释]

[1] 中土:指中原地区。

[2] 木处:住在树上。颠:跌落。

[3] 赡:供给。

[4] 长:增进。

[5] 宣:宣泄、发抒。湮(yān)郁:情绪郁结。

[6] 率:规范、整饬。

[7] 强梗:强悍凶顽者。

[8] 介:甲壳。

[9] 老:指老子。抑:或者。

[10] 辞:拒绝。辟:批判、驳斥。

[11] 资:依凭、依靠。

[12] 什一之赋:以收入的十分之一赋税。语出《孟子·滕文公上》。

[13] 置之君:设立君主。

[14] 此句不是老子所说,而是出自《庄子·胠箧》。

[15] "呜乎"句以下:是韩愈《原道》中的话。

[16] 通功易事:指社会分工,交换劳动。语出《孟子·滕文公下》。

[17] 化:教化。

[18] 朘(juān):搜刮、剥削。

[19] 责:索取。

[20] 抚:安抚。后:君王。"时而"二句出自《尚书·泰誓下》,原文为"抚我则后,虐我则雠"。

[21] 与天壤相弊:与天地共存亡。语出《战国策·齐策六》。

[22] 荦(luò)荦:分明、明显。

[23] 约法三章:指汉高祖刘邦破秦军后,还军霸上,召集诸县父老豪杰说:"我与父老约法三章耳:杀人者死;伤人及盗抵罪;余悉除去秦法。"

[24] "所谓"二句出自《老子》七十四章,原意是说:一般人代替大匠砍木头,很少不伤自己手的。

[25] 畀(bì)：给予。

[26] 靳：吝惜，不肯给。

[27] 方：相比。

[28] 正……罪：处以……罪。莠言：邪说。

[29] 悇：通"骄"。

[30] "曲士"二句出自《庄子·秋水》。曲士：乡曲之士。比喻固陋偏执的人。束于教：为其所受教育束缚、限制。

[31] 泥(nì)：拘泥、固守。

[32] 谁窃：即窃谁，从谁那里窃来。

[33] 猬(wèi)毛而起：像刺猬的毛刺一样纷然竖起，形容又多又乱。

[34] 漓：这里是使淡薄之意。

[35] 胠(qū)箧：《庄子》中篇名，讲人们把箱子锁牢以防小偷，大盗来了并不开启箱子，只是连箱子一起背走。胠：从旁边打开。

[36] 臣妾亿兆：把亿万人民当作奴隶。

[37] 故训：最初的解释。

[38] 贵人：尊贵之人。

※ 天演论（导言一　察变）

赫胥黎独处一室之中，在英伦之南，背山而面野，槛外诸境，历历如在几下。乃悬想二千年前，当罗马大将恺彻未到时，此间有何景物。计惟有天造草昧，人工未施，其借征人境者，不过几处荒坟，散见坡陀起伏间，而灌木丛林，蒙茸山麓，未经删治如今日者，则无疑也。怒生之草，交加之藤，势如争长相雄。各据一抔壤土，夏与畏日争，冬与严霜争，四时之内，飘风怒吹，或西发西洋，或东起北海，旁午交扇，无时而息。上有鸟兽之践啄，下有蚁蝝之蛰伤，憔悴孤虚，旋生旋灭，菀枯顷刻，莫可究详。是离离者亦各尽天能，以自存种族而已。数亩之内，战事炽然。强者后亡，弱者先绝。年年岁岁，偏有留遗。未知始自何年，更不知止于何代。苟人事不施于其间，则莽莽榛榛，长此互相吞并，混逐蔓延而已，而诘之者谁耶？

英之南野，黄芩之种为多，此自未有纪载以前，革衣石斧之民，所采撷践踏者。兹之所见，其苗裔耳。邃古之前，坤枢未转，英伦诸岛，乃属冰天雪海之区，此物能寒，法当较今尤茂。此区区一小草耳，若迹其祖始，远及洪荒，则三古以还年代方之，犹瀼瀼渴之水，比诸大江，不啻小支而已。故事有决无可疑者，则天道变化，不主故常是已。特自皇古迄今，为变盖渐，浅人不察，遂有天地不变之言。实则今兹所见,乃自不可穷诘之变动而来。京垓年岁之中,每每员舆,正不知几移几换而成此最后之奇。且继今以往,陵谷变迁,又属可知之事,此地学不刊之说也。假其惊怖斯言,则索证正不在远。试向立足处所,掘地深逾寻丈,将逢蠃灰。以是蠃灰,知其地之古必为海。盖蠃灰为物,乃蠃蚌脱壳积叠而成。若用显镜察之,其掩旋尚多完具者。使是地不前为海,此恒河沙数蠃蚌者胡从来乎?沧海飏尘,非诞说矣!且地学之家,历验各种殭石,知动植庶品,率皆递有变迁,特为变至微,其迁极渐。即假吾人彭聃之寿,而亦由暂观久,潜移弗知。是犹蟪蛄不识春秋,朝菌不知晦朔,遽以不变名之,真瞽说也。

故知不变一言,决非天运。而悠久成物之理,转在变动不居之中。是当前之所见,经廿年卅年而革焉可也,更二万年三万年而革亦可也。特据前事推将来,为变方长,未知所极而已。虽然,天运变矣,而有不变者行乎其中。不变惟何?是名天演。以天演为体,而其用有二:曰物竞,曰天择。此万物莫不然,而于有生之类为尤著。物竞者,物争自存也。以一物以与物物争,或存或亡,而其效则归于天择。天择者,物争焉而独存。则其存也,必有其所以存,必其所得于天之分,自致一己之能,与其所遭值之时与地,及凡周身以外之物力,有其相谋相剂者焉。夫而后独免于亡,而足以自立也。而自其效观之,若是物特为天之所厚而择焉以存也者,夫是之谓天择。天择者,择于自然,虽择而莫之择,犹物竞之无所争,而实天下之至争也。斯宾塞尔曰:"天择者,存其最宜者也。"夫物既争存矣,而天又从其争之后而择之,一争一择,而变化之事出矣。

王栻主编《严复集》,中华书局1986年版

[参考文献]

1. 牛仰山:《严复散文的风采》,见《'93年严复国际学术讨论会论文集》,海峡文艺出版社1995年版。

2. 王佐良:《严复的用心》,《论严复与严译名著》,商务印书馆1982年版。

吴 汝 纶

吴汝纶(1840—1903),字挚甫。同治四年(1865)进士。后入曾国藩幕8年,入李鸿章幕6年。光绪十五年(1890)起,主讲保定莲池书院十余年。去世前曾充任京师大学堂总教习,赴日考察教育。持"中体西用"论。为严复所译西学名著《天演论》、《原富》作序,在士人中影响甚大。为文主雅洁。桐城派复归期的重要人物。有《桐城吴先生文集》。

※《天演论》序

　　严子几道既译英人赫胥黎所著《天演论》，以示汝纶曰："为我序之。"天演者，西国格物家言也，其学以天择、物竞二义，综万汇之本原，考动植之蕃耗，言治者取焉。因物变递嬗，深掣乎质力聚散之几，推极乎古今万国盛衰兴坏之由，而大归以任天为治。赫胥黎氏起而尽变故说，以为天不可独任，要贵以人持天。以人持天，必究极乎天赋之能，使人治日即乎新，而后其国永存，而种族赖以不坠，是之谓与天争胜。而人之争天而胜天者，又皆天事之所苞。是故天行人治，同归天演。其为书奥赜纵横，博涉乎希腊、竺乾、斯多噶婆罗门释迦诸学，审同析异，而取其衷，吾国之所创闻也。凡赫胥黎氏之道具如此，斯以信美矣。

　　抑汝纶之深有取于是书，则又以严子之雄于文。以为赫胥黎氏之指趣，得严子乃益明。自吾国之译西书，未有能及严子者也。凡吾圣贤之教，上者，道胜而文至；其次，道稍卑矣，而文犹足以久；独文之不足，斯其道不能以徒存。六艺尚已，晚周以来，诸子各自名家，其文多可喜，其大要有集录之书，有自著之言。集录者，篇各为义，不相统贯，原于《诗》、《书》者也；自著者，建立一干，叶枝扶疏，原于《易》、《春秋》者也。汉之士争以撰著相高，其尤者，《太史公书》，继《春秋》而作，人治以著；扬子《太玄》，拟《易》为之，天行以阐。是皆所为一干而枝叶扶疏也。及唐中叶，而韩退之氏出，源本《诗》《书》，一变而为集录之体，宋以来宗之。是故汉氏多撰著之编，唐宋多集录之文；其大略也。集录既多，而向之所谓撰著之体，不复多见，间一有之，其文采不足以自发，知言者摈焉弗列也。独近世所传西人书，率皆一干而众枝。有合于汉氏之撰著。又惜吾国之译言者，大抵弇陋不文，不足传载其义。夫撰著之与集录，其体虽变，其要于文之能工，一而已。今议者谓西人之学，多吾所未闻，欲瀹民智，莫善于译书。吾则以谓今西书之流入吾国，适当吾学靡敝之时，士大夫相矜尚以为学者，时文耳，公牍耳，说部耳。舍此三者，几无所为书。而是三者，固不足与于文学之事。今西书虽多新学，顾吾之士以其时文、公牍、说部之词，译而传之，有识者方鄙夷而不知顾，民智之瀹何由？此无他，文不足焉故也。文如几道，可与言译书矣。往者释氏之入中国，中学未衰也，能者笔受，前后相望，顾其文自为一类，不与中国同。今赫胥黎氏之道，未知于释氏何如？然欲侪其书于太史氏、扬氏之列，吾知其难也；即欲侪之唐宋作者，吾亦知其难也。严子一文之，而其书乃骎骎与晚周诸子相上下，然则文顾不重耶？

　　抑严子之译是书，不惟传其文而已，盖谓赫胥黎氏以人持天，以人治之日新，卫其种族之说，其义富，其辞危，使读焉者怵焉知变，于国论殆有助乎？是惛也，予又惑焉。凡为书必与其时之学者相入，而后其效明。今学者方以时文、公牍说部为学，而严子乃欲进之以可久之词，与晚周诸子相上下之书，吾惧其俙驰而不相入也。虽然，严子之意，盖将有待也。待而得其人，则吾民之智瀹矣。是又赫胥黎氏以人治归天演之一义也欤。

王栻主编《严复集》，中华书局1986年版

林　纾

　　林纾（1852—1924），字琴南，号畏庐，别署冷红生，晚号践卓翁。福建闽侯人。幼年家贫，发愤读书。光绪八年（1882）中举，后终生未仕，以著译、绘画、授书为业，先后执教于多所学堂。甲午后，支持并参与爱国维新运动。自1897年起，更以非凡识见与功力，与人合作翻译外国文学作品至183种之多，多数刊行于世，影响至大且深。同时创作文言长篇小说五部、文言短篇小说、笔记集六部、传奇剧本三部、诗集二部。最看重自己的古文创作，晚年竭尽全力"力延古文之一线"。相继刊行《畏庐文集》、《畏庐续集》、《畏庐三集》；编纂各类古文选本、评本六种；撰《韩柳文研究法》、《春觉斋论文》；开办古文讲习会，编写多种古文讲义等。其古文创作多为墓铭、碑记、哀辞、祭文及传记、事略、寿序、游记之属，关乎时事现实者较少，所长在写人、抒情。传记及山水游记均可读。最有文学价值、也更具文学史意义的，是其外国作品的"准古文"译文。胡适曾评其用古文叙事写情，古文的应用，自司马迁以来，从没有这种大的成绩。

※李迫大梦（节选）

　　凡人苟渡黑逞河者，与言加齿几而山，必能忆之。山为亚巴拉姜山之分支，耸然蠢河之西岸，其高际天，实为河上之镇山。四时代谢，及旦晚阴晴，山容辄随物候而变；因之村庄中承家之妇恒视此山若寒暑表焉。若在晴稳时，则山色青紫驳露，接于蔚蓝之中，空翠爽肌；或天淡无云，则峰尖如被云巾，蓊然作白气，斜日倒烛，则片云直幻为圆光，周转岩顶，如仙人之现其圆明焉者。山趺之下，村人炊烟缕缕而上，树阴辄出楼角及瓦缝，隐隐若画。是村古矣，方美洲新立，荷兰人曾于此殖民；年代既久，村人乃不专属荷兰，然荷人遗宅犹有存者。宅之墙埔，均砌小砖，砖盖得诸荷兰。窗眼作木格，古制触目。屋角四翘，屋顶置箭羽，乘信风而转，用表风色。村中有李迫·樊·温格耳者，温驯而寡过，旧望也。先烈恒以武功著，而先烈勇质乃不附诸其人之

身。其人匪特温驯已也,且睦邻而善事其妻,唯其惧内,于是村中之主妇咸谓李迫忠能事妇人,礼重如长者。天下人苟得阃教检束,无不扶服如鼠猬矣;其处外接物,安能长王其气?是犹铁质锻之烈火,长短随锻人所命耳。可知密帐温帏中之教养,较诸牧师之演说,变化气质,为倍十也。由此观之,家有悍妻,转为男子之福;是果名为福也,则李迫之福已殊异于常人矣。李迫每出,遇邻妇,辄呜呜自鸣其苦趣;于是邻妇怜之,偶聚,亦消其妻为过举。其村中小儿见李迫驯而不忤,辄噪随其后,与之调恢。李迫之处儿中,亦水乳,百窘不见忤状,且助之戏,告以古红人之事迹,小儿听者津津然。于是李迫每出,则群儿引襟而行,履迹相续,或直趣其背,捻其须,虽狎弗怒。至于狞狗见之,亦噤而弗吠,似悦之也。李迫之见重于村人如此,而独惰于治生。李迫之为人,固非惰,譬如垂竿钓鱼,竟日不得一鱼,李迫亦夷然无忤;有时荷枪登峰入谷,穷日至晚,得数松鼠,即以为足,余无冀也。若邻居有事,则悉力助之,虽秽恶之役及打稻编篱,均踊跃勉趋其事,无有所却。妇人苟授以笺束,彼即为邮,凡其夫所不屑为,苟授李迫,李迫咸诺。总言之:盖李迫忠于为人,而惰于为己者也。苟自行其田,则推却退衄以为苦,自云:"吾田硗,举村田殆吾田为至硗,即使力耕,岁获亦否。"因之己田之篱委于泥滓,所畜牛即自啮其园蔬,李迫无恤也。盖李迫之田,粮莠之长,如得人培植之力,日值增高。李迫有时亦奋迅将行田,而天雨又适至矣。因之广田皆荒,独留二亩莳秣及薯蓣而已。李迫之子,褴褛如孤露。子曰小李迫,性质乃酷肖其父,袭其父之旧衣,宛然一李迫也。出辄随母之跟,服其父之敝裤,裤巨,则以手引之,犹贵妇人在雨中之自引其裙裾然。然李迫者,乐天人也,长日汶汶,似机轴之上濡膏满之,渍不能动;自谓人生度此时世,平安无忧患事也。食辄不检,遇其贱而易得者即需为日食,意受一辨尼之馁甘也,若力一金镑之工,则为愈。长日摇首噫气,悠悠然心安而理得,设非其妻日呶呶用力攻其耳,则李迫于人间初无忧烦之事。李迫一举一动,其妻必丑诋之,习为常事而已。方其受诋时,李迫则耸肩举目,摇首而他顾,久乃成为恒性。然尚巧藏而诡笑,不尔,亦得詈责。久之无术,乃潜出舍外而避之。所云舍外,盖直万古怕妇之人之乐土也。李迫家属之亲李迫者,但有一狗,曰狼。狼之慑主妇之威,亦如其主。主妇怒时,辄指狗及李迫言曰:"是二物者,均生而僵。"且斥言李迫之惰,胥狗导之。然是狗一出野次,亦猎猎能敌群狞;顾勇士及狞狗虽有恣睢之力,一经主妇长日呶呶,亦将气索而力尽。故此狗一入门,勇状立变,垂尾循墙,斜睨其主妇,行步乃如病狗焉。主妇偶一举帚,即哀鸣出户而奔。李迫积日弥年,自审家庭间情况日蹙,良不易度。而悍妇之威乃不能与岁月同逝,减其锐力,盖其锋舌且日用而日铦焉。李迫见逼,辄至友朋小会中开拓胸次。会中人亦多无恒业者。会所即在一逆旅门外,壁上写乔治第三像为逆旅之标记。是间树阴浓翳,闲人辄于午后箕踞偃卧,纵论古昔不经之事;苟得过客所遗之报章,拾得之,即大兴浮议矣。会中有特立克,微有知识,每得报,即对众诵之,众皆引颈以听。特立克自云宿学,凡字典中绝钜之字,见之皆能识,无所悝怯。而听者闻数月前之事,则聚而筹划,人人咸出议论,已必延逆旅主人尼古拉司出而断之。主人既断,众喧息然。此主人自晨至暮,辄踞木榻,久坐于门次弗动,唯日脚所及,则移榻稍避。恒人但见主人移榻何向者,即知时为何时,不差累黍。主人寡笑少言,而烟斗则长日不去手。而此树阴谈论之门客,咸知其意之向背。凡言中主人之旨者,则烟斗徐出于口,髯际之烟纹徐徐作重圜,直上于额际而没。若违佛其旨趣,则力吸其斗,烟焰喷郁,直迷漫其面,则主人怒发矣。李迫见逼于其妇,则趋避是间,如筑坚堡自卫。后此其妻审其地矣,突然来袭,雷奔电扫,会中人立驱而散,即逆旅主人至是亦不能胜,乃见轻如秋叶。李迫之妇且戟手而肆詈主人,斥为盗薮薮盗者也。李迫后此遂穷无所之,但荷枪引狗行猎于林中,择树阴浓翳中出糇自饲,并以饲狗,人狗咸不能饱。李迫视狗为同病,因之亲狗甚于亲人,时语狗曰:"伤哉吾狼!尔主妇固视尔狗也,然有我在,则汝自不乏友。"狼闻言,摇其尾,仰首视主人,似有所慰藉然。

"林译小说丛书"《拊掌录》,商务印书馆1981年版

[参考文献]

1. 张俊才:《林纾评传》,南开大学出版社1992年版。
2. 钱锺书:《林纾的翻译》,见《七缀集》,生活·读书·新知三联书店2002年版。

章 炳 麟

　　章太炎(1869—1936),名炳麟,太炎为其别号。浙江余杭人,早年受业于经学大师俞樾,治国学,同时涉猎西学。戊戌时在南方各地办报。戊戌后鼓吹排满,宣扬种族革命。光绪二十九年(1903)因发表《驳康有为论革命书》和《革命军序》,坐《苏报》案被捕入狱。光绪三十一年(1905)出狱,东渡日本,参加同盟会,主持《民报》。辛亥革命后,参加孙中山军政府,旋因反对袁世凯称帝而被幽禁。"七被追捕,三入牢狱,而革命之志终不屈挠。"是辛亥革命时期"有学问的革命家",又是文坛巨擘。其政论文是学者之文,但与"文笔古奥,索解为难"的论学文

（如《訄（qiú）书》、《国故论衡》等）不同，尚较为明快畅达。尽管晚年自悔"斯皆浅露，其辞取足便俗，无当于文艺"（《与邓实书》），但那些"所向披靡，令人神旺"的"战斗的文章"（均鲁迅语），仍是近代文的光荣。章文见解精辟，析理绵密，笔力悍健，情感丰富，结构严谨，逻辑性强。著有《章氏丛书》。

《革命军》序

[解题]

光绪二十九年（1903），邹容写成《革命军》一书，其书七章二万余言，疾呼革命。"以国民主义为干，以仇满为用，捋扯往事，根极公理，驱以犀利之笔，达以浅直之词，虽顽懦之夫，目睹其事，耳闻其语，则莫不面赤耳热，心跳肺张，作拔剑砍地、奋身入海之状。呜呼！此诚今日国民教育之一教科书也。"（章士钊《读〈革命军〉》）章邹二人为莫逆之交，本序发表于1903年6月10日《苏报》，鼓吹舆论宣传之重要，文笔古朴而较易索解，既具学理，又充满激情，足以打动人心。

蜀邹容为《革命军》方二万言，示余曰："欲以立懦夫[1]，定民志[2]，故辞多恣肆，无所回避，然得无恶其不文耶[3]？"余曰：凡事之败，在有其唱者[4]而莫与为和，其攻击者且千百辈；故仇敌之空言[5]，足以堕吾实事[6]。

夫中国吞噬于逆胡二百六十年矣，宰割之酷，诈暴之工，人人所身受，当无不昌言革命。然自乾隆以往，尚有吕留良、曾静、齐周华等持正议以振聋俗[7]，自尔遂寂泊无所闻。吾观洪氏之举义师，起而与为敌者，曾、李则柔煦小人[8]，左宗棠喜功名，乐战事，徒欲为人策使，顾勿问其嫴非枉直[9]，斯固无足论者。乃如罗、彭、邵、刘之伦[10]，皆笃行有道士也。其所操持，不洛、闽而金溪、余姚[11]。衡阳之《黄书》[12]，日在几阁。孝弟之行，华戎之辨，仇国之痛，作乱犯上之戒，宜一切习闻之。卒其行事，乃相纾戾如彼[13]。材者张其角牙以覆宗国[14]，其次即以身家殉满洲，乐文采者则相与鼓吹之。无他，悖德逆伦，并为一谈，牢不可破。故虽有衡阳之书，而视之若无见也。然则洪氏之败，不尽由计画失所，正以空言足与为难耳。

今者风俗臭味少变更矣[15]。然其痛心疾首，恳恳必以逐满为职志者，虑不数人[16]。数人者，文墨议论，又往往务为温藉，不欲以跳踉搏跃言之[17]，虽余亦不免是也。

嗟乎！世皆嚚昧而不知话言[18]，主文讽切[19]，勿为动容。不震以雷霆之声，其能化者几何？异时义师再举，其必堕于众口之不俚，既可知矣。

今容为是书，一以叫咷恣言[20]，发其惭恚[21]，虽嚚昧若罗、彭诸子，诵之犹当流汗祇悔[22]。以是为义师先声,庶几民无异志,而材士亦知所返乎?若夫屠沽负贩之徒,利其径直易知而能恢发智识,则其所化远矣。藉非不文[23],何以致是也。

抑吾闻之,同族相代,谓之革命;异族攘窃[24],谓之灭亡;改制同族,谓之革命;驱逐异族,谓之光复。今中国既已灭亡于逆胡,所当谋者,光复也,非革命云尔。容之署斯名,何哉?谅以其所规画,不仅驱除异族而已,虽政策、学术、礼俗、材性,犹有当革者焉,故大言之曰"革命"也。共和二千七百四十四年四月[25]。

上海人民出版社编《章太炎全集》,上海人民出版社1984~1986年版

[注释]

[1] 立懦夫:使懦弱者坚强。《孟子·万章下》:"懦夫有立志。"

[2] 定民志:坚定民之意志。《易·履》:"君子以辨上下定民志。"

[3] 得无:是否。

[4] 唱:倡导。

[5] 空言:浮泛之言。

[6] 堕(huī):通"隳(huī)",毁坏。

[7] 吕留良:明亡后,削发为僧,图谋恢复。曾静:受吕留良著作影响,派弟子劝说川陕总督岳钟琪举兵反清,为岳告发,被杀,并被开棺戮尸。齐周华:乾隆时上疏为吕留良辩解,被处死刑。

[8] 柔煦(xù):柔媚恭顺。

[9] 亹(wěi):是、对。

[10] 罗、彭、邵、刘:分别指罗泽南、彭玉麟、邵懿辰、刘蓉。皆出身士人而参与镇压太平军和捻军。

[11] 洛闽:此指北宋洛阳人程颢、程颐兄弟所代表的洛学和曾在福建建阳学院讲学的朱熹所代表的闽学。金溪、余姚:指江西抚州金溪人陆九渊和浙江余姚人王守仁的心学。

[12] 衡阳:指衡阳(今属湖南)人王夫之。《黄书》,王夫之著,总结历代汉族统治者败于异族之教训,富民族思想。

[13] 缪戾(zhěn lì):悖谬。

[14] 材者:有才干者。宗国:本族政权。

[15] 臭(xiù)味:气味、气氛。少:稍稍。

[16] 虑:计算一下。

[17] 跳踉(liáng)搏跃:手击足跳的样子,指情绪激昂奔放。

[18] 嚚(yín)昧:愚昧。

[19] 主文讽切：要言规劝。

[20] 叫咷(táo)恣言：大声疾呼，畅所欲言。

[21] 惭恚(huì)：惭愧、愤恨。

[22] 祗(qí)悔：非常愧悔。《易·复》："不远复，无祗悔。"

[23] 藉：假如。

[24] 攘窃：夺取、窃取（政权）。

[25] 共和：公元前841年周代厉王失政被逐，周公、召公共理国事，史称"共和"。《史记》以此年为共和元年，作为中国历史纪年之始；至作者写此序文的1903年，共2744年。作者以共和纪年，表示不承认清朝及其年号。

※ 驳康有为论革命书

长素足下：读《与南北美洲诸华商书》，谓中国只可立宪，不能革命，援引今古，洒洒万言。呜呼长素，何乐而为是耶？热衷于复辟以后之赐环，而先为是龃龉不了之语，以耸东胡群兽之听，冀万一可以解免。非致书商人，致书于满人也！夫以一时之富贵，冒万亿不韪而不辞，舞词弄札，眩惑天下，使贱儒元恶为之则已矣；尊称圣人，自谓教主，而犹为是妄言，在己则脂韦突梯以佞满人已耳，而天下之受其蛊惑者，乃较诸出于贱儒元恶之口为尤甚！吾可无一言以是正之乎？

谨案长素大旨，不论种族异同，惟计情伪得失以立说。虽然，民族主义，自太古原人之世，其根性固已潜在，远至今日，乃始发达，此生民之良知本能也。长素亦知种族之必不可破，于是依违迁就以成其说，援引《匈奴列传》，以为上系淳维，出自禹后。夫满洲种族，是曰东胡，西方谓之通古斯种，固与匈奴殊类。虽以匈奴言之，彼既大去华夏，永滞不毛，言语、政教、饮食、居处，一切自异于域内，犹得谓之同种也耶？智果自别为辅氏，管氏变族为阴家，名号不同，谱牒自异。况于戕虐祖国，职为寇仇，而犹傅以兄弟急难之义，示以周亲肺腑之恩，巨缪极戾，莫此为甚！近世种族之辨，以历史民族为界，不以天然民族为界。藉言天然，则褅袷海藻，享祧蝾蜼，六洲之氓，五色之种，谁非出于一本，而何必为是眲眲者耶？

长素又曰："氐、羌、鲜卑等族，以至元魏所改九十六姓，大江以南，骆越、闽、广，今皆与中夏相杂，恐无从检阅姓谱而攘除之。"不知骆越、闽、广，皆归化汉人，而非陵制汉人者也。五胡、代北，始尝宰制中华，逮乎隋、唐统一，汉族自主，则亦箸土傅籍，同为编氓，未尝自别一族，以与汉人相抗，是则同于醇化而已。日本定法，夙有蕃别；欧、美近制，亦许归化。此皆以己族为主人，而使彼受吾统治，故一切可无异视。今彼满洲者，其为归化汉人乎？其为陵制汉人乎？堂子妖神，非郊丘之教；辫发璎珞，非弁冕之服；清书国语，非斯、邈之文。徒以尊事孔子，奉行儒术,崇饰观听,斯乃不得已而为之,而即以便其南面之术,愚民之计。若言同种,则非使满人为汉种,乃适使汉人为满种也。

长素固言大同公理,非今日即可全行,然则今日固为民族主义之时代,而可溷殽满、汉以同薰莸于一器哉!时方据乱,而言太平,何自悖其三世之说也?

长素二说,自知非持之有故,言之成理,不得已复援引《春秋》,谓其始外吴、楚,终则等视。不悟荆、扬二域,《禹贡》既列于九州,国土种类,素非异实。徒以王化陵夷,自守千里,远方隔阂,沦为要荒。而文化语言,无大殊绝,《世本》谱系,犹在史官,一日自通于上国,则自复其故名,岂满洲之可与共论者乎?至谓衣服辫发,汉人已化而同之,虽复改为宋、明之服,反觉不安。抑不知此辫发胡服者,将强迫以成之耶?将安之若性也?禹入裸国,被发文身;墨子入楚,锦衣吹笙。非乐而为此也,强迫既久,习与性成,斯固不足以定是非者。吾闻洪、杨之世,人皆蓄发,不及十年,而曾、左之师摧陷洪氏,复从髡薙。是时朋侪相对,但觉纤首锐颠,形状乖异。然则蓄发之久,则以蓄发为安;辫发之久,则以辫发为安。向使满洲制服,涅齿以黛,穿鼻以金,刺体以龙,涂面以垩,恢诡殊形,有苦魑魅,行之二百有六十年,而人亦安之,无所怪矣!不问其是非然否,而惟问其所安,则所谓祖宗成法不可轻变者,长素亦何以驳之乎?野蛮人有自去其板齿,而反讥有齿者为犬类,长素之说,得无近于是耶?种种缪戾,由其高官厚禄之性,素已养成,由是引犬羊为同种,奉貜尾为鸿宝。向之崇拜《公羊》,诵法《繁露》,以为一字一句,皆神圣不可侵犯者,今则并其所谓复九世之仇,而亦议之。其言曰:"扬州十日之事,与白起阬赵、项羽阬秦无异。"岂不曰秦、赵之裔,未有报白、项之裔者,则满洲亦当同例也!岂知秦、赵、白、项,本非殊种,一旦战胜而击阬之者,出于白、项二人之指麾,非出于士卒全部之合意。若满洲者,固人人欲尽汉种而屠戮之,其非为豫酋一人之志可知也。是故秦、赵之仇白、项,不过仇其一人;汉族之仇满洲,则当仇其全部。且今之握图籍,操政柄者,岂犹是白、项之胤胄乎?三后之姓,降为舆台,宗支荒忽,莫可究诘,虽欲报复,乌从而报复之? 至于满洲,则不必问其宗支,而全部自在也;不必稽其姓名,而政府自在也。此则枕戈剚刃之事,秦、赵已不能施于白、项,而汉族犹可施于满洲,章章明矣。明知其可报复,犹复饰为瘖聋,甘与同壤,受其豢养,供其驱使,宁使汉族无自立之日,而必为满洲谋其帝王万世、祈天永命之计,何长素之无人心,一至于是也!

长素又曰:"所谓奴隶者,若波兰之属于俄,印度之属于英,南洋之属于荷,吕宋之属于西班牙,人民但供租税,绝无政权,是则不能不愤求自立耳。若国朝之制,满、汉平等,汉人有才者,匹夫可以为宰相。自同治年来,沈、李、翁、孙,迭相柄政,曾、左及李,倚为外相,恭、醇二邸,但拱手待成耳。即今除荣禄、庆邸外,何一非汉人为政?若夫政治不善,则全由汉、唐、宋、明之旧,而非满洲特制也。然且举明世廷杖、镇盗、大户加税、开矿之酷政,而尽除之。圣祖立一条鞭法,纳丁于地,永复差徭,此唐、虞至明之所无,大地万国所未有。他日移变,吾四万万人必有政权自由,可不待革命而得之也。"

夫所谓奴隶者,岂徒以形式言耶?曾、左诸将,倚畀虽重,位在藩镇,蕞尔弹丸,未参内政。且福康安一破台湾,而遂有贝子、郡王之赏;曾、左反噬洪氏,挈大圭九鼎以付满洲,爵不过通侯,位不过虚名之内阁。曾氏在日,犹必诣事官文,始得保全首领。较其轻重,计其利害,岂可同日而道?近世军机首领,必在宗藩。夫大君无为,而百度自治,为首领者,亦以众员供其策使。彼恭、醇二邸之仰成,而沈、李、翁、孙之有事,乃适见此为奴隶,而彼为主人也。阶位虽高,犹之阉宦仆竖,而赐爵仪同者,彼固仰承风旨云尔,曷能独行其意哉!一条鞭法,名为永不加赋,而耗羡平余,犹在正供之外。徭役既免,民无恶声,而舟车工匠,遇事未尝获免。彼既以南米供给驻防,亦知民志不怡,而不得不借美名以媚悦之。玄烨、弘历,数次南巡,强勒报效,数若恒沙。已居尧、舜、汤、文之美名,而使佞幸小人间接以行其聚敛,其酷有甚于加税开矿者。观唐甄之《潜书》与袁枚之《致黄廷桂书》则可知矣。庄生有云:"狙公赋芧,朝三暮四,众狙皆怒,朝四暮三,众狙皆悦,名实未亏,而喜怒为用。"此正满洲行政之实相也。

况于廷杖虽除、诗案、史祸,较诸廷杖,毒螫百倍。康熙以来,名世之狱,嗣庭之狱,景祺之狱,周华之狱,中藻之狱,锡侯之狱,务以摧折汉人,使之噤不发语。虽李绂、孙嘉淦之无过,犹一切被赭贯木,以挫辱之。至于近世,戊戌之变,长素所身受,而犹谓满洲政治,为大地万国所未有,呜呼!斯诚大地万国所未有矣!李陵有言:"子为汉臣,安得不云尔乎?"

夫长素所以不认奴隶,力主立宪以摧革命之萌芽者,彼固终日屈心忍志以处奴隶之地者尔。欲言立宪,不得不以皇帝为圣明,举其诏旨有云:"一夫失职,自以为罪者,而谓亟亟欲开议院,使国民咸操选举之权以公天下,其仁如天,至公如地,视天位如敝屣,然后可以言皇帝复辟,而宪政必无不行之虑。"则吾向者为《正仇满论》既驳之矣。盖自乙未以后,彼圣主所长虑却顾,坐席不煖者,独太后之废置我耳。殷忧内结,智计外发,知非变法,无以交通外人,得其欢心;非交通外人,得其欢心,无以挟持重势,而排沮太后之权力。载湉小丑,未辨菽麦,铤而走险,固不为满洲全部计。长素乘之,投间抵隙,其言获用。故戊戌百日之政,足以书于盘盂,勒于钟鼎,其迹则公,而其心则只以保吾权位也。曩令制度未定,太后夭殂,南面听治,知天下之莫予毒,则所谓新政者,亦任其迁延堕坏而已。非直堕坏,长素所谓拿破仑第三新为民主,力行利民,已而夜宴伏兵,擒议员百数,及知名士千数,尽置于狱者,又将见诸今日。何也?满、汉两族,固莫能两大也!今以满洲五百万人,临制汉族四万万人而有余者,独以腐败之成法愚弄之、锢塞之耳。

使汉人一日开通,则满人固不能晏处于域内,如奥之抚匈牙利,土之御东罗马也。人情谁不爱其种类而怀其利禄,夫所谓圣明之主者,亦非远于人情者也。果能敝屣其黄屋,而弃捐所有以利汉人耶?藉曰其出于至公,非有满、汉畛域之见,然而新法犹不能行也。何者?满人虽顽钝无计,而其怵惕于汉人,知不可以重器假之,亦人人有是心矣。顽钝愈甚,团体愈结,五百万人同德戮力,如生番之有社寮。是故汉人无民权,而满洲有民权,且有贵族之权者也。虽无太后,而掣肘者什伯于太后;虽无荣禄,而掣肘者什伯于荣禄。

今夫建立一政,登用一人,而肺腑昵近之地,群相谨谠,朋疑众难,杂沓而至,自非雄杰独断,如俄之大彼得者,固弗能胜是也!共、骥四子,于尧皆葭莩姻娅也,靖言庸回,而尧亦不得不任用之。今其所谓圣明之主者,其聪明文思,果有以愈于尧耶?其雄杰独断,果有以侪于俄之大彼得者耶?往者戊戌变政,去五寺、三巡抚如拉枯,独驻防则不敢撤,彼圣主之力,与满洲全部之力,果孰优孰绌也?由是言之,彼其为私,则不欲变法矣;彼其为公,则亦不能变法矣。长素徒以诏旨美谈,视为实事,以此诳耀天下,独不读刘知几《载文》之篇乎?谓魏、晋以后,诏敕皆责成群下,藻饰既工,事无不可。故观其政令,则辛、癸不如;读其诏诰,则勋、华再出。此足以知戊戌行事之虚实矣。且所谓立宪者,固将有上下两院,而下院议定之案,上院犹得以可否之。今上院之法定议员,谁为之耶?其曰皇族,则亲王贝子是已;其曰贵族,则八家与内外蒙古是已;其曰高僧,则卫藏之达赖、班禅是已。是数者,皆汉族之所无,而异种之所特有,是议权仍不在汉人也。所谓满、汉平等者,必如奥、匈二国并建政府,而统治于一皇,为双立君主制而后可。使东三省尚在,而满洲大长得以兼统汉人,吾民犹勉自抑制以事之。今者满洲故土,既攘夺于俄人,失地当诛,并不认为满洲君主,而何双立君主之有?夫戴此失地之天囚,以为汉族之元首,是何异取罪人于囹圄,而奉之为大君也?乃曰:"朋友之交,犹贵久要不忘,安有君臣之际,受人之知遇,因人之危难,中道变弃,乃反戈倒攻者!"诚如是,则载湉者,固长素之私友,而汉族之公仇也。况满洲全部之蠢如鹿豕者,而可以不革者哉?虽然,如右所言,大抵关于种类,而于情伪得失未暇论也,则将复陈斯旨,为吾汉族筹之可乎?长素以为革命之惨,流血成河,死人如麻,而其事卒不可就。然则立宪可不以兵刃得之耶?既知英、奥、德、意诸国,数经民变,始得自由议政之权。民变者,其徒以口舌变乎?抑将以长戟劲弩,飞丸发镞变也?近观日本,立宪之始,虽徒以口舌成之,而攘夷覆幕之师在其前矣。使前日无此血战,则后之立宪亦不能成。故知流血成河,死人如麻,为立宪所无可幸免者。长素亦知其无可幸免,于是迁就其说以自文,谓以君权变法,则欧、美之政术器艺,可数年而尽举之。夫如是,则固君权专制也,非立宪也。阔普通武之请立宪,天下尽笑其愚,岂有立宪而可上书奏请者?立宪可请,则革命亦可请乎?以一人之诏旨立宪,宪其所宪,非大地万国所谓宪也!长素虽与载湉久处,然而人心之不相知,犹挃一体而他体不知其痛也。载湉亟言立宪,而长素信其必能立宪,然则今有一人执长素而告之曰:"我当酿四大海水以为酒。"长素亦信其必能酿四大海水以为酒乎?夫事之成否,不独视其志愿,亦视其才略何如。长素之皇帝圣仁英武如彼,而何以刚毅能挟后力以尼新法,荣禄能造谣诼以耸人心,各督抚累经严旨,皆观望而不辨,甚至章京受戮,己亦幽废于瀛台也?君人者,善恶自专,其威大矣。虽以文母之抑制,佞人之谗嗾,而秦始皇之在位,能取太后、嫪毐、不韦而踣覆之,今载湉何以不能也?幽废之时,犹曰爪牙不具。乃至庚子西幸,日在道涂,已脱幽居之轭,尚不能转移俄顷,以一身逃窜于南方,与太后分地而处。其孱弱少用如此,是则仁柔寡断之主,汉献、唐昭之俦耳!太史公曰:"为人君父而不知《春秋》之义者,必蒙首恶之名。"是故志士之任天下者,本无实权,不得以成败论之,而皇帝则不得不以成败论之。何者?有实权而不能用,则不得窃皇帝之虚名也。夫一身之不能保,而欲其与天下共忧,督抚之不能制,而欲其使万姓守法,庸有几乎?事既无可奈何矣,其明效大验已众著于天下矣,长素则为之解曰:"幽居而不失位,西幸而不被弑,是有天命存焉。王者不死,可以为他日必能立宪之征。"呜呼!王莽渐台之语曰:"天生德于予,汉兵其如予何!"今之载湉,何幸有长素以代为王莽也。必若图录有征,符命可信,则吾亦尝略读纬书矣。纬书尚繁,《中庸》一篇,固为赞圣之颂。往时魏源、宋翔凤辈,皆尝附之三统三世,谓可以前知未来,虽长素亦或笃信者也。然而《中庸》以"天命"始,以"上天之载,无声无臭"终。天命者,满洲建元之始也;上天之载者,载湉为满洲末造之亡君也。此则建夷之运,终于光绪,奴儿哈赤之祚,尽于二百八十八年,语虽无稽,其彰明较著,不犹愈于长素之谈天命者乎?

要之,拨乱反正,不在天命之有无,而在人力之难易。今以革命比之立宪,革命犹易,立宪犹难。何者?立宪之举,自上言之,则不独专恃一人之才略,而兼恃万姓之合意;自下言之,则不独专恃万姓之合意,而兼恃一人之才略;人我相待,所倚赖者为多。而革命则既有其合意矣,所不敢证明者,其才略耳。然则立宪有二难,而革命独有一难,均之难也,难易相较,则无宁取其少难而差易者矣。虽然,载湉一人之才略,则天下信其最绌矣。而谓革命党中必无有才略如华盛顿、拿破仑者,吾所不敢必也。虽华盛顿、拿破仑之微时,天下亦岂知有华盛顿、拿破仑者?而长素徒以阿坤鸦度一蹶不振相校。今天下四万万人之材性,长素岂尝为其九品中正,而一切检察差第之乎?借曰此魁梧绝特之彦,非中国今日所能有,尧、舜固中国人矣,中国亦望有尧、舜之主出而革命,使本种不亡已耳,何必望其极点如华盛顿、拿破仑者乎?

长素以为中国今日之人心,公理未明,旧俗俱在,革命以后,必将日寻干戈,偷生不暇,何能变法救民,整顿内治?夫公理未明、旧俗俱在之民,不可革命,而独可立宪,此又何也?岂有立宪之世,一人独圣于上而天下皆生番野蛮者哉?虽然,以此讥长素,则为反唇相稽,校轸无已。吾曰不可立宪,长素犹曰不可革命也。则应之曰:"人心之智慧,自竞争而后发生,今日之民智,不必恃他事以开之,而但恃革命以开之"。且勿举华、拿二圣,而举明末之李自成。李自成者,迫于饥寒,揭竿而起,固无革命观念,尚非今日广西会党之俦也。然自声势稍增而革命之念起;革命之念起,而剿兵救民赈饥济困之事兴。岂李自成生而有是志哉?竞争既久,知此事之不可已也。虽然,在李自成之世,则赈饥济困为不可已,在今之世,则合众共和为不可已。是故以赈饥济困结人心者,事成之后,或为枭雄;以合众共和结人心者,事成之后,必为民主。民主之兴,实由时势迫之,而亦由竞争以生此智慧者也。征之今日,义和团初起时,惟言扶清灭洋,而景廷宾之师,则知扫清灭洋矣。今日广西会党,则知不必开衅于西人,而先以扑灭满洲、剿除官吏为能事矣。唐才常初起时,深信英人,密约漏情,乃卒为其所卖。今日广西会党,则知己为主体而西人为客体矣。人心进化,孟晋不已。以名号言,以方略言,经一竞争,必有胜于前者。今之广西会党,其成败虽不可知,要之,继此而起者,必视广西会党为尤胜,可豫言也。然则公理之未明,即以革命明之;旧俗之俱在,即以革命去之。革命非天雄、大黄之猛剂,而实补泻兼备之良药矣。

长素以为今之言革命者,或托外人运械,或请外国练军,或与外国立约,或向外国乞师。卒之,堂堂大国,谁肯与乱党结盟,可取则取之耳。吾以为今日革命,不能不与外国委蛇,虽极委蛇,犹不能不使外人干涉,此固革命党所已知,而非革命党所未知也。日本之覆幕也,法人尝通情于大将军,欲为代平内乱。大将军之从之与否,此固非覆幕党所能豫知,然以人情自利言之,则从之为多数,而不从为少数;幸而不从,是亦覆幕党所不料也。而当其歃血举义之时,固未尝以其必从而少沮。今者人知恢复略有萌芽,而长素何忍以逆料未中之言,沮其方新之气乎?乌呼!生二十世纪难,知种界难,新学发见难,直人心奋厉时难。前世圣哲,或不遇时,今我国民,幸睹精色,哀哀汉种,系此刹那,谁无父母,谁无心肝,何其天阏之不遗余力,幸同种之为奴隶,以必信其言之中也!且运械之事,势不可无,而乞师之举,不必果有。今者西方数省,外稍负海,而内有险阻之形势,可以利用外人而不为外人所干涉者,亦未尝无其地也。略得数道,为之建立政府,百度维新,庶政具举,彼外人者,亦视势利所趋耳,未成则欲取之,小成则未有不认为与国者,而何必沾沾多虑为乎!

世有谈革命者,知大事之难举,而言割据自立,此固局于一隅,所谓井底之蛙不知东海者,而长素以印度成事戒之。虽然,吾固不主割据,犹有辩护割据之说在,则以割据犹贤于立宪也。夫印度背蒙古之莫卧尔朝,以成各省分立之势,卒为英人蚕食,此长素所引为成鉴者。然使莫卧尔朝不亡,遂能止英人之蚕食耶?当莫卧尔一统时,印度已归于异种矣。为蒙古所有,与为英人所有,二者何异?使非各省分立,则前者为蒙古时代,后者为英吉利时代,而印度本种,并无此数十年之国权。夫终古不能得国权,与暂得国权而复失之,其利害相越,岂不远哉?语曰:"不自由,无宁死!"然则暂有自由之一日,而明日自刎其喉,犹所愿也,况绵延至于三四十年乎!且以印度情状,比之中国,则固有绝异者。长素《论印度亡国书》,谓其文学工艺,远过中国,历举书籍见闻以为证。不知热带之地,不忧冻饿,故人多慵惰;物易坏烂,故薄于所有观念。是故婆罗、释迦之教,必见于印度,而不见于异地。惟其无所有观念,而视万物为无常,不可执著故。此社会学家所证明,势无可遁者也。夫薄于所有观念,则国土之得丧,种族之盛衰,固未尝慨然于胸中。当释迦出世时,印度诸国已为波斯属州。今观内典,徒举比邻诸王,而未见波斯皇帝,若并不知己国之属于波斯者。厥有愤发其所能自树立者,独阿育王一家耳。近世各省分立之举,亦其出于偶尔,而非出于本怀。志既不坚,是故迁延数世,国以沦丧。夫欲自强其国种者,不恃文学工艺,而惟视所有之精神。中国之地势人情,少流散而多执著,其贤于印度远矣。自甲申沦陷以至今日,愤愤于腥膻贱种者,何地蔑有?其志坚于印度,其成事亦必胜于印度,此宁待蓍蔡而知乎!

若夫今之汉人,判涣无群,人自为私,独甚于汉、唐、宋、明之季,是则然矣。抑谁致之而谁迫之耶?吾以为今人虽不尽以逐满为职志,或有其志而不敢讼言于畴人,然其轻视鞑靼以为异种贱族者,此其种性根于二百年之遗传,是固至今未去者也。往者陈名夏、钱谦益辈,以北面降虏,贵至阁部,而未尝建白一言,有所补助,如魏徵之于太宗、范质之于艺祖者。彼固曰异种贱族,非吾中夏神明之胄,所为立于其朝者,特曰冠貂蝉、袭青紫而已。其存听之,其亡听之,若曰为之驰驱效用,而有所补助于其一姓之永存者,非吾之志也。理学诸儒,如熊赐履、魏象枢、陆陇其、朱轼辈,时有献替,而其所因革,未有关于至计者。虽曾、胡、左、李之所为,亦曰建殊勋、博高爵耳,功成而后,于其政治之盛衰,宗稷之安危,未尝有所筹画焉,是并拥护一姓而亦非其志也。其他朝士,入则弹劾权贵,出则搏击豪强,为难能可贵矣。次即束身自好,优游卒岁,以自处于朝隐。而下之贪墨无艺、怯懦忘耻者,所在皆是。三者虽殊科,要其大者不知会计之盈绌,小者不知断狱之多寡,苟得廪禄以全吾室家妻子,是其普通之术矣。无他,本陈名夏、钱谦益之心以为心者,固二百年而不变也。明之末世,五遭倾覆,一命之士,文学之儒,无不建义旗以抗仇敌者,下至贩夫乞子,儿童走卒,执志不屈,而仰药剚刃以死者,不可胜计也!今者北京之破,民则愿为外国之顺民,官则愿为外国之总办,食其俸禄,资其保护,尽顺天城之中,无不牵羊把茅,甘为贰臣者。若其不事异姓,躬自引决,缙绅之士,殆无一人焉。无他,亦曰异种贱族,非吾中夏神明之胄,所为立于其朝者,特曰冠貂蝉、袭青紫而已,其为满洲之主则听之,其为欧、美之主则听之,本陈名夏、钱谦益之心以为心者,亦二百年而不变也。然则满洲弗逐,而欲士之争自濯磨,民之敌忾效死,以期至乎独立不羁之域,此必不可得之数也。浸微浸衰,亦终为欧、美之奴隶而已矣。非种不锄,良种不滋,败群不除,善群不殖,自非躬执大彗,以扫除其故家污俗,而望禹域之自完也,岂可得乎?以上录旧著《正仇满论》

夫以种族异同明白如此,情伪得失彰较如彼,而长素犹偷言立宪而力排革命者,宁智不足,识不逮耶?吾观长素二十年中,变易多矣。始孙文倡义于广州,长素尝遣陈千秋、林奎往,密与通情。及建设保国会,亦言保中国,不保大清,斯固志在革命者。未几,瞑眩于富贵利禄,而欲与素志调和,于是戊戌柄政,始有变法之议。事败亡命,作衣带诏,立保皇会,以结人心。然庚子汉口之役,犹以借遵皇权,密约唐才常等,卒为张之洞所发。当是时,素志尚在,未尽澌灭也。唐氏既亡,保皇会亦渐溃散,长素自知革命之不成,则又瞑眩于富贵利禄,而今之得此,非若畴昔之易,于是宣布是书。其志岂果在保皇立宪耶?亦使满人闻之,而曰长素固忠贞不贰,竭力致死以保我满洲者,而向之所传,借遵皇权、保中国不保大清诸语,是皆人之所以诬长素者,而非长素故有是言也。荣禄既死,那拉亦耄,载湉春秋方壮,他日复辟必有其期,而满洲之新起柄政者,其势力权藉,或不如荣禄诸奸,则工部主事可以起复,虽内阁军机之位亦可以觊觎矣。长素固云:"穷达一节,不变塞焉。"盖有之矣,我未之见也。

抑吾有为长素忧者,向日革命之议,哗传于人间,至今未艾。陈千秋虽死,孙文、林奎尚在;唐才常虽死,张之洞尚在;保国会之微言不著竹帛,而入会诸公尚在;其足以证明长素之有志革命者,不可件举,虽满人之愚蒙,亦未必遽为长素欺也。呜呼,哀哉!"南海圣人",多方善疗,而梧鼠之技不过于五,亦有时而穷矣。满人既不可欺,富贵既不可复,而反使炎、黄遗胄受其蒙蔽,而缓于自立之图。惜乎,己既自迷,又使他人沦陷,岂直二缶钟惑而已乎!此吾所以不得不为之辨也。

若长素能跃然衹悔,奋厉朝气,内量资望,外审时势,以长素魁垒耆硕之誉闻于禹域,而弟子亦多言革命者,少一转移,不失为素王玄圣。后王有作,宣昭国光,则长素之像,屹立于星雾;长素之书,尊藏于石室;长素之迹,葆覆于金塔;长素之器,配祟于铜柱;抑亦可以慰荐矣。藉曰死权之念,过于殉名,少安无躁,以待新皇,虽长素已槁项黄馘,卓茂之尊荣,许靖之优养,犹可无操左契而获之。以视名实俱丧,为天下笑者,何如哉!书此,敬问起居不具。章炳麟白。

上海人民出版社编《章太炎全集》,上海人民出版社1984~1986年版

[参考文献]

1. 郭延礼:《中国近代文学发展史(第三卷)》,高等教育出版社2002年版。
2. 郭预衡:《中国散文史(下)》,上海古籍出版社2000年版。

邹　　容

邹容(1885—1905),字蔚丹,又字威丹。四川巴县人。出身于商人家庭。光绪二十八年(1902),赴日留学,因反清政府学监被迫归国。光绪二十九年,在上海出版《革命军》,被逮入狱。光绪三十一年四月初三瘐(yǔ)死狱中。《革命军》鼓吹民族民主革命,其文风绝似"新文体",锋芒犀利,叫咷恣肆。鲁迅回忆:"倘说影响,别的千言万语,大概都抵不过浅近直截的'革命军马前卒'邹容所作的《革命军》。"此书在辛亥革命期间翻印二十余版,总印数过百万册。有《邹容文集》。

※革命军(第一章　绪论)

扫除数千年种种之专制政体,脱去数千年种种之奴隶性质,诛绝五百万有奇披毛戴角之满州种,洗尽二百六十年残惨虐酷之大耻辱,使中国大陆成干净土,黄帝子孙皆华盛顿,则有起死回生,还命返魂,出十八层地狱,升三十三天堂,郁郁勃勃,莽莽苍苍,至尊极高,独一无二,伟大绝伦之一目的,曰"革命"。巍巍哉!革命也!皇皇哉!革命也!

吾于是沿万里长城,登昆仑,游扬子江上下,溯黄河,竖独立之旗,撞自由之钟,呼天吁地,破颡裂喉,以鸣于我同胞前曰:呜呼!我中国今日不可不革命,我中国今日欲脱满州人之羁缚,不可不革命;我中国欲独立,不可不革命;我中国欲与世界列强并雄,不可不革命;我中国欲长存于二十世纪新世界上,不可不革命;我中国欲为地球上名国、地球上主人翁,不可不革命。革命哉!革命哉!我同胞中,老年、中年、壮年、少年、幼年、无量男女,其有言革命而实行革命者乎?我同胞其欲相存相养相生活于革命也。吾今大声疾呼,以宣布革命之旨于天下。

革命者,天演之公例也;革命者,世界之公理也;革命者,争存争亡过渡时代之要义也;革命者,顺乎天而应乎人者也;革命者,去腐败而存良善者也;革命者,由野蛮而进文明者也;革命者,除奴隶而为主人者也。是故一人一思想也,十人十思想也,百千万人,百千万思想也,亿兆京垓人,亿兆京垓思想也。人人虽各有思想也,即人人无不同此思想也。居处也,饮食也,衣服也,器具也,若善也,若不善也,若美也,若不美也,皆莫不深潜默运,盘旋于胸中,角触于脑中;而辨别其孰善也，孰不善也，孰美也，孰不美也，善而存之，不善而去之，美而存之，不美而去也，而此去存之一微识，即革命之旨所出也。夫此犹指事物而言之也。试放眼纵观，上下古今，宗教道德，政治学术，一视一谛之微物，皆莫不数经革命之掏擤。过昨天，历今日，以象现现象于此也。夫如是也，革命固如是平常者也。虽然，亦有非常者在焉。闻之一千六百八十八年英国之革命，一千七百七十五年美国之革命，一千八百七十年法国之革命，为世界应乎天而顺乎人之革命，去腐败而存良善之革命，由野蛮而进文明之革命，除奴隶而为主人之革命。牺牲个人，以利天下，牺牲贵族，以利平民，使人人享其平等自由之幸福。甚至风潮所播及，亦相与附流合汇，以同归于大洋。大怪物哉！革命也。大宝物哉！革命也。吾今日闻之，犹口流涎而心痒痒。吾是以于我祖国中，搜索五千余年之历史，指点二千余万方里之地图，问人省己，欲求一革命之事，以比例乎英、法、美者，呜呼！何不一遇也？吾亦尝执此不一遇之故而熟思之，重思之，吾因之而有感矣，吾因之而有慨于历代民贼独夫之流毒也。

自秦始统一宇宙，悍然尊大，鞭笞宇内，私其国，奴其民，为专制政体，多援符瑞不经之说，愚弄黔首，矫诬天命，揽国人所有而独有之，以保其子孙帝王万世之业。不知明示天下以可欲可羡可歆之极，则天下之思篡取而夺之者愈众。此自秦以来，所以狐鸣篝中，王在掌上，卯金伏诛，魏氏当涂，黠盗奸雄，觊觎神器者，史不绝书。于是石勒、成吉思汗等，类似游牧腥膻之胡儿，亦得乘机窃命，君临我禹域，臣妾我神种。呜呼！革命！杀人放火者，出于是也！呜呼！革命！自由平等者，亦出于是也！

吾悲夫吾同胞之经此无量野蛮革命，而不一伸头于天下也；吾悲夫吾同胞之成事齐事楚，任人掬抛之天性也。吾幸夫吾同胞之得与今世界列强遇也；吾幸夫吾同胞之得闻文明之政体、文明之革命也；吾幸夫吾同胞之得卢梭《民约论》、孟德斯鸠《万法精理》、弥勒约翰《自由之理》、《法国革命史》、美国《独立檄文》等书译而读之也。是非吾同胞之大幸也夫！是非吾同胞之大幸也夫！

夫卢梭诸大哲之微言大义，为起死回生之灵药，返魄还魂之宝方，金丹换骨，刀圭奏效，法、美文明之胚胎，皆基于是。我祖国今日病矣，死矣，岂不欲食灵药、投宝方而生乎？若其欲之，则吾请执卢梭诸大哲之宝旛，以招展于我神州土。不宁惟是，而况又有大儿华盛顿于前，小儿拿破仑于后，为吾同胞革命独立之表本。嗟乎！嗟乎！革命！革命！得之则生，不得则死。毋退步，毋中立，毋徘徊，此其时也，此其时也。此吾所以倡言革命，以相与同胞共勉共勖，而实行此革命主义也。苟不欲之，则请待数十年百年后，必有倡平权释黑奴之耶女起，以再倡平权释数重奴隶之支那奴。

周永林编《邹容文集》，重庆出版社 1983 年版

章　士　钊

　　章士钊(1881—1973),字行严,湖南长沙人。早年与章太炎、邹容结为兄弟,1903年著《孙逸仙》一书,使孙中山之名闻天下。"《苏报》案"前后,编报编书,宣传革命。1904年因武装起义失败,流亡日本。从此疏远革命,发愤治学。1908年留学英国,攻习政法和逻辑之学。回国后,再次拒入同盟会和国民党,但参加二次革命,失败后再赴日本。创办《甲寅杂志》,发表一系列政论文,于文坛异军突起。此类文章严格按逻辑关系行文,论理谨重,文法谨严;追求为文的"逻辑独至之境",行文主"洁",不支不蔓,恰如其分,张弛适度;措辞"力戒模糊",务求"鞭辟入里",脉络分明,又"移用远西词令,隐为控纵",精密繁复,有欧化倾向。其文今人辑为《章士钊全集》。

※ 评梁任公之国体论

　　梁任公先生号为言论之母,今于国体论,"甚嚣尘上"、"八表同昏"之时,独为汝南晨鸡,登坛以唤,形大而声宏,本深而末茂,其所以定民志、郛众说者至矣。顾其文不免有斧凿之痕,启人疑虑。颇闻人言,梁先生草此文,凡数易稿,初稿之词,最为直切,亲爱者以为于时未可,点窜涂改,以成今形。兹虽于大体无病,而悠悠之口,乘间抵巇,肆其毁疵,是诚不可以不辨。或曰,庖人既不治庖,复未引尸祝自助,而遽乎荐鸾刀,漫之膻腥,不亦太可笑乎?曰,不然。梁先生之言,天下之公言也,愚为言辨,非为人辨也,乃著其说于次。梁先生曰:"吾侪立宪党之政论家,只问政体,不问国体。"又曰:"在甲种国体之下,为政治活动,在乙种反对国体之下,仍为同样之政治活动,此不足成为政治家之节操问题。"驳之者曰善,吾今计谋变更国体,公可不问,俟吾改革毕事,仍请公为其同样之政治活动可耳,此不关夫节操也。充斯说也,设若此次变更国体之后,更有三次、四次,乃至五次、六次之变更,先生所立之命题,仍可不换,而驳者之答案,仍可不移,展转相推,将见谯周之作降表,不足言惯,冯道之为三公,不足言屡,此诚不得以概乡党自好之士,而谓贤如梁先生,天下宁有若是之小人,妄以臆度者乎?顾读先生之文,寻行而数墨,其结果将不得不使轻佻者推想至是,故其文初出,杨皙子即声言不驳,以为国体既非所问,驳之何庸?愚之所谓不可不辨者此也。只问政体,不问国体,问之云者,即英语之 question,以其事可疑而发为问也。故问与论不同,论者可就其不疑之一面发挥之,问则非疑不启也。国体者不容致疑者也,传曰,卜以决疑,不疑何卜?卜者问之类也,既已不疑,何有于问?有自署破浪者,于兹有言曰:"任公此文,为谁而作乎?曰为国体问题而作也。为国体问题而作文,乃为根本取消之言曰,国体问题,非政论家所当问,所能问,此可异者也。"此盖未明夫问与论之别也。法兰西第一共和之宪法曰,共和国体,不得以为提议修改之题。此谓国体为固定之事实,不当问也,非谓不当论也。若谓不当论,则本条之所由立,非论莫致,自后之解释辩护,非论莫成,是不可通也。涂格维尔者,法之政学宗匠也,鲁意腓立之君,主宪法既定,彼宣言无人有此权力可变易之,此亦谓团体,为固定之事实,不当问也,非谓不当论也。若谓不当论,则彼所著书言宪法者,宁非羌无意识,是不可通也。人以梁先生不问国体,即推定其国体为矛盾者,非知言者也。

此义既明,则问之云者,纯属诸能动观念,谓国体之为物,在我之主观为无可疑,故不问耳。至若他人起而问之,则我应取何种态度,则非前此消极之说所能限。盖此时已入于被动之域,非积极有所论列,则是前日不问,乃秦越相视无动于衷之类,岂政家之所为。故前日之不问,今日之论,其精神仍一贯也。譬之美利坚立国,自始不欲与欧洲纷其交涉,因而开战,此所谓们罗主义也。设若欧人必与美人纷其交涉,迫之不得不战,美人亦唯有战而已,不得谓今日之战,与其们罗主义相防也。岂仅不相防,且正所以相成也。

在甲种国体之下,为政治活动,在乙种反对国体之下,仍为同样之政治活动,不足成为政治家之节操问题,此必于所用甲乙两字之范围,先求确定,而后当否可得而论。兹之甲乙,果配分之甲乙乎?抑同体之甲乙乎?配分者同类之物,任举其一,欲甲甲之,欲乙乙之。同体则不然,甲者某甲,乙者某乙,所代只一不可移也。由前则曩举驳者之说,诚不得谓无逻辑可据之基,由后则否。以愚观之,梁先生之意,由后而不由前,此不待甚智之夫,可以一思而得,为之词者,喋喋利口捷给,果胡谓也?

用此以观,所谓甲种国体,满州君主国体,而亦限于满州君主国体者也。乙种反对国体,今日共和国体,而亦限于今日共和国体者也。节操问题之生,乃谓由满州以入民国,前之曾从事于立宪运动者,是否继续而为同一之运动,不至有贬节丧义之嫌,不许窃取论点,施之别案也。此其无损于节操,在寻常官僚,且犹有然,何况富有主义之政家大党,其理章显,无待缕陈。举其最浅者言之,君主国体,为家天下民主团体,为公天下,自私而之公,一也。满州季年,立宪绝望,易为共和,而宪政确立,在理宜然,二也。苟政论之节操,缘此二义而无伤,则在同类变故之下,政情稍与其义相背,则所谓节操,已零落瓦解而不可救,而况适得其反者乎?谯周冯道,生于今时,稍解政治,粗谙宪典如此,偷合苟容之事,知其犹且不为,而况首倡民权大义如梁先生其人者乎?是故两事相比,往往貌近而情大乖,逻辑重伦类而有时不可通者,此类是也。

　　右陈诸点,灼灼甚明。而世之抵排梁先生者,仍嗷嗷不已。而其说倾巧善陷,一若足以劝庸众之听者,何也?呜呼,如是者有本有原,则梁先生入民国来,一言一动,俱不免为政局所束缚,立论每自相出入,持态每觚觚不宁,实有以致之然也。夫当共和立国之日,身为辅导共和之人,而乃不恤指陈共和之非,其言又为一时所矜重,岂有不为人假借遂其大欲之理,殆既见之,则又废然。此四年间,观其忽忽而入京,忽忽而办报,忽忽而入阁,忽忽而解职,忽忽而倡言不作政谈,忽忽而著论痛陈国体,恍若躬领大兵,不能策战,敌东击则东应,西击则西应,苍黄奔命,卒乃大疲。盖已全然陷入四面楚歌之中,不能自动,而与其夙昔固有之主张,相去盖万里矣。呜呼,补苴之术,岂可久长,有谋而需,乃为事贼,梁先生自处有所未当,八九归诸社会之罪恶,即过亦为君子之过,谁肯以小人之心度之,惟以其人于中国之治乱兴衰,所关甚切,如是之举棋不定,冥冥中堕坏国家之事,不知几许,愚诚不能不附诸责备贤者之义,于排斥浮说之次,贡此数言,狂悖之罪,不敢辞卸。　十月一日稿。

《章士钊全集》,文汇出版社 2000 年版

[参考文献]

　　1. 陈子展(炳堃):《中国近代文学之变迁》(1928),《最近三十年中国文学史》(1930),上海古籍出版社 2000 年版。

　　2. 任访秋主编,张中撰:《中国近代文学史》,河南大学出版社 1988 年版。

　　3. 徐鹏绪、周逢琴:《章士钊的逻辑文》,《东方论坛》,2002 年第 5 期。

郑 重 声 明

高等教育出版社依法对本书享有专有出版权。任何未经许可的复制、销售行为均违反《中华人民共和国著作权法》,其行为人将承担相应的民事责任和行政责任,构成犯罪的,将被依法追究刑事责任。为了维护市场秩序,保护读者的合法权益,避免读者误用盗版书造成不良后果,我社将配合行政执法部门和司法机关对违法犯罪的单位和个人给予严厉打击。社会各界人士如发现上述侵权行为,希望及时举报,本社将奖励举报有功人员。

反盗版举报电话:(010) 58581897/58581896/58581879
传　　真:(010) 82086060
E — mail: dd@hep.com.cn
通信地址:北京市西城区德外大街 4 号
　　　　　高等教育出版社打击盗版办公室
邮　　编:100120

购书请拨打电话:(010) 58581118

读者意见表

书 名		作 者	

1. 您获悉关于本书信息的渠道是(请打勾,下同)：
☐ 新华书店教材目录； ☐ 新华书店社科新书目； ☐ 高等教育出版社宣传材料；
☐ 高等教育出版社网站； ☐ 城市大型书店； ☐ 校园书店；
☐ 同行、朋友； ☐ 图书馆； ☐ 报刊； ☐ 其他。

2. 您购得本书的地点是：
☐ 本校(教材科)； ☐ 城市大型书店； ☐ 校园书店；
☐ 高等教育出版社在本地的代理点； ☐ 高等教育出版社本部； ☐ 其他。

3. 您认为本书的价格：
☐ 偏低； ☐ 适中； ☐ 偏高。

4. 您对本书的肯定性评价是：

您最欣赏本书哪些部分(方面)：

5. 您认为本书有何缺点,具体应如何修改(可另附纸,您的意见被采纳后我们将酌付报酬)：

6. 您还需要哪些知识、信息,希望以什么形式(图书、光盘等)**提供？**

7. 您近期有何写作计划,需要我们提供哪些支持和服务？

8. 您的信息和联系办法：
姓名： 职称(务)： 所教(学)专业：
单位名称： 邮编和地址：
E-mail： 方便的电话：

感谢您对我们工作的大力支持和帮助,很荣幸接受您的意见和建议。
我们的联系办法：
1) E-mail：yangyh@hep.com.cn
2) 邮编和地址：100011 北京市西城区德外大街4号 高等教育出版社 文科分社
3) 电话：(010)58581416 (本书策划编辑) 传真：(010)82080921

(本表可从 www.hep.edu.cn 或 www.hep.com.cn "文科分社"下载)